KB197336

한국상담학회 상담학 총서 14

중독상담학 개론 2판

신성만 · 이자명 · 권선중 · 권정옥 · 금창민 · 김선민 · 김윤희

김재환 · 김주은 · 라영안 · 박상규 · 서경현 · 송원영 · 이영순

이은경 · 장문선 · 정여주 · 조현섭 · 최승애 · 최정헌 공저

Introduction to Addiction Counseling

학지사

◆ 발간사

2013년 상담학 총서가 출간된 후 어느덧 5년이라는 시간이 흘렀다. 1판 발간 당시에는 상담학 전체를 아우르는 상담학 총서 발간에 대한 필요성을 절감하며 한국상담학회 제6대 김성회 회장과 양명숙 학술위원장이 주축이 되어 학술위원회에서 13권의 총서를 발간하기로 하고 대표 저자 선생님들과 여러 간사의 헌신적인 노력으로 상담학 총서를 출간하였다. 이를 계기로 상담학 총서는 상담의 이론뿐 아니라 상담의 실제 그리고 반드시 알아야 할 상담학 연구 등 다양한 영역의 내용을 포괄하여 상담학이 독립된 학문으로 자리 잡을 수 있도록 기초를 다졌다. 이러한 첫걸음은 상담학에 대한 독자의 균형 있고 폭넓은 이해를 도와 상담학의 정체성을 확립하는 디딤돌이 되었다.

이번에 발간되는 상담학 총서는 앞서 출간된『상담학 개론』『상담철학과 윤리』『상담이론과 실제』『집단상담』『부부 및 가족 상담』『진로상담』『학습상담』『인간발달과 상담』『성격의 이해와 상담』『정신건강과 상담』『심리검사와 상담』『상담연구방법론』『상담 수퍼비전의 이론과 실제』의 개정판과 이번에 새롭게 추가된『중독상담학 개론』『생애개발상담』으로 구성되어 있다. 이처럼 여러 영역을 아우르는 총서는 상담학을 접하는 다양한 수요자의 특성과 전문성에 맞추어 활용될 수 있다는 장점이 있다. 각각의 총서는 상담학을 처음 공부하는 학부생들에게는 상담의 이론적 기틀 정립에 도움을 주고 있으며, 대학원생들에게는 인간을 보다 깊이 이해하고 상담학의 체계적인 연구 방법을 배울 수 있도록 한다. 또한 전문 상담자들에게는 상담의 현장에서 부딪힐 수 있는 다양한 어려움과 문제점을 해결할 수 있도록 구체적인 방안을 제공하는 실용서로 자리매김하고 있다. 이처럼 상담학 총서의 발간은 상담학의 학문적 기틀 마련과 전문 상담자의 전문성 향상이라는 학문과 실용의 두 가지 역할을 포괄하고 있어 상담학의 발전에 크게 기여하였다고 자부한다.

　　최근 우리 사회는 말로 표현하기 힘든 여러 가지 사건과 사고로 심리적인 어려움을 겪었고, 소통과 치유의 필요성은 날로 커지고 있다. 이에 따라 상담자의 전문성 향상에 대한 목소리가 높아지고 있으나, 이러한 때에도 많은 상담자는 아직도 상담기법만 빨리 익히면 성숙한 상담자로 성장할 수 있을 것이라 생각하여 기법 배우기에만 치중하는 아쉬움이 있다. 오랜 시간과 정성으로 빚어 낸 전통 장의 깊은 맛을 손쉽게 사 먹을 수 있는 시중의 장맛이 따라갈 수 없듯이, 전문 상담자로서의 전문성을 갖추기 위해서는 힘든 상담자의 여정을 견뎌 내는 시간이 필요하다. 선배 상담자들의 진득한 구도자적 모습을 그리며 성숙한 상담자가 되기 위해 노력하는 많은 분께 상담학 총서가 든든한 버팀목이 되었으면 한다.

　　1판의 경우 시작이 있어야 발전이 있다는 책무성을 가지고 어려운 난관을 이겨 내며 2년여의 노력 끝에 출판하였지만 좀 더 다듬어야 할 필요성이 제기되고 있었다. 이에 쉽지 않은 일이지만 편집위원들과 다시 뜻을 모아 각각의 총서에서 시대적 요구를 반영하고 새롭게 다듬어야 할 부분을 수정하며 개정판을 준비하였다. 개정되는 상담학 총서는 기다림이 빚는 우리의 장맛처럼 깊이 있는 내용을 담기 위해 많은 정성과 애정으로 준비하였다. 그러나 아직 미흡한 점이 다소 있을 수 있음을 양해 바란다. 부디 이 책이 상담을 사랑하는 의욕적인 상담학도들의 지적 · 기술적 호기심을 채워 줄 뿐 아니라 고통에서 벗어나 치유를 이루어야 하는 모든 사람에게 하나의 빛이 되기를 기원한다.

　　바쁜 일정 중에서도 함께 참여해 주신 여러 편집위원과 간사님들 그리고 상담학 총서의 출판을 맡아 주시고 물심양면으로 지원해 주신 학지사 김진환 사장님과 최임배 부사장님을 비롯하여 더 좋은 책이 될 수 있도록 그 많은 저자에게 일일이 전화와 문자로 또는 이메일로 꼼꼼한 확인을 마다하지 않은 학지사 직원 여러분께도 진심으로 감사를 전한다.

2018년 7월

한국상담학회 제9대 회장 천성문

◆ 2판 머리말

중독은 현재 전 세계적으로 인류가 당면한 가장 심각한 문제 중 하나일 것이다. 광범위하게 모든 사람의 삶에 영향을 주어 그들의 삶의 질을 떨어뜨리고 있을 뿐 아니라 너무나도 급속하게 그리고 다양하게 변화하고 있어 적시에 적절히 대처해 가는 것이 불가능해 보일 정도이다. 우리나라도 기존의 150만 명을 넘어가는 알코올중독자에 이어 인터넷이나 미디어에 과의존하며 주어진 역할을 수행하지 못하고 관계의 단절을 경험하는 사람들도 헤아릴 수 없을 만큼 많아졌고, 인터넷으로 도박활동이 가능해지면서 청소년에게까지 도박중독 문제가 널리 퍼지게 되었으며, 이전에는 소수였던 마약중독자도 이제는 수십만 명 이상일 것으로 추정되는 상황에 처해 있다. 이 책의 1판이 나올 때까지만 해도 마약중독 문제가 이처럼 심각하지는 않았는데 몇 년 사이에 이 모든 것이 함께 일어나고 있다. 이러한 상황의 변화는 중독상담학개론이 전반적으로 개정되고 증보되어야만 하는 이유가 되었다.

한국중독상담학회는 그동안 중독의 문제를 상담과 심리치료 및 재활 과정을 통해 예방하고 완화하며 회복하도록 하기 위하여 학문적 · 임상적 전문성을 다각도로 쌓아 올리고 널리 나누는 일에 힘써 왔다. 이 책을 집필한 저자들은 국내 중독상담의 각 영역에서 최고의 전문가로 인정받으며 다양한 활동을 지속해 왔고, 오랜 시간 축적된 학문적 · 임상적 지식과 경험을『중독상담학 개론』2판에 최선을 다해 녹여 내게 되었다. 이분들의 중독상담 영역에 대한 열정과 헌신이 없었다면 이러한 결과물을 만들어 내는 것은 불가능했을 것이다. 이번 판에는 기존판에 참여하지 않았던 신진 학자들도 대거 참여하여 책 내용의 다양성과 혁신성을 더 확보할 수 있었다. 저자들의 참여 영역은 다음과 같다.

신성만: 한동대학교 상담심리학과 교수(제1부 제2장 2절, 제3부 제5장 3절, 제3부 제6장 1절)

이자명: 한국방송통신대학교 교육학과 교수(제3부 제5장 1, 2절)

권선중: 침례신학대학교 상담심리학과 부교수(제2부 제4장 1절)

권정옥: 세인트 심리상담연구소 소장(제3부 제5장 4절)

금창민: 한국기술교육대학교 고용서비스정책과 조교수(제2부 제4장 1절)

김선민: 원광디지털대학교 사회복지학과 교수(제1부 제2장 1절)

김윤희: 한동대학교 상담대학원 초빙교수(제3부 제5장 4절)

김재환: 백석대학교 기독교학부 상담학과 조교수(제2부 제3장 1절)

김주은: 충남대학교 심리학과 교수(제2부 제3장 1절)

라영안: 명지대학교 심리치료학과 조교수(제2부 제4장 3절)

박상규: 가톨릭꽃동네대학교 상담심리학전공 교수(제1부 제1장 1, 2절)

서경현: 삼육대학교 상담심리학과 교수(제2부 제3장 3절)

송원영: 건양대학교 심리상담치료학과 교수(제2부 제4장 4절)

이영순: 전북대학교 심리학과 교수(제3부 제6장 4절)

이은경: 다움 심리상담센터 소장(제1부 제2장 3절)

장문선: 경북대학교 심리학과 교수(제2부 제4장 5절)

정여주: 한국교원대학교 교육학과 교수(제2부 제4장 2절)

조현섭: 총신대학교 중독상담학과 부교수(제2부 제3장 2절)

최승애: 최승애 심리상담센터 센터장(제3부 제6장 2절)

최정헌: 강서대학교 상담심리학과 조교수(제3부 제6장 3절)

끝으로, 항상 좋은 책이 나올 수 있도록 도와주시는 학지사 김진환 사장님과 편집부에 감사의 말씀을 전하고, 책이 나오는 과정에서 실무를 담당해 주신 한동대학교 김윤희 교수님과 심리학과 대학원 김예원 학생에게도 고마움을 전한다.

포항 한동대학교 연구실에서 저자를 대표하여,
한국중독상담학회장 신성만

◆ 1판 머리말

『중독상담학 개론』은 현재 우리나라 중독상담 분야를 이끌고 있는 최고의 전문가들이 오랜 시간 전문영역에서의 연구와 임상실천의 경험을 바탕으로 하여 자신들이 쌓아 온 체험적 지식들을 각고의 노력으로 써 낸 결정체이다. 지난 십수 년간 중독영역의 범위는 물질영역에서 행동영역에 이르기까지 지속적으로 확대되어 왔고, 그로 인해 이전에는 존재하지 않았던 각종 정신장애 진단명까지 생겨나면서 질병으로 보는 측과 그렇지 않다는 측이 첨예하게 대립하고 있는 실정이다. 그러나 정작 당면한 문제는 고통을 겪고 있는 중독 당사자와 그 가족을 위한 근거 중심적이고 효과적인 적절한 예방, 치료, 재활적 개입이 여전히 미비할뿐더러 그것이 가중되는 중독영역의 다양성과 복잡성을 따라가지 못하고 있다는 점이다.

한국상담학회의 중독상담학회는 이러한 상황을 무겁게 인식하고 중독상담을 하고자 하는 전문가와 중독상담에 대해 알고자 하는 학생들이 중독상담의 기본 이론과 다양한 중독 관련 영역 그리고 상담접근에 대하여 개관할 수 있는 최선의 지침서를 만들고자 하였고, 이러한 뜻이 모여 나온 결과물이 바로 이 책이다.

대표 저자는 각 저자의 챕터를 일별하면서 각 분야마다 핵심적인 내용과 최신의 자료들 그리고 임상 및 상담 현장에서 반드시 필요로 하는 것들이 저자들의 글 속에 잘 녹아들어 있음에 감탄을 거듭하였고, 이러한 저자들과 함께 책을 집필할 수 있었음에 깊은 자부심을 느꼈다.

저자별 집필 내용은 다음과 같다.

신성만: 한동대학교 상담심리학과 교수(제1부 제2장 2절, 제3부 제5장 3절, 제3부 제6장 1절)
이자명: 한국방송통신대학교 교육학과 교수(제3부 제5장 1, 2절)

권선중: 침례신학대학교 상담심리학과 교수(제2부 제4장 1절)

권정옥: 세인트 심리상담연구소 소장(제3부 제5장 4절)

김선민: 이화여자대학교 사회복지대학원 교수(제1부 제2장 1절)

김주은: 충남대학교 심리학과 교수(제2부 제3장 1절)

라영안: 한동대학교 상담심리학과 교수(제2부 제4장 3절)

박상규: 가톨릭꽃동네대학교 복지심리학전공 교수(제1부 제1장 1, 2절)

서경현: 삼육대학교 상담심리학과 교수(제2부 제3장 3절)

송원영: 건양대학교 심리상담치료학과 교수(제2부 제4장 4절)

이영순: 전북대학교 심리학과 교수(제3부 제6장 4절)

이은경: 한동대학교 상담심리학과 외래교수(제1부 제2장 3절)

장문선: 경북대학교 심리학과 교수(제2부 제4장 5절)

정여주: 한국교원대학교 교육학과 교수(제2부 제4장 2절)

조현섭: 총신대학교 중독재활상담학과 교수(제2부 제3장 2절)

최승애: 포항공과대학교 학생상담센터 연구 부교수(제3부 제6장 2절)

최정헌: KC대학교 아동복지상담심리학부 교수(제3부 제6장 3절)

책의 교정과 확인 작업을 도와준 한동대학교 상담센터의 박명준, 박영규, 송용수 연구원, 한동대학교 일반대학원 심리학과의 고은정, 이승모, 조요한 그리고 한동대학교 상담심리학과 최동호에게 고마움을 전한다. 또한 좋은 책이 만들어져 우리나라 중독상담의 발전에 기여하도록 도움을 주신 학지사 김진환 사장님께 특별히 감사드린다.

2018년 여름
포항 한동대학교 연구실에서
대표 저자 신성만

◆ 차례

제**1**부

중독상담의 이해

제2부
중독상담의 실제

제3부

제1부

중독상담의 이해

Introduction to Addiction Counseling

제**1**장

중독상담에 대한 이해

박상규

이 장에서는 상담자가 중독상담을 올바로 이해하기 위해 필요한 중독상담의 개념과 정의, 중독자 및 중독자 가족의 특성, 중독자를 위한 다양한 치료이론, 재발과 회복의 의미, 치료자의 태도 및 윤리적 입장 등에 대해 알아보고자 한다.

1. 중독상담의 개념 및 정의

중독상담은 중독자와 가족을 대상으로 하는 상담이다. 중독은 알코올, 마약 등의 물질중독과 도박, 스마트폰, 인터넷 등의 행동중독으로 나눌 수 있다. 중독상담자는 다양한 중독자를 상담할 수 있지만 자신이 주로 만나는 중독자의 특성에 따라 인터넷중독 전문상담자, 알코올중독 전문상담자로서 역할을 하기도 한다. 알코올 전문병원에서 알코올중독자를 주로 만나는 상담자와 도박문제예방치유원에서 일하는 상담자는 전문적 개입법에는 다소 차이가 있으나 중독자를 대상으로 상담한다는 점에서는 공통점이 더 많다.

중독상담자가 되기 위해서는 상담에 대한 지식과 경험뿐만 아니라 중독에 대한 지식, 중독자와 가족에 대한 상담 경험이 많아야 한다. 한국중독심리학회, 한국중독상담학회, 한국중독전문가협회 등에서는 일정한 교육과 훈련을 받고 경험이 있는 사람을 대상으로 자격심사를 거쳐 자격증을 수여하고 있다.

2. 중독상담의 특징

1) 중독자의 특성

대부분의 중독자는 자기의 중독문제를 부인하고 변화에 대한 동기가 적은 편이다. 따라서 상담자는 중독자가 자기의 문제를 잘 인식할 수 있도록 기다려 주어야 한다. 중독자에 대한 상담은 오랜 기간의 라포 형성이 필요하다. 우선, 중독자가 자기의 감정을 잘 표현할 수 있게 경청과 공감을 하면서 신뢰관계를 유지해야 한다.

상담자는 중독이 대뇌와 신체에 미치는 영향에 대해서 잘 알고 있어야 한다. 상담자는 중독행동과 대뇌 기능의 관계 등 중독의 생물학적 기제에 대해 이해해야 한다. 오랜 기간 알코올이나 마약을 한 중독자의 경우 신체질환을 나타낼 수 있다. 신체질환이 있는 중독자는 병원에 의뢰하여 신체건강을 회복할 수 있도록 안내한다.

중독자는 노예가 된 상태로 표현하기도 한다. 노예는 자신의 삶에서 주인이 되지 못한다. 알코올중독자는 술의 노예로, 도박중독자는 도박의 노예로 살아간다(문봉규, 강향숙, 박상규, 2023).

중독자는 감정이 억압되어 있고, 자기의 감정을 적절하게 표현하기 어려우며 피해의식이 많고 예민한 특성이 있다. 대부분의 중독자는 좌절감과 무력감을 많이 느끼고 우울하며 불안정하고, 대인관계가 서툴고 위축되어 있다(박상규, 2016a). 상담자는 중독자와 편안한 관계를 형성하여 지금 만나는 중독자의 어려움과 특성을 잘 파악하여 적절하게 개입할 수 있어야 한다.

가정의 문제, 사회의 불안정, 가치관의 혼란과 같은 사회문화적 요인은 중독행동에 직접 혹은 간접적으로 영향을 미친다. 상담자는 중독의 예방과 회복을 위해 가정이나 학교, 사회구조 등의 문제를 잘 이해하고 개입할 수 있어야 한다. 특히 최근에 와서 스마트폰 사용과 관련된 마약중독, 도박중독 등의 다양한 중독이 범람하고 있으며 청소년 중독자가 늘어나는 추세이다. 상담자는 다음과 같은 중독의 특성에 대해 잘 알고 있어야 한다(박상규, 2016a).

(1) 중독적 사고

중독자는 자기중심적이며 왜곡된 사고로 상황을 객관적이며 총체적으로 생각하지 못하는 등 중독적 사고를 가지고 있다. 중독자가 항상 다른 사람들을 의식적 · 의도적으로 속이는 것은 아니다. 중독자는 자신의 생각에 빠져서 자기 자신을 기만한다. 중독자는 자신의 왜곡된 사고로 결국 자기 자신이 희생양이 되고 불행해진다(Twerski, 2009).

(2) 내성과 금단

중독은 생물학적으로 내성과 금단증상을 가지는 특성이 있다. 약물중독자의 경우 내성은 동일한 효과를 얻기 위하여 양이 많아지거나 빈도가 많아지는 것이다. 필로폰 중독자가 처음에는 한 번의 주사로 쾌감을 얻게 되었으나 나중에는 하루에 여러 번 주사를 맞아도 처음의 쾌감을 잘 느끼지 못하는 것이 그 예다.

금단은 약물복용을 중단할 경우 신체적으로 고통스럽고 심리적으로는 불안 증상이 지속되는 것이다. 특히 아편과 같은 진정제 계통의 약물은 금단으로 인한 신체적 고통이 심하여 부작용이 적은 메사돈(methadone) 처방을 받기도 한다.

(3) 동반증상

중독자는 중독문제 이외에 불안, 우울, 성격적 문제, 혹은 다른 중독 등의 문제를 함께 가지는 경우가 많다. 많은 알코올중독자가 우울증상을 수반하고 있으며 마약중독자가 성중독을 함께 가지는 경우도 있다.

(4) 부정을 중심으로 하는 방어기제

중독자는 자기의 문제를 부정한다. 방어기제로서의 부정은 의식적인 거짓말이 아닌 무의식적 기제로, 본인은 문제를 있는 그대로 자각하지 못한다. 중독자는 자신이 아무런 문제가 없으며 조절할 수 있다고 믿고 있다. 중독자가 흔히 보이는 부정에는 문제를 인정하지 않는 것, 문제를 축소하는 것, 비난하는 것, 변명하는 것, 합리화하는 것, 주위를 다른 데로 돌리는 것, 공격성을 보이는 것 등이 있다(Fanning & O'Neill, 2000).

(5) 공동의존

알코올중독자가 술에 의존하듯이 중독자 가족은 중독자에게 의존하고 있으며 중독자와 자신을 분리하지 못하고 있다. 상담자는 중독자 가족이 가진 공동의존 경향을 살펴보고 가족이 자신과 중독자를 분리하여 독립할 수 있도록 도와주어야 한다.

(6) 의사소통의 문제

대부분의 중독자는 의사소통 기술이 부족한 편이다. 원래 대화기술이 부족했던 사람이 중독에 빠지면 더욱 자기중심적인 대화를 하게 된다. 중독자가 상대방의 입장을 고려하면서 자기의 감정을 표현하고 의사소통을 잘할 수 있으면 중독 대상에 대한 갈망이 줄어들 수 있다. 상담자는 중독자가 가진 부족한 의사소통 기술을 가르쳐 주는 것이 좋다. 대화기술의 핵심은 상대방의 관점에서 이해하고 공감하는 것이다. 자신이 하고 싶은 말만 하는 것이 아니라 상대에게 상처 주지 않으면서 자신의 감정을 '나-표현법' 등으로 잘 전달할 수 있어야 한다.

(7) 가정 및 사회의 문제

중독은 가정의 문제와 관련된다. 중독은 가족의 병이므로 상담자는 중독자가 가족과의 관계에서 어떤 역할을 하고 있으며 어떤 스트레스를 받는지 알아본다. 특히 청소년의 경우는 부모 간의 관계나 부모와 청소년 간의 관계가 어떤지도 살펴본다. 또 중독자와 가족 간에 정서적 분리 여부도 알아본다.

사회의 불안정은 중독에 영향을 미친다. 사회의 가치관 문제, 여가활동의 부족, 중독 대상에 쉽게 접근할 수 있는 환경 등도 중독에 영향을 미친다. 특히 우리 사회의 스마트폰이나 인터넷 등의 보급 확대는 마약이나 도박 등의 다양한 중독에 빠지게 하는 요인이다.

2) 재발

재발은 중독으로부터 회복하는 과정에서 자연스럽게 일어난다. 상담자는 중독자가 재발할 수 있는 위험한 상황을 잘 파악하여 그 상황을 미리 피할 수 있도록 도와주어야 하며, 재발의 위험성에 대처할 수 있도록 가르쳐야 한다.

재발은 배고픔이나 피로와 같은 신체적 고통, 부정적 감정이 일어나거나 좋지 않은 상황, 스트레스 등과 관련해서 일어나는 경우가 많다. 환경이나 상황적 요인도 재발에 영향을 미치게 된다. 상담자는 중독자의 회복에 도움이 되는 환경을 강화하고 중독자의 재발에 영향을 미치는 환경을 피할 수 있도록 해야 한다.

상담자는 중독자가 재발할 경우에는 옆에서 기다려 주고 지지해 주어야 한다. 상담자가 중독자 옆에 있어 줌으로써 중독자의 마음이 안정된다. 상담자가 중독자 옆에서 공감하면서 지지하는 것은 중독자가 희망을 가지고 다시 일어날 수 있는 힘이 된다.

3) 회복

(1) 삶의 태도 변화

회복은 사람의 삶의 태도가 달라져야 가능하다. 단주나 단도박을 한 상태를 회복으로 볼 수 없다. 회복은 삶의 태도와 방식이 바뀌는 것이다. 알코올중독자가 술을 마시지 않더라도 마른 주정을 나타내어 가족이나 주변 사람을 힘들게 한다면, 아직 삶의 태도가 달라지지 않았다고 볼 수 있다.

회복을 위해서는 지금까지 해 오던 부정적이며 자기중심적인 사고를 버리고 변화된 행동과 습관을 형성해야 한다. 잘 회복 중인 사람들의 특성은 자신을 사랑하며 타인을 배려하고 가족과 이웃을 사랑하면서 행복하게 살아가는 등 영성적 변화를 보인다(박상규, 2016a; Geppert, Bogenschutz, & Miller, 2007).

회복 초기의 중독자들은 중독과 관련된 금단증상, 신체질병이나 정신장애 등을 보일 수가 있어 초기에는 적극적인 치료가 필요하다. 그러나 회복을 잘 유지하기 위해서는 치료적 개입만으로는 어렵고 삶의 방식이 달라질 수 있도록 지속적으로 자기를 성찰하면서 조절하는 등의 동양적 수행자의 태도가 필요하다(박상규, 2016b).

(2) 마음챙김

중독자가 자기의 갈망과 감정을 떨쳐 내고 볼 수 있어야 회복을 잘 유지할 수 있다. 중독자는 자기가 경험하고 생각한 대로 세상이나 타인을 판단하고 행동하려고 하며, 자기의 중독행동을 지속하려고 스스로를 속이는 경향이 있다. 중독자가 자기를 객관화하여 자기의 감정을 솔직하게 볼 수 있어야 조절이 가능하며 회복을 유지하게 된다. 도박중독자가 '도박 빚을 갚기 위해서 도박할 수밖에 없다.' '도박을 하면 돈을 딸 것이다.'와 같은 왜곡된 사고를 하고 있음을 스스로 알아차릴 수 있으면 도박행위를 하지 않을 것이다.

회복하기 위해서는 자기의 갈망이나 감정을 지켜볼 수 있어야 하고, 지금 자신의 주변 상황에 깨어 있어야 하며, 다른 사람의 마음을 그 사람의 입장에서 느껴 볼 줄 아는 총체적 마음챙김이 필요하다.

상담자는 마음챙김이 회복에 중요하다는 점을 강조하고, 회복 중인 중독자가 자기 호흡, 몸의 느낌, 감정, 갈망에 대해 알아차릴 수 있도록 마음챙김을 가르쳐 준다.

(3) 새로운 즐거움 찾기

회복을 잘 유지하기 위해서는 술이나 마약과 같은 중독 대상 이외에 자신이 즐길 수 있는 무엇인가를 찾을 수 있어야 한다. 운동, 예술 활동, 여행, 봉사 등 혼자서 하거나 여럿이 즐길 수 있는 일을 찾아 즐길 수 있어야 한다. 특히 타인에게 봉사하는 활동은 중독자의 자기 중심적 사고를 줄이고 자존감을 높이는 데 도움이 된다. 중독자가 즐거운 활동을 할 수 있으면 중독 대상에 대한 갈망이 감소된다.

4) 가족상담[1]

중독상담에는 중독자와 가족의 상담 모두가 필요하다.

(1) 중독자 가족의 특성

중독자의 가족은 중독자와 정서적으로 잘 분리되지 않고 중독자에 의존하는 경우가 많으며 불안과 우울 등의 심리적 문제를 가지고 있다. 중독자의 회복을 위해서는 중독자 가족이 먼저 신체적 및 정신적으로 건강하고 독립되어야 한다. 가족은 자기 자신을 잘 성찰하고 자기를 보살피고 사랑해야 한다. 중독자의 회복에 있어 가족의 사랑과 지지는 매우 중요하다.

---

1) 387쪽 이후를 참고하라.

그러나 가족이 건강하고 성숙되지 않으면 중독자에게 적절한 도움을 주기가 어렵다.

(2) 가족에 대한 상담과 교육

상담자는 가족의 문제를 잘 이해하고 문제에 대처할 수 있도록 도와주어야 한다. 상담자의 경청과 공감은 가족이 스스로를 잘 이해하는 데 도움이 된다. 상담자는 가족에게 중독 및 중독자의 특성과 대화기술을 가르쳐야 한다. 가족은 나-표현법을 잘 활용하면서 중독자를 인정하고 격려해야 한다(박상규, 2016a).

5) 중독상담에 필요한 지식

중독상담자는 중독자의 특성이나 원인, 그리고 치료 방법 등에 대해 계속 공부하여야 한다. 기본적인 것은 중독이 생물적 · 심리적 · 사회적 · 영적 요소가 통합되어 발생한다는 것이다. 먼저, 중독이 대뇌의 이상과 관련된다는 것과 중독이 신체와 심리에 미치는 영향을 잘 이해하고 있어야 한다. 중독은 전전두엽 기능의 손상과 관련된다. 또 도파민, 노르에피네프린, 세로토닌 등 신경전달물질의 이상이 중독행동과 관련됨을 알고 있어야 한다. 중독자는 도파민이 분비될 때 느끼는 쾌락에 중독된다고 볼 수 있다.

상담자는 중독과 관련된 불안과 우울, 자존감 저하 등의 심리적 특성을 잘 파악하고 있어야 하며 중독이 가정이나 사회, 경제 및 문화 요인과 관련되어 발생한다는 것을 이해해야 한다.

신앙, 삶의 의미와 목표 등의 영성적 개입이 회복에 중요함을 인식해야 한다. 중독자의 회복을 위해서는 네트워크가 필요하므로 상담자는 지역사회의 다른 기관이나 전문가와 네트워크를 잘 형성할 수 있어야 한다.

6) 심리평가[2]

중독자를 선별하며, 변화의 효과를 평가하기 위해서 다양한 심리평가 방법이 사용된다.

---

2) 62쪽 이후를 참고하라.

심리평가에서는 면담이 가장 중요하다. 면담 과정에서는 중독자의 자존감을 상하지 않도록 하며 자기문제를 객관화해서 볼 수 있도록 해야 한다. 간단한 선별검사로는 인터넷중독검사, 스마트폰 중독검사, 알코올중독 선별검사, 도박중독 선별검사 등이 있다. 상담자는 중독자를 잘 이해하기 위해서 중독과 관련된 다양한 심리검사를 배우고 다룰 수 있어야 한다.

심리평가를 하기 전에 유의해야 할 사항은 내담자 복지와 정보를 보호하는 것, 능숙한 평가기술, 고유성과 다양성을 인정하는 것, 평가의 결과가 곧 그 사람을 설명하는 것이 아님을 아는 것, 검사의 처음 설계와 목적에 충실하며 공감대를 유지하고 종합적인 방법을 사용하는 것, 평가 절차와 결과를 최대한 투명하게 하는 것, 새롭고 모르는 것을 알기 전에 내담자가 아는 것부터 검토하는 것, 더 큰 상황과 연결 지어 내담자를 평가하는 것 등이다(Capuzzi & Stauffer, 2012).

7) 중독자를 어떻게 상담할 것인가

회복 초기의 중독자는 주의집중이 잘되지 않고 중독적 사고를 하는 경향이 많다. 따라서 회복의 초기에 상담자는 우선 경청하고 기다려 주며 공감하는 시간이 필요하다. 중독자가 상담자를 믿고 편안해할 때 중독자가 자기의 문제를 잘 인식할 수 있으며 변화에 대한 동기를 가질 수 있다.

오랜 기간 알코올이나 마약류 중독에 빠진 사람은 신체 기능이 좋지 않고 여러 질병을 가질 가능성이 있기에 병원에서의 치료가 필요하며 해독, 영양분 공급, 운동 등을 통하여 신체 기능이 잘 회복될 수 있도록 도와주어야 한다.

중독자가 자기의 문제를 인식하고 변화를 요구하게 될 때 상담자는 중독자의 특성이나 주의집중 정도를 고려해서 적절한 상담적 개입을 할 수 있다. 그러나 가장 중요한 것은 중독자에 대한 존중과 사랑 그리고 신뢰감이다. 따라서 상담의 초기에는 중독자와의 라포 형성에 초점을 둔다. 상담자는 중독자가 자기의 억압된 감정을 잘 표현할 수 있도록 경청하고 공감한다. 또한 중독자의 자기효능감과 자신감이 향상될 수 있도록 대화한다.

중독상담은 개인상담과 집단상담으로 나눌 수 있으나 중독자의 특성상 집단상담에서의 효과가 크다. 개인상담에서는 중독자가 자기의 문제를 좀 더 깊이 있게 다룰 수 있는 장점이 있다.

상담자는 치료적 효과가 검증된 개입법을 사용하여야 하며 치료 과정을 통하여 제한점과 효과성을 확인해야 한다(Tober, 2002). 중독자에게 사용할 수 있는 대표적 개입법은 동기강화상담, 인지행동상담, 긍정심리상담, 12단계, 마음챙김 등이다. 상담자는 다양한 치료이론과 관련된 지식을 배우고 익혀야 하며 지금 만나는 중독자에게 가장 적절한 방법이 무엇일까를 고려하고 적용해야 한다.

(1) 동기강화상담[3]

불교, 유교, 도교 등 동양적 심리학에서 강조하는 것은 모든 인간에게 변화의 잠재성이 있다는 것이며 누구나 자신이 자기 삶의 주인공이라는 점이다. Rogers의 인본주의적 치료에서도 모든 인간이 변화의 잠재성을 가지고 있다고 본다.

동기강화상담 또한 중독자가 변화할 수 있는 잠재력과 능력을 가지고 있다는 것을 전제로 한다. 상담자는 내담자가 가진 양가감정을 탐색하고 해결함으로써 내담자의 마음속에 살아 있는 변화에 대한 동기를 강화한다(Capuzzi & Stauffer, 2012).

동기강화상담은 내담자에 대한 존중과 경청, 공감이 기본이다. 변화 과정의 초기에는 열린 질문하기, 인정하기, 반영하기, 요약하기, 정보 교환하기 등의 방법을 사용한다(Miller & Rollnick, 2015). 동기강화상담에서는 공감하기, 태도와 행동 간의 불일치 지적하기, 중독자가 보이는 저항에 맞서지 않기, 자기효능감 증진하기 등에 초점을 맞춘다.

동기강화상담은 변화의 단계에 맞추어 시행되어야 한다. 아직 자기문제를 인식하지 못하고 있는 중독자는 자신이 바라는 것과 지금 자신이 하는 행동 간의 불일치를 자각하도록 하고 자신의 현재 행동에 대한 위험과 문제에 대한 자각을 증진해야 한다. 자기문제를 인식한 경우에는 변화의 이유를 알게 하며, 변화하지 않을 때의 위험을 알아보도록 한다. 준비단계에 있는 경우는 변화 계획을 잘 세우고 실행하도록 돕는다. 행동실천단계에서는 계획을 실행하도록 하며 자기효능감을 높인다. 유지단계에서는 재발의 위험성을 알고 파악하며 대처할 수 있도록 하며 재발할 경우는 지지하고 기다려 주어야 한다(Berger & Villaume, 2017).

---

3) 321쪽 이후를 참고하라.

(2) 인지행동상담[4]

인지행동상담은 중독자가 자신의 왜곡되고 비합리적인 중독적 사고를 발견하여 고쳐 나가도록 돕는 것이다.

중독자가 가진 중독적 사고에는 '딱 한 번만 마약을 하겠다.' '오늘만 술을 마시겠다.' '한잔만 하면 아내가 모르겠지.'와 같은 허용적 신념과 '술을 마시면 사교적이 될 것이다.' '마약을 하면 기분이 끝내줄 텐데.'와 같은 기대 신념 등이 있다. 중독자가 '이제 어렵지만 참을 수 있다.' '오늘 하루 동안이라도 술을 마시지 않겠다.' 등은 통제적 신념이다. 상담자는 중독자의 회복을 위해서 중독자가 가진 중독적 신념을 경감하고 통제적 신념을 강화할 수 있도록 돕는다. 인지행동상담에는 이익과 손실을 비교하는 것, 중독자에 대한 질문을 통하여 중독자가 스스로 자기의 문제를 올바로 이해하도록 하는 소크라테스식 질문법 등이 많이 사용되고 있다(Beck & Wright, 2003).

중독자는 현실에 많은 문제를 가지고 있으나 문제에 대한 인식이나 해결 방법을 잘 모르고 있기에 문제해결능력을 가르칠 필요가 있다. 중독자가 스트레스를 적절히 관리하지 못하면 중독에 대한 갈망이 일어날 수 있어 상담자는 스트레스 관리기술을 가르칠 필요가 있다.

(3) 긍정심리상담

긍정심리상담은 인본주의적 이론이나 동양적 상담이론, 영성과도 관련된다. 긍정심리상담은 회복의 초기 및 유지기에 도움이 될 수 있는 것(조성남 외, 2024)으로 중독자의 장점이나 강점을 강화하여 중독의 위험으로부터 자기를 잘 지켜 나가도록 하는 데 있다. 중독자에 대한 긍정심리상담 프로그램의 예로는 '자기사랑하기 프로그램'(박상규, 2002)과 '행복 48단계 프로그램'(박상규, 2011) 등을 들 수 있다. '자기사랑하기 프로그램'에서는 자기 자신을 잘 이해하고 사랑함으로써 중독 대상으로부터 벗어나는 데 목표가 있다. '행복 48단계 프로그램'에서는 행복의 첫걸음 나를 알아 가기, 자기사랑의 행복, 자기조절을 통한 행복, 행복한 대인관계 등을 주제로 하며 총 48회기로 구성되어 있다. 이처럼 긍정심리상담에서는 삶의 의미와 목표, 감사, 용서 등의 영성적 개입을 활용하고 있다. 중독자의 회복에 있어 영성은 많

---

4) 281쪽 이후를 참고하라.

은 도움이 된다(Gedge & Querney, 2014).

(4) AA, GA 등 자조모임

AA(Acoholistics Anonymous)와 GA(Gamblers Anonymous) 등의 자조모임은 중독자의 회복에 효과가 있음이 검증되고 있다. 12단계는 특정한 신앙을 강조하지 않으나 자아(ego)를 떠난 영성적 내용이 강조된다(Ferentzy, Skinner, & Antze, 2010). 자조모임을 통해서 중독자가 자기의 감정을 잘 표현할 수 있게 되며 참여한 사람으로부터 회복에 필요한 정보와 기술을 배울 수 있는 장점이 있다. AA 12단계의 내용은 다음과 같다.

- 1단계: 우리는 알코올에 무력했으며 스스로 생활을 처리할 수 없게 되었다는 것을 깨닫고 시인한다.
- 2단계: 우리보다 위대하신 힘이 우리를 건전한 본정신으로 돌아오게 해 주실 수 있다는 것을 믿는다.
- 3단계: 우리가 이해하게 된 대로 그 신의 보살핌에 우리의 의지와 생명을 완전히 맡기기로 결정한다.
- 4단계: 철저하고 두려움이 없이 우리의 도덕적 생활을 검토한다.
- 5단계: 솔직하고 정확하게 우리가 잘못했던 점을 신과 우리 자신에게 그리고 어느 한 사람에게 시인한다.
- 6단계: 신께서 우리의 이러한 모든 성격상 약점을 제거해 주시도록 우리는 준비를 완전히 한다.
- 7단계: 겸손한 마음으로 신께서 우리의 약점을 없애 주시기를 간청한다.
- 8단계: 해를 끼친 모든 사람의 명단을 만들어서 그들에게 기꺼이 보상할 용의를 갖는다.
- 9단계: 어느 누구에게도 해가 되지 않는 한, 할 수 있는 데까지 어디서나 그들에게 직접 보상한다.
- 10단계: 계속해서 자신을 반성하여 잘못이 있을 때마다 즉각 시인한다.
- 11단계: 기도와 명상을 통해서 우리가 이해하게 된 대로의 신과 의식적인 접촉을 증진하려고 노력한다. 그리고 우리를 위한 그의 뜻만 알도록 해 주시며 그것을 이해할 수 있는 힘을 주시도록 간청한다.

• 12단계: 이러한 단계로 생활해 본 결과, 우리는 영적으로 각성되고, 알코올중독자에게 이 메시지를 전하려고 노력하며, 우리 생활의 모든 면에서도 이러한 원칙을 실천하려고 한다.

이러한 12단계는 가족의 12단계와 상담자의 12단계가 있다. 가족은 중독자에게 무력함을 느끼고 신에게 의지한다. 상담자 또한 자신의 힘으로 중독자를 치유할 수 없음을 인정하고 신에게 도움을 청하는 겸손함을 가져야 한다. 12단계는 중독의 회복이 영성적 변화임을 알게 한다.

8) 중독상담자의 태도

상담자는 중독자가 변화할 수 있다는 믿음을 가지고 친구처럼 편안하게 중독자를 대해야 한다. 비록 중독자의 회복 과정이 쉽지 않더라도 매 순간 최선을 다할 수 있어야 한다. 회복 과정에 따라 상담자의 역할이 달라져야 한다. 특히 회복의 초기에는 보다 적극적이며 포괄적일 필요가 있다(문봉규, 강향숙, 박상규, 2023).

상담자가 전문가적 태도로 중독자에게 무엇을 지시하려 하거나 가르치면 중독자의 저항이 일어나고 라포 형성이 안 되어 상담의 진행이 어렵다. 상담자는 경청과 공감을 하면서 중독자가 요구할 경우에는 구체적 기술이나 문제해결법을 알려 주어야 한다. 그러나 가장 중요한 것은 상담자와 중독자가 서로 신뢰하고 존중하는 관계 형성이다. 상담자는 중독자가 희망을 잃지 않고 행복한 삶을 선택할 수 있도록 자신감과 자기효능감을 높여 주어야 한다. 중독으로부터 회복 중인 몇 분은 상담자의 경청과 공감이 중요함을 다음과 같이 말하고 있다.

> "상담자는 중독자의 고충 및 고민거리를 정확하게 인지해야 한다. 상담자는 중독자에게 무엇을 가르치려고 하기보다는 그냥 들어 주면 좋겠다. 어려운 말을 했을 때 해결책을 내지 말고 그냥 잘 공감해 주면 좋겠다."
> "내면의 근원적인 마음을 잘 끄집어낼 수 있도록 상담자가 잘 들어 주었으면 한다."
> "상담자가 온전히 내담자의 편인 것을 느낄 수 있도록 충분한 라포가 형성되어야 한다."

9) 중독상담자의 마음챙김

상담자는 상담과정에서 일어나는 자기의 마음을 잘 살펴야 한다. 상담자는 자신의 경험과 가치관, 문제 등이 지금 만나는 중독자에게 집중하는 데 방해하지 않도록 자기의 마음을 잘 주시하여야 한다.

상담자는 지금 자신이 만나는 중독자를 잘 이해하고 공감하면서 자신의 몸과 마음에서 일어나는 변화를 잘 주시하고, 상대와 상황에 맞는 언어적 및 비언어적 태도를 나타내어야 한다. 상담자는 중독자마다 심리적 특성, 상황이 다름을 잘 이해하여 지금 이 상황의 이 사람에게 가장 적절한 것이 무엇인지를 잘 알고 반응할 수 있어야 한다.

중독자에 대한 상담은 상담자를 쉽게 소진하게 할 수 있다. 마음챙김은 상담자의 심리적 소진을 예방하고 심리적 건강을 촉진하여 내담자에게 더 효율적인 상담을 할 수 있게 한다(심지은, 윤호균, 2008). 상담자의 지속적인 자기주시는 상담자와 중독자 모두에게 도움을 준다.

10) 상담자의 윤리

상담자가 기본적으로 지켜야 할 윤리는 다음과 같다.

(1) 중독자의 행복과 이익을 우선으로 하기

상담자는 중독자가 변화되기를 바라면서 중독자의 행복과 이익을 우선으로 해야 한다. 상담자 자신이나 전문가 집단의 이익보다는 중독자가 잘 회복하도록 하는 데 우선을 두어야 한다.

(2) 더 나은 방법을 찾아보기

상담자는 지속적으로 내담자의 변화를 평가하면서 지금보다 좀 더 나은 방법이 없는지를 강구해야 한다.

(3) 중독자에 대한 비밀보장

중독자와의 상담에 대한 비밀이 보장되어야 한다. 그러나 중독자가 자신이나 타인의 생명에 위협을 주는 등의 문제를 유발할 가능성이 있는 경우에는 예외로 할 수 있다.

(4) 다른 전문가 및 기관과의 네트워크

중독자의 회복을 위해서는 다양한 전문가 및 기관과의 네트워크가 필요하다. 상담자는 중독자가 자신이 원하는 지역사회에서 잘 적응할 수 있도록 최선을 다해야 한다. 상담자는 중독자에게 가장 도움을 줄 수 있는 전문가가 누구인지를 알아보고 의뢰할 수 있어야 한다. Bissell과 Royce(2010)는 상담자라면 다음과 같은 역량과 책임을 가져야 한다고 강조한다.

첫째, 중독상담자가 되기 위해서는 약물중독 상담훈련을 비롯하여 최소한 석사 이상의 학위를 가져야 한다. 만약 자신이 도움을 줄 수 없는 경우에는 다른 전문가에게 의뢰하는 등 최선의 환경을 제공해야 한다.

둘째, 상담자는 중독자가 배우자 학대나 아동학대, 범죄 등에 대해 책임감을 갖게 하는 윤리적 의무를 가진다.

셋째, 상담자는 지속적으로 지식과 기술 개발을 위해 노력해야 한다.

INTRODUCTION TO ADDICTION COUNSELING

제**2**장

중독의 분류와 평가

김선민 · 신성만 · 이은경

이 장에서는 물질중독과 행동중독의 역사, 이론, 정의 그리고 각각의 하위 유형에 대하여 알아보고자 한다. 중독상담에서 쓰이는 평가의 의미에 대해서도 소개한다.

1. 물질중독의 이해

1) 약물[1]이란 무엇인가

약물의 범주에는 물질(substance), 마약(drug), 향정신성약품(psychoactive medication) 등이 포함되는데 이 장에서는 이 모두를 약물로 통칭한다. 약물은 향정신성물질(psychoactive drug)로서 기본적으로 뇌와 중추신경계(Central Nervous System: CNS)에 작용한다. 중추신경계는 뇌(brain)와 척추(spinal cord)로 이루어져 있다. 중추신경계에 작용한다는 의미에서 알코올도 약물에 포함된다.

약물의 중요한 특징은 그것이 우리의 정서, 사고, 판단력, 인지 및 행동을 변화시키고 왜곡한다는 것이다. 약물의 효과는 긍정적일 수도 있고 부정적일 수도 있다. 약물의 사용이 지

---

1) 81쪽 이후를 참고하라.

속적으로 부정적인 결과를 야기함에도 불구하고 사용하는 경우, 우리는 약물문제가 있다고 본다.

인간의 충동적인 행동인 과식, 도박, 스릴 있는 위험한 행위 등은 약물중독과 같은 증상을 보이고 또한 신경전달물질의 뇌 활동도 유사하지만 이 장에서는 향정신성물질인 약물만을 다루도록 한다.

2) 약물의 분류

향정신성물질들과 그 작용 방식, 임상적 효과, 사용법이 다양하다 보니 단일한 분류를 제안하는 데 어려움이 따른다(Richard, 2011).

약물을 다양하게 구별하지만 이 장에서는 다음과 같이 구별하여 논의하고자 한다.

① 약물의 역할을 중심으로 구별
- **아편류**(opioid): 헤로인, 모르핀, 아편, 다양한 합성 CNS 진통제
- **진정제, 수면제**: 바비튜레이트, 벤조디아제핀, 알코올
- **흥분제**: 메스암페타민, 암페타민, 코카인, 니코틴, 카페인
- **환각제**: LSD, 메스칼린
- **기타 흥분-환각제**: MDMA(엑스터시), 펜사이클리딘(PCP), 캇(khat)

② 남용가능성을 중심으로 구별
미국 FDA의 「향정신성물질통제법(Controlled Substance Act: CSA)」에서 남용가능성과 위험성을 기준으로 마약 분류를 하였다.

- 남용할 경우 공중보건에 심각한 위험을 초래하고 현재 치료에 가치 있는 것으로 받아들여지지 않는 것으로서 헤로인, LSD, 카나비스, 페요테, 엑스터시 등이 있다.
- 남용할 경우 공중보건에 심각한 위험을 초래하면서 치료에 가치가 미미하거나 중간 수준에 그치는 물질들로 모르핀, 아편, 코데인, 암페타민, 메스암페타민과 리탈린(ADHD 치료제) 등이 있다.

- 남용할 경우 공중보건에 심각한 위험을 초래할 가능성이 있으나 중간 수준에서 상당 수준의 치료에 가치를 지닌 물질들로 케타민, 아나볼릭 스테로이드, 부프레놀핀(수복손, 부수텍) 등이 있다.
- 남용으로 인한 공중보건상의 위험은 미약하지만 확실한 치료에 가치를 지닐 물질들로서 벤조디아제핀 계열, 피노바비탈류 등이 있다.

③ 천연물과 합성물로 구분

- 마약류(narcotic)는 천연물질과 합성물질로 나뉠 수 있다. 천연물질로부터 만들어진 것으로는 아편, 모르핀, 헤로인 등이 있다. 약리작용으로는 중추신경억제제로 진정 및 진통의 의학적 용도를 갖고 있다. 강력한 도취감과 신체 조정력 때문에 남용할 가능성이 매우 높으며 한번 작용하면 3~6시간 정도 약효가 지속된다.
- 코카인도 천연물질로부터 만들어졌고 아편류와 달리 중추신경흥분제로서 국소마취의 의학적 용도를 갖고 있다. 흥분과 정신 혼동 등의 효과를 갖고 있고 작용 시간은 2시간 정도이다.
- 합성마약으로는 미국 및 유럽에서 많이 사용되고 있는 메사돈(methadon)이 있다. 아편류와 동일하게 중추신경억제제로서 진정 및 진통 작용을 하며 작용 시간은 12~24시간이다. 아편류 남용자, 특히 헤로인 남용자들에게는 메사돈 클리닉(Methadon Clinic)에서 메사돈과 상담 및 사례관리를 통해 공중치안 및 공중보건의 향상과 약물 의존자들의 삶의 질 향상을 도모하고 있다.
- 합성물질로 제조된 향정신성물질 중에는 중추신경각성제인 메스암페타민(히로뽕)이 있고 중추신경억제제로는 바비탈류와 벤조디아제핀이 있으며 LSD도 이에 속한다.

④ 협약이나 법에 의해 규정

1971년 유엔은 향정신성물질에 관한 협약에서 향정신성물질들은 의존, 중추신경계 기능 변형(우울증 혹은 흥분, 환각)을 초래하고 남용하거나 해롭게 사용되는 것으로 규정하였다. 이 협약에는 담배나 알코올은 포함되지 않는다.

약물을 법적으로 규제하여 통제하고 용도에 맞지 않게 사용하거나 거래할 경우 법적으로 제재를 받는다. 우리나라에서는 대마, 마약 및 향정신성약품을 법적으로 정하여 통제하고 있다.

3) 약물중독과 관련된 용어

- **물질사용장애**(substance use disorder): 물질사용장애 환자들은 임상적으로 중대한 고통이나 기능의 손상을 경험할 정도로 물질을 취하여 어떤 행동적 특징을 갖는다. 이러한 사용을 병리적 사용이라 하는데 이는 어떤 긍정적인 효과보다 부정적인 효과가 훨씬 클 정도로 물질을 사용하는 것이다. 병리적 사용은 항상 증상 및 부적응적인 행동 변화와 연관된다. 물질사용장애는 카페인을 제외한 모든 계열의 약과 관련이 있으며 특히 만성통증을 치료하기 위해 처방약을 사용하면서 결과적으로 발생할 수도 있다.

- **물질중독**(substance addiction): 과도한 물질사용을 한 시기에 급성 임상적 상태가 야기될 수 있다. 어느 누구라도 중독될 수 있다. 이 진단은 단 한 번만 물질을 사용한 사람에게도 적용이 가능한 유일한 물질 관련 진단이다. 니코틴을 제외한 모든 약물이 중독에 대해 특정한 증후군을 보인다.

- **금단**(withdrawal): 빈번하게 물질을 사용했던 사람들이 물질을 중단하거나 물질사용의 양을 현저하게 줄일 때 특정한 증상의 집합을 경험할 수 있다. 펜사이클리딘(PCP), 기타 환각제 및 흡입제를 제외한 모든 물질이 공식적으로 확인된 금단증후군을 보인다.

- **후금단**(post acute withdrawal): 장기간 사용하던 약물의 중단 혹은 감소가 일정 기간 지난 후에 나타나는 금단증상으로 그 양상은 사람마다 다르게 나타난다. 재발방지를 위해 충분한 교육이 필요하다.

- **내성**(tolerance): 약물을 반복 사용함에 따라 신체의존이 점점 강해지고 약물의 효과가 점차적으로 감소하여 동일한 효과를 얻기 위해 예전보다 더 많이 약물이 필요한 것을 말한다.

- **교차내성**(cross tolerance): 약물의 구조나 작용이 비슷한 약물 중에서 한 가지의 약물에 내성이 생긴 사람에게 전혀 투여한 일이 없는 다른 약물을 투여했을 때도 내성이 나타나는 경우를 뜻한다.

- **유발인자**(trigger): 중독행동을 하게끔 자극하는 생각, 개념, 사람, 장소, 사물 또는 감정 상태를 말한다. 거의 모든 것이 유발인자가 될 수 있다. 유발인자 자체는 해로운 것이라고 할 수 없지만 그것이 마음속에서 만들어 내는 연결들이 약물을 하게 할 가능성이 높다.

- **갈망**(craving): 기존에 사용했던 약물을 다시 사용하고자 하는 욕망을 말한다. 생화학적인 요소에 의해 신체적으로 의존되어 생길 수도 있고 유발인자에 의해 촉발될 수도 있다.
- **시소**(teeter-totter) 원칙: 약물의 효과와는 반대로 경험되는 금단증상을 의미한다.

4) 약물중독의 원인

중독 'addiction'의 어원은 라틴어 'addicere'인데 '~에 사로잡히다' '~의 노예가 되다'라는 뜻이다. 어떠한 물질이나 행동에 비정상적으로 집착을 보이고 통제하지 못할 때 결국 그것이 나를 노예로 삼고 통제하게 된다는 의미이다(Nakken, 2008). 중독은 독이 체내에 들어와 납중독, 농약중독처럼 중독증상을 일으키는 것이 아니라 정신적으로 어떤 대상이 없으면 견디지 못하는 의존적인 현상이다(Nakken, 2008). 뇌는 전 영역에서 의사전달을 유사하게 하지만 각 영역별로 특정 기능을 수행하고 조절한다.

① 약물이 주로 영향을 주는 뇌 부분
- **뇌간**(brain stem): 심장박동, 호흡 등과 같은 생명유지에 필요한 기능을 담당한다.
- **대뇌피질**(cerebral cortex): 지각한 정보를 처리하고 사고, 계획, 문제해결 및 판단 기능을 한다.
- **대뇌 변연계**(limbic system): 이 부분에 뇌의 보상회로가 있다. 정서적 기억과 희열을 느끼는 것을 조절하고 통제하는 역할을 한다.

② 약물과 뇌의 메커니즘
사람들은 희열 또는 최고의 기분이나 고통을 피하기 위해 술이나 약물을 사용한다. 술과 약물은 신경전달물질인 도파민을 활성화함으로써 뇌의 보상체계를 자극한다. 도파민 회로는 새로운 기억을 만드는 뇌의 해마(hippocampus)와 감정을 다스리는 대뇌 변연계에 의해 둘러싸여 있다. 술이나 약이 도파민 체계를 활성화하면 해마가 작동되고 약물을 했을 때의 경험을 매우 명확하게 기억할 수 있게 보장해 준다(Jarvis, Tebbutt, Mattick, & Shand, 2010).

대뇌 변연계는 강한 감정적인 반응이 섞이게 만든다. 알코올이나 약물을 사용하는 데 연관이 된 사람, 장소, 물건이나 또는 감정적인 상태가 해마로 하여금 도파민 체계를 자극하도록 해서 아주 좋은 느낌을 경험할 것이라고 예측하도록 한다. 술이나 약이 도파민 체계를 활성화하면 해마가 작동되고 약물을 했을 때의 경험을 매우 명확하게 기억할 수 있게 보장해 준다. 이것이 약물을 하고 싶은 강한 충동을 불러일으킨다(Jarvis et al., 2010). 약물은 뇌의 의사소통체계에 관여하는데 메시지의 송수신 과정을 방해함으로써 약물의 효과를 느끼게 한다.

헤로인이나 마리화나는 뉴런을 활성화하는데 그것들의 화학구조가 자연적 신경전달물질과 유사하기 때문이다. 비록 유사하여 활성화를 하기는 하지만 정상이 아니라 모방할 뿐이기 때문에 뇌의 의사소통은 정상적이지 않게 된다. 암페타민이나 코카인인 경우에는 신경세포로 하여금 과도한 양의 신경전달물질을 분비하도록 하거나 분비된 신경전달물질이 재흡수(reuptake)되는 것을 방해하도록 한다. 이러한 과정에서 메시지가 강화되어 궁극적으로 의사소통을 왜곡하게 된다.

약물중독의 원인을 어떻게 이해하느냐에 따라서 그 치료 접근이 달라질 수 있다(Colombo, 2017).[2]

- **도덕 · 의지모델**: 약물사용은 개인의 도덕적 결함 때문이고 충동조절능력이 없기 때문이라고 본다. 그러므로 도덕적으로 살도록 하는 것이 치료 접근이고, 의지를 키워 주는 데 치료를 집중한다.
- **질병모델**: 약물중독을 뇌질병(brain disease)으로 보며 중독자들에게 질병 발생에 대한 책임을 묻지 않기 때문에 처벌 대신 인간적인 치료를 정당화하게 되었다.
- **사회학습모델**: 도덕 및 의료 모델의 대안으로, 중독을 행동의 문제로 보고 과도하게 학습된 비적응적 학습 패턴으로 규정한다. 환경에 대한 개인의 관계 변화에 초점을 둔다.
- **성격모델**: 성격장애나 정상적 발달이 혼란되어 나타나는 증상으로 보고 성격의 재구조화에 초점을 둔다.
- **사회문화모델**: 사회가 허용적이고 소비가 많아질수록 중독문제가 증가된다고 보고 개인의 행동에 미치는 사회 환경의 책임을 중요시한다.

---

2) 346쪽 이후를 참고하라.

- **공중보건모델**: 이 모델에서는 중독을 질병이라고 이해하고 개입하는데 그 원인을 세 가지 유형으로 분류한다. 질병의 여부는 대리매개체(약물), 주체[개인의 문제(가족력 포함)], 환경 사이의 상호작용의 결과이다.

약물중독은 다양한 요인들이 물질 관련 장애의 발병과 진행에 기여한다고 본다. 유전적·환경적 요인이 복합적으로 작용한 결과이다. 최근에는 생물심리사회적 요인이 복합적으로 연관되어 있다는 관점을 수용하는 편이다(임숙빈, 김선아, 김성재, 이숙, 현명선, 2017).

5) 신체에 미치는 영향

약물을 함에 있어서 약물의 반감기 등 약물 자체를 이해하는 것도 중요하지만 그 약물을 어떻게 이용했는지를 이해하는 것도 중요하다.

① 약물의 일반적 대사 과정
대사는 우리의 몸에서 끊임없이 이루어진다. 음식으로부터 화학적 반응을 통해 신체에너지를 얻는다. 모든 약물은 이와 같이 섭취와 대사 및 배설의 과정을 거친다. 우리 몸에 약물이 들어오면 신체는 그것을 분해하고 제거하기 시작한다. 간은 대부분의 외부 물질을 대사하는 장기이고 신장이 그러한 과정을 돕는다. 약물이 대사되면 우리 몸에서 소변이나 대변, 땀, 침, 호흡을 통해서 배출된다.

② 약물 대사에 영향을 미치는 요소
약물의 대사에 영향을 미치는 요소 중에는 개인의 연령, 사용한 기간 및 사용량 등이 있다. 어린이와 노인의 몸은 약물대사가 좀 더 느리고, 많은 약물을 자주 한 사람은 약물의 대사가 빠를 수 있다.

6) 약물 사용 방법

약물을 섭취하는 방법은 다음과 같이 다양하다. 약물의 효과가 뇌에 빨리 도달할수록 약물효과는 강화된다. 또한 약물을 하는 방법에 따라 효과를 느끼는 시간이 다르다. 약물을 피우면 그 효과는 7~10초면 느껴지고 동맥주사는 15~30초, 근육 및 피하주사로는 3~5분이면 약물의 효과를 느낀다. 코점막을 통해 흡입할 경우에는 3~5분, 삼킬 경우에는 20~30분, 피부를 통해 흡수할 경우에는 천천히 오랜 기간 효과가 지속된다. 약물을 하는 방법은 다음과 같다.

- 삼키기(swallowing)
- 코로 흡입하기(snorting)
- 피우기(smoking)
- 연기 흡입(inhaling fumes)
- 근육주사(intramuscular injection: IM)
- 피하주사(subcutaneous injection: SC)
- 동맥주사(intravenous injection: IV)
- 피부 위(topical)
- 혀 밑에 녹이기(sublingual)

7) 약물중독의 특징

- 내성과 금단: 개인은 보통 생리적으로 영향을 받게 된다. 이것은 물질을 내성이나 금단을 일으킬 만큼 장기적으로 사용하였음을 의미한다. 내성은 갈망을 만족시키는 데 사용하는 약물의 양이 증가함을 의미하며, 금단은 음주나 물질사용을 갑자기 줄였을 때 나타나는 증상이다.
- 통제력 상실: 개인이 의도한 것 이상의 양을 사용하는 것이다. DSM-5에서는 처음으로 갈망을 하나의 증상으로 포함하고 있다.
- 물질사용의 결과로 발생하는 부정적인 문제들이다(Morrison, 2015).

모든 향정신성물질은 앞에 언급한 세 가지 기본적인 장애 유형을 야기한다(이승욱, 신지영, 김현숙, 2016).

8) DSM 기준

약물은 독특한 위험성으로 인해 의약품인 경우에는 법으로 정해 특별 관리제도를 마련하고 또한 남용문제를 예방하기 위해 사용을 통제한다.

법과는 별도로 물질사용장애를 구별하여 진단하기 위해 질병 및 관련 건강 문제의 국제통계 분류 ICD(International Statistical Classification of Diseases and Related Health Problems)와 DSM(Diagnostic and Statistical Manual of Mental Disorders)을 사용된다. ICD는 열한 번째 버전이고, DSM은 다섯 번째 버전을 사용하고 있다.

DSM-5에서는 이전 버전과 달리 물질의존과 물질남용을 구분하지 않고 물질사용장애라고 불리는 하나의 커다란 집합으로 통합하였다. 중독은 크게 '물질 관련 중독'과 '비물질 관련 중독'으로 나눈다. 새로 개정된 DSM-5에서는 '중독 및 관련 질환(addiction and related disease)'이라는 새로운 카테고리를 만들어 물질중독과 도박을 하나의 범주로 묶어 논의하고 있다. DSM-5에는 알코올, 담배, 카페인, 대마계의 카나비스, 환각제, 흡입제, 아편류, 진정제, 수면제 또는 항불안제, 흥분제, 기타 물질(스테로이드, 코르티솔, 카바)을 중독을 유발할

표 2-1 물질 관련 및 중독 장애의 하위 유형과 핵심 증상

하위 장애			핵심 증상
물질 관련 장애	물질사용장애		술, 담배, 마약과 같은 중독성 물질을 사용하거나 중독성 행위에 몰두함으로써 생겨나는 다양한 부적응적 증상
	물질유도성 장애	물질중독	특정한 물질의 과도한 복용으로 인해 일시적으로 나타나는 부적응적 증상
		물질금단	물질복용의 중단으로 인해 일시적으로 나타나는 부적응적 증상
		물질/약물유도성정신장애	물질남용으로 인해 일시적으로 나타나는 정신장애 증상
비물질 관련 장애	도박장애		심각한 부적응 문제를 유발하는 지속적인 도박행동

출처: 권석만(2014).

수 있는 물질로 분류했다. 대부분의 진단용어는 논의된 거의 모든 물질에 적용된다.

DSM-5에 의하면 진단받는 시점을 기준으로 지난 12개월 동안 약물사용자가 목록에 기록된 열한 가지 중에서 적어도 두 가지를 경험하여야 한다. 즉, 1년 동안 개인적 삶 그리고 대인관계적 삶에 부정적인 영향이 있었는지, 고용 여부에 영향을 주었는지, 사용의 양이나 횟수를 통제하기 어려웠는지, 약물로 인해 건강과 안전에 부정적인 영향을 받았는지와 약물사용으로 인해 내성과 금단을 경험했는지가 요지이다.

표 2-2   물질사용장애의 진단 기준(DSM-5)

조절능력 손상	1) 원래 의도했던 것보다 더 많은 양이나 오랜 기간 동안 물질을 사용한다. 2) 물질사용을 중단하거나 조절하려고 계속 노력하지만 뜻대로 안 된다. 3) 물질을 구하거나 물질을 사용하거나 또는 물질의 효과에서 벗어나기 위해 많은 시간을 보낸다. 4) 물질사용에 대한 강한 욕구와 사용하고 싶은 충동으로 물질사용을 갈망한다.
사회적 손상	5) 반복적인 물질사용으로 직장, 학교, 가정에서 중요한 역할 책임을 수행하지 못한다. 6) 물질의 효과로 인해 사회적 문제나 대인관계 문제가 지속적으로 또는 반복적으로 야기되거나 악화됨에도 불구하고 계속 물질을 사용한다. 7) 물질사용으로 인해 중요한 사회적·직업적 활동 및 여가활동을 포기하거나 줄인다.
위험한 물질사용	8) 신체적으로 해가 되는 상황에서도 반복적으로 물질을 사용한다. 9) 물질사용으로 인해 지속적이고 반복적으로 신체적·정신적 문제가 생기거나 악화된다는 것을 알면서도 계속 물질을 사용한다.

약물학적 진단 기준	10) 내성(다음 중 하나로 정의됨)
	  a) 원하는 효과를 얻기 위해 물질사용량의 뚜렷한 증가가 필요하다.
	  b) 동일한 용량의 물질을 계속 사용할 경우 효과가 현저히 감소한다.
	11) 금단(다음 중 하나로 정의됨)
	  a) 사용하던 물질을 중단하거나 감소시킴으로써 물질의 특징적인 금단 증후군을 경험한다.
	  b) 금단증상을 완화하거나 피하기 위해 물질을 사용한다.

* 지난 12개월 사이에 최소한 2개 이상 나타난 경우: 2~3 경도, 4~5 중중도, 6개 이상 고도

출처: 권석만(2014).

9) 약물과 공존장애

DSM-5에서는 물질사용과 관련된 장애를 포함하고 있다. 이러한 장애는 중독이나 금단 기간 동안 경험되거나, 물질 오용(misuse) 및 금단증상이 사라진 이후에도 오랫동안 지속되는 물질사용의 결과로 나타날 수 있다(이승욱 외, 2016).

① 원인과 결과
정신장애를 보이는 것이 약물과 독립적인 것인지 아니면 관련이 있는 것인지에 대해 살펴보는 것이 중요하다(Morrison, 2015).

- 만약 다른 정신장애가 먼저 발생한 것이라면 그 장애는 물질과 관련 없이 독립적으로 나타난 것이다. 반사회성 성격장애, 양극성 장애 및 조현병은 대체로 물질사용 이전에 발생하는 경향이 있다.
- 만약 어떤 장애가 먼저 발생한 것인지가 확실하지 않다면, 진단 미정(undiagnosed)을 고려하는 진단 원칙을 적용해야 한다. 물질사용이 다루어진 뒤에 어떤 일이 발생하는지를 신중하게 관찰해야 한다.
- 물질과 관련된 정신장애는 한 달 이내에 감소되거나 사라져야만 한다. 만약 해독된 뒤에도 증상이 지속되거나 오히려 증가된다면 해당 정신장애를 물질과 관련 없는 독립적인 정신장애로 보아야 한다.

② 약물중독과 관련된 정신장애
- **신경인지장애**: 알코올, 진정제 그리고 흡입제의 장기적인 사용에 의해 유발될 수 있다(예, 코르사코프 정신증).
- **정신병적 장애**: 마리화나 사용이 정신병적 장애 위험을 높인다. 조현병인 경우에 담배가 질병의 증상을 감소하고 인지를 향상시킨다는 연구가 있다(NIDA, 2010).
- **기타**: 기분(양극성 혹은 우울)장애, 불안장애, 강박 및 관련 장애, 수면-각성 장애, 성기능부전, 섬망 등도 약물중독과 관련이 있다.

③ 외상(트라우마)

신체적으로나 정신적으로 외상을 겪은 사람들은 처방약이나 불법약물을 남용할 위험이 높다.

④ 약물과 자살 및 정신건강

약물사용자는 약물을 사용하지 않는 사람들에 비해 자살사고를 많이 한다. 공존장애를 갖고 있는 내담자를 구별하는 것이 중요하다. 내담자의 정신장애 증상을 안정시키고 재발에 영향을 미치는 내담자의 정신장애 증상을 줄이는 노력이 필요하다. 내담자의 안전을 위해 더욱 특별한 조치를 취하여야 한다.

10) 약물중독의 신체적 위험(Twerski, 1997)

약물사용자는 약물사용으로 인해 영양실조, 충치, 호흡기 질환, 불규칙한 월경, 피부병, 성병이나 간과 관련된 질병에 걸리기 쉽다. 임신 기간 중의 약물사용은 신생아의 정상발육에 영향을 주고 금단증상을 유발하기도 한다.

- 감염: 약물에 취한 채 벌이는 충동적이고 무분별한 성행위나 주사바늘을 함께 쓰는 행위를 통해 HIV 혹은 C형 간염 등에 감염되기 쉽다. 또한 주사바늘을 이용하여 동일한 부위에 반복적으로 약물을 투여하면 피부종양, 정맥 결절 등이 생길 수 있다.
- 독성반응: 여러 약물을 다양하게 섞어 과도하게 복용하여 야기된다.
- 탈수 및 고열: 디자이너 약물과 알코올을 함께 사용한 후 수분 섭취나 체온 조절을 하지 못해서 나타나는 증상이다.
- 과용(overdose): 유통 마약의 성분에 대한 통제가 되지 않음으로 인해 약물을 과용할 수 있다.
- 기타 신체반응: 알약이나 작은 조각이 포함된 용해약물을 주입하여 색전증이 발생하거나 불결한 도구 사용으로 인해 세균에 감염될 수 있다. 또한 대마초 계열을 피울 때 기관지염이나 폐질환 같은 니코틴 흡연과 유사한 위험에 노출될 수 있다.

2. 행동중독의 이해

1) 행동중독의 역사 및 정의

(1) 행동중독의 역사

행동중독은 고대부터 인류와 함께해 온 현상이다. 한 예로, 고대 그리스와 로마의 문헌을 살펴보면 무질서한 성중독과 도박중독에 관한 기록을 찾을 수 있다(김용현, 신재헌, 김상운, 2010). 하지만 행동중독에 대하여 정신의학 및 심리학 분야에서 관심을 가지기 시작한 것은 최근의 일이다. 2000년에 DSM-IV-TR(Diagnostic and Statistical Manual of Mental Disorders, Text Revision)이 발간되었을 때, 행동중독의 하위 범주인 도박장애가 충동조절장애의 하위 범주인 병적 도박(pathological gambling)으로 분류되었던 것처럼 과거에 행동중독은 충동장애의 일종으로 다루어졌다. 하지만 2013년 DSM-5가 발간되면서 중독에 대한 개념화가 새롭게 이루어졌다. 그것은 바로 중독은 신체적인 의존 이상이고, 단순한 의존성보다는 자아-비친화적(ego-dystonic) 행동과 불법적인 행동들이 중독을 진단 내리는 것에 있어서 더 중요하며, 물질남용과 의존(substance abuse and dependence)이라는 용어보다 중독과 중독 관련 장애(addictions and related disorders)라는 용어가 더 적절하다는 것이다. 그 결과, DSM-5에서는 물질남용과 물질의존의 구분이 사라졌고, 법적 처벌 관련 내용이 삭제되었으며, 갈망 및 통제 불능적인 행동에 더 초점을 맞추게 되었다. 또한 신경과학 연구 결과, 특정 물질이나 기질 및 행동에 의한 중독들이 하나의 통합적인 신경생물학적 중독 기제로 작용해서 설명될 수 있다고 판단하여 행동중독도 물질중독과 같이 정신질환에 포함되었다. 이러한 흐름에 따라 DSM-5에서는 물질 관련 및 중독 장애(substance-related and addictive disorders)의 하위 범주인 비물질 관련 장애(non-substance-related disorders)에 도박장애(gambling disorders)가 포함되었고, 행동중독(behavioral addictions)이라는 용어가 공식적으로 정신의학 진단 목록에 포함되었다. 인터넷 관련 행동중독들은 새롭게 떠오르고 있는 행동중독의 한 범주이다. 인터넷중독 장애(internet addiction disorder)는 Tao 등(2010)의 연구 결과에 근거하여 제안된 용어이다. Tao 등(2010)에 의하면, 인터넷중독 장애의 진단 준거들과 특징들(인지적 과정과 감정의 현저성, 기분 전환을 목적으로 하는 중독행동 추구, 금단 및 내성,

행동에 대한 갈등, 재발 등)은 물질중독의 특징들과 유사하였다. 이에 DSM 전문가 집단은 인터넷중독에 대해서 추가적인 연구들이 필요하다고 판단하였고, 후속 연구를 위해 인터넷게임 중독을 부록에 포함시켰다. 성중독과 운동중독 그리고 쇼핑중독과 같은 행동중독의 다른 하위 범주들도 DSM-5에 포함시켜야 하는지에 대해 논의가 많았지만 이에 대한 근거가 부족했기 때문에 DSM-5에는 아직 포함되지 않았다.

(2) 행동중독의 정의 및 기준

Mark Griffiths(2005a)는 행동중독을 여섯 가지 구성요소들로 정의하였다. 첫 번째는 현저성(salience)으로, 이는 한 개인의 삶에서 특정 행동이 가장 중요한 활동이 되어 개인의 사고와 감정 그리고 행동을 지배하는 경향성의 정도를 의미한다. 두 번째는 기분 변화(mood modification)로, 이는 한 개인의 기분에 특정 행동이 미치는 영향을 의미하며, 이러한 특정 행동은 불쾌한 감각이나 정서로부터 벗어날 수 있는 탈출구 역할을 한다. 세 번째는 내성(tolerance)으로, 특정 행동으로 얻었던 이전의 보상을 다시 얻기 위한 행동의 양이 증가하여 특정 행동을 하기 위해 더 많은 시간을 할애하고, 특정 행동의 강도나 파괴성, 무모함과 자아-비친화적(ego-dystonic) 특질이 확대되는 것을 원하는 상태를 의미한다. 네 번째는 금단 증상(withdrawal symptoms)으로, 특정 행동을 하지 못했을 때 생기는 불쾌한 신체적 영향과 감정 상태를 의미한다. 다섯 번째는 갈등(conflict)으로, 특정 행동에 너무 많은 시간을 투자하여 발생하는 대인관계 갈등이나 타 활동과의 갈등 또는 개인 내부의 갈등을 의미한다. 여섯 번째는 재발(relapse)로, 조절이 가능했던 기간에서 이전의 문제 있던 과도한 행동 양식으로 반복해서 돌아가는 경향성을 의미한다.

그렇다면 특정 행동을 과도하게 하는 것을 행동중독이라고 정의 내릴 수 있는 기준은 무엇일까? 이를 규정하는 것은 매우 까다롭다. 왜냐하면 행동중독은 강화적이고 보상적인 특성을 가지고 있지만 동시에 흔히 정상적인 욕구라고도 불리는 음식, 사랑, 성관계, 돈 등과 관련된 행동 양식을 포함하고 있기 때문이다. 즉, 이러한 정상적인 욕구들에 관한 행동의 지나침이 일정 정도 이상에 도달했을 때 중독으로 간주할 수 있는 것이다.

12단계 자조모임은 중독을 "특정 물질이나 행동에 대한 빈도나 비율 또는 지속 기간에 대해서 통제력을 잃은 개인이 쾌감을 증가시키거나 고통을 감소시키기 위해서 특정 물질을 사용하거나 특정 행동을 하고, 이로 인한 부정적인 결과를 개인의 삶이 감당할 수 없는 것"이라고 정의한다(Denizet-Lewis, 2009, p. 8에서 재인용). 또한 Griffiths(2005a)는 특정 행동을 많이 하는 건강한 사람과 중독자의 차이에 대해 건강한 사람은 특정 행동을 통해서 삶에 가치가 있는 것을 얻는 반면, 중독자는 삶을 깎아내리는 것이라고 언급했다. 즉, 행동중독으로 진단 내릴 수 있는 중요한 근거는 특정 행동을 과도하게 하는 것보다는 부정적 결과에도 불구하고 특정 활동을 감소시킬 수 없는 것이라고 할 수 있다. 종합하자면, 행동중독은 쾌락을 제공하고, 신체적 및 정서적 불쾌감에서 도피시켜 주며, 행동을 조절할 수 없다는 무능감과 행동의 결과로 생긴 부정적인 결과를 감당할 수 없는 것이 특징이다(Goodman, 1990).

2) 행동중독의 이론 및 변화

중독에 대하여 설명하는 이론들은 많고 이를 분류하는 방법 또한 다양하다(McNeece & DiNitto, 2005). 이 책에서는 중독에 관한 이론을 원인-구조적 관점과 개입-재활적 관점으로 나누어 살펴볼 것이다.

(1) 원인-구조적 관점

원인-구조적 관점은 중독의 원인을 이해하고 이를 치료에 적용하려는 관점이다. 원인-구조적 관점의 대표적인 모델인 생물심리사회적 모델은 중독을 생물학적(유전적 및 신경생물학적 영향)·심리학적(인지, 행동, 정서적 영향)·사회문화적 요인들의 상호작용으로 설명하는 모델이다(Griffiths, 2005a).

① 생물학적 요인

생물학적 요인을 지지하는 이론들과 모델들은 중독자들이 중독으로 발전할 수 있는 체질적인 요인을 가지고 있다고 가정한다. 또한 의료 모델로 중독을 파악하고, 질병이라는 용어로 중독을 설명한다. 생물학적 요인들을 지지하는 주된 모델에는 유전 모델과 신경생물학적 모델이 있다.

- **유전 모델**: 유전 모델은 타고난 유전적 요인이 중독의 원인이라고 가정한다. 대표적인 연구로 중독에 이르기 쉬운 유전표식(genetic marker)을 입증하기 위한 연구들이 있다.

이러한 연구들은 유전자 생성물과 DNA 그리고 D2 수용기 유전자와 색맹 등을 조사하여 다형(polymorphisms)이 있는지를 조사하였다. Potenza(2006)는 문제성 도박자들의 염색체를 연구하는 과정에서 D2 도파민 수용기 유전자를 조사하여 D2A1 대립유전자의 이상성을 발견하였고, 이를 통해 병리적인 문제성 도박자들이 가지고 있는 중뇌 변연계(mesolimbic system) 구조의 낮은 활동성에 대한 근거를 발견했다. 유전 모델은 발전 가능성이 보이고 연구도 활발히 진행되고 있지만 한 개인이 가지고 있는 유전자의 수가 너무 많기 때문에 유전 모델에 대한 연구가 간단하지 않다는 한계를 가지고 있다.

- 신경생물학적 모델: 중독에 대한 신경생물학적 모델에는 대표적인 세 가지 이론이 있다. 첫 번째 이론은 보상/실행 기능 모델(the reward/executive function model)로, 중뇌 변연계와 내측 전전두피질의 변화에 초점을 맞추고 있다. 보상/실행 기능 모델은 복측 피개부(Ventral Tegmental Area: VTA)에서 중격의지핵으로 연결되는 도파민 뉴런이 활성화되면서 '기분 좋은 상태'가 되고 이것이 중독의 시작이라고 본다. 이와 같은 기제에 반복적으로 노출이 되면 전전두엽 피질로 글루타민이 더 많이 들어가게 되어 시냅스 전달체계와 신경구조, 유전자 표현이 점차 변화하고 신경구조가 중독반응을 야기하도록 바뀐다. 중독반응을 보이는 설치류의 신경가소성(neuroplasticity) 연구와 뇌 영상 연구는 이를 뒷받침한다(O'Brien, Volkow, & Li, 2006). 두 번째 이론은 개인의 의사결정 과정에서 생기는 취약성과 의사결정 기능의 저하에 초점을 맞추고 있다. Redish, Jensen과 Johnson(2008)은 느리고 민감성이 큰 신경연결을 보상 기반의 빠른 신경연결이 대신할 때 중독이 발달한다는 모델을 제안했다. 이 모델은 중독자들이 빠르고 역기능적인 신경연결들을 학습하며 이를 지속적으로 실행하여 중독에 빠진다고 가정한다. 이 모델은 Csikszentmihalyi(1990)의 최적 몰입(optimal flow)이라는 개념에서 나왔는데 최적 몰입은 정신적인 에너지가 특정 질서에 사로잡혀 완전히 깊게 열중하고 몰두하여 시간이 지나는 것을 자각하지 못하는 상태이다. Rosenberg, Carnes와 O'connor(2014)는 이를 발전시켜 중독을 개인이 파괴적이고 부적응적인 일종의 '최적 몰입' 상태에 빠진 것이라고 제안했다. 세 번째 이론은 세포 기억(cellular memory)에 초점을 맞추고 있다. 세포 기억과 관계가 있는 물질로 단백질 키나아제 M 제타(PKMzeta)가 있는데 이 PKMzeta는 장기 상승작용(Long-Term Potentiation: LTP) 및 장기기억 저장을 유지하는 데 있어 필요하다. 특히 측위 신경핵에서의 PKMzeta 활동은 보상 단서를 기억 및 유지하는 데

있어 매우 중요한 역할을 한다. Li와 동료 연구진(2011)의 쥐를 대상으로 한 실험에서, PKMzeta를 쥐의 세포 측위 신경핵에서 억제하자 쥐가 고지방 음식, 코카인, 모르핀 등과 같이 이전에 연합했던 환경적 보상 단서들을 잊는 결과가 나타났다. 이는 PKMzeta 세포 활동의 억제가 물질에 대한 갈망의 감소를 가져오도록 하는 기억의 소거 과정과 관련이 있다는 것을 의미하고 PKMzeta 세포 활동과 중독 간의 관련성이 깊다는 근거가 될 수 있다(Xue et al., 2012). 신경생물학적 모델의 지지자들은 이와 같은 물질중독의 현대적 모델들이 행동중독에도 마찬가지로 적용된다고 본다.

② 심리학적 요인
특정 행동에 대한 갈망은 마음과 정서로 인해 발생되기도 한다. 중독의 원인을 설명하는 심리학적 요인에 대한 모델은 다양하다. 대표적인 심리학적 요인에 대한 모델로 이 책에서 소개하는 모델은 정신역동 모델, 인지행동 모델이다.

• **정신역동 모델**: 전통적인 정신분석적 관점에서는 중독을 부적절한 양육과 애착장애, 적개심, 자아결함, 수음, 동성애 등과 연관해서 바라보았다. 현대에 이르러 정신역동적 관점에서 중독을 바라보는 견해 중 하나로, Dodes(2002)는 중독자들의 충동성이 중독행동의 이유가 아니라 촉발된 시점 이후로 중독행동에 대한 시도를 미룰 수 있기에 오히려 정신역동적으로 "특정 시기의 내적 갈등으로 인한 결과"로 더 잘 설명할 수 있다고 제안했다. Essig(2012)는 행동중독을 일종의 "실패한 해결책"이라고 표현했다. 중독자들은 회피하기 위해 중독행동을 반복하고, 대인관계의 욕구를 중독행동이 대신해서 충족시킬 것이라 믿으면서 자기 자신을 속인다는 것이다. Essig(2012)는 이렇게 자기 자신을 속이는 현상을 "시뮬레이션 함정수사(simulation entrapment)"라고 말하면서 행동중독자들이 가지고 있는 수치심을 언급했다. 정신역동의 관점에서 수치심은 중독행동의 결과만이 아니라 중독자들이 가지고 있는 피학적인 자기기만적 성격 특징이기도 하다. Bromberg(2001)는 중독의 핵심인 정서 조절의 어려움이 분열(dissociation)을 일으킨다고 주장하였다. 이는 정신적 외상의 결과일 수 있으며, 감각의 마비나 현실 도피를 원하는 것은 중독 과정을 부채질하기도 한다.
• **인지행동 모델**: 인지행동 모델에서는 특정 행동을 통해 불안 및 스트레스 혹은 긴

장 같은 불편한 심리 상태를 감소시키는 것이 개인에게 정적 강화를 제공한다고 가정한다. 인지행동 모델에서의 또 다른 설명은 즐거움을 경험하고 싶다는 바람 때문에 즐거운 행동을 반복하는 것 자체가 정적 강화가 된다는 것이다. Lubman, Yücel과 Pantelis(2004)는 중독자들의 높은 재발율과 부적응적 행동은 강박적 속성으로 개념화할 수 있다고 주장하였다. 이는 중독자들이 보상체계를 통제할 능력이 부족하며, 중독이 강박장애와 매우 유사한 점이 있다는 것을 의미한다. Stein, Chamberlain과 Fineberg(2006)는 충동성과 강박성이 어떻게 행동중독과 연관이 되는지를 ABC(Affect, Behavioral addiction, Cognitive control) 모델을 통해 설명했다. 이처럼 충동성은 중독과 강박-충동 행동에서 모두 특징적이며, 이러한 충동성에 대응하기 위한 인지적 조절을 강화하는 것이 인지행동 모델의 핵심 전략 중 하나이다.

③ 사회문화적 요인

사회문화적 모델은 문화 집단들과 하위 집단들 간의 유사점과 차이점을 관찰하여 구성된 것으로, 사회문화적 모델에 따르면 개인의 중독 가능성과 중독 양식 그리고 중독이 정의되는 방식은 모두 사회문화체계의 영향을 받는다. 중독에 관한 사회문화적 관점에 대한 연구는 지속적으로 진행되어 왔다. Bales(1946)는 특정 문화의 집합적 태도(collective attitude)가 중독행동의 유병률에 영향을 미친다고 주장하였다. Levin(1989)의 연구는 중독의 문화-특수성 모델을 지지하는데, 이는 많은 이들에게 지지를 받기도 하지만 동시에 특정 문화가 가지고 있는 문화적인 특수성을 무리하게 적용하거나 과잉일반화하여 고정관념화한다는 위험성 때문에 비판받기도 한다. 하위 문화 수준에서 중독의 사회 및 환경적 원인을 살펴보는 하위 문화 모델에 대해서도 수많은 연구가 있어 왔다. White(1998)에 의하면, 인구통계학적 변인들(성, 연령, 민족, 종교, 가족 배경, 사회경제적 계층 등)과 이와 연결된 변인들은 특정 문화 집단들에 따라 서로 다른 양상이 나타난다. 이는 개인이 속한 문화적 특수성에 맞는 검사와 진단이 필요하다는 것을 보여 준다.

(2) 개입-재활적 관점

① 배경

최근 행동중독이라는 영역이 대두되면서 기존의 원인-구조적 접근으로는 모두 설명되지 않는 부분이 생기게 되었다. 그에 따라 새로이 '습관'이라는 메커니즘에 대한 이해가 행동중독을 이해하는 데 필요하게 되었다. 습관은 학습된 행위가 되풀이되어 생기는 비교적 고정된 반응 양식으로서 습관형성은 뇌 영역 중 기저핵(basal ganglia)과 관련된 작용으로 이해할 수 있다. 습관형성에 대한 대표적인 연구들로는 Wolfram Schultz의 원숭이 실험을 통한 갈망 연구(Schultz, Apicella, & Ljungberg, 1993), MIT 연구진의 쥐 미로 실험 연구(Zhao et al., 2011) 등이 있다. 여기서 갈망이란 처음 경험했던 보상을 다시 경험하고자 하나 그 수준을 회복할 수 없으므로 경험하게 되는 심리 상태를 의미하는데, 이런 갈망으로 인한 개인 내적인 부적 상태를 개선하기 위해 보상 습득 과정을 반복하게 되면서 점차 중독적 습관으로 발전하는 것이다. 이러한 관점은 중독행동을 이해함에 있어 어떠한 원인이나 구조가 있다기보다는 개인의 습관적인 행동에 따라 이해를 달리해야 한다는 것이다. 즉, 치료하기보다는 조절해 나가는 방향으로 변화해야 한다는 것이다. 따라서 행동중독을 설명하기 위해서는 기존의 원인-구조적 관점에서 원인을 파악하고 구조를 이해하여 해결하는 접근이 아닌, 개입하고 재활하는 방향으로 조절해 갈 수 있는 접근이 필요하다.

② 폐해감소와 재기

개입-재활적 차원의 접근의 시작으로 폐해감소(harm reduction) 모델이 있다. 폐해감소 모델은 폐해감소에 대한 위계를 설정하고, 안전과 웰빙을 위협하는 폐해에 집중하는 모델이다(Newcombe, O'Hare, Matthews, & Buning, 1992). 폐해감소는 1980년대 중반부터 유럽의 여러 국가들에서 HIV가 유행하게 된 이후에 공중보건 문제를 해결하기 위한 것으로부터 개념이 태동했다(Marlatt, 1996). 행동중독에 있어서의 폐해감소 모델의 의의는 물질을 차단함으로써 치료가 되는 물질중독과는 달리, 인간의 삶에 있어서 지속적으로 이어질 수밖에 없는 행동에 관한 중독문제에 있어서 조절하고 관리할 수 있는 접근을 시도했다는 것이다.

한편, 재기(recovery)란 개인이 질병의 부재가 아닌 정신장애를 가졌다는 사실 자체를 받아들이고(Anthony, 1993) 이를 통합하여 새로운 자기상을 세우는 것을 의미하는 것으로서

(Deegan, 1988) 정신질환 분야에 대한 관심의 증가와 함께 발전한 개념이다. 재기의 개념은 최종적으로 개인이 앓고 있는 정신질환을 극복하는 것뿐만 아니라 더 나아가 삶에 적응하는 것을 의미한다. 행동중독에 있어 이러한 재기 개념의 적용점은 문제가 생긴 행동에 있어서 그러한 문제를 받아들이고 나아가 그러한 상황에서도 적절하게 삶에 적응하는 방식을 제공해 주고 있다는 것이다.

폐해감소 모델과 재기의 개념은 행동중독에 관하여 이전의 다른 모델 및 개념과는 달리 개인의 선택을 더 강조하는 접근이며, 치료의 차원이 아닌 관리하고 조절하는 재활적인 접근이다.

③ 선택이론

폐해감소 모델과 재기의 개념과 같이 개인이 조절하고 관리하는 재활적인 접근들이 소개되면서 이러한 것이 가능할 수 있도록 해 주는 게 무엇인지에 대한 관심이 증가하였다. 하버드 대학교 교수인 Heyman(2009)은 인간의 모든 행동이 선택된 것으로서, 개인을 도울 수 있는 사람은 본인뿐이라는 선택이론(choice theory)을 제시하였는데 이는 행동중독 문제에 있어서도 개인의 선택이 중요함을 나타낸다. 선택이론의 장점으로는 행동중독과 같은 중독을 결정론적으로 바라보지 않고, 모든 사람들에게는 중독을 극복할 능력이 있다고 가정하며, 효과적인 3차 예방이 가능하다는 것이다.

한편, 최근 행동경제학에서 사용되던 발견법(heuristic) 및 지연할인(delay discounting)과 같은 개인의 의사결정에 관한 개념들이 중독 영역에 적용되기 시작하였다(MacKillop et al., 2011; Richards, 1999). 이들 개념은 인간의 선택에 영향을 미치는 요인에 대한 것으로서 행동중독과 같은 중독에 있어서도 개인의 선택이 중요한 요소일 수 있다는 것을 보여 준다.

④ 동기균형이론(motivational balancing theory)

선택이론에 따르면, 인간의 행동은 내재적 동기를 바탕으로 선택된다고 한다(Heyman, 2009). 따라서 행동중독과 같이 중독행동을 선택하는 것도 개인의 내재적 동기를 바탕으로 이해해 볼 수 있다. 자기결정이론(self-determination theory)에 따르면, 개인의 내재적 동기는 기본적인 심리적 욕구와 성장을 위한 추구로부터 자발적으로 나타난다고 한다(Ryan & Deci, 2000).

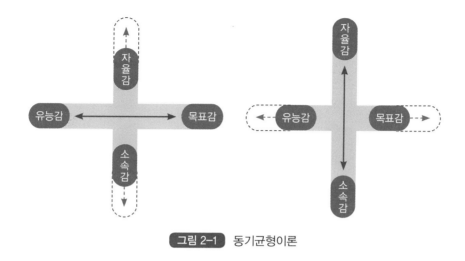

그림 2-1 동기균형이론

Deci와 Ryan(2008)에 따르면, 인간의 기본적인 심리욕구에는 자율감(autonomy), 소속감 (belonging), 유능감(competence)이 있다. 자율감은 자신의 행동에 대한 자기조절을 경험하는 욕구이고, 소속감은 내가 아닌 타인과 친밀하게 정서적 애착 및 결속을 형성하고자 하는 욕구이며, 유능감은 효율적이고 성공하고자 하는 욕구이다. 세 가지의 기본 심리욕구가 충족되었을 때 긍정적인 목표를 달성하고 부정적인 목표는 피하는 쪽으로 동기가 활성화되는데(Ryan & Deci, 2008) 신성만(2017)의 연구에서는 이를 목표감(sense of goal)이라 하였다.

신성만(2017)은 최초의 심리욕구인 자율감과 소속감을 한 축으로, 기능적 측면의 심리욕구인 유능감과 목표감을 한 축으로 하여 동기균형이론을 설명하였다. 각 축의 기본동기들은 긴장 관계에 놓여 있으며 이러한 긴장 관계와 항상성(homeostasis)으로 인해 불균형과 균형의 상태를 겪으면서 끊임없이 확장된다고 한다.

Sheldon과 Niemiec(2006)의 연구에서는 개인의 주관적 안녕감에 있어 자율감, 소속감, 유능감의 균형이 필요하다고 하였다. 신성만(2017)에 의하면, 동기 간의 균형이 무너질 때 개인은 비효율적인 방법이나 부적절한 방법으로 균형을 추구하고 이러한 악순환적 동기 충족의 습관화가 가져오는 대표적인 예가 중독행동이라고 한다.

동기 간의 역동에 대해 좀 더 자세히 살펴보면, 자율감과 목표감을 역기능적으로 추구할 경우 '충동'의 증세를, 자율감과 유능감을 역기능적으로 추구할 경우 '강박'의 증세를, 소속감과 목표감을 역기능적으로 추구할 경우 '불안'의 증세를, 소속감과 유능감을 역기능적으

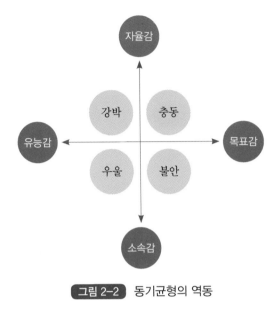

그림 2-2 동기균형의 역동

로 추구할 경우 '우울'의 증세를 경험하게 된다(신성만, 2017).

　동기균형이론의 장점은 기본 심리욕구를 바탕으로 한 이론이므로 다양한 현상 또는 대상에 적용하여 살펴볼 수 있고, 발달상의 정상적이지 못한 부분을 문제로 규정하지 않고 동기 간의 균형을 맞춰 가려는 발달의 과정으로 이해할 수 있는 근거를 제공하며, 하나의 문제 현상에 대해서도 부족한 동기에 따라 다양한 방법으로 개입할 수 있는 도구적 틀을 제공한다는 것이다. 또한 행동중독과 같은 중독 영역에 있어서도 중독 현상 자체를 문제로 규정하기보다 동기불균형의 상태로 바라볼 수 있는 틀을 제공하고, 동기균형을 위한 중독자 중심의 상담 및 재활이 가능할 수 있도록 한다는 점에서 의의가 있다. 따라서 동기균형이론은 행동중독에 있어 개입-재활적 방법으로 행동중독을 이해하는 중독자 중심의 접근 방식이라 하겠다.

　이상의 개입-재활적 관점은 기존의 질병모델적인 관점과 달리 중독자 스스로가 변화할 수 있는 역량이 있다고 보며, 중독을 치유 불가능한 질병이 아닌 극복 가능한 하나의 상태로 바라보는 관점이다. 이에 더하여 최근에는 스트레스가 해소되지 않고 내장 상태의 불균형이 증가할 경우, 유기체가 가장 최근에 발달된 미주 신경(vagus nerve) 체계가 아닌 투쟁-

도피 반응 또는 부동화(얼어붙음) 반응을 보이며(Porges, 2011), 중독행동이 이러한 상태에서 스트레스 부하량(allostatic load)을 높여 지속적으로 투쟁–도피 반응 또는 부동화 반응을 야기하여 중독행동을 유지시킨다는 관점도 제시되고 있다. 이러한 관점은 미주 신경 긴장도(vagal tone)를 측정하여 신체 내장의 스트레스 정도를 확인하고, 이를 중독행동에 적용하여 중독행동의 예방 또는 변화의 상태를 예측해 볼 수 있다는 가능성을 시사한다.

3) 행동중독의 종류

행동중독의 종류 및 범위는 매우 광대하다. 이는 일반적인 욕구에 의한 일상적인 행동들도 행동중독으로 발전할 수 있는 행동중독의 특성과 연관이 있다. 이러한 이유로 이 장에서는 행동중독의 종류 중 대표적인 행동중독인 도박중독, 인터넷 및 스마트폰 중독, SNS 중독, 성중독 및 관계중독, 일중독, 음식중독, 쇼핑중독, 운동중독에 초점을 맞춰 알아볼 것이다.

(1) 도박중독[3]

도박(gambling)이란 자신에게 가치 있는 것을 걸고 더 많은 이익을 얻기 위해 결과가 불확실한 사건에 운을 걸고 내기를 하는 것이라 정의할 수 있다(김교헌, 2006). 고대 그리스와 로마 시대에도 도박에 관한 언급이 있을 정도로(김용현, 신재헌, 김상운, 2010), 도박은 고대부터 있어 왔던 인간의 대표적인 유희 활동 중 하나이다. 현대 사회에서 도박은 레크리에이션에서 하는 게임과 같은 친목을 목적으로 하는 도박부터 국가에서 허용한 합법적 사행 도박, 국가에서 허용하지 않는 불법 도박 그리고 최근 등장한 인터넷 온라인 도박 등을 모두 포함하는 광범위한 활동이다.

국내의 경우, 일곱 가지의 사행 산업으로 카지노, 경마, 경륜, 경정, 복권, 체육진흥투표권, 소싸움을 허용하고 있다. 7대 사행 산업을 관리하는 사행산업통합감독위원회가 조사한 바에 따르면, 2016년 7대 사행 산업의 총매출액은 약 22조로, 전년도 대비 7.2%가 증가하였으며, 2007년의 총매출액인 14조 5천만에 비해 약 1.5배가 증가하였다. 또한 2007년부터 지

---

3) 150쪽 이후를 참고하라.

금까지 총매출액이 꾸준히 상승곡선을 그리며 증가하고 있는 추세이다. 이는 한국 사회에서 도박 산업이 점점 더 커지고 있다는 것을 의미한다. 이러한 도박은 해당 기관이 있는 지역에 경제적인 이득을 주고 사용하는 개인에게 즐거움을 주는 여가를 제공한다는 순기능이 있는 반면, 역기능도 있다.

대표적인 역기능이 바로 도박중독으로, 병적 도박(pathological gambling) 혹은 문제성 도박(problem gambling)이라고도 불리며, 개인만이 아니라 가족 및 사회에도 부정적인 영향을 끼친다(전진아, 2015). 도박중독은 개인의 신체 및 정신 건강에 부정적 영향을 미치고 대인관계 및 사회생활에서의 문제를 야기해 삶의 질을 감소시킨다. 또한 가정폭력과 불화에 영향을 미치고 실업, 범죄 등의 많은 사회병리적인 현상에도 영향을 미친다. 국내의 도박중독 유병률은 Canadian Problem Gambling Index(CPGI)를 기준으로 살펴보면, 2012년 7.2%, 2014년 5.4%, 2016년 5.1%로 감소하는 추세이지만 이는 프랑스 1.3%(2011), 뉴질랜드 1.3%(2012), 호주 3.5%(2017) 등의 타 국가보다 높은 수준이기 때문에 도박중독 문제에 대한 관심이 더욱 필요하다고 볼 수 있다(사행산업통합감독위원회, 2017). 특히 인터넷과 스마트폰의 보급으로 온라인 사행성 도박이 많아지고 이러한 온라인 도박에 청소년들이 쉽게 접근하게 되면서 이로 인한 여러 문제가 발생하고 있어 이에 대한 대책이 시급한 상황이다(한국도박문제관리센터, 2015).

도박중독은 대표적인 행동중독으로 DSM-IV-TR까지는 충동조절장애에 속했지만 DSM-5에서는 비물질 관련 장애로서 물질 관련 및 중독장애에 속하게 되었다. 또한 불법 행동과 관련된 항목들이 삭제되면서 도박중독 진단에 요구되는 핵심 증상도 10개 중 5개를 충족해야 하는 것에서 9개 중 4개를 충족해야 하는 것으로 바뀌었다.

도박중독의 수준은 4단계로 구분 지을 수 있다(송태민, 진달래, 오영인, 2014). 첫 단계인 사교성 도박자는 친목을 목적으로 도박을 하는 위험 수준이 낮은 단계이다. 두 번째 단계인 위험 도박자는 도박의 목적이 친목인 단계를 지나서 문제성 도박으로 넘어가고 있는 단계이다. 세 번째 단계인 문제성 도박자는 스스로 도박에 대한 조절이 어려워 도박으로 인해 개인적 혹은 사회적 문제가 발생되는 단계이다. 네 번째 단계인 병적 도박자는 도박 때문에 일상적이고 중요한 사회생활을 포기한 단계로, 내성 및 금단증상을 보이는 높은 위험 수준의 단계이다. 도박중독을 이해하고 설명하기 위해서 기존 연구들은 사회문화 및 경제적 요인, 심리 및 행동적 요인, 생물학적 요인 등 다양한 차원의 요인과 접근들을 사용했다.

(2) 인터넷 및 스마트폰 중독[4]

인터넷은 인간이 개발한 역사상 가장 위대한 발명품 중 하나이다. 인터넷의 태동은 소위 '인터넷 혁명'이라고도 불리며, 혁명이라는 단어처럼 인터넷 시대로의 진입은 이제껏 인류 사회에 없던 거대한 변화를 이루어 내고 인류를 IT시대로 나아가게 하였다. 하지만 모든 발명품이 장점만 있는 것이 아니듯 인터넷의 부정적인 효과도 크다.

대표적인 예시가 바로 인터넷중독(Internet Addiction Disorder: IAD)이다. 인터넷중독이라는 용어는 Goldberg(1996)가 처음 제안한 것으로, 그는 인터넷중독을 병리적이고 강박적인 컴퓨터 사용이라고 불렀다. Young(1998)은 DSM-IV의 병적 도박 진단 기준을 토대로 인터넷중독을 처음으로 규정하였다. 한국정보문화진흥원에서는 인터넷중독을 "인터넷을 과다 사용하여 인터넷 사용에 대한 금단과 내성을 지니고 있으며, 이로 인해 이용자의 일상생활 장애가 유발되는 상태"라고 정의 내렸다.

국내 인구의 인터넷 이용률은 미래창조과학부(2017)에 의하면 2016년 7월 기준으로 88.3%로 전 인구의 88.3%가 인터넷을 사용하는 인터넷 강국이지만, 달리 말하면 동시에 그만큼 인터넷중독에 취약한 국가이기도 하다. 한국정보화진흥원(2016)의 인터넷중독 실태조사 발표에 따르면 3~59세 인터넷 이용자 중 인터넷중독 위험군은 6.8%로 전년도 대비 0.1% 감소했으나 전체 인터넷 이용자 수 자체가 확대하여 전년도 대비 과의존 위험군 수가 6만 명 증가한 약 268만 명에 이른다. 이를 통해 인터넷 문제는 개인만의 문제가 아니라 사회적 문제이며 이에 대한 적극적인 대처 방안이 필요하다는 것을 알 수 있다.

이처럼 인터넷중독 문제가 대두됨에 따라 국내에서도 이에 대한 많은 연구가 진행되고 있다. 김동일과 정여주(2005)의 연구는 Young(1996)의 인터넷중독 기준을 받아들여, 이를 국내에 적용한 인터넷중독 모델을 제시하였다. 전혜연, 현명호, 전영민(2011)은 인터넷중독이 중독자의 성격이나 원인에 국한된 것이 아니라 신경심리적인 원인이 있을 수 있다는 것을 보여 주었다. 즉, 인터넷중독자도 충동조절장애와 유사하게 충동적이고 인지적인 유연성이 부족하여 전두엽 실행 기능의 손상 가능성이 확인된다는 것이다. 치료 방법으로는 인지행동치료가 효과가 있다는 것이 이형초(2001), 권희경과 권정혜(2002)에서 검증되었으며,

---

4) 172쪽 이후를 참고하라.

동기강화상담도 효과가 있다는 연구도 있다(신성만, 류수정, 김병진, 이도형, 정여주, 2015).

　한편, 2010년대에 들어 스마트폰이 상용화되기 시작하면서 인터넷을 컴퓨터가 아니라 스마트폰으로 사용하는 시대가 열리게 되었고 인터넷중독이라는 용어보다 스마트폰 중독이라는 용어가 대중화되기 시작했다. 한국정보화진흥원이 실시하는 인터넷 과의존 실태조사 보고서의 경우, 2015년도까지는 인터넷과 스마트폰 항목으로 분류되어 있던 조사 결과를 2016년도에서는 스마트폰 단일항목으로 합쳐서 조사 결과를 보고하고 있다. 이러한 변화도 현재의 추세를 반영하는 결과라고 볼 수 있다.

　그러나 아직까지 스마트폰 중독이라는 용어는 DSM 등 학계 내에서 공식적으로 사용되는 용어는 아니다. 이에 김동일, 정여주, 이윤희(2013)는 델파이 연구를 통해 스마트 미디어 중독의 개념을 조사하였다. 연구 결과, 스마트 미디어 중독이라는 용어가 이미 대중에게 보편화되어 있으므로 사용이 가능하다는 의견도 존재했지만, 스마트 미디어 중독이라는 개념에 대한 더 많은 연구가 필요하다는 의견도 존재하는 등 학자들 간의 의견이 매우 분분했다. 이는 스마트 미디어 중독에 대한 더 많은 연구의 필요성을 시사한다.

(3) SNS 중독[5]

　소셜 네트워크 서비스(Social Network Service: SNS) 혹은 소셜 미디어(social media)라고 불리는 SNS는 전자적인 네트워크 속에서 개인이 프로필을 만들어 실제 친구들과 소통하거나 공통적인 관심사를 바탕으로 다른 사람들을 만나는 사교활동을 할 수 있는 일종의 가상 커뮤니티이다(Kuss & Griffiths, 2011a). 최초의 SNS인 SixDegrees는 Milgram(1967)이 주장한 6단계 분리이론(six degrees of seperation)을 기반으로 만들어졌다(Boyd & Ellison, 2007). 그리고 2004년 페이스북이 생겨나고 2010년대에 빠르게 확산되었고, 2016년 4월 기준 가입자 수가 16억 5,000만 명으로 페이스북은 세계에서 가장 성공적인 SNS가 되었다.

　SNS가 이렇게 빠르게 확산되고 보편화될 수 있는 이유 중 하나로 Walther(1996)가 주장한 하이퍼퍼스널 이론(hyperpersonal theory)을 들 수 있다. 하이퍼퍼스널 이론은 SNS상에서의 상호작용이 현실에서의 상호작용보다 오히려 당사자 간 관계가 친밀할 수 있다고 설명한다.

---

5) 204쪽 이후를 참고하라.

이는 화자 자신이 알리고 싶은 부분은 부각하고 알리고 싶지 않은 부분은 드러내지 않는 선택적 자기표현(selective self-presentation)이 현실보다 SNS상에서의 상호작용에서 더욱 용이하기 때문이다. 그리고 화자가 선택해서 제시한 정보 외에 추가적인 정보가 많지 않기 때문에 청자는 화자가 제시한 정보를 토대로 화자를 과도하게 귀인(over-attribution)을 하게 되고 화자에 대해 실제 인상보다 더 긍정적으로 지각(idealized perception)하기 쉽다(이은주, 2011).

이전의 SNS는 개인이 현실에서의 인간관계를 유지하기 위한 사회적 목적이 대부분이었다면, 최근에는 사회적인 온라인 네트워크를 유지하기 위해 SNS를 하는 비율이 높게 증가하여 이에 대해 압박을 느끼거나 SNS를 과도하게 사용하기도 한다. Sussman, Lisha와 Griffiths(2011)에 의하면, 이러한 사회적 네트워크를 유지하려는 것이 중독과 관련된 요인이다. 즉, 다른 중독들과 마찬가지로 중독자와 그 중독행동들을 같이 하는 다른 사람들 간의 사회적 유대감이 중독행동을 유지하고 중단시키기 어렵게 하는 위험요인인 것이다(Griffiths, 1996b).

앞선 특성들이 사람들을 SNS 중독으로 빠져들게 만든다. 페이스북이나 카카오톡에 올라오는 글을 매순간 확인하는 행동은 현재 하고 있는 활동에 대한 집중력을 감소시킨다. 또한 SNS상의 관계를 통해 더 쉽고 빠르게 상대방과 친밀해질 수 있지만, 오히려 보여 주고 싶은 부분만을 상대에게 보여 줘서 피상적인 관계가 증가할 수도 있다. 이러한 문제가 대두됨에 따라 SNS 중독에 관하여 현재 많은 연구가 진행되고 있다.

(4) 성중독 및 관계중독[6]

무분별한 성 충동 및 행동들은 고대부터 있어 왔지만 이러한 행동들을 중독행동 중의 하나인 성중독으로 다루고 접근하기 시작한 것은 최근의 일이다. 전통적인 관점에서는 반복적이고 무분별한 성행동의 충동성과 강박성에 초점을 맞추기보다는 성행동과 관련된 기능적인 문제나 성 불편감 그리고 이상 성욕에 초점에 맞추고 진단 및 치료를 제공해 왔다. 이는 DSM-5에서 성과 관련된 장애를 성행위를 원활하지 못하게 방해하는 기능적 문제인 성기능부전(sexual dysfunctions), 생물학적 성 및 성역할에 대해 불편감을 느끼는 성정체감장

---

6) 212쪽 이후를 참고하라.

애(gender identity disorders), 성적 욕구를 충족하는 방식 및 대상에서 이상 행동이 나타나는 성도착증(paraphilias)으로 나누고 있는 것에서 알 수 있다. 사실, DSM-III-R까지는 '달리 분류되지 않은 성적 장애'에 성중독의 개념이 포함되어 있었지만, DSM-IV-TR에서 성중독에 대한 합의와 타당성을 입증할 만한 실증 연구가 부족하다는 이유로 삭제되었다. Kafka(2010)는 과잉성욕장애(hypersexual disorder)로서 성중독을 DSM-5에 포함시킬 것을 제안했지만, 진단 기준에 내성 및 금단증상과 의존 증상이 포함되지 않았고 성적 충동과 행동의 조절과 사회 및 직업적 활동에 심각한 결과를 초래하는 것 같은 요인들만을 포함하고 있었다. 결국 과잉성욕장애를 하나의 진단명으로 DSM-5에 포함하기에는 연구가 충분하지 않다고 판단되어 DSM-5에는 포함되지 않았다. 성중독 연구가 가지고 있는 또 하나의 어려운 관문은 바로 중독적인 성활동에 대한 정의를 내리기가 쉽지 않다는 것인데, 이는 건강한 성활동과 중독적인 성활동의 차이를 구분하기 위해서는 문화적 영향과 맥락에 따른 차이를 고려해야 하기 때문이다.

하지만 앞과 같은 논의들은 커져 가는 성중독 행동에 대한 관심과 필요성이 높다는 것을 보여 주는 결과라고도 볼 수 있다. 특히 인터넷 및 스마트폰이 발달하면서 기존의 무분별한 성행동만이 아닌 사이버섹스라는 새로운 형태의 성행동이 나타나고, 사이버섹스의 특징인 접근이 상대적으로 용이하다는 점 때문에 청소년들이 성행동 중독에 빠지는 경우가 많아지면서 성중독에 대한 연구의 필요성이 더욱 커져 가고 있다.

한편, 성행동과 함께 고대부터 이어져 온 인간의 대표적인 행동으로는 사랑 및 관계를 맺는 행동이다. 특히 로맨틱한 사랑 및 관계가 중독의 특징들과 관련이 있다는 여러 연구들이 있기 때문에, 많은 심리학자들은 로맨틱한 사랑 및 관계에도 중독이 될 가능성이 있다고 보고 있다(Griffin-Shelley, 1997; Halpern, 1982; Peele & Brodsky, 1975; Schaef, 1989). Fisher(2004)에 의하면, 사랑하고 있는 사람들은 신체 및 정서적 의존과 갈망, 재발과 내성 그리고 금단증상과 같은 기본적인 중독의 증상들을 보인다. 또한 사랑의 감정을 느끼는 것이 중독과 관련되는 영역과 더불어 뇌의 보상체계와 연관이 있는 도파민 경로에도 영향을 준다는 사실은 이를 뒷받침하는 근거이다(Fisher et al., 2003, 2005, 2010).

하지만 중독이라는 용어에 대해서 많은 사람들이 부정적인 이미지를 가지고 있기 때문에(Reynaud, Karila, Blecha, & Benyamina, 2010), 많은 학자는 긍정적인 이미지를 가지고 있는 로맨틱한 사랑 및 관계에 대해서 중독으로 분류하기를 꺼리고 있다. 이에 Fisher(2004)는 로맨틱한 사랑 및 관계를 중독과 동일하게 다루어야 한다고 주장하였다. 로맨틱한 사랑 및 관계가 중독적이지 않고 사회적으로 적절하며 상호적인 경우에는 긍정적인 중독으로 다루고, 로맨틱한 사랑 및 관계가 중독적이고 사회적으로 부적절하며 상호적이지 않거나 거절당했음에도 불구하고 계속 지속되는 경우는 부정적인 중독으로 다루어야 한다는 것이다. 이 외에도 성중독과 관계중독에 관하여 여러 논의들이 진행되고 있다. 성중독 및 관계중독에 관한 내용은 제2부 제4장에서 좀 더 상세하게 다뤄질 것이다.

(5) 기타 행동중독[7]

앞서 언급했듯이, 일상적인 행동들도 행동중독으로 발전할 수 있기 때문에 행동중독의 종류와 범위는 매우 광대하다. 기타 행동중독에서는 일중독, 음식중독, 쇼핑중독, 운동중독에 대하여 간략하게 알아볼 것이다.

① 일중독

일중독(workaholic)은 일(work)과 중독(aholic)의 합성어로 Oates(1971)가 자신의 책 『Confessions of a Workaholic』에 워커홀리즘(workaholism)이라는 용어를 소개하면서 처음으로 사용되었다. Oates(1971)는 일중독을 "끊임없이 일을 하고자 하는 욕구 또는 일에 대한 강박적인 충동을 통제하지 못하는 것"으로 정의 내리면서 알코올중독(alcoholism)과 유사한 개념이라고 소개하였다. 일중독은 행동중독 중에서도 중독 현상이 잘 드러나지 않는 미화되고 보상받는 중독(최삼욱, 2013)으로서 학자들에 의해 긍정적인 측면과 부정적인 측면에 대한 연구들이 행해져 왔다.

일중독의 긍정적인 측면을 연구한 입장에서는 일중독을 일에 대한 애정(Cantarow, 1979), 열심히 일하려는 내적 욕구(Machlowitz, 1980) 등으로 보며, 일에 시간을 많이 투자함으로써 얻게 되는 행복 및 즐거움을 하나의 보상으로 이해한다(Porter, 1996). 반면, 일중독의 부정적인 측면을 연구한 입장에서는 일과 자신 사이에 왜곡된 관계를 형성하고(강수돌, 2007), 불안 및 우울 등과 같은 부정적인 정서를 야기하며(Oates, 1971), 일할 때만 심리적인 안정감과 만

---

7) 226쪽 이후를 참고하라.

족감을 느끼기도 한다(Haas, 1990)고 설명하고 있다.

일중독에 대한 원인은 다른 여타 행동중독과 같이 다양한 원인들이 복합적으로 상호작용하는 것으로 보고되고 있고, 일중독에 영향을 미치는 요인에 대한 연구도 활발히 진행 중이다. 다만, 일중독에 대한 명확한 기준의 미정립과 평가하는 측정도구가 다양하여 유병률을 정확하게 추정하는 데 어려움이 있다.

② 음식중독

음식중독은 최근에서야 논의되고 있는 개념이다. Clouston(1890)은 초콜릿과 같은 맛있는 음식을 향한 갈망, 즉 중독 가능성이 존재한다고 주장하였고, 학계에서 처음으로 논의된 것은 Randolph(1956)의 논문에서 음식중독을 다른 중독 과정과 상당히 유사한 패턴의 증상을 야기하는 하나 그 이상의 음식에 대한 특정한 적응이라고 정의하면서부터이다. 그 이후 2000년대부터 동물을 통한 임상 실험 연구 등을 통해 음식중독의 기저가 기존 물질중독과 유사하다는 것이 밝혀지면서 예일 음식중독 척도(Yale food addiction scale) 등과 같은 음식중독을 평가하려는 도구들이 만들어지기 시작하였다.

음식중독의 유병률은 연구의 부족으로 인해 정확하진 않지만 대체로 4.0~11.4%로 추정된다. 음식중독의 주요 임상적 특징으로는 일반 행동중독과 같이 통제력을 상실하고, 내성과 금단증상을 경험하며 해로운 결과가 있음에도 계속 음식을 섭취한다(Shriner & Gold, 2013)는 점을 들 수 있다.

음식중독은 다른 행동중독과 비슷하게 생물학적 · 심리적 · 사회적 · 환경적 요인 등의 상호작용으로 인해 발생한다. 그 가운데 생물학적 요인은 음식중독을 뒷받침하는 요인인데 최근에는 음식중독이 일반 중독질환과 같이 도파민 회로와 관련이 있다는 연구가 보고되었다(Schienle, Schäfer, Hermann, & Vaitl, 2009). 이에 따라 음식중독 치료와 관련해서도 보상과 관련된 뇌 체계에 영향을 줄 수 있는 약물치료에 대한 관심이 높아졌다(Avena, Murray, & Gold, 2013). 또한 음식중독과 상당히 유사한 폭식증을 치료하는 데 효과가 있다고 보고된 인지행동치료도 음식중독을 치료하는 데 유용하게 쓰일 수 있다.

③ 쇼핑중독

쇼핑중독은 강박적 구매 장애(Compulsive Buying Disorder: CBD)라고도 불리며, 현대 사회와 문화 그리고 경제의 변화에 따라서 생겨난 새로운 중독문제이다. 산업혁명 이후로 대량생산 체제가 갖추어지고, 개인의 여유 자산이 증가하여 자본의 축적이 가능해지면서 이전의 소비문화에서 거대한 변화가 일어났다. 더욱이, 현대에 이르러서는 소비를 할 수 있는 방식 또한 다양해지면서 대량소비 사회가 더욱 굳건해지고 물질주의가 팽배해지게 되었다. 이러한 사회 배경 속에서 가진 것으로 자신의 사회적 지위가 평가된다는 생각이 만연해지고 이에 따라 개인의 삶 속에서 물질의 심리적 의미와 역할은 더 커지게 되었다. 오늘날 쇼핑은 개인이 사회적 지위를 획득하고 감정을 조절하기 위한 수단으로서 사용될 뿐만 아니라 이상적 자아와 자아정체성을 표현하기 위한 수단으로서 사용되기도 한다(Dittmar, 2001).

국내의 조사 결과, 성인 중 6.6%가 쇼핑중독이고, 11.9%가 과다한 쇼핑으로 중독의 위험성이 높은 것으로 나타났다(조선일보, 1999. 11. 25). 김영신(2001)의 연구에서는 대학생의 13.5%가 강박적 구매자로 나타났고, 이승희와 신초영(2004)의 연구에서는 홈쇼핑이나 인터넷쇼핑 경험이 있는 여대생의 16.5%가 강박적 구매자로 나타났다. 이러한 쇼핑중독의 유병률은 여성에게서 많이 두드러지는데 이는 여성이 쇼핑에 대해 하나의 여가활동으로서 긍정적인 이미지를 가지고 있고 쇼핑의 과정에 집중하는 경향이 있는 반면, 남성은 쇼핑에 대하여 부정적인 태도를 가지고 있고 결과에 집중하여 쇼핑에 최소한의 시간과 노력을 투자하려는 경향이 있기 때문이다(Campbell, 2000). 그러나 최근 연구에서는 성인 남성에게도 강박적 구매가 증가하는 경향이 나타나고 있는데, 이는 성역할에 대한 사회 및 문화적 변화 때문에 남성에게도 외모와 패션이 중요하게 되었기 때문인 것으로 보인다. 이에 Dittmar(2005b)는 성별의 차이로만 강박적 구매를 이해해서는 안 된다고 언급하였다.

DSM-IV-TR와 DSM-5 둘 모두에서 강박적 구매 장애는 특정 하위 범주에 명확하게 속하지는 않은 상태이다. 이는 현대적인 관점에서, 진단 기준을 세우기 위한 근거들이 충분하지 않고, 강박적 구매 장애를 새로운 정신장애로 입증할 만한 과정 기술(course description)도 부족하기 때문이다(American Psychiatric Association, 2013). 또한 강박적 구매 장애가 어느 정신장애의 하위 범주에 속하는지에 대해서도 합의가 부족한데, 이는 강박적 구매 장애가 복합적인 성격을 가지고 있기 때문이다. 강박적 구매 장애의 대표적인 네 가지의 상위 개념은 강박 및 관련 장애, 기분장애, 물질 및 행동 중독, 충동조절장애로 알려져 있다(Dittmar, 2005a). 충동조절장애의 특징은 특정한 행동을 하고 싶다는 강렬한 충동인데, 마찬가지로 강박적 구매 장애도 쇼핑이라는 특정한 행동을 하고 싶다는 강렬한 충동에 휩싸이고 충동을 완화하기 위해서 쇼핑을 하게 된다. 이러한 양상은 강박장애의 순환 구조와도 유사하다. 강박장애의 특징은 특정 행동을 강박적으로 반복해서 하는 것을 통해 강한 욕구를 감소시키려는 것인데, 강박적 구매 장애가 있는 사람들이 부정적인 감정을 감소시키기 위한 수단으로 쇼핑을 하고 싶다는 충동을 가지고 이 충동에 저항할 수 없을 때, 쇼핑 습관이 순환 구조를 이루며 충동적인 특성으로 발전하게 되는 것이다. 강박적 구매 장애는 행동중독과도 유사한 점이 있다. 행동중독의 특징 중 하나는 특정 행동에 중독된 사람들은 특정 행동을 하고 싶은 충동에 저항할 수 없다는 것인데, 이러한 특징은 강박적 구매 장애에서도 나타나기 때문이다. 또한 물질이나 도박에 중독된 사람들은 이전과 같은 생리적 반응을 경험하기 위해서 이전보다 더 많은 약물을 사용하거나 돈을 소비하는 데 내성 반응이 나타나는데(Potenza, Koran, & Pallanti, 2009), 강박적 쇼핑중독자에게도 이러한 내성 반응이 나타난다는 연구 결과도 있다(Karim & Chaudhri, 2012). 이와 같이 강박적 구매 장애는 여러 정신장애들과 중복되는 부분이 있기 때문에 강박적 구매 장애를 각각의 정신장애의 하위 범주로 분류할 때 각각의 장점과 단점이 있다. 하지만 아직까지 강박적 구매 장애의 분류에 근거가 될 수 있는 연구 자료들이 충분치 않기 때문에 이에 대한 논란은 아직까지 계속되고 있다.

④ 운동중독

2016년 한 해 동안 이슈를 모았던 단어 중에 '휘게 라이프(hygge life)'라는 단어가 있다. 휘게는 덴마크어로 '웰빙'에 해당하는 단어로서 2016년 국제연합에서 발표한 행복지수 1위 국가인 덴마크의 라이프 스타일을 지칭한다.

우리나라 사람들이 덴마크의 휘게 라이프에 관심을 갖게 된 것은 그만큼 물질적인 풍요로움을 넘어 이제는 신체적·정신적 행복에 더 많은 관심을 갖게 된 것을 의미한다. 이와 더불어 나타나는 변화 중 하나는 행복과 웰빙을 위한 여가 시간에 대한 참여 방식의 변화이다. 특히 그중에서 여가 시간을 운동으로 활용하는 사람들의 비율이 지속적으로 증가하고 있다. 문화체육관광부(2017)에 따르면, 주 1회 이상 규칙적으로 운동하는 사람들의 비율은 2014년 54.8%, 2015년 56.0%, 2016년 59.5%로 꾸준히 증가하고 있다. 또한 주 2회 규칙적으로 운동하는 사람들의 비율도 2014년 43.5%, 2015년 45.3%, 2016년 49.3%로 지속적으로 증가하는 추세를 보이고 있다(김종호, 김재운, 정이든, 2016).

신체적·정신적 웰빙을 추구하고자 하는 목적 이외에도 운동을 통해 자신을 매력적으로 가꾸는 등 다양한 목적으로 운동을 하는 사람들이 증가하고 있다(전윤창, 김병준, 김윤희, 2017). 이렇듯 국내외 여러 연구에서는 운동이 갖는 긍정적 측면에 대해 보고하고 있는데, 운동이 신체적 건강을 향상시키고, 심리적 안녕을 증가시키며 삶의 질 개선 및 자신감 향상에 긍정적인 결과를 가져오는 것으로 보고되었다(이혁, 이제홍, 2007; Sachs, 1982; Waddington, 2000; Warbuton, Nicol, & Bredin, 2006).

한편, 일각에선 과도한 운동으로 인하여 나타나는 부적응적 결과에 대한 연구들도 보고되고 있다. 과도한 운동은 정신적 스트레스를 야기하고 직장 및 가정 등의 영역에서 부정적인 영향을 미칠 수 있으며 운동을 중단했을 때 금단증상을 경험하는 것으로 보고되었다(이정학, 이경훈, 2006; Morgan, 1979). 또한 운동에 대한 통제 상실로 인한 심리적 안녕 및 웰빙의 저하와 운동으로 인한 사회적 갈등으로 인한 주관적 안녕감의 저하가 과도한 운동을 통하여 생길 수 있다는 연구 결과도 존재한다(오근희, 김경렬, 2010; 이윤구, 윤용진, 문창호, 2015).

운동의 부정적인 결과에 대한 연구들이 보고되면서 동시에 운동중독이라는 새로운 영역에 대한 연구들도 나타났다. 운동중독은 Baekeland(1970)의 연구에서 처음 알려졌으며 그 이후 다양한 학자들이 운동중독에 대한 연구들을 보고하였다.

그 가운데 운동중독으로 인한 긍정적인 측면을 강조한 연구자들도 있었으며(Glasser, 1976) 부정적인 측면을 보고한 연구자들도 있었다(Morgan, 1979). 그 가운데 운동중독은 부정적인 측면을 강조한 연구자들에 의해 다양하게 정의되고 있다. Morgan(1979)은 운동중독을 개인이 일상생활에서 운동을 꼭 해야 한다고 느끼는 인식과 함께 운동을 박탈당할 경우 우울, 불안 등과 같은 금단증상을 나타내는 것이라 보고하였고, Griffiths(2005b)는 운동중독이 행동중독의 일반적인 특징인 현저성, 기분 변화, 내성, 금단증상, 갈등, 재발을 지닌다고 주장하였다.

최근 국내 연구에서는 운동중독이 존재하는가에 대한 논의가 진행되고 있다고 보고하였는데(김종호 외, 2016) 이러한 논의는 운동중독을 측정하는 임상적 기준이 통일되지 않았고, 이를 측정하는 임상 척도가 서로 상이한 개념을 측정하고 있기 때문에 발생하는 것으로 보인다. 운동중독에 관한 내용은 제2부 제4장에서 좀 더 상세하게 다뤄질 것이다.

3. 평가 및 진단

중독상담에 있어 내담자의 문제에 대한 정확한 평가와 진단은 치료의 성공을 위한 핵심 요인이라 할 수 있다. 미국 물질남용치료센터에서는 평가(evaluation)란, 선별(screening)과 사정(assessment)을 통한 체계적 접근법이라고 정의하고 있다(조근호 외, 2011). 중독상담에서 평가의 과정은 중독문제의 유무를 선별하여 특정 진단 범주에 해당하는지 진단하고, 내담자가 지니고 있는 문제의 범위와 특성을 종합적으로 사정함으로써 중독증상에 대한 정확한 정보를 파악하여 치료계획을 수립하는 것까지 포함하는 종합적인 과정이다.

1) 선별

선별(screening)이란 중독 내담자에게 추가적인 평가가 필요한지 여부를 결정하는 과정으로 전체적인 평가의 첫 단계이다. 선별과정은 중독문제가 있는지를 확인하고 내담자의 심리적 욕구와 성격 특성, 심리사회적 자원 등에 기초하여 치료적 과정의 개요를 구상하는 데 그 목적이 있다. 선별과정은 주로 선별검사를 실시하면서 시작되는 경우가 많으며, 대부분의 선별검사는 중독문제의 여부를 확인할 수 있도록 이원 자료 문항으로 구성되어 있다. 상담자는 선별검사를 진행하면서 내담자의 중독문제를 배제하거나 혹은 더 종합적인 평가 단계로 진행되어야 함을 결정한다. 또한 선별과정을 통해 중독문제뿐만 아니라 촉발될 수 있는 위기 상황 및 즉각적인 개입 여부를 확인한다.

내담자가 어떤 이유로 상담자를 찾았는지의 맥락에 따라 평가과정에서 선별과정의 비중은 달라진다. 예를 들어, 이미 알코올중독 상태의 내담자가 알코올중독 치료 기관을 내원한 경우라면 상담자는 내담자가 중독증상이 있는지의 유무를 구별하는 선별 작업에 비중을 두기보다는 종합적인 사정과정을 통해 알코올중독 증상의 특징 및 내담자의 치료를 위한 종합적인 평가에 더 집중하는 것이 효과적일 수 있다. 반면, 보건소 또는 지역 정신건강센터 등에서 실시되는 선별과정에서는 선별검사를 통해 중독문제의 여부를 확인하고 잠재적인 중독 내담자를 신속하게 찾아내는 것이 핵심일 수 있다. 이 경우 선별 작업은 다른 기관에 의뢰를 하기 위해서뿐만 아니라 중독증상의 유무를 판단할 수 있는 첫 기회이기 때문에 중요성을 아무리 강조해도 지나치지 않을 것이다.

2) 진단

진단(diagnosis)은 내담자의 중독양상에 대해 특정 분류체계에 근거하여 구체적인 진단 명을 부여하는 과정이다. 진단의 기준으로 보편적으로 사용하는 분류체계에는『정신질환 의 진단 및 통계 편람(DSM-5)』(American Psychiatric Association, 2013)과『국제질병분류법』 (World Health Organization, 1992)이 있다.『정신질환의 진단 및 통계 편람(DSM-5)』에는 물질 관련 및 중독장애(substance-related and addictive disorders) 범주가 있으며, 이는 물질 관련 장애(substance-related disorders)와 비물질 관련 장애(non-substance-related disorders)로 양분 된다. 물질 관련 장애는 중독성이 있는 특정 물질을 과도하게 사용함으로써 부적응적 증상 들이 나타나는 물질사용장애(substance use disorders)와 특정 물질의 과도한 복용으로 인해 부적응적인 심리 상태가 나타나는 물질로 유도된 장애(substance-induced disorders)로 구분 된다. 물질로 유발된 장애는 물질중독, 물질금단, 물질/약물 유발성 정신장애의 세 가지 유 형으로 분류된다. 물질 관련 장애를 유발할 수 있는 물질로는 아편류, 진정제, 수면제, 흥분 제, 환각제, 기타 흥분-환각제 등이 포함되며, 각 물질별로 개별 진단된다. 비물질 관련 장 애에는 도박장애가 명시되어 있으며, 추가 연구가 필요한 진단 상태 부분에 인터넷게임장애 에 대한 진단 기준이 기술되어 있다.

『국제질병분류법』(ICD-10)에는 '향정신성물질에 의한 정신 및 행동장애(mental and behavioral disorders due to psychoactive substance use)'라는 분류가 있다. 이것은 물질의 종류 에 의한 분류와 증후군에 의한 분류로 개별적으로 진단한다. 물질의 종류에는 알코올, 아편 류, 카나비스, 진정제 또는 수면제, 코카인, 카페인을 포함한 기타 자극제, 환각제, 담배, 휘 발성 용매, 기타 정신증을 활성화하는 물질 등이 포함된다. 증후군에 의한 분류에는 물질사 용 후에 일시적으로 정신생리적 기능 및 반응에 장애를 보이는 급성중독(acute intoxication), 정신 및 신체 건강에 실질적인 손상이 있었을 때 진단하는 해로운 사용(harmful use), 의존 증후군 진단 기준 여섯 가지 중 세 가지 이상을 충족하였을 경우 의존증후군(dependence syndrome)으로 진단한다. 또한 증후군에 의한 분류에는 금단상태(withdrawal state), 섬망 이 있는 금단상태(withdrawal with delirium), 정신병적 상태(psychotic disorder), 기억상실 증후군(amnestic syndrome), 잔류성 및 지발성 정신병적 장애(residual and late onset psychotic disorder), 기타 정신 및 행동장애, 특정 불능의 정신 및 행동장애 등이 포함된다.

3) 사정

사정(assessment)은 내담자가 지닌 중독문제의 특징이 무엇인지, 중독증상의 범위 및 영역이 어느 정도인지, 그리고 증상의 기간 및 심각한 정도가 어떠한지 등을 결정하는 과정이다. 상담자는 선별 결과에 근거하여 중독과 관련된 잠재적인 문제가 있다고 판단되면, 내담자의 중독증상을 종합적으로 평가하여 결정하는 사정과정을 진행하게 된다. 사정은 증상의 유무를 선별하거나 특정 진단 범주에 근거하여 중독증상의 진단명을 부여하는 것보다 포괄적이고 종합적인 과정으로 내담자의 고유한 상황을 면밀하게 파악하기 위한 일련의 과정들로 구성되어 있다. 즉, 선별과정 또는 진단과정에서 잠재적 위험이 있는 경우이거나 혹은 특정 중독양상이 드러난다면 보다 종합적인 평가 절차인 사정과정이 필요하다.

사정의 목적은 선별 및 진단과정에서 수집된 정보를 보완하거나 심층적으로 파악하여 중독문제의 범위와 특성을 밝힘으로써 내담자에 대한 상담자의 충분한 이해를 바탕으로 치료계획을 적합하게 수립하기 위함이다. 일반적으로 사정은 전문적인 자격을 갖춘 중독상담자에 의해 진행되며 내담자와의 두세 번의 면담회기를 통해 점진적으로 이루어진다. 사정은 내담자가 중독양상이 전혀 나타나지 않는 상태와 만성적 중독상태를 연결하는 연속선상의 어느 지점에 위치하고 있는지를 평가하게 된다. 사정과정을 통해 상담자는 내담자의 강점, 욕구, 취약성, 개입의 우선순위 및 지지체계 등을 알게 되고, 중독문제가 내담자의 신체적 건강 및 심리사회적 기능에 어떤 영향을 미치고 있는지를 평가한다. 이를 바탕으로 상담자는 내담자에게 적합한 상담 계획 및 전략을 수립할 수 있다. 선별이나 진단에 비해 사정은 개인의 독특한 상황에 대한 이해를 돕기 위한 절차이므로 상담자는 우선 내담자의 생물학적·정신적·심리적·사회적·영적 영역을 포함해 전반적인 부분에 대한 정보를 수집하는 것으로 시작한다.

(1) 사정의 방법

사정에서 상담자는 개별면담 및 내담자의 주변인들의 보고에서 얻어진 정보를 활용한다.

개별면담에서 내담자로부터 제공받은 정보는 중독양상에 대한 중요한 부분들을 알려 주는 사정의 기초가 된다. 상담자는 개별면담을 통해 기존의 정보를 보완하고 내담자의 문제에 대해 정확하게 평가한다. 사정을 위한 개별면담은 상담과정에서 긍정적이며 신뢰할 수 있는 관계 형성의 토대가 되기도 한다. 개별면담에서 내담자의 중독양상에 대해 질문할 경우, 다양한 관점에서 동일한 영역의 정보를 탐색하는 것이 중요하다. 예를 들어, 알코올중독 문제의 내담자라면 "일주일 동안 평균 며칠이나 술을 드십니까?" 하고 물은 후, 개별면담이 진행되는 어느 시점에서 다시 "일주일 동안에 술을 마시는 데 평균 얼마나 돈을 쓸까요?"라고 물어볼 수 있다. 이 질문들에 대한 내담자의 답변이 서로 모순되거나 차이가 있을 때에는 그에 대해 구체적으로 질문을 하면서 중독양상의 심각도를 탐색할 수 있다. 비슷한 내용을 반복적으로 질문하는 것은 내담자의 중독양상의 고유한 측면에 대한 객관적이고 구체적인 정보를 얻기 위해서이며, 내담자들이 보고한 내용이 타당하고 신뢰할 수 있는지를 확인하는 측면도 내포하고 있다.

중독 내담자들은 상담자와의 개별면담에서 주로 자신의 양상을 축소보고하기 때문에 사정과정에서 상담자는 내담자가 제공하는 정보 외에 폭넓은 정보를 활용할 수 있어야 한다. 중독 내담자의 주변인들로부터 정보를 수집함으로써 내담자에 대한 객관적 정보를 보충할 수 있다. 상담자는 내담자의 동의하에 내담자의 가족과 친구, 고용주나 동료, 교사, 경찰, 담당의, 이전의 상담자 등에게 정보 제공을 요청할 수 있다. 가능한 한 많은 정보를 습득할 수 있다면 내담자의 증상을 간과하거나 과소추정할 수 있는 위험을 최대한 줄일 수 있으며, 동시에 상담자가 내담자의 중독양상을 정확하게 확인할 수 있게 된다.

(2) 사정 내용

사정은 내담자의 중독문제의 본질과 복합성을 규명해 나가는 과정이므로 몇 가지 중요한 영역을 평가하게 된다. 사정과정에서 다루어야 할 내용은 의뢰한 상황, 중독물질 패턴 및 중독행동 유형, 치료 내력 및 동기 수준 평가, 신체건강 관련 정보, 정신건강 관련 정보, 개인력, 가족력, 법적 기록, 직업적 및 재정적 상황, 치료계획 수립 등이다. 내담자의 의뢰 상황 및 개인력 수집을 통하여 내담자의 전 생애에 걸친 경험과 현재 도움을 청하게 된 이유를 보다 완전하게 이해할 수 있게 된다. 또한 개인력 및 가족력을 통해서 내담자의 중독양상이 악화될 경우 도움을 줄 수 있는 유용한 지지 자원을 파악할 수 있다. 뿐만 아니라, 내담자의 신체 및 정신 건강 상태, 법적 기록 등의 배경 정보를 통해서 내담자의 중독양상에 영향을 주거나 영향을 받게 되는 요인들을 이해할 수 있게 된다.

① 의뢰 상황

내담자가 의뢰한 상황을 탐색한다. 이는 내담자가 상담자를 찾아온 동기 및 치료를 받고자 결정하게 된 계기를 살펴보는 것이다. 내담자가 치료를 받고자 하는 동기가 자발적인지 또는 사회적 혹은 법적 조치에 의해 비자발적인지를 탐색하는 것은 중요하다. 내담자가 상담을 받으려는 동기가 자발적이지 않은 경우에는 상담장면에서 분노 또는 무력감을 표출하는 경우가 가령 있다. 상담자는 이러한 부적 감정에 대해 내담자가 이야기할 수 있도록 함으로써 치료적 동맹을 형성하는 것이 효과적일 수 있다. 또한 법적인 조치로 인해 상담을 받는 경우에는 법적인 제약 내에서 내담자가 선택할 수 있는 부분, 상담과정에서의 한계, 치료를 의뢰한 기관에서 상담자에게 부여한 의무 등을 내담자에게 명료하게 안내하는 것이 필요할 수 있다. 뿐만 아니라, 내담자의 응답 태도를 통해 내담자가 평가과정 동안 얼마나 협조적으로 참여할지에 대한 정보를 얻을 수 있다.

② 중독물질 사용 패턴 혹은 중독행동 유형

내담자의 과거와 현재의 중독물질 사용 패턴 혹은 중독행동 유형을 면밀하게 탐색한다. 내담자의 과거 중독물질 사용 패턴을 탐색함으로써 내담자의 중독양상이 만성적인지 여부를 판단할 수 있다. 이러한 과정을 통해서 내담자가 중독증상에 대한 자제력이 어느 정도인지 그리고 중독행동을 촉발하는 원인이 무엇인지 등을 파악할 수 있게 된다. 또한 과거에 중독물질 또는 중독행동을 자제할 수 있었던 기간, 도움이 되었던 전략 등을 확인함으로써 내담자의 통제감 및 상담에 대한 동기를 높이는 계기가 될 수 있다.

현재 사용 중인 중독물질 또는 현재 보이고 있는 중독양상에 대한 정보는 가능한 상세하게 수집하는 것이 중요하다. 즉, 이는 중독물질의 종류, 기간, 심각도, 사용량, 사용법, 중독형태, 선호하는 중독물질, 중독물질을 사용하는 동안의 추이, 마지막 사용한 때 등을 포함한다. 평가받기 바로 전날, 한 주 전, 또는 한 달 동안의 생활에 대하여 세밀하게 탐색하는 것이 도움이 된다. 가령 알코올중독의 경우 현재 음주량 및 음주패턴을 파악하기 위해서 내담자에게 술을 마시는 날에 주로 일어난 일을 설명해 보라고 하기도 한다. 예를 들면, 몇 시부터 술을 마시기 시작하는지, 어디서 누구와 마시는지, 얼마나 오랫동안 마시는지, 어떤 종류의 술을 얼마나 많이 마시는지, 언제 술을 마시는 것을 멈추는지 그리고 멈추게 되는 이유는 무엇인지 등에 대해서 질문을 함으로써 내담자의 음주습관을 상세하게 추적할 수 있다.

③ 치료 내력 및 동기 수준 평가

내담자가 상담 혹은 치료 프로그램에 대한 경험이 있는지, 언제 상담을 받기 시작했는지, 얼마 동안 상담을 받았는지, 어떤 상태에서 상담이 종결되었는지, 중독물질의 재사용은 상담종결 후 얼마나 지난 후에 다시 시작되었는지에 대해 구체적으로 질문한다. 치료 경험에 대해 알아봄으로써 내담자가 치료를 통해 도움을 얻을 수 있는 가능성의 여부를 사정하게 된다. 특히 이전의 치료 프로그램 종료 시의 상태와 종료 후 얼마나 오랫동안 회복 상태를 유지했었는지에 대해서도 주의를 기울여야 한다. 마지막 치료를 받은 후 지난 3년간 회복상 태를 유지해 오다가 재발한 내담자와 퇴원하는 길로 약물을 사용했다고 이야기하는 내담자는 서로 다른 예후를 보여 주고 있는 것이다.

내담자가 치료를 받은 기왕력이 없거나 자신의 중독증상을 문제로 인식하고 있지 않은 상태라면, 사정의 첫 회기를 동기강화상담으로 진행하는 것이 도움이 될 수 있다(Tracey, Jenny, Richard, & Fiona, 2010). 중독 내담자의 변화 동기를 사정하여 변화할 준비를 하도록 돕는 방법들을 고려하는 것은 이후 진행될 본격적인 상담과정을 위한 초석이 될 수 있다. 중독문제를 다루는 데 있어서 불충분한 변화 동기가 큰 장애물이라는 관점에 대해서는 대부분의 상담자들이 이견을 가지지 않을 것이다. 내담자들은 법적, 공식적 또는 사회적 제재 때문에 강제적으로 평가를 받게 되었을 수도 있다. 하지만 숙련된 상담자는 이러한 압력을 알아차려 내담자의 내재된 동기를 드러내려고 노력하게 된다. 또한 사정을 통해 수집된 여러 가지 정보는 내담자의 변화 동기를 향상시키기 위한 피드백 자료로 활용될 수 있다.

④ 신체적 건강 관련 배경 정보

내담자가 신체적 건강상의 문제로 치료를 받은 경험이 있는지를 탐색한다. 어떤 질환으로 얼마나 치료를 받았는지 구체적으로 알아보며, 그 질환이 중독양상과 관련된 것인지를 탐색해야 한다. 예를 들면, 약물중독 내담자 또는 알코올중독 내담자들이 중독양상과 관련한 사고 때문에 생긴 상해를 치료받기 위해 여러 번에 걸쳐 입원하는 경우는 드문 일이 아니다. 또한 중독 내담자들은 영양실조, 충치, 호흡기 질환, 불규칙한 월경, 피부병, 성병이나 간기능 장애, 심장 및 혈액 순환 장애, 소화기관 장애 등에 걸릴 위험성이 상당히 높다. 특히 주입식 약물사용자들은 B형 및 C형 간염, HIV, 정맥 손상들을 입기 쉽다. 임신 기간 중의 중독물질 사용은 신생아의 금단증상을 유발하기도 하며, 대마 제제를 사용하는 경우 기관지염 또는 폐질환에 대한 위험성이 높아진다. 그러므로 단순히 의료적 치료를 받은 경험에 대해 묻는 것만으로는 필요한 정보를 놓칠 위험이 있다. 더욱이, 내담자의 신체적 건강 상태를 진단한 의료 전문가로부터 얻게 되는 관련 정보는 중독양상이 내담자의 삶에 미치는 영향에 대해 알려 주는 중요한 정보이다.

⑤ 정신건강 문제 관련 정보

내담자 및 가족과의 면담을 통해서 또는 입원했던 병원의 퇴원기록을 통해서 중독증상으로 인한 정신건강의학과의 통원치료나 입원치료를 받은 경험이 있는지를 확인해 본다. 중독 내담자들은 빈번하게 정신적인 혼란스러움, 불안감 또는 우울감을 호소한다. 또한 중독 내담자들은 환각, 자살 시도, 폭력, 우울증 등으로 입원치료를 받는 경우가 있으며, 조현병과 유사한 증상을 보여 입원하기도 한다. 급성 정신질환으로 단기간의 치료를 받고 호전된 경험이 있는 내담자의 경우, 약물중독과 관련된 증상이었을 가능성을 고려해 볼 필요가 있다. 이에 더해, 내담자의 뇌손상 여부 및 인지적 손상의 정도 등을 파악하는 것도 중요하다. 특히 만성적인 수준의 중독 내담자의 경우, 심각한 수준의 기억손상 또는 인지적 손상이 나타나는 경우가 있다. 사정과정에서 전화번호, 약속 시간, 대화 목록, 쇼핑 목록 등을 질문함으로써 내담자의 인지적 손상의 정도, 기억손상의 유무를 확인할 수 있다. 만일 내담자가 인지적 손상이 유의하게 나타나거나 뇌손상이 의심된다면 임상심리학자 또는 신경심리학자에게 종합심리평가 또는 신경심리평가를 의뢰하는 것이 필요하다. 이뿐만 아니라, 사정과정에서 내담자의 자살 위험에 대한 평가를 하는 것이 필요할 수도 있다.

정신건강 문제의 위험이 있는 중독 내담자를 구별하는 것은 내담자의 재발에 영향을 미치는 요인을 감소시키고 약물치료와 중독상담 간의 통합적이고 효과적인 서비스가 제공되고 있는지를 확인하는 데 있어 중요하며, 내담자의 안전에 대한 조치를 상담자가 적절히 취할 수 있도록 기본적인 정보를 제공한다.

⑥ 개인력 및 가족력

내담자의 중독양상을 평가할 때 내담자의 강점과 취약점에 대한 균형 잡힌 탐색이 필요하다. 내담자의 발달상의 과업과 관련된 다양한 사회적·정서적 문제들이 중독증상 초기에 또는 중독증상의 지속에 어떤 역할을 했는지를 평가하는 것은 재발을 예방하기 위해서도 중요하다. 신뢰감, 자율성, 정체감 등의 생활주기상의 발달과제에 주의를 기울여 내담자의 삶에서 기대와 목표를 평가하고, 삶의 영역을 다양하게 살펴봄으로써 심리적 자원과 생활방식의 안정성 등에 대한 폭넓은 정보를 수집할 수 있다.

오락과 여가활동에 대한 사정은 내담자의 스트레스 수준, 사회적 기술 수준, 타인에 대한 신뢰 능력, 건강에 대한 관심도, 타인과의 협조 능력, 신체적 활동과 운동 능력, 약물을 사용하기 이전의 건강한 즐거움의 경험 여부를 아는 데 도움을 준다. 대부분의 중독 내담자들은 오락 및 여가활동을 점차로 중독물질 또는 중독행동으로 대체해 온 사람들인 경우가 많다.

내담자에게 성적인 학대와 관련된 문제가 있는지의 여부를 확인하는 것도 개인적 배경 정보를 파악하는 데 중요한 부분이다. 알코올이나 약물 중독문제로 치료받고 있는 여성 내담자 중 다수가 성적 학대 경험을 보고하는 경우가 있다. 여성보다는 빈번하지 않지만 남성 내담자의 경우도 이러한 문제와 분리되어 있다고 단정할 수 없다. 내담자와의 라포 형성의 정도를 가늠하면서 상담자는 이 부분에 대한 질문을 진행하는 것이 중요하며, 위협적이거나 수치심을 자극하지 않는 한도 내에서 진행해야 한다. 만약 내담자와 상담자의 라포 형성이 약한 수준이거나 내담자가 아직 이야기를 할 준비가 된 것 같지 않다면 성적 학대에 관한 질문을 삼가는 것이 좋다.

가족력에 대한 사정은 내담자의 가족역동이 중독증상에 미치는 영향과 중독증상이 가족 기능에 미치는 영향에 대한 이해를 돕는다. 내담자가 현재 누구와 함께 살고 있는지 그리고 가족 중 가장 친밀한 대상은 누구인지, 가족이나 배우자에게 지지를 받고 있는지, 가정폭력, 부부간의 문제, 가족 간의 불화, 아동학대 등을 탐색하는 것이 중요하다. 가족 중에 중독자가 있는지를 확인하는 것은 내담자가 유전형질적인 측면에서 취약성이 있는가에 대한 정보를 제공한다. 또한 상담을 받는 것에 대해 가족들이 지지하는지 혹은 반대하는지, 내담자가 치료를 받는 동안 부양해야 할 가족이 있는지 등을 파악하는 것은 내담자의 치료와 회복 과정에 있어서 가족 구성원을 지지 자원으로써 활용할 수 있는지를 가늠할 수 있게 한다.

⑦ 법적 문제

사정과정에서 내담자의 법적 기록에 관련된 정보들, 즉 전과기록, 비행력, 처벌에 대한 정보를 수집하는 것은 중요하다. 내담자가 현재 법적으로 구속된 상황인지 또는 이러한 상황으로 인해서 강제로 중독상담에 참여하게 되었는지, 얼마나 자주 범죄행동을 하는지, 중독문제와 관련된 범행으로 구속된 적은 있는지 등을 파악하는 것이 필요하다. 내담자의 자기보고만으로 부족하므로 법원에서 보낸 경찰기록 및 분류심사기록을 참고하거나 청소년의 경우 보호관찰관이 제공한 정보 등이 유용할 수 있다.

⑧ 직업적 및 재정적 상황

내담자의 직업력 및 기능 수준, 중독증상이 직장 적응에 미친 영향의 정도를 평가한다. 직업적으로 불안정한 상태인지 혹은 재정적인 어려움을 겪고 있는지 여부를 파악하는 것이 필요하며, 현재의 직업이 유사한 문제를 가진 사람과 접촉하게 하는 측면이 있는지 등을 탐색하는 것이 중요하다. 이에 더해, 직업에서 얼마나 만족하고 있는지, 스트레스 정도는 어떠한지 등을 상담과정 동안 내담자를 통해서 또는 직장기록에 근거해 정보를 얻을 수 있다.

⑨ 치료계획 수립

치료계획 수립은 내담자에게 필요한 전문적인 치료개입 방법을 결정하는 것이다. 치료계획 수립은 사정과정의 마지막 단계이기도 하면서 본격적으로 중독상담이 시작되는 시점이기도 하다. 치료계획은 상담자와 내담자가 협력하여 치료 결과를 정하고 이를 성취하기 위해 치료전략을 찾아가는 과정이므로 실현 가능하고 현실적인 목표와 계획을 수립하는 것이 중요하다. 사정과정을 통해서 수집된 내담자에 대한 다양한 정보들을 근거로 상담자는 내담자의 중독문제의 심각성을 평가할 수 있고, 내담자의 다양한 욕구들과 치료의 목표를 조율할 수 있게 된다.

4) 평가도구

(1) 선별도구

선별도구의 목적은 중독문제의 유무를 확인하는 것이다. 선별도구들은 특수성(specificity)

보다는 민감도(sensitivity)가 높도록 설계되며, 양성 결과(중독문제가 있는 것으로 선별되는 사람)가 나타나면 보다 면밀한 진단과 사정을 통해 다시 확증해야 한다. 선별검사 도구를 사용함에 있어 주의할 점은 선별도구를 진단이나 사정을 위한 도구로 혼동하여 사용하지 않아야 한다는 것이다. 선별도구를 타당성과 의도한 목적에 적절하게 사용하는 경우, 선별도구는 상대적으로 적은 시간과 자원을 투자해 잠재적 위험요인을 평가할 필요성이 있는 사례를 알려 줌으로써 개입의 계기를 만들 수 있다. 또한 중독 유무를 신속하게 판단함으로써 치료적 개입에 대한 계기를 효과적으로 제공할 수 있다.

중독상담자는 현장에서 사용되고 있는 선별도구들에 대해 익숙해질 필요가 있다. 대부분의 선별도구들은 특정 중독양상에 초점을 맞추고 있다. 여기서는 임상 현장에서 사용되고 있는 선별도구 중 대표적인 몇 가지를 살펴보겠다.

① 약물중독 선별도구
- 한국형 청소년 약물중독 선별검사표 2형(Korean Adolescent Drug Addiction Screening Test 2: KOADAST-2): 한국청소년학회(1996)에서 개발한 선별검사 도구이며, 총 12문항으로 구성되어 있다. 점수의 배점은 '그렇다'에 1점, '애매하게 해당된다'에 0.5점, '아니다'에 0점을 부여하며, 총점 0.5~2.5점은 약물남용, 3점 이상은 약물중독으로 선별한다.
- 청소년 약물남용 선별검사(Problem Oriented Screening Instrument for Teenagers: POSIT): 청소년의 약물 및 알코올 남용 가능성의 선별과 조기 개입을 목적으로 미국 국립약물남용연구소에 의해 개발되었으며 열 가지 영역에 걸쳐 약물문제 행동을 사정하는 도구이다. 원래 139문항이었으나 Latimer 등(1997)이 11문항으로 재구성하였고, 이를 장정연(1998)이 번안하여 신뢰도를 검증하였다. 장정연의 연구에서 11문항판 POSIT의 신뢰도는 .99였고, 총점 1점 이상을 약물남용 청소년으로 선별하였다.

② 알코올중독 선별도구
- 세계보건기구 알코올사용장애 선별도구(Alcohol Use Disorder Identification Test: AUDIT): 세계보건기구(WHO)에서 개발한 선별도구로 음주문제의 위험이 있는 성인을 조기에 발견하는 데 유용하고 간편한 도구이다. 총 10문항으로 구성되어 있으며, 1년 동안 경험한 음주의 빈도와 양, 알코올의존 증상, 음주와 관련된 문제 등 세 영역을 측정한다. 리

커트형 5점 척도로 1~8번 문항은 0, 1, 2, 3, 4점으로 채점되고, 9~10번 문항은 0, 2, 4점으로 채점된다. 총점이 8점 이상인 경우에 보다 전문적인 진단과 평가가 필요한 문제 음주자로 선별된다. 제갈정(2001)의 연구에서는 한국인의 경우 12점을 판별기준점수로 제안하고 있다.

- 미시건 알코올리즘 선별검사(Michigan Alcoholism Screening Test: MAST): 25문항의 표준 MAST(Selzer, 1971), 13문항의 단축형 SMAST(Selzer, Vinokur, & van Rooijen, 1975), 10문항의 간편 MAST(Pokorny et al., 1972)가 있다. 표준 MAST 점수의 해석은 0~3점이면 정상이고, 4점 이상은 경계선이며, 5~9점이면 알코올의존일 확률이 80%, 10점 이상이면 알코올의존일 확률이 100%라고 본다. 박병강(2000)은 한국 환자들에게 있어서 5점 이상을 알코올남용으로, 13점 이상을 알코올의존으로 선별하는 것이 타당하다고 보고하였다.

- 음주문제 선별검사(CAGE): 간편하게 알코올의존을 선별할 수 있는 자기보고형 측정도구로서 4문항으로 구성되어 있으며, 이 중 2문항 이상에서 '그렇다'라고 응답을 하면 알코올의존으로 선별된다(Fals-Stewart, 1996). 음주문제를 가지고 있는지를 선별하기 위하여 널리 사용되고 있으며, 대부분의 경우에 일차적 검사도구로 추천되어 상용되고 있다. 하지만 알코올중독 증상의 심각도, 알코올사용의 수준, 폭음 등을 사정하지 못하므로 음주량, 음주 빈도, 폭음에 대한 질문과 함께 사용될 것이 권장되고 있다.

- 한국형 알코올리즘 선별검사(Alcoholism Screening Test of Seoul National Mental Hospotal I: NAST-I): 최영희, 김인, 이병윤(1989)이 '한국형 알코올리즘 선별검사를 위한 예비연구 (I)'에서 여섯 가지 알코올의존 선별검사의 각 항목을 기초로 하여 판별력이 높다고 판단된 19문항의 선별검사 기준을 구성하였다. 이후 한광수, 이정국, 김경빈(1990)은 더 유용하다고 판단되는 12문항을 선정하여 재구성하였다. 알코올장애를 가지고 있는 개인을 선별하는 데 적합한 도구로서 총 12문항으로 구성되어 있으며, '그렇다'로 응답한 문항이 4개 이상이면 알코올의존 치료를 받아야 할 최소 수준으로서 알코올의존으로 진단될 가능성이 높아진다.

③ 담배중독 선별도구

- 니코틴 의존도 자가진단표(Fagerstrom Test for Nicotine Dependecy: FTND): 6문항으로 구

성되어 있으며, 1번과 2번 문항은 0점, 1점, 2점, 3점으로 채점되고, 3번에서 6번 문항은 0점, 1점으로 채점된다. 총점이 3점 이하인 경우는 니코틴 의존도가 낮은 상태를 의미하며, 4~6점은 니코틴중독으로 인한 구체적인 증상은 나타나지 않은 상태로 심리적·신체적 의존이 시작된 시기를 의미한다. 총점이 7점 이상인 경우는 니코틴에 대한 높은 의존도를 보이는 것으로 흡연을 중단할 경우 금단증상으로 상당한 어려움을 경험할 수 있음을 의미한다.

④ 도박중독 선별도구
- GA 20문항: 20문항으로 구성되어 있으며, '예' '아니요'로 답변하도록 구성되어 있다. 이 중 7개 이상의 문항에서 '예'라고 답을 하면 도박중독자로 간주하며, 치료적 개입이 필요한 상태이다.
- K-SOGS(Korean Form fo South Oaks Gambling Screening): K-SOGS는 DSM-III-R에 근거를 두고 만들어진 병적 도박 선별척도이며, 전 세계적으로 가장 많이 사용되고 있다. K-SOGS는 17문항으로 구성되어 있으며, 도박 경험, 도박을 처음 시작한 시기, 최대 판돈의 양, 도박증상의 의존 정도, 자기인식 정도 등과 관련된 내용으로 구성되어 있다.

⑤ 인터넷중독 선별도구
- 한국형 인터넷중독 척도(K 척도): Young 척도(Young, 1996)에 대한 한계점으로 인해 국내 척도로 2002년 개발되었다. 대상에 따라 유·아동 관찰자용, 청소년(자기보고형, 관찰자용), 성인(자기보고형, 관찰자용), 군장병 자기보고용, 상담용 접수면접지 I, II가 있다. 4개의 요인으로 묶이며, 총 문항 수는 15문항으로 2011년에 한국정보화진흥원에서 표준화하였다. 한국정보화진흥원 스마트쉼센터 홈페이지(www.iapc.or.kr)에서 온라인 검사 및 검사지 다운로드가 가능하다.

(2) 성격평가도구에 포함된 중독 관련 척도

상담장면에서 보편적으로 사용하고 있는 성격평가도구 중 중독 관련 척도를 포함하고 있는 경우에 대해서 살펴보고자 한다. 현재 상담 현장에서는 다면적 인성검사-2(Minnesota Multiphasic Personality Inventory-2: MMPI-2)와 성격평가 질문지(Personality Assessment

Inventory: PAI)를 빈번히 활용하고 있다. 상담장면에서 중독문제를 가지고 있는 내담자를 선별하거나 내담자의 중독양상을 종합적으로 평가하는 과정에서 성격평가도구의 정보를 활용하는 것은 중독증상을 진단하여 치료계획을 수립하는 데 상당한 도움이 된다.

① 다면적 인성검사-2(Minnesota Multiphasic Personality Inventory-2: MMPI-2)

MMPI는 정신보건 영역의 상담 현장에서 심리적 및 증상적 특성을 전반적으로 평가할 수 있는 대표적인 자기보고형 진단검사이다. 1989년 MMPI-2가 발표된 이후, 한국판 MMPI-2가 2005년에 출판되면서 다양한 장면에서 활용도가 증가하고 있다. MMPI-2는 9개의 타당도 척도, 10개의 임상척도와 임상 소척도, 9개의 재구성 임상척도, 5개의 성격병리 5요인 척도, 15개의 내용척도와 내용 소척도, 15개의 보충척도로 구성되어 있다. 이 중 보충척도에는 물질사용장애를 평가할 수 있도록 설계된 3개의 척도가 포함되어 있다. 즉, MacAndrew의 알코올중독 척도-개정판(MAC-R), 중독인정 척도(Addiction Admission Scale: AAS), 중독 가능성 척도(Addiction Potential Scale: APS) 등이다.

- MacAndrew 알코올중독 척도-개정판(MacAndrew Alcoholism Scale-Revised: MAC-R): MAC 척도는 MacAndrew가 1965년에 알코올중독 치료를 받고 있는 남성과 주요 문제가 알코올중독이 아닌 남성 정신과 외래환자의 MMPI 문항을 비교하여 개발하였다. MMPI-2에서는 원판 MMPI의 MAC 척도 문항 중 4문항이 내용상의 문제로 삭제되고, 알코올중독과 관련된 4문항으로 대치되어 총 49문항으로 구성되어 있다. Butcher의 보고에 의하면(Butcher, 2001), MMPI-2 규준집단에서 MAC-R 척도의 내적 일관성 계수는 남성이 .56, 여성이 .45였고, 남녀 하위 표본에서 1주 간격을 둔 MAC-R 척도의 검사-재검사 신뢰도 계수는 남성 .62, 여성 .78이었다. Graham(2000)은 MAC-R에서의 높은 점수는 알코올 또는 다른 물질남용 문제의 가능성을 암시한다고 보고한 바 있다. MMPI-II 매뉴얼 개정판(한경희 외, 2011)에서는 T점수가 66점 이상인 경우 물질남용 문제를 가질 가능성이 높고, T점수가 55점 이하인 경우 물질남용 문제를 가질 가능성이 낮은 것으로 해석하는 것이 적절한 기준임을 제안하였다. 알코올중독자들이 문제나 결점을 숨기려는 의도로 MMPI-2를 작성하는 경우, 정직하게 검사하였을 때보다 MAC-R 척도 점수가 낮을 수 있다. 따라서 수검자가 지나치게 방어적인 태도로 검사

에 임하였음이 MMPI-2 타당도 척도에서 시사되는 경우, MAC-R 척도 점수를 해석하는 데 있어 세심하게 주의할 필요가 있다. 또한 MAC-R 척도 점수는 조현병이나 우울장애 등 다른 정신과적 진단이 공존하는 물질남용 환자들의 경우 비교적 낮은 점수를 받는 경향이 있고, 물질남용을 하지 않는 정신과 환자와 쉽게 변별되지 않기도 하였다(Graham, 2007). 따라서 상담자는 MAC-R 점수가 내담자의 무엇을 의미하는 것인지 또는 어떤 물질중독 양상이 이 점수를 증가시키고 있는지를 판단하기 위해서 MMPI-2의 결과 외에 다양한 정보들을 바탕으로 면밀하게 탐색하여야 한다.

• **중독인정 척도**(Addiction Admission Scale: AAS): AAS 척도는 알코올이나 다른 약물의 사용 및 남용과 관련이 있는 13개 문항으로 구성되어 있다. 물질남용 및 이와 관련된 문제들을 인정하는 MMPI-2 문항들의 내적 일관성 분석을 근거로 개발되었다(Weed, Butcher, McKenna, & Ben-Porah, 1992). Weed 등(1995)이 보고한 내적 일관성 계수는 .74였고, 규준집단 남녀 각각의 검사-재검사 신뢰도 계수는 .89, .84였다. AAS 문항을 요인분석한 결과, 음주문제를 인정하는 것, 알코올보다는 다른 약물의 사용을 반영하는 것 그리고 알코올이나 약물의 사용과 관련된 사회생활에서의 문제와 관련된 것 등으로 요인이 구분되었다(Weed et al., 1995). AAS의 T점수 60점 이상을 물질남용자로 그리고 60점 이하를 비남용자로 고려한다. 남성과 여성에 대해 MMPI-2의 물질남용 척도 세 가지, 즉 MAC-R, APS, AAS의 적중률, 민감도, 특수성, 양성 및 음성 예측력을 비교한 결과, AAS가 가장 높은 수치를 보였다(Stein, Graham, Ben-Porath, & McNulty, 1990). AAS 척도는 명백문항으로 구성되어 있으므로 물질남용 문제를 가지고 있지 않은 사람들과 동일하게 물질남용 문제를 가지고 있으나 부인하는 사람들의 경우에도 낮은 점수를 얻을 수 있음을 간과해서는 안 된다. AAS의 낮은 점수가 물질남용 사실을 숨기려는 노력을 의미할 수도 있으므로, AAS의 점수가 물질남용을 알리는 것에 대한 내담자의 의도를 반영하는 것임을 염두에 두어야 할 것이다.

• **중독 가능성 척도**(Addiction Potential Scale: APS): APS는 물질의존 환자집단, 정신과 입원 환자집단, 그리고 정상집단의 MMPI 문항 반응을 비교하여 개발되었으며 39문항으로 구성되어 있다(Weed et al., 1992). MMPI-2 규준집단에서 내적 일관성 계수는 남녀 각각 .48, .43이었고, 1주일 간격을 둔 검사-재검사 신뢰도 계수는 남성은 .89, 여성은 .84였다(Butcher et al., 2001). APS를 구성하고 있는 문항들은 이질적인 내용으로 물

질 사용이나 남용과 직접적으로 관련되어 있지는 않다. APS는 중독증상의 기저를 이루는 성격 특성, 즉 외향성, 자극 추구, 위험 감수 경향성, 자기 회의감, 타인에 대한 냉소적 태도 등에 대한 내용으로 구성되어 있다. APS의 요인구조는 해로운 습관, 긍정적인 치료 태도, 사교성, 경조증, 위험 감수, 수동성 등의 6요인으로 보고된 바 있다(Weed et al., 1995). APS에서 T점수 60점 이상은 물질남용 가능성이 있음을 시사하며(Weed et al., 1992), Graham(2000)은 60점 이상을 받은 경우 추가적인 평가가 필요함을 언급하였다. APS는 MAC-R보다 약물남용자를 잘 구별하는 것으로 보고되었으나, Clements와 Heintz(2002)는 물질남용과 직접적으로 관련된 척도인 MAC-R 또는 AAS보다 APS가 유용성이 부족하다고 평가하였다. 이렇듯 APS의 유용성에 대한 연구 결과가 엇갈리고 있는 바, 상담자가 내담자의 특성에 근거하여 APS 척도 값을 해석하는 것이 중요하다.

② 성격평가 질문지(Personality Assessment Inventory: PAI)

성격평가 질문지는 1991년 미국의 심리학자 Morey가 성격과 정신병리를 평가하기 위해 개발한 자기보고형 검사이다. 국내에서는 김영환, 김지혜, 오상우, 임영란과 홍상황(2001)이 표준화하였다. PAI는 총 344문항으로 타당성척도(4개), 임상척도(11개), 치료척도(5개) 그리고 대인관계척도(2개) 등으로 구성되어 있다. 한국판 PAI의 경우, 내적 일관성 계수는 성인, 대학생, 임상표본 집단에서 각각 .76, .77, .73이었고, 6주 간격의 검사-재검사 신뢰도는 .77~.91이었으며, 임상척도의 중앙치는 .85였다. 임상척도 중 알코올문제 척도(alcohol problems scale)와 약물문제 척도(drug problems scale)가 있다.

• 알코올문제 척도(Alcohol Problems Scale: ALC): 알코올장애와 연관된 행동과 경험을 측정하는 12개 문항으로 구성되어 있다. 이 척도는 알코올중독과 관련된 행동을 평가하기 위한 척도이다. 문항은 금주, 잦은 음주, 음주로 인한 심각한 결과, 통제불능, 알코올에 대한 갈망 등이 포함되어 있다. PAI 매뉴얼(Morey, 1991)에는 ALC와 MAST(Selzer, 1971) 간의 상관이 .89이고, ALC 점수가 알코올의존과 일반적으로 관련된 성격 특성, 즉 충동성, 자극 추구, 적개심 등과 높은 상관이 있는 것으로 나타났다(Morey, 1991). ALC는 T점수가 60점에서 69점 범위일 경우, 알코올과 관련된 문제를 일으킬 가능성이 있음을 시사한다. T점수가 70점 이상이면 알코올남용으로 진단할 수 있으며, 알코올로 인해

대인관계나 직무수행에 문제가 많으며 일상적인 생활기능을 방해하는 원인이 될 수 있음을 의미한다. 특히 T점수가 74 이상인 경우는 반복해서 금주를 시도하지만 성공하지 못하고, 음주에 대해서 죄책감을 가지고 있지만 음주를 통제할 수 있는 능력이 없는 사람들인 경우이며, 이들은 음주로 인한 사회적 및 직업적 문제가 빈번하고 음주 후 일시적 기억상실이나 알코올의존의 생리적 징후로 금단증상을 경험할 수 있다. 알코올의존 때문에 치료센터에서 치료받는 사람들의 평균 T점수는 74점이었다(박경, 최순영, 2009). 하지만 직접적으로 음주에 대하여 물어보는 문항이 대부분이므로 알코올에 관련된 문제를 부인하고자 하면 이 척도의 점수는 낮아질 수 있음을 염두에 두어야 한다.

• 약물문제 척도(Drug Problem Scale: DRG): 약물의 사용, 남용, 의존과 관련된 행동과 그 결과를 평가하며 12개의 명백문항으로 구성되어 있다. DRG의 T점수가 59점 이하일 경우, 약물을 거의 사용하지 않는다는 것을 의미하지만 T점수가 60점에서 69점 사이인 경우는 정기적으로 약물을 사용하고 이로 인하여 부정적인 결과를 경험하고 있음을 시사한다. 특히 T점수가 65점에서 69점인 경우 약물사용이 원인이거나 이와 관련된 문제를 일으킬 가능성이 높음을 의미한다. T점수가 70점 이상일 경우 약물남용으로 진단할 수 있으며, 약물문제로 인해 대인관계 및 업무수행에 어려움을 야기하고, 일상적인 생활기능이 손상되어 있음을 시사한다. 다만, DRG 척도의 문항은 약물사용 및 불법적인 약물사용과 관련된 문제를 직접 물어보는 명백문항으로 구성되어 있으므로 수검자가 이를 부인하면 점수가 낮아질 수 있음을 염두에 두고 해석해야 한다.

Introduction to Addiction Counseling

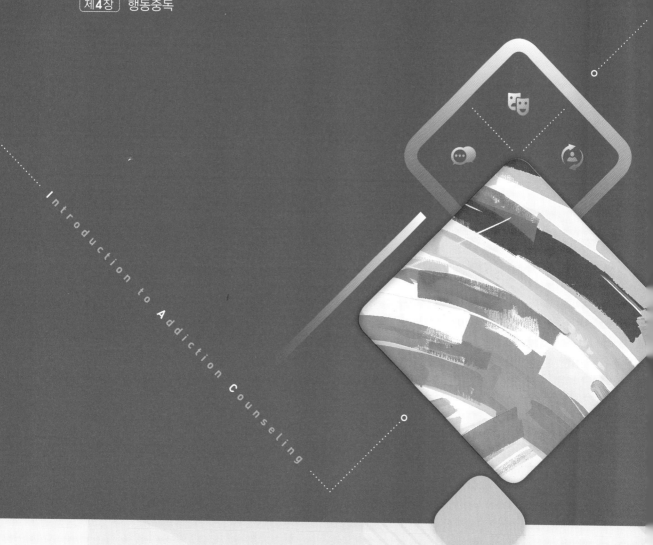

제3장 물질중독

김재환 · 김주은 · 조현섭 · 서경현

이 장에서는 약물, 알코올, 니코틴과 같은 물질중독에 대한 간략한 이해와 상담 실제에 대하여 다룬다.

먼저, 약물에 대한 이해를 높이기 위해 약물의 종류와 특성, 그리고 약물이 뇌에 미치는 영향 등에 대해 설명한다. 이어서 약물중독자의 변화 단계에 따른 상담적 개입을 다루고자 한다. 특히 접수면접 과정에서 내담자가 사용하는 약물의 종류와 양을 체크하는 것은 사용한 약물에 따라 내담자의 금단증상이 다름을 이해하는 데 도움이 될 것이다. 또한 변화 단계에 대한 파악은 상담자로 하여금 내담자를 돕는 데 필요한 전략을 보다 효과적이고 적절하게 수립하는 데 도움이 될 것이다. 다음으로, 알코올중독의 현황과 그에 대한 이해와 원인 등을 다루고, 알코올중독이 신체적 · 정서적 · 사회적으로 미치는 영향에 대하여 알아볼 것이다. 이와 더불어 알코올중독자를 치료하는 방법과 고려해야 할 사항 등에 대해서도 살펴보고자 한다. 마지막으로, 니코틴중독 상담에 기본이 될 수 있는 사항들을 다루어 담배에 중독된 사람들을 상담할 수 있는 능력을 함양하고자 한다. 이를 위해 인지행동적 기법과 금연 단계에 따른 상담요령을 알아볼 것이다.

1. 약물

한국에서 마약 사용은 심각한 사회 문제로 대두되고 있다. 2021년 마약류 범죄 현황 보고서에 따르면, 최근 5년간 마약류 사범 검거 인원이 지속적으로 증가하였고, 특히 2020년에 는 전년 대비 14.3% 증가한 15,044명이 검거되었다(대검찰청, 2021). 이는 한국 사회에서 약물 오남용 문제가 더 이상 간과할 수 없는 심각한 수준임을 보여 준다.

한국에서 많이 사용되는 약물로는 메스암페타민(필로폰), 대마, MDMA(엑스터시), 케타민, 코카인, 헤로인 등이 있다(김형근 외, 2019). 이 중 메스암페타민은 한국에서 가장 많이 사용 되는 마약류로, 전체 마약류 사범의 약 70%가 메스암페타민 관련 사범이다(대검찰청, 2021). 대마는 두 번째로 많이 사용되는 약물이며, 합성 마약인 MDMA와 케타민도 점점 증가하는 추세이다(김형근 외, 2019).

약물 사용 문제를 가진 내담자를 다루는 상담자는 약물의 종류와 특성을 이해하는 것이 매우 중요하다. 각 약물은 서로 다른 작용 기전과 효과를 가지고 있고, 중독성과 위험성도 다르기 때문이다. 예를 들어, 메스암페타민은 강한 각성 효과와 중독성으로 인해 심각한 신 체적·정신적 문제를 야기할 수 있다(김정열, 2018). 반면, 대마는 상대적으로 중독성이 낮고 의존도가 적은 편이지만, 장기 사용 시 정신병적 증상이 나타날 수 있다(김형근 외, 2019).

따라서 상담자는 각 약물의 약리학적 특성과 약물중독 메커니즘, 그리고 약물이 개인에 게 미치는 영향에 대해 깊이 있는 지식을 갖추어야 한다. 이를 바탕으로 내담자의 사용 약물 에 따른 맞춤형 상담과 치료 계획을 수립할 수 있다. 또한 약물중독의 예방과 재발방지를 위 해서도 약물에 대한 정확한 정보 제공과 교육이 필수적이다.

이 장에서는 한국에서 문제가 되는 주요 약물의 종류와 특성, 약물이 뇌에 미치는 영향, 약물중독의 진단과 치료 등에 대해 상세히 다룰 것이다. 이를 통해 상담자들이 약물중독 문 제에 효과적으로 대처하고, 전문적인 상담 서비스를 제공할 수 있는 역량을 기를 수 있기를 기대한다.

1) 약물의 종류

(1) 중추신경 자극제

① 중추신경 자극제 계열의 처방약
중추신경 자극제(Central Nervous System Stimulants)는 코카인, 에페드린 등 천연 물질로부터 유래되어 수 세기 동안 사용되어 왔다(Rasmussen, 2008). 합성 중추신경 자극제의 대표 격인 암페타민은 1887년 루마니아 화학자 Lazăr Edeleanu에 의해 처음 합성되었지만(Heal et al., 2013), 1920년대에 이르러서야 흥분 효과가 발견되고 의학적으로 사용되기 시작했다 (Rasmussen, 2011). 제2차 세계대전 중에는 군인들의 피로 회복과 수행 능력 향상을 위해 널리 사용되었고, 1950~1960년대에는 우울증과 비만 치료제로 각광 받았으며, 점차 레크리에이션 약물로 사용되기 시작했다(Fitzgerald & Bronstein, 2013).

오늘날 처방되는 중추신경 자극제는 주의력결핍 과잉행동장애(ADHD), 기면증, 비만 등 다양한 질환 치료에 사용된다(Heal et al., 2013). ADHD 치료에는 메틸페니데이트 [methylphenidate-Ritalin(리탈린)], 혼합 암페타민 염[mixed amphetamine salts-Adderall(애더럴)], 리스덱스암페타민[lisdexamfetamine-Vyvanse(바이번스)] 등이 가장 많이 처방된다(Dunlop & Newman, 2016). 최근 한국에서도 공부 잘하는 약으로 가장 많이 오남용되고 있는 약물이기도 하다. 이 약물들은 뇌의 도파민과 노르에피네프린 수준을 높여 주의력, 집중력, 충동조절을 개선한다(Volkow et al., 2001). 기면증 치료를 위해서는 모다피닐(modafinil)과 아모다피닐(armodafinil) 등의 중추신경 자극제가 사용된다(Ballon & Feifel, 2006).

중추신경 자극제는 도파민, 노르에피네프린, 세로토닌 등 신경전달물질의 활성을 증가시킴으로써 중추신경계에 작용한다(Fitzgerald & Bronstein, 2013). 이러한 신경전달물질 활성 증가는 에너지 상승, 각성, 집중력 향상, 행복감, 식욕 감소, 사교성 증가 등의 주관적 효과를 일으킨다(Kirkpatrick et al., 2012). 이러한 효과의 발현 속도와 지속 시간은 약물의 종류와 투여 경로에 따라 다르며, 흡연이나 주사와 같은 경로가 경구 투여에 비해 더 빠른 발현과 더 짧은 지속 시간을 보인다(Volkow et al., 2001).

중추신경 자극제는 행복감과 수행 능력 향상 효과를 위해 흔히 오용된다. 가장 많이 오용되는 중추신경 자극제는 애더럴, 리탈린 등의 처방약으로, 불법적으로 구매하거나 대부분 처방한 것으로 사용되는 경우가 많다(Lakhan & Kirchgessner, 2012). 청소년, 대학생과 젊은 성인이 학업 성적 향상이나 파티 등을 위해 중추신경 자극제를 오용할 위험이 특히 높다(Arria & DuPont, 2010). 중추신경 자극제는 경구, 코 흡입, 흡연, 주사 등의 방법으로 사용되는데, 비경구 투여 시 효과가 더 빠르고 강렬하지만, 중독과 부작용의 위험도 더 높다(Volkow et al., 2001). 중추신경 자극제 오용의 효과로는 에너지와 주의력 증가, 행복감, 식욕 감소, 사교성 증가 등이 있지만, 불규칙한 심장박동, 편집증, 공격성 등의 위험한 부작용도 나타날 수 있다(Fitzgerald & Bronstein, 2013).

② 코카인

코카인(cocaine)은 남미 원산의 코카 식물 잎에서 추출되는 강력한 중추신경 자극제이다. 안데스 지역의 원주민들은 수천 년 동안 코카 잎을 약용 및 문화적 목적으로 사용해 왔다(Stolberg, 2011). 19세기 후반, 코카 잎에서 코카인이 분리되었고, 중독성이 알려지기 전까지 합법적인 의약품 및 강장제로 인기를 얻었다(Gootenberg, 2008). 미국에서는 1903년까지 코카인이 특허약, 음료수, 심지어 코카콜라에도 광범위하게 사용되었다(Spillane, 2000).

코카인은 흰색의 결정성 분말로, 코로 흡입하거나 연소시켜 흡연하거나 주사할 수 있다. 코카인은 지질 친화성이 높은 분자로, 혈액−뇌 장벽을 빠르게 통과하여 도파민 분비를 증가시킴으로써 보상 시스템을 활성화한다(Nestler, 2005). 코카인의 효과로는 행복감, 에너지 증가, 각성, 자신감 향상과 함께 식욕 및 수면 욕구 감소 등이 있다(Johanson & Fischman, 1989). 효과의 발현 및 지속 시간은 투여 경로에 따라 다르며, 흡연이나 주사는 코 흡입에 비해 더 빠른 발현과 더 짧은 지속 시간을 보인다(Volkow et al., 2000).

코카인의 급성 부작용으로는 심박수 및 혈압 상승, 동공 확장, 떨림, 체온 상승 등이 있다(Zimmerman, 2012). 고용량에서는 편집증, 공격성, 환각, 정신병 등이 나타날 수 있다(Morton, 1999). 만성적인 코카인 사용은 내성, 중독, 심혈관 질환, 호흡기 질환, 신경학적 장애 등 다양한 건강 문제를 야기할 수 있다(Riezzo et al., 2012). 기타 잠재적인 장기 영향으로는 심혈관 질환, 인지 장애, 주사 약물 사용에 따른 감염 위험 증가 등이 있다. 특히 미국 내에서 'Crack baby'라고 하여 임신 중 코카인 사용으로 태어난 아이들이 존재하며, 임신 중 코카인 사용으로 인해 태반 박리, 조산, 저체중아 출산 등을 초래할 수 있다(Cain et al., 2013).

코카인은 뇌의 보상 시스템에 대한 빠르고 강력한 작용으로 인해 중독성이 높다. 만성적인 코카인 사용은 특히 보상, 동기, 의사 결정에 관여하는 전전두엽 및 변연계 영역에서 뇌의 구조적·기능적 변화를 초래할 수 있다(Goldstein & Volkow, 2011). 이러한 신경적응은 코카인 중독의 특징인 충동적인 약물 추구 및 약물 복용 행동의 기저를 이룬다.

③ 메스암페타민

메스암페타민(methamphetamine)은 암페타민(amphetamine) 계열의 중추신경 자극제이

표 3-1 메스암페타민과 코카인의 차이

메스암페타민	코카인
자극제	자극제 및 국소마취제
화학제	식물추출
흡연 시 오랜 시간 각성 상태 유지 (long-lasting high)	흡연 시 단기 쾌감 발생 (a brief high)
반감기: 12시간	반감기: 1시간
도파민 방출 증가 및 재흡수 차단	도파민 재흡수 차단

출처: National Institute on Drug Abuse (2019).

다. 해외에서는 meth, ice, crystal, blue라고 통용되며(National Institute on Drug Abuse, 2019), 북한에서는 얼음, 아이스, 빙두로 불리고 있다. 메스암페타민은 주로 연기 흡입, 주사기 투여, 코점막 흡입, 경구 투여 방식으로 투여하며, 한국에서는 주로 주사기 투여, 경구 투여, 연기 흡입 방식을 많이 사용한다.

암페타민처럼 복용 시, 행동 증가, 활력 증대, 식욕감퇴, 쾌감(high), 다행감(euphoria) 등을 경험할 수 있다. 자극제들 중에 메스암페타민의 가장 크게 두드러지는 특징 중 하나는 오랜 시간 약 효과가 지속된다는 점이다. 메스암페타민과 유사한 약리적 효과를 코카인과 비교했을 때, 메스암페타민의 반감기가 코카인에 비해 훨씬 길 뿐만 아니라 여러 가지 구별되는 특징들을 가진다(National Institute on Drug Abuse, 2019; Panenka, Procyshyn, Lecomte, MacEwan, Flynn, Honer, & Barr, 2013).

메스암페타민의 신체적 · 심리적 영향을 구체적으로 살펴보면 메스암페타민은 말초 및 중추 시스템을 모두 강하게 자극함으로써 에피네프린과 노르에피네프린을 과도하게 분비시킨다. 이로 인해 심장박동과 폐 활동이 급속하게 증가하고 과혈당 상태가 유지되고 혈관이 확장된다.

이때 사용자는 활력과 피로감소, 수면감소, 식욕억제 등을 경험할 수 있다. 하지만 스트레스 호르몬의 수치가 거의 200%가량 증가하게 되며 이 상태로 몇 시간 동안 지속된다. 이로 인해, 누군가가 자신을 감시한다고 느끼는 피해망상(delusion)을 경험하거나(일명 '쭈라') 폭력성이 증가하는 경우도 있으며 주변 자극에 매우 민감해진다. 무엇보다, 강한 자살 사고와 충동이 찾아오기 때문에 상담자는 이 점에 대해서 주의를 해야 한다. 중단 시 급격한 피로감이 찾아오기도 한다. 이러한 상태에서 분자에 염증을 일으키게 되고 이러한 것들이 신경계 손상을 일으킬 수 있다(Panenka et al. 2013). 특히 메스암페타민의 만성적 사용은 심각한 정신질환증상(psychosis)을 발생시킨다. 대표적으로 meth bug라고 불리는 환촉 및 환청을 경험할 수 있다(American Psychiatric Association, 2013; Grant et al., 2011).

만성적인 사용은 의학적 문제를 발생시키는데 고혈압, 협심증, 부정맥, 심근경색, 발작, 혼수상태를 일으킬 수 있다. 만약 흡입하는 경우, 기관지염, 폐 혈압 증가 등의 문제를 일으킬 수 있다. 특히 급격한 식욕감퇴 등으로 인해 심각한 영양실조도 경험할 수 있기 때문에 앞서 발생할 수 있는 다양한 증상들과 상호작용하여 합병증으로 사망할 수도 있다(American Psychiatric Association, 2013; Panenka et al., 2013).

메스암페타민을 사용하는 목적은 다양한데, 대표적인 사용 목적은 성적 쾌감 극대화 및 성적 활동 시간 증가, 에너지 증가 및 활력 증대(우울한 내담자들이 이러한 패턴을 가짐), 살을 빼는 다이어트 목적으로 많이 사용된다.

④ MDMA

MDMA(methylenedioxymethamphetamine)는 전 세계적으로 젊은이들이 클럽에 많이 사용하는 대표적인 약물 중 하나이며, 한국 클럽에서도 케타민, LSD와 같이 오남용되는 클럽 약물 중 하나이다. MDMA는 암페타민 계열의 약물로, 호르몬에 관여하는 약물이다.

엑스터시(Ecstasy) 또는 몰리(Molly)라고도 알려진 MDMA는 1912년 독일 제약회사 Merck에서 처음 합성되었으며 처음에는 잠재적인 식욕 억제제로 개발되었다. 그러나 1970년대에 이르러서야 MDMA는 특히 클럽과 레이브 현장에서 레크리에이션 약물로 인기를 얻게 되었다(Parrott, 2013).

MDMA는 페네틸아민과 암페타민 계열에 속하는 합성 향정신성물질이다. 주로 세로토닌, 도파민 및 노르에피네프린 재흡수 억제제로 작용하여 뇌의 해당 신경전달물질 수치를 증가시키며 흥분과 환각을 일으킨다. MDMA는 일반적으로 정제 또는 캡슐 형태로 경구 복용한다(Green, King, Shortall, & Fone, 2012).

MDMA의 효과는 일반적으로 섭취 후 30~60분 이내에 나타나며 몇 시간 동안 지속될 수 있다. 사용자는 종종 행복감, 사교성 증가, 공감 능력 향상, 감각 지각 강화 등을 느낀다고 보고한다. 이러한 효과는 세로토닌, 도파민, 노르에피네프린의 방출을 촉진하는 동시에 재흡수를 억제하는 MDMA의 약리적 특성에 기인한다(Nichols, 2016).

　MDMA는 기분 변화의 효과를 낼 수 있지만, 다양한 부작용을 일으킨다. 심박수 증가, 혈압 상승, 탈수, 고열, 턱 떨림, 메스꺼움, 시야 흐림 등이 포함될 수 있다. MDMA를 장기간 또는 과도하게 사용하면 세로토닌 증후군, 인지 장애, 기분장애와 같은 심각한 합병증이 발생할 수 있다(Nut et al., 2007; Vollenweider & Kometer, 2010).

(2) 대마초(cannabis)

① 마리화나

대마(hemp)의 잎으로 만든 마리화나(marijuana)는 의약, 레크리에이션 및 산업적 목적으로 사용되어 온 길고 복잡한 역사를 가지고 있다. 마리화나 재배에 대한 최초의 증거는 6,000년 전으로 거슬러 올라간다(Kelly & Levin, 2015). 미국에서 마리화나는 19세기와 20세기 초에 의약품으로 널리 사용되다가 1930년대에 불법화되었으나, 최근 수년 동안 많은 주에서 의료용 및 기호용 마리화나가 합법화되는 추세이다. 하지만 연방법상 여전히 불법이다(Hasin et al., 2017).

　마리화나에는 60개 이상의 카나비노이드를 포함하여 400개 이상의 화학 화합물이 포함되어 있다. 주요 향정신성 화합물은 델타-9-테트라하이드로칸나비놀(delta-9-tetrahydrocannabinol: THC)로, 뇌의 카나비노이드 수용체에 결합하여 신경전달물질 방출을 변화시킨다(Lovinger, 2008). 마리화나 사용 시 행복감, 이완, 지각 변화, 기억력 및 집중력 장애, 식욕 증가, 반응 시간 둔화 등이 나타내며, 마리화나를 장기간 사용하면 중독, 인지 장애, 정신병 위험 증가, 호흡기 문제가 발생할 수 있다(Volkow et al., 2014).

　마리화나 사용의 대표적인 부작용으로는 불안, 편집증, 공황 발작, 환각 등이 있다(Johns, 2001). 마리화나 흡연은 만성 기관지염을 유발하고 호흡기 감염과 폐암의 위험을 증가시킬 수 있다(Tetrault et al., 2007). 과도한 마리화나 사용은 심장마비 및 뇌졸중 위험 증가를 포함한 심혈관 문제와 관련이 있다(Mukamal et al., 2008). 임신 중 마리화나 사용은 태아의 성장과 신경 발달을 저해할 수 있다(Gunn et al., 2016).

　잠재적인 유해성에도 불구하고 마리화나와 그 화합물인 칸나비디올(cannabidiol: CBD)이 만성 통증, 다발성 경화증, 뇌전증, 화학요법으로 인한 메스꺼움 등의 질환에 치료 효과가 있다는 증거가 있다(Whiting et al., 2015). 그러나 의료용 마리화나의 안전성과 효능을 완전히 확신하기 위해서는 더 많은 연구가 필요한 상황이다.

대마 사용을 통해 경험하는 주요 동기에는 감각 왜곡이 포함된다. 특히 오감을 증폭시키거나 축소시키는 역할을 하기 때문에 음악, 운전, 음식 섭취 등에 대마가 사용되는 경우가 흔한 이유이기도 하다. 상담에서는 일상에서의 무료감이 핵심적 이슈인 내담자들이 많고, 특히 최근 국외에서 대마 사용의 합법화로 인해서 내담자의 변화 저항이 가장 큰 약물이기도 하다. 따라서 마리화나 관련 법률이 계속 진화함에 따라 중독 전문가들은 마리화나 사용의 효과와 위험성에 대한 최신 과학적 증거에 대한 정보를 계속 파악하는 것이 중요하다.

② 합성 카나비노이드(synthetic cannabinoids)

합성 카나비노이드는 흔히 '합성 마리화나' 'K2' 또는 '스파이스'로 불리는 물질로, 대마초의 주요 향정신성 성분인 THC의 효과를 모방하기 위해 개발된 화합물군(Naphthoylindole, JWH-018)이며 THC보다 훨씬 더 강력한 효과를 보인다. 이 물질들은 광범위한 오용과 잠재적 부작용으로 인해 심각한 공중보건 문제로 대두되었다.

합성 카나비노이드는 1960년대에 내인성 카나비노이드 시스템과 잠재적 치료 적용을 이해하기 위한 연구 목적으로 처음 개발되었다(Castaneto et al., 2014). 그러나 예측 불가능한 효과와 오용 가능성으로 인해 의학적 용도로 승인되지는 않았다(Rech, Donahey, Cappiello Dziedzic, Oh, & Greenhalgh, 2015).

약리학적으로 합성 카나비노이드는 THC와 동일한 카나비노이드 수용체(CB1과 CB2)에 결합하지만, 종종 더 강력하고 높은 친화력을 보인다(Castaneto et al., 2014). 이로 인해 천연 대마초에 비해 더 강렬하고 예측 불가능한 효과가 나타날 수 있다. 주관적 효과로는 행복감, 이완, 지각 변화뿐만 아니라 불안, 편집증, 정신병 등이 포함될 수 있다(Rech et al., 2015).

합성 카나비노이드는 주로 흡연이나 액상 대마로 하여 기화 형태로 사용된다(Castaneto et al., 2014). 한국에서는 '브액'이라는 은어로 통용되며 전자담배 기기에 넣어서 사용되기도 한다. 약물 검사에서의 검출을 피하거나 대마초 사용과 관련된 법적 제재를 회피하려는 사람들 사이에서 인기를 얻었다(Rech et al., 2015). 이러한 제품의 조성이 끊임없이 변화하는 특성은 사용자가 무의식적으로 효능과 효과가 크게 다른 물질을 섭취할 수 있기 때문에 특히 위험하다(Castaneto et al., 2014).

합성 카나비노이드 오용의 부작용은 심각하고 생명을 위협할 수 있다. 급성 효과로는 초조, 발작, 빈맥, 고혈압, 호흡기 문제 등이 나타날 수 있다(Rech et al., 2015). 장기적 결과는 명확히 밝혀지지 않았으나, 인지 장애, 정신질환, 중독 등이 포함될 수 있다(Castaneto et al., 2014). 합성 카나비노이드 사용은 전 세계적으로 수많은 사망과 중대한 부작용 사례와 관련이 있다(Trecki, Gerona, & Schwartz, 2015).

(3) 아편유사제

① 아편유사제(opioids) 및 헤로인(heroin)

아편은 인간의 통증을 완화하기 위해 인류사에서 오랫동안 사용된 대표적인 약물이다. 인류학자들은 적어도 3500년에서 길게는 1만 년 전부터 양귀비가 재배되고 사용되었을 것으로 추정한다(Walton, 2002). Opium이라는 말 자체가 그리스어인 opion이라는 말에서 유래되었으며 이 말의 뜻은 양귀비의 즙이라는 뜻을 담고 있다. 다양한 문화권에서 아편은 신의 선물로 여겨졌으며, 통증완화, 심각한 설사, 이질(dysentery) 치료에 사용되었으며 특히 불안을 완화하는 특징과 다행감을 가져다줌으로써 유희적 목적으로 사용되었다(Doweiko, 2019).

현대에 와서는 아편을 직접 사용하기보다는 오피오이드(opioid) 성분을 추출하거나 또는 유사한 화학구조를 가진 약물을 다시 만들어서 의학적으로 사용하고 있다. 현대 의학에서 아편유사제는 급성 수술 후 통증, 만성통증, 암 관련 통증 관리에 광범위하게 활용된다. 모르핀, 코데인, 옥시코돈, 하이드로코돈, 펜타닐 등이 일반적인 처방 아편유사제다(Volkow & McLellan, 2016). 또한 마취와 완화 의료에도 쓰이며, 메타돈, 부프레노르핀 제형은 아편 사용 장애 치료에 사용된다(Schuckit, 2006).

아편유사제는 뇌와 신체의 아편 수용체, 특히 뮤(μ) 수용체에 결합해 작용한다. 이를 통해 진통과 환각 효과를 나타내지만 호흡 억제, 변비, 진정 등의 부작용과 더불어 아편유사제의 주관적 효과로는 안녕감, 이완감, 통증 인지 감소 등이 있어 오남용 및 중독 위험이 높다(Baldini et al., 2012).

실제로 아편계 사용장애(opioid use disorder)의 두 가지 대표적인 취약 요인으로 스트레스와 통증(pain)을 꼽을 수 있다(MacLean, Armstrong, & Sofuoglu, 2019; Vowles, McEntee, Julnes, Frohe, Ney, & van der Goes, 2015). 스트레스와 통증에 관한 체계적 문헌 리뷰와 메타분석 결과, 스트레스가 높고 만성통증을 가질수록 아편계 사용장애에 취약함이 높아짐을 확인했다.

　스트레스나 통증과 관련하여 오피오이드는 중요한 신경생리적 작용을 한다. 오피오이드는 앞서 언급한 뮤(mu) 오피오이드 수용체에 작용함으로써(agonist) 매우 빠르게 내성과 금단, 그리고 급격한 신체적 의존을 동반하는 중독성이 매우 높은 물질이다(Darcq & Kieffer, 2018). 신경생리적으로 오피오이드는 오피오이드 시스템에 작용한다. 오피오이드 시스템은 다시 보상(reward)과 고통 회피(aversion) 네트워크에 자동적이고 기능적으로 상호작용하게 됨으로써 인간의 생존과 고통을 경감시키는 행동을 유발하게 된다. 이러한 측면으로 인해 오피오이드는 강한 중독성을 갖게 되는데 특히 긍정적이고 부정적인 정서를 동시에 유발하고 내성과 금단을 동반하는 신체적 의존 증상을 가속화한다(Darcq & Kieffer, 2018).

　아편유사제 오남용과 중독은 큰 공중보건 위기가 되었는데, 특히 미국에서 두드러진다(Ciccarone, 2019). 아편유사제는 통증 관리 목적의 합법적 처방을 받고서 과다 복용하거나 주사, 흡입 등 비정상적 경로로 투여하며 오남용된다. 또한 펜타닐 및 모르핀과 같은 처방 아편유사제 불법 유통이나 헤로인과 같은 불법 합성 아편유사제 사용 등 불법적 경로로도 입수된다(Ciccarone, 2019). 경구 섭취, 주사, 흡입 외에도 알코올, 벤조디아제핀과 복합 사용하는 방식으로 오남용된다(Jones et al., 2013).

　아편유사제의 대표적인 금단증상으로는 불쾌한 기분, 초조, 구토, 극심한 근육통, 눈물 및 콧물 흘림, 발열, 동공 확대, 불면, 털이 서는 입모 현상 등이 나타난다. 심한 경우, 호흡 의식 상실, 호흡 억제 등이 일어나며 이로 인해 사망하는 경우가 빈번히 발생한다(Doweiko, 2019).

② 펜타닐(fentanyl)

펜타닐은 합성 아편유사제로, 오랜 기간 의학 분야에서 활용되어 왔지만 동시에 오용 사례도 많아 현재 헤로인을 대체하는 공중보건 위기에 핵심 물질로 자리 잡고 있다. 펜타닐은 독성이 매우 강해 소량으로도 치명적일 수 있기에 주로 패치로 사용되며 의학적으로도 매우 제한적으로 사용되지만 펜타닐 남용자들이 이를 주사하거나 코로 흡입하면서 급성 중독과 사망 사고가 잇따랐다. 최근 대한민국에서도 펜타닐 오남용이 큰 사회 문제로 대두되고 있다. 2010년대 들어 서서히 펜타닐 오남용 규모가 커지더니 2014년부터 폭발적으로 증가했다. 2013년까지 5건에 불과했던 펜타닐 적발 건수가 2018년에는 317건으로 63배나 늘었고 심지어 청소년들까지도 사용하기 시작했다(식품의약품안전처, 2019).

펜타닐은 1960년 Paul Janssen이 펜타닐을 최초로 합성했다. 강력한 효과와 빠른 작용 시작 시간 때문에 마취제와 진통제로 인기를 얻었다(Peng & Sandler, 1999). 펜타닐은 모르핀보다 50~100배 강력한 것으로 추정되며, 마취, 만성통증 관리, 수술 및 시술 시 보조 진통제로 널리 사용된다(Stanley, 2014). 의료용으로 사용될 때, 펜타닐의 진통 효과는 정맥 투여 후 5분 내에 최고조에 달하며 30~120분 동안 지속된다(Brunton et al., 2008). 그러나 펜타닐은 진통 작용보다 호흡 억제 작용이 더 오래 지속된다(Wilson et al., 2011). 주사용 용액, 경피 패치, 정제, 비강 스프레이 등 다양한 제형이 있어 임상 적용 범위가 넓다. 특히 펜타닐은 지질 용해도가 높아 경피 패치를 통해 피부로 흡수될 수 있다(Wilson et al., 2011).

다른 아편유사제와 마찬가지로 펜타닐은 뇌와 척수의 뮤 아편 수용체에 결합해 진통 효과, 환각, 호흡 억제, 진정 작용을 나타낸다. 강렬한 환각감, 이완감, 진통 효과 등의 주관적 효과로 인해 오남용 및 중독 위험이 높다(Schuman-Olivier et al., 2013). 하지만 고농도로 인해 다른 아편유사제보다 호흡 억제와 과다 복용 위험이 크다(Peng & Sandler, 1999).

펜타닐은 아편계 공중보건 위기에 큰 몫을 차지하고 있다. 헤로인이나 가짜 처방약으로 섞여 유통되면서 고농도로 인한 과다 복용 사례가 많아졌다(O'Donnell et al., 2017). 암시장에서도 불법 제조되어 유통된다(Gladden et al., 2019). 주사, 흡입, 경구 투여 등의 방식으로 단독 혹은 헤로인, 코카인과 혼합하여 오남용된다(Schuman-Olivier et al., 2013). 한국에서는 의료용 펜타닐 패치가 주로 많이 오남용되고 있다.

펜타닐 오남용은 호흡 억제, 혼수상태, 사망과 같은 치명적인 결과를 초래할 수 있다. 특히 매우 심한 오한 및 통증, 타는 듯한 감각 등 심각한 금단증상으로 인해 중독된 이후 약을 중단하기는 무척 어려우며, 병원 연계를 통한 금단 치료도 필요하다(Gladden et al., 2019).

(4) 환각제

① LSD(lysergic acid diethylamide)

LSD(리세그르산 디에틸아미드)는 우연한 발견부터 현재 Schedule I 규제 물질로서의 지위에 이르기까지 매혹적인 역사를 가지고 있다. Albert Hoffman은 1938년 맥각균에서 유래한 화합물을 연구하던 중 LSD를 처음 합성했지만, 1943년 Hoffman이 실수로 소량을 섭취할 때까지 그 향정신성 효과는 발견되지 않았다(Schuckit, 2006). 1950년대에는 LSD의 잠재적 치료 적용 가능성과 화학전 물질로서의 가능성이 조사되었다(Talty, 2003). 그러나 1960년대에 LSD의 레크리에이션 사용이 급증하면서 1970년에 Schedule I 물질로 분류되었다.

현재 LSD는 제한적으로 의학적 사용 가능성이 없는 것으로 인정되고 있지만, 일부 연구자들은 알코올 중독(Krebs & Johansen, 2012)이나 불안(Gasser et al., 2015)과 같은 상태에 대한 심리 치료의 보조제로서의 잠재력을 탐구하고 있다. LSD는 20~30마이크로그램의 낮은 용량에서도 효과가 있는 가장 강력한 환각제 중 하나이다(Schuckit, 2006).

약리학적으로 LSD는 주로 세로토닌 작용제, 특히 5-HT2a 수용체에서 작용하지만 도파민과 아드레날린 수용체에도 영향을 미친다(Garcia-Romeu et al., 2016). LSD는 위장관에서 쉽게 흡수되어 전신으로 분포되며, 시각, 감정, 각성과 관련된 뇌 영역에서 가장 높은 농도로 발견된다(Tacke & Ebert, 2005). LSD는 간에서 광범위하게 대사되며, 반감기는 약 2.5~3시간이다(Jenkins, 2007).

LSD의 주관적 효과는 종종 '트립'이라고 불리며, 일반적으로 섭취 후 30~60분 내에 시작되어 12~18시간 지속될 수 있다(Garcia-Romeu et al., 2016). 사용자들은 지각 왜곡, 공감각, 시간 감각 변화, 행복감부터 불안 또는 편집증에 이르는 강력한 정서 경험을 보고한다(Traub, 2009). 고용량은 더 강력하고 잠재적으로 두려운 반응을 유발할 수 있으며, 때로는 공황이나 정신병 상태로 이어질 수 있다. 내성은 정기적인 사용으로 빠르게 발달하지만, 공인된 금단 증후군은 없다.

LSD는 주로 작은 우표 형태나 그림 형태로의 종이(blotter paper)에 약물을 흡수시켜 경구 투여되지만, 흡입하거나 주사할 수도 있다(MacLean et al., 2015; Weaver & Schnoll, 2008). 일반적인 용량은 50~150마이크로그램이다. LSD 사용의 장기적 결과는 잘 알려져 있지 않지만, 일부 사용자는 환각제 지속 인식 장애(Hallucinogen Persisting Perception Disorder: HPPD)

로 알려진 지속적인 지각 장애를 경험한다(Garcia-Romeu et al., 2016). 드물지만 LSD 과다 복용이 발생할 수 있으며, 고체온증, 경련, 혼수상태를 유발할 수 있다. 이 약물이 유발하는 강렬한 지각적·정서적 왜곡으로 인해 사고나 자해와 같은 간접적인 피해가 더 흔하다.

② PCP(phencyclidine)

PCP는 의학적 사용과 오용을 모두 포괄하는 복잡한 역사를 가지고 있다. 최초로 PCP는 1957년에 수술용 마취제로 개발되었다(Tacke & Ebert, 2005). 그러나 회복 기간 동안 흥분, 섬망, 정신병적 반응이 자주 발생하여 인간에 대한 사용이 빠르게 중단되었다(Javitt & Zukin, 2005; Jenkins, 2007). 인간 사용이 중단되었음에도 불구하고, PCP는 1978년 미국에서 모든 합법적 생산이 중단될 때까지 수의학적 마취제로 사용되었다. 현재 PCP는 Schedule II 규제 물질로 분류된다(Javitt & Zukin, 2005).

PCP 오용은 1960년대 중반에 등장하여 그 이후로 인기가 변동해 왔다(Javitt & Zukin, 2005). 의도적인 PCP 사용은 드물지만, 다른 불법 물질에 첨가제로 모르고 섭취하는 경우가 많다(Zukin et al., 2005). PCP는 코, 경구, 주사(근육 또는 정맥) 또는 다른 물질과 혼합하여 흡연할 수 있다(Karch, 2009). 흡연은 사용자가 원하는 효과를 얻기 위해 섭취량을 조절할 수 있기 때문에 가장 일반적인 투여 경로이다. 흡연 시 2~3분 내에 발현되며, 단일 투여 후 15~30분에 최고 효과에 도달하고 4~6시간 지속된다(Jenkins, 2007).

PCP의 주관적 효과에는 의식의 빠른 변동, 해리, euphoria, 억제 감소, 엄청난 힘의 느낌, 진통, 변형된 시간 감각, 왜곡된 신체 이미지 등이 있다(Brust, 2004). 부작용으로는 지남력 장애, 혼란, 공격성, 과민성, 우울증(자살 사고 또는 시도 가능성 포함), 편집증 등이 있을 수 있다. euphoria 효과에 대한 내성은 빠르게 발달한다(Javitt & Zukin, 2005).

약리학적으로 PCP는 물과 지질에 모두 용해되는 약한 염기이다. 지질 용해도로 인해 지방조직, 특히 뇌에 축적되어 혈중 농도의 10~113배에 이를 수 있다(Zukin, Sloboda, & Javitt, 2005). PCP는 NMDA 수용체 길항제, 시그마 아편유사제 수용체 작용제, 카나비노이드 수용체 결합 등 다중 수용체 시스템과 상호작용한다(Jenkins, 2007; Zukin et al., 2005). 대사는 주로 간에서 일어나며, 투여량의 약 10%만이 변화하지 않고 배설된다(Karch, 2009). 반감기는 약 20시간이지만 고용량에서는 훨씬 더 길어질 수 있다(Jones, 2005).

(5) 기타 약물

① 케타민(Ketamine)

케타민은 복잡한 역사를 가지고 있으며, 합법적인 의학적 사용과 오용의 가능성 모두를 가지고 있다. 케타민은 구조적으로 PCP와 유사하며, 다른 마취제와 달리 호흡 또는 심장 억제를 유발하지 않는 수술용 마취제로 의사들이 사용한다(McDowell, 2005). 케타민은 또한 응급실에서 흥분 상태를 치료하고(Hopper et al., 2015) 외상 사례에서 통증을 줄이는 데 사용된다. 초기 증거는 케타민이 우울증을 신속하게 치료할 수 있음을 시사했지만, 현재 연구에 따르면 오용 가능성과 해리 증상으로 인해 일반적인 우울증 치료에 사용하는 것에 대해서는 논란의 여지가 있다(Chaki, 2017).

약리학적으로 케타민은 뇌의 NMDA 수용체[1](N-methyl-D-aspartate receptor)에 결합하여 신경 세포 발화를 늦춘다(McDowell, 2005). 주사 시 진통 효과는 약 40분 지속되지만, 해리 효과는 수 시간 동안 지속될 수 있다(Sadock, Sadock, & Ruiz, 2015). 케타민은 1999년부터 Schedule III 규제 물질이었으며, 의학적으로 지시대로 사용할 경우 비교적 넓은 치료 범위를 가지고 있다(Sadock et al., 2015).

일반적으로 케타민은 주로 수의학 약품으로 많이 사용된다(McDowell, 2005; Sadock et al., 2015). 일반적인 오용 경로에는 비강 내, 경구, 흡입, 드물게 주사가 포함된다(Sadock et al., 2015). 일반적인 오용 용량은 마취 용량의 약 절반이다(McDowell, 2005). 오용의 효과로는 행복감, 시각적 환각, 해리, 생생한 꿈 등이 있다(Gahlinger, 2004). 부작용으로는 고혈압, 빈맥, 호흡 억제, 편집증, 불안, 플래시백 등이 있을 수 있고, 만성적 오용은 기억 문제, 방광 위축, 요실금, 신장/요관 손상으로 이어질 수 있다(Gahlinger, 2004; McDowell, 2005; Sadock et al., 2015).

케타민을 가장 많이 오용하는 사람들은 18~25세 성인이다. 한국에서도 대표적인 클럽 약물로 알려져 있다. 표준 독성 검사로는 케타민이 검출되지 않으므로, 오용이 의심되는 경우 약물이나 대사물을 확인하기 위해 특별 검사를 의뢰해야 한다(Karch, 2009).

---

1) 세포의 사멸과 정상세포 간의 신호전달을 조절하는 것으로 알려진 수용체이다. 도파민 D1 수용체와 직접적인 상호작용을 하면서, 그 결과 세포의 사멸을 조절하거나 정상적인 세포 간의 통신을 유도한다.

② 프로포폴(propofol)

합성 프로포폴은 1970년대에 ICI 제약에서 Ernst 박사와 동료들에 의해 처음 합성되었다. 이는 그 빠른 작용과 짧은 효과 기간으로 인해 수술 중 마취 유도 및 유지에 이상적인 것으로 알려져 인기를 얻었다. 프로포폴은 GABA-A 수용체에서 억제성 신경전달물질인 감마 아미노뷰티르산(γ-aminobutyric acid: GABA)의 효과를 향상시킴으로써 주로 작용하며 정맥 내로 투여된다(Mihic et al., 1994).

프로포폴은 GABA 작용을 증가시킴으로써 중추신경계 억제를 유도함으로써 작용한다. 이는 진정, 수면 및 마취에 특징적인 중추신경계 억제를 초래한다. 그 효과는 투여량에 따라 달라지며 낮은 용량에서는 진정을 유발하고 높은 용량에서는 일반 마취를 유발한다. 사용자들은 주로 유쾌함, 이완 및 억제 해제감을 경험하며 이는 그의 남용 가능성에 기여한다(White & Trevor, 1982).

프로포폴의 남용은 주로 건강 관련 종사자 및 레크리에이션 효과를 원하는 개인들 사이에서 악명을 얻고 있다. 프로포폴의 남용은 주로 의료 시설에서 훔쳐지거나 오용되어 발생한다. 개인들은 주로 음식물 내 경로로 프로포폴을 투여하며 이를 통해 진정 및 유쾌한 효과를 노린다. 일부 개인들은 또한 의료 소스로부터 획득한 주사 펌프나 주사기를 통해 자가 투여하는 방식으로 프로포폴을 남용할 수 있다(Larson et al., 2000).

프로포폴의 남용은 호흡 억제, 저혈압 및 심혈관 붕괴와 같은 심각한 결과를 초래할 수 있다. 프로포폴의 잘못된 복용이나 투여는 비명 발작, 호흡마비 및 사망으로 이어질 수 있다. 만성적인 남용은 또한 사용 중단 시 신체적 의존성 및 철수 증상을 초래할 수 있다(Zaacks et al., 2000).

2) 약물중독 치료

(1) 내담자의 약물 경험 및 변화단계 파악

내담자가 처음 약물을 시작했던 나이와 약물의 종류와 사용하게 된 계기, 그 후로 주로 사용하면서 '정착했던' 약물의 종류와 그 이유, 약물을 사용했던 '양'을 체크하는 것이 중요하다. 그다음으로는 약물 사용을 중단하려고 했던 적이 있는지, 있다면 그 계기가 무엇이었으며, 그 시도가 실패했는지 성공했는지, 그 실패나 성공의 이유가 무엇인지 파악한다. 마지막으로, 약물 사용으로 인해 결과적으로 내담자가 어떠한 법적, 신체적, 관계적 폐해를 경험하고 있는지 파악하고 그로 인해 현재 약물 사용에 대한 생각이 어떤지 파악해야 한다.

이처럼 내담자의 약물 사용 경험을 확인해야 해야 하는 이유는 사용한 약물의 종류에 따라 금단증상이나 약물에 대한 생각이 달라질 수 있기 때문이다. 예를 들어, 필로폰의 경우에는 각성제이므로 중단할 경우 지속적으로 졸리거나 기분이 가라앉는 금단증상이 일어날 수 있고, 각성제 복용 중에는 식욕억제가 일어나기 때문에 단약할 경우에 반대로 폭식증이 금단증상으로 나타날 수 있다(약학정보원, 2023). 대마 같은 경우, 환각제로 분류되지만 진정 효과도 있는데, 사람에 따라 명확한 금단증상이 없는 사람들도 있지만 중단할 경우 불안이나 초조, 불면과 같은 증상이 나타나는 사람도 있다. 필로폰을 하는 사람들은 불법마약이라는 인식과 끊어야 한다는 생각이 있는 경우가 꽤 있으나, 대마를 하는 사람들은 대마를 합법화하는 나라의 증가와 그에 따른 논란으로 단약에 대한 생각이 없는 경우가 더 많다.

내담자의 단약에 대한 생각을 파악하기 위해서 상담자는 Prochaska와 DiCelmente(1984)의 변화 단계를 단약의 단계에 맞추어 설명한다. 변화 단계는 6단계로 나눌 수 있는데, 전숙고, 숙고, 준비, 실행, 유지, 재발이다. '전숙고'는 약물 사용을 그만둘 생각을 하지 않는 단계로 약물 사용의 문제를 알아차리지 못하는 단계이고, '숙고' 단계는 약물 사용을 그만두려고 생각하고, 자신이 다른 사람에게 어떤 영향을 미쳤는지에 대해 생각을 하지만 준비나 행동을 하지는 않는 단계이다. '준비' 단계는 약물 사용을 그만두기 위한 계획을 하는 단계이고, '실행' 단계는 약물 사용을 실천하는 계획대로 그만두는 단계이며, '유지' 단계는 일정기간 동안 약물을 사용하지 않으면서 나 자신을 수용하고 약물을 사용하고 있는 다른 사람들을 돕는 단계라고 할 수 있다. '재발'은 단약을 시도했으나 현재는 다시 약물을 시작하여 이전만큼의 단약 의지가 없는 단계이다.

상담자는 내담자에게 자신이 이 변화 단계 중 어디에 위치하고 있으며, 그 단계에 머무르고 있는 이유를 물어볼 수 있다. 만약 현재 전숙고 단계에 있다면 (대마 사용자나 약물을 만성적으로 사용했던 경우 전숙고 단계에 있는 경우가 흔하다), 혹시 이전에 단약 실행 단계나 유지 단계에 있었던 적이 있었는지, 그때는 왜 그런 생각이 들었는지를 물어볼 수 있다. 또한 지금 내담자가 있는 단계에서 그 다음 단계로 넘어가기 위해 본인이 무엇이 필요하다고 생각하는지(예, 어떤 상황의 변화, 마음가짐의 변화, 혹은 주위의 지지가 필요한지)를 물어본다.

내담자는 자신의 변화 단계를 설명하는 과정에서, 상담에 솔직하게 임할 경우 '전숙고'의 상태에 있을 가능성이 높고 또는 다른 단계에 있더라도 상당한 양가감정을 보일 수 있다. 필로폰을 만성적으로 사용한 경우를 예를 들어 보면, 재발이 잦고 그 재발들을 경험하면서 자신은 이미 중독자로서 더 이상 끊을 수 있는 능력이 없다고 생각하는 경우가 흔하다. 이럴 경우에 내담자에게는 필로폰의 폐해를 인식하지 못하거나 끊고자 하는 마음이 없는 것이 아니라, 한번 더 자신이 단약을 하고자 마음을 먹었는데 그것이 실패할 경우에 느껴지는 자괴감을 경험하기 싫어서 단약을 거부할 수도 있다. 대마의 경우에 내담자가 본인의 목표는 대마가 합법인 나라에 이민을 가서 법적인 처벌을 피하여 자유롭게 하다가 죽고 싶다는 등의 마음을 표현하는 경우도 있는데, 그 가운데 상담자는 상당한 혼란을 경험할 수도 있다.

이때 상담자에게 필요한 전략은 '중도의 마음'이며 결국 결정은 내담자의 손에 달려 있다는 것을 인정하고, 다만 내담자가 약물 사용으로 인한 피해들과 결과들을 계속해서 감당할 수 있는지를 함께 살펴보는 것이 중요하다. 그리고 약물 사용이 내담자에게 주는 결정적인 폐해가 무엇인지 깊이 생각할 수 있는 기회를 가지는 입장을 취하는 것이 중요하다. 치료자로서 약물 사용의 옳고 그름을 내담자의 입장이 아닌 우리의 입장에서 판단하는 것은 치료의 과정에 내담자의 반감을 살 가능성이 많으므로 교정적인(correctional) 자세가 아니라 최대한 내담자의 입장에서 자신에게 돌아오는 결과물들을 구체화 하고 예상할 시간을 주는 것이 오히려 효과적일 수 있다.

결국에는 내담자의 지금 '현재'의 목표는 무엇인지에 대한 협상이 필요하다. 내담자의 목표가 당장 단약하는 것이 아니라 할지라도 그 내담자의 목표를 따라가 주면서 지지해 주는 것도 필요하다. 내담자 자신이 자신을 두고 실험하는 시간이 없다면 '단약'이라는 목표는 치료자만의 목표가 될 수 있고 내담자에게는 거리가 먼 비현실적인 목표일 수 있으므로 최대한 내담자와 협상을 해 나가되, 대신 그 목표로 인한 결과들을 예상해 보고 자신에게 맞는 목표를 설정해 나가는 것이 중요하다.

(2) 약물 사용의 고위험 상황 파악하기

약물 사용은 학습된 행동으로, 외부와 내부 환경과 그 상황에서의 선택으로 인한 '연쇄작용의 결과'이다. 약물을 처음 사용하고 싶도록 만드는 외부적인 요인(예, 약물을 하고 나서 그것을 자랑하며 떠들고 다니는 친구, 아니면 유튜브에서 대마합법화를 주장하는 영상 등등)이 있을 수 있고, 내부적인 요인(예, 약물을 하게 되면 나의 우울증이나 불면 등이 좀 완화되지 않을까 하는 의문)이 있을 수 있다. 약물을 지속하게 만드는 외부적인 요인(예, 모텔, 펜션, 낚시터 등 약물을 주로 사용했던 장소와 분위기가 비슷한 곳)이 있을 수 있고, 내부적인 요인(예, 스트레스 해소)이 있을 수 있다.

이러한 요소들을 고위험 상황이라고 부르기도 하고 내적·외적 유발상황(trigger)이라고 부른다. 약물 사용을 불러일으키는 고위험 상황을 정확히 분석하는 것이 필요한데, 만약에 재발이 잦은 내담자라면 최근의 재발 상황을 떠올려서 분석하는 것이 도움이 된다. 보통 약물중독이 재발하면, 법적인 문제와 관련이 되기 때문에 상담자들이 공황상태를 경험할 수 있는데, 약물중독은 재발이 매주 잦은 편으로 오히려 재발 분석을 통해 앞으로의 재발을 방지하는 아주 중요한 부분들을 배울 수 있는 기회라고 전환하여 생각하는 것이 도움이 된다.

약물중독을 일으키는 외적 유발요인은 집에 혼자 있을 때, 스포츠 이벤트에 참석할 때, 클럽, 영화 볼 때, 해변에 갈 때, 낚시, 성행위, 휴가 시, 데이트 시, 일하기 전 등이 있을 수 있는데 이러한 리스트를 주고, 내담자에게 자신에게 해당되는 사항들을 고르도록 할 수 있다. 내부적인 요인으로는 우울, 두려움, 좌절, 무망감, 죄책감, 행복, 열정, 이완, 흥미로울 때 등이 있을 수 있는데, 이에 대한 리스트를 주고 본인에게 해당하는 사항들을 고르도록 할 수 있다. 약물을 사용하는 내부적인 요인이 모두 기분이 가라앉거나 부정적인 감정이 들때가 아닐 수 있다. 오히려 기분이 굉장히 좋거나 흥미가 느껴지거나, 열정이 느껴질 때 그 감정을 더 극대화시키고 싶거나 더 인상적으로 오래 간직하고 싶어서일 수도 있다. 그러므로 다양한 감정의 리스트를 주고 선택하는 것이 좋다.

다음 〈표 3-2〉를 활용하여 가장 최근의 고위험 상황(단약하기 전 그래도 가장 최근의)에서의 내적·외적 상황에 대해 분석할 수 있다. 그나마 최근의 상황을 떠올리는 것은 우리의 기

표 3-2 고위험 상황에서의 내·외적 상황 분석

유발요인(상황)	생각과 감정	행동	긍정적 결과	부정적 결과

억 속에 그 상황에 대한 정보가 더 많이 남아 있을 수 있기 때문이다. 그러나 만약 그것보다 더 빈번하게 또는 강렬하여 기억에 남아 있는 약물을 한 상황이 있다면 그 상황들을 가지고 〈표 3-2〉를 작성해도 된다. 표에서 유발요인(상황)과 그다음 칸의 감정은 우리가 앞에서 언급했던 약물을 하게 된 외적 · 내적 유발요인을 말한다. 그때 든 생각이 행동을 이끌었을 것인데, 예를 들어 '딱 한 번만 하자, 한 번만 하는데 걸리진 않겠지' 아니면 '내 인생은 이미 망가졌는데 차라리 약을 하고 죽자' 같은 생각이 있을 수 있다.

그런 생각들을 이야기하고 적어 본 다음에, 그로 인한 약물 사용의 결과들을 적어 본다. 그로 인해 내가 경험했던 긍정적인 결과들도 있을 수 있다. 예를 들어, 오히려 죽고 싶은 마음이 줄어들었다든지 아니면 몸이 이완되거나 더 이상 고민이 되지 않는 효과를 경험했을 수도 있다. 그에 반해 내가 감당해야 하는 부정적 결과들이 있을 수 있다. 그것이 법적인 문제일 수도 있고, 약물을 사용하면서 신체가 망가지는 경험, 또는 가족들을 다시 한번 실망시켜서 자괴감이 드는 결과를 맞이했을 수 있다. 이러한 부분들을 같이 생각해 보고 적어 보면서 내담자의 생각을 들어 보는 것이 중요하다.

(3) 갈망 다루기

국립정신건강센터에서 약물 사용자 540명을 대상으로 한 조사(2022)에 따르면, 현재 약물류를 사용하는 이유의 68.1%(가장 높음)가 욕구/갈망이며, 마약류를 끊지 못하는 요인 1위도 욕구/갈망이다. 처음 마약을 사용한 이유는 호기심이나, 다른 사람의 권유로 인해 우연히 시작하는 경우가 가장 많지만, 마약을 사용하는 순간부터 내 의지나 호기심을 뛰어넘어 신체에서 마약을 갈구하게 되는 현상이 일어난다. 이러한 갈망은 나의 의지와 생각과는 다르게 어떤 감정이나 상황과 아주 강하게 연합되어 의도하지 않게 일어나기도 하고, 단약을 한 지 몇 년이 지나서도 여전히 존재할 수도 있다. 어떤 내담자는 이러한 약에 대한 갈망이 시간이 많이 지나도 여전히 일어나는 자체에 대해 죄책감을 느끼고 나는 결국 단약할 수 없구나라는 생각을 하게 되기도 한다. 상담자는 그때 이러한 지속된 갈망은 일반적임을 알려 주고 갈망이 일어나는 것 자체가 잘못되었거나 그것 자체가 내가 약물을 다시 사용하기 원한다는 사인이 아님을, 단지 신체적인 반응일 수도 있음을 알려 주어야 한다.

또한 내담자들이 갈망에 대해 왜곡된 생각을 가지는 경우도 많은데 '충동과 갈망은 견딜수/이길 수 없다' '갈망을 멈추는 단 한 가지 방법은 항복하는 것이고 그렇지 않으면 더 나빠질 뿐이다' '충동이나 갈망이 일어날 때 다른 것을 생각하거나 다른 일을 할 수 없다' '충족되지 못한 충동이나 갈망은 나를 미치게 만든다'와 같은 생각을 가질 수 있다. 이에 대한 생각을 지지하는 근거가 있을 수 있고 본인은 인식하지 못하지만 그 생각을 지지하지 않는 근거가 있을 수 있으므로 이에 대해 구체적으로 이야기하는 시간을 갖는 것이 도움이 된다.

약물에 중독된 내담자들은 회복을 하는 과정에서 일정 정도 회복을 하고 나면, 어느 순간 자신이 이전에 약물을 사용했던 상황에 놓여도 사용하지 않을 것 같은 자신감이 생기는데 사실 이때를 유의해야 한다. 약물중독은 다른 중독보다 더 신체가 기억하는 갈망이 존재한다. 그러므로 상담자는 이러한 외적 유발요인 앞에서 'Don't be brave, Be smart(용감해지지 말고 현명해지자)'라는 태도를 갖는 게 좋다. 즉, 자만하여 자신을 약물을 할 수도 있는 상황에 데려다 놓지 말고, 최대한 현명하게 그 상황들을 피해 가는 방법들을 전략적으로 구상해야 하고, 피할 수 없을 때 그 갈망의 파도를 현명하게 서핑해서 넘어가는 방법들을 가지고 있어야 한다.

그 갈망의 파도를 서핑해서 넘어갈 수 있으려면, 내 갈망이 언제, 어디서 일어나는지, 얼마나 강한지 약한지, 한번 갈망이 일어나면 얼마나 지속되는지 파악하는 것이 좋다. 이때 필요하다면 갈망기록지를 활용하는 것도 한 방법이다. 즉, 다음 갈망기록지를 활용하여 언제, 어떨 때 갈망이 일어나는지와 갈망의 강도가 1~100까지 중 어느 정도였는지를 적어 본다. 이 숫자는 상대적인 강도를 이야기하는 것인데, 숫자가 어려우면, 강, 중, 약 정도로 판단해 보는 것도 괜찮다. 그리고 그때 내가 했던 대처방식이 효과적일 수도 있고 아닐 수도 있는데 이에 대해 어떤 방식을 썼는지를 한번 분석해 보는 것은 꼭 필요하다.

자신의 갈망을 지연하고 주의분산시키거나, 대처할 수 있는 방법들은 있을 수 있고, 내담

표 3-3 갈망기록지

날짜/시간	상황, 생각, 감정	갈망의 강도(1~100)	갈망의 지속 기간	대처방식

자는 자신에게 맞는 방법들을 찾아 나가는 것이 아주 중요한 문제이다. 이를 위해서는 갈망 대처법을 생각할 뿐 아니라 실행에 옮겨서 나에게 맞는 방법인지 현실적으로 판단해 가는 것이 좋다. 예를 들어, 내가 길을 가다가 어떤 사람을 보았는데, 그 사람이 내가 약을 같이 사용했던 사람과 비슷하게 생겨서 갈망이 일어났다고 가정해 보자. 지금 당장할 수 있는 주의분산 방법이 무엇이 있을까? 만약 어떤 사람은 머릿속으로 주기도문을 외워서 그 상황을 벗어났다고 한다. 어떤 사람에게는 이 방법이 전혀 통하지 않는 방법일 수도 있겠지만, 어떤 사람에게는 그 상황에서의 갈망의 파도에 삼켜지지 않는 아주 적절한 방법일 수도 있다. 또는 내가 약을 사용했을 때 정말 크게 잃었던 것들, 처음 약물중독치료에 오게 된 결정적인 이유들이 적힌 종이를 내 지갑에 들고 다니면서 갈망이 일어날 때 그것을 보는 것이 지금 당장 갈망의 파도에 휩쓸리는 않는 방법이 될 수도 있다. 또는 HALT(hungry, angry, lonely, tired)를 기억하고 내가 배가 고프지는 않은지, 화가 나는 상황은 아닌지, 외롭지는 않은지, 피곤하지 않은지 판단해 보고, 지금의 이 갈망이 단순히 약에 대한 갈망이 아니라 배가 고파서, 화가 나서, 외로워서, 피곤해서 일어나는 반응일 수도 있음을 인지하고 갈망을 분별해 낼 수도 있다.

(4) 약물에 대한 생각 및 자신의 사고패턴 확인하기

약물 내담자들의 생각 패턴을 살펴보는 것은 중요한 작업이다. 물론 약물에 아주 오랫동안 중독된 내담자들은 자기 자신의 힘으로 생각을 찾아내고 분석하는 것이 힘들 수 있다. 그러므로 상담자의 경험이나 통찰에서 나오는 예시나 사례가 많이 필요할 수도 있다. 약물중독자가 흔히 가지는 약물에 대한 사고가 있는데, 예를 들어, '나는 중독자가 아니기 때문에 도움이 필요없다.' '나는 그렇게 많은 양을 사용하지 않고 다른 사람에게 해를 끼치지 않기 때문에 약물 사용은 문제가 되지 않는다.' '필요할 때만 사용하기 때문에 문제없다.'고 생각할 수 있다. 또는 회복의지가 생기지 않도록 만드는 생각이 있는데, 예를 들어 '약물중독은 내 운명이고, 그 어떤 것도 나를 바꾸지 못한다.' '나는 너무 어릴 때부터 약을 사용해 왔기 때문에 이미 틀렸다.' '나는 쓸모가 없는 인간이다.'라는 생각들도 많다.

또한 재발하는 과정에 재발을 합리화하는 사고가 흔하게 나타나는데, 예를 들어, '인생에 즐거운 것이 없고 오로지 약을 했을 때만 즐겁다.' '한 번만 하면 잡혀 가지 않겠지.' '가족들이 계속해서 내가 약을 했는지 의심하는 눈빛을 보내는데 내가 이렇게 회복하려고 노력할 필요가 없다.' '나는 지금 피곤하고 아파서 견딜 수가 없는데 약을 하면 금방 좋아질 것이다. 딱 한 번만 더 해야겠다.'고 생각하는 것 등이다. 이러한 생각들을 '재발을 승인하는 생각들 (permission-giving thought)'이라고 하는데(중독의 CBT reference), 처음에 단약을 해야겠다는 결심을 흐리게 만들면서 자신이 약물을 다시 할 수밖에 없도록 합리화하는 생각들이다.

이때 상담자가 취할 가장 좋은 방법은 어떤 상황(장소, 사람, 기분)에서 그런 '재발을 승인하는 생각'이 들었으며, 혹시 그 생각으로 어떤 약물행동을 했는지, 그 결과는 어떠했는지 이야기해 보는 것이다. 그 생각 자체를 반박하려고 하면, 내담자의 생각을 판단하고 교정하는 것처럼 들릴 수 있고, 내담자가 상담자 앞에서는 상담자의 말에 수긍하는 것 같이 보여도 실제로는 그 생각을 바꾸지 않을 가능성이 높다. 오히려 그 생각으로 인한 결과가 어떠했는지 물어보고 그 결과를 본인이 감당할 수 있는지를 물어보는 것이 좋다. 예를 들어, 재발한 다음에 결국 적발되거나, 이혼을 당할 뻔하거나, 작업을 당하여 체포되는 결과들을 이야기해 보면서 재발을 승인하는 생각으로 인한 결과들이 내담자에게 어떤 영향을 미쳤는지에 대해 이야기해 보는 것이 좋다.

약물 내담자들은 약물 자체에 대한 생각 외에도 나에 대한, 세상에 대한, 다른 사람에 대한 사고의 편견들이 있을 수 있다. 보통 약물 내담자들은 하나의 생각에 골똘히 빠지거나 매몰되는 경우가 흔하기 때문이다. 어떤 사건의 해석에 대해서도 과잉 일반화를 하거나, 재앙/파국화를 하거나, 흑백논리에 빠지는 경우가 많다. 그리고 근거가 없이 다른 사람의 마음을 추측하는 지레짐작이 자신을 괴롭히고 있을 수 있고, 자신과 무관한 사건을 자신과 관련된 것으로 추측하고 단정하는 경우가 많고, 사람의 한 가지 특성을 토대로 판단하거나 타인에 대해 단정적인 이름을 붙이는 경우도 많다. 이러한 내담자들의 생각 패턴을 밝히고 이에 대한 내담자의 생각을 들어 보는 시간을 가지는 것이 좋다.

(5) 약물을 거절하는 기술과 거절의 이유를 명확히 하기

보통 약물에 대해 호기심을 기본적으로 가지고 있는 경우에 누군가가 예상치 못한 상황에서 권유하는 것을 통해 제일 처음 약물을 사용하게 된다. 그 당시에는 거절하기 어려운 집단의 분위기나 상황으로 시작했을 수 있는데, '이건 내가 해 보고 괜찮아서 너를 위해서 주는 거다.'라든지, '이것을 하면 술맛이 더 좋아진다.' 또는 '한번 하고 별로면 하지 마.' 등의 권유하는 이야기를 들었을 가능성이 높다. 그렇게 시작한 약물은 중독될수록 투약으로 끝나지 않고 판매에 관여하거나, 아니면 가까운 직장이나 혹은 가정 내에 약물 사용자와 함께 사용하게 되거나 할 수도 있다. 약물에 중독된 이후에는 자신이 인터넷(다크웹)이나 조건만 남 등을 통해서 적극적으로 약물을 찾아 나섰을 가능성이 크다.

약물을 사용하게 되면, 모르는 사람들도 자신이 약물을 사용한다는 정보를 알고 먼저 연락을 하기도 하고, 그래서 전혀 모르는 사람도 자신이 약을 공급하겠다고 먼저 제안을 한다거나 하는 경우가 생긴다. 이런 경우에는 아무리 자신의 단약의지가 강하다고 해도, 스트레스를 받거나 아니면 화를 표출할 수 없는 날, 그런 유혹에 어느새 넘어가 있는 자신을 발견하게 될 수 있다. 그러므로 우리는 이런 상황들의 경우의 수를 내담자와 먼저 이야기를 나누어야 한다.

내담자는 이미 자신의 주위에 어떤 판매상이 접근하고 기다리고 있는지, 또는 자신도 판매에 관여할 수밖에 없도록 할 사람들이 누구인지 어느 정도는 짐작하고 있을 수 있다. 그럴 만한 사람들을 이야기해 보고 그들과의 접촉을 피하기 위해 내가 할 수 있는 일들을 이야기해 보는 것이 중요하다. 공급처는 사람이 될 수도 있고, 또는 단순하게 인터넷을 통한 공급이 될 수 있다. 우선, 다양한 공급처를 파악하고, 내가 그들을 피할 수 있고 접근을 줄일 수 있는 방법을 생각해 보는 것이 가장 선행되어야 하고, 그다음에는 그들과 마주쳤을 때 (또는 온라인상에서 먼저 약물 공급을 하겠다고 제안을 받았을 때) 어떻게 반응할지에 대한 나의 반응도 계획해 볼 수 있어야 한다.

거절하는 방식에는 언어적인 부분과 비언어적인 부분이 있는데, 언어적인 부분에서 핑계를 대거나 둘러대기 시작하면 오히려 설득력이 강한 말로 상대방이 유혹을 할 수 있다. 예를 들어, "내일 보호관찰에 가는 날이라 안 돼." "할 돈이 없어."와 같은 말들은 상대방으로 하여금 "내가 다 해 봤는데 이렇게 하면 소변검사에서 안 나와." 또는 "돈은 내가 빌려 줄게." 등 이길 수 없는 말로 설득하려고 할 수 있다. 가장 좋은 방법은 "나는 사용할 마음이 없고 나에게 이제 약물을 권하지 말았으면 좋겠다."라고 명확히 말하는 것이다. 즉, 미래의 제안을 위한 실마리를 남겨 두지 않는 것이 좋다. 그때 말의 내용도 중요하지만 말하는 자세, 목소리의 억양과 톤도 중요하므로 눈을 정확히 보고 말하고, 어깨를 펴고 말하며, 단호한 말투로 이야기하는 것을 연습하는 것이 중요하다.

마지막으로, 거절하는 기술을 연습하는 것도 중요하지만 왜 내가 거절을 해야 하는지에 대한 명확한 이유를 계속해서 상기시키는 것도 중요하다. 나에게 약물을 함으로 인해 얻어지는 쾌락 이상으로 지키고 싶은 무엇인가가 있어야 거절하는 힘이 생긴다. 그것이 누구에게는 '더 이상 실망시키고 싶지 않은 가족'이 될 수도 있고, 또는 '내가 더 이상 부끄럽게 사는 것을 견디지 못하겠는 것'이 될 수도 있다. 또는 '내가 지켜야 하는 어떤 존재'가 될 수도 있고, '이제는 중독으로 인해 망가지는 것에서 벗어나고 싶다'는 강렬한 열망일 수도 있다. 상담자는 내담자가 약물 제안을 거절하고 단약을 유지할 수 있는 내면의 이유에 대해 명확히 말로 풀어서 언급함으로써 재발하지 않도록 준비시킬 수 있다.

(6) 교차중독과 문제해결하기 기술

보통 약물을 끊게 되면, 금단증상이 바로 나타나기도 하지만 기분 부전이나 짜증, 불면과 같은 증상이 3개월에서 6개월 사이에 후금단(마른 금단)처럼 뒤따라오기도 한다. 이때 보통 이 시기를 넘어가기 위해 의식적·무의식적으로 약물 외에 다른 중독 물질을 찾아 나서는 경우가 흔한데, 이를 교차중독이라고 한다. 마치 알코올중독치료를 위해 술을 끊는 사람들이 단주하는 기간에 담배를 더 피게 되는 현상이 일어나는 것처럼, 단약을 하는 동안에 술을 이전보다 더 마신다거나, 다이어트 약이나 수면제 등의 의약품에 의존한다거나 하는 경우들이 발생한다. 약물이라는 불법약물을 하지 않기 위해 나름대로의 합법적인 중독 물질을 찾아 나서게 되는 것이다.

그런데 이러한 선택이 결국 단약을 하는 데 있어 큰 장애물이 된다. 예를 들어, 수면제나 신경안정제의 향정신성 의약품은 일시적으로 금당증상을 낮추기 위한 용도로 사용할 수도 있겠지만, 결국 그런 의존이 없으면 자신의 상태를 견딜 수 없는 여전히 같은 중독적 상태라고 볼 수 있다. 그런 향정신성 의약품의 의존은 결국 약에 의존하는 것이 돌고 돌아서 자신의 원래 습관대로 약물에 손을 대는 현상이 일어날 수밖에 없다. 그러므로 약물 내담자에게 정말 꼭 필요한 경우가 아닌 경우에는 향정신성 의약품을 구하러 다니지 않을 것을 이야기해야 하고, 알코올도 마찬가지로 중추신경에 영향을 미치는 약물이므로 약물을 하지 않고 술만 마신다고 해서 안전한 것이 아님을 이야기할 수 있어야 한다.

약물 내담자들은 대부분 자신의 문제를 약에 대한 중독행동이 아니라 맑은 정신으로 해결해 본 적이 드물기 때문에, 어떤 갈등상황이나 문제상황을 마주할 때, 향정신성 의약품에 의존하여 피하고자 하는 경우도 흔하다. 자신이 어떤 문제상황을 마주했는지 정의하거나, 문제해결을 위한 다양한 접근 방법을 고려하거나, 가장 현실성 있는 접근법을 선택하는 과정에 익숙하지 않다. 이러한 문제해결능력은 우리가 어린 시절부터 시행착오 과정에서 얻어지는 것이므로 약을 끊는다고 해서 바로 그러한 능력이 생기는 것이 아니다. 보통 우리가 겪는 대인관계의 문제든지, 금전적 문제든지, 직업적 문제든지 불안을 야기할 수 있지만, 결국 문제해결과정은 불안과 함께 살면서 시간과 집중력을 발휘해서 타파해 가는 점진적인 과정이다. 즉, 불안을 떨칠 수 없는 상황에서도 불안과 함께 문제를 해결해 나가는 순차적인 방법을 생각해 내고 그 과정을 경험하면서 수정하는 과정을 겪어야 한다. 이를 위해 상담자는 약물 내담자가 마주한 삶의 문제를 해결해 나가는 과정에서 순서와 접근 방법들을 같이 이야기하고, 현실적인 해결법을 이야기하고 시도해 나가는 것을 도와야 한다.

(7) 실수와 재발 구분하기, 재발 경고 체크리스트 작성하기

약물중독은 재발이 잦은 질병이다. 최근 국립정신건강센터(2022)의 보고서에 따르면 마약류 사용 재발 경험률은 31.1%로 나타나며, 단약 후 재투약 시기는 단약 시작부터 60일까지가 20.8%, 61일부터 180일까지가 14.9~16.1%, 181일부터 365일까지가 20.8%, 1년 초과 기간에는 27.4%로 나타난다. 즉, 첫 두 달의 재발률이 높고, 2개월부터 6개월까지는 단약이 쉬운 듯 느껴지다가 6개월 이후부터는 점점 재발률이 다시 증가하는 추세를 보인다.

이처럼 약물은 이미 신체가 중독 상태에 적응이 되어 있어, 재발 위험이 높을 수밖에 없는데, 이 과정에서 실수와 재발을 구분해야 한다. 우리가 '미끄러진다'라고 표현하는 실수(lapse)는 치료목표에 대한 작은 위반 행위로 실수를 통해 무언가를 배우고 궁극적으로는 단약이라는 치료목표를 이루어 내게 하는 과정을 이야기한다. 그에 반해, 재발(relapse)은 실수에서와는 달리 이를 통해 별로 깨달은 바가 없이 습관적인 중독행위로 완전히 되돌아간 상태를 일컫는다. 즉, 재투약을 했다고 하더라도 그것을 통해 어떤 것을 배우는 상태인지가 중요하다는 것이다. 내담자가 재투약을 한 상태에서 상담자는 내담자가 자신의 취약한 포인트(상황이든, 시간이든, 장소든, 사람이든)를 배울 수 있도록 도와야 한다. 결국 단약에서 몇 번 실수를 겪는 과정에서 자신에 대한 이해를 바탕으로 유지해 낼 수 있다. 이때 우리는 내담자가 '금단 위반효과(abstinence violation effect)'라고 한 번의 실수로 완전히 재발했다고 과장되게 생각하거나, 재발로 인해 이때까지 모든 노력이 아무런 소용이 없다고 생각하거나 하지 않도록 유도해야 한다.

마지막으로, 약물 재발을 최소화하거나 방지하기 위해서는 자신의 재발 경고 신호를 잘 이해하고 있어야 한다. 예를 들어, 자신의 재발 경고 신호가 정직하지 못한 행동(거짓말을 하고 부정하고 합리화 또는 변명을 하는 행동)을 하고 있는 것일 수도 있고, 우울해지거나, 화가 치밀어 오르거나, 피해의식이 심해지는 것이 될 수도 있다. 또는 나는 언제나 또 약을 해도 끊을 수 있다고 생각하는 자만심이 높아진다거나, 타인에 대한 비현실적인 높은 기대로 상대방을 힘들게 한다거나, 외로움이나 전지전능감을 과도하게 느끼는 것이 될 수 있다. 이러한 재발 경고 신호는 사람마다 다르므로, 자신에게 해당되는 신호를 분석해 보고 재발이 일어나기 전에 미리 이야기를 해야 한다. 그리고 그 상황이 닥칠 때 자신이 가장 먼저 할 행동을 구체화하고 연락할 의료인부터 상담자, NA 스폰서, 주위 사람을 포함하여 도움을 구할 수 있는 방법들이 미리 정리되어 있어야 그것이 완전한 재발로 가기 전에 미끄러지는 일회성 실수로, 결국 재단약 의지로 승화시킬 수 있다.

2. 알코올

1) 알코올중독의 현황

(1) 우리나라 현황

국내의 만 18~64세 성인인구 중 알코올사용장애의 평생유병률은 11.6%였고 남자의 평생유병률은 17.6%로 여자의 5.4%에 비하여 약 3배가 높았다(보건복지부, 2024). 그 외에도 과도한 알코올 섭취로 인해 내성이나 의존, 금단증상, 인지기능 저하 및 정신병적 증상이 생기는 '알코올성 정신장애'가 증가하는 추세이다(질병관리청 국가정보포털, 2020). 또한 1회 평균 7잔(여성 5잔) 이상씩 주 2회 이상 음주하는 고위험 음주자는 일반 음주자에 비하여 건강, 가정 및 경제, 일상생활 등에서의 문제를 비롯하여 범죄문제를 일으킬 확률이 2배 이상 높다(보건복지부, 2022). 실제로 살인범죄자 중 43.4%가 주취 상태였다(대검찰청, 2023). 이는 알코올 문제가 개인적인 문제를 넘어 사회 및 범죄 문제를 초래할 수 있는 중대한 사항임을 알려 준다. 따라서 알코올에 대한 이해와 알코올사용의 적절한 중재, 적극적인 예방 및 치료의 필요성이 제기된다.

(2) 우리나라 음주문화

우리나라는 전반적으로 술에 매우 관대한 사회이다. 술을 한 잔쯤 마시는 행동이 보편화되어 있고 술을 잘 마시는 것은 능력이 있는 것으로 평가되기도 하며 술을 강권하는 편이다. 또한 음주행동이 남자다움을 드러내고 사회생활과 대인관계에 긍정적으로 작용하기도 한다. 더 나아가 음주로 인한 실수에 대해서는 너그럽게 받아들이는 분위기가 형성되어 있다. 또한 한국인의 음주문화는 공동체와 밀접한 연관성을 갖는다(주정, 2009). 국내 성인의 경우 음주의 목적이 주로 사교나 타인과의 소통이며 이는 전통적인 대작문화가 현재까지도 상존하고 있음을 간접적으로 보여 준다(오재환, 2002).

2) 알코올중독의 이해

(1) 알코올의 특징

알코올은 화학적으로 에틸알코올이라 불리는 타는 듯한 맛을 가진 무채색의 액체이다. 의학적으로 뇌나 척수의 활동을 저하시키는 중추신경억제제 계열의 약물이지만 소량만 투입했을 시에는 흥분제의 역할을 하기도 한다. 우리가 마시는 알코올은 식물에 존재하는 당의 효모균에 의해 발효되어 만들어진 것으로 기억력, 지각, 판단력 및 행동에 영향을 미쳐 제대로 기능을 발휘하지 못하도록 하는 특징이 있다(조현섭, 2002).

(2) 알코올중독의 정의

미국정신의학회의 『정신질환의 진단 및 통계 편람(DSM-5)』에서는 DSM-IV에서 '알코올의존'과 '알코올남용'을 구분해 진단하던 것을 '알코올사용장애'로 묶어 진단적 정의를 제시하고 있다(권준수 외, 2015). 알코올사용장애(alcohol use disorders)의 DSM-5 진단 기준은 〈표 3-4〉와 같다.

표 3-4 알코올사용장애의 진단 기준

임상적으로 현저한 손상이나 고통을 일으키는 문제적 알코올사용 양상이 지난 12개월 사이에 다음의
항목 중 최소한 2개 이상으로 나타난다.
1. 알코올을 종종 의도했던 것보다 많은 양, 혹은 오랜 기간 동안 사용함
2. 알코올사용을 줄이거나 조절하려는 지속적인 욕구가 있음. 혹은 사용을 줄이거나 조절하려고 노력
   했지만 실패한 경험들이 있음
3. 알코올을 구하거나 사용하거나 그 효과에서 벗어나기 위한 활동에 많은 시간을 보냄
4. 알코올에 대한 갈망감, 혹은 강한 바람, 혹은 욕구
5. 반복적인 알코올사용으로 인해 직장, 학교 혹은 가정에서의 주요한 역할 책임 수행에 실패함
6. 알코올의 영향으로 지속적으로 혹은 반복적으로 사회 혹은 대인관계 문제가 발생하거나 악화됨에
   도 불구하고 알코올사용을 지속함
7. 알코올사용으로 인해 중요한 사회적·직업적 활동 혹은 여가활동을 포기하거나 줄임
8. 신체적으로 해가 되는 상황에서도 반복적으로 알코올을 사용함
9. 알코올사용으로 인해 지속적으로 혹은 반복적으로 신체적·심리적 문제가 유발되거나 악화될 가
   능성이 높다는 것을 알면서도 계속 알코올을 사용함
10. 내성, 다음 중 하나로 정의됨
    a. 중독이나 원하는 효과를 얻기 위해 알코올사용량의 뚜렷한 증가가 필요
    b. 동일한 용량의 알코올을 계속 사용할 경우 효과가 현저히 감소
11. 금단, 다음 중 하나로 나타남
    a. 알코올의 특징적인 금단 증후군
    b. 금단증상을 완화하거나 피하기 위해 알코올(혹은 벤조디아제핀 같은 관련 물질)을 사용

이상의 내용을 종합해 보면, 알코올중독은 어떤 사람이 습관적인 음주행동을 하다가 결
국 스스로 조절할 수 있는 능력을 상실한 상태를 의미한다. 또한 사회의 음주관계 범위를 초
과하여 반복적 및 만성적으로 음주하는 행동으로서 신체적·정신적·사회적·직업적 기능
에 장애를 나타내는 상태로 정의할 수 있다(김성재, 1996).

(3) 알코올중독 선별검사

현재 국내에서 주로 사용되고 있는 알코올중독 선별검사로는 CAGE(Cut-down, Annoyed, Guilty-feeling, Eye-opening), AUDIT－K(Alcohol Use Disorder Identification Test-KOREA)와 PDST(Problem Drinking Screening Test)가 있다.

① CAGE

CAGE는 16세 이상을 대상으로 실시하며 질문의 수가 적어 널리 사용되고 있다.

표 3-5　CAGE 문항

1. 귀하께서는 술을 반드시 끊어야 한다고 생각한 적이 있습니까?
2. 귀하께서 술을 마시는 것에 대하여 다른 사람들이 '비난'한 적이 있습니까?
3. 귀하께서 술을 마시는 것에 대하여 스스로 '죄책감'을 느낀 적이 있습니까?
4. 귀하는 신경을 안정시키거나 숙취증상(구토나 멀미, 어지러움, 두통 등)을 없애려고 아침에 일어나 자마자 해장술을 마신 적이 있습니까?

* 평가 기준(점수 기준): 예(1점), 아니요(0점)
　 3점 이상: 알코올의존임, 2점 이상: 알코올의존 가능성, 1점 이상: 조심해야 함

② AUDIT-K(Alcohol Use disorder Identification Test-Korea)

AUDIT－K는 성인용으로 세계보건기구(WHO)에 의해 개발된 척도를 한국형으로 만든 것이다(〈표 3-6〉 참조).

표 3-6 AUDIT-K 문항

질문	0점	1점	2점	3점	4점
1. 얼마나 술을 자주 마십니까?	전혀 안 마심 ☐	월 1회 미만 ☐	월 2~4회 ☐	주 2~3회 ☐	주 4회 ☐
2. 술을 마시면 한번에 몇 잔 정도 마십니까?	소주 1~2잔 ☐	소주 3~4잔 ☐	소주 5~6잔 ☐	소주 7~9잔 ☐	10잔 이상 ☐
3. 한번에 소주 한 병 또는 맥주 4병 이상 마시는 경우는 얼마나 자주 있습니까?	없음 ☐	월 1회 미만 ☐	월 1회 ☐	주 1회 ☐	거의 매일 ☐
4. 지난 일 년간 한번 술을 마시기 시작하면 멈출 수 없었던 때가 얼마나 자주 있었습니까?	없음 ☐	월 1회 미만 ☐	월 1회 ☐	주 1회 ☐	거의 매일 ☐
5. 지난 일 년간 평소 같으면 할 수 있었던 일을 음주 때문에 하지 못한 적이 얼마나 자주 있었습니까?	없음 ☐	월 1회 미만 ☐	월 1회 ☐	주 1회 ☐	거의 매일 ☐
6. 지난 일 년간 술을 마신 다음날 해장술을 마신 적은 얼마나 자주 있었습니까?	없음 ☐	월 1회 미만 ☐	월 1회 ☐	주 1회 ☐	거의 매일 ☐
7. 지난 일 년간 음주 후에 죄책감을 느끼거나 후회한 적이 얼마나 자주 있었습니까?	없음 ☐	월 1회 미만 ☐	월 1회 ☐	주 1회 ☐	거의 매일 ☐
8. 지난 일 년간 음주 때문에 전날 밤에 있었던 일이 기억나지 않았던 적이 얼마나 자주 있었습니까?	없음 ☐	월 1회 미만 ☐	월 1회 ☐	주 1회 ☐	거의 매일 ☐
9. 음주로 인해 자신이나 다른 사람을 다치게 한 적이 있습니까?	전혀 없다. ☐		있지만 지난 1년간은 없었다. ☐		지난 1년간 있었다. ☐
10. 친척이나 친구, 의사가 당신이 술 마시는 것을 걱정하거나 당신에게 술 끊기를 권유한 적이 있었습니까?	전혀 없다. ☐		있지만 지난 1년간은 없었다. ☐		지난 1년간 있었다. ☐

* 평가 기준(점수 기준): 10잔 이상이면 5점으로 처리
12점 이상: 상습적 과음주자로 주의가 필요, 15점 이상: 문제음주자로 적절한 조치 필요
25점 이상: 알코올중독자로 전문적 입원치료 및 상담 필요

③ PDST(Problem Drinking Screening Test)

PDST는 조현섭(2004)에 의하여 한국형으로 개발된 성인용 알코올중독 선별척도이다(〈표 3-7〉 참조).

표 3-7　PDST 문항

질문	0점	1점
1. 나는 과음으로 일상생활을 하는 데 지장을 받은 적이 있다.		
2. 나는 술에 취했을 때 생긴 일들을 기억하지 못하는 경우가 있다.		
3. 나는 현재 술 문제 때문에 직장을 그만두었음에도 불구하고 술을 마시고 있다.		
4. 나는 가족이나 친구들에게 버림받았다고 생각한 적이 있다.		
5. 나의 가족이나 친구들은 내가 술 마시는 것에 대하여 걱정이나 불평을 한다.		
6. 나는 술 때문에 정신과 증상(우울증, 불면증, 불안, 헛것을 보거나 들음)이 생겼다.		
7. 나는 스스로 술을 끊어야 한다고 생각할 때가 있다.		
8. 나는 술에서 깨면 혹시 실수하지 않았었나 하는 걱정을 한다.		
9. 술을 마시고 싶은 충동이 일어나면 거의 참을 수가 없다.		
10. 나는 술을 조절해서 마시려고 하였지만, 결국 실패해서 많이 마시고야 만다.		
11. 나는 술 마시고 해서는 안 될 말이나 행동을 한 적이 있다.		
12. 나는 술 마실 건수를 찾는다.		
13. 나는 술을 마시고 싸우거나 물건을 부순 적이 있다.		
14. 나는 술이 깨면서 진땀, 손 떨림이나 불안, 좌절 혹은 불면을 경험한 적이 있다.		
15. 나는 내 술 문제 때문에 후회해 본 적이 있다.		
16. 나는 끊임없이 술을 마시고 싶은 욕구가 있다.		
17. 나에게 가장 즐거운 일 중의 하나는 술을 마시는 것이다.		
18. 나는 주변 사람들이 나의 음주에 대하여 잔소리하거나 비난하는 것을 귀찮아한 적이 있다.		
19. 나는 술이 깨면서 공포(섬망)나 몸이 심하게 떨리는 것을 경험하거나 혹은 헛것을 보거나 헛소리를 들은 적이 있다.		
20. 나는 술 때문에 중요한 인간관계가 손상되었다.		

* 평가 기준(점수 기준): 1~2점 일반음주자, 3~7점 문제음주자, 8점 이상 알코올의존자

(4) 알코올중독의 진행 과정

Jellinek(1952)은 알코올중독이 총 4단계로 구성된 진행성 질병이라고 주장하였다. 각 단계별 특성은 다음과 같다. 1단계는 전 알코올증상 단계(pre alcoholic symptomatic phase)이다. 사교적인 목적으로 음주를 시작하는 단계로서 중독 여부와는 관계가 없다(Weinberg, 2012). 반복적인 음주를 통하여 대인관계에 긍정적인 영향이 있는 것처럼 인식하기도 하며, 긴장감과 스트레스가 감소되는 긍정적인 결과를 경험하기도 한다. 2단계는 전조 단계(prodromal phase)이다. 이 단계는 문제성 음주 단계로 점차적으로 술에 집착 및 의존하게 된다. 일반적인 사회적 음주자의 특성에서 벗어나 알코올에 대한 내성이 증가하게 된다(Weinberg, 2012). 특히 일시적 기억상실(blackout)로 인해 술을 마시는 동안의 일을 기억하지 못한다. 음주자는 음주행동에 대해 죄의식을 갖지만 술이 문제가 된다는 사실은 부인한다. 이 단계부터 알코올은 음료가 아닌 약물로서의 효과를 갖는다. 3단계는 결정적 단계(crucial phase)이다. 초기 중독 단계로 주된 증상은 음주에 대한 통제력 상실이다. 음주가 시작되면 음주행동을 자제하지 못하고 밤낮 구분 없이 더 이상 술을 마시지 못할 때까지 술을 마신다. 술 문제로 인하여 여러 부정적인 결과가 초래되지만 음주행동을 스스로 합리화한다. 자존감 상실, 가족, 친구 및 직장 동료와의 갈등으로 인한 사회적 어려움, 스스로를 고립시키는 행동이 이에 해당된다(Weinberg, 2012). 그러나 이 단계까지는 자신의 음주습관을 바꾸어 조절을 시도할 수 있으며 일정 기간 동안은 술을 마시지 않는 절제력을 유지하기도 한다. 그러나 유지 기간 동안에 술을 한 모금이라도 마시게 되면 문제가 반복된다. 마지막 단계는 만성 단계(chronic phase)이다. 이 단계는 술에 완전히 집착하는 단계로 하루 종일 혹은 며칠씩 술을 마셔야만 한다. 알코올에 대한 내성과 금단증상으로 고통을 겪으며 알코올로 인하여 신체적 및 정신적 문제가 발생한다. 자존감이 저하되거나 수치심을 느끼지 않고, 외모에도 전혀 신경을 쓰지 않는다. 또한 자신의 행동에 대해 양심의 가책을 느끼지 않는다. 예를 들어, 술을 마시기 위해 돈을 훔치는 범법행위를 저지르기도 하며 술을 마실 수 없는 상황에서는 알코올이 포함된 화장품이나 화학제품 등을 마시기도 한다(하현주, 2016).

Jellinek은 알코올중독의 진행 과정이 단계적으로 이루어지며 전체 단계가 나타나기까지는 수년이 걸린다고 주장하였다. 그러나 동시에 이 진행 과정은 알코올문제의 한정된 측면만을 다룬 이론이므로 조심스럽게 사용해야 할 것을 언급하였다.

(5) 알코올의 분해 과정

　체내로 흡수된 알코올은 혈류를 통해 간으로 운반된다. 이곳에서 알코올은 알코올 탈수소효소(Alcohol Dehydrogenase: ADH)에 의해 산화되어 아세트알데하이드(acetaldehyde)로 변한다. 그 후 아세트알데하이드 탈수소효소(Acetaldehyde Dehydrogenase: ALDH)에 의해 다시 산화되어 아세트산염(acetate)으로 전환된다. 아세트산염으로 전환된 알코올이 각 조직에 운반되어 이산화탄소(CO_2)와 물(H_2O)로 변하게 되는 것이다. 그중 간에서 대사되지 않은 알코올은 혈중에 남아 있다가 호흡기, 피부 또는 소변으로 배출된다(송병준, 2002).

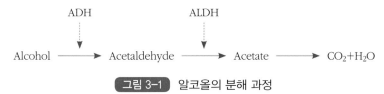

그림 3-1　알코올의 분해 과정

출처: 네이버 건강백과, 대한신경정신의학회.

3) 알코올중독의 원인

　현재까지 알코올중독의 원인은 명확히 밝혀지지 않았으나 복합적인 요인들에 의하여 발생하는 질환으로 설명되고 있다. 알코올중독의 원인을 유전적·생물학적·심리적·정서적·인지적·학습적·대인관계 및 사회문화적 요인으로 정리해 보면 다음과 같다.

(1) 유전적 요인

　유전적 요인이 알코올중독과 관여되어 있음을 나타내는 연구 결과들이 점차 증가하고 있다. 알코올중독의 가족력이 있는 경우 일반 가정의 자녀들보다 알코올중독이 될 위험성이 4배가 높다고 보고된다(Goodwin, Schulsinger, Knop, Mednick, & Guze, 1977). 쌍둥이 연구에서도 실제 부모가 알코올중독자인 경우, 건강한 가정으로 입양되었을지라도 알코올중독으로 이어질 가능성이 높은 것으로 나타났다. 이는 환경적 요인이 변화되어도 유전적 원인으로 인해 알코올중독에 빠질 위험성이 높다는 것을 의미한다.

(2) 생물학적 요인

뇌의 측위신경핵과 복측피개 영역으로 구성된 보상회로는 인간이 살아가는 데 필요한 동기를 조절하는 역할을 담당한다. 보상회로는 또한 알코올과 같은 중독성 물질을 통해 쾌락과 같은 기분을 유발하며 지속적으로 행동을 취하도록 유도한다. 보상회로는 신경전달물질인 도파민(dopamine)에 의해 자극을 받으며 이는 알코올과 관련이 있다고 보고된다(질병관리본부 국가건강정보포털, 2016). 잦은 과음은 정상적인 뇌기능과 신경전달물질의 흐름을 방해한다. 알코올이 신체 내로 들어오면 일시적으로 도파민을 활성화하여 기분을 좋게 만드는 등 긍정적 재강화를 일으킨다. 이러한 경험을 한 음주자는 동일한 효과를 느끼기 위해 알코올을 지속적으로 사용하게 되며, 알코올에 의존하게 된다(전영민, 2009; Ketcham, Asbury, Schulstad, & Ciaramicoli, 2009).

(3) 심리적 요인

Freud의 정신분석학이론에 의하면, 발달상 구강기에 입으로부터 충분한 만족을 얻지 못한 경우, 구강기적 욕망의 고착으로 인하여 습관성 음주로 이어질 수 있다(Chodorkoff, 1964). 특히 부모의 과잉보호하에 성장한 경우, 의존하려는 욕구가 강해질 수 있으며, 이때 부모로부터 욕구가 좌절되면 폭음으로 이어질 수 있다(Knight, 1937).

(4) 정서적 요인

음주는 긍정적 정서 및 부정적 정서와 연관되어 있다. 개인은 즐거움, 기분의 고양과 같은 긍정적 정서의 증가를 위해 알코올을 사용하기도 한다(Cox & Klinger, 2002). 반대로 부정적 정서의 감소를 위해 음주를 행하기도 하는데(임영란, 2000), 이는 알코올중독으로 발전될 가능성이 가장 높은 경우로 보고된다(Carey & Correia, 1997; Cooper, Russell, Skinner, Frone, & Mudar, 1992). 불안, 부적합한 자아개념, 낮은 자존감(Brown, 1985) 등이 관련 있으며, 특히 우울이 가장 높은 상관관계를 나타냈다(임영란, 2000).

(5) 인지적 요인

알코올과 관련된 긍정적인 기대가 술을 계속해서 마시도록 하는 원인이 된다. 즉, 술이 스트레스를 해소해 주고 나쁜 기분을 경감해 주며 대인관계를 원활하게 한다는 등의 알코올과 관련된 긍정적인 기대가 클수록 술을 많이 마시게 된다. 또한 자존감이 낮은 경우, 건강한 대처행동을 하기보다는 술을 마시는 것으로 스트레스를 해소하려는 경향이 높다. 그 외에도 '타인과 긍정적인 관계를 유지하기 위해 술을 마셔야 한다.' '술을 마시지 않고는 어떠한 문제도 해결할 수 없다.' '술이 유일한 친구이다.' 등의 비합리적이고 부정적인 신념과 사고를 많이 가지고 있을수록 술을 많이 마시게 된다(조현섭, 2002).

(6) 학습 요인

대부분의 사람은 술을 처음 마셨을 때, 그 맛을 유쾌한 것으로 느끼지 않는다. 그러나 반복적인 음주를 통하여 긴장, 불안 및 죄의식 등의 부정적인 감정이 감소됨을 경험하게 된다. 이와 같은 일시적인 경험은 음주욕구를 강화해 습관적인 음주로 이어질 수 있다(박병선, 2007). 또한 Bandura는 사회학습이론(social learning theory)의 관찰학습과 조건형성을 통하여 알코올중독을 설명한다. 이는 타인이 문제에 대처하기 위한 목적으로 술을 마시는 행동을 보는 것만으로도 학습이 이루어져 이를 따라 하게 된다는 것이다(손병덕, 성문주, 백은령, 이은미, 최인화, 2014).

(7) 사회문화적 요인

알코올중독이 되는 것은 그 사회가 술을 어느 정도로 허용하는가와 밀접한 관련이 있다. 국내의 음주문화는 술을 금하는 유대인, 이슬람과 같은 보수적 문화권에 비하여 음주와 음주로 인한 역기능적인 행동에 비교적 관대하다(서경현, 이경순, 2003). 이처럼 음주에 대해 관용적인 문화는 음주자를 확대하고 문제음주로 이어질 가능성을 높이며 많은 사회 문제를 초래하고 있다(김기태, 안영실, 최송식, 이은희, 2005).

4) 알코올중독의 폐해와 부작용

(1) 뇌에 미치는 영향

알코올은 몸에서 분해되는 과정에서 신체 장기에 악영향을 미치는데 특히 뇌는 알코올의 직접적인 영향에 매우 취약하다(이해국, 2010).

표 3-8 뇌의 구분과 부작용 증상

구분	부작용 증상
전두엽(이마엽)	논리적으로 생각하지 못함. 사소한 일도 참지 못함
변연계	감정 기복이 심해짐, 성욕을 참지 못함
해마	기억이 나지 않거나 필름 끊김 현상이 일어남
소뇌	비틀비틀 걸음
두정엽(마루엽)	감각이 무뎌짐
브로카 영역	혀가 꼬부러짐, 같은 말 반복, 말소리 강약조절이 안 됨
베르니케 영역	말할 때 단어가 생각나지 않음
연수(숨뇌)	호흡마비

(2) 신체에 미치는 영향

섭취된 알코올의 대부분은 간에서 분해되어 배출되나 일부는 대사 과정을 거치치 않고 호흡작용이나 땀 및 소변 등으로 배출된다. 알코올은 오랜 기간 동안 마실수록 또 음주량이 많을수록 신체적 건강에 심각한 해를 끼치게 된다. 장기간의 과도한 음주는 면역반응기능을 떨어뜨려 감염체로부터의 보호능력을 손상시키기 때문에 폐렴과 같은 미생물 감염이나 영양결핍을 초래할 수 있다(김용호, 서병배, 이정녀, 김영훈, 1996). 또한 과도한 알코올 섭취로 유발된 복부비만은 관상동맥질환의 위험을 급격히 증가시키며 관상동맥질환은 알코올성 심근경색증 및 고혈압, 부정맥, 뇌졸중을 유발하기도 한다(강동진, 2004). 알코올 섭취량의 80% 이상이 간에서 분해되는데 이에 따라 음주 단계가 높아질수록 지방간, 알코올성 간염 및 간경화 등과 같은 간기능 이상이 발생할 수 있다. 뿐만 아니라 내분비 기능 이상을 초래하여 발기능력 감소, 고환 위축, 남성호르몬 감소, 정자 수 감소, 불규칙한 생리주기, 불임 및 성기능 장애를 경험하는 것으로 나타났다(서동수, 박두명, 이길홍, 1998).

(3) 정서에 미치는 영향

술을 많이 마시게 되면 매우 예민해지고 불안정해진다. 예를 들어, 짜증, 원망, 분노감 및 공격적 욕구가 증가하여 사소한 자극에도 쉽게 화를 내거나 충동적으로 행동하는 경향이 높아진다. 또한 매사에 두려움을 갖고 불안해하거나 심한 자기연민에 빠져 우울증에 걸리기도 한다(조현섭, 2002). 알코올은 부정적인 감정을 다루는 능력과 이성적인 판단능력을 저하시켜 자살이나 자해 행동을 촉발한다(김성이, 2002). 실제로 알코올중독자의 자살 시도율은 일반 성인 자살율에 비해 10배 이상 높으며(윤명숙, 2011), 알코올중독자의 55%가 평생 동안 한 번 이상 자살 시도를 했고, 이들 중 95.2%는 알코올과 관련하여 자살을 시도했다고 응답했다(권영실, 현명호, 2014).

(4) 성격 및 대인관계에 미치는 영향

알코올에 중독되면 세상에 대해 초월한 모습을 보이면서 술을 제외한 다른 것들의 가치를 부정한다. 알코올중독자들은 부인, 합리화, 축소 및 투사 등과 같은 방어기제를 주로 사용하는데 이는 음주로 인하여 생기는 많은 문제를 제대로 인식하지 못하게 함으로써 자신의 음주문제를 제대로 보지 못하고 본인이 중독자란 사실을 인정하지 않게 한다(서한수, 2007). 반복적 음주는 뇌신경 변화를 통하여 성격의 변화를 일으켜 남을 쉽게 믿지 못하게 하고 높은 피해의식과 더불어 중독으로 인한 문제를 남의 탓으로 돌리게 한다. 또한 작은 일에도 쉽게 자극을 받아 수시로 감정적 폭발을 일으키거나 행동화를 일으킨다(김동인, 2006). 알코올중독자는 자기중심적이고 자신감이 없으며 자신에 대해 무가치하게 생각한다. 또한 알코올에 중독되면 타인의 슬픔이나 혐오의 정서를 분노나 경멸로 인식하거나 혐오 표정에 정상인보다 더 민감하고 빠르게 반응하는 등 타인의 기분 상태를 이해하는 중요한 단서를 왜곡하는 부정적 인식편향이 나타나 대인관계에 부정적 영향을 미치게 된다. 이로 인하여 대인관계에 두려움을 가지고 회피하며, 낮보다는 밤에 활동하기를 선호하고 혼자 지내기를 원한다. 이러한 성격의 변화는 우울감을 초래하고 술을 마시게 되는 이유가 되어 반복적으로 술을 마심으로써 우울감이 더욱 깊어져 치료적 동기마저 상실하게 된다(김동인, 2006; 박현림, 박현진, 장문선, 구본훈, 배대석, 2014; 오정연, 2004).

(5) 가족들에게 미치는 영향

술을 많이 마시게 되면 본인에게도 많은 폐해와 부작용이 있지만 특히 가족들에게 많은 피해를 끼치게 된다. 술에 취해 있을 때는 가족에게 욕설과 폭행을 일삼다가 깨어 있을 때에는 죄책감과 후회 등으로 인해 또다시 술을 찾게 된다(이상규, 2010b). 알코올중독자의 가족 중 특히 부인의 경우 남편의 폭력을 포함한 부정적 정서를 감내해야 할 뿐만 아니라 경제적으로 무능력한 남편을 대신해 가계를 꾸려 나가야 하는 경제적인 책임자가 된다(정선영, 2005). 알코올중독자들은 술 마신 사실을 부인하거나 술을 마신 이유를 '누구 때문에' 혹은 '가족의 누군가'의 책임으로 돌리면서 합리화하는데, 이 과정에서 배우자나 자녀들은 과도한 책임감을 갖게 되며 자신이 비난받아야 한다는 죄책감을 가지게 된다. 또한 알코올중독자의 반복되는 음주와 행동에 분노를 느끼지만 이를 수치스럽게 여겨 문제를 부인하거나 인식을 거부하여 적절한 도움을 받지 못하고 심각한 스트레스 상황에 놓이기도 한다. 알코올중독자의 행동은 예측하기 어렵고 통제 가능하지 않으므로 가족들은 예측 불가능한 행동에 적응해야만 한다. 이것은 가족에게 불안을 유발하며 불안을 경험하지 않기 위해 나름대로 엄격한 행동규칙을 만들어서 자녀의 행동을 통제하고 실수를 하거나 규칙에 어긋난 행동을 하게 되면 엄격한 제재를 가하며 과도한 책임감을 느끼게 만든다. 알코올중독자의 가족은 부인(denial), 낮은 자존감, 죄책감, 우울 및 불안 등과 같이 알코올중독자가 지니는 특성을 공유하게 되는 공동의존증을 갖게 된다(이상규, 2010a). 또한 가족 모두 신체적 · 정신적인 가족병이 유발되기도 한다.

(6) 자녀들에게 미치는 영향

알코올중독자가 있는 가정의 자녀들은 부모 사이에서 나타나는 심한 갈등을 보게 되고 가정의 역기능을 경험하게 된다. 이를 통하여 알코올중독자 자녀들은 매우 부정적인 영향을 받게 되며 특히 청소년의 경우 많은 문제행동을 보이기도 한다. 알코올중독자의 자녀들은 비알코올중독자 자녀들에 비하여 부정적인 경험을 많이 한다. 알코올중독자의 자녀들에게서 나타날 수 있는 문제점은 폭음의 비율이 높고 불안과 우울과 같은 정서적인 불안정을 경험하며(윤명숙, 2006) 죄책감, 혼란, 관계 형성의 어려움 및 무력감 등을 느끼는 것이다(하현주, 2016). 또한 신체적 구타 및 언어적 학대, 성적 학대를 당하거나 가족 내 갈등으로 인한 높은 스트레스를 경험하며(이지숙, 1990) 약물남용의 가능성이 증가된다. 이 외에도 자녀들은 성인이 되어서도 '알코올중독 부모의 영향을 받고 있는 성인자녀(Adult Children of Alcoholics: ACOA)'가 될 가능성이 많다(변상규, 1998). 알코올중독자의 자녀는 이를 보상받기 위해 '책임감 있는 부모'처럼 행동하곤 한다. 그들은 과도한 책임감을 가지며 자신을 강하게 억압하여 즐거움을 느끼지 못한다. 또한 신뢰감이 결여된 상태로 친구, 지인 등과 감정적 교류를 하지 않음으로써 알코올중독자 가정에서 경험했던 상처를 극복하고자 한다(하현주,

2016).

　　Black(2003)은 알코올중독자 가정의 자녀를 네 가지 유형으로 나누어 기술하였다. 첫째, 책임부담자(the responsible)의 역할은 대부분 외아들/외동딸, 큰아들/큰딸로서 대개 책임감이 강하며 자신뿐만 아니라 다른 구성원에도 동일한 책임을 느끼면서 줄곧 어른의 역할을 하는 경우를 이야기한다. 둘째, 적응자(the adjuster)의 역할은 자기 자신이나 타인에 대하여 책임감을 느끼기보다는 단순히 지시를 따라 해야 할 일을 한다. 환경에 적응하며 그날의 분위기에 맞추어 사는 경우를 말한다. 셋째, 위로자(the placater)의 역할이다. 이는 가족 내에 있는 다른 사람의 기분을 더 좋게 하기 위하여 끊임없이 노력한다. 앞에서 기술한 세 가지 성격들은 파괴적인 성향을 드러내지 않기 때문에 좋은 성품으로 간주된다. 그러나 이와 같은 성향은 성인기에 접어들어 자신의 역할에 한계를 경험하고 결국 감정적 및 정신적 결함을 지닌 상태로 살아가게 된다. 마지막은 행동화(acting out)이다. 이는 가족에 적응하지 못하고 행동화하는 아이를 말한다. 즉, 자신이나 다른 가족들을 혼란스럽게 만들고 종종 비행을 저지르기도 하며 학교생활에 잘 적응하지 못하는 등의 알코올중독자 자녀의 전형적인 유형이다. 또한 알코올중독자 가정에서 성장한 아이들을 살펴보면, '말하지 말자(Don't Talk)' '믿지 말자(Don't Trust)' '느끼지 말자(Don't Feel)'라고 생각하는 공통적인 특성이 있다.

　　이 네 가지 유형 중 한 가지 혹은 두 가지 이상이 함께 결합되어 나타나는 경향이 많다. 따라서 알코올중독자 가정의 자녀들이 겪고 있는 문제를 본격적으로 거론하고 주의를 기울여야 할 필요성이 있다.

(7) 사회에 미치는 영향

　　알코올은 사회에 많은 피해를 주는데 음주운전, 교통사고, 폭력 및 살인 등 각종 사건 사고의 원인이 되어 중독자뿐만 아니라 가족 및 불특정 다수에게 위해를 끼친다. 특히 알코올 사용에 대해 관대한 사회일수록 알코올로 인한 피해는 개인적, 가정적, 사회적 및 국가적으로 더 증폭되어 나타나게 된다(조정애, 2008). 2014년 주요 범죄 유형을 분석해 보면 살인범죄자의 41.9%, 방화범죄자의 50.7%, 성범죄자의 15.4%는 음주상태였던 것으로 나타났다(대검찰청, 2015). 또한 교통사고의 10.7%는 음주로 인한 것으로 보고되었다(경찰청, 2015). 알코올은 개인적으로 신체적 상해, 정신적 피폐뿐만 아니라 평균 수명의 단축을 가져온다(조정애, 2008). 또한 생산성 감소, 음주 관련 질병으로 인한 의료비 지출 증가, 교통사고 재산 피해, 조기 사망으로 인한 생산인력 손실 등 사회·경제적 비용 손실을 발생시킨다(정우진, 이선비, 한광협, 2006).

(8) 청소년에게 미치는 영향

청소년의 음주경험이 앞당겨지면서 음주문제가 날로 증가하고 있다. 청소년이 처음 술을 마신 이유가 부모, 친척 등 어른의 권유에 의해서가 가장 높은 비율을 차지할 정도로 음주에 관대한 사회문화적 특성이 청소년 음주를 부추기고 있다(주정, 2010). 청소년의 과도한 음주는 뇌세포에 치명적인 영향을 주는데 뇌가 아직 발달하고 있는 청소년기의 음주는 성인에서보다 뇌손상의 정도나 후유증이 큰 편이다. 이른 나이에 술을 마시기 시작함으로써 보다 빨리 알코올중독으로 진행될 수 있으며 다른 약물을 시도할 가능성이 높아지게 된다. 이외에도 학업성적이 떨어지고 학습능력이 부진해지며 부모, 친구 및 선생님들과 갈등이 생길 가능성이 많아 학교생활 적응에 어려움을 겪을 가능성이 많아진다(한국음주문화연구센터, 2002). 청소년 음주의 가장 큰 문제는 음주가 범죄로 이어질 확률이 높다는 것인데 실제로 청소년 성범죄, 폭력의 대부분이 취중에 이루어지고 있으며 술을 구입할 돈을 마련하고자 절도, 금품 갈취와 같은 범죄행위를 저지르기도 한다(김광기, 제갈정, 2006).

(9) 여성에게 미치는 영향

여성은 남성보다 알코올로 인한 부작용과 피해를 더 많이 경험한다. 여성의 경우 신체 수분량이 적고 알코올 대사 능력이 떨어지는 등 생물학적 특성으로 인하여 동일한 체중의 남성과 같은 양의 알코올을 섭취했다 하더라도 간경화, 알코올성 간염 등 신체적 합병증에 노출될 위험성이 커진다. 알코올은 여성의 생식기능 장애를 일으키는데 알코올의존 여성의 60%가 생리주기 이상을 호소하며 임신 초기의 유산 빈도를 증가시킨다. 또한 임신 중 마신 알코올로 인해 신생아의 성장 및 지적장애, 안면기형 및 신경계 기형이 발생하는 태아알코올증후군(fatal alchohol syndrome)이 나타날 수 있다(신영주, 김유숙, 2009). 전통적으로 여성의 음주는 사회적으로 부정적으로 인식되어 왔기 때문에 중독자들은 자신의 어려움을 숨기고 치료적 도움을 받는 것을 회피하다가 적절한 치료 시기를 놓쳐 더 심한 고통을 겪게 된다. 또한 '여성 알코올중독자는 성적으로 문란할 것이다.'라는 사회적 통념으로 인해 술 취한 여성은 강간이나 성폭력의 희생자가 되는 경향이 높다(임선영, 조현섭, 이영호, 2005).

5) 알코올중독자 치료 방법

알코올중독자를 평가하고 치료계획을 세운 후 치료하는 방법은 다음과 같다.

(1) 평가

제일 먼저, 현재 알코올중독 상태를 평가한다. 이를 위하여 본인이나 가족을 면담하고 행동관찰, 선별검사, 심리평가, 중독전문가의 중독 전문지식 및 중독상담 경험 등을 통하여 알코올중독 여부와 수준을 파악하게 된다. 이때 이중장애 여부 등 정신장애를 평가해야 한다. 즉, 술을 마신 후 우울해졌는지 혹은 우울해서 술을 마시게 되었는지 우선한 것을 파악해야 한다. 둘째, 알코올중독자의 현재 생리 · 심리 · 사회적 및 기능적 평가를 해야 한다. 즉, 건강, 가족, 재정, 직장, 학업, 대인관계, 사회 문제 야기 및 범죄 관련 문제 등과 현재 유지하고 있는 기능들을 평가해야 한다. 셋째, 알코올중독자의 변화준비도를 평가해야 한다. 현재 자신의 알코올중독 상태에 대하여 인정하는지, 부정하고 있는지, 현재 알코올중독을 인정하고 끊으려고 노력하고 있는지, 끊고 있는 중인지 등 전숙고, 숙고, 실행 및 유지 단계 중 어느 단계에 해당하는지 평가해야 한다. 넷째, 알코올중독자가 어떠한 서비스를 받고 싶어 하는지 욕구를 파악해야 한다. 즉, 알코올중독자가 건강, 재정, 학업, 절주, 단주 및 스트레스에 대처하는 방법 등 어떠한 서비스에 대한 욕구가 있는지 파악해야 한다.

(2) 치료계획 수립 및 치료 방법

앞에서 평가한 내용을 근거로 사례를 개념화하고 치료계획을 수립해야 한다. 즉, 어떠한 서비스를 제공할 것인지 등을 결정해야 한다. 예를 들면, 상담(전화, 대면, 개인, 집단, 부부, 가족 등)을 할 것인지, 집단상담(동기강화상담, 인지행동치료, 재발방지, 12단계 프로그램 등) 교육을 할 것인지, 자살과 타살의 위험이 있어 입원치료를 권유할 것인지, 직업재활을 시킬 것인지, 대안치료를 제공할 것인지, 자조모임에 참여를 권유할 것인지, 가족상담 및 교육은 어떻게 할 것인지 등을 결정해야 한다. 이를 그림으로 제시한 것이 [그림 3-2]이다.

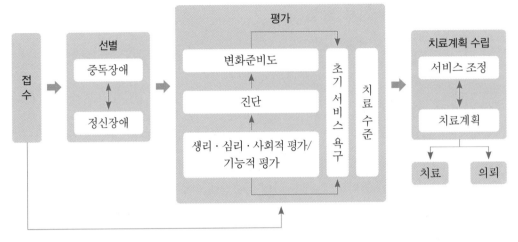

그림 3-2　알코올중독자 선별, 평가, 치료계획 수립 방안

6) 알코올중독자 상담 시 고려해야 할 사항

알코올중독자를 상담할 때 고려해야 할 사항은 다음과 같다.

첫째, 알코올중독은 평생 지속될 가능성이 높다. 따라서 단계적으로 장기간 관리할 시설이 이용자 가까이 있어야 하며 다양한 프로그램이 필요하다. 둘째, 알코올중독자의 수준과 욕구가 다르기 때문에 이를 고려한 프로그램이 제공되어야 한다. One Stop Service System, 즉 외래상담센터, 거주시설, 쉼터, 중간집(half-way house), 직업재활시설 등이 필요하다. 셋째, 알코올중독의 가장 큰 피해자는 가족이다. 따라서 가족들도 중독자만큼 치료를 받아야 한다. 넷째, 알코올중독을 유발하는 기본적인 원인을 파악해서 해결해야 한다. 다섯째, 알코올중독은 우울, 불안, 성격장애 및 충동조절장애 등 이중장애를 갖는 경우가 많다. 따라서 이를 잘 평가한 후 프로그램을 진행해야 한다. 여섯째, 알코올중독으로 인한 자살율이 높기 때문에 이에 대한 조기 발견 및 응급시스템이 필요하다. 일곱째, 청소년 알코올중독자의 경우, 부모상담이 필수이며 부모에게 아동양육 등과 관련한 교육을 진행해야 한다. 여덟째, 중독을 대신할 대안 프로그램이 필요하다. 아홉째, 자조모임에 참여하도록 권유해야 한다.

7) 알코올중독자 가족의 역할

알코올중독자를 잘 회복시키기 위해서는 가족의 도움이 절대적으로 필요하다. 그러기 위해서 가족들은 알코올중독의 특징을 잘 이해하고 자신들도 잘 살기 위해 노력해야 한다. 이를 위해서 무엇보다도 우선, 알코올중독은 중독 전문가의 도움을 받아야 한다는 것을 알아야한다. 혹여 자신으로 인하여 중독되지 않았나 하는 지나친 염려와 죄책감을 갖고서 가족들끼리 치료하려고 하지 말고 반드시 전문가의 도움을 받아야 한다. 그리고 현재 알코올중독자가 고통을 받고 있는 것은 알코올중독자의 책임이라는 것을 인식시켜 주고 알코올중독자가 저지른 일에 대하여 스스로 책임지게 하는 냉정한 사랑을 해야 하는 등 엄격하며 일관성있는 태도를 유지하는 것이 중요하다. 또한 알코올중독자와 대화할 때에는 위협적인 말투로화를 내거나 혹은 감언이설로 달래는 행동은 자제하고 가족들의 솔직한 감정을 이야기하도록 한다. 가족들도 알코올중독자로 인하여 많은 고통 속에 살고 있다는 것을 알게 해야 한다.뿐만 아니라 자신들도 알코올중독자에게 공동의존하게 되어 알코올중독자와 비슷한 심리적 · 정서적 문제를 경험하고 있기 때문에 병원이나 상담센터를 통하여 적극적인 치료를 받아야 한다. 이 외에도 알코올중독자 가족들이 모이는 자조모임을 통하여 많은 정보와 도움을 받도록 한다. 그리고 무엇보다도 자녀들에게 지속적인 관심과 사랑을 주어야 한다.

8) 우리나라 알코올중독 치료기관

현재 우리나라는 2000년부터 지역사회에 50개의 중독관리통합지원센터(전 알코올상담센터, 외래상담센터)를 설치하고 7개의 알코올전문병원을 지정해서 운영하고 있다(보건복지부, 2017년).

중독관리통합지원센터의 경우, 지역사회에서 학교를 중심으로 예방사업을 시행하고 있고, 알코올중독자와 그 가족들을 위해서는 개인상담, 집단상담, 가족상담과 교육, 대안치료및 사례관리 등을 진행하고 있다. 현재 서울에 4개소, 부산 4개소, 대구 2개소, 인천 5개소, 광주 5개소, 대전 3개소, 울산 2개소, 경기 7개소, 강원 3개소, 충북 1개소, 충남 2개소, 전북2개소, 전남 2개소, 경북 2개소, 경남 4개소, 제주 2개소 등 총 50개가 있다. 알코올전문병원의 경우, 총 7곳으로 부산 1곳, 경기 2곳, 충북 2곳, 광주 1곳, 경남 1곳이다. 이러한 병원의 경우 주로 자살과 타살의 위험이 있거나 건강이 매우 나쁘거나 또는 외래센터를 이용하기에 어려움이 있는 알코올중독자들이 이용한다. 이 병원들에서 운영하는 프로그램도 중독관리 통합관리센터에서 운영하는 프로그램과 대동소이한 편이다. 이 외에도 알코올중독자 자조모임(Alcohol Anonymous: AA), 알코올중독자 가족모임인 알아넌(Al-Anon), 알코올중독자 자녀모임인 알아틴(Alateen)이 있다.

외국의 경우는 알코올중독자의 중독수준과 욕구를 반영한 시설을 설치하고 프로그램을 운영하고 있다. 외국에서는 지역사회에 외래상담센터, 거주시설, 중간집, 직업재활시설, 쉼터 및 수강명령 등 중·장기적으로 이용할 수 있는 다양한 원스톱 시설들이 있다. 우리나라에서도 2000년대 초반부터 한국음주문화연구센터에서 거주시설, 중간집, 직업재활 및 수강명령 프로그램을 진행하여 높은 회복률을 보이고 있으나 지금은 국가에서 더 확대해서 운영하고 있지는 않다.

따라서 향후에는 지역사회에 외래상담센터만 설치하여 운영하기보다는 거주시설이나 중간집, 직업재활시설 등 알코올중독자의 중독수준과 욕구를 반영한 시설과 프로그램을 진행하도록 해야 한다. 그리고 무엇보다도 국가 차원에서 알코올중독으로 인한 폐해와 부작용에 대한 적극적이고 대대적인 예방 및 홍보를 해야 한다. 또한 중독의 문제는 개인의 문제가 아니라 국가적인 문제이다. 따라서 국가가 지금보다 더 적극적으로 우리나라 중독문제를 해결하기 위하여 나서야 한다.

3. 담배

담배가 합법적으로 판매되고 있기 때문에 같은 향정신성약물이라도 니코틴이 마약보다 중독성이 약할 것으로 생각하는 사람들이 있다. 하지만 니코틴은 중독성이 매우 강한 약물이어서 대부분의 마약보다도 끊기가 더 어려운 것으로 알려져 있다. 도움 없이 혼자 담배를 끊으려고 하면 성공률이 6%를 넘지 못한다(Rigotti, 2012). 금연을 시작하고 얼마 지나지 않아 재발하는 경우가 많지만, 수년간 절제를 유지하다가 흡연이 재발되기도 한다.

그렇지만 니코틴에 중독되었던 사람들 중 여러 번의 재발을 경험하고 결국 금연에 성공하는 경우도 있다. 선진국에서 흡연율이 크게 감소한 것은 흡연하던 많은 사람들이 금연에 성공했다는 것을 의미한다. 21세기에 들어서는 한국 정부가 적극적으로 금연정책을 시행하여 흡연율이 감소하였다. 이는 니코틴중독에서 빠져나올 수 있다는 것을 방증하지만 2000년대 초 발표한 정부의 2010 헬스플랜에서 목표한 만큼 흡연율이 감소한 것은 아니기 때문에 전문적 중재가 필요하다고 할 수 있다.

약 50여 년 전부터 금연을 중요하게 생각하고 니코틴중독에 개입했던 미국에서는 처음에는 흡연의 해악에 대한 정보를 제공하면 해결될 것으로 보았지만, 그것이 가능하지 않다는 것은 얼마 지니지 않아 알게 되었으며 흡연에 대한 부정적 태도나 정서를 가지게 하는 것도 큰 효과를 보지 못했다(Hansen, Johnson, Flay, Graham, & Sobel, 1988). 최근의 니코틴중독 상담은 흡연의 피해에 대한 지식이나 흡연에 대한 신념과 태도를 수정하는 것에 중점을 두지 않고, 흡연 상황이나 흡연과 관련된 사회적 영향에 대처할 기법을 훈련하는 데 초점을 맞추고 있다(Baskerville, Azagba, Norman, McKeown, & Brown, 2015).

흡연행동이 단순하지 않고 개인의 여러 내외적 요소와 관련되어 있기 때문에 심리사회적이고 행동적인 접근이 필요하다. 이를 위하여 니코틴중독을 상담하는 데 인지행동치료 기법들이 많이 활용되고 있다. 인지행동치료에 니코틴 대체요법이나 약물요법이 추가되면 효과가 증가한다는 보고들이 있다(Stead & Lancaster, 2012). 중독자가 중독의 굴레에서 벗어나고자 하는 의지, 즉 동기가 중요하기 때문에 중독상담의 기본인 동기강화상담도 니코틴중독 상담에 중요하다(Hettema & Hendricks, 2010). 여기서도 인지행동치료를 중심으로 한 니코틴중독 상담 방법을 제시하고, 동기강화상담을 중심으로 흡연이나 니코틴중독 특유의 특성이 고려된 실제적인 상담 방법들을 제시하려고 한다.

1) 니코틴중독 상담의 기본

(1) 흡연의 해악에 관한 정보 제공

앞서 니코틴중독에 개입하면서 흡연의 해악에 대한 정보만을 제공하는 것이 효과적이지 않다고 언급하였지만, 그렇다고 중독자에게 흡연의 실체를 이해시키지 말라는 의미는 아니다. 그런 정보를 알려야 하는 것은 기본이다. 그러기 위해서 니코틴중독 상담자는 흡연의 결과에 관해 정확히 알고 있어야 한다. 상담자는 과학적으로 검증된 정보에 관해 숙지하고 있어야 하고 그 정보를 니코틴중독자가 인식할 수 있도록 해야 한다.

근거에 기반을 둔 실무(evidence-based practice)가 강조되고 있는 시점에서 과학적으로 검증되지 않은 과장된 내용을 전달할 경우 중독자의 회복을 방해할 가능성이 크기 때문에 주의해야 한다. 그렇지만 흡연은 실제 건강상으로 아주 위험한 행동인 것은 분명하다. 과학적으로 증명된 흡연의 건강상의 문제점들을 요약하면 다음과 같다.

- 흡연은 동맥경화증이나 심혈관 질환을 유발한다(U.S. Department of Health and Human Services, 2004).
- 흡연은 폐암의 위험을 9배 정도 증가시킨다(Brannon, Feist, & Updegraff, 2015).
- 흡연은 폐암 외에도 구강암, 인두암, 식도암, 후두암, 기관지암, 췌장암, 방광암, 신장암 등의 원인이 된다(World Health Organization, 2014).
- 흡연은 만성 폐쇄성 폐질환의 주원인이다(Ward, 2012).
- 흡연은 궤양, 치주질환, 구강질환을 일으키기도 한다(Brannon, Feist, & Updegraff, 2015).
- 흡연은 청력과 시력에도 나쁜 영향을 주고, 피부노화를 촉진시키며, 여성의 골다공증의 가능성을 높이고, 남성의 성기능을 약화시킨다(U.S. Department of Health and Human Services, 2014).
- 여성은 앞서 언급한 대다수의 건강상 문제들에 더 취약하고 추가적인 흡연의 위험에 노출되어 있는데, 특히 임신 중의 흡연은 여러 문제를 낳는다(Hall, 1994).
- 간접흡연도 다른 사람의 건강을 해칠 수 있다(World Health Organization, 2012).

(2) 금연 단계에 따른 접근

흡연에 개입하여 금연을 유도하였던 선진국들은 물론 우리나라에서도 금연을 단계에 따라서 중재하고 있다. 따라서 니코틴중독 상담을 하고자 하는 상담자도 내담자의 금연 단계를 파악하여 그것에 맞게 상담을 계획해야 한다. 금연의 단계는 초이론(trans-theoretical) 모형에 근거한 변화 단계(Prochaska, DiClemente, Velicer, & Rossi, 1993)가 적용되었다. Prochaska 등(1993)은 변화의 단계를 전숙고(pre-contemplation) 단계, 숙고(contemplation) 단계, 준비(preparation) 단계, 실행(acting) 단계, 유지(maintenance) 단계로 구분하였다. 그리고 여기에 재발(relapse) 단계도 포함될 수 있다.

① 전숙고 단계

먼저, 전숙고 단계는 중독자가 흡연을 하고 있으면서 금연하고자 하는 동기를 전혀 가지고 있지 않은 상태이다. 따라서 이 상태에 있는 흡연자에게는 교육이나 캠페인 등으로 흡연의 해악을 알려서 흡연을 고려하도록 하는 중재를 해야 한다. 이 단계에서의 심리적 전략으로는 설득이 있다.

② 숙고 단계

숙고 단계는 흡연자가 금연하고자 하는 동기를 가지고 있으나 아직 준비는 하고 있지 않는 단계이다. 준비를 하고 있지 않은 상태이기 때문에 고려는 하고 있지만 언제 시작할지를 예상하기 어렵다. 실제 금연을 고려만 하고 몇 년간 금연을 한 번도 시도하지 않을 수 있고, 심지어 평생 금연을 시도하지 않는 경우도 있다. 상담자는 '언젠가는 금연해야죠!'라는 표현의 불확실성을 고려해야 한다. 따라서 이 단계에서는 금연을 시도할 수 있을 정도로 동기나 의지를 강화해야 한다.

③ 준비 단계

본격적인 니코틴중독 상담은 준비 단계에서부터라고 할 수 있다. 준비 단계란 금연의 의지를 가지고 준비하는 단계이다. 금연 시작일을 정하는 것 등 이 단계에서는 니코틴중독자가 금연을 위해 준비해야 하는 일들이 많다. 상담자는 이 단계에서 흡연자가 준비해야 할 행동들을 하게 하고 인지행동치료 기법들을 적용해야 한다.

④ 실행 단계

실행 단계는 금연을 시작할 시기를 결정한 후 실제로 행동에 옮기는 단계이다. 이 단계에서 니코틴중독자가 심한 금단증상을 경험하기 때문에 상담자가 제대로 돕지 않으면 다시 흡연이 재발할 가능성이 크다. 이 단계에서 상담자가 집중적으로 개입해야 하며, 효과적이라고 검증된 인지행동치료 기법들을 적용해야 한다.

⑤ 유지 단계

금연을 실행하고 어느 정도 기간이 지나면 유지 단계가 된다. 앞서 설명하였듯이 금연을 계속 유지하는 것은 쉬운 일이 아니다. 유지 단계 동안 계속해서 상담을 할 수 있는 것은 아니기 때문에, 금연을 실행하고 어느 정도 지나고 나면 재발을 방지하기 위해 내담자를 준비시키는 것이 상담자의 임무이다.

⑥ 재발 단계

금연에 실패하여 다시 흡연하게 된 상태를 재발 단계라고 한다. 앞서 언급하였듯이 흡연은 자주 재발하는 중독행동이다. 따라서 상담자가 니코틴중독자를 상담하면서 흡연이 재발했을 때에는 다시 계획하여 금연을 시작하도록 해야 한다. 실행 혹은 유지 단계에서 상담자는 흡연이 재발한 그 시점에 어떻게 대처해야 하는지를 다루어야 한다.

여기서는 본격적으로 니코틴중독 상담이 이루어지는 준비 단계, 실행 단계, 그리고 유지 단계를 중심으로 인지행동치료 기법과 상담 방법들을 다루려고 한다. 준비 단계와 실행 · 유지 단계로 구분하여 내용을 제시할 것이다.

(3) 조건화된 흡연갈망

① 조건화된 내성과 금단증상

내성이란 어떤 약물을 사용하며 동일한 효과를 내기 위해서는 사용량을 늘려야 하는 것을 의미한다. 약물을 하는 중독자의 입장에서는 이런 현상이 싫겠지만, 이런 현상은 신체가 자신을 보호하기 위해 발휘하는 기제이다. 약물이 신체의 안정을 깨는 부정적인 작용에 반대되는 방식으로 신진대사 체계를 변화시켜 발생하는 것이다. 그런 식으로 신진대사 체계가 바뀌었는데, 시간에 맞추어 약물이 신체 내로 들어오지 않으면 경험하게 되는 불쾌한 증상이 금단증상이다. 이런 금단증상 때문에 금연을 시도한 니코틴중독자들에게서 재발이 발생한다.

금단증상은 금연을 시작하고 3일 정도까지는 시도 때도 없이 나타나지만, 그 이후로는 크게 감소한다. 그러나 이후에도 주기적으로 금단증상을 경험할 수 있는데, 그런 금단증상에 의해 생기는 갈망은 조건 학습된 것이다. 우리 신체는 효율성을 위해 어떤 행동을 하는 시점 즈음에 그 대사에 대한 준비를 한다. 예를 들어, 침이나 위액을 계속 분비하는 것은 효율성이 떨어질 뿐 아니라 위험할 수 있어 식사 전 즈음부터 분비하게 되는 것이다.

우리가 조건 학습을 공부하면서 알게 된 것처럼 식사를 하게 된다는 단서, 즉 자극에 반응하여 침이 분비된다. 이처럼 중독약물의 사용과 짝지어진 단서를 접하게 되면 그 약물을 받아들일 준비를 하게 되는 것이다. 다시 말해, 그 약물의 반대되는 방식으로 신체를 변화시킨 상태가 되는데 이것을 조건화된 내성이라고 한다. 그리고 그렇게 변한 신체의 상태에서 약물이 들어오지 않으면 불쾌한 증상을 경험하게 되는데, 이를 조건화 금단증상이라고 한다(Rohsenow, Niaura, Childress, Abrams, & Monti, 1990).

② 니코틴에 조건화된 내성과 금단증상

불법약물, 즉 마약의 경우 실생활에서 자주 만나지 않는 소수의 사람들과 특정한 장소에서 더 빈번하게 사용하기 때문에 그것의 사용과 관련된 단서를 실생활에서 접하기 어렵다. 알코올사용, 즉 음주의 경우도 비교적 정해진 시간인 저녁이나 밤에 이루어지고 비교적 장소도 정해져 있는 편이다. 그러나 흡연의 경우 다양한 장소에서 실생활에서 마주치는 사람들과 함께 자유롭게 이루어지기 때문에 실생활에 흡연과 관련된 단서가 많아 조건화된 내성이 빈번하게 발생한다. 사용의 간편함과 생활 속 밀접함이 흡연의 재발 가능성을 높이게 된다.

흡연하면서 도처에 만들어 놓은 흡연 단서들은 니코틴의 효과를 상쇄하기 위한 조건화된 내성으로 인해 생리적 변화를 일으키는데, 조건자극만 제시되고 니코틴이 신체로 들어오지 않으면 조건화된 금단증상을 경험하게 된다(Benowitz, 2010). 상담자가 흡연 단서에 의해 생긴 조건화된 금단증상을 제대로 다루지 못하면 내담자의 금연을 성공적으로 도울 수 없다. 조건화된 금단증상을 다룰 수 있는 인지행동치료 기법들에 관해서는 뒷장에서 다루고자 한다.

2) 니코틴중독에 대한 인지행동치료

(1) 준비 단계에서의 인지행동치료 기법

① 자기관찰
준비 단계에서는 흡연자가 자신의 흡연 행태를 파악하게 해야 한다. 인지행동 접근에서는 자기관찰(self-monitoring) 혹은 자기감시를 하면 자동적으로 자신이 바람직하다고 생각하는 행동은 증가하고 바람직하지 않다고 생각하는 행동은 감소한다고 설명한다.

따라서 준비 단계에서는 평소보다 어느 정도 흡연욕구에 저항하며 흡연일지(smoking log)를 쓰게 하는 것이 좋다. 흡연일지는 자신의 흡연행동과 그와 관련된 인지적·정서적 상태를 파악할 수 있어 실행 단계에서 참고할 수 있는 정보를 제공하고 상담계획을 세우는 데 도움이 된다. 또한 준비 단계에 흡연을 참을 수 있는 곳에서의 절제가 어느 정도 이루어져 금연을 실행하기 훨씬 수월해진다. 흡연일지는 구체적으로 흡연을 한 시간, 함께 흡연한 사람, 흡연욕구 수준(강-중-약), 참을 수 있다는 자신감 수준을 나누어 기술하는 것이다.

② 조건자극 제한

앞서 금연이 어려운 이유가 실생활에 흡연갈망을 일으키는 조건자극들이 너무 많기 때문이라고 언급하였다. 따라서 준비 단계에서는 그런 조건자극의 개수를 감소시킬 필요가 있다. 행동치료에는 자극조절(stimulus control) 기법들이 있다. 그중 니코틴중독에는 조건자극 제한(narrowing) 기법을 적용할 수 있다.

흡연자가 실생활 속에 있는 조건자극 수를 줄여 나가는 것은 이후에 금연을 시도하여 성공하는 데 중요하다. 예를 들어, 금연 준비 기간 동안 특정한 장소, 시간, 상황에서만 흡연하는 연습을 하는 것이다. 조건자극을 제한하여 흡연 시간 및 상황을 축소시키면 실행 단계에서 조건화된 금단증상을 훨씬 덜 경험할 수 있기 때문이다. 예를 들어, 금연을 준비하는 몇 주 동안 이전에 흡연하던 장소인 화장실이나 버스정류장에서 흡연을 하지 않는다면, 금연을 실행하고 나서 일주일 정도가 지난 상태에서는 그런 장소에서 흡연욕구를 느낄 가능성이 거의 없어진다. 이런 시도를 할 때는 흡연량을 대폭 줄여야 한다. 동기가 확실하여 금연을 준비하는 사람들 중에는 금연하기 전 몇 주 동안 하루 3~5개비 정도만 흡연하여도 충분히 견딜 수 있다고 말하는 사람들이 많다. 따라서 이 기간 동안에는 하루에 피울 담배만 가지고 다니도록 해야 한다.

흡연의 시간과 상황만을 조절하는 것이 아니라 흡연의 질도 조절할 수 있다. 금연하기 전 얼마간 흡연의 느낌, 즉 담배 맛이 좋지 않다고 느끼는 것이 그렇지 않은 것보다 흡연갈망을 더 낮출 수 있기 때문이다. 그 방법으로는 담배 상표를 바꾸어 보거나 종류를 바꾸는 방식이 있다. 평소에 피우던 니코틴/타르 양과는 다른 담배를 사용하는 방식이나 일반 담배를 피웠다면 박하(menthol) 향 담배로 바꾸어 사용할 수 있다. 흡연자들은 인식하고 있지 않지만 담배 맛을 음미할 때 오른손잡이는 오른손으로, 왼손잡이는 왼손으로 담배를 피우기 때문에, 준비 단계에서는 반대의 손으로 흡연하는 것도 흡연의 질을 낮추는 한 가지 방법이 될 수 있다. 거기에 한 담배를 끝까지 피우지 말고 절반까지만 피우거나 흡연욕구를 느낄 때 3분 정도 참았다가 피우는 방식도 자극을 조절하는 방법이다.

③ 실제 혐오조건 형성

준비 단계에서의 행동치료 방법으로 실제 혐오조건(vivo aversive condition)을 형성하는 방법이 있는데, 이는 흡연행동과 실제 혐오자극인 전기충격, 구토약물 등을 짝지어 주는 것이다. 오래된 마른 담배(stale cigarette)를 급하게 흡연하게 하는 방법도 있다. 흡연과 짝지을 수 있는 혐오자극 중 전기충격보다 구토약물이나 오래된 마른 담배가 더 효과가 있는 것으로 알려져 있다.

하지만 실제 혐오조건 형성의 경우 임상장면에서는 현실적이고 윤리적인 문제가 있어 실제로는 많이 시행되지 않고 있다. 표적행동인 흡연이 큰 위험을 가져올 수 있는 흡연자에게만 윤리적 상황을 고려하고 동의를 얻어 시행되는 정도이다. 또한 혐오조건 형성은 다른 치료적 접근과 함께 시행되지 않으면 성공률이 낮다.

④ 논박

금연을 시작하기 전에 흡연이나 금연에 대한 비합리적 사고를 수정하지 못하면 금연에 성공할 가능성이 적어진다. 준비 단계에 그런 신념을 논박(disputing)하지 못하고 넘어가면 금단증상이 심한 실행 단계에서 비합리적인 신념이 힘을 발휘하여 내담자가 흡연갈망에 무릎을 꿇게 만든다. 금연 시도 후 흡연의 재발을 방지하기 위해 상담자는 내담자와 함께 흡연이나 금연과 관련된 비합리적 사고를 논박해야 한다. 〈표 3-9〉에서는 수정해야 할 비합리적 사고와 논박의 예가 제시되어 있다.

표 3-9 금연 관련 비합리적 사고와 논박

금연 관련 비합리적 사고	논박의 예
정신이 혼란스러울 때 담배를 피우면 정신이 안정되고 집중력이 높아진다.	흡연으로 인한 집중력은 일시적이고, 계속해서 집중해야 할 때 담배를 피우기 위해 짬을 내야 하기 때문에 능률이 떨어진다. 장기적으로는 신체에 일산화탄소가 증가되고 산소가 감소되어 뇌의 기능이 저하된다. 시간이 지나면 중독이나 의존은 강해지고, 질병의 가능성만 높인다.
담배는 백해무익하다고 하지만 스트레스에는 좋다.	담배 때문에 얻게 되는 스트레스를 생각해 보라. 게다가 흡연으로 인한 신체 상태는 스트레스에 대한 저항력만 낮춘다.
담배 연기를 깊이 들이마시지 않으면 괜찮다.	폐암의 위험이 크지 않다고 하더라도 구강암, 설암, 후두암, 만성기관지염의 위험은 그대로이다.
순한 담배를 피우면 괜찮다.	순한 담배를 피우는 사람은 니코틴의 효과를 보기 위해 더 깊이 들이마시는 경향이 있다. 또한 더 자주 흡연하는 경향이 있다. 따라서 질병의 위험은 줄어들지 않는다.
담배를 끊은 사람과는 자식을 결혼시키지 말아야 한다.	이 말이 담배 피워 보지 않은 사람에게 결혼을 시키라는 말이라면 참 그럴 듯하다. 하지만 그게 아니라 담배 피운 사람은 그냥 담배 피우게 하고 그에게 꼭 자식을 주고 싶으면 배우자가 될 사람에게 좋은 종신보험 하나 들게 하라. 사실, 담배를 끊을 정도로 의지가 강한 사람이고 자기 자신의 미래를 계획하는 사람에게는 자식이 없어 주지 못하는 것을 한탄해야 할 판이다.
금단증상은 시간이 갈수록 계속 증가할 것이다.	이런 신념을 갖게 된 이유는 니코틴의 대사가 빠르고, 잦은 금연 실패에서 온 경험에 의한 것일 수 있다. 그러나 한 번의 금단증상이 오랫동안 유지되지도 않는다. 니코틴 금단증상으로 가장 괴로운 시기는 마지막 흡연 후 24~48시간이다. 그 이후에도 금단증상이 찾아오지만 강도가 약해지고 주기도 길어진다.
나이가 많이 들어 금연하기에는 이제 늦었다.	나이가 많이 들었거나 담배를 피운 기간이 아무리 오래되었어도 금연을 하면 건강에 큰 유익을 얻게 된다. 금연하기에 너무 늦은 시기는 없다.
우리 할아버지는 평생 담배를 피웠는데 90세가 넘도록 건강하게 사셨다.	물론 예외는 있다. 하지만 흡연하면 평균 7년 일찍 죽고 질병으로 고생한다. 당신의 할아버지는 참 운이 좋은 분이시다.
금연하면 체중 증가 때문에 건강에 더 안 좋을 수 있다.	금연하면 평균 4~5kg의 체중이 증가한다. 하지만 이것은 규칙적인 운동과 알맞은 식생활로 제어될 수 있다. 체중 증가는 일시적이라는 것을 발견한 연구들도 있다. 게다가 그 정도의 체중 증가에 의한 손실보다 금연으로 얻는 이득은 비교할 수 없을 만큼 유익하다.

담배를 피우는 것은 정말 멋있다.	청소년들 사이에서 담배 피우는 것이 더 이상 멋있는 것으로 간주되지 않는다. 어떤 것에 의존한다는 것은 결코 멋있는 것이 아니다. 또한 냄새도 지독하고 이도 누렇게 될 뿐 아니라 눈이 충혈되어 지저분하고 멍청해 보인다. 게다가 세상에는 담배 피우는 것 말고 멋있게 될 수 있는 것들이 무수히 많다.

(2) 실행 · 유지 단계에서의 인지행동치료 기법

① 상상증감법

앞서 설명한 실제 혐오자극의 부작용을 줄일 수 있는 방법으로 상상증감법(想像增感法, covert sensitization)이 있다. 상상증감법은 흡연을 하면서 구토 느낌과 같은 불쾌감을 상상하는 것이다. 상상하는 혐오조건은 반드시 흡연과 관련된 것이 아니어도 된다. 자신이 계단에 구르는 장면과 같은 부정적 감정을 상상해도 된다. 상담소를 찾는 내담자 중에 이미 금연을 시도하고 오는 경우도 있기 때문에, 흡연행동도 상상으로 할 수 있다. 흡연하는 상상을 하고 바로 부정적인 상상을 한 후 조금 지나 긍정적인 감정이 일어나는 상상을 하게 하는 방법을 적용할 수 있다.

이처럼 실제가 아닌 상상으로 혐오조건을 형성하는 것에 따른 여러 장점이 있다. 그중 대표적인 것이 실제 혐오조건 형성에서 수반되어야 하는 의료지원이 필요 없다는 것이다. 더불어 니코틴중독인 내담자들도 쉽게 수용하고 직접 실행하기 때문에 내담자가 언제든지 다시 연습할 수 있다는 장점이 있다. 흡연행동을 하면서 하는 상상증감법은 준비 단계에서 적용하는 것이지만, 실제 임상장면에서는 실행 단계에서 상상증감법을 사용하는 것이 일반적이기 때문에 실행 단계의 인지행동치료 기법에 포함시킨 것이다.

② 금연행동 강화

금연을 실행하고 그 행동을 유지하기 위해서는 금연에 따른 보상을 경험해야 한다. 실행 단계나 유지 단계에서 가장 중요한 것이 금연행동의 강화(reinforcement)이다. 그런데 금연에는 건강상의 보상이 반드시 따르겠지만, 단시일 내에 느낄 수 없는 것이기에 다른 강화계획이 있어야 한다.

금연을 시도하고 몇 주 혹은 몇 달 동안은 건강을 위협하는 것처럼 보이는 증상을 호소하는 사람들이 많기 때문에 그런 경우 강화에 역효과를 낼 수 있다. 따라서 이 시기에 금연의 이익 혹은 보상을 경험해야 한다. 8개월 동안 금연에 성공하였다가 재발한 내담자 중에 평소 지출하던 하루의 담뱃값을 매일 회사 옆 우체국에 예금을 하고 통장이 채워지는 것으로 강화효과를 경험했던 경우도 있었다.

물론 단시일 내에라도 타인의 칭찬이나 변한 모습에 대한 언급 등과 같은 사회적 보상이 있을 수 있다. 하지만 중독상담 전문가는 바로 경험할 수 있는 금연 보상체계를 계획하도록 해야 한다. 한 내담자가 세운 자기강화 계획의 예는 다음과 같다. 먼저, 금연하고 3일째 되는 날 집에서 자녀들과 3일 금연성공 파티를 한다고 계획하였고, 금연 1주째 되는 날에는 가족과 외식을 한다고 하였다. 금연 2주째 되는 날에는 가족과 놀이공원에 가고, 금연 4주째 되는 날에는 형제들을 집으로 초대해 식사를 한다고 계획하였다. 형제 가족들을 집에 부를 때는 단순히 오랜만에 식사나 하자고 하고, 식사가 끝나고 나서는 집으로 초청한 것이 명절에만 만나는 것보다 식사하며 얼굴도 보자는 의미가 있고 본인이 한 달간 금연에 성공한 것을 기념하기 위한 것이라고 하며 형제 가족들로부터 강화를 얻을 것이라고 하였다. 금연 100일째 되는 날에는 금연 100일 기념 금반지를 맞출 것이라고 했으며, 6개월째는 제주도 여행, 금연 1년째에는 동남아 여행을 간다고 계획하였다. 이런 자기강화 계획은 평소 소비하던 하루 한 갑 반의 담뱃값을 절약했을 때 가능한 것이었다.

3) 준비 단계에서의 상담

(1) 흡연행동 파악하기

니코틴중독 상담을 위해 상담자가 준비 단계에서 가장 먼저 해야 할 것은 내담자의 흡연행동을 파악하는 것이다. 흡연자들은 모두 자신만의 흡연행동이 있다. 그렇기 때문에 상담자는 내담자가 흡연행동을 어떻게 시작하게 되었는지, 과거에 특별한 흡연 특성으로는 어떤 것이 있는지, 현재의 흡연습관은 어떤지, 흡연행동과 관련된 사회적 환경은 어떤지 등을 확인한다.

초기 흡연 경험에 관해 질문하면서 흡연을 시작했을 때의 상황이 지금의 흡연습관과 어떤 관계가 있는지를 확인할 필요가 있다. 그리고 처음 흡연했을 때 느낌이 어떠했는지를 묻고, 흡연을 시작하여 상습적인 흡연자가 되기까지 기간이 얼마나 걸렸는지를 질문할 수 있다. 이런 질문을 하면서 흡연자가 자신이 타고난 흡연자라는 믿음을 얻게 되었는지, 그렇다면 언제 그런 느낌을 가지게 되었는지를 파악하는 것도 상담에 도움이 된다. 이런 정보들은 중독자가 금연을 하게 되면 어떤 느낌을 가지게 되고 갈망 수준은 어느 정도일지를 예측할 수 있게 하며 언제 어디서 흡연갈망을 더 경험할 가능성이 있는지를 알게 된다.

이 시점에서 상담자는 중독자가 하루에 피는 담배의 양을 묻고 니코틴에 대한 의존도를 파악해야 한다. 이때 Fagerstrom(1991)의 니코틴 의존도 검사에 근거를 둔 질문을 할 수 있다. 니코틴 의존의 정도에 따라 금연 후 경험하게 될 금단증상이나 흡연갈망의 수준을 예측할 수 있다.

흡연환경에 대한 질문의 예로는 가족 중에 흡연자가 있는지 혹은 직장 내 사무실에서 흡연할 수 있는 환경인지를 묻는 것 등이 있다. 직장 동료나 친구들 중에 금연자 비율이 어느 정도이고 가깝게 지내는 사람들 중에 흡연자가 누구인지를 파악해야 한다. 만약 집안에 흡연자가 있으면 혼자 있을 때 담배를 발견하게 될 가능성이 있다. 또한 가족 중에 흡연자가 있으면 스트레스 상황에서 담배를 얻어 피울 수 있다. 요약하자면 집안에 다른 흡연자가 있는 것은 니코틴중독자의 금연의지를 약화시킬 수 있기 때문에, 금연 실행 전부터 대처할 수 있는 준비를 해야 한다.

(2) 금연 경험 탐색하기

금연 경험을 탐색하는 것도 준비 단계에서 상담자가 해야 하는 중요한 일이다. 내담자가 금연을 지금까지 몇 번이나 시도했는지를 묻고, 그때마다 얼마 동안 금연을 유지했는지 확인해야 한다. 내담자가 금연 시도 경험이 없을 수 있는데 이때는 금연에 관심이 없어서 그랬는지, 아니면 생각은 해 보았지만 실제로 시도하지는 못했는지 혹은 자신이 없어서 그렇게 했는지를 파악해야 한다.

내담자가 금연을 시도한 적이 있다면, 그 당시 활용했던 방법이 무엇인지를 구체적으로 알아본다. 그런 후 그런 방법들을 다시 사용할 의사가 있는지를 묻는다. 그 방법을 다시 사용한다는 것은 결국 성공하지 못했다는 의미이니 다른 방법을 채택할 의사가 있는지도 묻는다. 더 구체적으로 니코틴 패치, 금연침, 금연보조약물의 사용 경험이 있는지, 이번에는 그런 것들을 사용하려는 의사가 있는지도 확인해야 한다.

이 시점에서 반드시 확인해야 할 점은 금연을 시도했다가 다시 흡연하게 된 상황이다. 이때 상담자는 금연 기간이 길지 않더라도 이전에 금연을 시도한 것 자체에 관해 긍정적인 피드백을 제공한다. 일단 얼마 동안이라도 금연에 성공한 것을 칭찬해 주어야 한다.

그런 후에 상담자는 이전의 금연 실패에서 무엇이 잘못되었는지를 내담자와 함께 객관적으로 평가한다. 그리고 그 실패 경험을 바탕으로 조금 더 현실적인 금연 계획을 세우게 한다. 이런 과정에서 상담에 참여한 니코틴중독자는 과거 금연 시도와 실패 경험에 대한 통찰을 얻게 된다. 이때 상담자는 지금의 금연 성공 여부가 내담자의 의지에 달렸다는 것을 강조하고 자신감을 갖게 한다.

(3) 사회적 지원 탐색하기

니코틴중독 상담에서는 금연을 시도하기 전에 내담자의 금연과 관련된 사회적 지원을 탐색해야 한다. 금연에 대한 사회적 지원이 없으면 중독자가 금연에 성공할 가능성은 낮아진다. 그래서 금연을 하는 동안 가족, 친구, 직장 동료 등으로부터 어느 정도의 도움을 받을 수 있을지를 확인해야 한다. 사회적 지원이 행동 변화에 긍정적인 영향을 미치는 것은 이미 알려져 있는데, 상담자는 중독자가 필요할 때마다 도움을 줄 수는 없으므로 필요할 때 언제나 도움을 줄 수 있는 사람들을 찾는 것이 중요한 것이다.

그렇다고 사회적 지원이 적으면 금연 성공이 어렵다고 중독자에게 말해서는 안 되고, 또 상담자 자신도 그렇게 믿어서는 안 된다. 다만, 그런 중독자들에게는 상담자의 지원이 더 큰 힘이 될 것이라는 것을 감안해야 한다. 또한 비흡연자 가족이 내담자의 금연을 대거 환영하며 지원을 해 줄 것이라고 확신해서도 안 된다. 의외로 남편의 금연 시도를 크게 반기지 않는 비흡연자 아내들이 꽤 있다. 남편이 그간 여러 번 금연을 시도하며 금단증상으로 인해 며칠 짜증만 부리다 금연에 실패했기 때문에, 성공할 가능성도 없으면서 집안 분위기만 망치는 것을 더 이상 참지 못하겠다는 표현을 하는 경우가 많다. 그런 경우 상담자는 가족들에게 연락하여 여러 번 실패를 경험하며 마침내 성공하게 되는 것이 금연이라는 점을 일깨우며 가족의 지원을 유도해야 한다.

(4) 금연동기 파악하기

상담자는 내담자가 금연을 결심한 이유에 관해 질문하며 금연동기 수준을 파악해야 한다. 먼저, 상담을 하면서 내담자가 고려하고 있는 모든 금연의 이유를 말하게 한다. 그중에 가장 절실한 이유를 묻고 그 순위를 파악하는 것도 좋다. 이런 정보는 상담을 계획하는 데 유용한 정보가 된다. 예를 들어, 그런 정보는 상담자가 가족들에게 사회적 지원을 하도록 유도할 때 활용할 수 있고, 자기강화 계획을 수립할 때도 유용하다.

만약 내담자가 금연 이유를 한 가지만 이야기한다면, "다른 이유는 없습니까?"라고 묻는다. 초기의 금연동기를 평가해야 하므로 처음부터 "사회생활을 하면서 자신감을 회복하기 위해서가 아닙니까?"라고 묻지 않는다. 금연의 이유에 대해 내담자 자신이 생각하게 하는 것이 좋다. 물론 이런 질문의 시간이 지나면 동기강화를 위해 금연해야 하는 일반적 이유들에 관해 물으며 그런 것들을 소개하고 강조하는 시간을 갖게 되겠지만, 처음에는 금연해야 하는 이유들을 중독자 자신이 이야기하게 하는 것이 중요하다.

그런 후 상담자는 중독자의 초기 흡연동기를 평정척도로 평가해 놓는다. 금연동기는 '건강 회복의 동기' '사회적 동기' '자신감 회복의 동기' '경제적 동기' '기타 중요한 동기'로 나누어 평정한다. 이런 절차를 통해 내담자의 금연동기를 파악할 수 있다. 경우에 따라서는 금연동기를 평가하는 심리검사를 활용할 수도 있다.

(5) 금연동기 강화하기

다른 중독에 대한 상담과 마찬가지로 니코틴중독 상담을 위해 가장 중요한 것은 동기이다. 상담자는 이메일이나 문자로 금연동기를 증진할 수 있는 문구를 정기적으로 제공할 수 있다. 니코틴중독자의 금연동기를 강화하고 금단증상이나 흡연갈망이 심할 때도 동기를 유지하게 하는 것이 상담자가 해야 할 임무이다. 상담을 통해 금연동기를 강화해야 하는데 그것은 전적으로 상담자의 능력에 달려 있다.

니코틴중독자가 금연을 고려하고 있다면 흡연의 해악이나 금연의 이득을 생각해 보았다는 의미이다. 그러나 금연을 고려하고 있는 흡연자들 중에 실제로 시도하는 것을 망설이는 경우가 많다. 심지어 금연을 위해 상담실을 찾은 흡연자들도 금연에 대해 문의를 한 이후 금연시도를 결심하지 못하는 경우가 있다. 이는 금연 방법에 대한 정보가 부족해서라기보다는 금연 때문에 생기는 금단증상이나 무료함 등과 같이 치러야 하는 대가와 금연이 주는 이득을 놓고 저울질하고 있기 때문이다(Zhu, Anderson, Johnson, Tedeschi, & Roeseler, 2000). 따라서 상담자는 그 저울이 금연의 이득 쪽으로 확실히 기울도록 만들어야 한다. 이를 금연에 대한 동기강화라고 할 수 있다.

　만약 금연하면 건강해지고 돈도 절약될 것이며 자녀에게도 떳떳할 것이라는 생각보다 금단증상이 오랫동안 자신을 괴롭힐 것이고 스트레스를 겪을 때 위안을 주는 것이 없어질 것이라는 생각이 강하면 금연을 시도하기 어렵고, 시도했다 하더라도 성공의 가능성은 낮아진다. 흡연의 단점과 금연의 이득을 제대로 명료하게 인식하지 못하는 니코틴중독자는 금연이 막연하게 생각될 수밖에 없다. 그런 상태에서 금연을 시도하여 금단증상을 겪게 되면 금연으로 인해 치러야 할 대가가 더 심각하게 생각되고 금연으로 얻을 수 있는 이득에 의심이 생기며 금연 성공은 멀게만 느껴질 수밖에 없다.

　그렇기 때문에 상담자는 준비 단계에서 흡연의 단점과 금연의 이득을 명료화 하는 일에 집중해야 한다. 흡연자에게 금연을 고려하고 있는 이유가 무엇인지에 관해 질문하면 흡연자들은 다양한 이유를 말할 것이다. 어떤 사람들은 질병으로 인해 의사의 권고가 있었다고 할 것이고, 어떤 사람들은 경제적인 이유를 말하기도 할 것이다. 그러면 상담자는 우선 새로운 이유를 묻거나 다른 금연 이유를 덧붙이기보다는 중독자가 언급한 금연 이유를 좀 더 명확하고 구체적으로 파악하도록 도와주어야 한다. 이러한 명료화 과정은 금연에 대한 동기가 강화되는 데 필수적이다.

　흡연자가 다른 금연 이유를 말하도록 유도하고 명료화 과정을 반복한 후 그가 언급하지 않은 다른 금연 이유들에 관해 어떻게 생각하고 있는지를 묻는다. 예를 들어, 상담소를 찾은 흡연자가 금연에 대한 사회적 동기를 가지고 있는지를 파악한다. 조금 더 구체적으로 설명하면 공공장소에서 흡연하는 것이 힘들다고 느낀 적이 있는지를 묻고 그것을 부각시킬 필요가 있다. 그리고 흡연자 자신이 흡연행동을 조절하지 못하고 담배가 자신을 조종하고 있다고 느낀 적이 있는지를 물으면서 삶에 대한 니코틴중독자 자신의 주도성 상실을 강조할 수도 있다. 이때 니코틴중독자가 그런 생각을 한 번도 한 적이 없다고 하더라도 마음의 동요를 일으키며 흡연에 대한 또 다른 부정적인 정서가 생기고 금연동기가 강화될 수 있다. 이런 과정에서 흡연과 관련된 질병에 관한 중독자의 지식을 파악하고 교육적 접근을 할 수도 있다.

　금연동기를 강화하기 위하여 상담자는 내담자가 금연동기를 되새겨 주는 문구를 책상 앞이나 휴대전화 초기화면, 컴퓨터 바탕화면 등에서 볼 수 있게 도울 수 있다. 그런 문구들의 예로는 '우리 막내딸 결혼식장에 데리고 들어갈 때까지는 살아야지!' '담배도 못 끊으면서 이 험난한 세상을 어떻게 살아가려고 하는가!' '담배 피우려고 매일 12층을 몇 번씩 오르락내리락 하는 일을 언제까지 하려고 그래!' 등이 있다. 또한 상담자는 재발 위험 상황에서 내담자가 자신이 금연해야 하는 가장 절실한 이유를 떠올리는 연습을 하게 한다.

상담자가 금연의 이유를 알려 주는 것이 아니라 내담자의 내재된 금연동기를 발견하고 그것을 그가 확실히 인식하게 하는 것이 중요하다. 금연에 대한 내적 금연동기를 찾아내어 그것을 강화하는 것은 상담자의 능력에 달려 있다. 또한 금연동기를 낮출 수 있는 요인들을 관리하는 것도 중요하다. 예를 들어, 흡연자가 여성이거나 비만일 경우 금연에 따른 체중 증가를 걱정할 수 있다. 실제로 금연이 체중을 증가시킬 수 있다(Chiolero, Faeh, Paccaud, & Cornuz, 2008). 그러나 상담자는 체중 증가가 일시적인 것이고 약간의 체중 증가는 흡연보다 건강이나 미용에 치명적이지 않다는 것과 적절한 운동이나 식이요법으로 체중 증가를 방지할 수 있다는 것을 내담자에게 인식시켜야 한다(Nichter et al., 2004).

(6) 금연에 대한 자신감 고취하기

강한 금연동기를 가진 내담자도 가끔은 금연에 실패할 수 있다는 생각을 한다. 금연에 대한 자신감이 없으면 금연을 시도할 가능성도 적고 시도한다 해도 성공하기도 힘들다. 따라서 준비 단계에서는 내담자가 금연에 대한 자신감을 가지도록 만들어야 한다.

먼저, 상담자는 내담자에게 흡연을 일주일 동안 하지 않는 것에 얼마나 자신이 있는지를 묻는다. 그리고 한 달 동안의 금연에도 어느 정도 자신감이 있는지 질문하여 내담자의 초기 자신감을 평가해야 한다. 이때 내담자의 금연에 대한 자신감이 약하면 상담자는 금연에 관해 비관적으로 생각하는 이유가 무엇인지 말하게 하고 그런 생각이 논리적인지를 함께 검증할 필요가 있다. 그렇게 비관적으로 생각하는 이유가 한 번도 금연을 시도한 적이 없어서일 수도 있고 금연에 실패한 경험이 있기 때문일 수 있다. 후자인 경우가 다반사인데 금연을 시도했다가 실패한 흡연자들은 패배의식을 가지고 있을 수 있다.

실패 경험이 있는 내담자에게는 상담자가 일정 기간 동안 금연에 성공한 것에 대한 긍정적인 피드백을 해야 한다. 실패는 했지만 어느 정도 기간 동안 성공한 것이라는 것을 느끼게 해야 한다. 내담자가 니코틴중독의 특성을 알고 금연이 정말 힘들 것이라고 지레 겁을 먹고 있을 수 있다. 그럴 때 상담자는 금연이 쉬운 것은 아니지만 많은 흡연자가 금연에 성공하였다는 점을 강조해야 한다.

사실, 금연에 있어서 자신감이 중요하기는 하지만 초기에 자신감이 약해도 금연동기가 확실하면 금연에 성공할 가능성이 있다는 것을 내담자가 알게 해야 한다. 금연에 대한 자신감이 크지 않더라도 흡연에 대한 부정적인 생각이 계속 유지되거나 혐오감, 두려움과 같은 부정정서가 강하면 금연에 성공할 가능성이 커진다. 상담자는 금연을 시도하고자 하거나 실행하고 있는 내담자에게 흡연에 대한 부정적인 생각을 하게 하고 그와 관련된 부정정서를 경험하거나 회고하게 하는 방식으로 개입할 수 있다. 거기에 금연해서 얻을 수 있는 이득을 계속 상기하도록 하는 것을 추가하면 더 큰 효과를 볼 수 있다.

상담자는 근거 없는 자신감도 경계해야 한다. 근거 없이 금연의 성공을 낙관하는 경우 금연의 성공 가능성은 오히려 낮아진다. 강한 자신감을 가지고 금연을 지나치게 낙관하는 니코틴 흡연자는 재발하였을 경우 다시는 금연을 시도하지 않을 가능성이 높다. 금연은 몇 번씩 실패를 경험한 후에 마침내 성공하게 되는 경우가 대부분이기 때문에, 재발 후 다시 시도하지 않는 경향이 있다면 금연은 묘연해진다. 따라서 상담자는 내담자가 가진 금연에 대한 자신감을 잘 평가하여 중재해야 한다.

흡연자가 금연에 쉽게 자신감을 가지지 못하는 것은 장기적인 과제이기 때문이다. 흡연에 대한 갈망이 오랫동안 유지된다는 것을 알고 있는 흡연자에게 평생 동안의 금연은 너무 벅차 보일 수 있다. 사실, 어느 정도 기간이 지나면 흡연갈망을 자주 느끼지는 않지만, 계속 흡연하고 있는 상태에서는 금단증상이나 흡연갈망이 강하게 자주 있을 것이라고 생각하게 되는 것이 보통이다. 따라서 상담자는 처음에는 너무 장기적인 차원에서의 금연을 강조하지 말고 우선 짧은 기간 동안의 금연에 자신이 있는지를 묻고 그 목표에 초점을 맞추어 상담을 진행해야 한다.

(7) 금연을 준비하고 계획하기

상담자는 내담자가 금연을 실행하기에 앞서 어떤 상황에서 흡연욕구를 강하게 느끼게 될지를 함께 파악해야 한다. 우선, 상담자는 흡연자에게 실제 금연을 하게 되면 담배 피우고 싶은 욕구를 가장 참기 힘든 상황이 언제일지를 묻는다. 금연을 시도해 보았던 사람들은 자신의 경험을 쉽게 이야기할 것이지만, 금연 경험이 없을 때는 매번 담배를 찾았던 상황을 이야기하게 하면 된다. 그런 후 그다음으로 흡연을 참기 어려운 상황을 말하게 한다. 적어도 그런 상황을 세 가지 이상 이야기하게 하고 흡연갈망 수준의 순위에 따라 적게 한다.

흡연갈망 수준이 높다는 것은 재발위험이 크다는 것이고, 각 상황에 대처할 수 있는 전략을 금연을 시도하기 전에 마련해야 한다. 상황에 따른 대처방법을 상담자가 먼저 제안하기보다는 소크라테스식 질문법을 통해 내담자 자신이 대처방법을 말하게 해야 한다. 내담자가 스스로 찾아낸 대처방법이어야 실제로 실천할 가능성이 커진다(Paul & Elder, 2006). 내담자 자신이 대처방법을 표현하게 되면 스스로가 문제를 해결할 수 있다는 효능감이 높아질 뿐 아니라 계속되는 회기에서 적극적인 태도를 보이기 때문에 상담이 효율적으로 진행되고 상담자도 용이하게 상담을 이끌 수 있다. 그런 후 상담자가 적용 가능한 또 다른 대처방법들도 제시한다. 이런 과정을 통해 실용적이고 행동적인 구체적 전략들로 내담자를 무장시키는 것이다.

또한 금연의 성공을 위해서는 구체적으로 준비하는 것이 좋은데, 흡연행동에 대한 대안행동을 준비할 수 있다. 이때 은단이나 무가당 껌, 건강에 해를 주지 않는 군것질을 하는 것 등을 생각해 볼 수 있다. 예를 들어, 어떤 내담자들은 다시마를 잘라 가지고 다니거나 당근이나 오이를 썰어 담배 길이 정도로 잘라 가지고 다니며 담배 생각이 날 때마다 먹는 경우가 있다. 흡연갈망이 생길 때 산책, 운동, 친구와의 전화통화 등으로 주의를 환기하는 전략을 미리 준비해 놓을 수도 있다.

금연을 시작하게 될 즈음에는 중요한 결정이나 술자리가 있으면 안 되기 때문에 그런 일정을 조정해야 하며, 조정이 불가능하다면 시작일을 미뤄야 한다. 라이터나 재떨이 등 흡연과 관련된 도구와 흡연을 생각하게 할 만한 것들을 없애도록 권해야 한다. 또한 금연을 시작하기 바로 직전에 치과 스케일링을 하거나 사우나를 하는 것을 권하는 것도 좋다. 집 안의 가구 배치를 바꾸어서 새로운 분위기를 느끼게 하는 것이 도움이 될 수 있다는 것도 내담자에게 알려야 한다.

내담자에게 금연을 실행하도록 준비시키면서 상담자는 금연을 할 때 생길 수 있는 금단증상에 관해서도 설명해야 한다. 상담자는 금단증상이 정상적인 것이고 일시적이라는 것을 설명하여 증상이 나타났을 때 내담자가 당황하지 않도록 해야 한다. 상담자는 특히 금연 초기에 금단증상으로 인해 흡연이 재발되는 것을 최대한 방지해야 한다. 그렇다고 상담자가 금단증상들을 일일이 다 설명할 필요는 없다.

(8) 금연 시작일 정하기
준비 단계에서 가장 중요한 일은 금연을 실행하는 날인 금연 시작일을 정하는 것이다. 내담자가 금연 시도에 대한 확신을 가지고 계획을 잘 수립했다고 생각되면, 내담자와 함께 상담자는 금연을 시작할 날을 결정하게 된다. 원칙적으로는 2~3개월의 금연 준비 기간을 가지면 좋지만, 아무리 급한 성격을 가진 한국인이라고 적어도 2주가량은 금연 준비 기간을 가지고 금연을 시도하게 하는 것이 좋다.

금연을 위해 상담실을 찾는 한국인 내담자들은 금연 시도를 빨리 하고자 하는 경향이 있는데, 준비를 잘하고 금연을 시도해야 성공률이 높다는 것을 주지시켜야 한다. 즉, 준비 없이 금연을 시작하는 것은 피하게 해야 한다.

금연 시작일을 정하는 요령은 다음과 같다. 첫째, 과중한 업무를 처리해야 할 일이 금연 시작일 전후로 며칠 동안은 없어야 한다. 그런 일을 조정하는 것이 불가능한 경우가 많은데, 그런 일이 있다면 시작일을 연기해야 한다.

둘째, 이사나 유학 혹은 군입대와 같은 다른 생활의 변화와 함께 시작하는 것도 성공의 가능성을 높인다. 변화된 생활 속에는 조건자극이 많지 않고, 어차피 생활의 변화가 불안을 야기하기 때문에 금단증상으로 생긴 불안을 특별히 금연과 관련되어 인식하지 않을 수 있다.

셋째, 금연 시작일 이후 1~2주 안에 중요한 술자리나 중요한 결정을 기다리는 일이 없어야 한다. 예를 들어, 취업준비생이 면접을 보고 합격 여부를 기다리면서 금연을 시작해서는 거의 실패할 수밖에 없다. 그런 일을 조정하기 불가능하면 금연 시작일을 연기해야 한다.

끝으로, 가족, 친구나 직장 동료들에게 자신의 금연계획을 이야기하고 협조를 구한다. 금연의지를 강하게 밝히고 금연 시작일을 알린다. 금연을 주위 사람들에게 알리지 못하는 것은 금연에 실패하면 면목이 없기 때문인데, 금연 실패를 염두에 두고 금연을 시작하는 것은 실패 확률을 높인다. 또한 주위에 금연 사실을 알려서 금연과 관련된 사회적 지원을 받을 수도 있다.

4) 실행 · 유지 단계에서의 상담

내담자가 금연을 시작했다면 상담자는 흡연의 재발을 막는 상담을 해야 한다. 대부분의 흡연재발이 시작 후 2주 안에 발생하기 때문에, 이 시기에 상담을 집중해야 한다. 금연 시도 후 하루 정도 지나면 매우 강한 흡연갈망이 생긴다. 금연을 시도한 니코틴중독자들은 이 시기를 참고 견디기 무척 어려워한다. 시간이 지남에 따라 흡연갈망은 약해지지만 생각보다 오랜 시간이 지난 후에도 흡연갈망이 비교적 강하게 간헐적으로 나타나기 때문에 몇 년이 지난 후에도 흡연이 재발될 수 있다. 따라서 상담자는 그런 재발이 발생하지 않도록 전략적으로 중재해야 한다.

(1) 시작일을 정해 놓고 시도하지 않은 내담자 상담하기

여기서는 상담자와 함께 금연 시작일을 정한 후 금연을 시작하지 않은 내담자를 상담하는 요령을 다루고자 한다. 이때 상담자는 내담자가 금연을 시도하지 않은 것과 관련해서 질책해서는 안 된다. 상담자는 내담자가 금연 시작일을 다시 정하고 동기를 강화하여 계획을 실제 행동으로 옮기도록 유도해야 한다.

내담자가 금연 시작일을 정하고 두 번이나 약속을 지키지 않았다면 상담자는 그 이유를 다시 한번 확인하고 이렇게 금연이 어렵다는 것을 언급하며 공감의 태도를 보여야 한다. 그리고 그런 경우 내담자가 금연을 고려하고 습관적으로 금연 시작일을 정해 보는 것만으로 안도감을 느끼려는 것은 아닌지 평가한다. 일시적으로 흡연의 두려움이나 부담감으로부터 해방됐다는 안도감이 부적 강화로 작용하여 계속 반복적으로 그렇게 해 왔을 수 있다. 두 번 정도 상담자와 금연 시작일을 정하고 실행하지 않았다면 이전부터 이런 행동을 반복해 왔을 가능성이 크다.

이때 상담자가 계속해서 상담한다면 금연 준비 과정만을 반복하는 것을 강화하는 꼴이 된다. 그렇기 때문에 특별한 경우가 아니라면 상담자는 그 시점에서 상담을 종료하고, 내담자가 하루 정도 금연을 시도한 후 상담을 요청하라고 제안하는 것이 좋다. 상담자는 내담자의 상담에 대한 적극성이 금연을 성공으로 이끈다는 것을 강조하면서 그럴 준비가 되면 다음에 도움을 받을 수 있다는 것을 알린다.

(2) 흡연이 재발한 내담자 상담하기

금연상담에 참여한 내담자들 중에는 금연 초반에 흡연이 재발해 버리는 경우가 많다. 그런 경우 상담자는 다시 흡연하게 되었던 경험을 학습의 기회로 삼아 금연을 다시 시작하여 같은 상황에서 또 실수를 하지 않도록 내담자를 도와야 한다.

한순간에 흡연이 재발하는 경우가 잦다. 따라서 상담자는 금연을 유지하다가 한 번의 실수로 한 개비를 흡연하면 완전히 금연을 포기하게 되는 경우가 있음을 내담자에게 경고해야 한다. 금연을 유지하다가, 한 개비 정도는 금연 실패가 아니니 한 개비 정도를 흡연하고 다시 금연을 유지하겠다는 생각이 일단 흡연한 후에는 완전히 바뀐다. 사실, 한 번의 실수 자체가 건강상에 큰 문제를 일으키지는 않지만 금연을 하다가 한 개비만 흡연하면 완전한 실패라고 생각하기 쉽다. 이를 심리학에서는 절제위반효과(abstinence violation effect)라고 한다(Brannon et al., 2015).

그렇기 때문에 우선 상담자는 한 개비의 흡연이 가진 위험성을 경고해야 하는 것이다. 또한 내담자가 한 번의 실수로 한 개비를 흡연하였더라도 그 시점에서 상담자의 설명을 기억하고 계속해서 금연하고 포기하지 않겠다고 결심하면 금연에 성공할 수 있다고 설명할 필요가 있다. 무엇보다 한 개비의 담배를 흡연했을 때 곧바로 상담자에게 연락하게 할 수 있다면 더 좋다. 다시 한번 강조하지만 한 개비의 흡연을 쉽게 생각하게 해서는 안 된다는 것을 잊지 말게 해야 한다.

(3) 금단증상을 호소하는 내담자 상담하기

니코틴중독자는 금연을 시도할 때 금단증상을 경험한다. 흡연갈망을 일으키는 상황에서는 정말 견디기 어려워한다. 예상할 수 있는 금단증상들은 금연을 시작하기 전에 여러 경로를 통해 알게 되었지만 흡연자가 금연을 하여 실제 금단증상을 경험하게 되면 혼란스러워 한다. 그리고 그런 과정에서 금연동기가 약화된다. 그렇기 때문에 금연을 시작하고 얼마 동안은 상담 회기를 자주 배정해야 하고, 그런 회기들에서 상담자는 경험하는 증상들을 확인하고 그 과정에 나타나는 신체적 변화를 내담자가 이해하고 크게 걱정하지 않도록 해야 한다.

상담자는 금연 후 나타나는 신체증상들에 관해 잘 알고 있어야 하고, 그런 증상들이 일반적으로 얼마나 지속되는지를 내담자에게 알려 주어야 한다. 이때 강조해야 할 것은 그런 증상이 무해하며 금연 후 그런 증상을 경험하는 것이 정상적이라는 점이다. 그러면서 내담자가 그런 증상들을 극복했을 때 긍정적인 피드백으로 금연에 대한 자신감을 북돋아 준다.

그리고 상담자는 금단증상과 니코틴 대체치료의 부작용을 구분할 수 있어야 한다. 니코틴 패치를 사용한 사람들 중에는 심장이 빠르게 뛰거나 지나치게 생생한 꿈을 꾸는 것과 같은 부작용을 경험하는 사람이 있다. 상담자는 내담자가 이와 같이 금단증상과 관련이 없는 증상들을 호소하면 보건소나 병원을 찾도록 권유해야 한다.

(4) 재발위험 상황에 대처하도록 상담하기

금연을 시작한 니코틴중독자가 흡연이 재발할 수 있는 위험 상황에 대처전략을 효과적으로 적용하지 못하면 금연에 실패하게 된다. 상담자는 내담자와 함께 금연 전 예상했던 재발위험 상황과 실제 경험했던 재발위험 상황이 어느 정도 일치하였는지 비교하는 시간을 갖는다. 그리고 상담자는 실제 발생한 각각의 위험 상황에 어떻게 대처했는지를 확인해 본다. 그런 후 각 상황에서 내담자가 선택하여 실행했던 방식의 효율성을 면밀히 분석한다. 분석을 기초로 사용했던 대처전략을 이후에 다시 사용할 것인지, 다시 사용한다면 그대로 사용할 것인지 아니면 조금 수정해서 적용할 것인지를 결정한다. 만약 수정하여 적용하고자 한다면 어떻게 수정하여 적용할 것인지를 논의한다.

흡연재발 위험 상황이 금연 전에 예상했던 것이라면, 상담자는 계획했던 대처전략을 사용했는지를 점검한다. 만약 내담자가 대처전략을 사용하지 못하고 흡연이 재발하였다면 내담자 스스로가 생각하는 흡연재발 이유를 말하게 한다. 그 상황을 극복하지 못하고 흡연한 것을 비난하는 것은 삼가고, 금연을 유지하지 못한 것은 그 상황을 이겨 내기 어렵다기보다 효과적으로 대처방식을 적용하지 못했기 때문이라는 것을 알게 해야 한다. 그리고 다음에 같은 상황이 다시 발생하게 되더라도 이전과는 다르게 잘 대처하면 이겨 낼 수 있다고 내담자가 확신을 가질 수 있도록 돕는다. 또한 금연 성공을 위해서는 내담자가 능동적으로 대처해야 한다는 것을 계속 강조해야 한다. 더불어 상담자는 이후에 일어날 수 있는 새로운 재발위험 상황들을 예상해 보고 내담자와 함께 그런 상황에 대처할 수 있는 전략을 함께 마련한다.

모든 회기에서 상담자는 흡연재발 위험 상황을 예측하고 그것을 극복하기 위한 대처전략을 강구하며 내담자를 준비시킨다. 매 회기마다 전 회기에서 계획했던 대처방식을 실행했는지 여부와 그 방식을 다른 상황에도 적용 가능할지를 함께 분석해 본다. 이런 과정을 반복함으로써 상담을 하는 기간 이후에도 내담자 혼자서 재발위험 상황을 이겨 낼 수 있게 된다. 게다가 이런 연습은 다시 흡연하더라도 혼자서 금연을 다시 시도하여 결국 성공하게 될 가능성을 높인다.

시간이 지나면 지날수록 흡연갈망은 줄어들고 재발위험 상황은 극복하기 쉬워진다. 흡연갈망을 유발하는 여러 상황을 경험을 통해 이겨 냈기에 비슷한 상황이 발생하면 수월하게 극복할 수 있기 때문이다. 상담자는 내담자가 이 점을 확실하게 인식하도록 하는 것이 중요하다. 금연에 성공하기 위해서는 내담자의 의지가 중요하고 자신이 채택하여 실행한 대처전략이 관건임을 이해하게 해야 한다. 대처전략을 사용하여 위험 상황을 몇 번 극복하다 보면 내담자가 점진적으로 자신의 행동을 통제할 수 있다는 느낌을 가지게 된다.

(5) 지속되는 금단증상에 대해 상담하기

흡연갈망이 생기는 상황 중에도 금연을 시작하고 얼마 지나지 않아 더 이상 힘들어지지 않게 되는 상황이 있지만, 비교적 오랜 시간이 지난 후에도 여전히 힘든 상황이 있다. 예를 들어, 식후나 화장실에서의 흡연욕구는 여러 번 참아 내다 보면 얼마 후 그 상황에서 더 이상 흡연갈망을 느끼지 않게 된다. 하지만 스트레스를 경험하는 상황이나 함께 흡연하던 사람의 흡연은 금연을 시작한 후 몇 달이 지나도 흡연갈망을 유발한다.

금연 초기 니코틴중독자는 강한 신체적 금단증상을 경험한다. 이때는 아무런 자극이 없어도 주기적으로 강한 흡연갈망을 느낀다. 하지만 니코틴이 계속해서 몸속으로 들어오지 않으면 신체가 예전의 상태로 돌아가 이런 신체적 금단증상은 사라진다. 하지만 앞서 설명했듯이 오랫동안 흡연하면서 흡연과 연합된 자극에 노출되면 조건화된 금단증상, 다시 말해 심리적 금단증상을 경험한다.

이전에 흡연했던 장소나 같이 흡연했던 사람, 그리고 흡연하면서 했던 작업이나 놀이를 다시 접하게 되면 자동적으로 생리적 반응이 일어나 금단증상을 경험하며 흡연갈망을 가지게 된다. 그렇기 때문에 준비 단계에서부터 흡연과 관련된 자극을 조절하는 연습을 하는 것이다. 상담자는 내담자가 금연을 시도할 때 그런 상황들을 피할 수 없다고 생각하면 대처전략을 계획하여 실행하도록 해야 한다. 더 구체적으로 설명하면, 내담자가 금연하고 얼마 동안은 흡연을 함께했던 사람들이나 술자리는 가급적 피하게 하고 장기적으로는 그런 상황에 대처할 수 있는 준비를 하도록 한다.

(6) 비흡연자로서 자기이미지를 갖도록 상담하기

금연 초기부터 자기이미지를 비흡연자로 설정하고 금연 때문에 생기는 불편함을 일시적인 것으로 여기는 것이 금연의 성공을 돕는다. 하지만 금연을 시작하면 니코틴중독자는 한동안 흡연자로서의 자기이미지와 새로 채택한 비흡연행동 사이에 인지적으로 부조화를 경험하게 된다. 물론 수년 혹은 수십 년 동안 흡연을 해 왔으니 잠시 흡연행동을 그만두었다고 자신을 비흡연자로서 생각하는 것은 쉽지 않다. 하지만 누구도 태어날 때부터 흡연자였던 사람은 없다. 상담자는 금연을 시작한 내담자가 자신을 담배와 상관이 없는 사람으로 생각하게 만들어야 한다.

알코올중독 상담에서는 내담자가 자신을 '회복 중인 알코올중독자'로 여기는 것이 효과적일 수 있다. 하지만 금연을 시작한 니코틴중독자들은 바로 자신을 비흡연자로 여기는 것이 자신감을 가지고 금연과 관련된 자기주장을 하면서 금연 실패 가능성에 대한 불안을 감소시킬 수 있다.

상담자는 첫 회기에서 전에 금연을 시도했을 때 자신을 비흡연자로 여겼는지, 아니면 여전히 흡연자로 여겼는지를 질문할 수 있다. 상담자는 내담자에게 스스로를 진정한 비흡연자로 만들어 담배와는 아무런 상관이 없는 사람이 되는 것이 상담의 목표라는 것을 상기시킨다. 한 가지 방법으로 내담자가 금연을 시작하고 얼마 동안은 차 안과 책상 위 혹은 화장실과 같이 눈에 잘 띄는 곳에 자신이 비흡연자가 되고 있다든가 담배와는 상관없는 사람이라는 뜻의 글을 적어 놓게 하는 것도 좋다. 신체적 금단증상이 거의 사라진 일주일 정도 후에 상담자는 내담자에게 실제로 자신이 비흡연자라고 느껴지는지를 질문한다. 이런 방법으로 흡연재발을 방지하고 내담자가 새로운 자기이미지를 형성하도록 돕는다.

오랫동안 지켜 온 흡연자의 자기이미지를 비흡연자로서의 자기이미지로 바꾸기는 쉽지 않다. 앞의 설명처럼 내담자를 돕는다고 하더라도 금연 초기에는 비흡연자처럼 행동하는 것이 어색하게 느껴질 수밖에 없다. 그렇기 때문에 상담자는 새롭게 채택한 행동습관을 강화하고 어색하더라도 그런 심리적 혼란이 정상적인 것이며 그런 느낌이 오래지 않아 사라질 것이라고 안심시킨다. 그러다 보면 내담자가 자신을 비흡연자로 여기게 되고 이전에 흡연했던 자신의 모습을 비정상적으로 느껴지게 하며 금연에 성공하게 된다.

(7) 상담 종결하기

금연상담도 언젠가는 종결해야 한다. 내담자가 몇십 년 동안 금연에 성공하도록 계속 상담하기는 힘들다. 추수회기를 가질 수는 있지만, 몇 개월 혹은 길게는 1년 정도 금연에 성공하면 주기적인 금연상담은 종결하게 된다. 모든 종류의 상담에서 종결 과정이 중요하지만 특히 금연을 장기적으로 성공하게 하거나 평생 금연을 유도하기 위해서도 종결상담이 매우 중요하다. 종결상담에서 그동안의 금연 유지에 대해 칭찬해 주고 계속적으로 비흡연자로서의 자기이미지를 가지도록 권고한다.

대개 종결상담은 한 회기나 두 회기 동안 진행한다. 종결상담에서는 종결 후에 내담자가 상담자의 지원 없이 계속 금연을 유지해 나갈 수 있도록 돕는 것이 목표이다. 종결회기에서 상담자는 내담자가 그동안 사용했던 흡연재발 위험 상황에 대한 대처전략을 계속 사용하도록 격려하고 아직까지 경험하지 못했지만 예상 가능한 재발위험 상황에 대해서 논의해 보고 준비할 수 있도록 돕는다.

INTRODUCTION TO ADDICTION COUNSELING

제**4**장

행동중독

권선중 · 금창민 · 정여주 · 라영안 · 송원영 · 장문선

이 장에서는 도박, 인터넷, 스마트폰, SNS, 성, 관계, 기타 다양한 행동중독의 개념과 상담 실제를 다룰 것이다.

먼저, 도박 및 도박중독의 개념을 이해하고 핵심 증상과 그 증상을 측정하기 위한 도구들을 소개하며, 한국 사회의 도박 실태와 도박문제의 발생 및 촉진, 유지 등에 기여하는 생물심리사회적 요인들을 다루고자 한다. 도박중독자의 자기조절력 강화를 위한 개입 전략을 이해하는 것을 목표로 한다.

다음으로는 인터넷/스마트폰 중독의 개념을 알고, 그 유형과 관련 척도를 소개하고자 한다. 또한 다양한 스마트폰 중독상담 프로그램에 대해서 알아볼 것이다.

소셜 네트워크 서비스(Social Network Service: SNS)는 인터넷중독 유형 중 최근에 부각된 신종 유형으로, 이에 대한 개념과 특징을 보다 자세하게 다루고자 한다.

최근 중요성이 더해져 가는 성중독과 관계중독의 개념과 특징에 대해서도 다룰 것이다. 이를 측정하기 위한 척도들을 살펴본 후 성중독을 상담하기 위해 활용할 수 있는 인지행동치료 및 행동치료 방법, 12단계에 대해 제시할 것이다.

마지막으로, 일중독, 음식중독, 강박적 구매 장애, 운동중독의 정의, 임상적 특징, 원인에 대해 소개하고 이를 평가, 치료하는 방법에 대해서도 알아보고자 한다.

1. 도박

도박(gambling)이란 (여가의 맥락에서) 자신에게 가치가 있는 무엇을 그보다 더 큰 가치가 있는 무엇과 교환될 것으로 기대하며, 운이 개재되어 그 결과가 불확실한 게임에 내기를 거는 것으로 정의할 수 있다(김교헌, 2006). 우리나라는 도박을 「형법」상 범죄로 명시하고 있는데, 「형법」에서 규정하고 있는 '재물로써 도박한다'고 함은 재물(재산상의 이익을 포함함)을 걸고서 우연한 승패에 의하여 그 득상(得喪)을 결정하는 것을 말하며, 기본적으로 1,000만 원이하의 벌금 또는 과료에 처하는 형을 받을 수 있다(「형법」 제246조 제1항). 하지만 국가가 합법적으로 허용한 7대 사행 산업(카지노업, 경마, 경륜·경정, 복권, 체육진흥투표권, 소싸움)장에서 도박을 하는 것은 예외로 인정된다(「사행산업통합감독위원회법」 제2조 제1호). 따라서 우리가 일반적으로 경험하고 있는 도박은 레크리에이션에 해당하는 친목 목적 게임(고스톱 등)이나 합법 7대 사행 활동(복권 구입 등), 불법 도박(성인오락실 이용 등)을 모두 포함한다.

국무총리실 산하 사행산업통합감독위원회에서 격년으로 실시하는 2020 사행산업 이용실태조사에 따르면, 국내에 거주하는 일반인들의 도박 경험률은 2019년 1년 기준 56.3%, 평생기준 76.8%로 나타나 성인인구의 다수가 도박 경험이 있음을 확인할 수 있다. 이용 실태의 변화를 좀 더 객관적으로 볼 수 있는 사행산업 매출액을 살펴보면, 2022년 기준 우리나라 사행산업의 총 매출액은 약 22조 9,100억 원으로, 10년 전인 2013년의 총 매출액인 19조 6,700억 원에 비해 약 1.16배 정도 증가한 것으로 나타났다. 2020년부터 시작된 COVID-19의 영향으로 인해 2020년, 2021년의 매출이 각각 12조 8,500억, 14조 3,700억으로 감소하였으나, 2022년에는 다시 증가 추세로 돌아서 최근 10년 중 가장 높은 매출액을 기록하였다. 구체적으로 살펴보면, 카지노 영업장을 포함한 경마, 경륜, 경정, 소싸움의 경우 매출액과 입장객이 10년 전인 2013년에 비해 감소하였으나, 복권 및 체육진흥투표권 등 집 근처나 온라인 등으로 간편하게 구매가 가능한 접근성이 높은 도박의 경우 매출액이 2배가량 증가한 것으로 나타났다(사행산업통합감독위원회, 2023). 또한 사행산업통합감독위원회에서 2022년도에 발표한 '제5차 불법도박 실태조사' 보고서에 따르면, 추정된 불법도박(불법 온라인도박, 사설 스포츠 도박, 불법 하우스 도박, 불법 사행성 게임장, 불법 경주게임, 사설 카지도, 불법 소싸움, 불법 복권, 불법 동물 대상 게임)의 경제적 규모가 해당 조사를 시작한 2008년 53조 7,028억 원에서

2022년 102조 7,236억 원으로 2배 가까이 증가한 것으로 나타났다. 특히 COVD-19 기간 중에도 전자기기와 온라인이라는 도구를 활용하여 불법도박이 지속적으로 증가하였다.

한편, 잠재적으로 더 심각한 문제는 미성년자들이 도박을 경험할 수 있는 심리사회적 환경이 조성되고 있다는 것인데, 2022년 대검찰청에서 발표한 범죄분석 자료에 따르면, 소년범 중 강도범죄자의 경우 '유흥/도박비 마련'으로 인한 범행이 26.8%로 성인범죄자 7.6%보다 3배나 높은 수치로 조사된 바 있으며(대검찰청, 2023), 인터넷으로 불법도박을 하는 청소년이 늘어나면서 일부 청소년들은 서로 도박 자금을 빌려주고 이자를 붙여 갚는 성인 사채 모습을 그대로 모방하고, 빌린 돈을 갚지 못할 경우에는 또래 친구들로부터 협박과 폭력에 시달리게 되어(KBS, 2016. 11. 30.), SNS 등을 통해 본 사채에 손을 내밀었다가 돈을 갚으라는 압박을 이기지 못해 스스로 목숨을 끊거나(KBS, 2023. 03. 02.), 도박 자금을 마련하기 위해 공갈, 폭력, 강도, 성매매 등을 저지르는 등 도박이 청소년들을 더 심각한 범죄로 유인하고 있다(KBS, 2024. 04. 18.). 2017년 5월부터 2020년 1월까지 나온 법원 판결문 8건을 조사한 결과, 온라인 성착취 영상물 사이트와 불법도박 산업의 긴밀한 공생관계가 존재하며 이는 기성세대보다 온라인 환경이 익숙한 10대, 20대에게 더 심각한 영향을 줄 수 있다(한겨레, 2020. 05. 15.).

합법화된 사행 활동으로서의 도박은 특수 지역(예, 폐광 지역)의 경제적 자립과 세수 확보, 여가 제공 등의 기능적 측면이 있고 레크리에이션으로서의 도박성 게임은 친목을 다지거나 즐거움 및 짜릿함을 공유할 수 있는 기회를 제공하는 기능적 측면이 있지만 그로 인해 초래되는 역기능 또한 적지 않다. 흔히 '도박중독'으로 불리는 도박문제는 대표적인 역기능에 해당하며, 다양한 영역의 기능 손상과 삶의 질 저하, 높은 비율의 파산 및 이혼 등과 관련되고, 근로의식 감소와 불법행위 등으로 인해 사회질서를 손상시키는 결과를 초래할 수 있다(이민규, 김교헌, 성한기, 권선중, 2009; Grant & Kim, 2001; Orford, Sproston, Erens, White, & Mitchell, 2003; Petry, 2005).

1) 도박중독의 개념, 측정 및 실태

(1) 도박중독의 개념 및 준거

도박중독(gambling addiction)은 특정한 행동(예, 도박, 사행 활동)이 개인, 가족, 친구를 포함하는 의미 있는 타자 또는 직장을 비롯한 조직, 지역사회에 미치는 신체적·정신적·사회적·재정적·법적 문제나 폐해를 초래해서 이를 조절하려 하지만 통제력을 잃고 반복하는 행동으로 정의할 수 있으며(김교헌, 2006), 문제성 도박(problem gambling), 병적 도박(pathological gambling in DSM-Ⅳ; APA, 1994), 도박장애(disordered gambling in DSM-5; APA, 2013) 등의 용어와 혼용되어 사용되기도 한다. 물론 생물학적 수준에 초점을 맞춘 도박중독 개념화(예, 전전두엽의 집행기능이 도파민 체계의 과도한 활성화를 통제하지 못하는 상태)가 불가능한 것은 아니지만, 해당 수준에서 측정하고 진단하는 것이 매우 어려워 효율성이 낮고 국내외 식약청의 승인을 받은 생물학적 수준의 개입 방법(예, 정신약물)도 없는 상황이라서 예방이나 치료, 재활, 정책적 개입 등의 측면에서의 강점이 있는 심리사회적 수준의 개념화를 선택하는 것이 더 타당하며 실용적이다.

도박중독과 관련된 문제 수준을 측정하고 분류하기 위해 역사적으로 다양한 준거와 측정도구 등이 활용되었는데, 국내/외에서 활용되고 있는 대표적인 준거는 개인의 정신병리에 초점을 맞춘 미국정신의학계의 분류체계(DSM 준거)와 심리사회적 폐해에 초점을 맞춰 캐나다, 호주, 유럽 등에서 주로 활용하는 분류체계(CPGI 준거) 등이 있다. 각 체계는 활용 맥락이나 목적에 따라 강점과 약점을 갖는데, 정신건강의학과 서비스를 받기 위해 병원을 찾은 사람들을 대상으로 진단 혹은 감별진단을 수행할 때는 DSM 준거가 유용한 반면, 지역사회 기반의 상담 서비스를 받으러 온 사람들을 위한 심리평가나 사례개념화, 예방 서비스 대상자를 선별하는 과정 등에는 CPGI 준거가 더 유용하다.

특히 DSM-Ⅲ(APA, 1980)에 처음 소개된 미국정신의학계의 진단 준거는 '만성적이고 저항할 수 없는 도박충동'(A준거) 외에 '7개 중 3개 이상'(B준거)을 충족시키는 기준에서 출발하여 '9개 준거 중 4개 이상'(DSM-Ⅲ-R, APA, 1987)으로 변경되었다가, DSM-Ⅳ(APA, 1994)에 이르러 '10개 준거(집착, 추격매수, 내성, 금단, 조절 실패, 현실 도피, 현실적응 실패, 거짓말, 재정 파탄과 몰락, 불법행위) 중 5개 이상'으로 확립되었는데, 여러 차례의 변화에도 불구하고 이 시기부터 이미 DSM 도박중독 진단 준거의 신뢰도나 타당도, 진단의 정확성 등에 대한 경험적 근거가 빈약하다는 비판이 제기되었다(National Research Council, 1999; Zimmerman, Chelminski, & Young, 2006). 뿐만 아니라 권선중(2017)과 Temcheff, Derevensky와 Paskus (2011)의 연구에 따르면, DSM-5(APA, 2013)에서 선택한 변화에 해당하는 불법행위 준거의 삭제는 청소년 도박문제가 내포한 특성을 고려하지 못한 성급한 선택이며, 분류 기준을 4개로 하향 조정한 것 역시 개정위원회의 주장과 달리 중독자 비율을 과대 추정할 위험성을 내포한 것으로 보인다. 이와 같은 결과는 DSM의 도박중독 진단 준거가 얼마나 불완전한지를 보여 준다.[1)]

　미국정신의학회(APA)의 DSM과 더불어 권위 있는 질병분류 체계인 세계보건기구(World Health Organization: WHO)의 국제질병분류(International Classification of Diseases: ICD)에서는 1975년 ICD-9에서 처음으로 병적 도박(pathological gambling)을 충동조절장애의 하위 항목으로 언급하기 시작했으며, 2018년 출시된 11차 개정판인 ICD-11에서는 도박장애(gambling disorder)라는 명칭으로 정식 질병으로 등록되었다. ICD-11에서는 도박장애의 진단 기준을 다음과 같이 언급한다. 온라인 또는 오프라인에서 발생하는 지속적인 도박 행동의 패턴으로 (1) 도박 행동에 대한 통제력 손상, (2) 다른 삶의 관심사나 일상생활보다 도박

표 4-1 도박중독 수준 및 분류 기준, 용어

체계	0수준	1수준	도박중독	
			2수준	3수준
DSM-IV(APA, 1994) 10개 준거	해당 없음 non gambler	0점 low-risk gambler	1~2개 ∣ 3~4개 at-risk ∣ problem	5개 이상 pathological gambler
CPGI(Ferris & Wynne, 2001) 9문항(27점 만점)	해당 없음 non gambling	0점 non-problem ∣ 1~2점 low risk	3~7점 moderate risk	8점 이상 problem gambling
한국형 도박행동척도 (사행산업통합감독위원회, 2011b)	◄─── 심리적 0수준 ───►◄─ 1수준 ─► ◄──── L척도 ────►		2수준 ◄────── H척도 ──────►	3수준

※ 2013년에 출간된 DSM-5에서는 도박장애(disordered gambling)로 진단명을 변경하고 이전 판(DSM-IV)에 있던 '불법관여' 지표를 삭제한 후 진단 기준을 4개로 하향 조정함. 현재로서는 변경된 기준에 관한 연구가 부족하기 때문에 기존 체계에 배치하기 어려움.
출처: 사행산업통합감독위원회(2011b).

1) 참고로 이와 같은 문제 혹은 한계에 대한 지적은 비단 '도박장애' 기준에만 적용되는 것이 아니라 DSM-5 개정 전반에 적용되고 있다(Frances, 2014).

을 우선시하는 것, (3) 부정적인 결과(예, 결혼갈등, 반복적이고 상당한 재정손실, 건강 악화)에도 불구하고 도박을 지속하는 것을 의미한다. 이러한 도박행동의 패턴이 연속적 또는 간헐적으로 12개월 이상 나타나야 하며, 이로 인해 중요한 삶의 영역에서 심각한 고통이나 손상을 초래한 경우 도박장애로 진단될 수 있다. 이러한 진단 기준은 도박중독이라는 복잡성을 너무 간과하였다는 측면이 있지만, 이러한 간명성이 도박문제를 평가하는 데에는 유연하다는 장점도 존재한다(권선중, 김에스더, 2024).

한편, 이와 같은 체계들의 유사점과 차이점, 한계 등을 개관하고 한국 사회의 특성, 문화 등을 고려하여 기존 척도들의 취약점을 보완한 '한국형 도박행동척도'가 개발되기도 했으나(사행산업통합감독위원회, 2011b) 아직은 널리 보급되지 않아 연구 근거가 부족한 실정이다. 각 체계의 도박문제 분류 기준 및 용어는 〈표 4-1〉에 제시했다.

(2) 도박중독의 측정

전 세계적으로 통용되고 있는 대표적인 도박중독 측정도구는 다음과 같다.

①-1. South Oak Gambling Screen(SOGS)

Lesieur와 Blume(1987)가 DSM-III-R(APA, 1987)의 병적 도박 개념에 기초해서 뉴욕 정신병원에 입원한 환자들을 선별하기 위한 도구로 개발했고, 이후 임상집단뿐만 아니라 일반인 모집단의 도박중독 유병률을 추정하는 도구로 활용되고 있다. SOGS는 제일 먼저 개발된 도박중독 척도이기 때문에 관련 연구 증거가 가장 많이 축적되어 있다는 장점이 있는 반면, 이론적 근거가 미흡하고 일반인 표본의 유병률 조사도구로 개발된 것이 아니기 때문에 일반인 표본에 사용했을 때 '허위 긍정(병적 도박자가 아닌 사람이 병적 도박자로 진단되는 오류)'이 높은 것으로 알려져 있다.

①-2. SOGS-RA

SOGS의 청소년용 개정판인 SOGS-RA(Winters et al., 1993)는 청소년 도박문제를 측정하기 위해 가장 처음 개발된 도구로 지난 12개월 동안의 도박행동과 도박문제를 평가하기 위해 성인용 SOGS를 청소년에게 적합하도록 수정한 것이다. 16개 문항(채점 시 4개 문항 제외)으로 이루어져 있으며, 도박행동 횟수와 투자한 돈 액수보다는 문제성 도박과 연계된 행동을 강조한다. 장정연(2011)에 의해 한국판이 개발되었다. 하지만 SOGS-RA의 경우, 개별 문항들이 이론이나 경험적 연구 자료들보다는 개발자의 의견에 근거하여 개발되었다는 점과 재정이나 채무에 대한 질문의 비율이 높으며, 행동에 관한 항목은 적어 그 결과, 개입 효과 측정에 적절한지에 대한 의문이 제기되고 있다.

②-1. DSM-Ⅳ 기준의 측정도구들(예, NODS, MAGS)

NORC DSM-Ⅳ Screen for Gambling Problems(한국판 KNODS-2003; 김교헌, 2003)과 Massachusetts Gambling Screen(한국판 KMAGS; 이홍표, 2003)이 대표적인데, DSM의 기준에 따라 흥분 추구와 내성(거는 돈이 점점 더 많아짐), 금단증상(불안, 초조, 신경질, 화), 조절 실패(중지, 통제 시도가 반복적으로 실패), 배팅액의 급속한 증가(잃은 돈 만회 위한 추격매수 행동), 집착(돈 벌 생각, 다음 모험에 대한 계획, 손실과 만회 집착), 현실 회피(우울감, 스트레스와 문제 회피), 현실적응의 실패(직업, 교육의 역량 및 신뢰의 상실), 거짓말(도박행위 및 정도, 손실의 은폐), 재정 파탄과 몰락(반복적인 경제적 구원 요청, 가족의 몰락), 범죄행위(공금횡령, 카드깡, 절도, 사기; DSM-5에서 삭제된 준거) 등 총 10개의 준거를 측정하도록 구성되어 있다.

②-2. DSM-Ⅳ-J & DSM-Ⅳ-MR-J

청소년을 위해 DSM-Ⅳ 기준을 수정하여 만든 DSM-Ⅳ-J(Fisher, 1992)는 12문항과 집착, 금단, 위축과 통제 상실, 도피, 추격매수, 거짓말, 불법행위, 가정 붕괴, 학업 붕괴 등 병적 도박의 9개 차원이 포함되어 있다[DSM-Ⅳ-MR-J(Fisher, 2000)은 '예' 혹은 '아니요'에 응답하는 DSM-Ⅳ-J를 다중 응답방식으로 수정한 것임]. 0~9점의 범위를 가지며 4점 이상일 경우 도박문제가 있는 것으로 판단한다. 김예나, 권선중, 김원식(2016)에 의해 한국판이 개발되었다. 하지만 이 척도 역시 개인의 병리적 반응에 과도하게 의존하고 있고, 성인 도박문제에 대한 개념을 무비판적으로 수용하여 개발된 척도라는 점에서 한계를 보이고 있다.

③-1. Canadian Problem Gambling Index(CPGI)

DSM-Ⅳ의 병적 도박 기준을 참고하고 도박으로 인한 피해를 중심으로 일반인의 도박중독 유병률을 측정하기 위해 Ferris와 Wynne(2001)이 개발한 도구로, 총 27문항으로 구성되어 있는데 그중 Problem Gambling Severity Index(PGSI)로 부르는 9문항을 도박중독 선별을 위해 사용한다. 사용이 용이하여 캐나다와 호주, 영국 등에서 일반(지역사회) 표본의 유병률 조사에 많이 사용되며 전 세계적으로 활용도가 높아지는 추세이고(Williams, Volberg, & Stevens, 2012), 국내 사행산업통합감독위원회에서 수행하는 국가 사행산업 실태조사에 활용되는 도구이기도 하다. 참고로 PGSI 9문항 중 4문항을 선별한 단축판이 권선중과 조성겸(2010)의 연구를 통해 소개된 바 있다.

③-2. Canadian Adolescent Gambling Inventory(CAGI)

도박으로 인해 발생할 수 있는 피해나 폐해를 중심으로 13세에서 17세 청소년들의 도박문제를 측정하기 위해 Tremblay 등(2010)이 개발한 자기보고식 측정도구로, 도박활동 유형, 각 도박활동에 대한 참여 횟수, 각 도박활동에 투자된 시간, 도박에 투자된 총 금액, 도박의 폐해 및 심각성(Gambling Problems Severity Scale: GPSS; 9항목)에 대한 5개의 영역을 24개의 항목으로 측정한다. 청소년 도박문제의 유병률을 추정할 때는 GPSS 9문항을 활용하고, 이를 통해 측정된 점수(총점 범위 0~27점)는 3수준으로 분류된다. 1수준(0~1점)은 비문제 수준(녹색 불), 2수준(2~5점)은 저위험에서 중위험 수준(노란 불), 3수준(6점 이상)은 문제 수준(빨간 불)이다. 한국도박문제관리센터(2015)에서 수행한 청소년 도박문제 실태조사에 한국판의 문항과 심리측정적 속성이 소개된 바 있다.

CAGI는 다른 청소년 도박문제 척도에 비해 심리측정적 속성이 우수하고 타당한 수준의 민감도와 특이도에 대한 연구증거를 확보하고 있으며, 도박문제의 핵심에 관한 최신 연구증거에 기초하여 '조절 실패'를 중심으로 도박으로 인한 심리적·사회적·경제적 폐해를 측정할 수 있도록 구성되어 있다. 특히 생물의학 모형에 기초하여 개인의 병리적 반응 중심의 구성 개념 및 준거를 갖고 있는 DSM 계열의 측정도구와 달리 행동 및 심리사회적 수준의 피해나 폐해 중심의 준거를 갖추고 있어 정책 수립이나 예방 및 재활 등에 유용하게 활용할 수 있다는 장점이 있다.

④ ICD-11 기반 청소년 도박문제 선별 척도

국내 청소년들의 도박문제의 수준을 평가하기 위해 세계보건기구(WHO)의 11차 국제질병분류기준(ICD-11)을 기반으로 권선중, 김에스더(2024)가 개발한 척도이다. ICD-11의 진단 기준에 따라 '도박에 대한 통제력 저하' '도박이 다른 일상 활동보다 우선순위 증가' '부정적인 결과 발생에도 불구하고 도박의 지속 또는 확대'의 세 가지 기준 10문항으로 구성하였다. 리커트 6점 척도(0~5점)이며 총점 10점 이상 획득할 경우, 문제군으로 선별될 수 있다. 국내에서는 청소년 도박 자체가 불법이기 때문에 1점이라도 획득한 경우 예방교육 대상자로 선별하여 선제적 개입을 고려해 볼 수 있다.

⑤ 기타 도박중독 관련 문제증상 평가도구

앞에서 소개한 도구들이 비교적 안정화된 도박중독 증상을 평가하는 데 주로 활용하는 도구라면, 가변성이 좀 더 높은 도박문제 증상이나 도박갈망 등을 측정하는 도구도 존재한다.

⑤-1. Gambling Symptom Assessment Scale(G-SAS)

Kim, Grant, Adson과 Shin(2001)이 도박에 대한 지난 1주일간의 갈망과 그로 인한 피해를 평가하기 위해 개발한 12문항의 자기보고식 측정도구로, 권선중(2011)에 의해 한국판 척도(KG-SAS)의 심리측정적 속성이 소개되었다.

⑤-2. Gambling Urge Scale(GUS)

Raylu와 Oei(2004)가 지금 현재 느껴지는 도박에 대한 갈망과 충동을 리커트식 7점 척도상에 평정하도록 개발한 6문항짜리 도구로, 총점이 높을수록 도박에 대한 갈망이나 충동이 높고 도박중독 문제가 지속되는 것으로 해석한다. 강성군, 김교헌, 권선중, 이민규(2011)에 의해 한국판 척도(K-GUS)의 심리측정적 속성이 소개되었다.

(3) 한국 사회의 도박중독 실태

① 성인 도박중독 실태

국내에서는 국가기관인 사행산업통합감독위원회와 한국도박문제관리센터가 CPGI를 활용하여 2008년부터 2년 단위로 도박중독 유병률 조사를 실시해 왔다(〈표 4-2〉 참조). 가장 최근 발표된 유병률은 5.5%로, 비슷한 시기에 동일한 선별도구를 활용하여 조사된 국외 유병률에 비해 비슷하거나 최대 4.2배 높은 수준이다[스웨덴 1.3%(2021년), 덴마크 4.4%(2021년), 캐나다 2.2%(2018년), 노르웨이 4.5%(2020년), 영국 6.0%(2019년)].

표 4-2   연차별 한국 사회 성인 도박중독 유병률(선별도구: CPGI)

구분		2012년	2014년	2016년	2018년	2020년	2022년
도박중독 유병률(%)	중위험 도박	5.9	3.9	3.8	4.2	4.3	3.4
	문제성 도박	1.3	1.5	1.3	1.1	1.1	2.1

출처: 사행산업통합감독위원회(2023)에서 인용.

참고로, 최근 발표된 사행산업 이용실태 조사 보고서(사행산업통합감독위원회, 2021)에 따르면, 2019년 도박으로 인한 사회적 부작용(술이나 약물 오남용, 자살을 심각하게 생각하거나 시도, 범법행위 시도, 이혼 위기 및 이혼 경험, 언어적·신체적 폭력 행사, 실직 위기 및 실직 경험) 경험률은 비문제성 집단이 가장 낮고, 위험수준이 높아질수록 사회적 부작용을 많이 겪는 것으로 나타났다. 구체적인 폐해 순위를 살펴보면 가장 높은 사회적 부작용이 '도박문제로 인한 술이나 약물 오남용 경험여부'이며, 이는 교차중독(cross-addiction)에 대한 이해 및 개입의 필요성을 의미한다. 다음으로 '이혼 위기에 처하거나 이혼한 경험' '언어적·신체적 폭력을 행사한 경험' '도박문제와 관련하여 실직위기나 하던 일을 그만둔 경험' '자살을 심각하게 생각하거나 시도한 경험' '도박과 관련된 범법행위를 시도한 경험' 순이었다. 전종설, 김세완, 정익중, 조상미와 김선민(2011)의 연구에 따르면, 2009년 도박중독에 의한 사회경제적 총 비용은 약 78조 원으로 나타났으며 2050년에는 361조 원에 이를 것으로 추계했는데, 이는 2004년 음주의 사회경제적 비용 20조 990억 원, 2007년 흡연의 사회경제적 비용 2조 6천억~3조 2천억 원에 비해 매우 높은 수치이다.

② 청소년 도박중독 실태

청소년의 경우, 2015년 한국도박문제관리센터에서 수행한 도박문제 실태조사 결과에 따르면, 중·고등학교 재학 중인 청소년(중1~고2; 14,011명)의 42.1%가 평생을 기준으로 도박 혹은 사행성 게임을 해 본 경험이 있다고 답했고 24.2%는 최근 3개월 사이에도 경험을 했던 것으로 답해, 적어도 재학 중 청소년의 1/4가량이 지속적으로 도박이나 사행성 게임을 하고 있을 가능성이 높은 것으로 나타났다(한국도박문제관리센터, 2015). 특히 조사에 응답한 청소년의 2%는 최근 3개월 사이에 미성년자가 참여할 수 없는 합법 사행 산업체에서 도박을 해 본 경험이 있다고 답했으며, 5.1%는 위험수준 이상의 도박문제를 가지고 있는 것으로 나타났다. 참고로, 2013년 광주(2,000명)와 2014년 제주(675명) 지역에서 중·고등학생을 대상으로도 도박 경험 및 도박문제 심각성에 대한 조사연구가 수행된 바 있는데, 그 결과를 종합하면 조사에 참여한 청소년의 73~92%가 한 종류 이상 사행성 게임을 해 본 경험이 있었고, 그 중 8.1~36.6%가 경미한 수준의 도박문제를, 3~9%가 심각한 수준의 도박중독 문제를 가지고 있는 것으로 조사된 바 있다(광주도박중독예방치유센터, 2013; 장정임, 김성봉, 2014).

한편, 대부분의 청소년들은 적극적으로 스마트 미디어를 활용하고 있는데 이를 통해 어렵지 않게 접하게 되는 불법도박에 관한 광고·홍보 글은 청소년의 호기심을 자극하고 있으며, 여러 온라인 게임은 '확률형 아이템'(예, 랜덤박스) 구입이나 아이템 조합을 통해 우연에 기대어 아이템을 획득하도록 하는 등 사행심을 조장하고 있어서 청소년들의 도박 경험 확산 가능성 또한 높은 상태로 볼 수 있다.

2) 도박중독의 사례개념화

도박중독 문제에 효과적으로 대처하기 위해서는, 첫째, 위험수준의 도박행동과 도박문제가 어떤 기회나 경험, 초기 조건으로부터 발달하는지, 둘째, 도박문제가 발달해 가는 과정에 개입하는 통제 가능한 생물심리사회적 위험요인은 무엇인지, 셋째, 위험 조건 속에서도 문제 발생이 억제되거나 발생되었던 문제가 자발적으로 회복되는 데 기여하는 생물심리사회적 보호요인은 무엇인지 등을 이해해야 하며, 이와 같은 이해가 있을 때 통합적인 사례개념화 또한 가능하다.

Dowling 등(2017)이 도박문제에 관한 열다섯 종류의 종단연구를 메타분석한 결과와 국내 도박중독 관련 연구 결과들(강성군, 2010; 김교헌, 권선중, 2003; 김교헌, 성한기, 이민규, 2004; 김영주, 이인혜, 2010; 김영훈, 최삼욱, 신영철, 2007; 박재옥, 이인혜, 2006; 연미영, 2006; 이경희, 2010; 이민규, 김교헌, 권선중, 2007; 이인혜, 2004)을 수렴하면, 다양한 종류의 생물심리사회적 요인들이 도박중독 문제에 관여하고 있음을 확인할 수 있다.

(1) 도박중독 관련 요인(원인, 촉진 혹은 유지 요인) 이해

① 사회문화/경제적 요인
- 낮은 부모의 교육 수준, 어린 시절 부모의 무관심
- 남성, 낮은 연령, 무직, 낮은 교육 수준: 예) 도박 시작 연령이 낮고 남성일수록 도박중독 문제에 취약한 특성을 보임. 낮은 교육 수준에 직업이 없는 경우 도박중독 문제에 취약한 특성을 보임
- 도박 친화적 대인관계 환경(높은 수용성): 예) 도박을 하는 혹은 도박문제를 가진 가족 및 친구/동료가 있으면(혹은 많으면) 도박을 시작할 가능성이 높아짐
- 도박을 접할 기회가 많은 환경(높은 가용성): 예) 높은 수준의 도박 광고 접촉 빈도

② 심리/행동적 요인
- 성격(기질적) 취약성
  - **충동성**: 부정적 결과에 대한 고려 없이 내/외적 자극에 대해 급하고 무계획적으로 반응하는 기질적 성향
  - **감각추구 성향**: 지루함을 잘 견디지 못하고 새롭고 다양한 자극, 흥분되는 경험들을 추구하는 기질적 성향
  - **신경증적 경향성**: 부정정서를 많이 경험하고 정서적으로 불안정하며 스트레스에 취약한 성격 특성
- 인지(역기능적 주의, 비합리적 신념/기대)
  - **주의 편향**: 도박 관련 자극이나 도박이 제공하는 보상에 대한 주의 편향
  - **선택적 기억**: 돈을 잃은 기억은 무시하고 딴 경험을 위주로 기억
  - **도박 과정 및 결과에 대한 오지각과 해석 편향, 통제 착각** ⇒ 도박에 대한 다양한 비합리적 신념 형성: 예) 계속 돈을 잃고 나면 다음에는 딸 확률이 높다는 착각, 매번 조금만 더 하면 내게도 운이 찾아올 것이라는 막연한 기대, 우연한 발생이 자신의 통제하에 있다는 착각
  - **도박의 긍정적 효과에 대한 기대**: 예) 금전적 효과—도박만이 잃은 돈을 되찾을 수 있는 유일한 길이라는 믿음과 기대, 정서적 효과—스트레스 혹은 부정정서가 해소될 것이

라는 믿음과 기대

- **부정정서**(혹은 정서적 스트레스: 우울, 불안, 분노, 죄책감): 높은 수준의 부정정서는 자가-처방 행위를 촉진하여 도박 접근성을 높이고, 도박행위 중 항진되는 부정정서는 자기조절을 위한 심리적 에너지 소진과 비합리적 신념 강화 효과 등을 통해 조절력을 손상시킴.
- **결핍된 욕구**(기본 심리욕구: 자율성, 유능성, 관계성): 도박행동이 출현하고 유지되는 배경에는 그 경험이 제공하는 보상 효과가 내재해 있으며, 도박을 통해 결핍된 관계욕구를 충족시키거나 결핍된 자율성, 유능감 등을 보상받고 있다면 그 행위는 지속될 수밖에 없다.
- **위험행동**: 아동 및 청소년 시기에 알코올사용, 흡연, 불법약물 사용, 폭력, 반사회적 행동 등의 빈도가 높을수록 도박문제 발생 가능성이 증가한다.

③ 생물학적 수준의 변형
도박중독자의 뇌 상태는 중독의 원인이 아니라 중독의 결과이다.

- **도파민**(dopamine): 도박이 주는 보상으로 인해 과도한 도파민 방출에 반복 노출되어 신경적응(neuro-adaptation)이 일어날 경우, 자연보상물이 적절한 수준의 도파민 방출을 유발하지 못하여 도박 관련 자극에 과도하게 민감해지게 된다(지속된 중독행동 → 자연보상물에 의한 도파민 분비 감소 → 뇌는 그 행동이 개체의 생존에 필요한 것으로 오해 → 뇌의 보상체계는 중독 대상 추구 행동을 명령함, 심리적 수준에서는 중독 대상에 대한 갈망으로 표상됨).
- **세로토닌**(serotonin): 세로토닌의 주 기능은 행동의 억제이다. 따라서 낮은 세로토닌 수준은 도박행동의 조절 실패와 연결되어 있다.

(2) 도박중독 사례개념화를 위한 틀(모형)

도박중독 상담을 위한 사례개념화는 내담자가 호소하는 도박문제 '증상(주호소 문제)'과 '원인 혹은 유지요인'을 명세화하는 작업이다.

① 도박중독 증상 목록

주호소 문제이자 상담목표가 되는 증상은 '도박행동'과 '갈망' '조절 실패' '피해나 폐해'로 구분할 수 있으며, 각 목록 속에 계량화된 빈도나 강도가 감소하는 것을 상담목표로 설정할 수 있다.

- **도박행동**: 빈도(일주일 혹은 하루에 몇 회?), 강도(한 번 할 때마다 몇 시간 혹은 얼마 소비?), 주요 도박 유형(카드, 슬롯머신, 경주류, 복권류 등), 패턴(지속성, 순환성 등)
- **갈망**: 도박행위 전 경험하는 도박 추동 혹은 갈망의 강도(예, 0~10점)
- **조절 실패**: 도박을 할 때마다 경험하는 조절 실패 빈도(예, 10회 도박을 할 때 계획한 시간이나 금액을 지키지 못한 횟수는?)
- **피해나 폐해**: 도박으로 인해 발생한 대인관계 및 직업적(학생이라면 학업) 피해의 유형 및 크기(예, 부모와의 관계 갈등 0~10점)

② 도박중독 원인(혹은 유지요인) 목록

증상 목록에 언급된 문제를 촉발하거나 유지시키는 생물심리사회적 요인들을 의미하며,

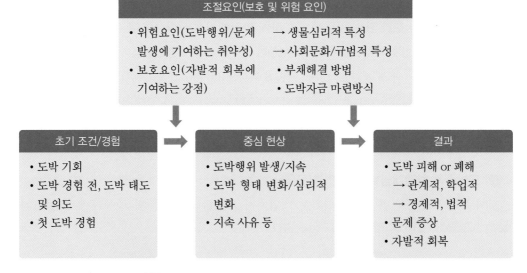

그림 4-1 도박중독 사례개념화를 위한 심리사회적 발달모형

활용할 주요 개입(상담) 전략이 표적으로 삼는(변화시킬 수 있는) 성분들을 중심으로 목록을 작성한다. 따라서 앞서 언급한 심리사회적 요인 중에서 변화(통제) 가능성이 있는 요인들(사회: 대인관계 환경 및 물리적 환경, 심리: 인지, 정서, 욕구)을 중심으로 목록을 작성해야 한다([그림 4-1] 참조).

특히 효율적인 사례개념화를 위해서는 상담사가 주로 활용하는 개입 기법의 이론적 배경을 참고하는 것이 필요하다. 예를 들어, 인지행동치료 전략을 통해 도박중독 상담을 진행할 계획이라면, 도박중독자의 인지적 처리과정 중에 작동하는 비합리적 신념과 자동적 사고를 사례개념화의 핵심 성분으로 규정하고, 그 변화를 증상의 변화와 함께 추적하는 것이 바람직하다.

3) 도박중독 상담 전략

(1) 도박중독 개입 전략 개관

국내/외를 막론하고, 인지행동치료를 제외하면, 도박중독자에게 제공할 수 있는 검증된 치료적 서비스는 거의 없다(Grant, 2009). 현재로서는 익명의 도박중독자 모임(Gamblers Anonymous)이 가장 널리 확산된 서비스로 볼 수 있는데, 도박중독자의 10% 미만만이 참여하고 단도박 성공 비율은 매우 낮은 것으로 알려져 있다(Petry, 2003; Stewart & Brown, 1988). 국내에도 국가기관과 사행 산업체에서 운영하는 도박중독예방치유센터의 상담 프로그램이 있고, 익명의 도박중독자 모임(예, 한국 G.A., Gam-Anon 등)에서 12단계 프로그램을 제공하고 있으나 현재까지는 그 효과에 대한 경험적 근거가 보고되지 않고 있다. 참고로, 약물치료 역시 유사한 상황인데, 대한정신약물학회(2014)에서 출간한 『임상신경정신약물학(2판)』의 도박장애 챕터에는 "도박장애의 치료에 다양한 약물들을 사용하여 그 효과를 검증하려는 시도가 최근까지 지속되었다……. 그러나 아직 도박장애에 사용되는 특정 약물이 개발되지 않았으며, 도박장애의 치료에 국내외 식약청에서 승인을 받은 약물은 없다."(p. 495)라고 기록되어 있다.

도박중독 상담의 효과에 대한 연구는 주로 인지행동치료를 중심으로 진행되고 있는데, 대표적인 예로, Ladouceur 등(2001)과 Petry 등(2006)의 연구를 들 수 있다. Ladouceur 등(2001)은 인지치료와 재발방지 프로그램을 접목하여 그 효과를 검증했는데, 대기자 집단에 비해 처치집단의 도박문제가 개선된 것으로 나타났고, 그 효과가 12개월 동안 지속되었다. 231명의 도박자들을 세 종류(구조화된 8회기 인지행동치료 두 종류 참여, 도박 자조집단 참여)의 개입 조건에 무선 할당하여 그 차이를 비교한 Petry 등(2006)에 따르면, 인지행동 기반의 '개인치료와 워크북 집단'의 도박행동이 도박 자조집단 참여자보다 많이 감소한 것으로 나타났다. 문제성 도박행동의 감소를 위한 인지행동치료의 효과에 관한 최근 메타분석 연구 (Gooding & Tarrier, 2009)에 따르면, 치료 후 3개월 내 효과는 상당히 큰 것으로 나타났고 6개월, 12개월, 24개월 후에도 그 효과는 지속되는 것으로 나타났다. 단, 추가로 분석한 메타-회귀 분석 결과에 따르면 연구의 질이 낮을수록 효과 크기가 커지는 위험성 또한 관찰된 바, 효과의 안정성에 대한 평가는 여전히 유보적인 상황이다.

그럼에도 불구하고 현시점에서 전문가들이 활용할 만한 유일한 증거-기반 도박중독 상담 전략은 인지행동치료로 볼 수 있다. 도박중독자를 위한 인지행동치료를 수행할 때, 구체적으로 어떤 신념들을 수정하는 것이 효과적인지 밝히기 위해 수행된 국내 연구(권선중, 2014; 권선중, 김예나, 2017)에 따르면, 무선성에 대한 잘못된 지각에 해당하는 생각 및 신념, 해석 편향, 통제에 대한 착각, 도박의 긍정적 효과에 대한 기대에 해당하는 생각 및 신념들은 도박문제를 촉진 혹은 유지하는 요인으로 나타난 반면, 도박행동 조절이 불가능하다는 믿음은 도박문제로 인해 강화되는 속성이 상대적으로 더 강한 것으로 나타났다. 또한 높은 수준의 우울 증상을 가지고 있는 사람들일수록 역기능적 신념의 행동 촉진 효과가 더 큰 것으로 나타났는데, 그 효과는 특히 '무선성에 대한 잘못된 지각'과 '조절이 불가능하다는 믿음'에서 두드러졌다. 상담과정에 직접 활용할 수 있도록, 연구를 통해 확인된 구체적인 비합리적 도박신념 목록을 유형별로 소개하면 다음과 같다.

① 무선성에 대한 잘못된 지각에 해당하는 생각 및 신념
- 도박에서 잃은 다음에는 연승하게 되어 있다.
- 계속해서 잃다 보면 나중에 어떻게 딸 수 있는지 배우게 된다.
- 운세가 좋다고 느껴지는 순간이 있으며, 그때는 꼭 도박을 한다.
- 도박에서 이길 수 있다는 느낌이 들 때가 있다.

② 해석 편향

- 나만의 기술과 능력으로 돈을 땄다고 생각하기 때문에 도박을 계속하게 된다.
- 돈을 잃은 것은 재수가 없거나 환경이 나쁜 탓이라 생각하기 때문에 도박을 계속하게 된다.
- 계속해서 잃었기 때문에 이제는 딸 차례라 생각해서 도박을 계속하게 된다.
- 도박에서 돈을 땄던 기억이 떠올라 도박을 계속하게 된다.

③ 통제에 대한 착각

- 도박을 할 때 기도하거나 주문을 외우면 승리에 도움이 된다.
- 특별한 숫자나 색깔이 나에게 행운을 가져다준다.
- 나는 승률을 높일 수 있는 나만의 행동습관이나 버릇을 가지고 있다.

④ 조절이 불가능하다는 믿음

- 나 자신을 통제할 수 없어서 도박을 그만두는 것이 어렵다.
- 도박을 향한 나의 욕망은 이길 수가 없다.
- 스스로 도박을 끊을 수 있을 만큼 강하지 못하다.
- 나는 결코 도박을 끊을 수 없을 것이다.

참고로, 도박중독자를 위한 인지행동치료의 구체적인 절차와 재료(워크시트 등)는 사행산업통합감독위원회(한국도박문제관리센터)에서 제공하는 『잃어버린 나를 찾는 희망안내서』(도박문제 회복을 위한 자기관리 매뉴얼)와 『도박중독의 인지행동치료』(전영민 역, 2015) 등에 자세히 소개되어 있다.

(2) 도박중독자의 자기조절력 강화를 위한 멘탈 피트니스 전략

문제 인식 수준이 낮거나 동기가 낮은 내담자에게 전문적 상담서비스를 좀 더 가볍게 제공할 수 있는 방법으로 '자기조절력 강화를 위한 멘탈 피트니스' 전략을 활용할 수 있다.[2] 여기서 '자기조절력'은 구체적으로 욕구, 정서, 인지 각각에 대한 조절력을 의미하며, 내담자는 각각의 기능 및 조율 상태를 점검하고 개선하는 훈련 과정에 참여하게 된다. 이 과정에서 상담자는 퍼스널 트레이너 역할을 하며 내담자가 그 방법에 익숙해질 때까지 안내하게 된다. 기존의 인지행동치료 전략은 '인지-조절 피트니스'에 반영되어 있다.

① 도입: 심리교육을 통해 마음의 구조와 조절 훈련의 필요성 소개

모든 사람들의 몸속에는 동일한 구조물(장기)이 존재하듯 사람의 마음속에도 욕구, 정서, 인지라는 구조가 존재하고, 각 구조가 각자의 역할을 하며 행동과 반응을 만들어 낸다. 신체가 정상적으로 활동하기 위해서는 각 기관이 적절히 기능해야 하는 것처럼, 마음 역시 그러하다. 하지만 그 구조들이 제 기능을 하지 못할 때 도박중독을 포함한 다양한 정신건강 문제가 나타난다.

도박중독을 포함한 모든 중독은 궁극적으로는 특정 행위로 초래되는 욕구충족의 보상을 소비하는 양상이라고 생각할 수 있다. 알코올이나 니코틴의 사용을 통해 얻는 욕구의 충족과 도박이나 인터넷게임을 통해 얻는 욕구의 충족은 유사한 심리적 구조를 지닌다. 현재 우리는 욕구충족 과정에서 겉으로 드러나는 현저한 대상을 중심으로 편의적인 구분을 해서 도박중독과 나머지 중독을 나누는 것이다. 한편, 도박을 통해서 스트레스를 풀고 우울한 기분을 떨쳐 버리려는 시도는 음주를 통해서 스트레스에 대처하고 우울감을 달래 보려는 시도와 유사하다. 즉, 도박을 포함한 모든 중독행동은 고통스러운 현실에 대응하기 위한 자가-처방(self-medication) 행동으로 해석할 수 있다. 그리고 이 모든 과정에서 중독 대상에 주의를 빼앗기는 주의조절 문제와 이러한 과정을 강화하는 비합리적 신념들이 작동하고 있다.

종합하면, 도박행동에 빠져들고 갈망과 조절 실패, 그리고 부적응적 결과를 경험하는 증상은 욕구, 정서, 인지 조절의 이상을 매개로 발생한다. 이와 같은 접근은 모든 정신건강 문제에 공통으로 활용되는 스트레스-취약성 모델(stress-vulnerability model)과 유사하다. 스트레스-취약성 모델에 따르면, 개인의 부적응 행동을 이해하기 위해서는 크게 두 가지 요인, 즉 환경으로부터 주어지는 심리사회적 스트레스와 그에 반응하는 개인의 특성(특히 취약

2) 이 전략은 한국도박문제관리센터(2015)에서 개발한 '고위험군 도박문제 예방교육(성인초기)'에 반영된 바 있으며, 내용을 일부 변형하여 청소년 정신건강 문제 예방에 적용한 결과, 효과가 있는 것으로 나타났다(문기숙, 권선중, 2017).

표 4-3 중독문제 발달을 설명하는 스트레스–심리적 취약성 모델

배경(주요 타인 대상관계) ⇒	현재 작동하는 특성	⇒ 증상(주호소 문제)
• 삶의 배경 　(삶의 이야기) • 가족관계/오래된 대인관계(유기, 방임, 학대 등등)	• 욕구 결핍: 자율성, 관계성, 유능성, 안전 • 지각된, 축적된 부정정서–조절 문제 • 주의조절(배분, 유지) 문제, 인지왜곡, 신념의 비유연성(경직), 부적응적(역기능적) 도식	• 중독 대상에 대한 갈망 • 행위에 대한 조절 실패 [행동반응 양상: 충동적·반복적 (중독)행동] • 부적응적 결과
스트레스(외적 조건: 구체적인 사건, 경험 등)		
오래 지속되고 있는 스트레스원	최근 발생한 스트레스원	
• 대인관계 사건/사고 • 문제해결(또는 변화, 자원 투입)을 요하는 사건/사고	• 대인관계 사건/사고 • 문제해결(또는 변화, 자원 투입)을 요하는 사건/사고	

성)을 고려해야 한다. 여기서 취약성은 〈표 4-3〉에 제시된 '현재 작동하는 특성(특정한 형태의 욕구, 정서, 인지 기능)'을 의미하는데, 심리적 문제는 취약성 요인과 스트레스 요인이 결합되었을 때 발생하게 된다. 바꿔 말하면, 취약성을 지니고 있는 사람에게 스트레스 사건이 제공되었을 때 부적응 현상이 발생한다는 것을 의미하며 둘 중 한 가지 요인만 존재할 때는 부적응 현상이 드러나지 않을 수 있다는 것을 의미하기도 한다. 따라서 멘탈 피트니스 전략은 '심리적 취약성'을 정상적인 기능으로 돌려놓는 과정을 통해 증상 개선에 기여하도록 설계된 프로그램이다.

한편, 심리적 취약성을 '낮아진 마음의 면역력'에 비유할 수도 있다. 몸에 감기가 걸리는 이유는 감기 바이러스의 활동과 신체 면역력 약화 두 가지 때문인데, 바이러스가 아무리 활발하게 활동해도 신체 면역력이 강하다면 감기에 걸리지 않는다. 설령 감기에 걸렸다 하더라도 신체 면역력이 회복되면 곧 감기로부터 회복될 수 있다. 중독문제도 이와 비슷하다. 마음의 면역력(건강한 욕구충족, 잘 훈련된 기분과 생각)이 강화되어 있으면 중독 대상이라는 바이러스가 침투해도 중독에 빠지지 않을 수 있다.

멘탈 피트니스는 마음의 면역력을 구체적인 성분으로 구분하여 이를 강화할 수 있는 훈련을 하는 것으로, 첫째, 마음에게 영양가 있는 좋은 것을 먹여 주고(적절한 욕구충족), 둘째,

마음의 피가 잘 순환하도록 적절한 운동과 관리를 해 주며(마음의 혈관에 부정적 기분이 쌓이지 않도록 잘 관리하고, 마음의 근육에 힘과 탄력이 생기도록 생각을 잘 관리하는 것), 셋째, 외부로부터 침투하는 병원균을 잘 처리하는 것(외부에서 발생하는 스트레스를 잘 관리하는 것)이 그 핵심이다. 도박중독과 관련지어 조금 더 자세히 소개하면, 첫째, 욕구 관리 기능이 약해지는 것은 도박과 같은 위험행동을 계속하고 싶은 욕구가 조절되지 않는 것이라 볼 수 있고, 둘째, 정서기능이 약해지는 것은 상황과 관계없이 계속 우울하거나 불안하고 긴장된 감정이 지속되는 것을 의미하며, 셋째, 인지기능이 약해진다는 것은 '도박에서 크게 한번 따는 것 말고는 방법이 없어' 등의 비합리적인 생각이 자신을 계속 괴롭히는 것을 의미한다.

참고로, 이러한 접근은 주로 인지적 성분 한 가지에 초점을 맞추던 전통적인 인지행동치료에 비해 지루한 느낌을 줄일 수 있고, 신체건강 비유 적용이 용이하여 서비스 대상자로 하여금 친숙함을 느낄 수 있게 해 주는 장점이 있다. 또한 본 멘탈 피트니스 프로그램이 초점을 맞추고 있는 심리적 특성은 다양한 정신건강 문제의 공통 취약성 요소에 해당하기 때문에 도박중독 문제뿐만 아니라 우울증을 포함한 정서장애 증상을 개선하는 데도 유용하게 활용할 수 있고, 심리적 문제가 발생하지 않은 사람들에게 이러한 서비스를 제공할 경우 취약성 개선(심리적 면역력 강화)을 통해 예방 효과를 기대할 수 있다는 장점이 있다.

② 실행: 인지-정서-욕구 조절 훈련

상담자의 역할을 신체 피트니스에 빗대어 설명하면, 유산소 운동이나 특정 근력 운동을 퍼스널 트레이너의 지도하에 반복해서 수행하는 것처럼, 마음의 경우에도 멘탈 피트니스의 개념을 도입하여 특정 영역을 상담자의 지도하에 반복해서 수행하고 서비스 대상자가 그 기술을 반복 습득해서 일상에서 활용할 수 있도록 유도하는 형태로 구성한다.

그런데 여기서 한 가지 꼭 기억해야 할 것은 '훈련'이 필요하다는 것이다. 우리가 마음의 면역력을 작동시켜야 할 시점은 운동선수의 몸이 피로해지는 중·후반부처럼 스트레스를 많이 받는 바로 그 시점이다. 그 시점에 마음의 보호막이 작동하려면 평소에 미리미리 훈련을 해야 하며, 훈련된 것만 위기 상황에서 기능한다는 원리를 이 프로그램은 따르고 있다.

• 인지 조절 피트니스: 특정 상황에서 어떤 행동(도박행동)을 할지 결정하는 것은 우리의 생각이다. 또한 행동을 할 때마다 사람들은 그 행동을 지지하거나 강화하는 부가적 생

각들에 집착하는 경향이 강하다. 행동을 많이 할수록 생각의 폭이 좁아진다. 그 행동 속에 빠져 있을 때 '자신의 현 행동에 어긋나는 정보'(예, 도박을 더 하면 큰돈을 잃게 된다)를 왜곡, 과소평가, 또는 무시할 가능성이 높아진다.

이 이야기를 뒤집어 보면, 기분이 부정적이고, 신체반응이 불편함을 호소하며(심장이 빨리 뜀, 입이 바싹 마름, 온몸이 뻐근함 등), 부적응적인 행동(돈을 따겠다고 남의 돈을 빌려 도박을 하는 등)을 하는 경우에는 '부정적인 생각 혹은 비합리적인 생각'이 그 사람의 머릿속을 지배하고 있다고 말할 수 있다.

왜곡된 생각을 하게 되는 경우에 그것을 알아차릴 수 있도록 훈련한다면 많은 도움을 받을 수 있다. 그런데 왜 현실에서는 그게 쉽지 않을까? 가장 큰 이유는, 일상 속의 많은 부정적 생각들이 우리의 의식 밑에서 지나가기 때문이다. 복잡한 행동도 자꾸 반복하면 습관화되어 의식 없이 행해지는 것처럼(자전거 타기, 밥 먹기) 생각도 마찬가지로 어떤 생각을 자꾸 반복하면 습관화되어 의식적 자각 없이 자동적으로 진행된다. 그렇게 진행되어 오래 반복된 생각은 신념 형태로 굳게 기억 속에 자리 잡는다.

이런 이해의 틀로 중독자나 정신건강 문제를 가진 사람들을 설명하는 방식을 전문가들은 인지매개이론이라고 부른다. 따라서 자신이 평소에 자동적으로 하는 생각이나 기억 속에 저장해 둔 신념을 잘 이해하고 관리(수정)하면 중독문제를 극복하고 정신건강을 잘 지킬 수 있다.

− 비합리적 신념의 존재 및 역기능성 이해(중독문제와 관련성 설명: 인지매개이론)
− 일반+특정 비합리적 신념을 점검하는 기술 훈련(인지치료 사고기록지 점검)
− 비합리적 신념 수정 기술 훈련(인지치료−경험주의에 기초한 증거 점검)
− 일상으로 돌아가서 '점검 및 수정기술'을 적용하는 심상훈련
※ 신체 피트니스처럼 중간중간 쉬는 시간을 갖는다. 예) 훈련1(15분) → 휴식(10분) → 훈련2(15분) → 휴식(5분) → 마무리(5분)

• 정서 조절 피트니스: 정서는 우리가 마주하는 일상의 수많은 경험들을 처리할 때 우선순위를 빠르게 정리해 주는 기능을 하고 꼭 기억해야 할 것들이 무엇인지 말해 주는 기능을 하는 마음의 기관이다. 그리고 정서는 열정의 기초가 된다. 따라서 그 정서가 긍정적인 형태이든 부정적인 형태이든 우리에게 꼭 필요한 마음의 성분이다.

하지만 현대인들은 필요 이상으로 부정적인 정서를 많이 경험하고, 그 정서를 처리하지 못한 채 마음속에 쌓아 두는 경향이 있다. 즉, 우울하거나 불안할 때, 화가 날 때 그 기분을 적절하고 건강하게 처리하지 못하고 애써 무시하거나 단순히 눌러 놓고 버티는 형태로 대응하는 경우가 많다. 그런 경향이 강한 사람들은 보통 기분을 경험할 때 '짜증'이나 '나쁜 기분'과 같이 추상성이 높은 형태로 경험하고 곧 의식 밖으로 밀어내거나(그 기분을 못 느낀 것처럼 하던 일이나 활동으로 바로 돌아가거나) 그 기분대로 반응하거나 행동해서 문제가 발생하기도 한다.

부정적인 정서가 마음에 많이 쌓이면 그 자체로 마음의 병(예, PTSD, 우울증)이 되지만, 그런 경향이 강한 사람들은 부정적인 정서에 손상된 마음을 위로할 수 있는 대상을 찾는 경우가 많은데 그 대표적인 것이 술이나 담배, 도박, 게임 같은 중독 대상이다. 그런 현상을 전문가들은 자가-처방 현상이라고 부른다. 따라서 중독문제를 해결하거나 이를 예방하기 위해서는 서비스 이용자들이 본인의 정서를 잘 이해하고 관리하는 것이 필요하다.

지금까지 살아오면서 누적시킨 부정정서는 주로 자동적인 신체/행동 반응과 해석 틀에 영향을 미쳐 앞으로의 상황에도 영향을 끼칠 수 있다. 과거 경험이 만들어 놓은 정서적 반응 패턴은 전문가의 도움을 통해 관리하고 개선하는 것이 바람직하다. 하지만 더 중요한 것은 지금 이 순간 이후부터 일상생활 중에 경험하는 부정정서를 적절하게 관리하는 것인데, 그 훈련만 잘 된다면 과거에 쌓아 둔 것이 자연적으로 정화될 수 있도록 더 이상 정서적 부담을 마음에 두지 않을 수 있기 때문이다.

- 부정정서 누적의 폐해 및 역기능성 소개(중독문제와 관련성 설명: 자가-처방)
- 우울(자책, 무망), 불안(두려움), 분노(적개심) 정서 누적 수준을 점검하는 기술 훈련
- 정서의 실체(신체변화+행동반응+해석) 소개 및 관리 기술 훈련
- 일상으로 돌아가서 '점검 및 관리 기술'을 적용하는 심상훈련

※ 신체 피트니스처럼 중간중간 쉬는 시간을 갖는다. 예) 훈련1(15분) → 휴식(10분) → 훈련2(15분) → 휴식(5분) → 마무리(5분)

• **욕구 조율 피트니스**: 욕구는 인간의 심리적 성장 및 건강, 웰빙을 위한 기본적인 자양분(nutriment)으로 볼 수 있으며 크게 생리적 욕구와 심리적 욕구로 구분할 수 있다. 이를

가장 먼저 설명한 학자가 바로 Abraham Maslow라는 심리학자로 욕구위계를 소개한 바 있다.

하지만 현대 사회에서는 생리적 욕구가 결핍되어 마음에 영향을 미치는 경우는 드물고, 오히려 심리적 욕구의 결핍이 마음의 병을 만드는 경우가 대부분이다. Maslow 이후에 Deci와 Ryan이라는 두 심리학자가 심리적 욕구를 현대 사회에 맞게 다시 정리해서 핵심적인 세 가지 기본 심리욕구로 정리한 것이 있는데, 그 욕구 목록이 정신건강과 관련하여 가장 많이 연구되었다.

- 자율성: 내적 요구와 목표가 통합되어 내적 일치감을 향해 자신의 행동을 자기조직화하고 조절하는 것. 자유롭다는 느낌, 독립적이라는 느낌, 내적으로 일치감을 느낀다는 경험, 자신이 성장하고 있다는 느낌, 참된 자신으로 살아 있다는 느낌 포함
- 유능성: 물리적 및 사회적 세계에서 낙관적 도전에 참여하고 숙련감 및 유능감을 경험하는 것. 유능하다는 느낌, 인정받고 있다는 느낌, 어떤 일에 숙련되어 있다는 느낌, 내가 하는 일에 통제력이 있다는 느낌 포함
- 관계성: 타인과의 관계를 통해 안전감, 소속감, 친밀감을 경험하고 애착 대상을 찾는 것. 따듯한 신체적 접촉을 할 수 있는 대상의 존재와 그런 접촉, 어딘가에 소속되어 있다는 느낌, 신뢰할 수 있는 누군가와 친밀함을 나누고 연결되어 있다는 느낌 포함

각 욕구가 좌절될 때 그에 따른 정서적/인지적 반응과 이를 보상하기 위한 위험행동이 출현할 수 있다. 예를 들어, 경제적 궁핍으로 인해 유능성에 대한 욕구가 좌절될 때, 우리는 분노나 우울한 기분을 지속적으로 느끼게 되며, 도박을 해 본 경험이 있는 사람이라면 도박을 통해 급히 경제적 도약을 추구하는 행동이 출현할 수 있고, 그 행동이 습관화되면 중독될 수 있다. 따라서 건강한 방식으로 욕구를 충족시키는 훈련을 하게 되면 중독행동으로부터 벗어나는 데 큰 도움이 된다.

- 기본 심리욕구 충족의 가치 및 기능성 소개(중독문제와의 관련성 설명)
- 평상시 자율성, 유능성, 관계성 욕구의 충족 수준을 점검하는 기술 훈련(다음 워크시트 작성)

관계: 지난 일주일 동안 따뜻한 느낌을 받은 대인관계가 있었는지 회상하고 적어 보세요(내가 상대편에게 도움을 제공하거나 친밀한 행동을 해서 뿌듯하게 느낀 것도 포함). 그다음, 다시 처음으로 쓴 내용으로 돌아와서 각 경험들이 얼마나 따뜻한 느낌을 줬는지 1~10점 사이에 평가해 보세요.	전혀 아니다(1)~매우 그렇다(10)									
1.	1	2	3	4	5	6	7	8	9	10
2.	1	2	3	4	5	6	7	8	9	10
……	1	2	3	4	5	6	7	8	9	10

- 자율 지시문: 지난 일주일(혹은 2~3일) 동안 자유롭게 의사결정하고 선택한 경험을 찾아 회상하고 적어 봅시다. 그다음, 다시 처음으로 쓴 내용으로 돌아와서 각 경험들이 얼마나 자유로운 느낌을 줬는지 1~10점 사이에 평가해 보세요.
- 유능 지시문: 지난 일주일(혹은 2~3일) 동안 내 자신이 유능하다고 느껴졌던 경험을 찾아 회상하고 적어 봅시다. 그다음, 다시 처음으로 쓴 내용으로 돌아와서 각 경험들이 얼마나 유능하다는 느낌을 줬는지 1~10점 사이에 평가해 보세요.
  - 평상시 자율성, 유능성, 관계성 욕구를 충족시킬 수 있는 기술 훈련
  - 일상으로 돌아가서 '점검 및 충족 기술'을 적용하는 심상훈련
※ 신체 피트니스처럼 중간중간 쉬는 시간을 갖는다. 예) 훈련1(15분) → 휴식(10분) → 훈련2(15분) → 휴식(5분) → 마무리(5분)

2. 인터넷/스마트폰

1) 인터넷/스마트폰 중독의 개념

길을 걸어가다 보면 많은 사람들이 작은 스마트폰에 시선을 고정하고 걸어간다. 청소년들에게 여가시간에 무엇을 하는지 물어보면 대다수가 인터넷게임을 이야기한다. 새 학기가 시작되면 중·고등학생들은 새로운 반이 된 친구들과 단톡방(단체 채팅방)을 만들고 페이스북 친구 맺기에 바쁘다. 회사에서도 많은 사람들이 잠깐씩 인터넷 검색을 하느라 자리에서 잘 일어나지 않는다. 이처럼 우리 일상의 많은 장면에서 인터넷과 스마트폰은 깊숙이 뿌리

내려 있다. 누가 중독인지 아닌지 구분하기 어려울 정도로 많은 이가 인터넷 없이는 살아가기 힘들어한다. 이렇게 모두가 인터넷과 스마트폰 없이는 살아가지 못하는 세상에서 인터넷중독, 스마트폰 중독은 어떻게 정의할 수 있을까? 여기서는 인터넷중독과 스마트폰 중독 관련 연구들이 개념 정의를 어떻게 내려 왔는지를 살펴볼 것이며, 더 나아가 최근에는 스마트 미디어 중독의 개념이 어떻게 변화하고 있는지를 알아볼 것이다.

(1) 인터넷중독이란

인터넷중독이 무엇인가에 대해서 많은 연구자들이 고민하며 연구를 진행해 왔다. 지금은 인터넷중독이라는 용어가 연구 분야뿐만 아니라 일상생활에서도 자연스럽게 많이 사용되고 있지만, 20여 년 전만 해도 인터넷중독이라는 용어를 쉽게 찾아볼 수는 없었다.

인터넷중독의 개념에 대해서 처음으로 제시한 연구자는 Young과 Goldberg 두 명으로 압축될 수 있다. Goldberg(1996)는 병리적 컴퓨터 사용(pathological computer use)이라는 용어로 인터넷중독을 설명하면서 현저성, 내성, 금단, 주변 사람과의 갈등, 재발 등을 특징으로 제시하였다. Young(1996, 1998)은 DSM-IV에서 제시한 병적 도박의 진단 기준을 인터넷에 맞춰 수정하여 인터넷중독을 설명하였으며, 인터넷에 대한 강박적 사고, 내성, 금단, 지속적 사용 욕구, 다른 활동에 대한 흥미 감소, 인터넷 사용의 부정적 결과에 대한 무시 등을 그 특징으로 제시하였다. 또 같은 해에 Griffiths(1996b)도 인터넷중독의 요인으로 집착, 긍정적 감정, 내성, 금단, 일상생활의 지장을 제시하였다. 이후 Young과 de Abreu(2011)는 인터넷중독의 다양한 진단 기준들을 살펴본 후, 그 개념에 과도한 사용, 금단, 내성, 부정적 영향의 네 가지가 공통적으로 포함된다고 하였다. 여기서 과도한 사용은 시간 감각의 상실, 기본 욕구를 지각하지 못하는 것 등과 연결된다고 하였으며, 컴퓨터에 접근하지 못하면 금단증상으로 긴장, 우울, 분노 등이 나타날 수 있다고 보았다. 또 내성 현상으로 더 좋은 기기, 더 많은 소프트웨어를 사용하려고 하며 컴퓨터 사용 자체를 더 많이 하고 싶어 한다는 점을 이야기했고, 말싸움, 거짓말, 사회적 고립, 피곤함 등의 부정적인 영향들이 존재한다고 보았다.

이후 국내의 연구자들도 인터넷중독의 개념에 대한 연구를 진행하였는데, 대표적으로 김동일과 정여주(2005)의 연구를 살펴볼 수 있다. 이들은 Young(1996)의 인터넷중독 개념을 받아들이면서, 국내의 청소년들을 대상으로 설문조사를 실시하여 좀 더 구체적인 인터넷중독 모델을 제시하였다. 이 모형에는 인터넷중독의 개념을 구성하는 요인으로 가상적 대인

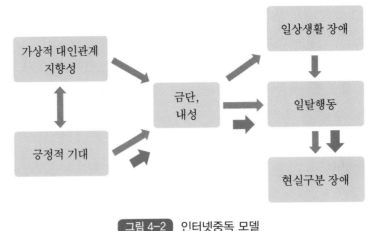

그림 4-2 인터넷중독 모델

출처: 김동일, 정여주(2005); 정여주(2005).

관계 지향성, 긍정적 기대, 금단, 내성, 일상생활장애, 일탈행동, 현실구분장애를 들고 있다. 이 모형의 각 구인들을 좀 더 구체적으로 설명하면 [그림 4-2]와 같다.

① 가상적 대인관계 지향성

가상적 대인관계 지향성이란 실제 삶 속에서 직접 만나는 대인관계보다 인터넷 속에서 만나는 가상관계를 더 좋아하고 원한다는 것이다.

> 학교에서 만나는 친구들과는 무언가 서먹하고 어색한 것이 있는데, 채팅으로 만난 친구들은 훨씬 더 친밀하고 가깝다는 느낌이 들어요. 나를 더 잘 공감해 준다고 해야 할까요.

예전에 상담한 중학교 여학생이 했던 말이다. 그 아이는 반에서 친구들과 잘 어울리지 못하고 학교에 가는 것을 매우 싫어했었는데, 인터넷게임을 하면서 채팅을 통해 친해진 친구와는 속 깊은 얘기도 많이 나누면서 친하게 지내고 있었다. 이처럼 가상관계를 더 친밀하게 여기기 시작하는 것을 김동일과 정여주(2005)는 인터넷중독 증상으로 가는 출입경로라고 보고, 이를 상담에서 먼저 다룰 필요가 있다고 하였다.

② 긍정적 기대

긍정적 기대란 인터넷을 하면 기분이 좋아지고 자신감도 더 생길 것이라는 기대감을 가지고 인터넷을 사용하게 된다는 것이다. 이러한 기대 때문에 처음에는 인터넷 사용으로 인해 긍정적인 정서가 많이 올라온다고 느낄 수 있으나, 시간이 지나갈수록 이런 정서는 사라질 수 있다. 그러나 다음번에 인터넷을 사용할 때도 여전히 이러한 기대를 가지게 되면 인터넷 사용이 나를 자신감 있는 사람으로 만들 수 있다는 비합리적 신념이 생기고 이는 인터넷중독의 증상으로 가는 경로가 될 수 있다.

③ 금단

인터넷중독 증상의 대표적인 것이 바로 금단증상이다. 인터넷을 하다가 갑자기 못하게 하면 분노나 짜증과 같은 부정적 감정이 폭발하고, 다른 일도 잘하지 못할 정도로 불안하거나 초조해지는데 이런 금단증상은 가족이나 교사와의 갈등을 일으키기 쉽다. 다음은 인터넷중독 내담자의 어머니가 했던 말로 인터넷중독의 금단증상을 잘 보여 준다.

> 인터넷을 너무 밤새도록 해서 맨날 학교에 지각하고 그러니까 안 되겠다 싶어서 인터넷을 끊어 버렸죠. 그랬더니 울고불고 난리를 치고 밥도 안 먹고 시위를 하더라구요. 착하고 순하던 애가 어떻게 그렇게 포악해질 수 있는지…… 인터넷게임이 애를 이상하게 만든 게 아닌가 걱정이 너무 되더라고요.

④ 내성

내성은 점점 더 많은 시간을 사용하고, 점점 더 자극이 강한 것을 추구하게 된다는 의미이다. 인터넷의 경우 처음에는 한 시간만 사용해도 재미있고 흥미를 느꼈으나, 시간이 갈수록 더 긴 시간을 사용하게 되며, 게임도 더 자극적이고 폭력적인 것을 찾게 된다. 특히 롤플레잉 게임의 경우 최근 MMORPG 게임으로 가면서 매우 잔인하며 성적인 노출이 많이 이루어지는 게임이 인기를 얻고 있는데, 이 또한 내성 증상을 반영한 것으로 볼 수 있다.

그러나 최근 인터넷을 스마트폰으로 대부분 사용하게 되면서 이러한 내성 증상을 인터넷이나 스마트폰 중독의 한 요인으로 보아야 할 것인가에 대해 논란이 있다(김동일, 정여주, 이윤희, 2013). 최근에는 인터넷으로 검색을 하고, 학업을 위해서도 인터넷을 사용하고, 음악감

상, TV시청, 독서 등 인터넷을 활용하여 일상생활을 해 나가는 경우가 많기 때문에 점점 더 많은 시간을 사용하는 것이 중독문제와 연결된다고 하는 것은 더 이상 힘들다는 의견 때문이다. Griffiths(2011) 또한 인터넷게임을 단순히 많이 사용한다고 해서 인터넷게임 중독이라고 보기는 힘들다고 이야기하였다. 이처럼 점점 더 많은 시간을 사용하는 문제는 인터넷중독과 더 이상 연결시켜 생각하기 힘들 것으로 보인다. 그러나 여전히 더 자극적이고 더 잔인한 것, 더 폭력적인 것 등을 찾는 증상의 개념으로서 내성 증상은 인터넷중독과 깊은 관련이 있을 것으로 보이므로, 앞으로 이에 관한 연구가 더 필요할 것이다.

⑤ 일상생활장애

일상생활장애는 여러 가지 환경과의 마찰, 갈등을 일으키거나, 신체 및 건강상의 문제가 생기는 것을 모두 포함하고 있다. 인터넷중독의 증상으로 인해 발생할 수 있는 결과 중 하나이며, 인터넷중독의 개념에 함께 고려해야 하는 직접적 결과 변인으로 생각할 수 있다. 일상생활장애로 나타날 수 있는 증상들은 다음과 같다.

- 가족 간 갈등: 부모님에게 인터넷 사용에 관해 항상 잔소리를 듣거나 인터넷 사용으로 인해 가족과 대화가 없어지고, 싸움을 자주 하게 되며, 형제자매와 서로 컴퓨터를 사용하겠다고 다투게 됨.
- 학교 내 갈등: 수업시간에 집중하지 못하여 교사에게 지적을 자주 받거나 학교 친구들과 대화가 줄어들 수 있음. 성적이 떨어지거나 학교 생활에 흥미가 없어짐.
- 건강 문제: 목이 뻐근함, 눈이 침침하고 아픔, 위장장애, 두통, 머리가 멍함, 집중력 저하, 수면 부족, 불규칙한 생활

⑥ 일탈행동

일탈행동은 거짓말, 도둑질, 폭력 등이 있는데, 인터넷중독과 관련해서 이런 행동들을 하게 되는 것을 의미한다. [그림 4-2]의 모델에서는 이런 일탈행동이 일상생활장애의 결과로 나타날 수 있다고 보았다. 즉, 부모와의 갈등으로 인해 점점 더 인터넷 사용 사실에 대해 거짓말을 하게 되고, 결국 부모의 돈을 훔쳐서 PC방에 가는 등 문제를 일으키게 되는 현상 등을 포함할 수 있다.

⑦ 현실구분장애

현실구분장애는 극히 드물게 나타나는 증상이기는 하나, 매우 심각한 단계라고 볼 수 있다. 게임 속의 세상과 현실 속의 세상을 정확히 구분하지 못하고 혼동한다든가, 게임에서 나오는 음악이 평상시에도 귀에 맴돌아서 실제로 듣고 있다고 믿는다든가, 수업시간에 칠판을 보고 있으면 게임 영상이 계속 아른거려서 수업에 집중을 못하게 되는 것과 같은 증상이 현실구분장애에 가까울 수 있다.

(2) 스마트폰 중독이란

앞에서 설명한 것처럼 인터넷중독의 개념이 어느 정도 정립돼 갈 무렵 스마트폰이 상용화되면서 대부분의 인터넷 사용을 스마트폰으로 하는 시대가 열렸다. 그에 따라 인터넷중독이라는 용어보다 스마트폰 중독이라는 용어가 더 자주 사용되는 상황에 이르렀다. 그러나 아직까지 스마트폰 중독은 공식적으로 DSM-5 등에서 사용되는 용어가 아니다. 이러한 상황에서 김동일, 정여주, 이윤희(2013)는 스마트 미디어 중독이라는 개념에 대해서 전문가 델파이 연구를 진행하였다. 사회학, 의학, 언론학, 정치학, 행정학, 심리학, 상담심리학 분야 교수들과 변호사, 정보통신계 대표, 상담실무를 맡고 있는 연구원 등을 대상으로 델파이 연구를 한 결과를 살펴보면, 몇몇 전문가는 스마트 미디어 중독이라는 개념이 존재한다고 판단하려면 더 많은 경험적 연구가 필요하며, 통제하기 어려운 의존이나 남용, 갈망을 일으키는 정도가 다른 중독에 비해서 낮을 수 있다고 의견을 제시하였다. 그러나 반대로 이미 스마트 미디어 중독이라는 용어 사용이 보편화되고 있으므로 이제는 사용해도 된다는 의견도 존재했다. 이처럼 전문가들 사이에서 스마트 미디어 중독이라는 용어를 사용해도 되는가 안 되는가는 아직까지 의견이 매우 분분한 상황이다. 따라서 앞으로 스마트 미디어 중독의 정의를 내리기 위해서는 경험적 연구들이 더 많이 진행되고, 학자들이 대부분 수용할 수 있는 개념을 만들어 내는 것이 필요하다고 볼 수 있다.

그러나 이미 현실 속에서는 학계에서의 우려와 상관없이 스마트폰 중독이라는 용어를 자주 사용하고 있다. 따라서 여기에서는 스마트폰 중독에 어떤 구성요인들을 포함시킬 수 있을 것인가에 대해서 생각해 보려고 한다. 김동일, 정여주, 이윤희(2013)는 스마트 미디어의 중독 구성요인을 마찬가지로 전문가들에게 확인하였다. 가장 대표적인 구인으로는 인터넷중독과 마찬가지로 금단과 일상생활장애가 선택되었으며 갈등, 집착 또한 중요한 요인으로 제시되었다. 내성은 앞서 이야기한 것처럼 스마트폰 중독의 구인이 될 수 있을지에 대해서 전문가들 간에 매우 상반된 의견들이 나왔으며 가상세계지향, 현저성, 재발 또한 스마트폰 중독의 구인으로 고려해 볼 수 있을 것이다.

이러한 연구를 진행한 후에 김동일, 정여주, 김병관, 전호정과 이윤희(2015)는 스마트폰 중독 척도를 개발하였는데, 이 척도에서는 현저성, 충동·강박적 사용, 금단, 내성, 문제(신체적 통증, 비행, 일탈), 대인 간 갈등을 포함시켜 정의를 내리고 있다. 김동일, 정여주(2020 출판예정)가 스마트폰 중독의 구인들에 대해 정의를 내린 내용을 〈표 4-4〉에 요약해 보았다.

표 4-4 스마트폰 중독 구인 설명

구인명	내용
현저성	스마트 미디어를 사용하는 것이 자신의 삶에서 가장 중요한 위치를 차지하여 삶을 지배하고 있는 상태, 즉 사고, 정서, 행동을 지배하게 되는 상태를 의미한다. 제가 요즘 하는 걸로 생각해 보면 아무 생각이 없는데…… 그냥 그게 당연하게…… 아무 생각 없이 켜서 하고…… 제가 요즘 이게 에너지가 다 찼어요. 이게 뜨면 어? 들어가야지? 파스타 면이 다 완료되었다고 하면 그런 거 보면 바로 들어가는 거예요. 어? 빨리 해야지, 이거 해야지, 빨리 수확해야지 이런 생각으로, 그리고 하고 나서 이거 심고 저거 심고 나오면 아무 생각 없고.
충동·강박적 사용	충동·강박적 사용은 스마트폰을 특별한 목적 없이 사용하거나 혹은 불안 등의 부정적 감정을 해소하기 위한 수단으로 사용하는 것을 의미한다. 아무것도 안 해도 될 때는 스마트폰을 그냥 일상적으로 쓰는 것 같은데요. 먼가 해야 할 게 있다는 압박감 때문에 스마트폰을 하면서 마음의 위안도 얻고 편안함을 얻고, 힘들 때 스트레스 받고 지칠 때 그것을 좀 쉬어야겠다는 명목으로 더 하게 되는 것 같아요. 특별히 얻는 게 아니라, 힘든 일이 있으면 그걸 스마트폰 하면서 잊는 것 같아요. 순간적으로 생각을 안 해도 되니까. 과제하다가 어려움에 부딪힌다고 하면 약간 현실 도피적으로…… 그렇게 잡지식만 늘지 굳이 얻는 건 없어요.
금단	스마트 미디어를 사용하지 못하면 불안하고 초조해지며 짜증이 나는 상태를 의미한다. 주위 사람들이 사용을 통제하려고 했을 때 폭발적으로 분노와 공격성을 드러낸다. 정말 무료한 시간에 핸드폰이 없으면 많이 초조해질 것 같아요. 핸드폰이 꺼지면 저는 배터리 들고 편의점으로 뛰어가요. 만약에 내가 못 받으면 어떻게 되는 거지? 그럼 진짜 너무너무 불안하거든요. 그럼 배터리 막 들고 어디든 막 뛰어가요. 진짜. 처음에는 안 쏠리고 그랬는데 진짜…… 어느 순간 보니까 걷잡을 수 없이 쓰고 있고…… 네…… 없으니까 처음에는 불안하고, 되게 불안했다가. 왜냐면 저한테 별로 중요한 연락 올 것도 없는데……

내성	스마트 미디어를 예전보다 더 많은 시간 사용해야 만족감을 느끼는 것을 의미한다. 스마트 미디어를 늘 손에 달고 살지만 더 이상 이전만큼의 짜릿함은 느끼지 못하게 되는 경우가 많다. 평일에는 그냥 하루 종일…… 수업 있는 날은 10시간 이상…… (하루에 몇 시간 정도 사용하세요?) 하루에 15시간 정도요. 거의 깨어 있는 시간에는 들고 있다고 생각하면 돼요. 아이폰 같은 경우에는 배터리가 탈착식이 아니라 내장식이라서 방전이 되면 그다음부터는 교체를 해야 하는데, 배터리만이 아니라 폰을 교체를 해야 하는 건데, 제가 폰을 3개월 쓰고 교체를 했어요. 배터리가 다 소진이 돼서. 보통 다른 사람이 쓰는 것 이상으로. 과다 어플 실행으로 배터리를 너무 많이 혹사시켰다고 하더라구요. 휴대폰을 교체했을 때, 아 내가 정말 중독자구나라고 느꼈어요.
문제 (신체적 통증, 비행, 일탈)	스마트 미디어 사용으로 인해 신체적 통증, 학업이나 직업상에 문제를 일으키게 되는 것을 의미한다. 신체적 통증으로서 수면 부족이나 손목 통증 등을 호소하며, 성적이 떨어지거나 업무 능력이 저하되는 현상을 보인다. 또 비행 및 일탈행동에도 영향을 주어, 스마트 미디어 사용을 위해 거짓말을 하거나 돈을 훔치는 등의 행동을 보이기도 한다. 엄청 무기력한 느낌? 하면서도? 좀…… 다른 거를 할 생각이 잘 안 들어요. 한번 누워서 시작하면 그리고 또 수업에 가도…… 좀…… 집중을 하려 해도 정신을 차려 보면 핸드폰 켜고 있으니까, 음…… 공부할 때 진짜 심한 거 같아요. 사실은 공부를 해야 하는 상황에서 만족을……. 사용하면서도 마음이 불편하고 자조적인 느낌, 생각을 가지고 이렇게…… 그러니까 성적이 그 모양이요. 그러니까 학점이 그렇지.
대인 간 갈등	스마트 미디어 사용으로 인해 주변 사람들과 갈등을 빚는 것을 의미한다. 청소년의 경우 부모 및 친구와의 갈등, 성인의 경우 직장 상사나 동료와의 갈등이 발생한다. 스마트 미디어에만 집중함으로써 주변 사람들에게는 소홀하게 되고 갈등이 발생하고 실제 관계에서 멀어지는 현상이 나타난다.

또한 각 구인에 해당하는 대표적인 인터뷰 내용을 뽑아서 제시하였다. 이 내용을 살펴보면 스마트폰 중독의 개념이 어떤 내용들로 구성될 수 있을 것인지 생각해 볼 수 있다.

2) 인터넷/스마트폰 중독의 유형

인터넷과 스마트폰 중독의 유형은 학자마다 다르게 구분하고 있으나 일반적으로 인터넷

게임중독, SNS 중독, 인터넷 도박중독, 인터넷 검색중독, 인터넷 쇼핑중독, 인터넷 성중독 등으로 살펴볼 수 있다. 인터넷 검색중독은 그 숫자가 매우 적으며, 쇼핑이나 성과 같은 기타 행동중독은 다른 장에서 자세히 다루고 있으므로, 여기에서는 인터넷 게임중독, SNS 중독, 인터넷 도박중독에 대해서만 간단히 살펴보고자 한다.

(1) 인터넷 게임중독

인터넷 게임중독은 인터넷중독의 여러 유형 중에서 가장 많이 나타나는 유형이다. 스마트폰이 나오기 이전에는 인터넷 게임중독이 현저하게 많이 나타났으나, 대부분의 사람이 스마트폰을 사용하게 된 이후에는 카카오톡이나 페이스북과 같은 의사소통을 위한 애플리케이션의 사용률이 매우 높아지고 있기는 하다. 그러나 여전히 인터넷에서 가장 중독으로 많이 가는 유형은 게임중독이라고 볼 수 있다.

온라인 게임 중에서도 가장 중독성이 높다고 알려진 것이 온라인 롤플레잉 게임(MMORPG)이다. MMORPG는 여러 명의 게임 사용자가 동시에 같은 게임에 접속하여 함께 게임을 하며, 게임 사용자가 자신이 원하는 캐릭터를 선택하고 게임 안에서 이 캐릭터를 성장시켜 나가면서 실명 또는 익명의 다양한 전 세계 게임 사용자들과 소통할 수 있는 게임이다. MMORPG에서는 서로 채팅과 쪽지 등을 통해 실시간 의사소통을 할 수 있을 뿐 아니라 아이템 거래 등 다양한 거래가 가능하다. 또 이 게임의 가장 큰 특징은 게임의 세계가 늘 존재하고 있다는 것이다. 게임 사용자가 접속을 하지 않는 순간에도 게임의 가상 세계는 존재하며, 그 안에서 다른 게임 사용자들의 캐릭터는 성장해 나갈 수 있기 때문에 게임을 하지 않는 것은 곧 게임 세계 속의 성장이 멈춰 있다는 것을 의미한다. 게임에 얼마나 많은 시간을 투자하는가, 그리고 얼마나 많은 돈을 투자하는가가 캐릭터의 성장과 직결된다고 볼 수 있다.

Blinka와 Smahel(2011)은 MMORPG가 무한한 세계를 제공하고 있기 때문에 게임을 실제로 끝내는 것이 불가능하며 게임의 집중도가 다른 게임보다 훨씬 높아질 수밖에 없다고 이야기하였다. 이들은 MMORPG를 하는 동기를 성취감 획득, 사회적 욕구, 몰입감 충족의 세 가지로 설명하고 있다. 성취감은 게임 캐릭터 레벨을 올리면서 새로운 능력과 더 좋은 아이템을 가지게 될 때 느낄 수 있으며, 사회성은 MMORPG 내의 사람들과 함께 게임을 하고 소통을 하면서 얻을 수 있고, 복잡하고 다채로우며 영상미가 뛰어난 게임 속에서 자신의 캐릭터의 외모를 가꾸고 키워 나가면서 몰입감을 느낄 수 있다고 보았다.

그렇다면 인터넷 게임중독 청소년들은 어떤 특징의 하위 유형으로 묶일 수 있을까? 이에 대해 권선중(2016)은 청소년들을 대상으로 연구를 진행하여 크게 세 가지 유형이 가설적으로 존재함을 확인하였다. 첫 번째는 행동조건화 유형으로 우울, 불안, ADHD 등의 정신병리 증상이나 충동성, 반항성 수준은 낮은 편이지만, 게임에 대한 비합리적 신념을 지니고 있으며 게임 행동 빈도가 일정하고 높게 유지되는 유형이다. 두 번째는 정서취약성 유형으로 충동성, 반항성이나 ADHD는 낮지만 우울, 불안 등의 정서적 문제를 가지고 있으며 스트레스에 취약한 유형이다. 세 번째는 반항충동적 유형으로 우울, 불안, 스트레스 취약성이 높고 충동성, 반항성이나 ADHD 수준도 높은 유형이다. 한편, 최근 ICD-11에 게임 질병(gaming disorder) 코드화에 대한 논의가 진행 중이다. 이에 대해서는 향후 ICD 및 DSM이 어떻게 게임중독을 처리할지 지켜볼 필요가 있다.

(2) SNS 중독[3]

하이퍼퍼스널 이론(hyperpersonal theory)은 인터넷상에서 이루어지는 상호작용이 실제로 만나서 하는 상호작용보다 훨씬 더 친밀하고 의미 있을 수 있다고 이야기한다. 즉, 인터넷에서 채팅 또는 SNS를 통해 이루어지는 상호작용은 서로 한 번 더 생각해 보고 이야기를 할 수 있고, 부정적 영향을 미칠 수 있는 대화는 지우고 소통할 수 있어서 더 친밀감을 느낄 수 있게 해 준다는 것이다. 이러한 특성은 사람들을 SNS 중독으로 빠져들도록 안내한다. 페이스북에서 뉴스피드에 올라오는 글을 매 순간 확인하거나, 카카오톡에 메시지가 뜨면 반드시 확인하는 것과 같은 행동은 현재 하고 있는 공부나 일에 집중하지 못하게 만드는 요소일 수 있다. 또 이러한 사이버상의 관계가 더 친밀한 것이 아니라, 오히려 좋은 면만을 상대에게 보여 줄 수 있어 피상적인 관계가 되기 쉬울 수 있다.

(3) 인터넷 도박중독

인터넷도박은 최근 들어 큰 문제 영역으로 떠오르고 있다. 불과 몇 년 전만 해도 인터넷도박보다는 카지노나 경마장 같은 곳에 실제로 참여하면서 생기는 도박중독 문제가 많은 편이

---

3) 204쪽 이후를 참고하라.

었으나, 최근에는 인터넷도박 사이트에서 도박중독을 경험하는 사례가 많아지고 있다. 특히 불법 인터넷도박 사이트뿐만 아니라 합법적인 인터넷게임 속에서도 도박의 요소가 늘어나고 있으며 이는 게임을 하는 청소년들에게까지 심각한 영향을 미치고 있다.

특히 인터넷 도박중독은 청소년들의 접근이 가능하다는 점에서 가장 큰 문제를 지니고 있다. 김영화, 신성만과 이혜주(2012)는 청소년들이 인터넷도박 행동을 얼마나 하고 있는지에 대해서 연구했는데, 연구 대상 청소년 409명 중 과반수가 도박을 하고 있으며 그들 중 1/4은 온라인과 오프라인 도박을 함께 하고 있었다. 비슷한 연구를 진행한 류황건, 최이순, 장효강과 김정은(2012) 또한 도박중독예방치유센터를 방문한 청소년 2,286명 중 23.2%가 도박 게임의 경험이 있다고 응답하였다. 이와 같이 청소년들의 인터넷도박 증가는 앞으로 우리나라 도박중독의 증가에 계속해서 기여할 수 있다는 점에서 큰 문제를 지닌다.

그렇다면 어떻게 우리 청소년들은 인터넷도박에 빠져들게 된 것일까? 가장 큰 문제는 접근하기 쉬운 것을 넘어서서 청소년들이 많이 하는 인터넷게임에 도박적 요소를 점점 더 많이 깔아 놓고 있다는 점이다. 최근 청소년들이 많이 하는 게임들을 살펴보면 아주 일반적인 스마트폰 게임에도 도박적 요소가 들어가 있다. 예를 들어, 가장 많이 이용하는 스마트폰 게임 중 하나인 〈모○○ 마○〉의 경우, 예전에는 한 판에서 승리를 거둘 경우 아이템이나 코인이 주어졌지만, 최근에는 보물상자나 여러 가지 도박성 상품이 주어진다. 보물상자를 열면 아주 많은 코인이 들어 있을 수도 있고, 중요한 캐릭터나 아이템이 들어 있을 수도 있지만, 꽝이 나올 수도 있다. 이처럼 운에 기대어 보상을 받는 데 익숙해진 청소년들은 좀 더 자신의 운을 믿으며 돈까지 투자할 수 있는 인터넷도박 사이트에 접속하기 쉬워진다. 아직까지 청소년들이 인터넷도박에 이르기까지 어떤 경로를 거치는지에 대한 자세한 연구가 진행되지는 않았으나, 이런 게임의 변화가 다소 영향을 미쳤을 것으로 보인다.

Griffiths(2011)는 인터넷도박 중독에 영향을 미치는 요인을 인터넷의 매력 요인별로 구체적으로 설명하였다. Griffiths가 설명한 내용 중 인터넷도박 중독을 일으키는 요인으로 중요한 부분들을 정리하여 〈표 4-5〉에 나타냈다. 접근성, 비용부담능력, 익명성, 도피, 몰입, 승부 빈도, 시뮬레이션 등은 인터넷 도박중독 유입 요인으로 볼 수 있다.

표 4-5 인터넷 도박중독을 일으키는 요인

요인	내용
접근성 (accessibility)	카지노 등 도박장에서 이루어지는 도박보다 온라인 도박은 접근성이 훨씬 높으며, 시간적 제약과 같은 이전의 장벽을 제거해 주었음
비용부담능력 (affordability)	점점 더 싸게 도박에 접근할 수 있게 됨. 온라인 도박산업이 포화상태가 되면서 도박업체들이 경쟁하며 프로모션을 진행하고, 수수료 없이 도박을 하게 됨
익명성 (anonymity)	익명성은 도박중독자라고 낙인찍힐 위험을 줄여 줌. 상대방의 비난이나 비판 신호를 볼 수 없으므로 안락감을 증가시킴
도피 (escape)	인터넷도박을 통해 만족감을 경험하고 현실에서의 여러 가지 어려움이나 스트레스로부터 도망갈 수 있음
몰입 (immersion)	인터넷도박 자체에 무아지경으로 빠져들면서 시간 가는 줄 모르고 흥분감을 느낄 수 있음
승부 빈도 (event frequency)	인터넷도박의 경우 여러 사이트에 등록하거나 방문하면 승부 빈도가 높게 나타날 수 있음. 도박이 확률에 의해 결정되는 것임에도 불구하고, 인터넷도박 중독자들은 자신이 승부에 자주 참여하고 오랫동안 할수록 승률이 높아질 것이라고 비합리적으로 생각할 수 있음
시뮬레이션 (simulation)	인터넷도박 사이트들은 대부분 연습모드를 제공하므로 사람들은 가상적으로 베팅에 참여하면서 연습할 수 있고 이를 통해 도박의 매력을 느끼게 될 수 있음

3) 인터넷/스마트폰 중독 척도

인터넷과 스마트폰 중독 개념이 제시되면서 다양한 척도들이 전 세계적으로 개발되고 있다. 이 장에서는 가장 대표적인 DSM 진단 기준에서 인터넷중독을 어떻게 바라보고 있는지 확인하고, 한국에서 대표적으로 사용하고 있는 척도인 K척도와 S척도, 그리고 인터넷 사용 욕구 척도를 살펴보고자 한다.

(1) DSM-5에서의 인터넷중독

DSM-5(Diagnostic and Statistical Manual of Mental Disorders-5; APA, 2013)에는 인터넷중독과 관련된 사이버 중독, 사이버 강박 등이 포함될 것이라고 많은 학자들이 예측했었지만, 결국 인터넷중독은 포함되지 못했다. 관련된 연구가 아직 충분히 많이 쌓이지 못했다는 이유

표 4-6 인터넷 게임장애의 진단 기준

1. 인터넷게임에 몰두(예전 게임을 떠올리고, 다음번 게임을 생각. 인터넷게임이 하루 생활에서 지배적인 활동이 됨)
2. 인터넷게임을 못하게 되면 금단증상을 보임
3. 내성. 인터넷게임에 사용되는 시간이 더 증가됨
4. 인터넷게임 참여를 통제하려고 시도하지만 성공하지 못함
5. 예전의 취미나 오락에 대한 흥미를 잃음
6. 심리사회적 문제가 있다는 것을 알고 있지만 과도한 사용을 지속함
7. 인터넷게임 사용 시간에 대해 가족, 치료자, 다른 사람을 속임
8. 인터넷게임은 불쾌한 정서(무력감, 죄책감, 불안 등)로부터 도피하거나 완화하기 위한 방법임
9. 중요한 관계, 직업, 교육 및 경력상의 기회를 위태롭게 하거나 상실함

게임을 위해 인터넷을 지속적이고 반복적으로 사용하는 것이 임상적으로 유의한 손상이나 고통을 가져옴. 12개월 동안 이 목록 중 5개 이상의 증상을 보임

출처: APA(2013).

때문이었는데, 이는 인터넷중독의 특성상 인터넷 산업이 급발전한 후에 중독도 나타날 수 있었기 때문인 것으로 보인다. 이런 이유로 인터넷중독을 진단 기준에 넣는 문제는 DSM-5.1 또는 DSM-5.2에서 다시 논의될 예정이다. 그러나 DSM-5에서도 앞으로 더 연구해 볼 수 있는 장애를 소개하는 부분에서 인터넷게임 장애를 소개하고 있다. 인터넷게임 장애의 진단 기준은 〈표 4-6〉과 같다. 이 진단 기준은 물질중독의 진단 기준을 인터넷게임에 맞춰 수정한 내용으로 보이므로, 앞으로 DSM에 인터넷 게임중독이 포함된다면 좀 더 많은 기준이 추가 및 수정될 것으로 예상된다.

(2) K-척도(인터넷중독 척도)

한국정보화진흥원(구 한국정보문화진흥원)은 2002년 인터넷중독의 개념을 가져오면서 K-척도라는 대표적인 인터넷중독 척도를 개발하였다. 이 척도는 처음에 40문항, 리커트 4점 척도로 개발되었으며 일상생활장애, 현실구분장애, 긍정적 기대, 금단, 가상적 대인관계 지향성, 일탈행동, 내성의 7요인으로 구성되었다. 그러나 2008년 개정을 거치면서 20문항 간략형 척도로 변화하였고, 2011년에는 3단계 고도화 연구를 통해 유아동, 청소년, 성인으로

표 4-7 | K-척도

번호	항목	전혀 그렇지 않다	그렇지 않다	그렇다	매우 그렇다
1	인터넷 사용으로 건강이 이전보다 나빠진 것 같다.				
2	오프라인에서보다 온라인에서 나를 인정해 주는 사람이 더 많다.				
3	인터넷을 하지 못하면 생활이 지루하고 재미가 없다.				
4	인터넷을 하다가 그만두면 또 하고 싶다.				
5	인터넷을 너무 사용해서 머리가 아프다.				
6	실제에서보다 인터넷에서 만난 사람들을 더 잘 이해하게 된다.				
7	인터넷을 하지 못하면 안절부절못하고 초조해진다.				
8	인터넷 사용 시간을 줄이려고 해 보았지만 실패한다.				
9	인터넷을 하다가 계획한 일들을 제대로 못한 적이 있다.				
10	인터넷을 하지 못해도 불안하지 않다.				
11	인터넷 사용을 줄여야 한다는 생각이 끊임없이 들곤 한다.				
12	인터넷 사용 시간을 속이려고 한 적이 있다.				
13	인터넷을 하고 있지 않을 때는 인터넷이 생각나지 않는다.				
14	주위 사람들이 내가 인터넷을 너무 많이 한다고 지적한다.				
15	인터넷 때문에 돈을 더 많이 쓰게 된다.				

나누어 개편하고, 15문항에 금단, 내성, 일상생활장애, 가상세계 지향의 4개 구인으로 구성되도록 개발하였다. 다음의 검사는 최종 개발된 15문항 간략형 척도 중 청소년용 자가진단 척도이다. K-척도(한국정보화진흥원, 2011)는 현재 유아동용 관찰자 척도, 청소년용 자가진단 척도, 청소년용 관찰자 척도, 성인용 자가진단 척도, 성인용 관찰자 척도로 개발되어 사용되고 있다. 모든 척도는 채점 후 고위험군, 잠재적 위험군, 일반사용자군으로 구분된다.

(3) S-척도(스마트폰 중독 척도)

인터넷 사용이 빠르게 스마트폰으로 옮겨 가면서 한국정보화진흥원(2011)은 스마트폰 중독 척도를 개발하였다. 2011년 개발한 스마트폰 중독 척도는 인터넷중독 척도인 K-척도의 하위 구인인 금단, 내성, 일상생활장애, 가상세계 지향을 그대로 차용하고, 문항을 스마트폰에 맞는 문항으로 수정하여 15문항 청소년용, 성인용으로 개발되었다. 이후 이러한 스마트폰 중독 척도가 너무 스마트폰을 적게 사용하던 시기에 개발되었고, 애플리케이션의 증가와 같은 최신 흐름을 받아들이지 못한다는 지적을 반영하여, 27문항으로 문항을 늘리고 하위구인을 현저성, 충동·강박적 사용, 금단, 내성, 문제, 대인 간 갈등의 6개로 구성하여 새로운 흐름에 맞는 스마트폰 중독 척도를 개발하였다. 최근에 개발된 스마트폰 중독 척도는 유아동용 관찰자 척도(김동일 외, 2015), 청소년용 자가진단 척도(김동일, 정여주, 이윤희, 김병관, 전호정, 2016), 성인용 자가진단 척도(Kim, Lee, Lee, Nam, & Chung, 2014)로 구성되어 있다. 그중에서 유아동용 관찰자 척도 문항은 〈표 4-8〉과 같다.

표 4-8　유아동용 관찰자 척도

번호	문항	전혀 그렇지 않다	그렇지 않다	그렇다	매우 그렇다
1	스마트폰 앱에 빠져서 다른 활동을 하지 않으려고 한다.				
2	다른 어떤 놀이보다 스마트폰을 갖고 노는 것을 좋아한다.				
3	항상 스마트폰을 가지고 놀 궁리를 한다.				
4	학교 또는 유치원(어린이집)에 다녀오자마자 스마트폰부터 찾는다.				
5	스마트폰 때문에 과제나 공부를 할 때 좀처럼 집중하지 못하고 산만하다.				
6	짜증이 나면 스마트폰부터 찾아서 켜려고 한다.				
7	심하게 울고 있다가도 스마트폰만 보면 금방 그친다.				
8	새 장난감을 사 줘도 금세 흥미를 잃고 다시 스마트폰을 사용한다.				
9	하루라도 스마트폰을 사용하지 못하게 하면 억울해한다.				
10	스마트폰을 쓰다가 배터리가 나가면 심하게 짜증을 낸다.				
11	스마트폰을 그만 쓰라고 말하면 반항적으로 화를 낸다.				
12	아이에게서 스마트폰을 빼앗으려 하면 욕을 한다.				
13	아이에게서 스마트폰을 빼앗으려 하면 폭력을 행사한다.				

14	스마트폰을 사용하는 시간이 점점 늘어난다.				
15	아이에게 스마트폰을 그만 사용하라고 잔소리하는 횟수가 늘었다.				
16	아이에게 스마트폰을 회수하는 것이 점점 더 어려워진다.				
17	스마트폰을 달라고 조르는 횟수가 점점 늘어난다.				
18	스마트폰 사용에 대해 부모에게 거짓말을 한다.				
19	스마트폰 사용으로 인해 눈이 아프다고 한다.				
20	스마트폰을 오래 들고 있어서 손목이 아프다고 한다.				
21	스마트폰을 쓰느라 잠이 부족하다.				
22	스마트폰을 사용하면서 아이가 예전보다 난폭해졌다.				
23	스마트폰 사용으로 목이나 등이 아프다고 한다.				
24	스마트폰 사용 때문에 아이와 자주 싸운다				
25	스마트폰을 하느라 가족행사(외출이나 외식 등) 참가를 꺼린다.				
26	스마트폰을 볼 때는 말을 걸어도 전혀 반응을 하지 않는다.				
27	스마트폰으로 인해 아이가 가족들과 눈을 마주치며 대화하는 시간이 줄었다.				

(4) 인터넷 사용욕구검사

한국정보화진흥원(2017b)은 인터넷중독을 더 이상 문제로만 바라보고 접근하는 것이 아니라, 청소년들이 인터넷을 이용하는 욕구와 동기를 정확히 파악하여 상담에 도움을 줄 수 있는 척도가 필요하다고 판단하여, 인터넷 사용욕구검사를 개발하였다. 이는 인터넷 진로지도 검사 내에 존재하는 인터넷 사용욕구검사, 인터넷 진로흥미검사(내용분류, 직무분류) 중에서 인터넷 사용욕구검사(정여주, 이아라, 고영삼, 김한별, 전아영, 2017)만 따로 분리한 것이다. 인터넷 사용욕구검사는 인터넷중독 내담자들이 어떤 욕구가 우세하여 인터넷에 중독되는지를 확인할 수 있도록 해 주기 때문에 앞으로 상담자들이 인터넷중독 내담자를 만날 때 도움을 줄 수 있는 검사가 될 것으로 생각된다. 〈표 4-9〉는 청소년 인터넷 사용욕구검사의 하위 요인과 문항이다. 이 욕구의 하위 요인들은 4절에서 좀 더 자세히 살펴볼 것이다.

표 4-9 청소년 인터넷 사용욕구검사

하위 요인		문항
게임조작 성취	1	인터넷게임에서 전략을 짜고 경쟁에서 이기는 것을 즐긴다.
	2	잘 만들어진 인터넷게임을 보면 좋다.
	3	인터넷게임 전략을 구상하고 이를 적용해 보는 것이 재미있다.
괜찮은 자기 확인	4	인터넷 안에서 내가 멋진 사람이 된 것 같다.
	5	인터넷 안에서 내가 자랑스럽게 느껴진다.
	6	인터넷 안에서 내가 바라는 모습이 되는 것 같다.
	7	인터넷 안에서 나도 무엇인가를 잘할 수 있는 사람이라는 것을 알게 되었다.
새로운 자기경험	8	인터넷 안에서 나도 모르는 내 모습을 경험할 수 있어서 좋다.
	9	인터넷 안에서는 안 해 봤던 행동들도 해 볼 수 있어서 좋다.
	10	인터넷 안에서 다른 성격의 사람으로 지낼 수 있어서 좋다.
소속과 인정	11	인터넷을 사용하면 나에게 역할이 주어져서 함께하는 느낌이 든다.
	12	인터넷게임이나 SNS 등을 하지 않으면 친구들과 소속감이 사라질 것 같다.
	13	페이스북 등에서 좋아요 또는 추천을 받으면서 사람들에게 인정받고 있다는 생각이 든다.
현실관계 유지심화	14	현실 속 친구들의 SNS 글에 좋아요 등을 누르면서 호감을 표현하기를 좋아한다.
	15	현실 속 친구들과 방과 후에도 소통을 하기 위해서 카톡이나 페이스북 메일 등을 사용한다.
	16	현실 속 친구들과 더 친해질 수 있어서 인터넷을 하게 된다.
	17	인터넷을 하지 않으면 친구들과 대화할 내용이 없을 것 같아서 하게 된다.
	18	현실 속 친구들에 대해서 더 잘 알기 위해서 인터넷을 사용한다.
온라인 관계 형성	19	인터넷에서 만난 사람들과 함께하는 느낌이 들어서 좋다.
	20	인터넷 속 사람들과 서로 도움을 주고받는 것을 좋아한다.
	21	인터넷에서 사귄 사람과는 맺고 끊음이 편해서 좋다.
	22	인터넷에서 만난 친구와 얘기할 땐 일일이 반응해 주지 않아도 돼서 편하다.
	23	인터넷에서 만난 친구들과는 창피한 마음이 생기지 않아서 편하다.
	24	인터넷에서 만난 친구들은 더 안정적이고 친밀감이 느껴져서 좋다.
새로운 관계 형성	25	SNS, 블로그, 카페 등에서 인기가 많은 사람들을 알게 되는 것을 즐긴다.
	26	SNS, 블로그, 카페 등에서 모르는 사람과 알게 되는 것을 즐긴다.
	27	인터넷에서는 얼굴을 직접 보지 않기 때문에 쉽게 다가갈 수 있어서 좋다.

정보습득	28	인터넷에서 입시나 공부 관련 정보를 찾아서 보는 것을 즐긴다.
	29	인터넷을 활용하여 최신 트렌드를 알아보는 것이 좋다.
	30	인터넷을 활용하여 강의를 듣거나 과제를 해결할 수 있어 좋다.
	31	인터넷을 사용하여 정보를 얻고 알아 가는 것이 좋다.
재미	32	인터넷을 활용하여 관심 있는 동영상을 보는 것이 재미있다.
	33	웹툰이나 기사, 다른 사람의 생각 등을 보면 흥미진진하고 재미있다.
	34	인터넷게임, 웹툰 등을 보면 신나고 재미있다.
	35	심심할 때 시간을 때우기 위해서 인터넷을 사용하는 것이 좋다.
스트레스 해소	36	인터넷을 하면 다른 생각을 안 할 수 있어서 좋다.
	37	인터넷을 하면 마음이 차분해지는 것 같아서 좋다.
	38	인터넷을 하면서 답답했던 것들을 다 풀 수 있어서 좋다.
	39	인터넷을 하면 마음이 평화로워져서 좋다.
긍정적 정서표현	40	인터넷을 통해 좋아하는 마음을 더 잘 표현할 수 있어서 좋다.
	41	인터넷 속에서 내 마음을 더 강하게 표현할 수 있어서 좋다.
	42	이모티콘으로 내 마음을 쉽게 표현할 수 있어서 좋다.
공격성 표현	43	인터넷을 통해 화가 난 마음을 표출할 수 있어서 좋다.
	44	게임을 하면서 피가 튀거나 죽이는 장면을 통해 공격성을 표출해 보는 것이 재미있다.
	45	익명의 인터넷 공간에서 남들에게 보여 주지 않았던 화를 표현해 볼 수 있어서 좋다.
생각과 의견 표현	46	인터넷 안에서 누군가의 글에 대한 내 생각을 표현할 수 있어서 좋다.
	47	인터넷 안에서 나랑 다른 생각을 가진 사람들과 토론할 수 있어서 좋다.
	48	인터넷을 통해서 다양한 사람들과 생각을 공유하고 나눌 수 있어서 좋다.

4) 인터넷/스마트폰 사용욕구에 따른 상담 방향

최근 인터넷 사용을 중독이라는 문제의 관점에서 바라보는 게 아니라 청소년들이 인터넷을 사용하는 욕구를 파악하여 그러한 욕구를 다른 방향으로 충족시킬 수 있도록 도와주는 것이 인터넷중독 상담에 필요하다는 의견이 나오고 있다. 이러한 결과로 앞에서 제시한 것과 같은 인터넷 사용욕구검사가 개발되기도 하였다.

표 4-10 인터넷 및 스마트폰 사용욕구 열 가지

욕구명	설명
온라인 관계 형성 (online relationship)	현실 속에서 만난 친구들보다는 인터넷 속에서 만난 사람들과 함께 이야기하고 자료를 공유하며 친밀한 관계를 형성하고자 함. 가상현실 속의 인간관계를 매우 중요시하여 이를 위해서 실제 현실 속 인간관계를 멀리하기도 함
현실친구 소속인정 (belonging and acceptance)	현실 속 친구들과 더 돈독한 관계를 유지하기 위해 인터넷을 자주 사용함. 인터넷에서 얻은 정보를 동료들과 교류하며 인정받는 것을 좋아함
괜찮은 자기 확인 (good self identification)	자신이 스스로 설정한 목표에 맞추어 실행하고 이를 성과로 확인하였을 때 만족감을 느낌. 인터넷을 하면서 자신이 무엇인가를 잘할 수 있는 사람이라는 것을 깨닫기도 하고 자랑스럽게 느낌
새로운 자기경험 (new self experience)	인터넷 안에서 이제까지 소망했으나 하지 못했던, 혹은 자신조차 자각하지 못했던 자아를 드러냄. 현실 속에서 경험해 보지 못했던 행동을 하기도 하고 동경했던 대상의 모습으로 지내기도 함
생각과 의견 표현 (thought expression)	사회적 이슈에 대한 자신의 의견을 게재하는 것, 대중에게 정보를 알리고 캠페인을 주도하는 것, 기사나 영상을 보고 댓글을 다는 것을 즐김. 인터넷상의 다양한 사람들과 각자의 가치관을 공유하고 토론하는 것을 좋아함
정서표현 (emotion expression)	자신의 긍정적 · 부정적 마음을 인터넷 속에서 더 수월하게 표출함. 평소에 하지 못했던 정서적 표현을 인터넷 공간의 익명성, 이모티콘, 사진 등을 활용하여 자연스럽게 표현함
정보습득 (information gathering)	새로운 지식이나 정보를 알아내기 위해서 인터넷을 활용함. 인터넷에서 최신 트렌드를 알아보는 것을 좋아하며 자신이 원하는 정보를 찾아보는 것을 즐김
스트레스 해소 (stress reduction)	인터넷을 하면서 현재 자신의 심리적 · 환경적 어려움들을 잊으려고 하며, 현실에서 느끼는 답답함, 짜증스러움, 슬픔 등의 부정적인 감정을 정화하고자 인터넷을 주로 사용함
게임조작성취 (accomplishment in game)	게임 속 세상을 자신이 통제하고 원하는 방향으로 움직이며 성취감을 느낌. 다양한 전략을 구상하고 이를 적용하여 경쟁에서 이기는 것을 즐김
재미 (fun)	즐거움과 행복을 찾기 위해 인터넷을 함. 자신이 관심 있어 하는 기사나 글을 읽는 것, 유머러스한 내용이나 웹툰을 읽는 것 등에 흥미를 느낌

인터넷을 사용하게 하는 심리를 먼저 제시한 것은 Doan(2012)이었다. Doan은 인터넷게임 중독의 심리를 분석하였는데, 이 심리를 도피, 호기심, 삶의 목적, 정복감, 자아 기르기, 친교, 도전성, 리더가 되기, 사랑과 인정으로 구분하여 설명하였다. 그 외에도 구교태(2005)는 인터넷 커뮤니티를 사용하는 대학생들이 관계지향성 욕구, 오락 욕구, 도구적 욕구를 가지고 있는 것을 확인했으며, Wang과 Fesenmaier(2004)는 가상 커뮤니티 사용욕구를 도구적 욕구(정보습득, 유용성, 편리성), 심리적 욕구(소속감, 정체성), 사회적 욕구(대화, 관계 형성)로 구분하였다. 장미경 등(2004)은 RPG 게임을 주로 하는 청소년들이 자아변화 욕구가 높다는 것을 밝혔다. 이처럼 인터넷 사용욕구는 다양하게 나타날 수 있는데, 여기에서는 정여주 등(2017)이 제시한 인터넷 및 스마트폰 사용욕구 열 가지를 요약하여 설명하면 〈표 4-10〉과 같다.

이러한 열 가지 욕구를 정여주 등(2017)이 실시한 인터뷰 사례와 함께 좀 더 자세히 찾아보고 상담 방향을 제시해 보고자 한다.

(1) 온라인 관계 형성

온라인 관계 형성 욕구가 강한 청소년들은 현실 속에서 만난 친구들보다는 인터넷 속에서 만난 사람들과 함께 이야기하고 자료를 공유하며 친밀한 관계를 형성하고자 한다. 또 익명성을 유지할 수 있는 온라인 관계의 특징에 기대어 쉽게 관계를 맺고 끊는 것을 좋아하며 더 편하다고 느끼기도 한다. 가상현실 속의 인간관계를 매우 중요시하여 이를 위해서 실제 현실 속 인간관계를 멀리하기도 한다.

> 게임이 제일 좋은 이유는요…… 일단 사람들이랑 할 수 있다는 게 제일 좋아요. 여러 명이서 할 수 있는 게임이라는 거…… 사람들이랑 대화하면서 친해지고 그런…… 그런 게 제일 좋아요. 게임이 재밌어서도 있지만 그 사람들이랑 같이 하니까 재밌어서 그런 것도 있어요. 저는 레벨업하고 그런 거 필요 없고 그냥 게임을 빡세게 안 하고 즐겜이라고 재밌게 해요. 그러다가 사람들이랑 말하고 그러다 보면 친해지니까. 그래서 좋은 거예요 저는…… (중략) …… 그냥 사람들 만나는 것 자체가 좋은데…….

> 인터넷에서 뭘 할 때 가장 재밌고 행복하냐면…… 인터넷에서 친구를 사귀거나 교류를 하고 그럴 때……. 게임도 같이 하고 그림도 서로 그리면서 같이 공유도 하고…….

이러한 청소년들을 상담할 때에는 이들이 지각하는 현실 관계와 온라인 관계의 차별적인 특성 및 의미를 파악할 필요가 있다. 왜 이 청소년들은 온라인 속의 관계에 그토록 몰입하게 되었는지, 현실 관계에서 어려움이나 욕구가 충족되지 않는 면은 없는지 탐색할 필요가 있다. 특히 현실친구 소속인정 욕구가 낮으면서 온라인 관계 형성 욕구가 높은 청소년의 경우, 관계의 욕구 자체는 높으나 현실 관계에서 욕구를 충족하기에 장벽을 느낄 가능성이 있다. 또한 대상관계이론에서 이야기하는 대상항상성이 잘 형성되어 있는지 확인할 필요가 있다. 나쁜 대상과 좋은 대상을 극단적으로 분리시킬 경우 쉽게 관계를 맺었다가 자신과 융합해 줄 대상이 아니면 금방 그 관계를 끊어 버리는 방식을 취하기 쉬운데, 이것을 충족시켜 줄 수 있는 관계가 온라인 관계일 수 있기 때문이다. 즉, 가상세계에서 만나는 대상에 몰입하는 정도와 이유를 파악하고, 관계에서 대상을 어떻게 바라보는지 확인한 후 상담자와의 관계를 통해 대상항상성을 습득하며, 사회적인 대인관계 기술들을 습득하도록 돕는 상담이 진행될 수 있다.

(2) 현실친구 소속인정

현실친구 소속인정 욕구가 강한 청소년들은 실제 현실 속 친구들과 더 돈독한 관계를 유지하기 위해 인터넷을 자주 사용한다. 게임이나 SNS, 메신저 등을 하면서 친구들과 대화를 나누고 가깝게 느끼며 또래집단에 소속된다는 느낌을 받는다. 인터넷에서 얻은 정보를 동료들과 교류하며 인정을 받는 것을 좋아한다. 컴퓨터 또는 스마트폰 조작능력 등을 발휘함으로써 듣는 칭찬, 보상이 중요한 요인이 된다.

> 게임을 하는 중요한 이유가 초등학교 때부터 친구가 있는데 걔도 같은 게임을 해요. 학교도 다른 곳으로 가서 자주 못 만나는데 게임에서는 잘 만날 수 있으니까 한 것 같아요.

> 전화통화는 아무래도 제가 학원에 있을 때는 전화를 못하게 되잖아요. 그러니까 자연스럽게 조용한 메시지로 많이 하게 되는데…… (중략) …… 아무래도 멀리 있으니까 직접 보는 건 힘든 것 같아요.

> 다른 친구들과 소통을 할 때 사용을 해요. 애들이 글을 올리거나 '좋아요'를 누르면 막 편지 쓰듯이…… 그걸 누르면 애들이랑도 얘기가 되고, 페이스북상에서도 메시지가 있는데 거기서

도 애들이랑 많이 얘기를 하는 것 같아요. ······ (중략) ······ 내가 하고 싶어서 하긴 하는데 다른 애들도 많이 해서 더 대화가 잘되는 거죠.

이러한 청소년들을 상담할 때에는 현실에서의 또래관계를 보다 강화하고 소속감을 느끼기 위해 인터넷을 사용하는 것을 이해하고 수용해 줄 필요가 있다. 그러나 이들은 인터넷을 자주 사용하지 않으면 현실 속 친구들에게서 배제될 것이라는 두려움이 있을 수 있다. 이러한 자동적 사고를 상담에서 다뤄 주면서 인터넷을 반드시 많이 사용해야만 친구들과의 친밀함이 높아지는 것은 아님을 인식하도록 도울 필요가 있다. 그리고 소속과 인정의 욕구를 인터넷 안에서의 대화나 게임이 아니라 현실 속에서 교류하는 방식으로 채워 나갈 수 있도록 도와주는 것도 필요하다. 또한 소속과 인정의 욕구가 강렬한 경우 가족 내에서의 애착 형성은 어떠한지, 세상 속에서 혼자라는 외로움을 많이 느끼지는 않는지 파악하고, 상담장면에서 이러한 애착을 형성해 나가도록 이끌어 주는 것이 좋다.

(3) 괜찮은 자기 확인

괜찮은 자기 확인 욕구가 강한 청소년들은 자신이 스스로 설정한 목표에 맞추어 실행하고 이를 성과로 확인하였을 때 만족감을 느낀다. 이는 외부의 긍정적인 피드백으로 인한 성취감이라기보다는 내적 보상에 의한 성취감에 가까운 것이다. 이들은 인터넷을 하면서 내적 성취심을 자연스럽게 찾아 나간다. 인터넷을 하면서 자신이 무엇인가를 잘할 수 있는 사람이라는 것을 깨닫기도 하고 자랑스럽게 느끼기도 한다. 또한 이러한 것들이 자신이 바라는 모습이라고 생각하기 때문에 인터넷을 사용한다.

음······ 막 제가 더 똑똑해진 느낌. 그리고 이거를 친구들한테 알려 주고 싶은 느낌······ 예를 들어서, 연예인 열애 기사 났을 때 제가 먼저 찾았었고 나중에 애들이 놀랐었어요. (친구들한테 내가 알아낸 정보를 알려 줬을 때 어땠어요?) 뿌듯했다고 해야 하나.

부대에서 하우징이 있어요. 개인실이 있는데 거기 아무것도 없어요. 각자 사람들이 꾸미는 건데 제가 꾸몄어요. 원래 그 방이 엄청 좁거든요. 어······ 가구를 놓을 때 방을 나눠서 하지 않고 마구잡이로 넣는 사람들이 많은데요······ 이렇게 칸막이로 방을 만들어 가지고 했더니 사람들이 개성 있다고 얘기도 해 주고.

　　이러한 청소년들을 상담할 때에는 이들이 인터넷 활동을 통해서 유능감을 느끼는 과정을 공감적으로 탐색할 필요가 있다. 특히 이들이 주로 유능감을 느끼는 영역이 무엇인지, 스스로 인터넷 속에서 좋게 인식하게 되는 자기의 구체적인 내용이 무엇인지 들여다볼 필요가 있다. 이러한 자기의 모습은 자신이 오래전부터 되고 싶었던 자기의 모습일 수 있기 때문에 인터넷 안에서 발견하고 있는 괜찮은 자기를 현실 속에서도 발현할 수 있도록 도와줄 필요가 있다. 긍정적인 방향으로 인터넷을 활용하고 자기감을 확립해 가고 있다면, 보다 촉진시킬 수 있는 관련 정보들을 제공해 줄 수도 있을 것이다. 다른 한편으로는 이러한 인정받고자 하는 욕구가 현실에서 지속적으로 좌절되었거나 자신과 타인에 의해 평가적·부분적으로 수용된 것에서 기인한 것은 아닌지 확인할 필요가 있다. 그러한 경우 이들이 스스로 느끼는 자기의 장단점을 확인하고, 수용할 수 있게 돕는 작업이 필요하다.

(4) 새로운 자기경험

　　새로운 자기경험 욕구가 강한 청소년들은 인터넷 안에서 이제까지 소망했으나 하지 못했던, 혹은 자신조차 자각하지 못했던 자아를 드러낸다. 현실 속에서 경험해 보지 못했던 행동을 하기도 하고 동경했던 대상의 모습으로 지내기도 한다. 종종 실제 자신과 정반대의 말과 행동을 하기도 한다. 그들은 이러한 상상을 현실화하는 과정 자체를 즐긴다.

> 저는 현실의 성격이랑 다른 거 같아요……. 게임 안에서는 활발한데 실제로는 조용하고…… 말을 엄청 많이 해요……. 옛날에는 저도 활발하고 그랬는데 중3 때부터 변성기가 오니까 갑자기 조용해지고 말도 없어지고…… 욕구 좀 풀라고 온라인에서 그런 거 같아요……. (활발하게 지내고 싶은 욕구?) 네, 그러고 싶은데 실제 행동에서는 안 돼요.

> 게임상에서는 제가 하고 싶은 말 하고…… 그때가 더 좋은 거 같아요……. 평소에는 그런 얘기하면 주먹 날아올까 봐…… 음……. 뭐라고 할 수도 있잖아요? 온라인에서는 그런 거 할 일이 없으니까…… 평상시에는 익숙하지 않으니까 말이 잘 안 되고, 평소에도 학교에 있었던 일 얘기 잘 안 해요. 부모님 부를 때 말고는 학교 일 하나도 얘기 안 해요.

　　이러한 청소년들을 상담할 때에는 온라인 세상에서 경험하는 자기의 새로운 모습이 어떤 것인지 탐색할 필요가 있다. 청소년기에 자아정체감을 확립하고, 자신의 모습을 발견하는 것은 긍정적인 기능으로 작용할 수 있다. 새로운 내면의 모습을 자각하고, 인터넷상에서 구현되는 긍정적인 모습들을 현실에서도 경험할 수 있도록 돕는 상담이 진행될 수 있다. 또 이 경우 자신이 바라는 자기의 모습과 현재 현실 속에서의 자기의 모습 간에 괴리가 있을 수 있는데, 상담에서는 로저스가 이야기한 무조건적 긍정적 존중과 수용, 공감적 이해를 통해 청소년들이 건강한 자기의 모습을 찾아 나갈 수 있도록 도와줄 필요가 있다. 청소년들이 현실에서 다양한 경험과 역할을 수행함으로써 자신의 모습에 도전하며, 이를 통해 건강한 자기를 확립해 나갈 수 있도록 도울 수 있다.

(5) 생각과 의견 표현

생각과 의견 표현 욕구가 강한 청소년들은 사회적 이슈에 대한 자신의 의견을 게재하는 것, 대중에게 정보를 알리고 캠페인을 주도하는 것, 기사나 영상을 보고 댓글을 다는 것 등을 즐긴다. 인터넷상의 다양한 사람들과 각자의 가치관을 공유하고 토론하는 것을 좋아한다. 이들은 여가를 위한 게임이나 채팅을 하면서 소통하기보다는 다른 사람들과 지적인 나눔 및 소통, 토론을 하는 것을 즐긴다.

이러한 청소년들을 상담할 때에는 이 청소년들이 인터넷상에서 다양한 지적 토론을 하는 것에 대해서 지지해 주고 수용해 줄 필요가 있다. 온라인 환경에서는 다양한 의견을 가진 대상들과 쉽게 공유할 수 있기 때문에 이들은 이러한 인터넷의 순기능을 적극적으로 활용하는 경우로 볼 수 있다. 다만, 절제되지 않은 생각의 표출, 부정적 반응으로 인한 위축감, 혼란스러운 정보에 의한 가치관 혼란 등의 부정적인 영향도 있을 수 있다. 특히 자신이 토론이나 의견 제시를 했다가 사이버폭력을 당한 적이 있는지, 이들이 그러한 상처를 어떻게 해결하고 있는지를 확인할 필요가 있다. 청소년들이 생각의 표현과 교류 경험을 통해 생각이 어떻게 정리되고 발전되고 있는지, 서로 다른 의견에 대해 어떻게 지각하고 반응하는지, 공격성 등 부적절한 내용을 표현하지는 않는지 확인하는 것 또한 필요하다.

(6) 정서표현

정서표현 욕구가 강한 청소년들은 자신의 긍정적 · 부정적 마음을 인터넷상에서 더 수월하게 표출한다. 평소에 하지 못했던 정서표현을 인터넷 공간의 익명성, 이모티콘, 사진 등을 활용하여 자연스럽게 표현한다. 혹은 실제 대상에게는 직접적으로 표현하는 것이 어렵고 낯설어 메신저나 게시글을 통해 마음을 전하기도 한다. 이러한 인터넷 매체를 활용한 표현 방법을 더 안전하게 느끼는 유형이다.

> 기분이 안 좋을 때는 GTA 들어가서 게임으로 풀어요……. 그땐 폭력적으로 되긴 하지만 시원한 마음이 들어요. 만약에 친구랑 싸웠어요. 그러면 게임으로 기분을 풀고 나서 다시 친하게 지내요. 만약 게임을 안 했다면, 제가 먼저 사과도 안 했을 꺼고 계속 그대로 있다가 그대로 끝났겠죠? ……(중략)…… 엄마 아빠랑 싸울 때는…… 학교에서 전화 왔을 때…… 욕 많이 한다고 전화 왔을 때도 있고 싸운다고 전화 온 적도 있고…… 너무 화날 때 소파 부쉈어요. 엄마 아빠랑 말이 안 통해서…… 그렇게 화나면 밖에 나가 있거나 게임으로 풀어요.

> 그니까 제가 '좋아요'를 눌러서 걔가 편지를 쓰고 그리고 고맙다는 듯이 이야기를 한 다음에 서로 연락을 해서 실제로도 친해진…… 실제로는 애들한테 말 걸고 하기가 창피하고 그럴 때가 있잖아요. 근데 인터넷상으로는 그냥 뭘 써도 괜찮아 보이니까 인터넷을 통해서 더 자유롭게 쓸 수 있는 것 같아요. ……(중략)…… 그니까 저 말고 남이 글을 올려서 '좋아요'를 달면 제가 또 '좋아요'를 단 거죠. 그러면서 좋아요 눌러 줘서 고맙다 이런 이야기를 하고.

이러한 청소년들을 상담할 때에는 상대적으로 현실 생활에서 자신의 정서를 건강하게 표현하고 수용받는 경험을 충분히 하고 있는지 확인하는 것이 필요하다. 또 전자 텍스트, 그림, 동영상 등으로 자신의 마음을 표현하는 것은 청소년들 사이에서 일반적인 문화이므로 그들만의 문화를 인정하고 수용하는 것이 좋다. 일상생활 속에서 표현하지 못하는 정서를 인터넷에서 표현하고 있다면 오히려 이것을 긍정적으로 상담에서 활용하여 청소년들이 자신의 감정을 잘 인식하도록 도와주는 것도 필요하다. 그리고 이들이 가지고 있는 핵심 감정을 확인하여, 이러한 핵심 감정 밑에는 어떠한 욕구와 바람이 있는지를 스스로 자각할 수 있도록 도와줄 필요가 있다.

(7) 정보습득
정보습득 욕구가 강한 청소년들은 새로운 지식이나 정보를 알아내기 위해서 인터넷을 활용한다. 인터넷에서 최신 트렌드를 알아보는 것을 좋아하며 자신이 원하는 정보를 찾아보는 것을 즐기고 강의를 듣거나 과제 해결에 도움을 받기 위해서 인터넷을 사용한다.

> 인터넷을 사용할 때 재미있다고 느꼈던 때는…… 검색할 때…… 좀 유용한 정보가 많이 나온다거나 그러면 재밌죠……. 검색은 많이 하진 않는데…… 게임 관련된 것도 찾아보고 그래요.

　이러한 청소년들을 상담할 때에는 이들의 정보수집 역량에 대해서 존중하고 인정해 주는 것이 필요하다. 인터넷에 포함된 정보는 오프라인에서 수집할 수 있는 정보에 비해 매우 방대하고 다양하므로, 인터넷을 통한 정보습득은 청소년들에게 필수적이라고 할 수 있다. 또한 정보습득 욕구가 높은 청소년의 경우 스스로에게 필요한 정보를 탐색하고 수집하는 역량이 높을 수 있다. 상담에서 정보를 활용하는 경우, 상담자는 청소년들이 탐색한 정보를 무분별하게 습득하지 않도록 하고, 신뢰도, 질(quality), 효용성 등의 기준을 통해서 보다 유용한 정보를 확인하는 작업을 진행할 수 있다. 또한 수집한 정보를 현실적인 목표성취를 위해서 활용할 수 있도록 지지하는 개입도 필요할 수 있다.

(8) 스트레스 해소
　스트레스 해소 욕구가 강한 청소년들은 인터넷을 하면서 현재 자신의 심리적·환경적 어려움들을 잊으려고 한다. 이들은 현실에서 느끼는 답답함, 짜증스러움, 슬픔 등의 부정적인 감정을 정화하고자 인터넷을 주로 사용한다. 게임이나 웹툰, SNS 등의 콘텐츠에 관한 관심보다는 원치 않는 현실을 피하고 대안적인 세계에 몰두하고자 하는 특성이 있다.

> 뭔가 현실은 입시 하고 그러는데, 인터넷 거기서는 평화롭게 제작하고 그러니까…… 뭔가 마음이 편해지는…… 그냥 일상에서의 탈출구?

> 게임은 언제 하냐면…… 지겹도록 공부만 하다가 게임하면 휴식되고…… 재미를 주기 위해서요. 나 자신한테…… 그러면 기분이 좀 좋아지거든요……. 계속 공부만 하면 정신에 문제가 있을 거 같아요. 정신건강에 좋은 거 같아요.

이러한 청소년들을 상담할 때에는 가장 먼저 이들이 인터넷 사용을 통해 해소하려고 하는 스트레스의 구체적인 내용과 실질적인 스트레스원을 확인할 필요가 있다. 이들을 힘들게 하는 스트레스원이 무엇인지 알고 나면 이러한 스트레스의 원인에 대해서 접근하여 스트레스를 줄이도록 도와주는 것이 좋다. 특히 스트레스를 게임 등으로 풀고자 하는 경우에, 다양한 자극에서 오는 부정적인 정서를 건강하게 다루지 못하거나 회피의 수단으로 사용하는 경우가 많다. 따라서 이들이 스트레스를 직면하고, 문제해결 중심적 대처를 할 수 있도록 상담에서 도울 필요가 있다. 상담에서 청소년들이 스트레스 해소를 위해 이전에 해 본 방법 중에 인터넷 사용 외에 성공적이었던 방법을 찾고, 스트레스 해소의 대안으로 해 볼 수 있는 것들을 연습하는 것이 좋다.

(9) 게임조작성취

게임조작성취 욕구가 강한 청소년들은 게임 속 세상을 자신이 통제하고 원하는 방향으로 움직이면서 성취감을 느낀다. 게임에 관한 흥미와 관심도가 매우 높은데, 이는 단순히 게임을 잘하는 것뿐만 아니라 게임의 역사, 구성, 디자인 등 게임에 대한 정보를 습득하는 것까지를 포괄한다. 다양한 전략을 구상하고 이를 적용하여 경쟁에서 이기는 것을 즐긴다. 혹은 자신이 게임상황을 조작할 수 있다는 전능감 자체를 좋아하기도 한다.

이러한 청소년들을 상담할 때에는 이들이 주로 하는 게임에 대해서 자세히 듣고, 게임 안에서 어떤 역할을 주로 하는지, 어느 정도로 게임을 사용하는지 등을 구체적으로 탐색할 필요가 있다. 인터넷에서 경험할 수 있는 다양한 콘텐츠 중에서 게임은 매우 차별적인 특성을 가진다. 즉, 게임조작성취 욕구가 높은 청소년들은 게임을 통해서 다른 다양한 욕구들을 충족하고 있을 가능성이 있으며, 동시에 게임 외의 인터넷 콘텐츠에는 전혀 관심이 없을 수도 있다. 따라서 이러한 청소년들을 상담할 때, 상담자는 게임 자체를 다루기보다 게임을 조작하는 것을 통해 청소년들이 어떠한 정서 경험을 하는지에 대해 재탐색할 필요가 있다. 또한 게임을 조작하면서 경험하게 되는 효능감과 성취감을 현실 생활과 연결시킬 수 있는 작업도 함께 진행될 수 있다.

(10) 재미

재미 욕구가 강한 청소년들은 즐거움과 행복을 찾기 위해 인터넷을 활용한다. 자신이 관심 있어 하는 기사나 글을 읽는 것, 유머러스한 내용이나 웹툰을 읽는 것 등에 흥미를 느낀다. 무료함을 달래기 위해 좋아하는 게임이나 동영상, 웹툰 등을 보는 것도 이에 해당한다. 무언가를 얻기 위해서 인터넷을 사용하기보다는 유쾌한 정서를 느끼기 위해서 인터넷을 사용한다.

> 레벨업보다는 그걸 할 때 쾌감…… 공부하는 거보다 재밌으니까…… 아이템 강화하거나 그런 거는 확률 같은 게 있으니까…… 퍼센트가 있어서 공격을 했을 때 이길 확률 같은 거…… 그렇게 되면 데미지도 세지고 할 때 더 재미있어지니까…….

> 폰을 만지면 행복하니까 그런 느낌을 받고 싶어요. 재밌는 것들을 볼 수 있으니까. 인터넷 하면서 근황 같은 거 보면…… 그냥 재밌어요.

이러한 청소년들을 상담할 때에는 우선, 이러한 인터넷상의 다양한 콘텐츠가 평소 스트레스를 많이 받는 청소년들에게 긍정적 정서 경험을 제공해 준다는 점을 인정할 필요가 있다. 즐거움이라는 욕구는 인간의 기본적인 욕구 중 하나로 이러한 욕구충족에 인터넷 사용이 유용한 수단이 될 수 있다. 하지만 이러한 인터넷 콘텐츠들에 과의존하여 일상생활에 부정적인 영향을 받고 있지 않은지, 스스로 조절할 수 있는 능력을 가지고 있는지 상담을 통해 확인할 필요가 있다. 자극 추구 성향이 과도하게 높거나 인터넷을 사용하지 못했을 때 금단 증상을 보이는 경우라면 이에 적절한 상담적 개입이 이루어져야 한다. 또 즐거움 추구를 위해 보고 있는 영상이나 웹툰에 과도한 성적 노출이 있거나, 폭력적이고 지저분한 내용을 포함하고 있을 경우, 즐거움을 주기보다는 오히려 부정적 정서를 일으킬 수 있으므로 이런 부분들을 확인해야 한다. 청소년이 즐거움을 느끼고 활력을 느낄 수 있는 여러 대안활동을 생각해 보도록 돕고, 이를 실천하고 점검해 보는 상담이 필요하다.

5) 인터넷/스마트폰 중독상담 프로그램 소개

여기에서는 인터넷/스마트폰 중독상담 프로그램 중 대표적인 프로그램 두 개를 소개하고자 한다. 첫 번째는 자기결정성 요소를 포함한 상담 프로그램 중 김동일, 정여주와 이윤희

(2013)가 개발한 개인상담 프로그램이며, 두 번째는 동기강화상담 이론을 반영하여 신성만, 류수정, 김병진, 이도형과 정여주(2015)가 개발한 프로그램이다.

(1) 자기결정성 요소를 포함한 스마트폰 중독 청소년 상담 프로그램

스마트폰 중독에 빠지지 않으려면 스스로 자신의 스마트폰 사용을 조절할 수 있는 자기조절력이 가장 필요하다고 볼 수 있다. 이러한 생각에 따라 이 프로그램은 스마트폰 중독 청소년의 자기결정성을 향상시키기 위한 방향으로 개발되었다. 김동일 등(2013b)의 연구에서는 집단상담과 개인상담 프로그램을 각각 개발하였는데, 여기에서는 개인상담 프로그램만을 살펴보고자 한다. 개인상담은 그 특성상 회기별로 개입 내용을 구조화하여 정하기 힘들지만, 이 프로그램은 스마트폰 중독 청소년을 상담할 때 진행해야 하는 단계에 대해서 회기별로 소개하고 있어 상담자들에게 도움을 줄 수 있다. 자기결정성의 세 가지 주요 요소인 자율성, 유능성, 관계성 향상을 통해 스마트폰 중독에서 벗어나도록 도와주는 것이 프로그램의 주요 목표이다.

이 프로그램에서는 자기결정성의 초기 개입으로 1회기에서 변화 동기를 유발하도록 인도한다. 2회기에서는 자신의 스마트폰 사용의 해로움을 교육함으로써 인식적 차원에서 스마트폰 사용의 유해함을 지적하고 변화 동기도 높일 수 있도록 이끈다. 이어서 3회기에서는 자신의 변화에 있어서 주변의 위험요인과 보호요인을 탐색하여 주변의 강점 자원을 함께 이해할 수 있도록 도왔다. 4회기에서는 자신의 감정을 인식하는 상담과정을 통해서 스스로 스마트폰을 사용하면서 혹은 사용하지 못하면서 어떤 감정을 느끼는지 내담자가 의식할 수 있도록 도왔다. 이렇게 자율성을 증진하는 감정 인식과 동시에 내담자 스스로 애플리케이션을 다운받아 자신의 스마트폰 사용 정도를 스스로 파악하고 조절할 수 있도록 돕는다. 5회기에서는 자신의 갈망을 다루는 방법으로 명상법을 통하여 조절능력을 함양하게 하며, 자신의 정서 조절을 성공시켜 유능성을 획득하도록 돕는다. 6회기에서는 스트레스를 해소하는 방법으로 스마트폰이 아닌 대안활동을 찾아 나가도록 하며, 7회기에서는 관계성을 증진하여 스마트폰을 하는 것이 자신의 대인관계에 어떤 영향을 주고 있는지 내담자 스스로 깨닫고 좀 더 건강한 의사소통 방식 및 관계 방식으로 돌아갈 수 있도록 돕는다. 8회기에서는 내담자가 실제로 스마트폰 없는 하루를 상상하도록 함으로써 밖에 나가서 성공 경험을 가져올 수 있도록 상담자가 안전한 공간인 상담실에서 함께 연습해 보는 실험 활동을 진행한다. 9회기

표 4-11 개인상담 프로그램 내용

시기	회기	회기 제목	목표	주요 활동
자기 결정 초기 평가	1	나는 어디에 있는가? (자기평가)	• 자기결정을 위한 자기평가 • 자기결정을 위한 상담구조화	1) 스마트폰 중독 척도 실시하기 2) 일상생활에서 스마트폰 사용 돌아보기 3) 상담에 대한 규칙 설명하기
자기 결정 변화 동기 유발	2	스마트폰 중독이란? (스마트폰 인식)	• 자기결정을 위한 변화 동기 촉진 • 스마트폰 중독 위험성 인식	1) 자신의 스마트폰 사용 정도 확인하기 2) 스마트폰 중독 동영상 시청하기 3) 스마트폰 중독으로 인한 신체적인 폐해 확인하기 4) 스마트폰 중독 폐해를 자신에게 적용하기
	3	스마트폰과 나 (자기인식)	• 자기결정을 위한 자기인식 증진 • 스마트폰 위험요인과 보호요인 확인	1) 자신의 스마트폰 사용 정도 알기 2) 스마트폰 중독의 위험요인과 보호요인 알기 3) 스마트폰을 사용할 때 양가감정 깨닫기 4) 스마트폰 사용 점검 애플리케이션 다운로드
	4	스마트폰 어떻게 해야 하나? (자율성)	• 자기결정을 위한 감정인식 • 스마트폰 변화의 욕구 촉진	1) 애플리케이션을 통한 스마트폰 사용 확인하기 2) 이모티콘 카드를 이용해 감정 찾기 3) 내 마음과 스마트폰 사용 관련성 확인하기 4) 스마트폰 사용 계획하기
자기 결정 변화 동기 강화	5	스마트폰의 유혹 (갈망)	• 자기결정을 위한 갈망인식 • 스마트폰 갈망 감소 훈련	1) 스마트폰 사용 목표 실천 여부 확인 및 재계획하기 2) 스마트폰으로 인한 유혹 상황을 다루기 3) 갈망을 명상법으로 다루기 4) 유혹 상황을 명상법으로 대처하는 훈련하기
	6	스마트폰과 스트레스 (스트레스)	• 자기결정을 위한 스트레스 요인 인식 • 스마트폰 관련 스트레스 대처 훈련	1) 스마트폰 사용 목표 실천 여부 확인 및 재계획하기 2) 스트레스의 영향 동영상 시청하기 3) 나의 주요 스트레스원과 대처방식 4) 건강하고 새로운 대처법으로 수정하기
	7	스마트폰과 친구 (관계성)	• 자기결정을 위한 관계성 증진 • 스마트폰 관련 대인관계 대처 훈련	1) 스마트폰 사용 목표 실천 여부 확인 및 재계획하기 2) 친구에 대한 생각 말하기 3) 스마트폰이 관계에 미치는 영향에 대해 논의하기 4) 스마트폰으로 인한 대인관계 어려움에 대한 건강한 대처방법 연습하기

자기 결정 변화 행동 실천	8	스마트폰 없는 세상 (대안행동)	• 자기결정을 위한 유 능감 촉진 • 스마트폰 대안행동 실행	1) 스마트폰 사용 목표 실천 여부 확인하기 2) 즐거웠던 경험을 떠올리기 3) 심심하고 지루할 때 했던 활동을 평가하고 새로운 활동 목록 만들기 4) 스마트폰 없는 하루를 상상하기 5) 스마트폰 사용 계획 세우기
	9	스마트폰 사용설명서 (유능성)	• 자기결정을 위한 유 능감 경험 • 스마트폰 대처행동 탐색 및 강화	1) 스마트폰 사용 목표 실천 여부 확인하기 2) 지금까지 상담내용 정리하고 평가하기 3) 스마트폰 보호요인과 위험요인 재확인하기 4) 재발위험이 높은 상황 확인하고 대처행동 정하기
자기 결정 확인 평가 및 행동 실천	10	나는 어디로 갈 것인가? (자율성)	• 자기결정을 위한 자 율성 함양 • 스마트폰 규칙을 통 한 자기조절 능력 함양	1) 스마트폰 사용 목표 실천 여부 확인하기 2) 스마트폰 사전·사후 평가척도 실시하기 3) 스마트폰 사용 척도를 통한 변화의 정도 확인하기 4) 나만의 스마트폰 가이드라인 만들기 5) 나에게 편지 쓰기

에서는 지금까지의 상담에 대해 소감을 나누고 어떤 것들이 변화하였는지 나누는 활동을 통해 내담자가 자신의 변화를 의식적 차원에서 인식할 수 있도록 돕고, 10회기에서 다시금 스마트폰 사용에 관한 설문을 함께 진행하여 그 이야기를 나누는 과정을 갖는다. 이러한 프로그램의 내용은 〈표 4-11〉에 구체적으로 정리되어 있다.

(2) 동기강화상담을 반영한 인터넷/스마트폰 중독 청소년 집단상담 프로그램

동기강화상담(motivational interviewing)은 알코올중독이나 다른 행동중독(behavior addiction) 그리고 기타 다양한 중독 및 건강과 관련된 행동을 변화시키는 데 초점이 맞추어져 있으며 그 효과가 입증된 모델이다. 동기강화상담에서 중요한 것은 기술이 아니라 내담자를 대하는 태도와 정신으로 내담자와 협력적인 관계를 맺고 공감적 반응으로 자율성을 지지해 주며 내담자가 가지고 있는 변화에 대한 동기를 유발하는 것이다(Miller & Rollnick, 2015). 동기강화상담에서는 변화대화를 중요하게 여기는데, 이는 내담자가 문제행동에 대한 변화를 긍정적으로 보고 진술하는 것이다. Amrhein(2004)은 이 변화대화를 크게 두 범주로 구분하여 제안하였다. 변화대화는 변화 준비 언어(preparatory language)와 변화 실행 언어(mobilizing language)로 나뉜다. 변화 준비 언어에는 변화 바람(desire), 변화 능력(ability), 변화 이유(reason), 변화 필요성(need)이라는 네 가지 요소가 있으며, 변화실행 언어에는 결심공약(commitment), 실천하기(taking steps)라는 두 가지 요소가 있다. 이러한 내용을 반영하여 신성만, 류수정 등(2015)은 〈표 4-12〉와 같은 동기강화 집단상담 프로그램을 개발하였다.

표 4-12 동기강화 집단상담 프로그램

회기	제목	목표 및 활동
1	변화하는 내 모습 (변화단계 인식하기)	• 변화단계에 대한 이해를 통해 인터넷 사용에 대한 변화를 스스로 인식하고 조절할 수 있는 기반 구축 • 활동: 변화단계 퀴즈게임, 사전평가
2	변화가 필요해 (변화 필요성 인식하기)	• 인터넷중독으로 소외되었던 자신의 주요 영역 및 감정과 접촉하면서 변화에 대한 본질적인 갈망과 동기 인식 • 활동: 감정퀴즈, 내 삶의 주요 영역과 감정 파이 만들기
3	행복의 무게 달기 (변화욕구 명료화하기)	• 변화에 대한 이득과 손실에 대한 무게 달기 • 변화에 대한 욕구를 인지적으로 명료화하면서 변화대화 표현 • 활동: 장판 뒤집기 게임, 나의 바닥 경험, 이득과 손실, 10년 후 나의 모습, 작은 실천
4	풍성한 나의 삶 (변화효능감 강화하기)	• 자신의 흥미를 고려한 대안활동을 탐색 • 선택한 대안활동 실천계획 세우기 • 활동: 흥미검사, 대안활동 선택 및 계획
5	나는 어떤 스타일? (불일치를 통한 변화열망 강화하기)	• 자신의 삶에 내면화된 부적응적인 가치관 파악 • 자신이 원하는 적응적인 가치관 탐색 및 선택 • 활동: 머리띠 게임, 적응적인 삶의 가치 선택
6	Bravo my life~! (변화가능성 강화하기)	• 약속문 발표를 통해 변화 동기 다짐 • 활동: 약속문 발표, 사후평가 및 차후 자조모임 교육

3. SNS(소셜 네트워크 서비스)

1) SNS의 개념

우리는 지하철 안, 혹은 잠들기 전 무심코 스마트폰으로 SNS(Social Networking Service, 소셜 네트워크 서비스)에 접속한다. 접속 후 나에게 온 메시지는 없는지, 새로 올라온 글들에는 무엇이 있는지 습관적으로 확인하게 된다. 무언가를 하려고 컴퓨터 앞에 앉게 되면 할 일을 제쳐 두고 우선적으로 하게 되는 것이 페이스북이나 인스타그램 접속일 수 있다. 꼭 해야만 하는 하루의 일과처럼 SNS에 접속하여 그 공간에 올라온 콘텐츠들을 확인하고 나서야 비로소 내가 해야 할 일을 시작할 수 있게 된다. 이처럼 우리는 매일 SNS와 함께하고 있다. SNS는 과연 무엇이고 어떠한 특징을 가지고 있기에 우리가 이렇게 SNS에 집착하는 것일까?

SNS는 종종 소셜 미디어와 상호보완적으로 사용되지만 이 두 용어를 같은 개념이라고 볼 수는 없다(Kuss & Griffiths, 2017). 소셜 미디어란 온라인 콘텐츠를 제작하고 공유하는 웹으로 소셜 미디어의 사용에는 웹 블로그, 소셜 네트워크 사이트, 가상게임 혹은 가상소셜 세계와 같은 다양한 애플리케이션 등이 포함된다(Kaplan & Haenlein, 2010). 소셜 미디어의 일종인 웹 블로그는 개인이 온라인 일기나 정보(사진과 영상 형식)를 공유하여 다른 이용자가 그곳에 의견을 달 수 있도록 하는 공간이다. 또한 소셜 미디어에는 유튜브와 같은 영상 공유 사이트가 있는데, 이곳은 영상뿐 아니라 텍스트, 사진, 파워포인트 프레젠테이션 등의 정보를 담을 수 있다. 가상게임이나 가상소셜 세계에서는 이용자가 아바타 형태로 온라인상에 다른 자아를 만들 수 있으며, 거대한 게임 속에서 다른 사람들과 소통할 수 있다. 또 다른 가장 대표적인 소셜 미디어의 하나로 SNS가 있는데 SNS는 "이용자들이 개인의 프로파일을 제작하고, 친구들과 어울리며 모두가 아는 관심사를 바탕으로 사람들과 만나는 가상 커뮤니티"로 정의된다(Kuss & Griffiths, 2011a). SNS는 웹상에서 친구, 선후배, 동료 등의 지인과 대인관계를 강화하고 새로운 인맥을 쌓으며 폭넓은 인간관계를 형성할 수 있도록 해 주는 서비스를 지칭한다(네이버 지식백과, 2017). 즉, SNS에 참여하는 것은 특정 소셜 미디어를 사용함으로써 가능한 일이다.

2) SNS의 종류와 특징

SNS는 현시대에서 가장 활발한 소통의 장이라고 할 수 있다. 하루에도 수백만 개의 글과 사진들이 다양한 SNS를 통해 쏟아져 나오고, 사람들은 그곳에 댓글을 달고 '좋아요'를 누르며 자신의 의견과 감정을 표현한다. 스마트폰과 같은 다양한 장비들과 무선인터넷이 연결되어 있는 사회 환경이 보편화되면서 실시간으로 이용되고 다양한 서비스를 제공하는 이러한 SNS의 영향력은 점점 더 증가할 것이라고 예상한다.

SNS 중 가장 이용자가 많고 활동적인 회원 수를 보유해 온 사이트는 페이스북이라 할 수 있는데(신성만, 김재영, 라영안, 2016) 매년 17%에서 20%씩 꾸준히 증가하여 장기간 최고의 위치를 차지하고 있다. 페이스북은 1분마다 51만 건의 코멘트가 달리고, 29만 3천 건의 상태가 업데이트되며, 13만 6천 장의 사진이 게시되고, 회원들의 평균 이용 시간이 약 20분인 것으로 조사되었다(Kuss & Griffiths, 2017). 페이스북은 가입자들끼리 공통된 관심사에 집중하는 예전의 일반적인 가상 커뮤니티라기보다는 '자기중심적'이라고 할 수 있는 SNS로, 그 이유는 이용자가 개인 프로파일과 게시판을 이용해 자신에 대해 표현할 수 있기 때문이다(신성만 외, 2016). 페이스북은 이용자가 관심을 가지고 있는 특정 주제나 분야와 관련한 정보를 지속적으로 제공하고 게시함으로써, 다른 이용자가 자신과 특정 주제를 연관 지어 생각할 수 있도록 자기 자신을 브랜드 가치화할 수 있는 특성을 가지고 있는 SNS이다(신성만 외, 2016). 페이스북을 통해 실제 친구와 지인들처럼 보이는 사람들과 친구를 맺어 관계를 유지하기도 한다(Kuss & Griffiths, 2011a). 또한 페이스북은 사진과 영상 공유, 메시지 전송, 뉴스와 신문기사 링크, 영화 시청, 게임 등 다양한 활동을 제공한다(Kuss & Griffiths, 2011b). 이러한 기능들을 통해 페이스북 이용자들은 다른 사람과 서로 소통하고 정보를 교환하며 여러 가지 사회적 관계에 참여할 수 있게 된다.

지난 몇 년간 새롭게 등장한 많은 SNS 중 요즘 젊은 층에서 가장 많은 인기를 얻고 있는 대표적인 SNS는 인스타그램이다. 인스타그램은 사진을 공유하는 SNS로서 일상생활이 담긴 사진을 통해 친구들의 생활을 둘러본다는 취지로 2010년에 출범했으며, 2016년에 인스타그램 이용자 수는 5억 명을 기록했다(Kuss & Griffiths, 2017). 이용자들은 인스타그램을 통해 사진 촬영과 동시에 다양한 디지털 필터(효과)를 적용하며 페이스북이나 트위터 등 다양한 SNS에 사진을 연동하여 공유할 수 있다. 이용자 중 3억 명은 하루에 한 차례 이상 인스타그램을 사용하고, 매일 평균 9,500만 개의 사진과 영상을 올리고 있다고 한다(구글 위키백과, 2017). 요즘 인스타그램의 역할 중의 하나로 브랜드의 마케팅 또한 빠질 수 없다. 인스타그램은 사진, 즉 이미지를 중심으로 한 플랫폼으로 눈에 잘 띄는 시각적인 컨텐츠를 사용해 특정 브랜드의 인지도를 높일 수 있는 효과적인 수단이 된다. 글로벌한 사용자들을 유치하고 있는 인스타그램을 통해 브랜드의 메시지를 전달하고 홍보의 수단으로 이용하는 일이 늘어나고 있는 추세이며, SNS상에서 소비자와 브랜드 간의 긴밀한 관계가 형성되게 된다. 이렇게 인스타그램을 통해 물건을 판매하고 구매하는 일이 늘어나면서, 최근 인스타그램은 디지털 마케팅 플랫폼과 소셜 커머스 역할을 통해 사람들이 몰입하는 SNS가 되었다.

SNS는 즉각적인 메시지의 전송, 마이크로 블로깅, 게임, 온라인 데이팅, 소셜 커머스 등의 다양한 역할을 수행한다(Kuss & Griffiths, 2017). 최근 들어 인기를 끄는 소셜 네트워크의 즉석 메시지(instant message) 서비스는 페이스북 메신저로 이용자가 10억 명에 달한다(Kuss & Griffiths, 2017). 또한 SNS는 마이크로 블로깅의 역할을 수행한다. 마이크로 블로깅(micro blogging)이란 개인적인 온라인 일기로 볼 수 있는 블로그 형태라고 할 수 있다. 대신 메시지가 짧고 일반적으로 페이스북과 유사한 SNS의 '친구'들보다는 '팔로워'로 구성된 읽는 사람을 염두한 것이어서 블로그와 메시지의 혼합 형태라고 볼 수 있다. 대표적인 예는 트위터로 한번에 140명에게 트윗할 수 있다. 2016년에 트위터 이용자 수는 3억 1,300만 명으로(Kuss & Griffiths, 2017) 마이크로 블로깅 중에 가장 성공한 사이트이다. 더불어 SNS는 게임 기능을 제공한다. 만약 게임이 사람들을 연결하는 것이라면 이용자들은 게임 관련 채널을 이용해 놀거나 대화를 나누기에 이 역시 소셜 네트워킹의 요소로 볼 수 있다. 수천 명이 참여하는 거대한 가상세계에 있는 소셜 게임 같은 경우 대규모 인터넷게임으로 이용자들에게 다양한 대화와 활동 채널을 제공하며, 게임세계 밖에서도 이어지는 인간관계를 구축할 수 있도록 한다(Kuss, 2013). SNS는 온라인 데이팅(on-line dating)의 역할도 수행한다. 가상 커뮤니티의 온라인 미팅 혹은 데이트 사이트를 통해 회원들은 개인 프로파일을 개설하고 다른 회원들과 '데이트 상대'를 찾으며 소통 및 장기적인 관계를 형성한다. 미프(MEEFF)와 틴더(TINDER)와 같은 데이팅 사이트는 선풍적인 인기를 끌고 있으며, 세대를 막론하고 많은 이용자들이 온라인 SNS에 관심을 가지도록 이끌고 있다. 마지막으로, SNS는 소셜 커머스(social commerce)의 역할을 한다. 소셜 커머스는 SNS 관계를 이용해 구매를 하거나 구매에 도움을 주는 서비스를 말한다. 앞서 이야기했듯 페이스북이나 인스타그램을 통해 물품을 광고하거나 추천하기도 하고 원하는 상품을 검색하여 구매하게 하기도 한다. 또한 SNS에 올라온 공동구매 광고를 통해 물건을 주문하기도 한다. 결론적으로, 이러한 SNS는 친구 찾기에서부터 게임까지 이용자들의 다양한 요구로 이루어져 있으며, 이용자의 여러 일상생활 단면에서 SNS 본래의 특성이 강화되고 있다.

3) SNS 중독

최근 SNS 중독 현상이 많은 주목을 받고 있다. 우리는 매일 수십 번씩 SNS에 접속하여 경쟁적으로 수많은 콘텐츠를 올리고 다른 사람의 모든 글을 확인하며 타인의 피드백을 받지 못할 경우 심지어 심리적 허무함을 느끼기도 한다. 이렇듯 과도한 SNS의 이용이 중독과 관련된 증세를 일으킬 수 있다는 연구 결과들이 증가하고 있으며(Andreassen, 2015; Kuss & Griffiths, 2011a, 2011b) 이러한 증세로는 중독과 관련된 현저성, 기분 변화, 내성, 금단, 재발, 갈등이 있다(Griffiths, 2005a). 현저성이란 사람들이 SNS를 중요한 활동으로 인식하여 SNS에 몰입하게 되는 현상을 말한다. 이러한 네트워크 활동은 기분 변화, 즉 기분을 전환하거나 긍정적인 감정을 유도하기 위해 사용되며, 초기 단계 이용 시 충족되었던 감정 상태를 유지하기 위해 SNS 활동에 점점 더 많은 시간과 에너지를 쏟기도 하여 내성과도 연결된다. SNS를 중단하면 중독된 사람들은 부정적인 심리 상태나 신체적 영향, 즉 금단을 경험하게 되고, 과도한 이용의 부정적인 영향을 깨달아 이를 멈추려고 해도 서비스 이용 행동이 재발하게 된다. 그리고 이러한 문제는 정신 내적 갈등, 즉 주관적인 통제력 상실과 같은 개인의 내적 갈등과 대인 갈등으로 이어질 수 있다.

그렇다면 우리는 사람들이 SNS에 중독되었다는 것을 어떻게 이해해야 할까? SNS에 중독되었다는 것은 SNS를 이용하는 행동이나 기술에 중독되었다는 것일까? 아니면 그 행동이나 기술보다 더한 무언가에 중독되었다는 것일까? 학자들(Kuss, 2015; Kuss & Griffiths, 2012)은 SNS를 이용할 때 사용하는 행동이나 기술이 중독 그 자체보다는 소셜 네트워킹과 같은 특정 행동에 참여하는 수단일 뿐이라고 말한다. 이러한 의견은 미디어 분야 학자들의 지지를 받는데, "다른 사람들이 자신을 항상 지켜보기를 원하고 그들이 어떻게 자신을 바라보는지에 대해 항상 생각하는 것은 병리적인 증상이다. SNS 중독은 결국 그러한 사이트를 사용하는 행위나 기술의 문제가 아닌 타인과 정보가 문제가 된다."(Boyd, 2012)라고 설명한다. 이는 사이트를 이용하는 행동중독이 아니라, 사람과 연결되고, '좋아요'와 같은 긍정적인 칭찬을 얻으려는 감정에 중독되는 것이라고 할 수 있다. 앞에서 언급했듯이 타인과의 연결과 소통은 SNS의 핵심 기능이라는 점에서 'SNS 중독'이 잠재적인 정신건강 문제에 관련되어 적절한 명칭이라고도 볼 수 있다(Kuss & Griffiths, 2011b).

4) SNS 중독 관련 모델 및 주요 변인

우리는 SNS의 사용과 SNS 중독에 대해 보다 더 잘 이해하기 위해 SNS 중독과 관련된 이론적 모델들, 그리고 그동안 진행되어 온 선행연구들을 살펴볼 필요가 있다. 우리가 어떻게 SNS 중독에 이르게 되는지를 설명해 주는 다양한 모델들이 있는데(Turel & Serenko, 2012), 먼저 인지행동모델에 따르면 과도한 SNS의 이용은 부적응적 인지의 결과이며, 여러 가지 외부적인 문제를 통해 부적응적 인지가 악화되어 결국 중독에 이르게 된다고 한다. 사회-인지모델은 긍정적인 결과에 대한 너무 큰 기대, 온라인상에서의 자기효능감과 제한된 자기절제가 과도한 SNS 이용을 이끌며 SNS에 중독되게 한다고 설명한다(Turel & Serenko, 2012). 사회적 기술모델에 따르면 자기표현 기술이 떨어져 직접 만나서 이야기하는 것보다 온라인으로 대화하는 것이 편한 사람들이 결과적으로 SNS를 너무 많이 이용하여 SNS 중독에 빠지게 된다고 설명한다(Turel & Serenko, 2012). 또한 다른 학자들은 외로움과 우울증과 같은 일상생활의 문제와 스트레스 요인을 해결하기 위해 SNS를 이용할 때 중독의 확률이 높아진다고 이야기한다(Xu & Tan, 2012). SNS를 과도하게 이용하는 사람들 중 많은 수가 다른 사람들과 직접 대면하여 이야기하는 것이 어려워 소셜 네트워크 사이트를 이용하게 된다. 이러한 소셜 미디어가 자기효능감 및 만족과 같은 즉각적인 보상을 제공하여 계속 더 많이 이용하게 될수록 현실의 인간관계를 등한시하여 정신적인 문제를 악화한다는 주장 또한 제기되었다. 이러한 현상들은 지속적으로 SNS를 사용하게 하고 중독의 악순환으로 연결될 수 있다(Griffiths, Kuss, & Demetrovics, 2014). 유럽의 6개국(그리스, 스페인, 폴란드, 네덜란드, 루마니아, 아이슬란드) 출신의 청소년 10,930명을 대상으로 진행한 연구에서는 하루에 두 시간 이상 SNS 사용이 학생들의 심리적인 문제와 연결되며 학업량이 감소한다는 사실을 밝혀냈다(Tsitsika et al., 2014). 또한 중국 중학생 920명을 대상으로 진행한 연구에서도 학생들의 신경 예민성 및 외향성이 SNS 중독을 예측한다는 사실을 밝혀냈다(Wang, Ho, Chan, & Tse, 2015).

국내에서도 많은 연구자들이 스마트폰 이용을 통한 SNS 중독(송혜진, 2011), 대학생의 SNS 중독경향성 관련 영향요인(이영미, 2016), 대학생의 페이스북 중독(신성만, 송용수, 오준성, 신정미, 2018), 청소년의 SNS 이용 특성과 SNS 중독경향성(이희복, 김대환, 최지윤, 신명희, 2014), SNS를 이용하는 대학생들의 스마트폰 중독과 대인관계능력의 관계(박순주, 권민아, 백민주, 한나라, 2014) 등 SNS 중독에 대한 다양한 연구를 실시하여 왔다.

5) 페이스북 중독

페이스북은 전 세계적으로 사용되고 있는 대표적인 SNS의 한 종류이다. 따라서 지난 몇 년간 SNS 중독에 관한 연구는 주로 다른 SNS보다 페이스북 사용의 잠재적인 중독경향성을 집중적으로 많이 다루었다(Bachnio, Przepiorka, Senol-Durak, Durak, & Sherstyuk, 2017; Donnelly & Kuss, 2016; Greenfield, 2017; Malik, Dhir, & Nieminen, 2016; Webley, 2017; Young, 2017). 페이스북은 전 세계적으로 1억 명 이상이 이용하는 가장 대중적이면서도 인기 있는 SNS로서 페이스북과 SNS는 많은 사람들에게 동의어로 사용되기도 한다(Andreassen & Pallesen, 2013). 페이스북은 일상생활의 대인관계를 보완하는 다른 SNS의 일차적 기능을 넘어 매우 다양한 활동을 제공한다. 사람들은 페이스북을 통해 다른 사람들과 함께 사진을 공유하고 자신의 프로필을 지속적으로 수정할 수 있으며 실시간으로 타인과 메시지를 주고받는다(Kuss & Griffiths, 2011a, b). 또한 온라인 게임을 즐기기도 하고(Griffiths, 2010), 영상이나 영화를 보기도 한다. 이용자들은 페이스북 사이트에 정보를 공유함으로써 만족감을 얻을 뿐 아니라, 이용자 자신에게 새로운 정체성을 탐색할 수 있도록 하는 또 다른 만족감을 제공하기도 한다(Turkle, 1995). 이처럼 전 세계적으로 많은 사람들이 페이스북을 이용하며, 페이스북 중독의 증상들이 다른 SNS 중독 증상들과는 차별적일 수 있음을 고려할 때, 페이스북 중독이라는 개념에 대해 조금 더 독립적이고 세부적으로 살펴보아야 할 필요성은 꾸준히 제기되고 있다(신성만 외, 2016). 이러한 필요성의 일환으로 국내에서도 페이스북 중독에 대한 많은 연구가 이루어져 왔다(고은영, 최윤영, 최민영, 박성화, 서영석, 2014; 김혜원, 이지연, 2017; 신성만 외, 2016). 그중 대학생용 Bergen 페이스북 중독 척도를 소개하고자 한다. 신성만 등(2016)의 연구에서는 페이스북 중독 정도를 측정하기 위해 Andreassen, Torsheim, Brunborg와 Pallesen(2012)이 개발한 Bergen 페이스북 중독 척도(Bergen Facebook Addiction

Scale: BFAS)를 번안하여 타당화하는 작업을 거쳤다. 이 연구를 통해 최종적으로 선정된 한국판 대학생용 Bergen 페이스북 중독 척도 문항들은 〈표 4-13〉과 같다.

그러나 최근 연구에 따르면, 페이스북 이외에도 인스타그램과 같은 다른 SNS 또한 심각한 중독 증상을 발생시킨다고 한다(Donnelly & Kuss, 2016). 이용자들은 페이스북을 통해 만족감을 느끼는 것과 같이 인스타그램에 사진을 게시하여 만족감을 얻는다는 주장이 제기되었고, 따라서 몇몇의 학자들은 페이스북 이용 시 발생하는 SNS 중독의 특징을 페이스북 중

표 4-13 한국판 대학생용 Bergen 페이스북 중독 척도

하위 요인		문항
현저성	1	페이스북에 대해 생각하거나 사용 계획을 세우는 데 많은 시간을 보냈습니까?
	2	페이스북을 어떻게 하면 더 할 수 있을지 생각했습니까?
	3	페이스북에 최근 (있었던/올라온/게시된) 것들에 대해 많이 생각했습니까?
내성	4	처음 의도했던 것보다 페이스북을 더 많이 사용했습니까?
	5	페이스북을 조금만 더 많이 하고 싶다는 충동을 느꼈습니까?
	6	이전과 동일한 즐거움을 얻기 위해 페이스북을 점점 더 많이 해야 한다고 느꼈습니까?
기분 변화	7	자신의 문제를 잊기 위해 페이스북을 사용했습니까?
	8	죄책감, 불안, 무기력(무력감), 우울과 같은 감정들을 줄이기 위해 페이스북을 사용했습니까?
	9	불안하고 초조한 마음을 줄이기 위해 페이스북을 사용했습니까?
재발	10	누군가 당신에게 페이스북 사용을 줄이라고 말했으나 듣지 않았습니까?
	11	페이스북 사용을 끊어 버리려 시도하지만 성공하지 못했습니까?
	12	페이스북 사용 횟수를 줄이겠다고 결심했지만 잘 되지 않았습니까?
금단	13	페이스북 사용을 못하게 되어 초조해지거나 불안해졌습니까?
	14	페이스북 사용을 못하게 되어 사소한 일에도 짜증이 났습니까?
	15	여러 이유로 한동안 페이스북에 로그온하지 못했을 때 불쾌했습니까?
갈등	16	페이스북의 과도한 사용으로 일/학업에 부정적인 영향을 받았습니까?
	17	페이스북 사용을 취미, 여가활동, 운동보다 우선시했습니까?
	18	페이스북 때문에 연인이나 가족, 친구들을 소홀히 대했습니까?

출처: 신성만 외(2016).

독이라 총칭하여 제한하지 말고 각각의 개별적인 증상이나 활동을 살펴봐야 한다고 지적하기도 하였다(Griffiths, 2012). 일례로 페이스북 사용자는 게임을 하고(Griffiths, 2010), 온라인 도박(King, Delfabbro, & Griffiths, 2010)을 하며, 영상을 보고, 사진을 공유하고, 프로필을 업데이트하고, 친구들에게 메시지를 보낸다(Kuss & Griffiths, 2011a). 연구자들은 이러한 중독 증세를 가리키는 'SNS 중독'이란 명칭을 넘어 '미디어 커뮤니케이션 중독'과 같은 개념을 집중적으로 연구할 필요가 있다고 주장하기도 한다(Latif, Uckun, Gökkaya, & Demir, 2016). 또한 SNS는 다양한 활동에 참여할 수 있는 여러 종류가 있기 때문에 '페이스북 중독'이라는 용어를 더 이상 사용하는 것은 불필요하다고 말하기도 한다(Griffiths, 2012).

6) SNS 중독에 대한 이해와 상담

우리는 타인과 함께하는 삶을 살아간다. 최근에 SNS의 이용은 어떠한 행동을 한다는 의미가 아니라 타인, 즉 다른 사람들과 어떻게 연결되는가를 의미한다. 소셜 네트워킹은 살아가고 관계를 맺는 방법이며, 이는 다양한 경험 연구를 통해 증명되었다. 따라서 학자들은 SNS 이용과 관련하여 타인과 연결되지 않은 삶을 살아가는 것은 불가능하다고 이야기한다(Kuss & Griffiths, 2011b). Boyd(2012)는 이러한 삶을 두고 "항상 인터넷에 접속된 생활"이라고 명명하였다. 또한 이제 우리의 삶은 SNS에 접속했는지 접속하지 않았는지를 구분할 것이 아니라 언제 어디서든지 사람과 정보에 연결된 세상에 살고 있다고 생각하는 것이 바람직하다고 말했다(Boyd, 2012). 이는 우리가 살아가는 데 있어 매우 중요한 의미를 포함하고 있다. 우리가 세상을 살아가면서 소외되지 않기 위해, 뒤처지지 않은 상태를 유지하기 위해, 다른 사람과 소통하기 위해 소셜 네트워킹에 참여해야 하는 문화는 어쩌면 필수적일지도 모른다. 오히려 Boyd(2012)는 SNS에 접속할 것이냐 접속하지 않을 것이냐의 문제를 생각하기보다 SNS에 참여하면서 어떤 메시지에 응답할지 응답하지 말아야 할지를 결정하는 것이 합리적인 생각이라고 주장했다.

정리해 보자면, SNS는 매우 다양한 목적으로 사용된다. SNS 이용으로 인해 대표적으로 얻는 만족감에는 정보 검색, 오락(Barker, 2009), 그리고 정체성 형성, 즉 오프라인보다는 즐겁게 온라인상에 자신을 표현하는 수단(Zhao, Grasmuck, & Martin, 2008)이 포함된다. 정체성 형성 측면에서 소셜 네트워킹은 안전, 소통, 평가와 같은 자아실현의 욕구를 충족해 줄 수 있다(Riva, Wiederhold, & Cipresso, 2016). 안전욕구는 사생활과 관련하여 맞춤형 소셜 네트워킹으로 충족되며, 이용자는 정보를 공유하는 사람을 제어할 수 있다. 소통의 욕구는 SNS의 연결 기능을 통해 충족되며, 이용자는 비슷한 사람들과 '친구'가 되며 '팔로우'할 수 있다. 평가욕구는 다른 사람들이 나를 어떻게 생각하는지와 관련되어 친구들을 '모으고' '좋아함'을 얻음으로써 충족된다. 자아실현 욕구는 소수의 사람들이 성취할 수 있는 가장 높은 목표로 자신을 표현하고 도움이 필요한 '친구'를 옹호하는 방식을 통해 충족될 수 있다. 따라서 소셜 네트워킹은 대중적인 지지와 자기표현의 가능성을 제시하여 인간의 가장 근본적인 욕구를 이용한다(Riva et al., 2016). 이는 높은 SNS의 인기를 설명할 수 있는 근거가 되기도 하지만 높은 참여율과 항상 SNS에 '접속'되어 있어야 하는 점은 중독의 문제가 될 수 있다(Beutel et al., 2011). 국내에서 SNS 중독을 위해 다양한 인터넷중독 및 스마트폰 중독 상담 프로그램이 사용되고 있다. 하지만 소셜 미디어 중독이나 인터넷중독과 관련된 프로그램 중 SNS 중독에 특화된 상담 프로그램은 상대적으로 다양하지 못한 현실이다. 따라서 SNS 과의존을 완화하기 위해 이러한 프로그램들을 사용할 경우 SNS 중독의 차별화된 특성을 고려하여 적용할 필요가 있다.

4. 성/관계

1) 성중독의 개념

인간은 누구나 성욕을 가지고 있다. 앞서 다룬 도박이나 인터넷, SNS 등의 중독은 행동중독이지만 그 행위를 하기 위해 도박을 위한 도구나 컴퓨터, 스마트폰 등의 다른 도구를 필요로 한다. 그러나 성중독은 다른 중독과 달리 자신의 몸을 자극함으로써 쾌감을 느끼는 것이며 마약이나 담배, 게임이나 도박과는 달리 자신에게서 완전히 끊어 낼 수 없는 욕구라는 점에서 다른 중독과 차이가 있다. 성중독과 유사한 현상에 대해서는 19세기의 의사나 성학자(Rush, Kraft-Ebing, Ellis) 등이 과도한 성적 행위를 하는 사람들이 있다고 보고하였다는 기록이 있다. 20세기에 들어와서 사람들은 성욕이 과도한 남자를 돈주앙증세(Don Juanism; Stoller, 1975), 성욕이 과한 남자를 음란광(satyriasis; Allen, 1962), 성욕이 과한 여자를 색정광(nymphomania; Ellis & Sagarin, 1964) 등으로 지칭하기 시작하였다. 이들의 특징은 강박적인 자위행위였다. 이후 DSM 체계가 자리 잡으면서, DSM-III에 이르러 정신성적 장애(psychosexual disorder)라는 이름으로 진단체계에 포함되었다. DSM-III-R에서는 달리 분류되지 않는 정신성적 장애의 하나로 '성도착이 아닌 성중독'이라는 명칭이 존재하였으나 DSM-IV에서 삭제되었고, 달리 분류되지 않는 성장애로 축소되었다. DSM-5의 개정 논의에서는 과도한 성욕을 가진 사람들에 대한 장애(hypersexual disorder)를 포함시키는 것이 강력하게 제안되었으나(Kafka, 2010) 경험적인 연구가 좀 더 필요하다는 이유로 후반부의 논의에서 삭제되어 현재 DSM-5에는 성중독이나 과잉성욕에 대한 진단은 포함되지 않았다(American Psychiatric Association, 2015). 이는 실증적 연구를 중시하는 DSM 체계의 특징일 수 있으며, ICD-10에는 과도한 성적 욕구(excessive sexual drive)에 앞에 언급된 음란광, 색정광이 진단 기준으로 포함되어 있다.

DSM-5에 성과 관련된 범주로는 성기능부전(sexual dysfunctions)과 변태성욕(paraphilias)이 있다. 이전 판에서의 성정체감장애(gender identity disorder)는 성불쾌감(gender dysphoria)으로 바뀌어 더 이상 장애라는 명칭을 갖지 않게 되었다. 반면, 변태성욕 범주에 있던 많은 진단들은 ○○증[~sm; 예, 관음증(voyeurism)]에서 ○○장애[~disorder; 예, 관음장애(voyeuristic disorder)]로 대부분 바뀌게 되었다. 이에 따라 DSM-5에 언급된 변태성욕장애로는 관음장애(voyeuristic disorder), 노출장애(exhibitionistic disorder), 마찰도착장애(frotteuristic disorder), 성적 피학장애(sexual masochistic disorder), 성적 가학장애(sexual sadism disorder), 소아성애장애(pedophilic disorder), 물품음란장애(fetishistic disorder), 복장도착장애(transvestic disorder)가 있다. 이들은 정확히 말하자면, 성중독에 포함되지는 않지만 중독의 관점에서 성적인 문제를 바라보는 연구자나 임상가들은 이러한 행위에 빠져드는 기저에 성중독의 기제가 깔려 있다는 시각을 가지고 있다.

성중독을 진단하고자 하는 기준 역시 연구자에 따라 제시되고 있으나 합의된 명확한 기준은 아직 존재하지 않는다. Goodman(1998)은 내성, 금단, 사회적 · 직업적 기능의 손상 등을 근거로 7문항의 성중독 진단을 제안하였다. Carnes는 1983년에 최초로 제안한 진단 기준을 지속적으로 수정하여 2005년에 성과 관련된 열 가지 행동 중 세 가지 이상의 문제 및 심각한 개인적 · 사회적 문제의 발생을 그 기준으로 제시하였다. 가장 최근에는 DSM-5의 개정 과정에서 Kafka(2010)가 제안한 과잉성욕장애의 진단 기준이 있다. Goodman과 Carnes

의 진단은 직접적으로 성중독을 언급하였고 그에 따라 몰입, 내성, 금단, 조절 실패 등의 중요 개념을 항목화였다. 반면, Kafka의 진단에는 내성과 금단은 포함시키지 않고 과도한 성행동을 중심으로 진단 기준을 구성하였다.

표 4-14 성중독 진단 기준

A. 최근 12개월 동안 다음 증상 중 3개 이상에 해당한다.
1) 특정 성행동과 관련된 충동의 저항에 반복적으로 실패한다.
2) 처음에 의도한 것보다 더 심한 정도와 더 많은 시간을 성적 행동에 관하여 사용한다.
3) 성적 행동을 중지하거나 줄이거나 조절하려는 노력에 실패한다.
4) 성행위, 성경험으로부터 회복하는 데 지나치게 많은 시간이 필요하다.
5) 성적 행동 또는 성적 행동을 준비하는 것에 몰두한다.
6) 직업, 학업, 가정 또는 사회적 책임을 다해야 하는 시간에도 종종 성적 행동에 관여한다.
7) 성적 행동으로 인해 지속적이거나 반복적인 사회적 · 경제적 · 심리적 · 신체적 문제가 있음을 알면서도 성적 행동을 지속한다.
8) 원하는 정도의 효과를 얻기 위해 성적 행동의 강도, 빈도, 횟수 또는 위험을 증가시키거나 같은 강도, 빈도, 횟수, 혹은 성적 행동의 효과가 감소한다.
9) 성적 행동으로 사회적 · 직업적 활동 혹은 여가활동을 포기하거나 제한한다.
10) 성적 활동에 참여하지 못한다면 불쾌감, 불안, 안절부절못함, 짜증이 나타난다.
B. 심각한 개인적 · 사회적 결과를 초래한다(예, 배우자나 직업을 잃거나 법적인 문제 발생).

출처: Carnes(2005).

표 4-15 과잉성욕장애 진단 기준의 제안

A. 적어도 연속적으로 6개월 이상, 반복적이고 격렬한 성적 공상, 성적 충동 또는 성적 행동이 다음 다섯 가지 기준 중 네 가지 이상 충족된다.
1) 성적 공상, 성적 충동 또는 성적 행동을 준비하고 참여하는 데 과도한 시간을 사용한다.
2) 불쾌한 감정(예, 불안, 우울, 지루함, 불안정감)에 대한 반응으로 성적 공상, 성적 충동, 성적 행동에 반복적으로 몰입한다.
3) 스트레스에 대한 반응으로 성적 공상, 성적 충동, 성적 행동에 반복적으로 몰입한다.
4) 성적 공상, 성적 충동, 성적 행동을 조절하거나 줄이려는 시도에 반복적으로 실패한다.
5) 자신이나 타인의 신체적 · 정서적 손상의 위험에도 불구하고 반복적으로 성적 활동에 몰입한다.

B. 성적 공상, 성적 충동, 성적 행동의 강도와 횟수로 인해 임상적으로 의미 있는 사회적, 직업적, 기타 중요한 영역에서의 개인적인 고통이나 장애가 있다.

C. 성적 공상, 성적 충동, 성적 행동은 외부로부터의 물질(예, 물질남용, 치료를 위한 약물)의 직접적인 생리적 효과로 유발된 것이 아니다.

D. 최소 18세 이상이다.

* 명시할 것: 자위, 음란물, 성인의 동의를 받은 성적 행동, 사이버섹스, 폰섹스, 누드 클럽인 경우
* 관해기: 통제받지 않은 상황에서 고통, 장애, 또는 반복적인 행동이 없거나, 통제된 환경에서 수개월 동안 관해기 상태인 경우.

출처: Kafka(2010).

2) 성중독의 단계

성중독은 다른 중독과 유사하게 시간이 지나면서 점차 악화되는 모습을 보인다. 중독의 개념에 따른 성중독의 발달은 다음과 같이 설명되곤 한다. 처음에는 성을 '정상적으로 사용(normal use)'하는 단계가 있다. 그런데 음란물을 접하거나 성과 관련된 부정적인 경험을 하면서 점차 성을 '잘못 사용(misuse)'하는 두 번째 단계로 진입한다. 세 번째 단계는 부정적인 결과에도 불구하고 계속해서 음란물에 집착하거나 여러 성적 행위들을 추구하는 등의 '성적 남용(abuse)' 단계에 처하는 것이다. 이때는 대부분 한 파트너와는 만족을 못하고 오직 성적 만족에만 강박관념을 보여서 불건전하고 난잡한 성적 관계에 연루된다. 네 번째 단계는 성에 '의존(dependency)'하게 되는 것으로 성적 추구 심리가 삶의 중심이 되어 버려서 돈, 시간, 관계 모두를 동원해서 성적 추구에만 관심을 집중한다. 이때 성매매를 시작하기도 하며 부정적인 결과들을 합리화, 변명, 또는 극소화한다. 다섯 번째 단계는 비정상적인 성적 추구 행위들을 반복하다가 성중독 사이클이 형성되어 약간의 두려움, 수치심, 분노와 같은 정서적으로 불편한 감정만 생겨도 중독 사이클이 발동되고 스스로 통제할 수 없는 '중독(addiction)' 단계에 처하게 된다.

Carnes(2011)는 〈표 4-16〉과 같이 성중독이 3단계를 거쳐 심화된다고 설명하였다.

표 4-16   성중독의 3단계

구분	1단계	2단계	3단계
행동	자위, 강박적인 성관계들, 포르노그래피, 성매매, 익명의 성관계 등	노출증, 관음증, 음란전화, 음란행위 등	아동학대, 근친상간, 강간 등
문화적 기준	행동에 따라 활동들은 수용할 만하거나 허용가능하게 보일 수도 있다. 성매매, 동성애와 같은 일부 행위들은 논란의 여지가 있다.	어떤 행동도 수용될 수 없다.	문화적인 기준상 절대 용납될 수 없는 타인의 권리 침해이다.
법적 결과/위험	불법적인 경우 법은 집행되나 교정 효과는 적다. 법이 집행될 가능성 자체가 낮아 중독자는 위험을 감수할 일이 별로 없다.	불법적인 행동으로 여겨진다. 적극적인 처벌이 있다면 중독자들은 위험을 느끼게 된다.	극단적인 법적 조치가 취해질 수 있고, 중독자들은 높은 수준의 위험에 처할 수 있다.
피해자	대개 피해자가 없는 것으로 여겨지나 종종 희생양이 발생하고 착취가 일어나곤 한다.	항상 피해자가 존재한다.	항상 피해자가 존재한다.
중독에 대한 대중적 의견	양가감정, 혐오를 느낀다. 성매매 등 일부에 대해서는 매혹적인 타락이라는 부정적 영웅 이미지가 존재하기도 한다.	중독자는 우스꽝스럽고 역겹지만 해롭지는 않다고 여겨진다. 중독자나 피해자의 고통과 무관한 농담의 대상이 되곤 한다.	대중들은 분노한다. 많은 사람들에게 가해자들은 인간 이하로 취급받고 회복 가능성이 없는 것으로 여겨진다.

Carnes(2001)가 이 단계를 제시하면서 성중독자들은 독특한 핵심신념을 갖는다고 제안했는데 '나는 근본적으로 악하고 가치 없는 사람이다', 관계에 대해서는 '누구도 내 모습 그대로를 사랑하지 않을 것이다', 욕구에 대해서는 '만일 내가 다른 사람들에게 의존해야 한다면 나의 욕구들은 결코 충족되지 않을 것이다', 성에 대해서는 '성행위는 나의 가장 중요한 욕구이다' 등이다. Carnes(2001)에 의하면, 이러한 핵심신념은 원가족에서 자라나면서부터 점차 자리 잡게 되며, 손상된 사고의 원인이 되어 중독의 악순환에 빠져 관리 불능의 상태로 이어지는 중독의 시스템에 빠져들게 된다. 여기에서 중독의 악순환이란 성적인 자극과 행동에 대한 몰입, 의식화, 강박적 성행위, 절망의 네 단계를 반복하는 상황을 말한다.

성중독자들을 대개 성에 대한 잘못된 생각(myth)을 가지고 있는 경향이 있다. 성중독자들이 흔히 갖는 잘못된 생각들은 다음과 같다(Sbraga & O'Donohue, 2003).

- 남자들은 항상 성관계를 할 준비가 되어 있다.
- 만족스러운 성관계는 위험이 동반되기 마련이다.
- 돈을 지불하고 성관계를 하는 것이 데이트를 하는 것보다 쉽다.
- 포르노는 나의 성 태도에 영향을 미치지 않는다.
- 성욕을 억제하는 것은 자연의 섭리를 거스르는 것이다.
- 여자들은 사실 지배당하는 것을 좋아한다.
- 내 과거로 인해 나를 좋아하는 사람은 아무도 없을 것이다.
- 내가 즐길 수 있는 성관계는 딱 한 종류이다.
- 성관계는 인생에서 가장 중요한 활동이다.
- 사람들은 성관계에서 '예'를 의미하면서 '아니요'라고 말한다.
- 오래된 관계에서는 성관계의 질이 떨어진다.
- 상처는 신체적인 경우에만 적용 가능한 단어이다.
- 많은 성 파트너가 있는 것은 당연한 일이다.
- 폰섹스를 하거나 포르노를 보는 것은 내가 나 자신을 보는 것에 영향을 주지 않는다.

3) 성중독의 평가

성중독에 대한 공식적인 진단은 아직 불분명한 상태이므로 이를 평가하는 도구 역시 각 연구자마다 다소 상이하게 제시하고 있다. 가장 많이 알려진 검사로는 Carnes(2011)가 개발한 성중독 선별도구(Sexual Addiction Screening Test Revised: SAST-R)가 있다. 이 검사의 초판은 1989년에 개발되었다. 성에 대한 집착, 성문제에 대한 조절 실패, 성적 행동으로 인한 불안, 성과 관련된 불안 및 우울 등의 정동장애에 대한 내용을 측정한다. SAST-R은 핵심 문항 20개와 하위 척도 25문항을 포함한 총 45개 문항으로 구성되어 있고 .85~.95 정도의 신뢰도가 보고되고 있다. SAST-R의 문항 수가 많아지면서, 저자들은 보다 간편하게 활용할 수 있는 추가적인 선별도구를 제안하였고, 각 문항의 머리글자를 따서 PATHOS라고 이름 붙였다(Carnes, Green, Merlo, Polles, Carnes, & Gold, 2012). PATHOS의 각 문항은 다음과 같다.

- **몰입**(Preoccupied): 성적인 생각에 사로잡혀 있습니까?
- **수치**(Ashamed): 성적 행동을 다른 사람에게 숨깁니까?
- **치료**(Treatment): 자신의 원하지 않는 성적 행동을 치료하고자 한 적이 있습니까?
- **상처**(Hurt): 당신의 성적 행동으로 인해 누군가가 마음의 상처를 입은 적이 있습니까?
- **통제**(Out of control): 성적 욕구를 조절하지 못한다고 느껴집니까?
- **우울**(Sad): 성적 행동을 한 이후에 우울함을 느낍니까?

성중독을 측정하는 또 다른 척도로는 강박적 성충동 척도(Sexual Compulsivity Scale: SCS)가 있다(Kalichman & Rompa, 2001). 이 척도는 본래 HIV 긍정 반응이 나온 환자들을 대상으로 이들의 충동적인 성적 행동을 측정하는 리커트 10점 척도로 구성되어 있다. 저자들은 287명의 남녀에게 타당화 작업을 진행하였고 불안, 우울, 경계선적 성격 등의 특성과 상관이 있음을 보고하였다. 그러나 이 척도의 경우 타당화집단이 HIV라는 특수한 상황으로 구성되어 있어서 전체 집단에게 확대하여 사용하고자 하면 추가적인 타당화가 필요하다. 한편, 성중독에 대한 평가 상황에서 사람들은 자신의 응답에 대한 수치심 등으로 인해 대면 검사 상황에서 솔직하게 답을 하지 않는 경향이 있다. 이에 온라인으로 실시할 수 있도록 검사의 제작과 검증을 온라인으로 실시하여 만든 검사가 있다. 온라인용 성중독 검사(송원영, 박선경, 신나라, 2016)는 총 30문항으로 구성되어 있으며, 성적 상상 및 모방충동, 일상생활장애, 내성, 일탈적 성행동 증가의 4개 요인으로 구성되어 있다.

4) 사이버 성중독

과학기술이 발전하고 인터넷이 일상화되면서 성과 관련된 자극을 얻을 수 있는 통로가 이전에 비해 훨씬 다양해졌고 접근성(accessibility)도 현저하게 증가하였다. 30대 이하의 대부분은 최초로 성에 대한 자극이나 정보를 접한 것이 인터넷을 통해서이고, 의도적으로 또는 비의도적으로(스팸메일 등) 인터넷을 통해 성에 대한 정보를 만나게 된다. 다양한 P2P 사이트를 비롯하여 모바일을 통한 사진이나 동영상의 전달도 많아지고 있다. 최근에는 기술의 발달과 더불어 채팅, 개인방송, 화상통화 등을 이용하거나 나아가 3D, 가상현실, AI와 신체자극을 연결하려는 시도까지도 이루어지면서 사이버 성중독은 점차 심해질 것으로 예측

표 4-17 남자 청소년용 사이버 음란물 중독 척도

1. 사이버 음란물을 보다가 해야 할 일들을 하지 못한 적이 있다.
2. 사이버 음란물에 지나치게 접촉하다 보니 학교 성적이나 업무능률이 떨어진다.
3. 사이버 음란물이 자꾸 눈에 어른거려 공부 집중에 어려움을 느낀다.
4. 사이버 음란물을 보거나 찾는 데 많은 시간을 보내는 것이 익숙하다.
5. 외우고 있는 음란사이트, 카페, 블로그 주소 등이 있다.
6. 사이버 음란물 중에 선호하는 장르(유형)가 있다.
7. 가족, 친구들과 함께 있는 것보다 사이버 음란물을 보는 것이 더 즐겁다.
8. 사이버 음란물 이용을 줄여야 한다는 생각이 끊임없이 든다.
9. 사이버 음란물을 그만 보려 노력했지만 실패했다.
10. 사이버 음란물을 보기 시작하면 스스로 멈추기 어렵다.
11. 사이버 음란물을 볼 수 없게 된다면 견디기 힘들 것 같다.
12. 점점 더 새롭거나 자극적인 사이버 음란물을 찾게 된다.

출처: 박선경, 송원영(2014).

된다.

　사이버섹스 중독검사(Cybersex Addiction Inventory: CAI)는 인터넷중독에 대한 연구의 대가인 Young(2002)이 제작한 것으로, 총 20문항으로 구성되어 있고, 사이버섹스에 대한 다양한 중독증상을 측정한다. 우리나라에서 개발된 남자 청소년용 사이버 음란물 중독 척도(박선경, 송원영, 2014)는 금단, 일상생활장애, 내성에 대하여 각각 4문항씩 총 12문항으로 구성되어 있다. 내적 합치도는 전체 문항에서 .90, 각 소척도는 .81~.83으로 적절한 수준으로 검증되어 있다.

5) 관계중독

　관계중독은 사람들과의 관계, 주로 로맨틱한 관계에 끊임없이 빠져 있기를 바라는 현상을 말한다. 관계중독에 빠지면 자신에게 해가 되는 관계라 하더라도 상대방과 함께 있어야 한다는 강박감에 사로잡혀 사랑에 대한 감정이나 행동을 통제할 수 없게 된다(Martin, 1990). 이는 흔히 사랑중독, 연애중독이라고 불리기도 한다. 관계중독 역시 DSM-5에 등록

220

되지는 않았으나, 실제 현장에서는 많이 발견되는 현상으로 중독 관련 분야에서는 흔히 언급되는 문제이다. 이들은 항상 누군가와 연애감정을 갖거나 새로운 만남에 대한 기대로 들떠 있다. 생리학적으로는 도파민, 옥시토신, 아드레날린, 엔도르핀과 같은 흥분성 또는 마약성 신경전달물질들이 이에 관여하고 있는 것으로 설명된다. Ann Smith는 〈오늘의 심리학(Psychology Today)〉[4]에서 관계중독에 대한 질문으로 다음 문항들을 나열했다.

- 누군가가 당신을 '특별한 방법'으로 사랑한다면 당신의 여생이 행복할 것이라고 생각한 적이 있습니까?
- 노래나 영화, 소설에서와 같은 방식으로 당신이 사랑에 빠질 것이라는 생각에 몰입하고 있습니까?
- 지금 당장 사랑이 필요해서 실제로는 좋아하지 않는 사람에게 사랑하는 것처럼 말하려고 시도한 적이 있습니까?
- 교제의 초반에 파트너가 당신과 맞지 않아서 관계를 끝내는 것을 받아들이는 대신, 파트너를 도와주거나 변신시켜야겠다는 필요성을 느낀 적이 있습니까?
- 혼자 있는 것을 견딜 수 없어서 좋지 않은 관계를 유지하거나 헤어진 연인에게 반복적으로 되돌아가곤 합니까?
- 진지하게 교제하는 중에도 보다 잘 맞는 사람이나 과거의 연인들을 떠올리며 그 사람과 지내는 것이 더 행복했을 것이라고 공상을 합니까?
- 사랑을 설명하기 위해 '천생연분(소울메이트)'이라는 단어를 사용합니까?
- 18세 이후 누군가와 사귀지 않거나 로맨틱한 관심으로 조마조마하지 않은 시간이 얼마나 됩니까?
- 관계가 끊어진 후 새로운 사람을 찾아 연인으로 대체하지 않고 일정 기간 마음을 돌이키고 치유하기 위한 시간을 가질 수 있습니까?
- 당신의 애인이 당신을 사랑한다고 느끼거나 당신을 사랑스럽다고 느낄 것이라고 기대합니까?

---

4) www.psychologytoday.com

관계중독은 흔히 어린 시절 성장 과정에서 자신에 대한 가치감을 제대로 부여받지 못한 사람들이 좌절된 돌봄과 사랑, 보호에 대한 욕구를 다른 사람들을 통해 얻고자 하는 것으로 설명된다. 이들은 고통스러운 관계에서도 자신의 욕구를 채우기 위해 그 관계를 지속하는 경향성이 있는데, 이는 오히려 어린 시절의 불행을 재경험하는 결과를 가져오게 된다.

6) 성중독과 관계중독 상담

상담에는 다양한 방법이 있으며, 동기강화나 재발방지와 같은 비교적 공통된 상담 방법도 현장에서는 많이 사용한다. 여기에서는 성중독을 해결하고자 하는 동기가 있는 사람을 대상으로 하여 성중독 및 관계중독에 특화된 상담법을 중심으로 소개하도록 하겠다.

(1) 인지행동치료

인지행동치료는 성중독 상담에서 가장 많이 사용되는 기법이다. 선행 사건을 분석하고 강화 패턴을 찾으며, 합리적인 사고를 통해 삶의 균형을 되찾는 것 등을 목표로 한다.

첫 번째 기법으로는 자기통제를 위해 비용을 산출하는 기법이 있다. 성중독에 빠진 사람들은 점차 성적 활동에 돈을 쓰기 시작한다. 잡지를 구매하거나 성매매, 유사성행위에 비용을 지불하게 되고, 온라인 음란물 역시 처음에는 무료로 사용하다가 점차 유료 콘텐츠를 구입하게 된다. 폰섹스나 성인방송, 성적 내용을 방송하는 VJ에게 돈을 사용하고, 유료 클럽이나 온라인 섹스 동호회의 오프라인 모임 등에 나가서 점차 많은 돈을 사용하게 된다. 따라서 성중독에서 벗어나고자 하는 동기가 있는 사람이라면 자신의 지출에 대한 점검표를 만들 필요가 있다. 실제 수입 대비 성중독으로 인해 사용하는 지출에 대한 대차대조표를 솔직하게 만들어 보는 것이다. 관계중독의 경우 다른 사람, 특히 이성의 마음을 사기 위해 지출하는 비용, 거절당하지 않기 위해 구입하는 물건, 화장품이나 패션용품 등도 모두 적어 본다. 막연하게 생각하는 것보다 훨씬 많은 지출이 있다는 것을 발견하게 되고, 경제적인 이유 때문에라도 중독에서 벗어나야겠다는 생각을 다시 하게 된다. 경제적 지출에 대한 리스트가 완성되면, 업무나 경력상의 문제로 인한 간접 비용, 대인관계에서의 손해, 건강, 시간 등 다양한 영역에서의 지출이 얼마나 되는지를 추가적으로 산출해 본다.

둘째, 성중독에서 벗어났을 때의 이익과 손해, 성중독을 유지할 때의 이익과 손해에 대한 손익분석을 실시한다. 사실, 성중독이나 관계중독으로 인해 단기적으로 얻는 이익이 없는 것은 아니다. 힘든 일상에서 잠시라도 위안을 얻을 수 있거나 외로움을 잊을 수 있는 등의 이점이 있다. 상담자는 중독이 무조건 나쁘다는 태도를 취하기보다 실제 이익이 있을 수도 있음을 받아들이고 그에 대해 충분히 이야기하도록 해야 한다. 그래야 내담자가 자신의 판단과 달리 '옳은 대답'만을 해야 한다는 부담에서 벗어나게 된다.

셋째, 삶의 목표를 정하고, 그를 이행하기 위한 단기 목표와 장기 목표를 정한다. 중독으로 인해 끌려 가는 삶의 모습에 만족스러운 사람은 거의 없다. 따라서 자신의 목표를 세우기 위해 나는 내 시간을 어떻게 쓰기 원하는가, 나는 어떻게 살기 원하는가, 나에게 중요한 것은 무엇인가, 내가 걱정하는 것은 무엇인가, 성 이외에 나에게 만족과 기쁨을 주는 것은 무엇인가 등의 질문을 스스로에게 해 보도록 한다. 그러고 나서 단기 목표로 일주일에서 한 달 사이에 지킬 수 있는 목표를 세운다. 예를 들면, 음란물 다운로드 줄이기, 퇴근 후 곧장 집으로 가기, 유료 음란사이트 탈퇴하기 등이 있다. 장기 목표로는 자신의 삶에서 다른 만족(강화)을 얻을 수 있는 계획을 세우는 것이 있다. 예를 들면, 제대로 된 연애하기, 취미활동을 개발하여 여가시간을 잘 활용하기, 성적 행동에 돈을 사용하지 않기 등이다.

넷째, 자신이 과도한 성적 행동을 하기 직전 어떤 일이 있었는지를 검토하여 선행 사건을 분석해 보는 것이다. 다시 말해, 성에 대한 중독적 활동을 하게 될 때, 직전에 있었던 일들과 생각을 살펴보는 것이다. 예를 들면, 어떤 사람은 직장에서 일이 잘 되지 않거나 상사에게 야단을 맞고 난 후, 불편감에서 벗어나기 위해 포르노그래피를 틀어 놓고 자위를 하거나, 유사성행위 업소를 찾아갈 수 있다. 반드시 원나잇을 하겠다는 결심으로 클럽에 갈 수도 있다. 이는 성중독과 관련된 행동을 일으키는 고위험 상황에 대한 분석을 가능하게 하며, 각각의 의사결정 시기를 확인하게 되면 다른 방식의 대처행동을 찾는 등의 개입으로 이어질 수 있다.

다섯째, 성중독을 지지하는 자신의 인지를 검토하는 것이다. 기분이 좋지 않을 때는 성적 행동으로 풀어 줘야 한다든가, 괴로운 인생에 이런 것도 즐길 권리가 없다면 말이 안 된다든가, 범죄를 저지르는 것은 아니라든가(또는 이건 무시할 만한 범법행위이다, 법이 잘못된 것이다) 하는 것들이다. 이러한 인지에는 과잉일반화, 흑백논리, 결론으로 건너뛰기, 독심술, 합리화 등의 왜곡이 있기 마련이므로 어떤 왜곡이 있는지를 살피고, 이를 합리적인 생각으로 바꾸는 것이 인지치료의 핵심 중 하나이다.

여섯째, 대처카드 및 대처전략의 개발이다. 대처카드는 자신의 결심을 떠올릴 수 있는 문구를 써서 소지하고 있다가 성적인 충동이 발생할 때 꺼내 보는 것이다. 대처카드는 단어나 경구의 형태일 수 있고, 대처방법에 대한 메모일 수도 있다. 문제해결법 등을 통해 자신에게 맞는 대처전략을 개발하고, 이를 함축적으로 나타낼 수 있는 말로 대처카드를 만들어 항상 소지하며 살펴보도록 하는 것은 실제 상황에서의 재발을 막는 데 큰 도움이 된다.

마지막으로, 성중독에 영향을 미칠 수 있는 다양한 요인들에 대한 상담을 진행한다. 성중독자들에게 특히 영향을 미치는 정서는 외로움과 우울이고, 불안이나 분노 등의 다른 감정역시 이들의 자기통제력을 약화하는 중요한 요인이다. 따라서 정서를 조절할 수 있는 개입을 하는 것은 필수적이다. 또한 가족을 비롯한 대인관계에서의 스트레스 역시 성중독자들이 취약한 영역이다. 따라서 대인관계에서 스트레스를 조절하는 법, 이를 위해 본인의 자존감을 높이고 덜 상처받도록 하는 방법, 자기주장 훈련 등의 개입이 필요하다.

(2) 행동치료

인지행동치료에 행동치료적 요소가 포함되어 있으나 보다 전형적인 행동치료 기법을 소개하기 위해 이를 분리하여 설명하면 다음과 같다. 성중독의 요소에서 강력한 강화물은 오르가슴에 따르는 쾌감이다. 이 쾌감을 얻기 위해 이전에 효과가 있었던 행동을 계속하여 강화를 받는 것이 성중독자들이 성적 행위를 반복하는 이유이다. 그리고 성적 쾌감과 연합되어 있는 내적 자극들로는 성적 공상이 있다. 많은 경우 성중독이 있는 사람들은 특정한 상황(예, 공공장소 또는 강압적 상황)이나 대상(10대 또는 특정 직업), 방식(예, 가학적/피학적, 페티시)에 따라 이를 떠올리거나 수행하면서 쾌감이 증대되는 경향이 있다. 이러한 것이 지나치게 발전하여 성적 만족의 필수요소가 되면, 변태성욕으로 빠지게 되곤 한다. 따라서 이러한 성중독 패턴을 수정하기 위해서는 성적 공상을 다루는 것이 필수적이다. 이를 위해 포만, 강화, 소거 등의 방법을 활용한다.

첫째, 포만(satiation)의 경우 자신이 가지고 있는 성적 공상을 최대한 자세하게 서술하도록 한 다음, 이를 자신의 목소리로 녹음하여 반복해서 듣는다. 만드는 과정에서는 공상을 묘사하는 것이 자극적일 수 있으나, 자신의 목소리로 이야기하는 것을 반복해서 듣다 보면 점차 어색하고 지겨워지며 나중에는 싫고 괴로운 일이 된다. 이를 포만이라 한다. 이 과정을 통해 생각이 언어적으로 정리되기 때문에 바로 자신의 목소리로 말하는 것과 같은 경험을 불러일으키므로, 향후 포만된 사고가 떠오르게 되면 부정적이고 지겨운 느낌이 들게 되는 것이다.

둘째, 강화의 경우 자위를 과제로 부과하되 일탈적인 성적 사고를 하지 않고 오르가슴(또는 사정)에 이르도록 하는 자위 재조건화(masturbatory recondition)를 실시한다. 성중독에 이를 정도인 경우 대개는 일탈적인 상상을 해야 성적인 쾌감을 얻은 경우가 많다. 일탈적인 상상이나 변태적인 행위 이후에 오르가슴에 오르는 것은 그 상상이나 행위를 강화하는 것이기 때문에, 이제는 일반적인 상상을 통해 자위를 하고 쾌감을 얻는 연습을 해야 한다. 상담의 초반에는 일탈적인 형태가 아니고는 성적 각성이 이루어지지 않기 때문에 때때로 일탈적인 상상을 통해서 흥분기와 고조기로 진행하는 것을 허용할 수 있다. 다만, 오르가슴(사정) 직전에는 일반적인 상상을 하여야 그에 대한 강화가 체득된다.

셋째, 소거의 절차를 진행할 수 있다. 남성의 경우 사정을 하고 나면 일정 시간 성적인 욕구에 반응하지 않는 무반응기가 있다. 무반응기에는 직접적인 성기 자극을 비롯한 성적인 자극이 아무런 효과가 없다가, 이 시기가 지나면 다시 반응하고 성적 각성이 시작된다. 무반응기의 시간은 개인에 따라 다르고 나이에 따라서도 다르다. 무반응기를 활용하여 소거를 하는 방법은 다음과 같다. 사정을 하고 난 후 자신이 가지고 있는 일탈적인 상상이나 중독으로 이끄는 상상을 하면서 자위를 한다. 무반응기이기 때문에 기존에 쾌감을 줬던 일탈적인 상상이 아무런 강화를 받지 못하게 되면서 소거의 절차가 진행된다. 이 방법을 자위 재조건화와 함께 진행하여 그 효과를 극대화한다.

(3) 익명의 성중독자 12단계 치료

익명의 성중독자(Sexual Addicts Anonymous: SAA)는 익명의 알코올중독자(AA)에서 파생된 중독 치료 자조모임이다. 앞서 알코올중독에서 살펴보았듯이 AA는 알코올중독의 회복에 큰 영향을 미친 자조모임이고, 실제 중독을 경험한 사람들이 자발적으로 모이는 모임이다. SAA 역시 동일하게 성중독을 경험한 사람들이 직접 조직과 운영을 맡는다. 시작 단계에서는 전문가가 구성을 도울 수 있으나 자리를 잡기 시작하면 빠지거나 참관을 하는 정도로 물러서게 된다. SAA의 12단계는 다음과 같다(서울중독심리연구소, 2011).

• 1단계: 우리는 우리가 성중독에 무력하여 우리의 생활이 엉망이 되었음을 인정하였다.

즉, 우리는 스스로 우리의 삶을 관리할 수 없었다.

- 2단계: 우리는 우리보다 위대하신 힘이 우리를 온전한 정신으로 회복시킬 수 있다는 것을 믿게 되었다.
- 3단계: 우리가 위대한 힘을 이해했던 대로, 우리의 의지와 생활을 신의 보살핌에 맡기기로 결정하였다.
- 4단계: 우리는 철저하고 용기 있게 우리의 도덕적 일람표를 작성하였다.
- 5단계: 우리는 우리 잘못들의 정확한 본질에 대해서 신에게, 우리 자신에게, 그리고 다른 사람들에게 인정하였다.
- 6단계: 우리는 신께서 우리 성격의 이러한 모든 결점들을 제거해 주시도록 온전히 준비하였다.
- 7단계: 우리는 겸손히 신에게 우리의 결점들을 제거해 주실 것을 요청하였다.
- 8단계: 우리는 우리가 해를 끼친 모든 사람들의 명단을 작성해서 그들에게 기꺼이 보상하게 되었다.
- 9단계: 우리는 보상하는 것이 그들 혹은 타인에게 상처를 주는 경우가 아니라면 가능한 한 직접 보상하였다.
- 10단계: 우리는 개인 일람표를 계속 작성하였으며 우리가 잘못했을 경우 즉시 그것을 인정하였다.
- 11단계: 우리는 신과의 의식적인 접촉을 향상시키기 위해서 기도와 명상을 열심히 하였다. 우리가 신을 이해했듯이 우리를 향한 신의 뜻을 알고 그것을 실행할 힘을 주시길 기도하였다.
- 12단계: 이 단계들의 결과로 영적인 각성을 얻은 우리는 다른 성중독자들에게 이 메시지를 전달하고, 우리의 삶에서 이러한 원칙들을 실천하려 노력하였다.

SAA는 흔히 남성과 여성으로 구분되어 운영되기도 하나 혼성으로 운영되는 경우도 있으며, 이는 각 지역에서의 상황과 운영자들에 의해 자율적으로 결정된다.

5. 기타 다양한 중독

1) 일중독

(1) 정의 및 발달사

일중독(workaholic)은 정신의학에서 상대적으로 최근에 등장한 개념으로, 다른 행동중독과 달리 다양한 문화권에서 일에 우선순위를 두는 것을 긍정적으로 바라본다. 물론, 직업생활에서 보람을 느끼는 것은 개인의 삶의 질을 높이고 재정적 안정을 유지하는 데 필수적이다. 하지만 과도하고, 강박적이고, 심지어 자신의 신체적·정신적 건강을 해치는 방식으로 일하는 사람도 상당수 존재한다. 실제로 우리나라의 경우, 여가생활이나 자기관리에 투자하는 시간은 하루 평균 14.7시간으로 OECD 평균(14.91)과 비슷한 수준이지만, 일주일에 50시간 이상 일하는 사람의 비율은 23.12%로 OECD 회원국 중 세 번째로 많은 것으로 나타났다(OECD, 2016). 현대 사회에서 일은 삶을 살아가는 데 필수적이고 중요하기 때문에 단순히 일하는 시간을 기준으로 일중독을 평가하기는 어려울 것이다. 그렇다면 무엇을 일중독이라고 부를 수 있는지 알아보자.

'일중독'이라는 용어의 기원에 대해 살펴보면, 일중독은 Oates(1971)가 워커홀리즘(workaholism)이라는 용어를 자신의 책 『Confessions of a Workaholic』에 소개하면서 처음으로 사용되었다. 그는 일중독을 "끊임없이 일을 하고자 하는 욕구나 일에 대한 강박적인 충동을 통제하지 못하는 것"으로 정의하였는데, 이러한 특징이 알코올리즘(alcoholism)과 유사하다고 보고 워커홀리즘이라는 표현을 사용하였다. Oates(1971)에 의해 workaholism이라는 용어가 등장한 이래로 일중독은 워커홀리즘, 일중독(work addiction), 과도하게 일하는 것(excessive work) 등의 용어로 혼용되어 왔고, 여러 학자에 의해 일중독을 개념화하는 다양한 방식이 제시되었다. Korn, Pratt와 Lambrou(1987)는 일중독자를 과도하게 수행하는 사람(hyperperformer)으로 보았으며, Robinson(2000b)은 개인이 자신의 정서 및 개인적 삶에 대한 생각을 멈추기 위한 방안으로 일하는 것을 선호할 때 일중독이 발생한다고 주장하였다. 또한 일중독자를 불행하고 자신의 일을 잘 수행하지 못하는 강박적인 사람으로 보는 학자(Flowers & Robinson, 2002; Porter, 2001)도 있었으며, Taris, Geurts, Schaufeli, Blonk와

Lagerveld(2008)는 일중독이 일을 과도하게 열심히 하는 것(working excessively hard)과 같은 행동적 요소와 일에 집착하는 것(being obsessed with work)과 같은 심리적 요소로 이루어져 있다고 주장하였다.

하지만 서두에서 밝힌 것처럼, 자신의 일에 열정을 다하는 것은 직장 및 사회에서의 성공과 개인의 삶에 안정을 가져다주기 때문에 일중독의 부정적인 측면과 긍정적인 측면을 함께 고려해야 한다는 시각도 존재한다. Scott, Moore와 Miceli(1997)는 일중독자를 완전히 성취지향적이고, 완벽주의적이고, 강박적으로 의존하는 성향을 지닌 사람으로 보았으며, Machlowitz(1980)는 일중독자를 일에 대한 열정이나 동기가 높은 사람으로 보았다. 반면에, 다른 학자는 일중독의 부정적인 측면을 강조하였는데, Killinger(1992)는 일중독을 부정적이고 결과적으로 개인이 기능할 수 있는 능력을 저조하게 만드는 복잡한 과정이라고 보았다. Griffiths(2005b)는 일중독자가 인정과 성공을 얻기 위한 강박적인 욕구를 지닌 것으로 보이지만, 이러한 욕구가 판단능력의 손상과 성격의 와해(붕괴)를 초래한다고 보았다.

최근에는 일중독이 긍정적 측면과 부정적 측면을 함께 지니고 있다는 관점에서 벗어나 일중독자와 '열심히 일하는 사람(engaged worker)'을 구분하려는 시도를 하고 있다. 즉, 지금까지 논의된 일중독의 특성 중에서 긍정적인 측면에 대해서는 '열심히 일하는 사람'으로 칭하고, 일중독은 강박성과 엄격성 같은 부정적인 측면을 강조하는 것이다. 이러한 관점에서는 일중독과 '열심히 일하는 사람' 모두 일에 몰두하고 일을 열심히 한다는 점에서 공통점이 있지만, '열심히 일하는 사람'은 주로 일을 통해 즐거움을 느끼는 반면에, 일중독자는 주로 다른 중독에서 나타나는 것과 유사하게 강박적인 욕구로 인해 일을 하는 것으로 본다. 이처럼 열정을 가지고 일을 하는 것과 진정한 일중독을 구분하기 위해서는 일중독의 명확한 기준이 정립되어야 할 것으로 보인다.

(2) 유병률

일중독은 아직까지 체계적인 진단 기준이 마련되어 있지 않고, 이를 평가하는 측정도구가 다양하여 유병률을 정확하게 추정하는 데 어려움이 있다. 이러한 한계점으로 인해 일중독의 유병률에 관한 초기 연구에서는 자기보고식 설문을 통해 자신이 일중독인지 물어보거나 일하는 시간을 측정함으로써 유병률을 간접적으로 알아보았다. 예를 들면, Matuska(2010)는 2005년에 실시된 캐나다의 국민조사 결과를 토대로 캐나다 노동인구의

1/3이 일중독이라고 보고하였고, Sussman(2012)은 미국 노동가능인구의 약 8~17.5%가 일중독이라고 추정하였다. 16가지 중독행동을 평가하는 SPQ(Short PROMIS Questionnaire)를 활용한 연구(MacLaren & Best, 2010)에서는 대학생의 12.4%가 일중독이라고 보고하였고, 일중독 위험검사(Work Addiction Risk Test: WART)를 활용한 연구에서는 고등학생의 8.5%(Villella et al., 2011)가 일중독인 것으로 나타났다. Bergen 일중독 척도(Bergen Work Addiction Scale: BWAS)를 활용한 연구에서는 노르웨이 노동인구의 8.3%가 일중독인 것으로 보고되었다(Andreassen et al., 2014).

최근에는 유병률을 추정할 수 있는 보다 정교한 방식이 등장하였는데, '다방면 중독행렬(multi-addiction matrix)' 방식이다. 이는 Cook(1987)이 최초로 제안한 방식으로, 중독에 대한 구체적인 정의와 엄격한 기준을 제시하고 섹스, 관계, 일 등과 같은 행동에 중독되어 있다고 느끼는지 물어보는 것이다. 이 방식을 적용한 Sussman, Pokhrel, Sun, Rohrbach와 Spruijt-Metz(2015)의 연구에 따르면, 고등학생의 19.6%가 평생에 한 번이라도 일에 중독된 적이 있다고 보고하였고, 최근 30일 동안에는 15.8%가 일에 중독된 적이 있다고 보고되었다. 한편, 메타분석을 활용한 연구(Sussman, Lisha, & Griffiths, 2011)에서 일중독의 유병률은 약 10%인 것으로 추정되었다.

일중독의 유병률은 직업에 따라 상이한 것으로 보고되었는데, 전문 경영인은 16%가 일중독이었고(Burke, 2000), 여성 변호사, 의사, 정신건강 서비스 관련 종사자는 25%가 일중독인 것으로 밝혀졌다(Sussman, 2012).

(3) 임상적 특징

앞에서 논의했던 것처럼 일중독을 정의하고 개념화하는 방식은 학자마다 다양하고, 일중독의 부정적 측면만을 강조하는 학자와, 부정적 측면과 긍정적 측면을 함께 고려하는 학자로 나뉘어 일중독이 지닌 임상적 특징에 대해 명확하게 이해하는 데 어려움이 있다. 하지만 다수의 연구에서는 일중독을 암묵적 및 명시적 규준에서 요구하는 것 이상으로 오랜 시간 일을 하고, 자기 스스로 일에 몰두하고 탐닉하고 있는 만성적인 패턴(Andreassen, Griffiths, Hetland, & Pallesen, 2012)으로 보는 등 일중독의 부정적인 측면에 초점을 두고 있다. 따라서 일중독을 보다 명확히 이해하기 위해서는 기존의 연구에서 제시한 일중독의 부정적 측면에 보다 관심을 두고, 긍정적인 측면을 지닌 '열심히 일하는 사람'과 구분할 필요가 있다.

먼저, 일중독의 특징에 대해 살펴보면, 일중독이 다양한 하위 개념으로 구성된 복잡하고 다차원적인 개념이라는 인식이 일반적이다. Flowers와 Robinson(2002)은 일중독자와 학생을 대상으로 일중독 위험검사(WART)의 판별력을 분석하였는데, 다섯 가지 하위 차원 중에서 강박적 성향(compulsive tendencies), 통제(control), 소통의 어려움/자기몰두(impared communication/self-absorption)가 일중독을 판별하는 데 강력한 영향력을 지니는 것으로 나타났다. 이들의 연구 결과에 따르면, 일중독자는 수많은 시간을 일하는 데 투여하고 상황을 완벽히 통제하려고 하지만 통제력을 상실하게 되었을 때 심리적 불편감을 느끼게 되며, 현재에 집중하지 못하고 미래에 대해 걱정하고 계획하려는 성향을 지니고 있는 것으로 볼 수 있다.

Griffiths(2011)는 일중독의 개념이 중독에서 파생된 것이기 때문에 일중독은 그가 제시한 중독의 핵심 6요인(Griffiths, 2005a)과 긴밀하게 연결되어 있을 것이라고 주장하였는데, 이러한 관점은 Griffiths와 Karanika-Murray(2012)에 의해 지지되었다. 이와 더불어, Griffiths(2005a)와 Leshner(1997)는 중독행동이 일반적으로 어떤 종류의 건강 혹은 기타 문제를 유발한다고 주장했는데, Andreassen, Griffiths, Hetland와 Pallesen(2012)은 이들의 주장을 반영하여 Griffiths(2005a)가 제시한 6요인에 '문제(problem)' 요인을 추가하여 총 일곱 가지 하위 요인으로 구성된 일중독 척도를 개발하였다. Griffiths(2011)는 기존의 6요인으로 일중독의 특징에 대해 설명하였지만, 최근에는 Andreassen 등(2012)처럼 핵심 6요인에 문제 요인을 더하여 일곱 가지 요인으로 중독을 설명하려는 관점이 주를 이루고 있어, 일중독에서 나타날 수 있는 적응상의 문제는 다음과 같이 요약될 수 있을 것이다.

- **현저성**: 개인의 삶에서 일이 가장 중요한 활동이 되어 개인의 생각(몰두와 인지왜곡), 감정(갈망), 행동(사회적 행동의 황폐화)을 지배한다.
- **기분조절**: 망연자실할 것 같은 기분이나 도망치고 싶은 기분을 안정시키고, 활기찬 기분을 느끼기 위해 일을 한다.
- **내성**: 이전의 기분조절 효과를 경험하기 위해 더 많은 양의 일을 하는 것으로, 결국에는 개인으로 하여금 대부분의 시간을 일을 하는 데 보내게 만든다.
- **금단**: 아프거나 휴일로 인해 일을 하지 못하게 되면 기분이 나빠지거나 신체적인 영향(손 떨림, 변덕스러움, 성급함)을 받는다.

- **갈등**: 지나치게 많은 시간 동안 일을 하여 주변 사람(대인관계 갈등), 다른 활동(사회생활, 취미, 흥미), 개인 내 갈등(개인 내적 갈등, 통제력 상실에 대한 주관적인 느낌)을 경험한다.
- **재발**: 과도하게 일했던 초기의 패턴으로 반복적으로 회귀하는 것으로, 일하는 패턴이 아무리 극단적이었을지라도 일을 줄이려고 통제했던 기간 이후에 신속하게 원래의 상태로 되돌아온다.
- **문제**: 과도한 일로 인하여 수면, 웰빙 등 건강과 관련된 문제가 발생한다.

한편, 몇몇 학자는 일중독의 하위 차원이나 요인을 토대로 일중독의 유형을 나누려고 시도하였다. Spence와 Robbins(1992)는 일 몰입도(work involvement), 욕구(drive), 일에 대한 즐거움(enjoyment of work)이라는 세 가지 차원으로 일중독을 설명하면서, 각 차원의 고저 차원을 조합하여 여섯 가지 유형을 제안하였다. 이들은 군집분석을 통해 여섯 가지 유형을 일중독과 일중독이 아닌 유형으로 구분하였는데, 이 중 일중독자(workaholic), 일 열정자(work enthusiast), 열정적인 일중독자(enthusiast workaholic)가 일중독으로 분류되었고, 환멸을 느끼는 노동자(disenchanted worker), 여유로운 노동자(relaxed worker), 열심히 일하지 않는 노동자(unengaged worker)는 일중독이 아닌 유형으로 분류하였다. Buelens와 Poelmans(2004)는 Spence와 Robbins(1992)가 제시한 여섯 가지 유형에 더해 마지못해 열심히 일하는 노동

표 4-18 ┃ Spence와 Robbins(1992)가 제시한 일중독의 하위 유형

유형	일중독의 하위 차원		
	일 몰입도	욕구	일에 대한 즐거움
열정적인 일중독자	높음	높음	높음
일중독자	높음	높음	낮음
일 열정자	높음	낮음	높음
마지못해 열심히 일하는 노동자	높음	낮음	낮음
동떨어진 전문가	낮음	높음	높음
환멸을 느끼는 노동자	낮음	높음	낮음
여유로운 노동자	낮음	낮음	높음
열심히 일하지 않는 노동자	낮음	낮음	낮음

자(reluctant hard worker)와 동떨어진 전문가(alienated professional)라는 두 가지 유형을 추가적으로 제시하였다. 마지못해 열심히 일하는 노동자는 오로지 외부 압력에 의해서 열심히 일하는 사람으로 일을 덜하는 것을 매우 선호하는 유형이고, 동떨어진 전문가는 자신의 취미나 전문적인 기술에 전념하지만 직장이나 일에는 헌신하지 않는 유형이다. 〈표 4-18〉에 여덟 가지 일중독 유형에 대해 정리하였다.

Scott 등(1997)은 일중독자의 행동패턴을 강박-의존성(compulsive-dependent), 완벽주의(perfectionism), 성취지향(achievement orientation)의 세 가지로 구분하였다. 강박-의존성 일중독자는 문자 그대로 일에 의존하고 있거나 강박적인 충동을 느끼는 것으로, 처음에 계획했던 것보다 더 많이 일하는 것이 특징이다. 이들은 사회적 혹은 신체적 문제가 있음에도 계속해서 일을 하며, 자신이 일을 과도하게 하는 것을 인식하고 있지만 이를 시키거나 통제할 수 없다. 완벽주의 일중독자는 여가활동이나 친구관계를 배제하고 일을 하는 것이 중요하다고 생각하고, 종종 일을 장악하고 권력을 얻기 위해 공격적으로 행동하기도 하며, 세부사항, 규칙 등에 집착하기도 한다. 성취지향 일중독자는 사회경제적 지위의 상승이나 성취동기로 인해 일을 하는 것으로 경쟁심, 성급함, 공격성 등과 같은 특성을 보인다. Scott 등(1997)은 세 가지 유형에 따른 잠재적인 결과에 대해 모형을 제시하기도 하였다([그림 4-3] 참조).

Robinson(2000a)은 일의 시작 단계와 완료 단계에서의 수준에 기초하여 네 가지 유형의 일중독을 제시하였다. 첫째, 끈질긴 일중독(relentless workaholic)은 일을 강박적이고 지속적으로 하여 시작 단계와 완료 단계 두 차원의 특성이 모두 높다. 둘째, 폭식하는 일중독(bulimic workaholic)은 일의 시작에서 나타나는 중독의 수준은 낮지만 일의 완료 단계에서는 수준이 높은 것으로, 일을 완료하기에는 거의 불가능한 마감기한을 남겨 두고 일을 끊임없이 지연하는 것과 정신 없이 일하는 것 사이에서 갈팡질팡한다. 셋째, 주의결핍 일중독(attention deficit workaholic)은 일의 시작 단계에서 중독의 수준이 높고 완료 단계에서는 낮은데, 이들은 많은 프로젝트를 완료하지 못하고 쉽게 지겨워하며 지속적으로 새로운 자극을 찾는다. 넷째, 음미하는 일중독(savoring workaholic)은 두 차원 모두에서 중독 특성이 낮으며 일을 천천히 하고 결과보다는 과정을 중시한다. 이들은 일을 연장할 정도로 일을 음미하며, 심지어 불필요한 일을 만들어 내기도 한다.

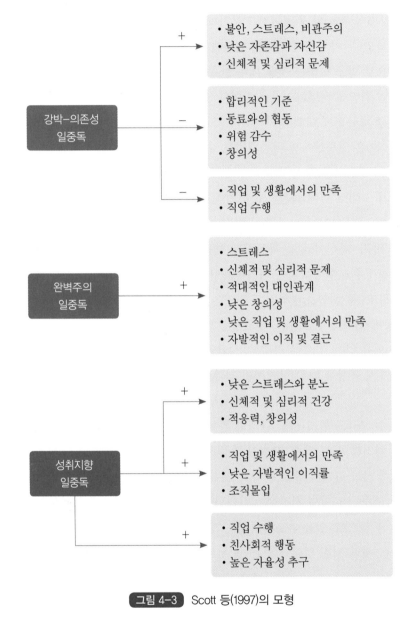

그림 4-3 Scott 등(1997)의 모형

(4) 동반질환

Shaffer 등(2004)은 물질이든 행동이든 무언가에 중독이 되면 보상체계의 변화를 경험하게 되고, 이로 인해 평소에 자주 접하던 물질이나 행동과 관련된 새로운 중독이 발달할 가능성이 높아진다고 주장하였다. 이런 관점에서 볼 때, 우리가 일을 할 때 흔히 마시게 되는 커피는 각성수준을 유지해 주고 생산성을 높여 줘서 일중독과 관련이 깊을 것으로 보이는데, 실제로 Porter와 Kakabadse(2006)의 연구에서 일중독과 커피를 마시는 행동은 흔히 함께 일어나며 그 정도를 서로 강화해 주는 것으로 밝혀졌다. 일중독과 다른 질환의 공병에 대한 연구는 부족한 편이지만, Carnes(1991)의 연구에서 성중독의 23%가 일중독인 것으로 나타났고, 일중독은 불안, 우울, 스트레스 관련 신체증상과 관련이 있는 것으로 보인다(Robinson, 2007). 또한 Mudrack(2004)의 연구에서 일중독은 강박적인 성격 유형과 관련이 있는 것으로 나타났으며, 일중독자 중에서 20%는 다른 물질 및 행동중독을 함께 겪고 있는 것으로 밝혀졌다(Sussman et al., 2011). 최근에는 인터넷 기술의 발달과 컴퓨터의 보급화로 인해 대다수의 직업에서 컴퓨터와 인터넷은 일을 수행함에 있어 필수적인 요소가 되었는데, 이와 같은 높은 관련성 때문인지 Quinones, Griffiths와 Kakabadse(2016)는 인터넷중독을 일중독을 유발하는 선행 요인으로 보기도 하였다.

(5) 원인

일중독의 원인을 규명하려는 연구가 활발히 이루어지지는 않았지만, 일중독을 유발하는 요인은 다양할 것으로 보인다. 일중독을 설명하고자 했던 선행 연구를 살펴보면, 기질적 요인, 사회문화적 요인, 스트레스 요인, 행동 강화요인 등이 서로 상호작용하여 일중독을 초래하는 것으로 나타났다(Ng, Sorensen, & Feldman, 2007; Piotrowski, & Vodanovich, 2006).

기질적 요인으로 우선 신경생물학적 요인을 고려해 볼 수 있다. 지금껏 일중독에 대한 신경생물학적 연구는 부족한 실정이어서 어떠한 신경생물학적 요인이 일중독을 유발하는지 명확하게 파악할 수는 없지만, 대부분의 물질 및 행동중독에서 도파민, 세로토닌, 오피오이드와 같은 신경전달물질이 중독에 영향을 미치는 것으로 밝혀졌기 때문에 이러한 신경전달물질이 일중독에도 관여되어 있을 것으로 예상된다.

성격의 5요인 차원 또한 일중독과 관련이 있는 것으로 밝혀졌는데, Andreassen 등(2013)은 신경증적 성격이 불쾌한 정서를 경험하는 경향이 있기 때문에 일중독의 핵심 요소(예, 일을 하려고 하는 충동)와 매우 높은 관련이 있을 것이라고 하였고, 성실성의 경우 성취지향적인 행동이나 자기 수양을 특징으로 하기 때문에 일중독과 관련이 있을 것이라고 보았다. Andreassen, Ursin, Eriksen과 Pallesen(2012)은 완벽주의 성향을 가진 사람이 완벽하지 않은 상황에 처할 때 스트레스를 받고 양심의 가책을 느끼게 되어 이러한 감정을 해결하고자 일을 더 열심히 하게 된다고 주장하였다. 또한 일부 학자는 경쟁욕구, 자율성욕구, 관계욕구와 같은 타고난 심리적 욕구가 충족되지 않을 때 일중독으로 이어질 수 있으며, 욕구가 충족되면 일에 몰두하게 된다고 보았다(Andreassen, Hetland, & Pallesen, 2010).

사회문화적 요인으로는 모방과 관련된 요인을 고려해 볼 수 있다. Kravina, Falco, De Carlo, Andreassen과 Pallesen(2014)은 부모님, 동료, 관리자와 같이 개인에게 중요한 의미를 지니는 사람이 강박적이고 병리적으로 일을 하는 것을 지속적으로 관찰하게 된다면 일중독으로 발전할 수 있다고 하였다. 또한 경제시장과 고용환경과 같은 사회경제적 배경도 일중독에 영향을 미칠 수 있다(Andreassen, 2014).

행동 강화요인은 학습이론에 기초하여 이해할 수 있는데, 만약 개인이 어떤 일을 수행함으로써 칭찬이나 거액의 보너스를 받게 되면 그 행동의 빈도는 증가하게 될 것이다. 마찬가지로 일중독과 관련된 행동으로 인해 비난과 해고와 같은 부정적인 결과를 회피할 수 있다면 강박적으로 일하는 행동은 증가할 것이다. 즉, 중독적인 패턴으로 일을 하였을 때 긍정적인 무언가를 얻게 되거나(정적 강화) 부정적인 무언가로부터 회피할 수 있게 된다면(부적 강화) 우리는 계속해서 중독적인 패턴으로 일을 하게 될 것이고 결국에는 일중독자가 될 가능성이 있을 것이다.

(6) 평가 및 진단

Machlowitz(1980)가 일중독을 평가하기 위해 최초로 질적인 평가도구를 개발한 이후 지금까지 다양한 종류의 양적인 평가도구가 개발되어 왔다. 여기에서는 일중독을 평가하기 위한 도구가 어떻게 개발되어 왔는지 양적인 평가도구를 중심으로 알아보고자 한다.

① 일중독 위험검사(Work Addiction Risk Test: WART)

WART는 일중독을 평가하기 위해 Robinson(1989)이 개발한 최초의 양적인 측정도구로, 일중독 문제를 겪고 있는 환자와 그 가족을 대상으로 치료를 진행하고 있는 임상가의 일중독 환자에 대한 보고를 토대로 문항을 개발하였다. WART는 총 25문항으로, 강박적 성향(compulsive tendencies), 통제(control), 소통의 어려움/자기몰두(impared communication/self-absorption), 일을 맡기지 못함(inability to delegate), 자기가치감(self-worth)의 5요인으로 구성되어 있다.

② 일중독 배터리(Workaholsim Battery: WorkBAT)

Spence와 Robbins(1992)는 일중독자의 특징은 일반적으로 일에 과도하게 몰입하고, 일을 하고자 하는 내적 욕구가 높고, 일에 대한 기쁨이 낮은 것이라고 보았다. 이러한 관점에 따라, 이들은 일 몰입도, 욕구, 일에 대한 즐거움을 평가하는 자기보고식 도구로서 25문항으로 구성된 WorkBAT을 개발하였다. WorkBAT은 일중독을 평가하는 데 가장 널리 활용되고 있으나 몇몇 연구에서 일 몰입도를 평가하는 문항의 심리측정적 속성에 문제가 있음이 밝혀졌다(Kanai, Wakabayashi, & Fling, 1996; McMillan, Brady, O'Driscoll, & Marsh, 2002).

③ 네덜란드 일중독 척도(Dutch Workaholism Scale: DUWAS)

Schaufeli, Shimazu와 Taris(2009)는 일중독을 직업 활동에 수많은 시간을 보내고, 일에 강박적으로 사로잡혀 있는 것으로 보았다. 이들은 이 두 가지 영역을 반영하는 도구로 DUWAS를 개발하였는데, DUWAS는 WART의 강박적 성향에 포함된 5문항으로 과도하게 일하는 것(working excessively)을 평가하고 WorkBAT의 욕구에 포함된 5문항으로 강박적으로 일하는 것(working compulsively)을 평가한다. DUWAS는 심리측정적 속성이 양호한 것으로 밝혀졌다(Del Libano, Llorens, Salanova, & Schaufeli, 2010; Schaufeli et al., 2009).

④ Bergen 일중독 척도(Bergen Work Addiction Scale: BWAS)

Andreassen, Griffiths, Hetland와 Pallesen(2012)은 일중독에 대한 Griffiths(2005a, 2011)의 견해를 토대로 BWAS를 개발하였다. 이들은 일중독을 평가하는 기존의 도구가 중독의 핵심 요인을 기반으로 개발된 것이 아니라고 생각하여 중독의 핵심 요인을 포함하는 BWAS를 개발하였다. BWAS는 현저성(salience), 기분조절(mood modification), 내성(tolerance), 금단(withdrawal), 갈등(conflict), 재발(relapse), 문제(problem)의 7요인으로 구성되어 있으며, 각 요인은 1개의 문항으로 구성되어 있다. BWAS는 Griffiths(2005a)가 제시한 중독의 핵심 6요인을 기반으로 개발된 청소년 게임중독 척도(Lemmens, Valkenburg, & Peter, 2009), Bergen 페이스북 중독 척도(Andreassen, Torsheim, Brunborg, & Pallesen, 2012), Bergen 쇼핑 중독 척도(Andreassen et al., 2015), 공부중독 척도(Atroszko, Andreassen, Griffiths, & Pallesen,

표 4-19 Bergen 일중독 척도(BWAS)

문항	내용	요인
1	어떻게 하면 일할 시간을 낼 수 있는지 생각한 적이 있습니까? (Thought of how you could free up more time to work?)	현저성
2	처음에 계획했던 것보다 더 오랫동안 일을 한 적이 있습니까? (Spent much more time working than initially intended?)	내성
3	죄책감, 불안, 무기력감, 우울을 감소시키기 위해 일을 한 적이 있습니까? (Worked in order to reduce feelings of guilt, anxiety, helplessness and depression?)	기분 조절
4	주변 사람들이 일하는 시간을 줄이라고 얘기했지만, 그 말을 듣지 않은 적이 있습니까? (Been told by others to cut down on work without listening to them?)	재발
5	일을 하지 못하게 될 때 스트레스를 받은 적이 있습니까? (Become stressed if you have been prohibited from working?)	금단
6	일 때문에 취미, 여가활동, 운동의 우선순위가 미뤄진 적이 있습니까? (Deprioritized hobbies, leisure activities, and exercise because of your work?)	갈등
7	당신의 건강에 부정적인 영향을 미칠 만큼 일을 한 적이 있습니까? (Worked so much that it has negatively influenced your health?)	문제

2015), 스마트폰 중독 척도(김교헌, 변서영, 임숙희, 2016; 이종환, 임종민, 손한백, 곽호완, 장문선, 2016) 등과 동일한 요인으로 구성되어 있다.

(7) 치료

일중독의 치료 방법의 하나로 자조모임을 들 수 있다. 가장 대표적인 자조모임은 일중독자 모임(Workaholic Anonymous)으로, 일중독으로부터 회복하기 위해 일중독자가 자발적으로 만든 것이다. 현재는 온오프라인으로 모임을 제공하고 있으며, 이곳에서 일중독자는 자신의 경험을 공유하고 서로에게 희망을 북돋아 준다. 이 모임에서 진행하는 12단계 프로그램은 아직까지 경험적으로 그 효과가 검증되지는 않았지만, 중독이나 충동 또는 기타 문제로부터 회복하기 위해 어떻게 해야 하는지에 대한 과정과 원리로 구성되어 있다(Fry, Matherly, & Vitucci, 2006). 이 외에도 다양한 자조모임과 프로그램이 존재하는데, 대부분 집에서 일하지 말 것, 직장에 노트북을 두고 올 것, 적절한 휴식을 계획할 것 등과 같은 구체적인 행동지침을 제공한다.

일중독에 대한 전문적인 치료적 접근은 다른 중독성 질환과 마찬가지로 인지행동치료에 기반을 두고 있으며, 최근에는 동기강화상담도 활용되고 있다. 인지행동치료는 일중독자가 가지고 있는 역기능적 인지(부정적인 핵심 신념과 파국적 사고)와 그에 따른 결과에 관심을 두고 이를 재구조화한다. 즉, 대안적인 사고와 전략을 확립함으로써 기존의 역기능적 인지를 재구조화하고 정서적 불편함을 다룰 수 있게 된다(Chen, 2006). 또한 행동중독을 치료하는 데 효과적인 것으로 잘 알려져 있는 동기강화상담은 일중독을 다루는 데도 유용할 것으로 보인다. 동기강화상담에서는 자기파괴적인 일 습관을 변화시킬 수 있도록 도움을 주기 위해 일중독자의 행동과 결과에 대해 정확한 피드백을 제공해 주는 것이 중요하다(Sussman, 2012).

Holland(2008)는 일중독을 치료하기 위해 삶의 균형을 회복하는 것이 가장 중요하다고 주장하면서 과로로 인한 정서 및 신체적 고통을 치유하기 위해서는 식사, 운동, 수면, 휴식, 스트레스 관리 등과 같은 통합적인 접근이 필요하다고 하였다. 이 외에도 집단치료, 가족치료를 활용할 수 있으며, 단기 입원치료도 고려해 볼 수 있다.

2) 음식중독

(1) 정의 및 발달사

세계보건기구(WHO)는 성인의 39%가 과체중으로 분류될 수 있다고 하면서 비만이 사망의 주요 원인으로 작용하는 질병이라고 밝혔다(WHO, 2014a). 전 세계적으로 비만 인구가 늘어나면서 최근에는 비만을 유전적 요인으로만 설명하려고 했던 기존의 관점에서 벗어나 유전과 환경의 상호작용을 중심으로 비만을 설명하려는 관점이 제시되고 있다. 이처럼 환경적 변화의 중요성이 증대되면서 '음식중독(food addiction)'이라는 개념은 비만의 심리적 요인을 이해하는 방법으로 주목을 받고 있다(Brownell & Gold, 2012). 즉, 현대 사회는 비만을 유발하는 환경으로 이루어져 있으며 이러한 환경의 특징은 어디에서나 쉽게 아주 맛있는 음식을 접할 수 있다는 것이다. 아주 맛있는 음식은 알코올, 니코틴 등의 물질과 비슷한 방식으로 뇌의 보상경로를 자극하여 중독을 유발할 수 있으며, 이것이 비만과 관련된다는 사실이 지속적으로 입증되고 있다(Volkow, Wang, Fowler, Tomasi, & Baler, 2011).

음식 섭취가 생존에 필요한 행동임을 고려하면, 음식중독이라는 개념은 다소 모순적으로 느껴진다. 하지만 특정 음식을 과도하게 섭취하는 것이 건강에 해롭다는 사실을 알고 있음에도 불구하고, 절제하지 못하고 계속해서 과식하는 것은 비정상적인 행동으로 중독적인 섭식 행동으로 볼 수 있다. 다른 중독과 마찬가지로, 음식은 뇌에 신경화학적인 작용을 유발하지만 음식을 구체적인 물질로 분류하지는 않아서 음식중독은 물질중독이 아닌 행동중독으로 분류되고 있다.

　음식중독에 대한 연구는 Randolph(1956)가 자신의 논문에서 '음식중독'이라는 용어를 처음으로 사용하면서 시작되었다. 그는 음식중독을 "어떤 사람이 규칙적으로 섭취하는 매우 민감한 한 개 이상의 음식에 대해 적응하는 것"이라고 설명하였다. 1960년대와 1970년대에는 음식중독에 대한 과학적 연구가 많이 이루어지지 않았지만, 이 시기에 과식을 줄이는 것을 목적으로 한 자조집단에서 음식중독의 개념이 사용되기 시작하였다(Meule, 2015). 2000년대부터 동물을 대상으로 한 실험이 본격적으로 이루어지면서, 음식중독의 생물학적 기저가 물질중독과 유사하다는 것이 밝혀졌다. 이러한 연구를 토대로 최근에는 몇몇 연구자들이 음식중독의 정의를 좀 더 명확하게 규정하고, 음식중독을 평가할 수 있는 도구를 만들려고 하고 있다. 예를 들어, Cassin과 von Ranson(2007)은 DSM-IV의 물질중독 기준에서 '물질'이라는 단어를 '폭식'으로 바꾸어서 비만 및 폭식증(Binge Eating Disorder: BED) 환자에게 적용했는데, BED 환자의 92%가 폭식중독 기준에 충족하였다. 또한 가장 대표적인 음식중독 평가도구인 예일 음식중독 척도(Yale Food Addiction Scale: YFAS)도 DSM-IV의 물질중독 진단 기준을 기반으로 개발되었는데, 이 척도에 대해서는 뒤에서 자세히 설명할 것이다.

(2) 유병률

　음식중독의 명확한 진단 기준이 없어 정확한 유병률을 파악하기는 어렵지만, 많은 선행 연구에서 YFAS를 활용하여 음식중독의 유병률을 파악하고자 하였다. 정상 체중을 지닌 성인을 대상으로 한 연구에서 11.4%가 음식중독인 것으로 밝혀졌는데(Merlo, Klingman, Malasanos, & Silverstein, 2009), 여대생 표본에서는 4.0%가 음식중독인 것으로 나타났다(Meule, Lutz, Vögele, & Kübler, 2012). 한편, 비만 성인은 정상인의 2~3배에 달하는 25~27.5%가 음식중독인 것으로 나타났으며(Davis et al., 2011; Meule, 2011), BED 성인에서는 56.8%로 나타났다(Gearhardt et al., 2012). Mason, Flint, Field, Austin과 Rich-Edwards(2013)는 YFAS를 사용하여 여자 간호사의 음식중독 유병률을 조사하였는데 57,321명의 간호사 중 8.2%가 음식중독 기준에 충족되는 것으로 밝혀졌다. 여자 간호사를 대상으로 실시된 또 다른 연구에서는 음식중독의 유병률이 5.8%인 것으로 나타났다(Flint et al., 2014).

하지만 최근까지도 음식중독의 유병률에 대한 대규모 연구가 부족하며, 상대적으로 정상 남성 표본의 음식중독에 대해서는 거의 알려지지 않았다.

(3) 임상적 특징

음식중독은 특정 음식의 지속적인 섭취가 부정적인 결과를 야기함에도 불구하고, 그러한 음식을 규칙적으로 소비하는 것을 주된 특징으로 한다(Brownell & Gold, 2012). 특히 건강에 해로운 음식이나 비만에 이르게 하는 음식에서 이러한 행동이 명백하게 나타난다. 다른 중독과 비슷하게, 음식에 중독된 사람은 통제력을 상실하고, 내성과 금단증상을 나타내며, 위험한 결과에도 불구하고 계속적으로 음식을 섭취한다(Shriner & Gold, 2013). 어쩌다 한 번씩 과식하는 것은 음식중독에 해당하지 않지만, 너무 많이 그리고 너무 빨리 먹어서 구역질을 하게 되고 이를 멈출 수 없다고 느끼는 일이 정기적으로 일어난다면 중독일 가능성이 높다.

DSM-5에서 음식은 사용장애를 일으키는 중독물질이나 중독행동으로 인정되지는 않았지만, 음식중독이 신경생물학적·임상적·행동학적 차원에서 기타 중독성 질환과 유사한 측면이 있기 때문에 진단 및 분류체계의 변화를 주목할 필요가 있다. DSM-5에서는 물질사용장애의 기준을 약물학적 의존성, 조절능력 손상, 사회적 손상, 위험한 사용의 네 가지 범주로 나눈다(APA, 2013).

마지막으로, 음식중독과 폭식증을 비교해 보면, 두 장애는 음식 조절이 어렵다는 점, 부정적인 결과에도 불구하고 음식 섭취가 지속된다는 점, 충동성이나 기분조절 등의 문제가 나타난다는 점 등에서 유사한 질환으로 생각된다. 그러나 폭식장애와 음식중독이 같은 질병이라고 간주하는 것은 위험하다. 실제로 한 연구(Gearhardt et al., 2012)에서 폭식장애 환자의 57%만이 음식중독 기준에 해당된다는 것을 밝혔고, 이를 통해 두 장애가 서로 구별되는 특징을 가지고 있음을 알 수 있다. 따라서 음식중독 진단을 내릴 때 폭식증과의 감별진단이 필요하다.

(4) 동반질환

음식중독이 있는 사람은 비만이 나타날 가능성이 높다. BMI에 관한 다양한 연구들은 일관되게 음식중독과 BMI 간의 정적 관계를 보고하고 있다(Flint et al., 2014; Mason et al., 2013;

Murphy, Stojek, & MacKillop, 2014; Pedram et al., 2013). 또한 음식중독 기준을 충족시키는 사람은 폭식증 및 신경성 폭식증을 진단받은 사람과 공통점이 많은 것으로 밝혀졌다(Curtis & Davis, 2014; Davis et al., 2011; Gearhardt, Boswell, & White, 2014; Meule, Rezori, & Blechert, 2014). 폭식증 환자의 절반가량이 YFAS에서 정의하고 있는 음식중독 기준을 충족하며 (Davis et al., 2011; Gearhardt et al., 2012), 폭식증과 음식중독을 함께 나타내는 사람은 폭식증만 있는 사람보다 더 심각한 병리적인 증상을 나타내는 경향이 있다(Gearhardt et al., 2012). DSM-5의 진단 기준을 적용한 질적 연구(Curtis & Davis, 2014)에 따르면, 비만과 폭식증을 함께 보이는 여성과 비만만을 나타내는 여성의 약 절반이 음식중독 기준을 충족하는 것으로 밝혀졌다. 한편, 신경성 폭식증 여성을 대상으로 한 연구에서 모든 신경성 폭식증 환자는 음식중독 기준을 충족하는 것으로 나타난 반면에, 신경성 폭식증에서 회복 중인 여성과 통제 집단은 각각 30%와 0%만이 음식중독 기준에 부합하였다(Meule et al., 2014).

　　다른 정신질환과의 관계를 살펴보면, 음식중독은 우울(Meule et al., 2014), 신체 수치심 (Burmeister, Hinman, Koball, Hoffmann, & Carels, 2013), 부정적 정서 및 정서곤란(Gearhardt et al., 2012)과 높은 관련이 있는 것으로 나타났다. 음식중독과 물질사용장애 간의 공존질환에 대한 자료는 아직까지 부족하며, 그 결과가 일관되지 않다. 알코올사용장애는 Gearhardt, Corbin과 Brownell(2009)의 연구에서 음식중독과 정적 상관이 있는 것으로 밝혀진 반면에, Meule 등(2014)의 연구에서는 관련이 없는 것으로 나타났다.

(5) 원인

　　음식중독은 사회적 · 심리적 · 생물학적 요인의 복합적 작용으로 인해 발생한다. 우선, 사회적 요인으로는 어디에서나 쉽게 음식을 접할 수 있는 환경이 있다. 과거에 비해 현대 사회는 고칼로리/고지방 음식을 쉽게 찾을 수 있다. 그 외에도 가족기능의 장애, 동료나 사회로부터의 압박, 사회적 고립, 아동학대, 사회적 지지의 부족 그리고 스트레스가 많은 생활 사건 등이 음식중독에 영향을 미친다.

　　심리적 측면에서는 충동성이 음식중독의 가장 대표적인 잠재적 위험요인이다. 다수의 연구는 음식중독과 충동성 간에 정적 상관이 있다는 것을 발견했다(Bégin et al., 2012; Murphy et al., 2014). 또한 음식중독 수준이 높은 사람은 정서조절곤란 문제를 더 많이 겪는 것으로 나타났는데(Gearhardt, Roberto, Seamans, Corbin, & Brownell, 2013), 이는 부정적 정서에 대처하기 위해 폭식이나 음식중독과 같은 부적절한 대처방식을 사용하는 것으로 이해할 수 있다. 외상 사건의 희생자나 생존자, 슬픔 또는 상실을 경험한 사람도 음식중독을 많이 나타낸다. 이와 같은 심리적 요인은 고통스러운 감정을 완화하는 대처 메커니즘으로 음식을 먹는다.

음식중독을 가장 강력히 뒷받침하는 것은 생물학적 요인이다. 잘 통제된 동물 연구 덕분에 음식중독과 물질중독의 생물학적 유사성에 대한 근거가 제시되었고, 그 이후로 신경생물학적 연구는 점점 더 활발히 진행되면서 음식중독의 강력한 경험적 근거를 제시해 왔다. 특히 음식중독 그리고 일반적으로 중독질환과 관련이 있는 것으로 밝혀진 도파민 회로와의 관련성을 알아보고자 하는 일련의 연구가 지속되었다(Schienle, Schäfer, Hermann, & Vaitl, 2009; Sharf, Lee, & Ranaldi, 2005; Wang et al., 2001). 도파민과 마찬가지로, 음식중독에서 오피오이드 체계의 역할이 증명되었는데, 날록손(naloxone)과 같은 오피오이드 길항제는 맛있는 음식의 섭취와 쾌락의 비율을 감소시키는 것으로 나타났다(Pelchat, 2009).

최근에는 약물중독과 비만은 도파민 시스템의 문제뿐만 아니라 조건화 과정(기억과 학습)과도 관련되어 있는 것이 관찰되었다. Pelchat(2009)은 외부 자극, 특히 환경 단서가 학습 메커니즘을 통해 음식 추구 및 섭취를 조절할 수 있는 방법에 대해 강조했다. 음식의 외양, 냄새 등이 민감한 사람들에게 촉발시키는 역할을 할 수 있으므로, 잠재적 외부 음식 민감성(환경 단서에 대한 민감성)은 음식 갈망 및 섭취에서 선행 요인으로 작용한다. 또한 외부 식품 민감성은 식욕을 돋우는 음식에 대한 과식 및 더 큰 선호와 관련이 있다. 비록 아직 비만이나 음식에 '중독된' 사람들을 대상으로 연구가 이루어지지는 않았지만, 향후 연구해 볼 가치가 있다. 추가 연구를 통해, 개인별 반응 정도의 차이를 측정하는 것이 섭식장애 및 비만의 위험을 파악하는 데 도움이 될 것이다.

(6) 척도

① 예일음식중독 척도(Yale Food Addiction Scale: YFAS)

Gearhardt, Corbin과 Brownell(2009)은 DSM-IV의 물질 의존 기준 7가지(금단, 내성, 조절력 상실, 갈망, 주요역할 불이행, 사회적 또는 대인관계문제, 신체적 위험상황에서의 사용)를 기반으로 음식중독을 진단할 수 있는 YFAS(Yale Food Addiction Scale)를 개발하였다. YFAS는 단일요인 구조로 설계되었으며, 총 25문항으로 구성되어 있다.

표 4-20 예일음식중독 척도(Yale Food Addiction Scale: YFAS)

예일음식중독척도 하위 유형 및 예시 문항

다음 증상 중 3개 이상에 해당되고, 임상적으로 유의한 결함 또는 고통이 지난 12개월 동안 나타났다면 음식중독으로 판단한다.

의도했던 것보다 더 많은 양과 더 오랜 기간 물질을 섭취

- 내가 어떤 특정 음식을 먹기 시작하면, 내가 계획했던 것보다 훨씬 더 많이 먹는 것을 발견하게 된다.
- 나는 더 이상 배가 고프지 않음에도 특정 음식을 계속해서 먹고 있는 것을 발견하게 된다.
- 내가 신체적으로 고통을 느낄 때까지 먹는다.

지속되는 갈망과 끊으려는 노력의 반복적인 실패

- 어떤 특정 종류의 음식을 먹지 않는 것이나 줄이는 것에 대하여 걱정이 된다.
- 나는 특정 종류의 음식을 줄이거나 그만 먹고 싶다.
- 나는 그러한 종류의 음식을 먹는 것을 줄이거나 그만 먹는 것에 성공한 적이 있다.
- 지난 몇 년간 특정 음식을 줄이거나 그만 먹기 위해 노력한 적이 모두 몇 번 정도 되는가?

얻고 사용하고 회복하기 위해 쓰는 많은 시간/활동

- 나는 대부분의 시간을 과식 때문에 침체되어 있고 피곤한 상태로 보낸다.
- 나는 하루 내내 특정 음식을 계속해서 섭취하고 있는 것을 발견한다.
- 나는 특정 음식을 얻을 수 없는 상황에서 그것을 얻기 위해 애쓴다. 예를 들어, 나는 집에서 다른 음식을 먹을 수 있음에도 불구하고 특정 음식을 얻기 위하여 운전하여 가게로 간다.

중요한 사회적, 직업적, 혹은 오락적 활동의 포기 혹은 감소

- 나는 특정 음식을 너무 자주 혹은 너무 많은 양을 먹기 때문에 일하거나, 가족 혹은 친구와 시간을 보내거나, 다른 중요한 활동에 참여하거나 내가 즐기는 오락 활동을 하는 것보다 먹는 데에 시간을 쓰는 때가 있다.
- 나는 특정 음식을 너무 자주 혹은 너무 많은 양을 먹기 때문에 일하거나, 가족 혹은 친구와 시간을 보내거나, 다른 중요한 활동 또는 좋아하는 오락 활동을 하기보다는 과식 때문에 나타나는 부정적인 기분을 다뤄야 할 때가 있다.
- 나는 과식하게 될 것이 두려워 어떤 특정한 음식이 제공되는 사회적 및 직업적 상황에 참여하지 못한 적이 있다.
- 나는 사회적 및 직업적 상황을 어떤 특정한 음식을 섭취할 수 없을 것이기 때문에 피한 적이 있다.

부정적인 결과를 알고 있음에도 불구하고 계속되는 사용(예: 역할의무 달성의 실패, 신체적으로 위험할 때에도 사용)

- 나는 정신적 혹은 신체적 문제가 있음에도 불구하고 같은 종류의 음식 혹은 같은 양의 음식을 계속해서 섭취해 왔다.

내성(양의 증가, 효과의 감소로 나타남)

- 나는 시간이 지날수록 부정적인 느낌을 감소시키거나 더 큰 만족감을 얻기 위해 점점 더 많은 양의 음식을 필요로 하는 것을 발견했다.

• 나는 같은 양의 음식을 섭취하는 것이 예전처럼 더 이상 내게 부정적인 느낌을 감소시키거나 더 큰 만족감을 주지 않음을 발견했다.

금단증상의 특성을 보이거나 금단증상을 달래기 위한 물질의 사용

• 나는 특정 음식을 먹는 것을 줄이거나 그만 먹었을 때 불안, 염려, 혹은 다른 신체증상과 같은 금단증상을 경험한 적이 있다(소다수, 커피, 차, 에너지 드링크와 같은 카페인이 함유된 음료를 줄임으로써 생기는 금단증상은 포함하지 않는다).

• 나는 점점 커져 가는 불안, 염려, 혹은 다른 신체증상을 막기 위해 특정 음식을 섭취한 적이 있다(소다수, 커피, 차, 에너지 드링크와 같은 카페인이 함유된 음료의 소비는 포함하지 않는다).

• 나는 특정 음식을 먹는 것을 줄이거나 섭취를 중단했을 때 그 음식을 향한 한층 더 고조된 갈망 혹은 충동을 느끼는 것을 발견한 적이 있다.

물질의 사용이 임상적으로 심각한 손상이나 고통을 일으킴

• 음식과 섭취에 관하여 나의 행동은 상당한 괴로움을 일으킨다.

• 나는 음식의 섭취 때문에 능률적으로 기능하는 것에 상당한 문제를 경험한다(일상, 직장 혹은 학교, 사회적 활동, 가족 활동, 건강상의 어려움).

기타

• 나의 음식 섭취는 우울증, 불안, 자기혐오, 죄책감과 같은 심각한 심리적 문제를 일으켜 왔다.

• 나의 음식 섭취는 심각한 신체적 문제를 일으키거나 악화시켜 왔다.

• 나는 특정 종류의 음식을 줄이거나 그만 먹기 위해 애쓴 적이 있다.

② 예일음식중독 척도 2.0(Yale Food Addiction Scale 2.0: YFAS 2.0)

신성만, 윤지혜, 조요한, 고은정과 박명준(2018)은 Gearhardt 등(2016)이 DSM-5의 물질 관련 장애 및 중독의 진단 기준을 바탕으로 개발한 음식중독 척도인 YFAS 2.0을 한국에서 번안 및 타당화하여 예일음식중독 척도 2.0이라 이름 붙였다. 예일음식중독 척도 2.0은 단일 요인의 35문항으로 이루어져 있고, DSM-5에서 새롭게 바뀐 물질 관련 및 중독 장애의 진단 기준을 따라 음식중독과 관련된 11가지의 증상을 진단하는 것을 목적으로 한다. 또한 기존 YFAS(Gearhardt, Corbin, & Brownell, 2009)에서 다루지 않았던 네 가지 진단 영역인 갈망, 개인적·사회적 결과에도 불구한 섭취, 역할 의무의 실패, 신체적으로 위험한 상황에서의 섭취가 추가되었다. 또한 DSM-5에서 추가된 임상적인 영역 또한 함께 고려하기 위해 설문에 포함하고 있다.

표 4-21 예일음식중독 척도 2.0 국내 타당화 척도

		진단 기준
		의도한 것보다 많은 양이나 장시간 섭취
1	#1	나는 특정 음식을 먹을 때, 계획했던 것보다 더 많은 양을 먹었다.
	#2	나는 더 이상 배가 고프지 않아도 특정 음식을 계속 먹었다.
	#3	나는 몸이 아프다고 느껴질 때까지 먹었다.
		지속적인 욕구나 끊으려는 시도의 반복적 실패
2	#4	나는 특정 종류의 음식을 줄이기 위해 많은 신경을 썼지만 결국 먹었다.
	#25	나는 어떤 종류의 음식을 정말로 줄이거나 먹고 싶지 않았지만 할 수 없었다.
	#31	나는 어떤 종류의 음식을 줄이거나 먹지 않으려고 노력했지만 성공하지 못했다.
	#32	나는 특정 음식을 줄이거나 먹지 않으려고 시도했지만 실패했다.
		음식을 얻고, 섭취하고, 회복하는 데 많은 시간 할애
3	#5	나는 과식 후 아무것도 하기 싫은 느낌과 피로감에 오랜 시간 시달렸다.
	#6	나는 하루 중 많은 시간을 특정 음식을 먹는 데 사용했다.
	#7	나는 특정 음식이 주변에 없었을 때, 그것을 구하기 위해 무엇이든 했다. 예를 들면, 나는 집에 먹을 수 있는 다른 음식이 있었음에도 불구하고 특정 음식을 사기 위해 가게에 갔다.
		중요한 사회적, 직업적, 여가 활동을 포기하거나 축소
4	#8	나는 특정 음식을 자주 혹은 많이 먹어서 다른 중요한 일을 하지 못했다. 이러한 일은 업무를 하거나 가족이나 친구들과 시간을 보내는 것일 수 있다.
	#10	나는 직장, 학교 또는 사회생활 중 과식하는 것이 두려워 그 장소를 피했다.
	#18	나는 일이나 가족 혹은 친구들과 시간을 보내는 것과 같은 중요한 일을 하지 못하게 하는 과식 때문에 매우 불쾌했다.
	#20	나는 특정 음식을 먹을 수 없었기 때문에 직장, 학교 또는 사교적 활동을 피했다.
		부정적인 결과에 대해 알고 있음에도 불구한 섭취(예: 신체적·감정적 문제)
5	#22	먹는 것으로 인해 감정적인 문제가 발생했지만 나는 같은 방법으로 계속 먹었다.
	#23	먹는 것으로 인해 신체적인 문제가 나타났지만 나는 같은 방법으로 계속 먹었다.
		내성
6	#24	같은 양의 음식을 먹는 것이 나에게 이전과 같은 즐거움을 주지 않았다.
	#26	나는 원하는 느낌을 얻기 위해 점점 더 많은 음식을 먹어야만 했다. 이것은 슬픔과 같은 부정적인 감정을 줄이거나 즐거움을 증가시키는 것을 포함한다.

	금단	
7	#11	나는 특정 음식을 줄이거나 먹지 않았을 때, 과민해지거나 긴장하거나 슬퍼졌다.
	#12	특정 음식을 먹지 않아서 나에게 신체적인 증상이 나타난다면, 기분을 좋게 하기 위해 그 음식을 먹을 것이다.
	#13	특정 음식을 먹지 않아서 나에게 감정적인 문제가 발생한다면, 기분을 좋게 하기 위해 그 음식을 먹을 것이다.
	#14	특정 음식을 줄이거나 먹지 않았을 때, 나에게 신체적인 증상이 나타났다. 예를 들면, 나는 두통이나 피로를 느꼈다.
	#15	특정 음식을 줄이거나 먹지 않았을 때, 나는 그것에 대한 강한 갈망을 느꼈다.
	사회적·대인관계적 문제에도 불구하고 계속 섭취	
8	#9	나는 과식 때문에 가족 혹은 친구와 문제가 있었다.
	#21	나는 사람들이 내가 먹는 양을 받아들이지 않을 것이라고 생각했기 때문에 사회적 상황을 피했다.
	#35	나의 친구들이나 가족들은 내가 얼마나 많이 과식하는지에 대해 걱정했다.
	역할 의무 이행 실패(예: 직장, 학교, 가정)	
9	#19	나는 과식을 하느라 가족을 돌보는 일이나 집안일을 소홀히 했다.
	#27	나는 너무 많이 먹었기 때문에 직장이나 학교에서 잘할 수 없었다.
	신체적으로 해로운 상황에서의 섭취	
10	#28	나는 신체적으로 위험하다는 것을 알고 있었음에도 불구하고, 특정 음식을 계속해서 먹었다. 예를 들면, 당뇨병이 있었지만 단 음식을 계속 먹었거나 심장병을 가지고 있었지만 기름진 음식을 계속 먹었다.
	#33	나는 먹는 데 정신을 파느라 다칠 뻔 했다(예: 운전할 때, 길을 건널 때, 기계를 작동할 때).
	#34	나는 음식에 대한 생각에 빠져 다칠 뻔 했다(예: 운전할 때, 길을 건널 때, 기계를 작동할 때).
	갈망	
11	#29	나는 다른 것은 떠오르지 않을 정도로 특정한 음식에 대한 강한 열망을 가졌다.
	#30	나는 특정 음식을 지금 당장 먹어야 할 것만 같은 그런 강렬한 갈망이 있었다.
	임상적으로 중요한 손상이나 고통을 야기하는 섭취	
12	#16	나의 식습관으로 인해 많은 고통을 받았다.
	#17	나는 음식과 식사로 인해 삶의 중대한 문제를 겪었다. 이러한 것들은 나의 일상 업무, 일, 학교, 친구, 가족 또는 건강에 문제가 되었을 수 있다.

채점방식 및 해석방식은 하단 출처의 논문을 참고하라.

출처: 신성만, 윤지혜, 조요한, 고은정, 박명준(2018).

(7) 치료

음식중독에서 보상과 관련된 뇌 체계가 주목받으면서 약물치료의 효능에 대한 관심이 높아졌다(Avena, Murray, & Gold, 2013). 음식중독에 가장 유용한 약물은 바클로펜과 날트렉손이다. 바클로펜은 선행 연구에서 폭식을 감소시키는 것으로 밝혀졌고(Berner, Bocarsly, Hoebel, & Avena, 2009; Corwin, Boan, Peters, & Ulbrecht, 2012), 날트렉손도 폭식을 감소시키는 것으로 나타났기 때문에(Blasio, Steardo, Sabino, & Cottone, 2014; Giuliano, Robbins, Nathan, Bullmore, & Everitt, 2012), 음식중독에 효과적일 것으로 보인다.

또한 음식중독은 폭식증과 상당히 유사하기 때문에 폭식증 치료에 효과적인 방법이 음식중독 치료에서 유용하게 쓰일 수 있다. 예를 들어, 폭식증의 치료에 탁월한 것으로 알려진 인지행동치료는 촉발 요인을 식별하고 건강한 대처전략을 수립하는 데 도움을 주는데, 이러한 요소가 음식중독 치료에도 효과적일 것이다. 다른 물질 관련 장애와 마찬가지로 12단계 회복 모델은 음식중독을 겪고 있는 사람에게 유용한 것으로 나타났다. Overeaters Anonymous(OA)와 Food Addicts Anonymous(FAA)와 같은 회복 그룹은 수년에 걸쳐 크기와 숫자가 증가했다.

마지막으로, 비만대사 수술은 BMI가 40 이상인 비만인을 치료할 수 있는 효과적이고 유용한 옵션이다. 그러나 음식중독은 생리적·심리적·정서적으로 복잡하기 때문에, 비만대사 수술과 약물치료가 유일한 치료 방법으로 사용되어서는 안 된다.

3) 강박적 구매 장애

(1) 정의 및 발달사

대부분의 사람들에게서 쇼핑은 하루 중 평범하고 일상적인 활동 중 하나일 것이다. 하지만 어떤 사람들은 계획되지 않은 갑작스러운 구매를 할 수 있으며, 이는 강한 충동과 즐거움과 관련된다. 이처럼 구매가 반복되는 것을 일반적으로 강박적 구매(compulsive buying)라고 한다(Billieux, Rochat, Rebetez & Van der Linden, 2008). 강박적으로 구매를 하는 사람은 일상생활에서 경험하는 불안, 우울 등의 부정적 정서를 줄이기 위해 구매를 하며, 구매로 인해 종종 일상생활에 심각한 결과가 초래되지만 그럼에도 불구하고 구매를 통제할 수 없다(McElroy, Phillips, & Keck, 1994).

강박적 구매는 강박적 구매 장애(compulsive buying disorder), 조절불능 구매(uncontrolled buying), 과도한 구매(excessive buying), 중독성 구매(addictive buying), 병적 구매(pathological buying), 쇼퍼홀리즘(shopaholism) 등의 다양한 용어로 표현되었다(Aboujaoude, 2014; Andreassen, 2014). 최근에는 여러 용어 중 강박적 구매 장애가 가장 널리 쓰이고 있다.

강박적 구매는 1990년대에 주목받기 시작하였기 때문에 여전히 정의 및 분류체계에 대한 논란이 많은 편이다. 어떤 연구자는 강박적 구매를 중독의 관점에서 보기도 하고, 다른 연구자들은 강박장애 혹은 기분장애의 연장선에서 이해하고자 하였다(Black, 2007). 최근에는 대부분의 연구자들이 강박적 구매를 중독의 관점에서 이해하고 있으며, "쇼핑에 대해 부적절하고 과도한 집착을 가지며 필요한 것인지 아닌지에 대한 분별없이 충동적으로 물건을 구매하거나 자신의 경제력을 고려하지 않고 값비싼 금액의 물건을 구매하는 등 쇼핑 욕구를 스스로 조절할 수 없는 것"으로 정의한다(Craig, 1995; Lee, Lennon, & Rudd, 2000; O'Guinn & Faber, 1989; Scherhorn, 1990). Valence, d'Astous와 Fortier(1988)는 강박적 구매를 제품을 구매하고자 하는 통제할 수 없는 욕구로 보았고, 이러한 욕구는 개인의 심리적인 불편감으로 인해 발생하고, 중독적인 구매행동으로 인해 즐거움뿐만 아니라 좌절감도 함께 뒤따르게 된다고 주장하였다. d'Astous(1990)는 강박적 구매가 물건을 구매하는 것에 심리적으로 의존하여 쇼핑에 대한 욕구가 머릿속에서 떠나지 않으며, 이전과 같은 즐거움을 느끼기 위해서는 더 많은 자극이 필요하기 때문에 점차 쇼핑 횟수와 시간이 늘어나게 되는 상태라고 정의하였다. McElroy, Keck와 Phillips(1995)는 강박적 구매가 구매에 대한 집착이나 억제할 수 없이 갑자기 발생하는 구매 충동으로, 필요 없는 물건을 지속적으로 구매하는 것이라고 정의하였다. 이와 같이 강박적 구매는 단순히 쇼핑을 많이 하는 것을 넘어서 쇼핑의 충동을 스스로 조절하지 못해 자신이나 타인에게 해가 되는 장애라고 말할 수 있다.

(2) 유병률

국내 대학생을 대상으로 조사한 연구(김영신, 2001)에서 강박적 구매 장애의 유병률이 13.5%로 나타났고, TV에서 물건을 구입한 경험이 있거나 인터넷쇼핑을 이용해 본 경험이 있는 여대생을 대상으로 한 연구(이승희, 신초영, 2004)에서는 16.5%가 강박적 구매자로 나타났으며, 성인을 대상으로 한 연구(송인숙, 1993; 이승희, 박지은, 2007)에서는 약 4.1~15.5%가 강박적인 구매행동을 보이는 것으로 나타났다.

Maraz, Griffiths와 Demetrovics(2016)는 여러 국가에서 실시된 강박적 구매의 유병률에 관한 기존의 연구를 탐색하였는데, 북미의 경우 미국은 5.8~8.1%, 캐나다는 21.8%로 보고되었다. 유럽 국가의 유병률은 독일 3~8%, 이탈리아 11.3%, 프랑스 16%로 보고되었다. 아시아 국가의 경우 중국 고등학생의 19%, 대만 대학생의 29.8%가 강박적 구매 장애인 것으로 나타났다.

이처럼 같은 국가를 대상으로 실시된 연구라도 유병률의 차이가 심한 이유는 연구 대상에 따른 차이일 수도 있고 조사 방법이나 연구 도구에 따른 것일 수도 있다.

(3) 임상적 특징

강박적 구매자는 쇼핑과 소비에 집착하며, 무언가를 사지 않으면 불안해하거나 물건을 구매하고자 하는 충동을 지니고 있어 필요하지 않은 물건을 구매하거나 자신의 경제력보다 더 많은 금액을 지불하여 지속적으로 구매를 하고자 한다. 강박적 구매자는 물건을 구매하기까지 다음의 네 가지 단계를 거치는 것으로 보인다(Rosenberg & Feder, 2014). 가장 먼저 '기대' 단계로 강박적 구매자는 자신이 특정 물건을 가지고 있거나 쇼핑을 하고 있는 상상을 하고 구매에 대한 충동에 사로잡힌다. 그다음은 '준비' 단계로 언제 어디를 가며, 어떻게 입고, 어떤 카드를 사용할 것인지 고민하며 쇼핑할 준비를 한다. 특히 할인품목이나 신상품, 새로 생긴 상점에 대해 알아볼 수도 있다. 다음은 '쇼핑' 단계로 강박적 구매자는 실제로 쇼핑에 나서게 되는데, 대부분의 강박적 구매자가 이 단계에서 강렬한 기쁨을 경험하고, 때로는 성적인 느낌으로도 이어진다고 보고하였다. 마지막은 '소비' 단계로 물건을 구매하여 행동이 끝나면서 일시적으로 행복감 등의 긍정적인 감정을 느끼지만, 그 이후에는 기분이 가라앉거나 스스로에게 실망감을 느끼게 된다. 이처럼 강박적 구매자는 물건의 사용에 관심이 있는 것이 아니라 물건을 탐색하고 선택하고 주문하고 구매하는 과정에 일차적인 관심이 있고, 오히려 구매한 물건에 대해서는 무관심해지며 포장을 뜯지도 않고 방치하기도 한다.

Dittmar(2005a, b)도 강박적 구매자에게 나타나는 세 가지 주요 특징이 있다고 주장하였다. 그는 강박적 구매자의 경우 쇼핑에 대한 생각에 사로잡혀 있어 구매욕구를 통제하지 못하여 대부분의 시간을 쇼핑에 투자하게 되고 쇼핑으로 인해 부정적인 결과가 초래되지만 이를 멈추지 못한다고 주장하였다. 또한 강박적 구매자는 파산, 빚, 절도와 같은 법적인 문제와 자주 부딪히게 된다(Black, 2011). 강박적 구매자를 대상으로 실시한 연구(Christenson, Faber, & Mitchell, 1994)에 따르면, 강박적 구매자는 구매한 물건의 58.3%가 빚을 내어 구매한 것이고, 구매한 물건의 41.7%는 값을 지불하지 못하는 것으로 나타났다. 즉, 이들은 자신이 감당할 수 있는 것보다 더 많은 돈을 지출하기 때문에 대출을 받고 결국 빚을 지게 되는 것이다. 또한 Miltenberger 등(2003)은 강박적 구매행동이 대인관계에 영향을 준다고 보았는데, 이들은 강박적 구매자가 자신이 무엇을 샀는지 주변 사람들에게 숨기게 되어 결국 가족이나 친구가 점점 더 의심을 품게 되고 과잉보호하게 된다고 주장하였다. 이와 같이 강박적 구매 장애로 간주되기 위해서는 구매행동으로 인한 삶의 붕괴가 반드시 나타나야 한다.

또 다른 연구자(Schwartz, 2004)는 강박적 구매자에게 안절부절못하고, 짜증스러워하며, 불안해하는 경향이 있다고 보았는데, 특히 자기비판적인 사람이 부정적인 감정에서 벗어나기 위해 물건을 무분별하게 구매한다고 설명하였다. 물건을 구매한 직후에는 곧장 다양한 긍정적 감정이 따라오는 경향이 있지만(Miltenberger et al., 2003), 이러한 즐거운 느낌은 일시적이기 때문에 죄책감, 후회, 수치심이 뒤따르게 된다(Karim & Chaudhri, 2012). 이러한 감정의 순환은 부정적인 자기가치에 대한 느낌을 무분별한 쇼핑으로 해결하는 것을 강화하고 해로운 결과를 초래하게 한다(Faber & O'Guinn, 1992).

(4) 동반질환

강박적 구매 장애 환자는 다양한 동반질환을 나타내는데, 기분장애(21~100%), 불안장애(41~80%), 물질사용장애(21~46%), 충동조절장애(21~40%), 섭식장애(8~35%)가 가장 많이 나타나는 것으로 밝혀졌다(Black, 2007; Freimuth et al., 2008). Schlosser, Black, Repertinger와 Freet(1994)는 강박적 구매 장애 환자의 60%가 최소 하나 이상의 성격장애를 지니고 있다고 설명하였는데, 그중 강박성(22%), 회피성(15%), 경계성(15%) 성격장애가 가장 흔한 것으로 나타났다. 또한 Mueller 등(2010)의 연구에서는 강박적 구매 장애 환자의 21%가 도벽, 간헐적 폭발성 장애, 병적 도박, 발모광 등의 행동중독을 진단받은 것으로 나타났다. 다른 연구(Faber, Christenson, De Zwaan, & Mitchell, 1995; Mitchell et al., 2002)에서도 강박적 구매자의 46~47%가 약물남용을 하고 있고, 15~17%가 폭식증을 겪고 있으며, 8%는 도박중독인 것으로 나타났다.

(5) 원인

쇼핑중독의 원인에 대해서는 잘 알려져 있지 않지만, 신경생물학적 요인, 심리적 요인, 사회적 요인에 대해서 추측해 볼 수 있다.

강박적 구매 장애에 대한 신경생물학적 이론은 아편제, 세로토닌 및 도파민 작용제에 초점을 맞추고 있다(Karim & Chaudhri, 2012). 쇼핑은 기분을 증진시키고 불안, 우울, 분노와 같은 부정적 정서를 해소해 주기 때문에 쾌락경로를 담당하는 도파민의 방출을 증가시킨다. 파킨슨병에 관한 연구(Karim & Chaudhri, 2012)에서 도파민 작용물질을 처방받았던 환자는 강박적 구매 장애에 빠질 확률이 더 높아지는 것으로 나타났다. 이는 물질중독과 유사하게 쇼핑중독에서도 도파민이 중요한 역할을 할 가능성이 높다는 것을 시사한다. 또한 fMRI 연구(Raab, Elger, Neuner, & Weber, 2011)에서 강박적 구매 장애 환자는 정상인에 비해 물건이나 가격에 대한 설명을 들을 때 측좌핵(nucleus accumbens)의 활성도가 증가하고 섬도(insula)의 활성도가 낮아지는 것으로 나타났다. 이는 강박적 구매 장애 환자가 물건을 사기 위해 돈을 사용하게 될 때 부정적인 감정을 덜 느낀다는 것을 보여 준다.

강박적 구매행동은 개인의 심리적 요인으로 인해 나타날 수 있다. 쇼핑은 일시적으로 기분을 증진시켜 주는 효과를 지니기 때문에 부정적인 감정을 가지고 있는 사람이 쇼핑을 함으로써 이를 해소하게 되면 쇼핑을 하는 행동이 점점 강화되어 강박적 구매 장애로 이어질 수 있다. 또한 강박적 구매행동은 충동성, 우울, 자존감, 자기가치감 등과 깊은 관련이 있다.

사회적 요인도 강박적 구매 장애에 영향을 미칠 수 있다. 요즘은 온라인 쇼핑몰을 통해 언제 어디서나 다양한 품목의 쇼핑을 할 수 있기 때문에 우리는 쇼핑에 더 쉽게 노출될 수 있다. 실제로 강박적 구매행동이 심각할수록 오프라인보다는 온라인 쇼핑몰을 더 선호하는 것으로 밝혀졌는데(Kukar-Kinney, Ridgway, & Monroe, 2009), 그 이유는 신속한 결제로 인해 즉각적으로 긍정적인 감정을 느낄 수 있고, 점원과의 상호작용이 필요하지 않기 때문인 것으로 밝혀졌다(Dittmar, Long, & Meek, 2004).

(6) 선별 및 진단

① 강박적 구매 척도(Compulsive Buying Scale: CBS)

CBS는 Faber와 O'Guinn(1992)이 개발한 것으로 타당도가 높아 여러 연구에서 가장 널리 활용되고 있다. 이 척도는 충동 조절의 어려움, 신용카드의 무분별한 사용, 기분 저하나 긴장 해소와 같은 강박적 구매와 관련된 7개의 문항으로 구성되어 있다.

② Bergen 쇼핑중독 척도(Bergen Shopping Addiction Scale: BSAS)

CBS나 미네소타 충동장애 면담(Minnesota Impulsive Disorder Interview: MIDI) 등 강박적 구매 장애를 평가할 수 있는 도구가 개발되고 사용되어 왔지만, 기존의 척도는 중독의 핵심 요인과 관련된 내용을 다루지 않는다는 한계점이 있다. 또한 인터넷 기술의 발달로 인해 쇼핑이 보다 용이해지면서 쇼핑중독 혹은 강박적 구매 장애처럼 문제를 유발하는 쇼핑 행동이 증가하고 있기 때문에, 이를 세심하게 평가할 수 있는 도구의 필요성이 증대되고 있다. 이러한 이유로 Andreassen 등(2015)은 Griffiths(2005a)가 제시한 행동중독의 핵심 6요인과 중독에서 흔히 나타나는 건강 관련 문제를 포괄하는 Bergen 쇼핑중독 척도를 개발하였다. 이 척도는 일곱 가지 하위 요인별로 4문항씩 총 28문항으로 구성되어 있으며, 지난 12개월 동안 자신의 생각과 행동을 고려하여 리커트 5점 척도(0점=완전히 불일치, 1점=불일치, 2점=일치하지도 불일치하지도 않음, 3점=일치, 4점=완전히 일치)로 평가하도록 한다.

표 4-22 Bergen 쇼핑중독 척도(Bergen Shopping Addiction Scale: BSAS)

문항	내용	요인
1	쇼핑은 내 삶에서 가장 중요한 일이다.	현저성
2	나는 항상 쇼핑에 대한 생각을 한다.	
3	나는 쇼핑에 대해 계획하고, 생각하는 데 많은 시간을 보낸다.	
4	쇼핑에 대한 생각이 자꾸 머릿속에 떠오른다.	
5	나는 기분을 증진시키기 위해 쇼핑을 한다.	내성
6	나는 기분을 변화시키기 위해 쇼핑을 한다.	
7	나는 개인적인 문제들을 잊기 위해 쇼핑을 한다.	
8	나는 죄책감, 불안, 무기력, 외로움, 또는 우울을 감소시키기 위해 쇼핑을 한다.	

9	나는 매일 해야 하는 일(예, 학교나 직장에서)에 부정적인 영향을 미칠 정도로 쇼핑을 많이 한다.	기분 조절
10	나는 쇼핑 때문에 취미, 여가활동, 일/공부, 혹은 운동을 소홀히 한다.	
11	나는 쇼핑 때문에 애인, 가족, 친구들을 돌보지 않는다.	
12	나는 쇼핑 때문에 다른 사람들과 종종 언쟁을 한다.	
13	나는 쇼핑을 하고 싶은 기분이 증가됨을 느낀다.	갈등
14	나는 계획했던 것보다 물건을 더 많이 구매한다.	
15	나는 이전과 같은 만족을 얻기 위해서는 더 많이 사야 한다고 느낀다.	
16	나는 갈수록 쇼핑에 투자하는 시간이 늘어난다.	
17	나는 쇼핑을 줄이려고 시도했으나 항상 실패한다.	재발
18	다른 사람들이 나에게 쇼핑을 줄이라고 말하지만 듣지 않는다.	
19	나는 쇼핑을 줄이려고 마음먹지만, 그렇게 하지 못한다.	
20	나는 얼마간 쇼핑을 제한할 수 있었지만 금단을 경험하였다.	
21	나는 쇼핑을 할 수 없게 되면, 스트레스를 받는다.	금단
22	나는 쇼핑을 하고 싶지만 할 수 없게 된다면 기분이 상하고 짜증이 난다.	
23	나는 쇼핑을 하지 못하게 되면 기분이 나빠진다.	
24	나는 마지막 쇼핑을 한 이후로 어느 정도 시간이 지나면 또다시 쇼핑에 대한 강한 충동을 느낀다.	
25	나는 경제적인 문제가 생길 만큼 쇼핑을 많이 한다.	문제
26	나는 나의 행복을 손상시킬 만큼 쇼핑을 많이 한다.	
27	나는 쇼핑 때문에 가끔 불면증이 생겨서 걱정한다.	
28	나는 쇼핑 때문에 양심의 가책을 느낀다.	

(7) 치료

① 약물치료

강박적 구매 장애를 대상으로 약물치료의 효과를 검증한 연구는 거의 없지만, 몇몇 연구 결과는 약물치료가 효과적일 수 있음을 보여 준다. McElroy 등(1994)의 연구에서 양극성 장애나 우울증을 동반한 강박적 구매자에게 항우울제와 기분 안정제를 결합하여 사용하게 하면 구매행동이 감소하는 것으로 나타났다. 또한 강박적 구매 장애와 강박장애 간의 공통성이 밝혀지면서 강박장애를 치료할 때 사용하는 선택적 세로토닌 재흡수 억제제(Selective Serotonin Reuptake Inhibitors: SSRIs) 계열의 약물을 강박적 구매 장애 치료에 적용시키기도 하였는데, 약물 복용 후에 강박적 구매 장애를 평가하는 척도의 점수가 감소하는 것이 확인되었다.

② 심리치료
- **인지행동치료**: 여러 연구에서 인지행동치료가 강박적 구매 장애에 효과적인 것으로 나타났다. 인지행동치료에서는 촉발 요인을 식별하기 위해 구매일지를 작성하게 하고, 구매행동과 결과를 기록하여 환자가 다른 관점에서 행동을 이해할 수 있도록 도움을 준다. 다양한 인지행동치료 모델이 개발되었는데, 그중에서 집단치료가 가장 효과적인 것으로 밝혀졌다(Black, 2007).
- **개인치료**: 강박적 구매자는 대부분 부적절한 자아감과 낮은 자존감을 지니는데, 이들은 구매행동을 통해 자신의 자기상을 개선하려고 하며 물건을 구매함으로써 부정적 감정을 일시적으로 감소시키고자 한다(Benson & Gengler, 2004). 개인치료에서는 강박적 구매자가 부정적인 자기상을 인식하고 자기와 정체성에 대해 긍정적인 개념을 재구성하도록 함으로써 부정적인 감정을 조절할 수 있는 적응적인 방법을 새롭게 찾도록 한다(Krueger, 1988).
- **집단치료**: 강박적 구매자를 대상으로 실시하는 집단치료는 개인치료와 마찬가지로 부적절한 구매 습관과 이러한 행동을 이끄는 감정을 이해하도록 만드는 것에 목적이 있다. 더불어 구매 충동에 휘둘리지 않고 충동을 억제할 수 있는 전략을 배우며 자신의 경제력에 맞춰 소비할 수 있는 통제력과 자제력을 발달시키도록 한다. Black(2011)은 강박적 구매자에게 도움이 될 수 있는 구체적인 행동지침을 제시하였다(〈표 4-23〉 참조). 집단치료에서 기대할 수 있는 가장 큰 효과는 강박적인 구매행동에 대한 충동과 이에 따른 감정을 다른 사람과 소통하고, 이러한 상호작용 속에서 고립감과 죄책감을 감소시킬 수 있다는 점이다.

표 4-23 강박적 구매자를 위한 조언

1. 구매를 할 때 현금이나 직불카드를 사용하라.
2. 카드의 한도를 최소 금액으로 낮추어라.
3. 쇼핑을 갈 때 가족이나 친구와 동행하라.
4. 스트레스를 줄이는 데 요가, 운동, 걷기, 혹은 윈도우 쇼핑과 같은 건강한 대안을 선택하라.
5. 부채통합 및 신용상담에 대한 도움을 구하라.
6. 익명의 채무자 모임과 같은 자원을 활용하라.
7. 전자매체나 인쇄매체와 같은 광고에 대한 노출을 최소화하라.

출처: Black(2011).

4) 운동중독

(1) 정의 및 발달사

운동이 개인의 건강 증진뿐만 아니라 외모의 만족도와 심리적 행복감에도 긍정적 영향을 준다는 인식이 퍼져 가면서 운동의 중요성이 점점 커지고 있다. 하지만 과도한 운동으로 인해 오히려 건강을 해치거나 강박적으로 운동을 지속하는 사람도 존재한다. 운동중독(excercise addiction)은 운동박탈이 수면에 미치는 영향을 확인한 Baekeland(1970)의 연구에서 처음으로 알려졌다. 이 연구에서 규칙적인 운동을 하는 참가자는 연구 참여의 대가로 금전적인 보상이 제공됨에도 불구하고 운동 프로그램을 중단하는 것에 저항하였는데, 이러한 현상은 1970년대 후반부터 학문적 관심의 대상으로 부각되기 시작하였다(Hailey & Bailey, 1982).

운동중독은 심리 및 생리학적인 요인의 복합적인 조합으로 인해 나타나는 현상이기 때문에 아직까지 명확하게 개념 정립이 이루어지지 않아 개념, 측정방법 등에 대한 다양한 입장이 존재한다. 운동중독은 일중독과 유사하게 부정적 측면과 함께 긍정적 측면을 내포하고 있기 때문에, 중독이라는 표현 이외에 의무(Pasman & Thompson, 1988), 강박(Lyons & Cromey, 1989), 의존(Cockerill & Riddington, 1996) 등의 다양한 용어로 설명되었다.

운동중독의 긍정적인 측면을 강조한 Glasser(1976)는 '긍정적 중독(positive addiction)'이라는 개념을 소개하면서 다른 중독과는 대조적으로 운동의 유익한 효과, 그리고 운동과 건강 간의 긍정적 노출–반응 관계를 입증하고자 하였다. 한편, 과도한 운동이 부정적인 결과를 낳을 수 있다는 인식은 달리기의 중독성을 연구한 Morgan(1979)의 연구에서 알려지기 시작했다. 이 연구의 참가자는 대부분 건전한 습관으로서 규칙적으로 운동을 하였지만, 일부 참가자는 운동이 삶의 전체를 통제하며 인생의 다른 선택권을 제거하는 것으로 밝혀졌다. Morgan(1979)은 이를 부정적 운동중독으로 정의하면서 지나친 운동이 신체의 손상뿐만 아니라 업무, 인간관계, 가족생활과 같은 일상생활에 문제를 초래할 수 있다고 보고, Glasser(1976)의 긍정적 중독 개념에 의문을 제기했다.

최근에는 운동중독을 새로운 질환의 틀에 가두기보다는 개인의 심리적 특성과 운동을 여가의 일환으로 보는 사회문화적 흐름 간의 상호작용 측면에서 이해해야 한다는 입장이 주목받고 있다(신규리, 2000).

(2) 유병률

Hausenblas와 Downs(2002)의 연구에서 운동중독으로 이어질 가능성이 높은 사람은 3.4~13.4%로 나타났으며, Szabo와 Griffiths(2007)의 연구에서는 6.9%가 운동중독의 위험군에 해당하는 것으로 보고되었다. Sussman 등(2011)은 일반 인구의 3%가 운동중독이라고 추정하였고, Lejoyeux, Avril, Richoux, Embouazza와 Nivoli(2008)는 파리 피트니스 클럽 회원의 42%가 운동중독 기준에 해당한다고 보고하였다. Mónok 등(2012)의 연구에서는 습관적으로 운동하는 사람의 3.2%, 일반인의 0.5%가 운동중독이라고 추정하였으며, Szabo(2010)는 운동을 규칙적으로 하는 사람의 약 50%가 운동중독과 비슷한 증상을 경험하거나 운동중독이 된다고 주장하였다. Griffiths 등(2015)은 EAI로 측정된 유병률이 1.8%에서 29.6%까지 다양하게 보고된다고 하였다. 국가적으로 운동중독의 유병률을 파악한 유일한 연구는 헝가리에서 실시된 연구(Mónok et al., 2012)로, 성인의 0.3~0.5%가 운동중독인 것으로 밝혀졌다.

(3) 임상적 특징

Morgan(1979)은 운동에 중독된 사람이 운동을 중단하게 되면 우울증, 불안, 초조함 같은 심리적 불편감을 느끼며 가정과 사회적 관계에 문제를 야기한다고 설명했고, Szabo(1995)는 다른 중독과 유사하게 신체적·의학적·재정적·사회적 문제와 함께 운동에 대한 의존과 금단증상이 나타난다고 설명하였다.

운동중독에 대한 초기 연구(Sachs, 1982)에서는 운동중독을 금단증상의 유무로만 확인하였지만, Griffiths(1996a)를 비롯한 많은 학자가 금단증상은 중독에서 나타나는 특징 중 하나일 뿐이며, 운동중독의 여부를 금단증상에만 기초하여 판단하는 것이 부적절하다고 주장하였다. Griffiths(2002)는 Brown(1993)이 제시한 중독의 요인을 운동중독에 적용할 수 있다고 주장하였고, Hausenblas와 Downs(2002)는 Griffiths(2002, 2005b)의 주장을 확장하여 운동중독의 일곱 가지 특성에 대해 다음과 같이 설명하였다.

- **내성**: 중독물질이나 활동을 지속하려는 신체적 특성이다. 즉, 중독물질에 대한 신체의 내성 정도가 커지기 시작하면 결국에는 운동을 점점 더 많이 해야만 만족감을 느끼게 되고, 처음보다 운동 빈도와 운동량이 증가하게 된다. 나중에는 이전과 동일한 정도로 운동에 투자하여도 만족하지 못한다.
- **금단증상**: 운동을 현저하게 줄이거나 중단할 때 불안, 우울, 과민성, 죄책감 및 수면장애와 같은 부정적인 증상을 경험하게 된다. 이러한 부정적 경험은 다시 운동을 하게 되면 일시적으로 사라진다.
- **의도적 효과**: 의도한 양이나 시간을 초과할 만큼 운동을 해서 계획된 일과를 지속할 수 없다.
- **통제 상실**: 운동 수준을 줄이거나 일정 기간 운동을 중단하려고 시도하지만 실패한다.
- **시간 효과**: 운동을 준비하고, 참여하고, 회복하는 데 많은 시간을 소비한다.
- **다른 활동의 감소**: 과도한 운동으로 인해 다른 사회적 활동이 감소되거나 중단된다.
- **지속성**: 과도한 운동이 신체적, 심리적 및 대인관계의 문제를 유발하거나 악화시키는 것을 알면서도 지속한다.

한편, 몇몇 학자는 운동중독에 대해 하위 차원이나 요인을 기준으로 유형을 구분하려고 시도했다. Bamber, Cockerill, Rodgers와 Carroll(2003)은 과도한 운동이 섭식장애와 함께 발생하는지의 여부를 토대로 1차적 운동중독과 2차적 운동중독으로 분류하였다. 1차적 운동중독은 부정적인 결과를 회피하기 위해 과도한 운동으로 불안을 낮추려고 하는 것이다. 반면에 2차적 운동중독은 체중 감량을 위한 수단으로 엄격한 식이요법과 나타나는 것이다. 즉,

표 4-24 GrüBer-Sinopoli와 Thalemann(2006)이 제시한 운동중독의 하위 유형

유형	특징
병적인 만성적 행동	표준 빈도와 강도에서 벗어나는 과도한 운동이 비정상적인 형태로 적어도 12개월간 나타난다.
통제 상실	운동을 시작하면 행동(기간, 빈도, 강도, 위험)을 통제하지 못한다.
보상 추구	높은 운동량이 보람 있는 것으로 여겨지는 보상 효과가 나타난다.
내성	원하는 효과를 얻기 위해 점점 더 많은 시간, 빈도, 강도로 운동을 한다.
긍정에서 부정으로의 전환	긍정적으로 인식되었던 운동이 중독되면서 점차 부정적인 것을 피하기 위한 의무로 간주된다.
기분조절	주로 감정을 조절하기 위해 운동을 한다.
기대 및 대처	운동의 결과로 좋은 효과를 기대한다.

1차적 운동중독은 운동 그 자체가 목적이고, 2차적 운동중독은 체중 감량이 주된 목적이다. GrüBer-Sinopoli와 Thalemann(2006)는 운동중독을 운동의 특징에 따라 15가지 유형으로 분류하였는데, 〈표 4-24〉에 그중 일부를 제시하였다.

(4) 동반질환

동반질환에 대한 이해는 운동중독의 전반적 특징과 함께 치료적 접근에 중요한 영향을 미친다. 운동과 관련된 문제를 겪는 사람은 높은 비율로 다른 정신질환도 겪는 것으로 보인다. 운동과 함께 가장 자주 보고되는 질환은 섭식 관련 장애이며, 몇몇 연구는 과도한 운동이 높은 빈도로 비정상적인 섭식행동을 수반한다고 보고하였다. 마찬가지로, 비정상적인 섭식행동을 보이는 사람의 39~48%는 운동중독을 수반하는 것으로 나타났다(Bamber et al, 2003). 또한 Sussman, Lisha와 Griffiths(2011)는 운동중독과 섭식장애 간의 높은 상관관계가 존재한다고 주장하였다. 하지만 Blumenthal, O'toole와 Chang(1984), Coen과 Ogles(1993)의 연구에서는 운동중독과 섭식장애 간의 연관성이 발견되지 않았고, Szabo(2010)도 운동중독과 섭식장애의 관계에 대한 결정적인 증거를 찾지 못했다. 한편, 여성을 대상으로 한 연구(Bamber et al., 2003)에서는 운동중독이 섭식장애가 있는 경우에만 나타났지만, 다른 연구에서는 이와 같은 연관성을 찾을 수 없었다. 이처럼 일관되지 않은 연구 결과는 운동중독을 야

기하는 원인이 다양하기 때문인 것으로 보인다.

우울과 불안은 운동중독에서 종종 나타나는 질환으로, Cooney, Dwan과 Mead(2014)의 연구에서 운동을 하는 사람이 운동을 하지 않는 사람에 비해 우울증 발병률이 다소 낮은 것으로 밝혀졌다. Da Silva 등(2012)은 운동이 불안과 우울 증상을 감소시키는 반면에, 운동부족은 높은 수준의 불안 및 우울과 관련이 있다고 주장하였다.

(5) 원인

① 생리학적 요인

생리학적 측면에서 가장 오래되고 유명한 가설은 격렬한 달리기 후 피로감이 아닌 희열감을 느낀다는 runners' high 가설이다(Glodberg, 1988). 희열감을 느끼도록 하는 베타-엔도르핀은 의존성을 유발하는 것으로 밝혀졌는데(Farrell, Gates, Maksud, & Morgan, 1982), 이를 운동중독에 적용해 보면 운동을 통해 희열감을 느낌과 동시에 운동에 점점 의존하게 된다는 것이다. 하지만 이 가설은 아직 명확히 입증된 것은 아니다.

Cousineau 등(1977)은 운동 후에 카테콜아민의 수치가 증가한다는 가설을 제시하였는데, 카테콜아민은 과도한 운동으로 인한 스트레스 반응 및 교감신경 반응과 관련이 있다. 즉, 운동을 통해 카테콜아민의 활성 정도가 달라지며, 카테콜아민 수준에 따라 기분조절 정도와 보상회로의 변화가 생기는 것이다. 하지만 이 가설 또한 추가적인 연구가 필요하다.

② 심리적 요인

Szabo(1995)는 스트레스를 해소하기 위한 수단으로 운동을 하는 경우에, 스트레스 상황이 반복될 때마다 운동을 하지 않으면 불안하게 되어 점점 운동에 의존하게 된다고 설명하였다. Szabo(1995)의 주장에 따르면, 운동은 긍정적 측면을 포함하고 있기 때문에 운동으로 인한 부정적인 결과가 있을지라도 개인은 이를 무시하거나 합리화하게 되고, 운동을 하지 못하게 되면 부정적 감정을 겪게 되어 다른 대안적 활동을 차단하고 다시 운동을 하는 딜레마에 빠지게 된다.

③ 행동 강화요인

운동중독자를 구분하는 중요한 특징은 운동을 수행하는 의욕과 동기이다. 외모의 변화, 몸매 유지, 건강, 체중 감량 등의 보상을 받았을 때 운동은 더 강화되는데, 이처럼 운동을 함으로써 불쾌한 감정이 사라지는 강화 경험을 하게 된다면 운동중독으로 이어질 수 있다.

(6) 선별 및 진단

운동중독을 평가하는 일관된 방법은 없지만 다양한 종류의 평가도구가 개발되어 왔다. 하지만 운동중독의 정의에 대해 완전히 확립되지 않았기 때문에, 운동중독의 평가를 위해서는 더 많은 연구가 필요해 보인다.

① 의무적 운동 질문지(Obligatory Exercise Questionnaire: OEQ)

OEQ는 운동중독을 평가하기 위해 Pasman과 Thompson(1988)이 의무적 운동의 심리적 측면들을 토대로 개발한 것이다. 운동 고착, 운동 횟수, 운동 전념의 세 가지 요인으로 구성되어 있으며, 총 20문항으로 된 자기보고식 척도이다.

② 운동 의존 척도(Exercise Dependence Scale: EDS)

EDS는 운동 의존성을 개념화하기 위해 Hausenblas과 Downs(2002)가 물질남용 또는 중독에 대한 DSM-IV의 기준을 바탕으로 개발한 척도이다. 이 척도는 내성, 금단증상, 연속성, 조절의 부족, 다른 활동의 감소, 시간, 의도의 일곱 가지 하위 요인으로 구성되어 있다.

③ 운동 의존 질문지(Exercise Dependence Questionnaire: EDQ)

Ogden, Veale와 Summers(1997)는 운동행동의 강박적 특성을 측정하기 위해 EDQ를 개발하였다. EDQ는 사회-직업적 피해, 긍정적 보상, 금단증상, 체중 조절을 위한 운동, 문제의식, 사회적 이유로 인한 운동, 건강을 위한 운동, 상투적인 행동의 여덟 가지를 평가한다.

(7) 치료

특정 이론에 근거한 운동중독의 치료법은 아직까지 존재하지 않는다. 특히 운동중독의 유병률은 비교적 낮은 편이고 운동중독자는 스스로 자신의 중독을 전문가에게 보고하여 도움을 요청하지 않기 때문에 이들에게 적합한 치료를 개발하기에는 어려움이 있다. 따라서 섭식장애, 병적 도박을 대상으로 실시되고 있는 치료를 기반으로 접근하는 것이 보다 용이할 것으로 보인다.

모든 중독에서 통찰력과 동기의 부족은 흔히 나타나는데, 무언가에 중독된 사람이 자신의 행동을 문제로 보지 않거나 변화를 원하지 않는 경우 중독에 더 빠져들 수 있다. 특히 운동이나 일처럼 중독행동이 사회문화적으로 가치 있는 것으로 여겨진다면 이러한 문제는 더 두드러질 수 있다. 이런 경우 동기강화상담이 효과적인 치료법이 될 수 있다. 동기강화상담을 통해 자신의 행동을 더 넓은 시각으로 바라볼 수 있게 되고, 결국에는 변화의 필요성을 인식하도록 하는 데 도움을 줄 수 있다.

동기강화상담을 통해 치료에 대한 동기가 강화된다면 인지행동치료가 효과적일 것으로 보인다. 운동중독은 섭식장애와 높은 관련이 있기 때문에, 섭식장애 치료에 가장 효과적으로 밝혀진 인지행동치료가 운동중독에도 효과적일 것이다. 운동중독이 심한 경우에는 역기능적 신념과 부적응적 도식을 발견 및 수정하는 것이 필요하겠지만, 어쨌든 운동은 건강에 긍정적인 영향을 미치기 때문에 운동을 완전히 금지하는 것이 아니라 적당하고 조절 가능한 수준에서 운동을 할 수 있도록 하는 것이 치료의 목표가 되어야 한다(Freimuth, Moniz, & Kim, 2011).

중독상담의 접근 및 치료

Introduction to Addiction Counseling

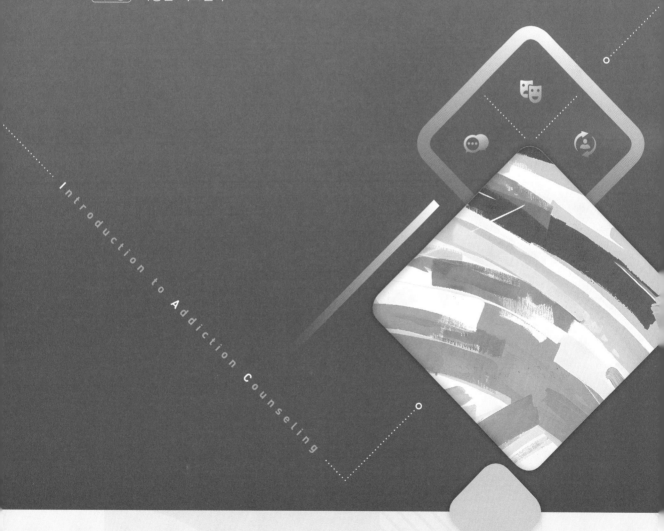

INTRODUCTION TO ADDICTION COUNSELING

제5장

중독상담 이론

이자명 · 신성만 · 권정옥 · 김윤희

이 장에서는 중독에 빠진 사람들을 상담하는 데 집중적으로 활용되는 여러 이론들에 대하여 다루고자 한다.

먼저, 정신역동 상담이론과 중독상담을 개관하였다. 이를 위하여 정신역동 상담이론과 그 주요 기법들을 소개하고 이를 바탕으로 중독행동을 설명하였다.

이후 인지행동 상담이론에 대해서 개관하였다. 인지행동 상담이론의 기본 가정과 주요 개념, 기법들을 소개하고 이를 중독행동과 연결 지어 이해하였다.

또한 실존치료와 인간중심치료에 대해서 개관하고 두 접근이 융합된 실존적 인간중심치료에 대하여 소개하고자 한다. 실존적 인간중심치료의 치료적 관점과 주요 치료적 기법에 대하여 이해하고 중독과 관련된 현장에서 어떻게 적용되는지 살펴볼 것이다.

마지막으로, 동기강화상담(Motivational Interviewing: MI) 이론의 근간을 제공하기 위해 MI의 정의, 정신, 핵심 개념, 네 단계 과정을 요약하였다. MI는 어떤 종류의 언어(변화대화 같은)를 효과적으로 다루기 위한 특정 스타일의 대화라고 할 수 있다. 그러므로 이론 학습뿐만 아니라 언어와 대화 스타일에 대한 실습이 MI의 효과적인 사용에 도움이 될 것이다.

1. 중독상담과 정신역동

1) 정신역동 상담이론

정신역동 상담이론(정신분석이론)은 Sigmund Freud가 시작이자 끝이라 해도 과언이 아니다. 정신역동 상담이론은 Freud를 중심으로 시작되고 발전하였으며, 이후 심리학과 정신의학, 문화·예술 등 다양한 분야에 영향을 미치게 된다. 특히 인간행동에 대한 결정론과 무의식의 존재를 바탕으로 한 여러 이론은 정신분석에 뿌리를 두고 있다고 볼 수 있을 것이다.

오스트리아의 의사, 정신분석의 창시자이다. 체코의 유대계 가정에서 출생, 유년 시절 빈으로 이주하였으며 이후 의사면허를 취득하였다. 1938년 나치의 박해를 피해 영국으로 망명하였다. 히스테리 환자 치료를 통해 인간의 정신세계에 무의식이 존재함을 주장하였으며, 이후 정신분석을 통한 심리치료를 실시하였다. 꿈, 착각, 해학과 같은 정상 심리까지 연구를 확대하여 심층심리학의 기틀을 확립하였다. 대표저서로는 『꿈의 해석』(Freud, 1900) 등이 있다.

Sigmund Freud(1865~1939)

2) 정신역동 상담이론의 기본 가정

정신역동 상담이론을 효과적으로 상담 및 심리치료에 적용하기 위해서는 먼저 이 이론의 기본 가정과 주요 개념을 살펴봐야 한다. 정신역동 상담이론은 정신결정론, 지정학설, 성적·공격적 욕구, 유아기 경험의 중요성 등 크게 네 가지 기본 가정을 중심으로 이루어진다.

(1) 정신결정론(심리결정론: psychic determinism)

정신역동 상담이론에 따르면, 인간의 마음이나 행동 그 어느 것도 우연히 결정되는 것은 없으며, 모든 행동과 사건에는 원인이 있다. 어떠한 것이든 이전에 존재하던 무언가에 의해

결정된다는 것이다. 즉, 표면적으로 혹은 의식적으로는 그 원인을 찾을 수 없는 것처럼 보이는 정신적 내용 또한 사실은 자연의 다른 현상처럼 어떠한 법칙에 의해 결정되고 통제되는 것으로 본다. 예를 들어, 우연의 산물로 보이는 말실수나 원인을 알 수 없는 꿈이라도 이는 이전 경험에 영향을 받아 나타나는 것이다. 이에 따라 어른의 행동은 어린 시절 경험에 영향을 받아 나타나는 것으로 설명하며, 이러한 정신결정론은 정신분석적 방법론을 위한 이론적 근거를 제공하게 된다.

(2) 지정학설(topographic theory)

Freud는 마음의 세계를 지리적 개념으로 설명하였다. 이러한 지정학설은 인간의 정신세계를 의식, 전의식, 무의식 3층 구조로 보는 접근을 의미한다. 특히 분석적 접근이 시작되면서 인간의 반응을 설명하기 위한 정신세계의 작용에서 개인이 의식하지 못하는 무의식의 개념이 대두됨으로써 정신역동 상담이론의 근간이 마련되었다.

지정학설에 따르면, 인간의 정신세계가 의식과 무의식, 그리고 둘 사이에 위치한 전의식으로 구성되어 있고 이러한 의식과 무의식을 나누는 것은 억압(repression)이다. 즉, 개인을 수치스럽게 하는 내용, 죄책감, 열등감, 성적 욕구나 공격적 욕구와 같은 의식에서 감당하기 힘든 것들이 의식 차원에 머무르며 불안을 일으키는 것을 방지하기 위해 자아는 이러한 내용을 의식 아래인 무의식에 억압해 버리는 것이다. 이처럼 무의식에는 우리가 상상할 수 있는 것 이상의 방대한 내용이 잠재되어 있기에, 인간의 의식은 정신세계에서 빙산의 일각에 불과한 것으로 설명한다. 한편 전의식은 무의식 중에서 비교적 쉽게 의식 차원으로 불러올 수 있는 부분으로 간주한다. 즉, 해수면 위로 드러난 빙산의 일각이 의식이라면, 전의식은 바다 아래 존재하는 무의식 중, 해수면 가까운 곳에 위치하는 것으로 볼 수 있다.

무의식에 억압된 내용은 우리 안에 갇힌 맹수들처럼 호시탐탐 의식으로 뛰쳐나오려고 하기 때문에 인간은 많은 정신 에너지(psychic energy)를 사용하여 억누르게 되지만, '자아'가 약화된 상태에서 종종 무의식의 충동이나 생각은 '증세'의 형태로 의식 밖으로 뛰쳐나오게 된다.

(3) 성적·공격적 욕구

정신역동 상담이론은 인간의 본능(충동)이 신체에 존재하는 것으로 간주하고, 인간의 정신세계에 영향을 미치는 부분을 성욕과 공격욕구로 보았다. Freud가 '충동'이라고 부른 이 본능은 두 가지의 서로 반대되는 개념으로 존재하는데, 하나는 생(生)의 본능인 에로스(eros), 다른 하나는 죽음(死)의 본능인 타나토스(thanatos)이다. 에로스는 심리성적 에너지인 리비도(libido)가 관여하는 것으로, 충동 중에서도 성적인 충동을 의미하며, 인간을 움직이는 가장 중요하면서 기본적인 욕구로 보았다. 반면, 타나토스는 Freud 이론 후반에 다루어지기 시작한 것으로, 충동 중에서도 공격적 충동을 담당한다.

심리성적 에너지인 리비도를 적절히 해소하는 것은 매우 중요하지만, 사회문화적 이해 범위 내에서 이루어져야 하는 만큼 쉽지 않은 일이다. 결국 충분히 해소되지 않은 성적 에너지는 인간 무의식 아래로 억압되고, 억압된 성적 욕구는 종종 최면, 꿈, 자유연상이나 유머, 상징, 말실수 등을 통해 의식 차원으로 드러나게 된다.

(4) 유아기 경험의 중요성

정신역동 상담이론에 따르면, 현재의 대인관계는 과거에 만들어진 관계에 영향을 받는다. 즉, 어린 시절 내재화된 대상관계(introjected object relationship)가 이후 개인의 삶 전반에 걸쳐 반복되고 재현되는 것으로 보고, 증상의 원인 파악이나 치료적 방향을 세울 때 대상관계의 중요성을 핵심 고려사항으로 염두에 두고 진행한다. 내재화(internalization)란 어린아이가 어떤 대상을 자기 나름의 방식으로 이해하고 받아들이는 것을 의미하는데, 내재화의 대상에는 관계의 양상 또한 포함된다. 예를 들어, 주폭(酒暴)으로 가족을 괴롭힌 아버지와의 관계를 내재화한 어린아이는 어른이 된 이후에 자신도 모르게 가족관계에서 가해자와 피해자 양상을 만들어 낸다. 이처럼 내담자의 내재화된 유아기 경험은 수정되지 못한 채 마음속에 고착되어 이후 관계에서 문제를 반복하고, 상담 및 심리치료 상황에서는 상담자를 대상으로 전이(transference)의 형태로 재현된다. 이때 상담자는 내담자가 재현하는 전이를 분석함으로써 내담자의 무의식 속 내적 대상관계를 치료 장면에서 활용할 수 있다.

정신역동 상담이론이 중요시하는 유아기 경험은 내담자의 대상관계가 생애 전반에 영향을 미친다고 설명한다는 점에서 정신역동 상담이론의 주요 이론적 바탕이 된다. 동시에 이후 현대의 정신분석에서 전이를 내적 대상관계의 재현으로 보고 중요하게 다루는 것은 가장 핵심적인 기법이 되었다.

3) 정신역동 상담이론의 주요 개념

정신결정론, 지정학설, 성적 · 공격적 욕구 및 유아기 경험의 중요성 등을 가정하고 있는 정신역동 상담이론은 몇 가지 주요 개념으로 설명할 수 있다. 이 절에서는 이들 주요 개념 중, 인간 성격의 발달과 구조, 심리성적 발달 단계, 방어기제와 꿈, 전이와 역전이 등을 통해 정신역동 상담이론을 이해하고자 한다.

(1) 성격의 구조

성격구조론 모델(structural model of personality)은 인간의 성격이 자아(ego), 초자아(superego), 원초아(id) 세 가지로 구성되었다고 본다. 출생 당시 인간의 성격은 본능적인 욕망과 욕구인 원초아와 희미한 자아로 이루어지며, 성장해 가면서 자아와 초자아가 발달한다.

① 원초아(id)

원초아란 인간이 타고나는 본능적인 욕망과 욕구를 의미한다. 식욕, 성욕, 공격욕, 수면욕 등이 모여 원초아를 이루며, 본능적 욕망과 욕구로 구성된 원초아는 '쾌락원칙(pleasure principle)'에 따라 즉각적이고 충동적인 만족을 요구한다. 원초아는 비논리적이고 맹목적이며, 긴장과 고통을 피하고 쾌락을 추구하며, 욕구충족을 위해서 인내하거나 계획을 세우지 않는다. 예를 들어, 시험을 앞둔 한 학생이 게임 욕구를 시험 뒤로 연기하지 못하고 밤새 게임에 매달렸다면, 이 학생은 원초아의 쾌락원칙에 지배당한 것이 된다. 그럼에도 원초아가 반드시 나쁜 것은 아니다. 오히려 원초아는 인간 삶 속 만족감과 정신 에너지의 원천이며, 원초아의 욕구가 과도하게 억압당하면 생기 없고 무기력한 사람이 되고 만다(이무석, 2003).

② 초자아(superego)

초자아는 원초아와는 정반대 성격을 보인다. 초자아는 4~5세경 동일시 과정을 통해 발달하기 시작하는데, 쾌락보다는 완벽함과 도덕적인 것을 추구하며 자신을 평가하고 비판하는 양심 기능을 한다. 초자아는 무엇이 선하고 악한지, 어떻게 하는 것이 옳고 그른지가 주된 관심사로 '자아이상(ego ideal)'을 추구하며, 자신의 잘못을 깨닫고 죄책감을 느끼는 기능을 한다. 초자아는 사회문화적 규범, 부모의 기준, 자아이상을 내면화한 것으로 원초아의 충동을 억제하고 도덕적이고 규범적인 기준에 맞추어 살도록 한다. 거세불안을 느끼는 아이가 부모의 공격과 처벌을 피하기 위해 부모와 사회의 규범을 내면화하면서 형성되는 초자아는 한 개인의 행동을 평가하고 그에 대해 심리적인 보상을 주거나 처벌을 가하는 역할을 한다. 이러한 초자아의 본래 기능은 자아를 도와 원초아의 욕망을 평가하고 조절하는 것이다. 초자아의 순기능에도 불구하고 양육과정에서 부모의 양육방식이 비합리적이고 지나치게 엄격할 경우, 성격 내부의 초자아는 가혹하고 가학적인 것이 되어 한 개인이 일생을 자신의 내면에 가혹한 비판자 부모를 모시고 살게 된다. 이런 경우, 개인은 스스로를 비난하고 자학적이고 공격적이며 완벽주의에 빠지거나 강박적이고 경직된 삶을 살게 된다.

③ 자아(ego)

성격의 또 다른 구조인 자아는 원초아와 초자아 간의 갈등을 조절하고 양쪽의 욕구를 수용 가능한 범위 안에서 적절하게 소화하도록 조정하는 기능을 한다. 원초아가 따르는 쾌락원칙이 미숙하고 어린 방식이라면 자아는 현실과 환경을 고려한다는 '현실원칙(reality principle)'에 따라 기능한다. 즉, 자아는 궁극적인 만족을 위해 욕구를 연기할 줄 알고, 현실을 이해하고 판단하며, 미래에 대한 계획을 세우고 논리적으로 사고하는 행동원칙을 따름으로써 개인의 현실 적응을 도모하고, 동시에 자신이 가진 두 가지 소망, 즉, 본능적 욕구와 이상적 기준을 만족하는 균형을 찾는다.

인간은 개개인마다 일정 정도의 심리적 에너지가 있으며, 성격구조의 세 가지 중 어느 요소가 통제력을 더 많이 갖는가에 따라 행동 특성이 결정된다. 즉, 개인의 성격 특성이 드러나는 것이다. 예를 들어, 자아나 초자아보다는 원초아가 심리적 에너지를 좌우하고 주도권을 갖게 된다면 그 사람은 현실과 규범을 고려하기보다는 당장의 욕망을 해소시키려는 방식으로 행동할 것이다. 반면, 가혹한 초자아가 성격을 좌우하는 경우, 그 사람은 욕구충족이나 현실적인 대안을 선택하기보다 자신이 생각하는 이상적인 완전무결함을 추구하고 그렇지 못할 경우 스스로를 강하게 비난하는 경향이 있을 것이다. 인간 마음속에서는 본능적 욕구와 이를 비난하는 초자아의 싸움이 끊임없이 일어나는데, 이 둘 사이의 갈등은 불안을 일으키게 된다. 건강한 자아는 원초아와 초자아 간 갈등을 중재하고 현실과 환경을 고려하여 합리적으로 욕구를 충족시키고 현실에 적응하도록 한다. 이처럼 자아는 내부세계와 외부세계 사이의 중재 작용을 함으로써 성격 기능을 조절하는 성격의 집행기관이라 할 수 있겠다(이무석, 2003).

(2) 심리성적 발달 단계(psychosexual development)

개인의 고유한 특성을 나타내는 성격은 태어나면서부터 만들어지기 시작한다. 정신역동적 관점은 인간의 성격이 성적 에너지인 리비도의 변화에 따라 발달하며, 구강기-항문기-남근기-잠복기-성기기(생식기) 등의 성격 발달 단계를 거치는 것으로 보았다. 또한 유년기의 잘못된 경험이 성격의 결함을 만드는 것으로 간주하고, 정신역동적 치료는 건강하지 못한 성격구조를 정상 성격으로 개조하는 과정으로 접근하였다.

Freud는 성적 에너지가 신체의 어느 부분에 축적되어 갈등을 일으키고 해결되는지를 기준으로 발달 단계를 설명하였으며, 성격 발달 단계에서 경험하는 갈등이 잘 해결되고 과업을 성취하면 다음 단계로 나아가는 것으로 보았다. 만약 그렇지 못한 경우, 그 단계에 머물거나(고착, fixation) 퇴행하는 것으로 간주하였다. Freud는 인간의 발달이 성 에너지가 집중되는 신체적 위치에 따라 입-항문-성기의 순으로 진행된다고 보았는데, 첫 번째 단계인 구강기에 유아는 입 주변에서 만족감을 느끼며 애착관계 형성의 기틀을 쌓는 것으로 설명하였다. 두 번째 단계는 항문기로, 항문 주위의 활동에서 쾌감을 얻는 단계이다. 남근기는 아동이 이성 부모에 대한 강력한 성적 환상과 동성 부모에 대한 질투를 보이는 시기로, 이러한 용납될 수 없는 감정을 억압하고 부모의 가치를 내면화함으로써 사회적 규범과 성역할을 습득하는 단계이다. 이후 성감대에 따른 특징이 두드러지지 않는 잠복기를 거쳐 사춘기 이후의 성기기로 발달한다는 것이 심리성적 발달 이론이다.

정신역동 상담이론에서 제안하는 심리성적 발달 단계는 다음 〈표 5-1〉과 같다.

이러한 심리성적 발달 단계는 내담자가 호소하는 문제를 생애발달이라는 맥락에서 이해하도록 돕는다는 점에서 의의가 있다. 또한 내담자의 호소문제나 문제적 증상이 비롯되는 갈등의 기원이 어느 지점이고 이것이 현재에 어떤 영향을 미치는지에 대한 설명력을 갖는다. 예를 들어, 강박적이거나 의존적인 내담자의 경우 부모의 양육태도가 실수에 엄격하고 부정적인 감정표현을 인정하지 않는 것은 아닌가에 대해 탐색할 수 있다. 내담자가 자발적이기보다는 주로 타인의 결정을 따르는 경우, 자발적 행동이 갖는 의미를 파악하고 그때의 감정이 죄책감과 관련이 있는지도 탐색할 수 있다. 혹은 담배나 알코올과 같은 구강 쾌락과 관련한 중독행동의 경우, 구강기 고착과 관련한 행동이라는 가설을 세울 수도 있을 것이다.

표 5-1 심리성적 발달 단계

발달 단계	특징
구강기 (oral stage) 0~1세	입을 사용하여 긴장감 해소 및 욕구충족이 이루어진다. 또한 모든 관심이 입에 집중되며 감각과 활동의 초점 또한 입을 중심으로 이루어진다. 구강성격(oral personality): 구강기 고착이 심하거나 구강기 욕구 좌절이 심해 구강기 욕구충족에 집착하는 성격을 갖게 된다. 의존적이고 요구적이며, 자기중심적인 특징이 있다. 생활습관 측면에서 애주나 폭주, 애연, 미식 또는 과식, 과욕과 이에 대한 공상이 많은 편이다.
항문기 (anal stage) 2~3세	아이의 관심과 리비도가 구강에서 항문으로 이동한다. 대소변 훈련을 중심으로 대상관계가 형성된다. 자기조절, 수치심 등이 형성되는 시기이다. 항문성격(anal personality): 청결, 질서, 정돈, 복종, 정확성이 강조되는 강박성격을 보인다. 혹은 반대로 부모에 대한 분노에서 반항적인 성격이 강조되기도 한다. 항문기 고착은 성인 이후에도 양가감정이 심하고, 강박적인 사고를 특징으로는 하는 강박신경증과 관련이 높다.
남근기 (phallic stage) 4~6세	남녀 간 성적인 차이를 이해한다. 자신의 성 주체성 확립을 시작하는 시기이다. 생식기에서 느끼는 감각이 뚜렷해지고 자위행위를 통해 성적 쾌감을 얻기도 한다. 남아는 남근에 대해 자기애적 관심을 보이는 반면, 여아는 남근 선망(penis envy)이 나타난다. 이성 부모에게 애정을 느끼고, 동성 부모에게는 질투와 경쟁적 증오심을 가진다. 오이디푸스 콤플렉스(Oedipus complex) 시기이지만 동성 부모를 동일시(identification)함으로써 거세불안을 극복한다.
잠복기 (latency stage) 7~12세	성적 흥미와 활동이 사라지고 뚜렷한 심리성적 변화가 보이지 않는다. 동성의 부모를 동일시하면서 성역할을 배우고, 사회적 관습과 태도를 습득한다.
성기기/생식기 (genital stage) 13~18세	사춘기가 시작되면서 2차 성징이 시작되는 시기이다. 성적 에너지가 다시 분출되는데 남근기와 다른 점은 성적 에너지를 현실에서 수행해 볼 만큼 신체적으로 성장했다는 점이다. 이 시기에는 부모로부터 독립하여 자신의 욕구를 안전하게 실현할 수 있는 파트너를 찾고자 한다.

(3) 방어기제

방어기제(defense mechanism)란 원초아-초자아 간 갈등이나 거세불안, 삶과 죽음에 관련된 실존적 불안과 같이 인간이 경험하는 다양한 불안 속에서 자아가 스스로를 보호하기 위해 사용하는 심리적 기제이다. 이러한 심리적 기제를 반복적으로 사용하면서 일종의 패턴을 형성하게 되면 그 개인의 성격 일부가 된다. 즉, 누구나 마음의 평정을 원하지만 살다 보면 마음의 평정이 깨지는 사건이 심리 내외적으로 발생하기 마련이다. 특히 사회적으로나 도덕적으로 용납하기 힘든 성적 충동, 공격적 욕구, 충동성 등은 생존에 위협으로 지각되고 불안을 일으킨다. 이때 자아는 불안을 처리하여 마음의 평정을 되찾고자 노력하는데 이 노력이 바로 방어기제에 해당된다. 이 과정에서 본능적 욕구와 초자아의 요구 사이에서 타협이 일어나 절충형성을 하게 된다. 이 절충형성의 결과가 행동으로 나타나는 것이 증상(symptom)이고, 개인의 성격 특성이다.

방어기제를 부적응적인 것으로 보는 일부 인식과는 달리, 실제 방어기제는 자아가 심리적 생존을 위해 사용하는 기제로서 그 목적은 인간발달에 도움이 되고자 함이다. 그럼에도 이러한 의도와는 별개로 실제 방어기제의 결과가 부적응적일 수 있다. 특히 초기 정신분석 이론이 병리적인 사람들을 관찰하면서 만들어졌고 병리적인 사람들이 사용하는 방어기제가 오히려 부적응을 초래하는 경우가 많았기 때문이다.

방어기제는 말년에 Freud가 자아의 기능에 관심을 가지면서 논의되었으며, 이후 그의 딸 Anna Freud에 의해 많이 정리되었다. 최근에는 방어기제를 문제해결을 위한 대처방식(coping styles)과 연결하여 보는 시도가 많아지고 있다(American Psychiatric Association, 1994; Vaillant, 1993). 이러한 시도에 따르면 방어기제는 그 효과성이나 적응성에 따라 구분이 가능하다.

① 적응적인 방어기제

비교적 적응적인 수준의 방어기제는 욕구들 간 갈등 속에서 균형을 찾으면서 각각의 욕구를 충족할 수 있는 전략을 뜻한다.

• 유머: 문제와 관련된 유쾌한 측면이나 역설적인 측면을 강조함으로써 감정적 갈등이나 내외 스트레스를 처리한다.

- 이타주의: 감정적 갈등이나 내외 스트레스를 처리하기 위해 타인에게 헌신한다. 반동형성의 특징을 보이는 자기희생과는 달리 타인의 만족을 통해 진심으로 만족하는 경우를 의미한다.
- 승화: 부적응적인 감정이나 충동을 사회적으로 용납될 수 있는 형태로 변형시켜 표현하는 것이다(예, 성적 또는 공격적 충동 욕구를 예술작품으로 표현함으로써 자신의 내적 감정과 갈등을 해소하는 경우).

② 회피적인 방어기제

회피적인 방어기제는 심리 내외적으로 위협이 될 수 있는 생각이나 감정, 기억 등을 의식하지 못하도록 한다.

- 전치(displacement): 어떤 대상에 대한 느낌이나 반응을 다른 덜 위협적인 대상에게 투영시킴으로써 감정적 갈등이나 스트레스를 처리한다(예, 종로에서 뺨 맞고 한강 가서 눈 흘긴다).
- 주지화: 불편한 감정을 조절하거나 최소화하기 위해 지나치게 추상적으로 사고하거나 일반화함으로써 감정적 갈등이나 내외적인 스트레스를 처리한다.
- 분리: 감정의 분리를 말한다. 원래 감정적 갈등이나 스트레스와 연합되어 있던 생각을 분리시켜 처리하는 방식이다(예, 어떤 경험 중 가진 느낌은 잊고 인지적 요소만 의식하는 경우).
- 반동형성: 용납하기 힘든 감정을 감추고 정반대 행동이나 생각, 감정으로 대치한다(예, 미운 놈 떡 하나 더 준다).
- 억압(repression): 감당하기 힘든 욕구나 기억, 경험 등을 무의식 저편으로 보내 버리는 과정이다. Freud가 제시한 방어기제 중 가장 중요한 것으로 다른 방어기제의 기초가 되는 기제이다(예, 충격적인 성폭력 피해 경험을 기억하지 못하는 내담자).
- 억제(surpression): 받아들이기 힘든 문제나 욕구, 경험이나 감정 등을 의식적으로 생각하지 않으려고 외면하면서 갈등을 처리하는 기제이다. 무의식중에 기억을 하지 못하게 되는 억압과는 구분된다.

③ 이미지 왜곡과 관련한 방어기제

스스로의 자긍심을 유지하기 위해 이미지를 왜곡하는 방어기제이다. 심한 경우, 자신이나 다른 사람의 이미지를 전반적으로 왜곡시키거나 매우 잘못 지각하기도 한다.

- **평가절하**: 부정적인 것을 자신이나 외부 탓으로 돌림으로써 감정적 갈등이나 내외적 스트레스를 처리한다. 현실적인 판단을 내리기보다 '모두 나 때문이야.'라고 쉽게 인정함으로써 다른 사람과의 갈등이나 내외 불안을 피하려는 경우를 의미한다.
- **이상화**: 긍정적인 점들을 과장해서 타인에게 돌림으로써 감정적 갈등이나 스트레스를 처리하고 내적 갈등을 회피한다(예, 생전에 주사가 심해서 싫어하던 아버지를 사후에 갑자기 이상화하는 경우).
- **자폐적 공상**: 인간관계나 문제해결 과정에 과도한 백일몽을 사용함으로써 감정적 갈등이나 내외적인 스트레스를 차단하고 불안을 피한다.
- **투사적 동일시**: 감당하기 힘든 감정이나 욕구, 생각 등을 부당하게 남의 탓으로 돌림으로써 감정적 갈등이나 스트레스를 처리하는 방식이다. 자신의 감정이나 충동을 타인 탓으로 인식함으로써 타인에 대한 자신의 반응을 정당화한다(예, 과음하는 자신을 나무라는 아내에 대해 도리어 아내가 자신을 미워하기 때문에 화가 나서 술을 마시는 것으로 정당화한다).

④ 부인과 관련한 방어기제

부인(否認, denial)과 관련한 방어기제는 직면하기 힘든 사실이나 경험, 내외적 스트레스 요소나 감정을 마주하지 못하고 책임 등을 의식하지 못하게 하는 것을 의미한다.

- **부인**: 분명한 고통이 있음에도 이를 인식하기를 거부한다. 전쟁과 같이 고통스러운 사건이 있을 때, 그 일이 너무 고통스러워 마치 그런 일이 없는 것처럼 현실에 대해 눈을 감아 버리는 것이다.
- **투사**: 용납하기 힘든 감정이나 충동·사고 등을 타인의 것으로 돌림으로써 내적 갈등이나 스트레스 요소를 처리한다(예, 어떤 남자가 우연히 만난 여성에게 매력과 성적 충동을 느끼고서는 오히려 그 여자가 자신을 유혹했다고 주장하는 경우).

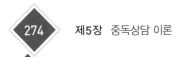

- **합리화:** 스스로 위로하려고 설명하는 과정에서 자신의 진실한 동기를 숨김으로써 감정적 갈등이나 내외적 스트레스를 처리하는 방식이다.

(4) 꿈

꿈은 무의식적 의미를 내포하며, 그렇기 때문에 무의식으로 통하는 문이기도 하다. Freud는 꿈의 목적을 간접적이면서 안전한 방식의 소원성취라고 보고, 꿈을 무의식으로 가는 지름 길로 보았다. 이러한 꿈의 해석은 Freud의 가장 큰 업적으로, Freud는 꿈을 인간의 정신생활의 연장으로 보고, 꿈을 해석함으로써 무의식의 숨겨진 내용을 찾을 수 있다고 주장하였다.

Freud는 꿈을 발현몽(manifest dream)과 잠재몽(latent dream)으로 나누었는데, 발현몽이 꿈에서 본 내용 그 자체라면 잠재몽은 발현몽 뒤에 숨겨진 의미를 뜻한다. 잠재몽은 방어기제를 통해 왜곡되고 변형되어 발현몽의 형태로 의식에 드러나는데, 꿈 해석(dream interpretation)을 통해 그 의미를 찾게 된다. 꿈속에 나타나는 낮의 잔재(day residues)를 밝히며 모아진 연상을 따라가다 보면 어떤 핵심 주제에 도달하게 되는데, 이는 내담자 무의식의 소원과 연결된다. 꿈 해석을 통해 얻어진 무의식의 소망과 관련한 내용은 곧 내담자의 무의식에 대한 정보를 제공한다.

이처럼 꿈이 개인의 무의식의 내용을 보여 주는 것은 보다 안전하게 그 사람의 소원을 성취하고 그러한 과정을 통해 현실에서 충분히 해소되지 못한 욕구불만을 해소하려는 목적을 갖는다. 무의식의 소원이 꿈으로 나타날 때는 상징을 이용해서 왜곡되어 나타나는데, 이는 꿈이 무의식 소원의 상징적 표현임을 의미한다.

> 무의식이야말로 진정한 심리적 현실(true psychical reality)이다. 꿈은 정상인이건 비정상인이건 간에 인간의 내면에 억눌려 있는 것을 드러낸다. 그리고 그것이 어떤 심리적인 역할을 하고 있다는 것을 보여 준다. 꿈 자체가 이 억눌린 내용의 표현인 것이다. 꿈의 해석은 무의식의 활동을 파악하는 지름길(royal road)이다.
>
> —Freud, S. (1900). 『꿈의 해석(Dream Psychology)』

(5) 전이와 역전이

전이(轉移, transference)는 Freud 이론의 중요한 발견이다. 전이는 상담자에 대한 내담자의 감정반응으로, 유년기 내담자의 삶에서 중요한 역할을 한 대상, 특히 부모와의 관계에서 있던 감정이 상담자에게 향하고, 상담장면에서 반복되는 것을 의미한다. 이때 내담자는 상담자를 마치 유년기 주요 대상처럼 대하지만 이에 대한 인식은 없는 상황이다.

Freud는 자신의 저서에서 전이에 대해 다음과 같이 설명했다.

> 자아는 수동적인 상태에 있을 수 없다. 떠오르는 것을 말하고 해석만 받아들여서는 안 된다. 여기서 더 나아가 분석가를 과거 유아기의 중요한 사람으로 보고, 그 사람에게 주었던 감정을 느낀다. 이것을 전이라고 한다. 전이는 엄청난 가치를 가진 치료의 보조도구가 된다. 그런가 하면 심각한 위험이 되기도 한다.

전이와는 반대로 상담자가 내담자를 자신의 내적 대상으로 착각하는 것은 역전이(countertransference)라고 한다. 역전이란 내담자에 대한 상담자의 감정반응으로 상담자 자신의 무의식적 갈등을 내담자를 통해 드러내는 것이다. 역전이는 상담과정을 방해하는 심각한 장애물이지만, 상담자가 끊임없는 자기분석을 통해 스스로 역전이 이슈를 충분히 인식한다면 오히려 역전이 반응을 통해 내담자의 마음을 이해할 수도 있다.

4) 문제적 증상의 원인과 변화의 원리

(1) 문제적 증상의 원인

정신역동 상담이론은 심리적 문제와 이상행동을 심리내적 원인에 의해 설명하는 최초의 시도라는 점에서 그 의의가 크다. 정신역동 상담이론의 기본 가정 중 하나인 정신결정론에서 보듯이, 정신역동적 접근은 문제적 증상의 원인을 유아기 경험에 뿌리를 둔 무의식적 갈등으로 본다. 이에 따르면 인간의 성격구조는 원초아, 자아, 초자아로 구성되며 이들 간 역동적 관계에 의해 성격 특성이나 반응양식이 결정된다. 즉, 인간의 심리적 세계 속에서 세 가지 심리적 구조와 기능이 상호작용하면서 역동적 과정이 펼쳐지는데, 이들 간 균형이 적절히 이루어지지 못할 때 내적 갈등으로 인한 심리적 불안과 부적응 행동이 나타나는 것이다(권석만, 2014).

특히 심리성적 발달 단계에서 경험하는 욕구의 과잉충족이나 과도한 좌절은 성격 형성에 부정적인 영향을 미치고, 이후 성격적 문제나 내적 갈등, 문제행동의 원인으로 작용한다. 또한 자아가 현실 요구를 유연하게 고려하여 원초아와 초자아 사이에서 심리적 균형을 잘 유지하는 것이 중요한데, 심리적 구조가 지나치게 약하거나 경직되어 있으면 개인은 원초아의 욕구를 불안한 것으로 보고, 이로 인한 신경증적 불안(neurotic anxiety)을 경험하게 된다. 인간의 자아는 이러한 불안을 감소시키고 개체를 보호하기 위한 나름의 방략을 사용하는데, 이것이 바로 방어기제이다. 이때 자아가 건강하고 성숙할수록 현실 적응에 도움이 되는 전략을 사용하게 되며, 정신역동적 상담은 균형 있는 성격의 구조를 재건하고 효과적인 방어기제를 사용할 수 있는 건강한 자아를 만드는 것을 치료목표로 작업한다.

중독문제의 경우도 마찬가지로 알코올중독자들을 정신역동적 입장에서 이해하자면, 이들이 심리성적 발달과정에서 유래한 독특한 성격 특성을 지니고 있을 것으로 본다. 즉, 구강기 욕구의 좌절이나 과잉충족으로 인해 구강기 고착 성격이 나타나고 구강 쾌락에 집착함으로써 과도한 음주행동이나 쾌락행동을 절제하기 힘든, 의존적이고 유약한 성격을 지닌다는 것이다. 혹은 대상관계와 관련한 해석도 가능하다. 대상관계 측면에서 중독자가 동일시하여 내면화한 '나쁜 어머니'를 파괴하고자 하는 무의식적인 소망이 생기고, 이 소망을 이루기 위해 자기파괴적인 자살행위를 상징하는 물질중독에 이르게 된다는 것이다. 실제 알코올을 비롯한 물질 남용자들이 가혹한 초자아와 관련한 내적 갈등이 심각하여 이로 인한 긴장감, 불안이나 분노를 회피하고자 알코올이나 약물에 의존한다는 주장도 있다(Wurmse, 1974).

한편, 도박장애와 같은 행동장애의 경우, 오이디푸스 콤플렉스와 관련한 무의식적 동기를 중심으로 설명할 수 있다. 공격적이거나 성적인 에너지를 해소하려는 욕구가 무의식중에 전치(displacement)되어 도박행동으로 나타난다고 보는 것이다(Capuzzi & Stauffer, 2012). 즉, '나는 반드시 돈을 딸 수 있다'는 비합리적인 확신의 기원을 유아기 전능감에서 찾게 된다. 개인이 성장하면서 유아적인 전능감이 지속적으로 좌절되는 경험을 하다 보면 무의식 중에 분노와 공격성이 증가하게 되고, 이러한 자신을 처벌하고자 하는 욕구로 인해 도박행동에 집착하게 되는 것으로 볼 수 있다.

(2) 인간 변화의 원리

정신역동적 상담은 문제적 증상의 원인을 유아기 경험에서 비롯된 무의식적 갈등이라 보기 때문에 이 무의식적 갈등을 정확히 파악하고 통찰함으로써 부적응 행동을 감소시키고자 한다. 즉, 충동적이고 미숙한 원초아의 영향력이나 지나치게 가혹한 초자아의 압박을 약화시키는 대신, 현실적이고 성숙한 자아의 중재 기능을 강화시키는 것이 치료의 핵심이다. 따라서 정신역동적 접근이 제안하는 내담자 변화를 위한 원리는 무의식적 갈등의 의식화와 성격구조의 변화로 설명할 수 있겠다.

무의식적 갈등이란 원초아의 충동적 에너지와 그것을 억압하려는 힘 사이의 갈등을 뜻한다. 이들 간 갈등은 불안을 만들고 내담자의 다양한 증상으로 이어진다. 따라서 상담자는 내담자의 무의식적 갈등을 의식화하여 언어로 표현하게 하고 긴장을 낮춤으로써 그간 무의식적 긴장을 완화하거나 억누르는 데 쓰인 에너지를 삶의 다른 영역에 쓰도록 돕는다.

내담자 변화의 또 다른 조건은 성격의 재구조화이다. 성격구조의 변화란 개인의 정신 에너지를 더 이상 무의식적 갈등을 억압하는 데 사용하지 않고 자아기능을 강화하면서 원활하게 하는 데 분배한다는 뜻이다. 즉, 원초아, 초자아, 자아 간 에너지 배분을 재정리하고 균형 있는 지점을 찾는 것을 의미한다. 성격의 재구조화를 위해 상담자는 내담자의 반응양식에 대해 반복적으로 해석을 제공하고 내담자가 스스로에 대해 성찰하고 통합함으로써 자신의 반응을 조절할 수 있도록 조력하게 된다. 예를 들어, 도박중독에 빠진 내담자를 정신역동적 입장에서 상담한다면, 무엇보다도 내담자가 도박에 자꾸 빠져들게끔 만드는 무의식적 동기를 인식하고 통찰하도록 주력할 것이다. 이러한 통찰을 통해 내담자가 스스로 도박행동을 감소시킬 수 있다고 믿기 때문이다.

이상의 변화 조건을 만들기 위해 정신역동적 상담은 Freud 시대부터 자유연상, 꿈의 해석, 저항 및 전이의 해석 등과 같은 다양한 기법을 활용하였다. 정신역동적 접근과 관련한 기법에 대해서는 다음 절에서 구체적으로 다룰 것이다.

5) 주요 상담기법

(1) 자유연상

내담자가 상담장면에서 떠오르는 것들을 (설령 사소하거나 우스꽝스럽거나 비논리적인 것이라도, 혹은 고통스럽거나 창피해서 차마 다른 사람에게 말하기 힘든 것일지라도) 가감 없이 상담자에게 이야기하는 것을 의미한다. 내담자가 마음에 떠오르는 것을 있는 그대로 상담자와 나누는 과정에서 상담자는 내담자 안에 억압된 자료에 접근하게 된다. 나아가 무의식적 갈등

속에 내포된 내담자의 주요 주제를 찾아 해석을 제공함으로써 내담자가 새로운 통찰을 할 수 있게끔 돕는다.

종종 전통적인 정신분석 상황에서는 이러한 내담자의 자유연상을 돕기 위해 카우치를 활용한다. 내담자는 카우치에 누워 보다 편안하게 의식의 흐름을 따라가는데, 이때 분석가는 내담자의 머리맡에 앉음으로써 내담자의 표정이나 반응을 확인할 수 있지만 내담자는 분석가를 직접 보지 않음으로써 분석가의 반응에 영향을 덜 받도록 세팅한다. 이처럼 분석가가 최대한 자신을 드러내지 않으면 내담자는 자유연상 시 심적 부담을 덜고 전이를 활성화시켜 자신의 무의식 속 내용을 보다 잘 드러내게 된다.

(2) 해석

해석은 내담자에게 새로운 참조체계를 제공하는 과정으로 정신분석의 주요 기법이지만 근래에는 반드시 정신역동적 상담에서만 이루어지는 것은 아니다. 내담자는 해석을 통해서 자신의 꿈이나 행동, 저항과 전이의 의미를 이해하게 된다. 즉, 해석은 자유연상에서 수집되는 무의식의 자료나 꿈, 상담장면에서 상담자와 내담자가 형성하는 관계의 의미 등을 설명하고 이해시키는 과정이다(권석만, 2012). 상담에서 적절한 해석과 훈습(working through)을 함으로써 내담자는 그간 인식하거나 이해하지 못했던 자신의 내적 갈등과 반응양식을 이해하고 변화를 위한 시도를 하게 될 것이다.

① 저항의 해석

저항은 정신역동 상담이론의 주요 개념 중 하나로 내담자가 무의식적인 자료를 생산하지 못하게 하고 상담 진행을 방해하는 모든 것을 가리킨다. 즉, 저항은 현 상태를 유지하고 변화를 방해하려는 의식적·무의식적 반응이다. 저항은 내담자에게 위협이 되는 것이 의식 차원으로 떠오르지 않게 하는 만큼, 상담장면에서 내담자의 저항을 분석하고 해석하여 그 내용을 이해하는 것은 내담자 내면의 중심 주제를 찾고 통찰하는 데 도움이 된다.

② 꿈의 해석

꿈은 내담자의 억압된 욕망과 갈등이 안전한 형태로 의식 표면에 떠오르는 것이다. 그리고 이러한 꿈의 특성을 활용하여 내담자의 꿈을 분석하고 해석함으로써 무의식적 갈등을 통찰하도록 돕는 것이 꿈의 해석이다. 상담자는 내담자로 하여금 꿈에 대해 이야기하도록 하고 그 내용을 바탕으로 자유연상을 하면서 꿈과 관련한 인지·정서적 반응을 탐색한다. 꿈의 내용과 의미를 이해하는 과정을 통해 내담자는 자신의 문제와 소망에 대해 성찰하게 되고, 이는 치료에서 중요한 자료가 될 것이다.

③ 전이의 해석

전이란 상담 상황에서 내담자가 주요 대상에게 갖는 감정과 반응을 상담자에게 느끼는 것을 의미한다. 상담장면에서 상담자가 내담자의 전이를 분석하고 적절한 해석을 제공함으로써 내담자는 자신의 무의식적 갈등과 소망, 대상관계와 관련한 주요 주제 등을 확인하게 된다. 이러한 과정을 통해 내담자의 통찰은 촉진되고 변화의 가능성이 열린다.

6) 현대의 정신역동 상담이론

정신역동 상담이론은 Freud 이후 상담 및 심리치료와 관련한 여러 분파에 영향을 미쳤다. 이 중에는 자아심리학과 같이 정신분석의 기본 가정인 무의식적 동기와 정신결정론을 공유하면서 발전하는가 하면, Jung이나 Adler 학파와 같이 Freud로부터 점차 벗어나 새로운 분야를 개척하는 이론도 있다.

초기 Freud 학파에서 활동한 Jung은 인간을 둘러싼 문화의 영향력과 인간 존재의 상징적 표상을 강조하면서 분석심리학을 발전시켰다. 마찬가지로, Adler는 Freud와 크게 대립한 후, 정신분석이론의 기본 가정인 성 에너지보다는 심리사회적 발달과 개인의 목표달성 노력에 관심을 갖고 개인심리학을 주창하였다.

한편, 새로운 분파로 벗어나기보다는 Freud 정신역동 상담이론의 기본 가정을 바탕으로 한 이론이 발전하기도 하였다. Freud의 막내딸이자 아버지의 이론을 정리, 발전시킨 Anna Freud가 대표적이다. Anna Freud는 자아의 기능과 방어기제에 대한 깊은 이해를 제공함으로써 자아심리학(ego psychology)을 발전시켰다. Kohut을 중심으로 제안된 자기심리학(self psychology)의 경우, 자기 구조의 발달과 자기다움(selfhood)과 관련한 주관적 경험 및 자기대상과의 관계를 중요하게 다루면서 자기애 환자의 치료에 큰 영향을 미쳤다.

Klein이나 Mahler, Fairbairn, Winnicott과 같은 연구자들은 초기 영유아 발달에 관심을 가지고 대상관계이론을 발전시킨다. 대상관계이론은 어린 시절 주요 대상과의 관계를 강조한 정신역동 상담이론의 가설을 수용하지만 개인적이고 심리내적인 동기를 기본 욕구로 본 Freud의 관점과는 차이를 보였다. 대부분의 대상관계 이론가들은 인간의 성격을 개인의 성격구조(원초아, 자아, 초자아) 간 갈등으로 이해하기보다는 개인을 둘러싼 관계 양상, 특히 어린 시절 대상관계가 만들어 내는 상호작용의 결과로 간주하였다. 대상관계이론은 생애 초기 한 사람이 경험한 주요 타인, 특히 어머니와의 관계가 이후 그 개인의 일생에 미치는 영향에 관심을 가지고 치료이론으로서 발전해 나간다.

정신역동적 입장은 정신결정론, 성격구조론, 심리성적 발달, 유아기 경험의 중요성과 영향력 등을 중심으로 인간의 병리와 치료 과정을 설명하는 이론으로 발전하였으며, 이후 다양한 영역으로 확장되었다. 정신역동 상담이론은 내담자가 호소하는 문제와 부적응의 원인을 이해하고 치료하는 과정에서 시사하는 바가 크며, 실제 중독문제로 내방하거나 의뢰된 내담자가 고통받는 증상의 원인과 반응양식을 설명하는 데 유용한 이론이다.

7) 정신역동 상담이론과 중독행동

Freud는 중독을 말하기에 앞서 고통과 쾌락에 대해 이야기한다. 고통은 세 가지 종류로 나타날 수 있는데 인간의 육체가 유한하다는 것에서의 불안, 외부세계로부터 오는 위협, 그리고 다른 사람들과의 관계 속에서의 붕괴와 해체로 이야기할 수 있다. 고통은 자아가 외부세계로부터 분리되고자 하는 과정에서 발생하는데, 이때 자아의 욕망과 이러한 욕망을 충족시켜 줄 수 없는 외부세계와의 갈등에서 고통이 발생한다. 따라서 인간은 고통을 피하고 쾌락을 얻기 위해 어떠한 행동을 하게 된다. 인간이 추구하는 쾌락은 행복해지는 것을 기반으로 하는데, 그 방향은 매우 다양하다. 인간은 목표에 따라 적극적으로 쾌감을 획득하려고 할 수도 있고, 불쾌감을 회피하려 할 수도 있다(Freud & Brill, 2007).

중독은 외부세계로부터 독립하고 불쾌함을 피하는 효과적인 화학적 방법이라고 설명하고 있다. 사람들은 위로를 얻을 하나의 도구를 찾는 과정에서 술이나 마약을 시작하는 것이다. 또한 Freud는 중독을 마비(intoxication)의 한 맥락으로 보고 있는데, 외부세계로부터 느끼는 감각을 차단시켜 버리고 고통으로부터 무감각해져 쾌감을 추구하게 된다고 말하고 있다(Yalisove, 1997).

모든 중독행동은 같은 심리적인 이유가 존재하는데, 따라서 모든 중독행동의 목적은 불쾌감을 완화하는 것이다. 예를 들어, 병적인 도박에서의 이긴 경험은 그 느낌을 얻고 즐기기 위해 계속 도박을 하게 만드는 원인이 될 수 있다. 돈을 잃는 것과 같은 불쾌감을 완화하려는 동기를 자극하기 때문에 도박을 끊지 못하고 계속하게 된다. 이 불쾌감을 완화하려는 시도가 새로운 불쾌감을 형성하여 또 다른 중독행동을 불러일으키게 되는 것이다(McWilliams & Liniardi, 2015).

2. 중독상담과 인지행동

1) 인지행동 상담이론

인지행동 상담이론은 인간의 인지적 측면을 우선적으로 변화시킴으로써 내담자의 변화를 만드는 데 관심을 둔 이론이다. 인지행동상담은 내담자가 물질(환경)에 대해 지각하는 내용, 사고과정 혹은 세상에 대한 신념을 탐색하고 오류를 바로잡아 줌으로써 새로운 시각을 획득하여 변화하도록 조력하는 과정이다. 즉, 인간의 인지적 · 정서적 · 행동적 반응은 모두 개인의 생각에서 비롯되는 것으로, 유입되는 자극에 대한 해석의 결과로 본다.

일반적으로 인지행동상담으로 통용되는 이 이론은 기존의 행동주의 이론을 따르던 많은 학자들이 점차 인간의 인지적 측면의 중요성을 강조하면서 발달한 인지행동적 접근(cognitive behavioral apporoach)을 의미한다. 인지행동 상담이론은 A. Ellis(1913~2007)의 합리적 정서행동치료(REBT)와 A. T. Beck(1921~2021)의 인지행동치료(CBT) 등 크게 두 학파에서 발전하였으며, 이 절에서는 두 이론이 공유하는 인지행동상담 접근의 주요 가정과 개념을 중심으로 살펴보고자 한다.

2) 인지행동 상담이론의 기본 가정

(1) 인간관

대부분의 사람은 스스로 성장하는 존재이지만 동시에 자신의 성장을 막는 불완전한 존재이기도 하다. REBT를 제안한 Ellis는 인간은 합리적인 사고를 할 수 있는 힘이 있는 반면에, 왜곡된 사고로 스스로를 파괴하거나 끊임없이 반복된 실수를 하고, 자기비난에 빠져 오히려 자신의 미래를 제약하는 경향 또한 갖고 있다고 주장하였다(Corey, 2017). 즉, 인지행동상담은 이러한 자신의 불완전한 모습을 인식하고 수용하면서 합리적이고 논리적인 사고를 통해 문제를 예방하고, 어려움에 압도되지 않는 통제감을 회복하도록 돕는 것을 목표로 한다.

(2) 기본 가정

인지행동 상담이론은 이론가에 따라서 용어나 개념에서 분명 차이가 있지만 주요한 기본 가정을 공유한다는 점에서 공통된 접근으로 이해할 수 있다.

① 인간은 자극 자체보다 그것을 해석하는 방식에 영향을 받는다

인지행동적 접근에 따르면, 인간은 자신이 경험하는 사건이나 현상 그 자체보다는 그것을 어떻게 해석하느냐에 따라 반응이 달라진다. 즉, 사건이나 현상을 해석하는 고유의 양식(인지적 틀)이 개인의 정서를 결정하게 되며, 인간은 자신이 생각하는 방식대로 느끼고 반응하게 된다. 예컨대, 어떤 사건 그 자체가 우리의 기분을 만드는 것이 아니라, 그 사건을 바라보는 시각에 따라 기분이 좋아지는 사람도 있고 그렇지 않은 사람도 생기는 것이다. 숙제를 더 열심히 해 오라는 선생님의 말씀에 대해 더 나은 미래를 위한 조언으로 받아들이는 학생이 있는가 하면, 어떤 학생은 선생님의 말씀에서 나를 비난하려는 부정적인 의도를 읽어서 기분이 나빠지고 되레 공부가 더 하기 싫어지기도 한다. 이처럼 같은 외부 자극에 대해서 인간은 나름의 지각과 평가를 구성함으로써 내면의 사건으로 가져오게 되고, 이에 따라 동일한 자극에 대해 각기 나름의 독특한 반응을 일으키게 된다.

② 비합리적이고 왜곡된 지각 또는 해석은 개인에게 어려움을 야기한다

이처럼 같은 현상이나 사건에 대해 다른 반응을 보인다 함은 세상에 대해 적응적으로 인식하고 해석할 수도 있지만 반대로 왜곡된 해석으로 어려움을 만들 수도 있음을 의미한다. 인지행동적 접근은 내담자의 어려움을 비합리적이고 왜곡된 인식의 산물로 보고, 내담자의 지각 또는 해석의 틀을 합리적이고 적응적으로 바꿈으로써 불필요한 문제를 줄이고 적응성을 높일 수 있는 것으로 보았다(Capuzzi & Stauffer, 2013). 다시 말해, 중독과 같은 정신병리는 현상과 사건을 지각하고 해석하는 과정에 오류와 편견이 작용한 결과이며, 이러한 역기능적 사고를 수정하도록 조력하기를 강조하는 것이다.

③ 비합리적인 사고는 다양한 원인을 통해 일어난다

내담자의 비합리적 사고와 병리적 증상은 유전이나 환경 등을 망라한 다양한 원인에서 비롯된다. 인간은 타고난 성향으로 인해 비합리적으로 사고하기도 하고 때로는 주변 환경 영향을 받아 비합리적인 사고 패턴이 발달하기도 한다(Ellis & Dryden, 2007).

④ 내담자의 문제는 개인적 요인(개개인이 갖고 있는 고유한 인지적 틀)을 변화시킴으로써 해결하는 것이 효율적이다

내담자의 어려움은 개인 내외적 요인이 상호작용함으로써 커지지만, 실제 상담장면에서 내담자를 조력하기에는 내담자의 역기능적인 사고 패턴과 같은 개인 내적 요인을 다루는 것이 효율적이다. 현실적으로 상담을 통해 내담자의 환경과 같은 외적 조건을 직접 바꾸기는 쉽지 않을 것이다. 그렇지만 상담에서 내담자의 해석 양식과 같은 개인적 요인을 변화시킴으로써 문제가 개선되고 새로운 패턴을 학습하다 보면 보다 경제적이고 효율적이면서 상담 효과 또한 오래 지속될 수 있다.

⑤ 인지행동 상담이론은 내담자의 과거보다는 현재에 초점을 맞춘다

인지행동 상담이론은 에픽테토스(Epictetus)의 "인간의 문제는 물질(환경)에 의해 생기는 것이 아니라 그 환경에 대해 갖는 시각에 의해 생긴다"는 스토아 철학 사상에 기초하고 있다(박경애, 1997; Ellis & Dryden, 2007; Pretzer & Beck, 1996). 즉, 개인의 반응은 생각에서 비롯된 것으로 보고 내담자가 현재 당면한 문제와 관련한 내담자의 해석을 중심으로 치료적 작업을 진행하게 된다. 이처럼 인지행동 상담이론은 개인의 심리사회적 문제의 발생뿐만 아니라 그 문제의 해결에서도 사고나 신념과 같은 인지적 측면을 강조하는 입장을 취한다.

3) 인지행동 상담이론의 주요 개념

인지행동 상담이론은 각각의 이론적 접근에 따라 서로 다른 용어를 사용하는데, 이 장에

서는 인지행동적 접근에 대한 전반적인 이해를 돕고자 두 이론의 주요 개념에 대해서 간략히 살펴보고자 한다. 보다 자세한 사항에 대해서는 Ellis와 Beck이 각자의 입장을 정리한 저서를 참고하기 바란다.

(1) 합리적 · 정서적 · 행동치료의 주요 개념

① ABCDE 모델
합리적 정서행동치료(REBT)는 ABCDE로 변화의 원리를 설명한다. 즉, Ellis는 개인의 신념체계가 행동과 정서반응에 많은 영향을 미치는 것으로 보고, 인간의 심리적 고통과 부적응은 비합리적인 신념에 기인하는 것이라고 주장하였다. 따라서 상담의 과정에서 내담자의 비합리적인 신념체계를 합리적으로 수정함으로써 내담자의 긍정적 변화를 이끌어 낼 수 있다고 보았다.

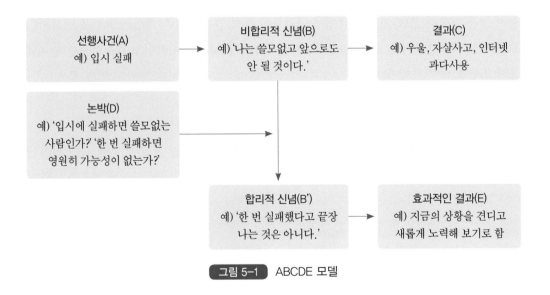

그림 5-1 ABCDE 모델

- **선행사건(Activating event: A):** 선행사건이란 내담자의 생각이나 행동, 감정 동요 등과 같은 제반 반응에 영향을 미치는 선행 자극을 의미한다. 대인갈등, 중독 물질에 노출되는 것과 같은 선행사건이 일어나면 부정적 정서나 강렬한 갈망과 같은 반응이 일어나게 된다.

- **신념체계**(Belief system: B): 신념체계란 들어오는 자극에 대해 개인이 갖는 태도나 생각의 방식을 뜻한다. 중독행동과 같은 부적응적인 반응 이면에는 개인 특유의 비합리적 신념체계가 있기 마련이다. 비합리적인 사고방식을 가진 경우, 자신의 경험에 대해 과장되거나 경직된 해석을 하고, 흑백논리와 같은 비합리적인 결론을 내리게 된다.
- **결과**(Consequence: C): 선행사건에 대해 개인의 신념체계가 그 사건을 해석함으로써 일어나는 인지·정서·행동적인 결과이다. 만약 선행사건에 대한 개인의 해석 방식이 비합리적이라면, 이로 인한 결과 또한 비합리적이고 부적응적이게 될 것이다.
- **논박**(Dispute: D): 논박이란 내담자 신념체계의 왜곡되고 비합리적인 측면을 논리성과 현실 적응성을 고려하여 반박하는 과정을 의미한다. 이는 내담자의 비합리적인 신념체계를 수정하여 적응성을 높이기 위해 인지행동상담자가 활용하는 주요 접근이다.
- **효과적인 결과**(Effect: E): 논박 과정 이후의 효과적이고 적절한 결과로, 내담자가 어려운 상황을 견디고 새로운 삶을 준비할 수 있는 단계를 의미한다.

② 비합리적 신념

REBT에서 합리적인 신념이란 논리적(logical)이고, 실용적(pragmatic)이며, 현실적(reality-based)인 신념과 사고방식을 의미한다. 즉, 이는 논리적이고 현실적이면서 현실 적응과 목표달성에 실용적인 사고방식을 가리킨다(Dryden & DiGuiseppe, 1990). 이에 반해 비합리적 신념은 비논리적고 비현실적이며 삶의 적응에 방해가 되는 사고방식이다. 합리적 사고와 비합리적 사고의 차이를 정리하면 〈표 5-2〉와 같다.

표 5-2 합리적 사고와 비합리적 사고 차이

	합리적 사고	비합리적 사고
논리성	모순 ×	모순 ○
현실성	경험과 현실 일치	경험과 현실 불일치
실용성	삶의 목적 달성에 도움이 됨	삶의 목적 달성에 방해가 됨
융통성	○	×
파급효과	적절한 정서와 적응 행동에 영향을 줌	부적절한 정서와 부적응 행동 유발

출처: 한국청소년상담원(1998).

REBT에 따르면, 다양한 비합리적 신념은 크게 네 가지 특징으로 구분되는데, 대표적으로 당위적 사고, 파국화, 낮은 인내, 재앙화 등이 있다(박경애, 1997; Ellis & Dryden, 2007). 이러한 특징을 포함한 신념이나 사고체계는 내담자의 부적응적인 반응을 일으킬 가능성이 높다.

(2) 인지행동치료의 주요 개념

Beck의 인지행동치료(CBT) 이론은 REBT 이론과 주요 가정을 공유한다. 즉, 인지행동치료 이론 또한 개인의 삶이 그 개인이 갖고 있는 자신과 세상을 바라보는 시각, 그리고 자신과 세상에 대한 믿음에 좌우된다는 것이다. 따라서 내담자의 부적응을 감소시키기 위해 내담자의 인지적인 측면에 개입하여 내담자의 신념과 사고방식을 변화시킬 것을 제안한다. 특히 인지행동치료 이론은 개인의 신념 그 자체보다는 개인이 정보처리를 하는 과정에서 나타나는 오류와 왜곡에 더욱 관심을 두었다. 즉, '추론에서의 오류'를 부적응적인 반응의 심각한 원인으로 보고 자동적 사고, 인지도식, 추론 과정 속 체계적 오류 등을 강조하였다.

① 자동적 사고

자동적 사고(automatic thought)란 한 개인이 어떤 상황에 대해 내리는 즉각적이고 자발적인 평가를 의미한다(Pretzer & Beck, 1996). 예를 들면, 술을 본 사람은 두 가지 반응을 보일 수 있다. 어떤 사람은 맛있겠다고 생각하며 자연스럽게 술잔에 손을 뻗는가 하면, 사람에 따라서는 술에 대한 부정적인 반응이 즉각적으로 나타나기도 할 것이다. 이처럼 Beck은 어떤 자극에 대해 즉각적으로 나오는 평가를 자동적 사고로 명명하고 이 자동적 사고로 인해 개인의 정서·행동 반응의 종류가 결정되는 것으로 설명하였다.

② 인지도식

인지도식(schema)이란 어떤 사건에 대한 개인의 지각과 반응을 형성하는 인지구조로, 대개 어린 시절 경험에 의해 형성되는 것이다(Pretzer & Beck, 1996). 즉, 인지도식은 한 개인이 주변 자극을 선택적으로 받아들이고 해석하여, 이러한 자신의 경험을 나름대로 체계화하는 인지적 틀이라 할 수 있다. 인지도식은 크게 세 가지 경로를 통해 형성되는데, 특정 대상에 대한 직접적인 이전 경험, 그 대상과의 관계에서 관찰을 통해 얻은 간접경험, 그 대상에 대한 타인과의 대화 등이다. 사람은 인지도식을 통해 상황을 빨리 파악하고 적응할 수 있는 반면, 기존의 인지도식이 맞지 않는 상황에서도 계속 적용시킴으로써 부적응을 야기하기도 한다. 예를 들어, 과거 거절의 경험이 많아서 세상은 언제나 자신을 좌절시킨다는 인지도식을 가지고 매사에 불안하고 위축된다면 긍정적인 결과를 기대할 수 있는 상황에서도 자신이 거절당할 것이라 해석함으로써 필요 이상으로 부정적인 결과를 만들기도 한다.

이처럼 개인의 삶의 적응을 방해하는 인지적 취약성을 Beck은 역기능적 인지도식(dysfunctional schema) 개념으로 설명하였다. 즉, 심리적 장애나 부적응을 경험하는 사람은 특정한 내용의 인지도식을 형성하여 왜곡된 해석을 함으로써 결과적으로 어려움을 지속시키는데, 이러한 경우가 역기능적 인지도식이다. 역기능적 인지도식은 내용적으로 비현실적이고 완벽주의적이며 융통성이 없고, 역기능적 신념(dysfunctional beliefs), 역기능적 태도(dysfunctional attitudes), 기저가정(underlying assumptions) 등으로 지칭되기도 한다.

③ 추론 과정 속 체계적 오류

부적응적인 인지도식을 강하게 형성하다 보면 유입되는 다양한 정보 중 자신의 인지도식에 맞는 정보에 선택적 주의(selective attention)를 기울임으로써 인지도식을 유지, 강화시키게 된다. 예를 들어, 자신을 쓸모없는 사람이라 생각하는 사람이 자신의 장점은 외면하고 단점에만 선택적 주의를 기울임으로써 '나는 쓸모없는 사람이다.'라는 인지도식을 유지하고 부정적인 자기평가를 강화하는 경우이다. Beck은 이 같은 잘못된 정보처리 과정을 '추론 과정 속 체계적 오류'라 부르며 크게 여섯 가지 특징으로 분류하였다(Beck, 1991).

- 임의 추론(arbitrary inference): 증거가 없거나 반대 증거가 있음에도 임의로 결론을 내리는 것이다. 예컨대, 긍정적인 결과를 기대할 만한 여러 근거가 있는 상황에서도 최악의 상황을 생각하며 불안, 초조해하는 경우를 말한다.
- 과대평가 · 과소평가(magnification · minimization): 사건이나 경험의 어떤 한 측면을 그것이 실제로 가진 의미 이상으로 지나치게 과소평가하거나 과대평가하는 것이다.
- 선택적 추상화(selective abstraction): 사소한 부분에 초점을 맞추고 부분적인 것에 근거하여 전체 경험을 해석하는 것을 뜻한다.
- 개인화(personalization): 자신과 관련시킬 근거가 없는 어떤 내용을 자신의 것으로 받아들이는 것을 의미한다. 예를 들어, 선생님의 표정이 언짢아 보이는 상황에서 그 이유는

다양할 수 있음에도 '선생님이 나 때문에 화가 났다.'와 같이 자신의 책임으로 가져가는
경우이다.

- **절대적이고 이분법적인 사고**(absolutistic, dichotomous thinking): 완벽주의나 흑백논리와
같이 유연하지 못한 사고를 의미한다. '완벽하지 않으면 모두 실패한 것이다.' 'A가 아
니면 B이다.'와 같은 논리가 이에 해당된다.
- **과잉일반화**(overgeneralization): 특정 현상을 여러 가지 현상 중 하나로 보지 않고 전체적
이고 일반적인 것으로 해석하는 사고의 오류이다. 예를 들어, 지나치게 상황을 일반화
하는 사람은 자신의 요청이 어쩌다 한번 거절된 것을 가지고 자신이 항상 거절당하고
좌절을 겪는다고 결론을 내린다.

4) 인지행동상담의 원리와 과정

(1) 상담목표

인지행동상담은 내담자의 인지적 과정에서 발견되는 오류와 왜곡을 수정하여 인지, 정
서, 행동 등 다방면의 긍정적 변화를 이끌어 내고, 적응적이고 현실적으로 생활하도록 돕는
것을 목표로 한다. 중독상담에서도 마찬가지로, 내담자의 중독행동을 일으키는 부적응적이
고 비합리적인 신념과 인지 과정을 수정함으로써 중독문제를 감소시키고 현실 적응을 돕는
것이 주요 목표이다. 이를 위해서는 자신과 사회에 대한 관심과 수용, 융통성, 불확실성이나
좌절에 대한 인내, 과학적 사고, 낙원 지상주의에서의 탈피, 문제에 대한 책임 수용 등과 같
은 합리적이고 적응적인 인식의 전환이 필요하다(Ellis & Dryden, 2007).

(2) 상담의 과정

인지행동상담의 과정은 다음과 같다. 우선, 내담자의 호소문제를 탐색하고 상담에 대한
구조화를 한다. 다음으로 목표문제(target problem)를 규정하고 내담자와 합의하는 과정이
필요하다. 일반적으로 내담자가 호소하는 문제는 불분명하거나 그 범위가 지나치게 다양해
서 상담에서 직접 하나하나를 다루기 힘들 때가 많다. 이런 경우, 상담자와 내담자는 제한
된 상담 시간 내에서 중요하게 다룰 문제를 구체화하고 합의하게 된다. 이때 인지행동상담
자는 내담자의 부적응적인 반응 과정을 가능한 조작적이고 구체적으로 규정함으로써 문제

적 결과의 원인과 발생, 그 과정에서 영향을 미치는 해석 양식을 확인할 수 있다. 앞서 정신역동적 접근이 내담자의 반응을 만든 원인, Ellis식으로 표현하자면 선행사건을 집중적으로 다룸으로써 변화를 이끌어 내고자 했다면, 이와는 반대로 인지행동적 접근은 내담자 반응의 결과에 주의를 기울이고 변화를 모색한다. 만약 내담자의 반응 결과가 부정적이고 부적응적이라면 이는 변화의 목표가 되는데, 이러한 결과를 만든 것으로 내담자가 추론하는 선행사건과 이 선행사건을 해석하는 신념체계를 확인하는 작업을 진행한다.

예를 들어, 내담자가 과도한 인터넷 사용 문제로 내방하였다면, 인지행동상담자는 인터넷 과다사용을 줄이고 스스로 사용을 조절하는 생활을 목표로 삼을지를 내담자와 합의하게 된다. 그다음, 과도한 인터넷 사용으로 인한 결과가 무엇인지, 만약 부정적인 감정을 느낀다면 그러한 감정반응이 나타나게끔 선행사건의 어떤 부분이 내담자의 신념체계를 자극했는지 구체적으로 탐색할 것이다.

내담자의 반응과 그 반응을 이끄는 신념체계를 탐색한 후, 내담자는 심리교육을 통해 신념체계와 결과 간의 관련성에 대해 학습하고, 그 신념체계가 비합리적인지 여부를 평가하게 된다. 만약 내담자가 가동시키는 신념체계가 부적응적이고 비효율적이라면 이 신념체계를 타파하고 적응적으로 바꿀 수 있는 논거를 수집하고 논박을 통해 비합리적인 신념을 바꾸도록 조력한다. 특히 내담자의 비합리적 신념은 논리성, 현실성, 실용성 등에 기반을 두고 논박하는 것이 효과적이다. 이러한 과정을 통해 내담자가 기존의 비합리적인 신념을 보다 합리적인 신념으로 대체하고 이를 실제에 적용하도록 행동적인 연습을 하도록 돕게 된다. 이때 상담자는 새로운 시도와 연습을 위한 과제를 주고, 내담자가 과제 수행을 잘하는지 확인하는 것이 필요하다. 과제 수행 후에는 내담자의 과제 수행 여부뿐만 아니라 내담자가 새롭게 학습한 합리적 신념을 실생활에 적용하는 것이 효과적이고 도움이 되는지를 함께 확인한다. 신념체계는 뿌리 깊은 것이라 몇 번의 논박만으로 쉽게 변화되지는 않는다. 상담자는 다양한 과제 연습과 훈습을 통해 내담자를 변화시키고, 내담자가 새롭게 습득한 합리적 사고를 통해 생애 다른 장면에서 이전과는 다르게 사건을 평가하고 성공 경험을 축적해 나갈 수 있도록 도와야 할 것이다.

5) 주요 상담기법

인지행동상담은 내담자의 정서 및 행동 반응에 영향을 미치는 사고를 적응적으로 변화시킴으로써 목표를 달성하고자 하는데, 이를 위해서 다양한 기법을 사용하게 된다. 일반적으로 인지행동상담자는 정서중심 상담에 비해 적극적이고 지시적인 개입 역할을 수행하며, 인지, 정서, 행동 등 다방면의 기법을 활용한다.

(1) 인지적 기법

인지행동상담의 주요 인지적 기법은 철학적 설득이나 교훈적 제시, 대리경험, 혹은 소크라테스식 대화법과 같이 내담자의 비합리적 사고에 대해 직접적으로 개입함으로써 합리적 사고로 전환을 유도한다.

- 비합리적 신념에 대한 논박
- 질문기법: 논리성, 현실성, 실용성에 초점 맞춘 세련된 질문을 통해 내담자가 간과하는 모순에 직면하고 통찰하도록 돕는다. 소크라테스식 대화법 또한 논답식 탐색으로 상담자의 질문에 대답하는 과정에서 내담자의 참여를 이끈다.
- 독서 및 시청각 자료 활용: 인지행동상담은 내담자의 변화를 돕는 심리교육을 위해 다양한 도구 사용에 적극적이다. 독서 기술이나 능력이 발달하지 못한 내담자로 하여금 자신이 받은 상담을 녹취하여 들어 보는 것과 같은 방법을 활용하기도 한다. 이러한 도구의 활용은 새로이 합리적 사고를 내재화하고 이를 행동에 적용시키는 데 촉진적이다.

(2) 정서적 기법

정서적 기법은 논박으로 인지적 사고과정을 직접 수정하는 것은 아니지만 정서적인 경로를 통해 내담자의 사고 변화를 돕고자 하는 방법들이다.

- 무조건적 수용
- 유머의 활용
- 합리적 정서적 심상법(rational emotive imagery): 인지적 논박 이후에 내담자로 하여금 자

신이 곤경에 처한 상황을 상상해 보게 한 후, 내담자가 자신에게 무슨 말을 하는지 확인한다. 이때 정서 변화가 없다면 숨은 비합리적 사고가 있기 때문일 것으로 유추할 수 있다. 건강한 다른 정서반응을 상상해 보게 함으로써 어떤 인지적 변화가 수반되는지도 확인한다.

합리적 정서적 심상법 예

상담자: 눈을 감고 호흡을 편하게 해 봅시다(심상화 준비 단계). 가장 최악의 상황을 상상해 봅시다.

내담자: 내가 또 술을 마시고 난동을 부렸습니다. 결국 아내가 집을 나가 버렸습니다.

상담자: 그때 당신의 느낌은 어떠합니까?

내담자: 너무 화나고 우울하고 세상이 다 원망스럽습니다. 한마디로 죽고 싶습니다.

상담자: 지금 느껴지는 부정적인 느낌을 보다 건강한 정서로 바꾸어서 상상해 봅시다.

내담자: 네…… 굉장히 속상하고 마음이 아픕니다. 가족들한테 미안하고요.

상담자: 건강한 정서라고 꼭 즐거운 것은 아닙니다. 그렇지만 건강한 정서로 바꾸기 위해 어떤 노력이 있었을 것입니다. 어떤 노력을 했나요?

내담자: 내가 또 술을 입에 대고 아내가 떠나 버린 것은 상상하기도 싫은 일이지만, 있을 수 있는 일이라고 생각했습니다. 내가 약속을 어겼기 때문이기도 하고요.

상담자: 계속해서 그 생각을 유지하기 위해 어떤 노력을 할 수 있을까요?

내담자: 앞으로 이 생각이 내 생각이 될 때까지 매일 열 번씩 속으로 되뇌고 글로 써 볼까 합니다.

상담자: 당신이 좋아하는 것은 무엇인가요? 반대로 싫어하는 것은?

내담자: 노래 듣는 걸 좋아합니다. 화장실 청소를 싫어하고요.

상담자: 그렇다면 우리가 이야기 나눈 과제를 다 하면 하루에 한 시간씩 노래를 듣도록 합시다. 대신, 숙제를 못하면 화장실 청소를 하세요.

• 상담자 자기개방: 상담자의 적절한 자기개방은 내담자에게 정서적 영향을 크게 미칠 수 있다. 내담자와 공감할 수 있는 상담자의 자기 극복 사례는 합리적 사고방식이 가져오

는 변화에 대한 근거가 되고, 내담자 스스로 자신의 문제를 해결할 수 있는지에 대해 생각해 보도록 돕는다.

(3) 행동적 기법

행동적 기법은 내담자가 두려워하거나 불편해하는 행동을 직접 시도함으로써 오히려 비합리적 사고를 변화시키고 새로운 행동을 학습하도록 돕는다. 인지행동상담에서 활용하는 행동적 기법은 이전에 행동주의 접근에서 사용하던 기법과 상당 부분 유사하다. 구체적으로는 내담자가 실제로 해 보면서 깨닫게 하기(역할연기, 역할 바꾸기), 학습한 것을 실생활에 적용하고 그에 대한 피드백 받기(여론조사), 상담자를 보고 배우기(모델링), 이완법(체계적 둔감화, 홍수법), 강화학습을 적용한 기법(강화/처벌) 등이 있다.

- 역할연기(role playing)
- 역할 바꾸기(role reversal)
- 과제 제시
- 강화/처벌
- 기술 훈련
- 홍수법(flooding)/체계적 둔감화(systematic desensitization)
- 위험 감수
- 모델링
- 여론조사(poll-taking): 내담자가 갖고 있는 비합리적인 생각에 대해 다른 사람의 의견을 조사해 오도록 함으로써 객관적으로 자신의 생각을 평가해 보도록 한다.
- 실제 둔감화(in-vivo desensitization): 실제로 내담자가 두려워하는 경험을 많이 축적함으로써 오히려 지나친 두려움을 낮추고 점차 익숙해지도록 하는 방법이다.
- 수치심 공격하기(shame-attacking): 일부러 미련하고 우스꽝스러운 행동을 해 봄으로써 나의 완전하지 못한 모습이 의외로 공격받지 않는다는 것을 학습하도록 한다.
- 자기 언어의 사용: 생각은 언어를 통해 만들어지며, 언어는 생각에 영향을 미친다는 가정 아래, 합리적인 자기 언어를 반복함으로써 합리적으로 생각을 변화시키는 방법이다.

6) 문제적 증상의 원인과 변화의 원리

(1) 문제적 증상의 원인과 발달

인지행동 상담이론은 인간의 반응을 인지적 측면의 산물로 본다. 즉, 부적응 행동이나 정서가 인지적 과정의 산물로 보고, 내적 신념이나 세상에 대한 가정, 개인의 지각 및 사고과정 등과 같은 인지적 측면에서 오류가 있을 때 부적응 행동이 나타나는 것으로 간주한다. 흑백논리 사고, 과잉일반화, 선택적 지각과 편향된 사고, 파국적 사고나 부정적 해석, 당위적 사고, 비현실적이고 비합리적인 사고 등은 부적응을 유발하는 대표적인 예다. 이와 더불어 경험적 타당성이 결여된 지극히 개인적인 삶의 이론이나 이런 자신만의 이론을 고집하고 유지하기 위한 선택적 지각은 대개 부적응적인 행동양식과 정서반응을 만들고 유지시킨다.

이러한 문제는 내담자 삶의 인지, 정서, 행동 등 다방면에서 일어날 뿐 아니라 다양한 주제에서도 나타날 수 있으며, 중독영역 또한 예외는 아닐 것이다. 알코올 사용문제와 관련하여, 인지행동상담 전문가들은 알코올 의존자가 갖는 알코올에 대한 비합리적인 긍정적인 기대와 신념의 중요성을 강조한다. 대표적으로 음주기대이론(alcohol exectancy theory)이 있는데, 이 이론에 따르면 알코올의 효과는 음주 결과에 대한 기대나 신념에 의해 좌우된다(Goldman et al., 1999). 즉, 술의 효과 지각은 실제 얼마나 마셨느냐보다 알코올 섭취의 결과에 대한 어떤 기대나 신념이 있어서 작용하는지가 중요하다는 주장이다. 음주기대이론에 따르면, 음주기대는 직접적 경험뿐 아니라 대리학습과 같은 간접적 경험을 통해 형성되며, 음주행동의 촉발과 유지에 관여하면서 알코올의존을 초래하는 중요한 인지적 요인이다(권석만, 2013). 실제 여러 연구에서 음주를 하는 사람이 알코올에 대해 긍정적인 정서를 느끼고 사교나 성적 에너지의 증진을 기대할수록 음주행동이 증가되는 것으로 보고되고 있다(Leigh, 1989).

일반적으로 알코올문제의 발달을 살펴보면 [그림 5-2]와 같다. 즉, 알코올 관련한 선행자극에 대해 내담자의 신념이 작용함으로써 알코올 섭취 행동을 일으키게 되고, 알코올에 대한 긍정적 기대와 신념이 이러한 행동을 유지시킨다는 것이다.

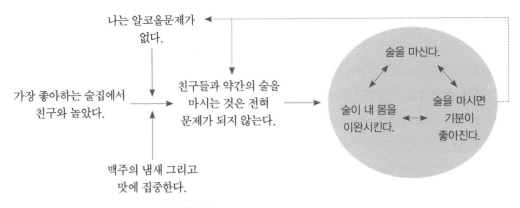

그림 5-2 알코올 사용문제의 발달 과정

마찬가지로, 병적 도박의 경우에도 심각한 인지적 왜곡을 확인할 수 있다. 많은 병적 도박 자들이 돈을 따게 될 확률을 객관적인 수치보다 현저히 더 높게 평가한다(권석만, 2013). 즉, 도박을 통해 돈을 딸 것이라고 기대하는 주관적인 확률이 지나치게 낙관적이고 비현실적으로 높기 때문에 이들은 도박행동을 끊을 수 없게 된다. 더불어 지금까지 계속 돈을 잃었으니 이제는 행운이 찾아올 것이라는 비합리적인 생각과 인지적 왜곡 또한 문제를 지속시킨다. 한편으로는 도박장애를 우울증의 변형된 상태로 보고, 우울하고 불쾌한 내면의 정서상태를 변화시키기 위해 도박을 하는 것으로 설명하기도 한다(권석만, 2013).

(2) 인간 변화의 원리

인지행동상담은 내담자의 인지적 오류를 교정함으로써 행동의 변화를 이끌 수 있다고 본다. 즉, 개인의 인지적 측면을 탐색하여 오류를 발견하고 교정하는 것이 중요하다는 것이다. 또한 교정된 인지와 일치하는 행동의 실천 계획을 수립하고 실천함으로써 새로운 사고와 행동 패턴을 자신의 것으로 만들 것을 이해한다.

전술한 알코올 사용장애의 경우, 이러한 인지행동적 접근이 도움이 될 것이다. 예컨대, 대인관계 기술 부족으로 인한 사회적 부적응, 지속적인 가정불화로 인한 심리적 갈등, 직장 스트레스와 이를 해소할 자원의 부족 등으로 인해 알코올에 의존하게 된다면, 이런 음주행동을 감소시키기 위해 심리사회적 갈등을 해소하도록 비합리적 신념이나 기대를 교정하고, 행동적 차원에서 다양한 대처방략을 확보하도록 돕는다면 긍정적인 효과를 기대해 볼 만하다

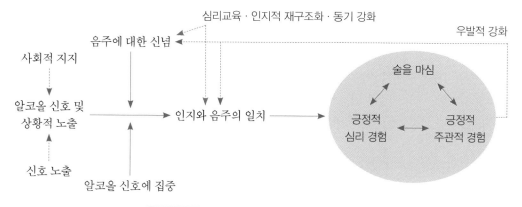

심리교육 · 인지적 재구조화 · 동기 강화

우발적 강화

사회적 지지

음주에 대한 신념

술을 마심

알코올 신호 및
상황적 노출

인지와 음주의 일치

긍정적
심리 경험

긍정적
주관적 경험

신호 노출

알코올 신호에 집중

그림 5-3 알코올 사용문제에 대한 개입 과정

(권석만, 2013). 이때 인지적 재구조화를 통해 알코올문제를 다루고자 하는 동기를 강화하고, 사회적 기술 훈련, 의사소통 훈련, 자기주장 훈련이나 건강한 스트레스 해소법 교육과 같은 심리교육을 제공함으로써 심리적 갈등을 완화하고 알코올에 대한 의존을 낮출 수 있다. 내담자의 알코올문제에 대한 개입은 [그림 5-3]과 같은 흐름으로 가능할 것이다.

7) 인지행동상담의 기대효과

인지행동상담은 다양한 장점이 있다. 우선, 사용되는 개념과 어휘가 정신역동과 같은 다른 이론에 비해 명확하고 일상적이어서 내담자를 이해시키고 교육하는 데 유용하다. 또한 적용 가능한 다양한 개입 방식과 기법을 제안함으로써 실제 상담장면에서 활용 가능성을 높였다. 더불어 명확한 개념과 개입 방법으로 인해 경험적 연구가 많이 축적되었기에 변화의 원리와 개입의 근거가 상당히 확보되었다. 여러 선행 연구에 따르면, 인지행동 상담이론은 불안과 우울 증상에 효과적인 것으로 나타났으며, 중독문제에서도 상당히 지지를 얻고 있다 (Beck, 1991; Shapiro & Shapiro, 1982; Smith, Glass, & Miller, 1980). 이와 더불어 인지행동적 접근은 내담자의 인지변화와 새로운 행동 패턴 형성을 위한 심리교육을 강조하는 만큼, 내담자 스스로 변화의 원리를 습득하고 일상생활에 적용할 것을 격려한다. 이는 상담장면에서뿐만 아니라 상담 이후 내담자가 독립적으로 적응해 나가는 데 중요한 자원이 될 것이다.

Maultsby(1975)가 제안하는 합리성 판단의 기준

Maultsby는 자신의 사고가 비합리적인지를 스스로 평가할 수 있는 '다섯 가지 기준'을 제안하였다. 다음 기준을 적용하여 스스로 자기 사고의 합리성을 판단하고 비합리적이고 역기능적인 점이 감지된다면 변화를 시도해 보자.

- 객관적인 현실 근거가 있는가?
- 나의 삶을 보호하는가?
- 장단기 목표 지향이 있는가?
- 나에게 필요한 방식으로 느끼고 행동하도록 하는가?
- 다른 사람과 문제를 일으키지는 않는가?

3. 중독상담과 인간중심치료 및 실존치료

1) 실존치료/인간중심치료

인본주의 접근은 20세기 초 심리학 분야에서 지배적이던 정신분석과 행동주의 접근에 대항하여 새롭게 발전한 치료적 접근이다. 인본주의 접근을 주창했던 이론가들은 행동주의 접근과 정신역동 접근으로부터 자신들을 구분하기 위하여 스스로 '제3세력'이라고 지칭하였다(Bugental, 1964).

오늘날에 와서 인본주의 접근은 모든 치료의 기초를 형성한다. 어떤 심리치료적 접근을 택하느냐에 관계없이 대부분의 실천가들은 치료적 관계의 중요성을 이해한다. 따라서 오늘날의 모든 치료는 치료자가 내담자에 대해 비판단적 태도를 취할 것과 내담자가 자신의 인생에 대해 책임감을 갖도록 하는 것을 강조한다.

인간중심치료와 실존치료는 인본주의 접근에 속한다고 간주되는데, 그 이유는 두 치료 모두 인간 본성에 대한 핵심 가정이 인본주의적인 성격을 띠기 때문이다. 즉, 두 가지 치료 모두 사람들에게는 '진정한 자기'에 대해 알아차리고 삶에 영향을 미치는 중요한 선택들을 주체적으로 할 수 있는 충분한 역량이 있다는 믿음을 공유한다. 이러한 관점에서 약물남용 장애를 포함한 모든 심리학적 문제는 스스로의 삶을 어떻게 살 것인가와 관련해서 본래적이고 매우 의미 있는 선택, 자기주도적인 선택을 하는 능력이 제한되었을 때 발현되는 결과인 것으로 여겨진다. 결론적으로, 이에 대한 개입은 내담자의 스스로에 대한 알아차림(self-awareness)과 자기이해(self-understanding)의 증진을 목표로 실행된다.

(1) 실존치료

실존치료는 20세기 전후 실존철학의 사상들에 기반을 두고 발전해 온 심리치료의 한 갈래로서 죽음, 선택의 자유와 선택에 대한 책임, 삶의 의미 등 인간 실존과 관련된 주제를 다루는 다양한 심리치료 방법들을 포괄적으로 총칭하는 치료적 접근이다. 실존치료를 통합적으로 정립된 하나의 학문으로 보기는 어렵다. 여기에는 실존치료가 치료의 기반이 되는 실존철학이 다양한 주제를 다루고 있고, 실존철학의 심오하고 난해한 측면으로 다양한 해석이 나오며, 무엇보다 실존치료자들이 하나의 통합된 접근 모델을 만드는 것에 거부감을 갖는다는 이유가 있다(Cooper, 2003). 그럼에도 이 절에서는 각 실존치료법이 공통적으로 강조하는 존재에 대한 특성들과 이러한 특성들을 가지고 실제 현장에 적용되고 있는 실존치료 접근법들(현존재 분석, 로고테라피, 영국의 실존분석, 시간제한적 실존치료)에 대해 다루어 보고자 한다.

(2) 실존치료의 공유 철학

실존철학에서 정의하고 있는 실존이란, 인간 존재에 대한 일반적·본질적·추상적 속성의 집합적 정의를 넘어 우리 눈앞에 나타나 보이는 각 개인의 현실적 모습이며 특정 개인이 세상에 대해 마주하고 있는 그만의 독특한 방식을 의미한다(Cooper, 2003). 앞서 말하였듯, 각 실존치료법이 기반을 두는 철학적 사상들에서 보이는 인간의 실존적 모습은 매우 다양하다. 그러나 이러한 다양함 속에서도 여러 실존철학이 강조하는 인간 존재의 모습에는 일종의 유사성이 존재하는데, 우리는 지금부터 각 실존철학들이 공통적으로 다루는 인간 존재의 특성들에 대해 살펴볼 것이다.

① 유일한 존재

실존철학에서 강조하는 존재의 특성 중 하나는 우리 모두가 대체될 수 없는 특별한 존재라는 것이다. 모든 인간은 서로 보편적인 특성을 공유하지만 그 구체적인 면면을 자세히 살펴보면 심지어 쌍둥이 관계에서도 똑같은 인간이란 있을 수 없으며 머리부터 발끝까지 저마다 다르다는 것을 알 수 있다.

② 동사로서의 존재

대부분의 실존철학자들이 공통적으로 인간 존재에 대하여 이야기하는 바는 인간은 명사(noun-like)보다는 동사에 가까운(verb-like) 존재라는 것이다. 즉, 인간은 기존의 자연과학에서 말하는 고정된 물체가 아닌 생애 동안 끊임없이 변화하는, 전개 중인 사건이며 과정으로서의 속성을 지닌 존재이다.

③ 자유로운 선택권을 가진 존재

실존철학은 인간을 자유로운 선택권을 가진 존재로 바라본다. 정신역동 또는 행동주의 심리학의 관점에서 인간의 행동은 무의식적 추동 또는 외부 환경에 의해서 지배받는 것으로 여겨지지만 실존철학자들에게 인간의 모든 행동은 스스로의 선택에서 비롯한 결과물이다. 인간의 가치관과 성격, 정체성 모두는 스스로가 만들어 나가는 것이다. 자유는 인간에게 주어지는 것이 아니며 인간의 본질 그 자체이다.

④ 과거를 참고로, 미래를 향해, 현재를 사는 존재

인간의 현재 행동이 과거의 경험에 의해 결정되는 것으로 보았던 결정론적 인간관과 달리 실존철학자들은 과거를 현재의 원인으로 규정하지 않는다. 모든 것은 인간의 현재 선택에 달려 있기 때문이다. 그러나 동시에 과거는 인간이 현재에서 경험하고 이해할 수 있는 바에 대한 한계를 제시하여 주기 때문에 현재와 불가분의 관계에 놓여 있다. 나아가 인간의 행동은 과거의 어떤 원인보다는 자신이 미래에 이루고자 하는 어떤 목적에 대한 동기에서부터 비롯된다는 것을 제시한다. 또한 이 목적은 미리 정해져 있지 않으며 우리가 삶에 어떤 의미를 부여하고, 어떤 가치를 추구하고자 하는지에 따라 스스로 선택 및 결정하는 것이라는 것을 분명히 하고 있다.

⑤ 유한한 존재

앞서 말한 바와 같이, 실존철학자들은 인간이 스스로의 미래를 선택할 수 있는 자유가 있다고 주장한다. 그러나 동시에 인간 존재의 자유는 현실에서 다양한 방식으로 제한되어 있다. 예를 들자면, 우리가 원하는 곳으로 이동할 때 벽을 통과해서 갈 수 없는 물리적 한계가 있으며 이와 더불어 인간은 고통, 죄책감, 갈등, 죽음과 같이 인간이 초월할 수 없고, 피할 수 없으며, 해결할 수 없는 여러 한계 상황에도 직면하게 된다(Jaspers, 1986). 특히 우리가 어디서 어떻게 태어나는가는 인간이 결정할 수 있는 것이 아니며, 그렇기에 Heidegger(1962)는 인간의 출생을 "내던져짐"이라고 묘사하였다. 또한 죽음은 인간이 도망칠 수도, 없애 버릴 수도 없는 인생의 종점이다. 즉, 인간은 자신의 시작과 끝을 통제할 수 없으며 심지어 살아가는 동안에 일어나는 일들도 완전히 마음대로 할 수가 없다. 그러나 이러한 존재적 한계에 대해 어떻게 직면하고 대처할 것인지는 온전한 인간의 선택이라고 할 수 있는 것이다.

⑥ 세상 속 존재

Heidegger(1962)는 현존재(dasein)라는 용어를 사용함으로써 인간은 세상에 속한 존재로서 인간의 '존재'는 개인 내면에 위치한 것이 아니라 개인과 세상 '사이'에 위치하고 있음을 강조하였다. 실존철학에서 인간의 존재는 개인의 머릿속에서 분리되어 존재하는 것이 아니며 세상과 개인 사이에서 지속적으로 일어나는 상호작용이다. 예를 들면, 우리의 의식은 우리 내면에만 존재하는 것이 아니라 외부로 확장되어 있으며, 도구를 사용할 때(예, 컴퓨터) 우리는 이러한 외부적 실체들이 '나'라는 존재의 일부가 되는 것, 곧 존재의 확장을 경험한다. 이는 의식이 주변 상황과는 분리되어 존재한다는 기존의 서양 고전 철학의 주장과는 대비되는 것이다.

⑦ 타인과 함께하는 존재

앞서 말한 바와 같이 실존철학은 인간을 세상-속-존재로 바라보았으며, 더 나아가 다른 존재와 함께하는-존재(being-with-one-another)로 보았다. 즉, 인간 존재는 사회적 존재로서 여러 사회적 관계에 둘러싸여 있으며 필요할 때만 상호 교류하는 것이 아니라 항상 서로와 연결되어 있는 것으로 보았다. 이와 관련하여 Heidegger(1962)와 Buber(1958)는 모두 타인과의 관계를 중요시하여 보다 성숙한 자세로 타인과 관계할 것을 강조한 반면,

Sartre(1958)는 인간을 사회적 존재로 보는 것에는 동의하였으나 동시에 관계가 갈등의 원천이 되기도 한다는 점을 지적하였다.

⑧ 체화된 존재
실존철학에서는 정신과 몸이 질적으로 구별된 것이 아니며 신체적 경험과 심리적 경험은 분리될 수 없는 것으로 본다. Heidegger(1962)는 우리가 세상을 이해하는 방식 자체가 체화된 것이라고 주장하였다. 이처럼 실존철학자들은 통증, 감정과 같은 신체적 경험이 비합리적이고 부수적인 것이 아니라 세상에 대한 즉각적 · 직접적 · 직관적 이해를 가져오는 중요한 인지적 과정의 일부라는 것을 강조하였다.

⑨ 불안한 존재
실존철학자들은 존재의 진실에 대해서 자각하게 해 주는 단서로서 불안에 대해 강조하였다. 이들은 인간이 자유로운 선택권을 가진 존재라는 사실이 오히려 인간 내면의 공포와 불안을 불러일으킨다는 것을 주장하였다. 이는 스스로의 선택이 옳다는 확실한 절대적 근거가 없기 때문이며 어느 하나를 선택했을 때 다른 선택지들은 자동적으로 포기하기 때문이다. 이로 인해 인간은 삶의 여정을 오로지 스스로 개척하도록 강요받는다. 또한 자유와 마찬가지로 죽음도 인간의 불안을 증가시키는 요소인데 죽음 역시 인간 존재의 한계를 맞닥뜨리게 하기 때문이다.

⑩ 죄책감의 존재
실존철학자들은 자유가 불안뿐만 아니라 죄책감도 가져온다고 보았다. 여기서 죄책감이란 타인에게 죄를 지었을 때 생기는 감정이 아니라 자신의 잠재력을 충분히 발휘하지 못했을 때 느끼는 감정으로 우리가 선택함에 있어서 삶의 모든 가능성을 시도해 보지 않았다는 것에서 비롯된다. 이러한 죄책감은 선택에 자연스럽게 수반되는 것인데, 이를테면 우리가 앞으로의 진로에서 하나의 직업을 선택할 때 동시에 다른 재능 계발의 기회는 포기하기 때문에, 모든 가능성을 시도해 보지 않은 우리는 어쩔 수 없이 우리 자신에 대해 죄책감을 느낄 수밖에 없다는 것이다.

⑪ 비본래적 존재

실존철학에서는 인간은 불안과 죄책감을 포함한 인간의 부정적인 감정들의 출현을 달가워하지 않으며 이로 인해 부정적인 감정과 감정을 불러일으키는 현실, 즉 선택의 순간들과 선택에 수반되는 책임에 대해 직면하려 하지 않고 회피하고자 한다. 이러한 비본래적(in-authentic) 태도 또는 자기기만(self-deception)은 죽음의 경우와 같이 존재의 한계를 부인하려는 경향에서도 똑같이 작용한다. Heidegger(1962)와 Sartre(1958)는 인간이 자유와 그에 수반되는 책임에 대해 부인하게 될 경우 자유로이 미래를 선택할 수 있는 기회와 잠재력을 실현시킬 가능성마저 포기하게 되는 결과를 안게 될 것이라고 하였다. 또한 그로 인해 인간은 열정과 생기로 가득한 삶의 가능성을 잃어버리고 불가피한 삶의 어려움이나 한계에 맞서는 능력도 감소하게 될 것이라고 경고하였다.

⑫ 본래적 존재

앞에서 서술한 것과 더불어 실존철학자들은 사람들에게 본래적(authentic) 존재로서 치열하고 완전한 삶을 살아가기를 권고한다. Heidegger(1962)는 실존적인 문제를 회피하지 않고 용기 내어 해결하고자 하는 자세를 가질 것을 강조한다. 이는 곧 문제를 맞닥뜨림으로써 야기되는 불안과 죄책감을 어떻게든 줄이고자 하는 것이 아니라 이를 기꺼이 감내하며 집단에의 동조 및 자기기만에서 벗어나 더 큰 자유와 잠재성을 펼치는 방향으로 나아가려 하는 것을 의미한다. 실존적 관점에서 불안과 죄책감은 본디 비합리적이고 병리적인 경험이 아닌 삶을 살아감에 있어서 자연스럽게 수반되는 것이다. 인간은 삶의 부조리함과 무의미함, 필연적으로 맞게 될 결말(죽음)에도 불구하고 삶을 살아가기로 결단할 때 인간으로서 존엄을 유지하며 하루하루를 최선을 다해 살아갈 수 있다.

⑬ 존재의 긴장감 및 역설

실존적 관점에서 인생은 일정 방향으로 나아가는 것이 아니며 본질적인 '정답'이 존재하지 않는다. 인간은 매 순간 자유와 한계, 본래성과 비본래성, 희망과 절망 등 여러 갈등 요소의 긴장 속에 있으며 그 사이에서 이리저리 전진과 후퇴를 반복할 뿐이다. 실존철학에서는 이러한 긴장 상태를 극복할 수 없는 모순 또는 역설이라고 부른다. 특히 본래성과 비본래성 또한 어느 쪽이 본질적으로 낫다고 할 수 없으며 실존철학은 본래성이 우리가 삶에서 이루어야 할 궁극적인 목표라는 생각 또한 거부한다. 실존철학자들에 의해 이해되는 본래성이란 일상 속에서 현실에 대한 직면을 통해 순간적으로만 얻어질 수 있는 것이기 때문이다.

(3) 세부 치료적 접근

① 현존재 분석

현존재 분석(daseins analysis)은 실존철학가 Heidegger의 후기 철학사상과 동양 사상, 정신분석의 치료기법을 바탕으로 Ludwig Binswanger, Medard Boss 등에 의해 정립된 치료법이다. 현존재 분석은 정신분석의 치료 방법들을 차용하지만 인간 정신을 기계론적, 환원론적으로 바라보고, 내부세계와 외부세계를 구분하는 것을 비판한다. 반면, 현존재 분석에서 바라보는 인간은 세상에서 벗어나 홀로 존재하는 것이 아니며 철저히 세상-속-존재로서 인간의 내적 작용보다는 세상과의 관계를 통해 드러나는 존재를 이해해야 함을 강조하였다. 치료의 목표는 내담자가 경험하는 세계(자연 세계, 사회적 세계, 개인적 세계, 영적 세계 등)를 같이 경험하고 이해하면서 내담자가 세상을 향해 폐쇄성에서 개방성으로 나아가도록 돕는 것에 있다. 여기서 폐쇄성이란 내담자가 세상과의 관계에서 여러 가지 '가능성'에 대해 있는 그대로 받아들이지 못하는 것을 말한다. 만일 다른 사람을 믿지 못하는 사람은 다른 사람의 호의와 관심에는 폐쇄적이기 때문에 이를 제대로 받아들이지 못한다. 반면, 악의와 적의에는 개방적이어서 타인과 세상에 대해 더욱 편협해지고 폐쇄적으로 나아가게 될 것이다. 현존재 분석은 이러한 내담자로 하여금 폐쇄되어 자유롭지 못한 영역을 찾아내 개방하도록 도우며 궁극적으로는 내담자가 신체적 또는 심리적으로 개방되어 관계의 가능성을 확장하고 다른 사람들을 사랑하며 관계의 복잡성과 다양성에 유연하게 대처할 수 있도록 돕는 것에 중점을 둔다.

② 로고테라피

로고테라피(Logotherapy, 의미치료)는 1929년 Viktor E. Frankl이 발표하였다. Frankl은 Max Scheler의 현상학, Kierkegaard의 실존철학, 그리고 개인적 경험과 종교적 신념에서 영향을 받아 자신의 이론을 정립하였는데, 인간의 가장 기본적 동기가 삶의 의미를 찾는 것이라고 주장하였다. 이에 따라 로고테라피에서의 치료 목적은 내담자가 겪는 공허함과 절망을 극복하고 삶의 목적성과 방향을 발견하도록 돕는 것이다. 여기서 중요한 것은 로고테라피에서 말하는 삶의 의미가 '창조'하는 것이 아닌 '발견'하는 것이라는 사실이다. 즉, 이는 각개인이 이미 저마다의 삶에 궁극적 목적이 부여되어 있으며 인간은 그 목적을 무의식적으로통찰하고 있다는 Frankl의 철학적 견해를 반영하는 것이다. 더불어 그는 개인이 처하게 되는 모든 상황에는 단 하나의 참의미가 주어져 있으며 이를 발견해 내는 것이 인간의 의무라고 주장하였다. 이는 다분히 결정론적으로 보일 수 있지만 사실 이러한 주장은 주어진 상황의 속성에 관계없이 인간이 자유롭게 의미를 추구하게 함으로써 명백히 절망적인 상황의 압박 속에서도 스스로가 직접 그 의미를 선택할 수 있도록 자유를 강화하는 것에 그 목적을 두고 있다. 한편, Frankl은 인간이 삶의 의미를 찾을 수 있는 세 가지 수단이 있다고 말한다. 첫번째는 스스로 어떤 창조적 행위를 함으로써, 두 번째는 누군가를 만나거나 어떤 일을 경험함으로써, 세 번째는 불가피한 역경과 고통을 마주할 때 어떤 태도를 취하느냐에 따라서 삶의 의미를 찾을 수 있다고 한다. 특히 세 번째와 관련하여 Frankl에 따르면, 인간이 모든 자유를 박탈당할지라도 그 상황에서 어떤 태도를 선택할 것인지에 대한 자유는 빼앗기지 않기때문에 가장 가치 있는 것이라고 말한다. 로고테라피는 이러한 철학을 바탕으로 호소 기법,소크라테스식 대화법, 역설적 의도, 탈숙고 등의 기법을 사용하며 오늘날 목회상담, 진로상담, 간호, 사회복지 등의 분야에서 널리 적용되고 있다.

③ 영국 실존분석

　영국의 실존분석은 Emmy van Deurzen이 영국에서 처음으로 실존치료 훈련과정과 실존분석협회를 설립한 이래로 발전해 왔다. 하나의 치료법으로 정립되기보다는 학파 내 여러다양성을 지닌 치료적 접근으로 계속해서 새로운 형태의 치료적 접근들이 개발되고 있다.한 예로, 주요한 실존분석가 중 한 명인 van Deurzen은 Kierkegaard와 Heidegger에게 영향을 받아 내담자의 세상을 탐구하고 존재의 현실에 직면하도록 돕는 것을 치료의 목표로 하는 반면, Spinelli는 그들보다는 Husserl의 현상학적 방법에 더 큰 영향을 받아 내담자의 현재 모습을 존중하고 수용하며 내담자 스스로가 원하는 삶의 방식을 선택하도록 돕는 것에치료 목적을 두고 있다. 그러나 공통적으로는 치료자-내담자 간의 평등한 관계를 강조하였고, 정신기능의 건강한 상태와 병리적 상태를 구분하는 것에 반대하였으며 내담자들의 문제를 삶에서 마주할 수 있는 일반적인 문제들로 간주하였다. 이에 따라 치료는 분석, 해석, 진단보다는 내담자의 삶의 경험들을 묘사하고 그에 머무르는 것에 더 강조점을 두었고, 내담자만의 고유한 존재방식을 발견하도록 돕는 것을 목표로 하였다.

④ 시간제한적 실존치료

시간제한적 실존치료 또는 단기 실존치료는 Freddie Strasser와 Alison Strasser에 의해 제시된 치료적 접근이다. 장기적으로 삶의 문제에 대해 포괄적으로 탐구하는 여타의 실존치료적 접근과 다르게 14회기를 상담의 기본단위로 하며, 제한된 시간 내에서 적극적으로 실존적 이슈(존재의 유한성과 일시성, 불확실성 등)에 직면하고 치료 밖에서 어떻게 더 건설적으로, 그리고 효과적으로 세상과 관계할 수 있을지에 대한 전략을 세우는 것이 치료의 목표이다. 이 치료적 접근의 특징은 치료적 관계에서의 시간적 제약이 내담자로 하여금 그들에게 시간이 영원히 주어진 것이 아니라는 사실을 일깨워 주고, 치료 과정에 더 헌신적이게 만들며, 현실적이고 실행 가능한 전략들을 세울 수 있도록 자극하고 격려한다는 것이다(Strasser & Strasser, 1997). 반면, 시간적 제한은 치료자의 입장에서는 치료적 성과를 내기 위해 내담자를 재촉하여 내담자가 충분히 자신의 삶과 이슈에 대해 고민하고 숙고해 볼 기회를 앗아갈 수 있는 위험성도 내포하고 있다. 그렇기 때문에 단기 실존치료에서는 내담자의 한 가지 특정 이슈에 집중하지 않으며 여러 실존적 주제(불확실성, 대인관계, 일시성, 존재의 영역들, 실존적 불안 등)를 구조화하여 체계적으로 살펴볼 수 있도록 격려한다. 단기 실존치료는 아직 개발의 초기 단계에 있으며, 앞으로 교육, 건강, 자원봉사 등 다양한 환경에서 활용되기 위해 더욱 활발한 개발 작업을 필요로 하고 있다.

(4) 인간중심치료

인간중심치료는 초기에 정신분석적 접근의 지시적인 상담기법과 대비하기 위하여 비지시적 상담이라고도 불렸다가 이후 상담자 또는 치료자 중심치료와 대비되는 의미에서 내담자중심치료(client-centered therapy)라고 명명되었으며, 최종적으로 현재와 같이 인간중심치료(person-centered therapy)로 발전하였다. 인간중심치료가 다른 치료와 구분되는 특징 중 하나는 상담자가 취해야 할 태도 및 상담의 원리 외에는 특별한 상담 기술이나 치료 방법이 존재하지 않는다는 것이다. 그렇기 때문에 가장 어려운 형식의 심리치료 중 하나로 간주되기도 하는데 이는 치료자들이 특별한 치료 방법에 의존하지 않고 오로지 단순히 내담자와 함께 있어 주는 것만으로 심리치료 및 변화를 이끌어 가야 하기 때문이다. 인간중심치료의 또 다른 특징은 다른 어떤 상담 및 심리치료 방법보다도 내담자에게 덜 위협적이라는 것이다. 즉, 무의식에 대한 해석이나 공포 자극에 대한 노출 등 내담자에게 위협으로 다가올 수 있는 치료기법들을 포함하는 치료적 접근들과 달리, 비판단적이고 비지시적인 인간중심치료는 내담자에게 해를 끼칠 가능성이 매우 낮다. 이 절에서는 인간중심치료의 인간관, 상담목표와 치료적 관계, 내담자에게 일어나는 7단계 변화에 대하여 기술하였다.

(5) 인간중심치료의 인간 본성과 성격에 대한 기본 가정

① 유기체적 가치화 과정과 긍정적 존중

Rogers(1942, 1951, 1967)에 따르면, 인간은 태어났을 때부터 유기체로서 자기에게 유익한 자극과 해가 되는 자극을 구분하여 이를 긍정적 또는 부정적으로 평가할 수 있는데 이러한 경험에 대한 평가과정을 유기체적인 가치화 과정(organismic valuing process)이라고 부른다. 인간은 이러한 과정을 거치면서 능동적으로 자신의 세계를 확장해 나가게 된다. 또한 인간은 어려서 타인으로부터 긍정적 존중을 받고픈 욕구(needs for positive regards)를 갖게 되는데, 이로 인해 자아개념을 형성하는 데 다른 사람이 영향력을 발휘하게 된다. 이때 타인으로부터 긍정적 존중을 많이 받게 될수록 인간은 긍정적인 자기수용을 경험하고 또한 긍정적인 자아개념을 형성하게 된다.

② 조건적 가치부여와 왜곡된 자아개념의 발달

타인으로부터의 긍정적 존중은 무조건적이지 않으며 종종 존중을 주는 사람은 아동에게 어떤 가치조건을 요구하는데, 예를 들면 '네가 ~하지 않으면 너는 못된 아이야.' 같은 식이다. 이때 아동은 존중을 얻기 위해 자신의 준거보다 타인의 준거를 사용하여 자신의 경험을 평가하는 과정을 경험한다. 이런 과정이 반복될 경우 타인의 신념과 가치를 내면화하게 되고 결국 본래의 자기 자신과는 동떨어진 왜곡된 자아개념을 형성하게 된다. 이때 인간 고유의 외적·내적 경험과 내면화된 가치조건 및 왜곡된 자아개념의 괴리가 클수록 아동은 좌절과 혼란, 불안을 경험하는데, 이를 해소하기 위해 여러 가지 비합리적이고 병리적인 방어기제를 발달시키게 된다.

③ 재통합과 자기실현

인간은 무조건적 긍정적 존중을 경험할수록 자기존중이 높아져 내면화된 가치조건으로 인해 왜곡된 자아개념을 수정할 수 있으며, 그 결과 경험에 대한 자신의 반응을 갈등 없이 신뢰할 수 있게 되어 본래의 유기체적 가치화 과정을 회복하게 된다. 이를 통하여 인간은 진정한 자기에 대하여 더 깊이 이해할 수 있고, 경험에 더욱 개방적으로 변화하며 다시금 성숙과 자기실현을 이루는 방향으로 성장 및 발달할 수 있게 된다.

④ 충분히 기능하는 사람

Rogers(1962)는 인간이 이루어야 할 이상적인 모습으로 '충분히 기능하는 사람'의 개념을 제시하였는데, 이들은 경험에 개방적이며(설사 자아개념과 동떨어진 경험일지라도) 능동적으로, 그리고 창의적으로 모든 상황을 다룰 수 있다. 또한 이들은 현실에 충실한 삶을 살며 자신의 삶에 대해 책임을 질 수 있는 내적 자유를 경험한다. 경험과 자기개념에서 일치성을 경험하고 사회적 책임에 관심을 가지며 타인의 욕구에 대해 좀 더 공감적으로 반응할 수 있다.

(6) 인간중심치료의 상담목표

인간중심치료는 인간 본성에 대한 기본 가정을 인본주의 심리학과 공유한다. 즉, 인간은 유기체적 존재로서 자기 자신의 성장을 추구하는 경향을 갖고 태어나며, 자기실현을 이룰 수 있는 잠재력을 가지고 태어나는 존재라는 관점을 견지한다. 그렇기에 상담의 기본 목표는 내담자가 스스로 자기 내면을 이해하고 자신의 문제를 파악할 수 있도록 하며 현실에 대한 왜곡된 지각을 수정함으로써 내담자의 유기체적 경험과 자기개념 간의 일치성을 회복한 뒤 궁극적으로 자기성장 및 자아실현을 이룰 수 있게끔 하는 것이다. 이를 위하여 상담자는 내담자가 충분히 기능할 수 있도록 내담자에 대한 관심과 존중, 수용을 통해 협력적이고 긍정적인 치료적 관계를 형성하여 내담자의 변화를 이끌어 낼 수 있어야 한다.

(7) 인간중심치료에서의 치료적 관계

인간중심치료에서는 내담자의 긍정적 변화를 이끌어 내는 치료의 핵심이 상담기법보다는 상담자와 내담자 간의 치료적 관계에 있다고 보았다. Rogers(1957)는 상담 및 심리치료 과정에서 충족되어야 할 여섯 가지 핵심조건 및 충분조건에 대하여 설명하면서 다음의 여섯 가지 조건들이 상담과정에서 충족되고, 또 일정 기간 유지되는 것만으로도 내담자에게 건설적인 성격 변화와 같은 치료적 성과가 일어난다고 주장하였다. 그가 주장한 여섯 가지 조건들은 다음과 같다.

첫째, 두 사람이 심리적 접촉을 한다. 여기서 상담자와 내담자 간의 심리적 접촉은 둘 사이에 치료적 관계가 형성되는 것을 의미하며, 일반적인 외상 치료에서 치료자와 환자 간 물리적인 접촉이 일어나는 것과 같이 심리치료에서 상담자와 내담자가 서로 영향을 주고받는 일련의 상호작용으로 이해할 수 있다. 심리적 접촉은 단순히 면대면 만남 속에서만 일어나는 것이 아니며 인터넷이나 전화 통화를 이용한 원격 상담에서도 일어날 수 있다.

둘째, 첫 번째 사람은 내담자로, 자기개념과 경험의 불일치를 경험하고 있으며 이로 인해 정서적으로 연약하며 불안을 느낀다. 내담자의 자기개념과 유기체로서의 내담자는 반드시 일치하는 것이 아니다. 평소에는 이를 인식하지 못하지만 자기개념에 부합하지 않는 일련의 사건들(예를 들어, 스스로 공부를 잘한다고 생각하는 학생이 시험에서 낙제를 경험하게 될 경우)을 반복적으로 경험하게 될 경우, 내담자는 외부 자극에 취약하고 불안정한 상태에 놓이게 되는데, 이때 상담자는 내담자로 하여금 다시금 안정적인 자기개념을 회복하도록 도우면서 이전과는 새로운 모습으로의 변화를 이끌어 낼 수 있다.

셋째, 두 번째 사람은 치료자로, 내담자와의 관계에서 일치성 또는 통합적인 모습을 보인다. 일치성(congruence)은 다른 말로 진솔성(genuineness)이라고도 표현되며, 이는 곧 상담자가 치료적 관계에서 성실하고 정직한 모습으로 관계에 임하며 내담자와의 관계에서 느껴지는 감정, 생각, 태도 등의 반응을 개방적으로 표현하는 것을 의미한다. 그러나 이는 솔직함을 가장한 채 내담자에게 공격적·비판적 태도를 내비치는 것과는 구분되어야 하는데, 후자는 오히려 치료적 관계를 해치는 결과를 낳으므로 상담자로서는 지양하여야 할 행동이다. 상담자는 자기의 느낌을 뭐든지 있는 그대로 표현하는 대신, 먼저 그러한 공개가 내담자에게 이익이 될 수 있는 것인지를 스스로 점검하여야 한다.

넷째, 치료자는 내담자에게 무조건적 긍정적 관심과 존중을 제공해야 한다. 상담자는 상담과정에서 내담자에 대해서 비판단적인 태도를 유지해야 하며 이를 위하여 세 번째 조건에서와 마찬가지로, 내담자에 대해 잠재적인 편견을 갖고 있는지 상담자 스스로 자각하는 내적 통찰이 요구된다. 물론 개인이.타인에 대하여 절대적으로 무조건적 존중을 하는 것은 어려운 일이지만 상담 중에 비판단적인 태도를 유지하려는 노력은 그 자체로 치료의 성과에 영향을 미친다.

다섯째, 치료자는 내담자의 내적 준거틀(internal frame of reference)을 공감적으로 이해하고 내담자에게 이러한 자신의 경험을 전달하고자 노력한다. Rogers(1957)는 이 다섯 번째 조건에 대하여 "상담자가 내담자 자신의 경험에 대하여 내담자 스스로가 자각하는 바를 정확하고 공감적으로 이해하는 것"이라고 부연하였다. 여기서 공감이란 내담자의 관점과 감정을 최대한 자신의 것처럼 받아들이는 것을 의미한다. 이때 중요한 것은 자기 자신을 놓아 버릴 정도로 내담자에게 심각하게 몰입하지 않도록 일정한 선을 지키는 것이다. 상담자는 외상 사건(강간, 성적 학대 등)의 피해자들에게 동정을 느낄 수 있으나 동정은 내담자가 자신의 세계를 보다 깊은 수준으로 탐색하는 데는 도움이 되지 못한다(Short & Thomas, 2014).

여섯째, 내담자는 의사소통 과정에서 치료자의 무조건적 긍정적 존중 및 공감적 이해를 지각하고 경험한다. 마지막 조건은 내담자를 위해 상담자가 경험하고 있는 수용과 공감을 조금이라도 내담자 스스로가 지각하게 하는 것이다. 치료의 효과는 이러한 의사소통 수준에 따라 가변적이며, 상담자의 노력이 내담자에게 전달되지 않을 경우 내담자 입장에서는 공감과 수용이 전혀 이루어지지 않은 것이나 마찬가지이므로 치료는 전혀 성과를 이루지 못할 것이라고 가정할 수 있다(Rogers, 1957).

Rogers(1961)는 이상의 여섯 가지 조건이 충족되는 치료적 관계가 제공된다면 내담자는 그 관계를 통해 스스로 성장할 수 있는 능력이 그 자신에게 있음을 발견하게 되고, 치료적 변화와 인격 발달이 일어날 것이라고 하였다.

(8) 인간중심치료에서의 치료적 변화

Rogers(1961)는 상담이 진행될수록 내담자의 변화하는 모습을 7단계로 나누어 묘사하였다.

① 1단계: 자기에 대한 의식의 결여로 치료에 올 가능성이 낮다. 그들의 세계관은 고정되어 있고 엄격하며, 그들은 자신의 감정에 접촉하려고 하지 않으며 자신의 행동에 책임을 지려고 하지 않는다.

② 2단계: 내담자의 엄격한 구조가 약간 느슨해지지만 여전히 자신과 자신의 삶에서 일어나는 일들에 대한 책임을 받아들이기를 매우 어려워한다.

③ 3단계: 더욱더 태도가 느슨해지면서 자신에 대해 더 많이 이야기하지만 제3자의 이야 기인 듯이 말하며, 특히 감정에 관한 것일 때 더욱 그러하다.

④ 4단계: 이 단계에서 내담자들은 깊은 감정을 묘사하기 시작하며 주로 과거에 일어났던 일들에 대한 것들이다.

⑤ 5단계: 내담자는 마치 온도를 재기 위해 물속에 발을 담갔다 빼듯이 진전과 후퇴를 반 복한다.

⑥ 6단계: Rogers는 이 단계를 매우 독특하고 종종 극적인 것으로 묘사한다. 이전 단계의 감추어진 감정이 현재의 순간에 완전히 경험되는 것이 특징이며, 이러한 인식은 예리 하고 명확하며 의미가 풍부하다. 지금까지 다소 파편화된 경험은 이제 마음, 몸, 감정 과 지성이 통합된 전체로서 경험되며, 내담자는 완전한 일치의 순간을 경험하게 된다.

⑦ 7단계: Rogers는 7단계에서의 변화는 번복되지 않으며 그 이상의 변화가 치료적 관계 내외에서 발생할 가능성이 높다고 보았다. 이 단계에서 사람들은 스스로 변화를 겪고 있으며 치료의 필요성은 끝난다.

2) 실존적 인간중심치료

실존적 인간중심(Existential-Humanistic: E-H)치료는 유럽식 인본주의 철학과 실존철학에 미국식 인간중심 심리학이 더해져 만들어진 것으로, 1960년대에 정신분석과 행동주의의 환원적이고 결정론적인 관점에 반대하며 등장하였다(Cooper, 2003). E-H치료에는 실존분석적 심리치료(Bugental, 1981), 실존 정신역동 심리치료(Yalom, 1980), 실존통합심리치료(Schineider & May, 1995) 등이 포함된다(Cooper, 2003). E-H치료는 자신이 되어 가는, 혹은 자신을 알아 가는 과정으로서, 인간의 한계에 대한 실존적 강조와 더불어 인간의 가능성에 초점을 맞추고 있다(Schneider & Krug, 2010). E-H치료는 세 가지 핵심적 가치를 강조하는

Kirk Schneider

데, 첫째, 주어진 한계 속에서 무엇인가가 되어 가는 자유, 둘째, 참된 자신이 되어 가는 것과 맞서 싸우는 경험적 반영, 셋째, 지금 자기 모습에 따른 행동, 반응을 하는 책임감이다. 이는 E-H치료가 인간은 한계 속에 있지만, 동시에 자신이 무엇이 될지 선택할 수 있는 전인적(인

지적·정서적·운동감각적) 능력이 있으며 결정한 선택의 의미를 파악하고 그에 따라서 행동할 수 있는 전인적 능력이 있음을 인정한다는 의미이다.

E-H치료는 Paul Tillich, Kierkegaard, Nietzsche, Rollo May 등의 영향을 받았다. E-H치료자들은 인간이 처한 관계적인 요인보다 개인적인 요인에 관심을 두는 경향이 있는데, 인간의 독립성, 개척 정신, 불안에 직면하는 용기, 강함, 불굴의 의지, 주관적 경험과 욕구에 대한 강조 등으로 드러난다. 또한 다른 실존치료들보다 인간과 인생에 대해 긍정적인 관점을 취한다. 전이, 저항, 무의식적 과정과 같은 정신역동의 관점도 E-H치료에 많은 영향을 주었다(Cooper, 2003). 다만, E-H치료에서는 인간에게 불안과 방어를 초래하는 원인은 성욕이나 공격성이 아니라 자유, 죽음, 무의미, 소외와 같은 실존적 조건이라고 보는 점이 다르다(Cooper, 2003).

그 외에도 Alfred Adler, Otto Rank, Erich Fromm, Harry Stack Sullivan 등 다양한 관점을 가진 이론가들에게도 영향을 받았으며, 이는 적합하다고 생각되는 상담과 심리치료의 시점에 여러 학파의 기법을 다양하게 사용하도록 하는 데서 알 수 있다. E-H치료는 실존적 관점이나 Carl Rogers의 핵심조건 등을 치료에서 활용하는 것뿐 아니라 역할극, 인지적 재구성 기법, 행동 수정 등을 모두 활용하는 경향성이 있다(Cooper, 2003).

Rollo May

Irvin Yalom
(Reid Yalom 제공)

E-H치료의 시작은 May, Angel과 Ellenberger(1958)가 출간한 『실존: 정신의학과 심리학의 새로운 차원(Existence: A New Dimension in Psychiatry and Psychology)』으로 거슬러 올라갈 수 있다(Cooper, 2003). 이후 Rollo May에게 영향을 받은 James Bugental(1915~2008), Irvin Yalom(1931~), Kirk Schneider(1956~)가 E-H치료를 이끄는 대표적인 학자로 자리매김했다. James Bugental은 E-H치료 운동을 이끌었던 가장 대표적인 실존치료자로서 Rollo May와 함께 기존의 인본주의 심리학에 실존철학을 접목시켜 E-H치료를 발달시켰다. 그는 그의 대표적 저서인 『진정성을 찾아서: 심리치료에 대한 실존-분석적 접근(The Search for Authenticity: An Existential-Analytic Approach to Psychotherapy)』을 비롯하여 E-H치료와 관련한 여러 저서를 남겼다. 현대 미국의 실존치료자 중 한 명인 Irvin Yalom 또한 E-H치료의 발달에

큰 영향을 미쳤다. 그는 정신과 의사로서의 임상 경험과 더불어 관련 철학 및 각종 연구들을 통하여 실존적 주제들을 다루는 그만의 심리치료 접근법을 개발하였다. 그는 또한 저명한 작가로서 E-H치료와 관련된 많은 저서를 집필해 오고 있다. 그의 저서인『실존심리치료(Existential Psychotherapy)』(1980)는 여전히 실존치료의 고전으로 손꼽힌다. Kirk Schneider 또한 Rollo May와 함께 여러 E-H치료 관련 저술을 했으며, 샌프란시스코에 소재한 E-H 연구소의 대표로 활동하고 있다. E-H치료는 현재 미국 서부 해안을 중심으로 이루어지는 동시에 전 세계적으로 그 영향력을 확대해 나가고 있다.

(1) 치료의 목표

Yalom의 E-H치료는 Kierkegaard나 Nietzsche의 실존적 주제를 정신역동적으로 해석한다. 인간이 처한 실존적 조건은 불안을 불러일으키는데, 이를 해결하고자 현실을 부정하거나 왜곡하고 책임을 전가하는 등의 방어기제를 사용하게 되며, 결과적으로 중독에 빠지는 등 건강한 삶을 살아가는 데 필요한 에너지를 낭비하게 된다. 실존적 조건에 대한 회피는 인간이 자신의 존재를 실현하는 능력을 제한하게 되며, 그 영향은 국소적인 것이 아니라 존재 전체에 미치게 된다. 즉, 자신의 진로에 대한 선택과 책임을 부모나 친구, 사회, 문화로 전가한 인간은 진로뿐 아니라 인간관계, 감정 인식과 표현 등 삶의 전 영역에서 자신의 존재를 실현시킬 가능성을 손상시키게 된다(Cooper, 2003).

따라서 E-H치료의 핵심적 목표 중 하나는 내담자가 자신의 실존적 불안을 회피하는 행동, 즉 저항을 인식하게 하고, 극복하게 하는 것이다. 이는 기본적으로 쉽지 않은 과정이며, 상담자는 내담자를 격려하고 지속적으로 자극을 주며, 스스로 이겨 낼 수 있는 힘을 실어 주는 역할을 한다. 이 과정에서 상담자는 내담자가 스스로를 보호하는 방편으로 저항을 사용하고 있음을 인식하고 이를 존중하는 태도를 지녀야 한다(Cooper, 2003).

또한 E-H치료는 내담자를 자유롭게 하는 것을 목표로 한다(May, 1999). 즉, 인간에게 주어진 다양한 삶의 한계(출생, 유전, 나이와 같은 자연적 한계 혹은 문화, 언어, 생활방식 등) 속에서 스스로 자유롭게 선택할 수 있게 한다. May(1999)는 인간에게는 어찌할 수 없는 주어진 것이 있다고 하였다. 첫째는 우주적 운명으로서, 기후 변화나 자연재해와 같은 자연현상을 말한다. 둘째는 유전적 운명으로서, 수명이나 기질과 같이 우리가 생리적으로 가지고 태어나는 조건을 뜻한다. 셋째는 문화적 운명으로서, 우리가 태어나면서 소속한 문화와 이미 약속되어 있는 사회적인 규범을 뜻한다. 넷째는 정황적 운명으로서, 갑작스러운 해고나 금융 위기와 같은 상황적인 요소를 말한다. E-H 관점에서, 자유란 주어진 한계 내에서 결정하고 선택하는 것이며, 현실과 충돌하고 맞닥뜨리는 것을 의미한다. 따라서 E-H치료에서 자유는 자신이 속해 있는 삶의 양식, 즉 한계를 접하는 데에서 시작한다(Krug, 2009).

Greening(1992)은 우리는 Yalom(1980)이 말한 인간 존재에게 주어진 네 가지 주제(죽음, 자유, 소외, 무의미)에 대해 세 가지 방식으로 반응할 수 있다고 했다. 첫째는 네 가지 조건에 대해 단순히 긍정적인 측면을 강조하는 것이다. 둘째는 부정적인 측면만을 강조하는 것이고, 셋째는 긍정적인 측면과 부정적인 측면을 변증법적으로 통합시키는 것으로서, 가장 성숙하고 바람직한 태도이다. 각각을 살펴보자.

① 삶과 죽음의 대립이 존재한다는 사실에 대해서는 다음 세 가지 방식으로 반응할 수 있다

첫째, 죽음을 부정하는 방식으로서 생존에 지나치게 집착하거나 맹목적인 낙천주의를 보이는 것이다. 둘째, 죽음에 사로잡히는 방식으로서 비관주의적인 태도를 드러내거나 건강을 등한시 여기는 것이다. 셋째, 미래에 죽음이 닥쳐올 것임에도 삶을 선택하는 태도로서 주어진 순간에 충실히 참여하는 것이다.

② 의미와 부조리에 대해서는 다음 세 가지 방식으로 반응할 수 있다

첫째, 합리성과 신비를 맹목적으로 좇는 것이다. 둘째, 합리성과 신비성을 모두 부정하는 허무주의적 태도이다. 셋째, 보다 창의적인 반응으로서 부조리와 무의미를 대면하면서도 계속해서 개인적인 의미를 부여하고, 이를 수정할 여지를 남겨 두는 것이다.

③ 자유와 한계에 대해서는 다음 세 가지 방식으로 반응할 수 있다

첫째, 끝없이 자유를 주장하고 추구하는 것으로서 극단적 쾌락주의자를 예로 들 수 있다. 둘째, 자신의 자유를 포기하는 의존, 노예화 상태이다. 셋째, 주어진 한계 속에서 가능성을 인식하고 적극적으로 선택하여 이를 실현하는 것이다.

④ 우리가 공동체와 소속감을 추구하는 존재인 동시에, 분리되어 있는 개체라는 현실에 대해서는 다음 세 가지 방식으로 반응할 수 있다

첫째, 고독을 거부하고 공동체나 관계에 대해 과도하게 몰두하고 헌신하여 자신의 독자성이나 개성을 잃어버리는 것이다. 둘째, 외로움에 대한 체념, 거절의 두려움을 피하기 위해 물질주의적 방식, 사람 혐오 등 회피적인 방식을 취하는 것이다. 셋째, 거절과 외로움의 가능성을 포용하면서 타인과의 진정한 인간적 관계를 추구하는 것이다.

Schneider와 Krug(2010)는 E-H치료의 목표를 요약하였는데, 첫째, 내담자가 그들 자신과 타인에게 더욱 실재가 되는 것, 둘째, 더 온전한 실재가 되는 방법 혹은 이를 방해하는 것들에 대해 알게 되는 것, 셋째, 현재 자신의 삶의 방식에 대해 책임을 가질 수 있도록 돕는 것, 넷째, 실존적으로 주어진 것들을 대면하여 세상 속에서 실재하는 방식을 선택하고 실현할 수 있도록 도와주는 것이라고 하였다.

(2) 치료 기법 및 과정

E-H치료는 단기적 혹은 단회기로 진행되기도 하나, 전형적으로는 친밀한 관계를 기반으로 장기적이고(3~5년), 집중적(매주 1~2회)으로 이루어지는 경향이 있다. 또한 자기를 돌아보고 성찰하고자 하고, 자신의 감정 경험을 허용하는 경향이 있으며, 탐구적인 사람들이 가장 큰 도움을 받을 수 있겠지만, 폭넓은 내담자들에게 도움을 줄 수 있는 것으로 보인다(Schneider & Krug, 2010).

기본적으로 E-H치료자는 내담자의 현재 모습과 지향점을 그대로 인정하며 이들에게 주어진 삶의 잠재력을 발휘하고, 스스로 자신의 삶의 주체이자 주인이 될 수 있도록 돕고자 한다. 이를 위해 E-H치료는 다양한 이론적 접근에서 구체적인 개입 기법들을 가져오는 것에 개방적이지만, 내담자의 경험적 해방과 완전한 변화가 지속적으로 뿌리내릴 수 있게 하는 태도와 환경이야말로 근본적인 치료 방법이라고 본다. E-H치료는 치료적 태도와 환경으로 다음 네 가지를 강조하는데, 첫째, 치료적 실재의 구축(기반으로서의 실재), 둘째, 투쟁을 통한 실재의 구축 및 활성화(방법과 목표로서의 실재), 셋째, 치료적 투쟁에 대한 저항과의 만남, 넷째, 투쟁으로부터 나올 수 있는 의미, 의도성, 삶에 대한 자각(경외감)의 융합이다.

① 치료적 실재의 구축

치료적 실재(therapeutic presence)를 구축한다는 의미는 치료자가 내담자를 만날 때 고정되어 있거나 구조화된 치료 절차를 따르는 것이 아니라, 내담자와 함께 존재하며 내담자에게 초점을 맞추는 것이다. 치료자는 내담자의 변화하는 분위기, 태도 등에 자신을 조절하며 동조하기 위해 최적으로 준비되어 있어야 한다. Yalom(1980)은 이것에 대해 능숙한 요리사는 요리법을 파악하고 있으면서도 그것을 똑같이 복제하는 것이 아니라 자신만의 독창성과 색깔을 담아내는 감각이 있다는 것과 같다고 하였다. E-H치료 과정은 두 사람 간의 깊은 인격적 만남에 기초하고 있다. 이 토대 위에서 치료자는 내담자의 아픔을 지지하고 포용하고, 경험을 탐색하도록 촉진하며, 내담자의 상처를 발견하고, 거기에 참여하게 된다.

② 투쟁을 통한 실재의 구축 및 활성화

치료적 실재는 E-H치료의 기반이 됨과 동시에 방법이자 목표가 된다. Bugental(1987)은 내담자의 실재를 활성화할 수 있는 네 가지 실천 전략을 제시하였는데, 그는 이를 옥타브라고 하였다. 옥타브는 경청하기, 지도하기, 지시하기, 요구하기로 구성되어 있다. 경청하기(listening)는 내담자의 경험에 대한 세부 정보 얻기, 내담자의 관점에서 바라본 내담자의 인생과 삶의 목적에 대해 배우기와 같이 용기를 북돋우어 내담자로 하여금 치료자의 간섭 없이 계속 말하도록 한다. May(1999)는 경청하기와 관련한 개념으로 '멈추기'를 설명하였는데, 상담자는 내담자에게 침묵의 공간을 제공해 주고, 내담자는 그 침묵 속에서 자신의 감정과 경험에 머무르며 귀를 기울인다. 상담자는 멈춤의 시간 동안 내담자가 경험을 생생하게 느끼도록 촉진한다. 이후 상담자는 내담자가 공간 속에서 얻은 풍성한 경험을 경청할 수 있으며, 이는 내담자와의 더욱 깊은 실재를 형성하게 된다. 지도하기(guiding)는 내담자가 상담을 통해 새로운 측면을 발견하고 배우고 피드백을 받는 것에 대해 준비시키는 것을 의미한다. 또한 지도하기는 내담자로 하여금 자신의 어려움에 대한 구체적인 예시를 제시하게 하거나 자신이 한 말에 대한 책임을 지거나 소유하게 하는 것, "당신이 말하는 내용 중에서 정말로 중요한 것은 무엇인가요?"와 같이 주제를 확장시키는 것을 포함한다. 이러한 방법은 내담자가 자신의 갈등과 내면을 보다 깊이 경험할 수 있도록 돕는다. 지시하기(instructing)는 재구성하기, 과제 제시 혹은 대안적인 삶의 시나리오를 조언하거나 지도하고 묘사하는 것을 의미한다. 지시하기 과정에서 상담자는 내담자에게 합리적이거나 객관적인 정보나 방향을 제시하게 된다. 요구하기(requiring)는 치료자의 관점에 대한 강한 설득, 주관적인 피드백, 칭찬, 처벌, 보상 등을 의미하는데 이를 통해 치료자는 내담자에게 자신이 가진 자원을 제공해 주게 된다.

③ 치료적 투쟁에 대한 저항과의 만남

내담자는 자신의 주관적 경험에 대해 탐색하고 집중하는 과정에서 내면의 진실에 더 가까이 다가가게 되고, 그 결과로 실존적 불안을 경험하게 된다. 이 과정에서 내담자의 저항(resistance)이 일어나기 시작하는데 주제를 전환하거나, 집중하지 못하거나, 사소한 것들에 대해서 이야기하거나, 표면적으로 반응하거나, 말의 속도가 너무 빨라지거나, 상황과 경험에 대해 이성적인 비평으로 일관하거나, 자신의 이야기를 남의 이야기처럼 이야기하는 등의 저항(혹은 보호라고도 한다)을 보이게 된다. Schneider와 Krug(2010)는 내담자의 저항을 다루는 방법으로 '생생하게 하기'와 '직면'을 소개하였다.

생생하게 하기(vivification)는 내담자로 하여금 자신을 제한하고 구속하는 방식에 대한 자각을 증대시키는 것으로, 내담자가 스스로 만들어 낸 곤경을 알려 주는 것이다. 예를 들어, "아내와의 관계에 대해 이야기할 때마다 너무 많은 내용을 아주 빠른 속도로 말씀하시는 것 같네요."와 같이 언급해 주는 것을 뜻한다. 생생하게 하기는 내담자로 하여금 자신이 형성한 방어적 세계를 인식하게 하고, 그로 인한 결과를 평가하게 한다. 직면하기는 부드럽지만 보다 강하고 직설적인 압력을 주는 것으로, 내담자가 저항의 책임이 자신에게 있으며, 내적인 자각을 방해하려는 의도가 있음을 알게 한다. 생생하게 하기는 초기에 내담자의 저항에 대해서 언급하는 알리기(noting)와 반복적인 저항행동을 명명하고 지적하여 내담자가 인식하도록 하는 확인하기(tagging), 저항을 통해 얻을 수 있는 결과를 생생하게 떠올려 보도록 하는 흔적 찾기(tracing out)가 있다.

직면(confrontation)은 생생하게 하기를 직접적으로 확대하여 적용하는 것으로, 내담자가 만들어 낸 어려움을 경고하는 것이다. 직면은 변화를 육성한다기보다 변화와 관련하여 직접적으로 질문하거나 강하게 요구하는 것이다. 그러나 Schneider와 Krug(2010)는 직면이 내담자와 치료자 간 권력 다툼을 일으키게 할 수 있고, 내담자의 자발성이나 주체성을 약화시킬 수도 있으며, 자칫 잘못하면 내담자가 치료자뿐 아니라 치료 자체와 멀어지게 할 수도 있다고 말했다. 그러나 직면이 항상 이런 결과를 불러일으키는 것은 아니다. 치료자는 개입 시기, 작업 동맹, 내담자와 치료자가 얼마나 준비되었는가를 고려하여 직면해야 한다.

E-H 접근에서는 저항이 내담자의 자기(self)와 세계가 구체적으로 만나는 지점에서 형성된다고 본다. 따라서 E-H치료자들은 저항행동을 환영할 만한 것으로 보는데, 저항을 통해 내담자가 자기와 세계를 이해하는 방식을 알 수 있기 때문이다. 그러나 저항을 다룰 때에는 주의가 필요한데, Schneider와 Krug(2010)는 저항을 다룰 때 세 가지 유의사항에 대해서 언급하였다. 첫째, 치료자가 저항으로 인식한 것이 치료자의 목표나 의도에 동의하지 않은 것일 수 있다는 점이다. 이는 문화나 세계관의 차이에서 비롯된 것일 수 있다. 따라서 성급하게 저항으로 단정 짓기보다 내담자의 맥락을 파악하는 것이 중요하다. 둘째, 내담자의 저항을 존중해야 한다는 것이다. 저항은 내담자가 현실과 심리적 안정을 부분적으로나마 보호하고 유지하는 방식이자 생명줄, 익숙한 발판으로 보아야 한다. 내담자의 주관적 현실에서는 저항의 방법이 가장 효율적이고 효과적으로 인식됨을 존중해야 한다. 셋째, 저항에 대해 이른 시기에 도전해서는 안 된다는 점이다. 적절하지 않은 직면은 더 큰 방어를 부추길 수 있다.

④ 의미, 의도성, 경외감의 융합

Schneider와 Krug(2010)는 내담자들이 진정한 살아 있는 상태에서 벗어나게 만드는 장애물들을 인식하고, 이를 극복하며 삶을 스스로 선택하기 시작할 때 삶의 의미를 발달시키게 된다고 하였다. 의미는 내담자가 곤경에 빠진 상황을 초월하게 하고, 내면의 대립적인 욕구들을 끌어안으며, 반작용이 아닌 주체적인 선택으로 삶을 채워 나가는 것을 포함한다.

의미는 의도성(intentionality)과 관련되어 있는데, 이는 주어진 목적 혹은 방향에 대한 전인적인 지향성을 의미한다. 이는 단일 목표나 우선순위를 뜻하는 것이 아니라, 완전히 새로운 존재 방식을 뜻한다. 의도성에 대한 체험은 경이감, 설렘, 불안, 경외감을 포함한다.

경외감을 구축하는 것은 내담자가 온전한 삶을 경험하고, 선택하는 능력을 회복하는 것을 뜻한다. 이는 인간의 삶을 둘러싸고 있는 수수께끼를 경험하는 능력이며, 흔히 자신감, 감동, 해방의 형태로 경험된다(Schneider, 2004).

의미, 의도성, 경외감은 서로 밀접하게 연결되어 있으며, 일터, 집, 친구들과의 관계, 지역사회 공동체 등 어떤 곳에서든 일어날 수 있다. 치료자는 내담자가 인생의 의미를 실현시키도록 돕기 위해 내담자의 생활방식을 변화시키거나, 새로운 과제를 시작하도록 도울 수 있

다. 혹은 역할놀이, 꿈의 메시지와 상징에 대한 반영, 원했던 행동, 취미, 관계 방식을 시도
해 보는 도전으로 이어질 수 있다.

⑤ 그 외의 기법

E-H치료에서 지향하는 목표를 달성하기 위해서는 내담자가 자신의 신체적인 감각과 정
서, 상상, 이상적 삶, 직관과 같은 주관적인 내적 경험을 지각할 수 있도록 도와야 한다. 이
러한 개인적인 영역은 인간 존재의 중심이자 고향이지만, 많은 사람들이 고향을 떠나 배회
하고 있다. 그러므로 상담자는 상담 회기 동안 내담자가 지금-여기에서 실제로 경험하고
있는 것에 귀 기울이고 자각할 수 있도록 도와주어야 한다.

E-H치료에서 자유연상은 이러한 맥락 속에서 사용되는 기법이다. 상담자는 내담자가 마
음속에 떠오르는 것들을 따라가며 거기에 집중하게 한다. 상담자는 내담자가 생각해 보고
싶거나, 삶에서 변화가 필요한 부분이나 떠오르는 것들을 솔직하게 말하도록 한다. 연상의
내용은 기억, 신체 감각, 생각, 감정 등을 포함한다.

체화명상(embodied meditation)은 내담자가 자신의 신체 경험에 집중할 수 있게 한다. 체
화명상은 앞에서 말한 지도하기(guiding)의 한 방법이라고 할 수 있는데, 이는 자신의 문제
를 지나치게 이성적으로만 파악하는 사람들에게 유용하다. 체화명상은 내담자로 하여금 호
흡을 의식하고 집중하는 기초적 단계에서 자신의 몸을 자각하는 단계로 이어지게 한다. 치
료자는 내담자에게 현재 신체 중 가장 두드러진 감각이 느껴지는 곳이 어디이며, 어떤 경험
을 하고 있는지 최대한 느껴 보고 이를 상세하게 설명해 줄 것을 요청한다. 상담자는 내담자
가 충분히 몰입하고 있다고 판단되면, 내담자에게 그 신체 부위에 손을 얹고, 연상되는 이미
지나 느낌, 감정을 떠올려 보게 한다. 이를 통해 내담자는 자신의 감정적 수문을 여는 경험
과 더불어 스스로에 대한 인식이 증대된다. 내담자는 평소 자각하지 못했던 신체 감각을 발
견하게 되는데, 이는 감각뿐 아니라 내면 상태나 삶의 양식에 대한 이해로 이어지기도 한다.

또한 E-H치료자들은 내담자가 내적 경험에 집중하도록 돕는 질문을 자주 사용하는데,
여기에는 "당신의 내적 경험이 당신에게 말하고 있는 것이 무엇인가요?" "그것을 말할 때 기
분이 어떤가요?" "지금 저에게 어떤 감정을 느끼시나요? 그것을 표현해 보시겠습니까?" "감
정과 생각을 현재형으로, '나'를 주어로 하여 다시 말씀해 보시겠어요?" 등이 포함된다. 상담
자는 내담자가 충분히 이야기할 수 있는 시간을 주는 동시에, 내담자에게서 핵심적 감정 주

제를 찾아내고, 상담자 자신의 감정적 반응을 통해 내담자의 경험을 파악하며, 내담자의 고통과 상처가 변화될 수 있다는 믿음을 전달하는 데 노력한다.

3) 목표와 실존적 인간중심치료

목표란 개인이 이를 성취 또는 회피하고자 전념하게 되는 미래 결과에 대한 인지적 표상을 뜻한다(Austin & Vancouver, 1996; Elliot & Fryer, 2008; Kruglanski & Köpetz, 2009). 선행 연구들은 목표를 세우는 것의 유익함을 제시하고 있다. 선행 연구들은 목표가 있는 사람들이 더 높은 수행수준을 보여 준다고 하였다(Latham & Saari, 1982; Locke & Latham, 1990). 이는 목표가 목표와 관련된 정보나 행동에 주목하도록 주의력을 집중시키기 때문일 수 있다(Rothkopf & Billington, 1979; Simons & Chabris, 1999). 또한 목표에 더 많이 헌신할수록 어려운 목표에도 더 수행을 잘하며(Klein et al., 1999), 목표를 이루기 위한 노력을 더 하게 되고(McCaul, Hinsz, & McCaul, 1987), 역경이나 실패를 이겨 내게 되고(Klinger, 1975; Zeigarnik, 1938), 목표와 관련된 행동을 더 많이 하게 되며(Fishbach & Dhar, 2005), 유혹에 저항하고(Fishbach, Friedman, & Kruglanski, 2003), 목표 달성에 이를 가능성이 더 높다(Wofford, Goodwin, & Premack, 1992).

목표는 수행수준뿐 아니라 심리적인 유익도 있는데, 목표가 있는 사람들은 없는 사람들에 비해 더 긍정적인 심리적 기능과 더 높은 삶의 만족도를 나타내었다(Emmons, 1986; Little, 1989; Omodei & Wearing, 1990). 특히 목표가 있고 그를 성취할 수 있는 충분한 자원을 가진 사람들이 그렇지 않은 사람에 비해 더 행복한 것으로 나타났다(Diener, Suh, Lucas, & Smith, 1999). 기억할 만한 사실은 목표가 성취되는 것과는 무관하게 목표가 존재하기만 해도 심리적 안녕감이 높다고 보고되었다는 점이다. 이는 우리가 목표가 성취될 때뿐만이 아니라, 이를 이루어 가는 과정에서 행복을 느낀다는 점과 관련되어 있을 것이다(Carver, Lawrence, & Scheier, 1996; Csikszentmihalyi, 1990).

반면, 목표가 결여된 상태는 장기적인 결과를 생각하지 않고 단기적인 목표만이 남게 되는데(Hull, 1932; Trope & Liberman, 2003), 이는 충동성의 특징이기도 하다(Higgins, 1989). 또한 목표 결여는 방향성 상실(Shallice, 1988)을 초래하고, 자기감 혼란이나 인지정서도식의 왜곡(Higgins et al., 1986; Silvia & Duval, 2001)과 관련되어 있다.

목표가 보다 구체적이고 과업중심적인 개념이라면 삶의 의미는 개인이 인생에서 느끼는 목표 지향성이나 목적성(Ryff & Singer, 1998), 존재론적 중요성(Crumbaugh & Maholick, 1964)이라고 할 수 있다. 이는 삶의 목표라고 할 수 있다. 중독은 삶의 목표 결여에서 생기는 내적인 공허를 채우려는 시도이자 무의미로 인한 고통을 잊으려는 시도일 수 있다(Olive, 1990). Nicholson 등(1994)은 삶의 무의미를 경험하는 것과 정신병리 간의 밀접한 연관성을 주장한 Frankl(1963)의 논의를 실증적으로 연구하였는데, 이들은 약물남용으로 입원 치료를 받고 있는 환자들이 일반인들에 비해 삶의 의미가 유의미하게 낮았다고 하였다. 또한 Zhang 등(2015)은 중국인 대학생 1,068명을 대상으로 한 종단연구에서 충동성이 인터넷 중독에 미치는 영향을 삶의 의미가 조절한다고 하였다. 국내에서는 김종재와 강순화(2012)가 대학생들의 삶의 의미와 게임중독의 관계에서 자기효능감과 자기통제력이 완전매개를 보인다고 하였는데, 이는 삶의 의미가 무능감과 자기통제 상실로 이어져 중독으로 귀결될 수 있음을 의미한다. 중독과 삶의 의미에 대한 관련성을 언급한 연구에 따라, 삶의 의미를 중독치료의 중요한 치료 지표로 보는 연구들이 이어졌다(권영란, 이정숙, 2002; 최선남, 전종국, 박혜숙, 2005; Roos et al., 2015). Martin 등(2011)은 알코올과 코카인 중독 내담자들의 치료에 있어서 삶의 목적을 높이는 것이 매우 중요할 수 있다고 하였다.

인간중심치료와 E-H치료는 내담자가 자신의 감정과 실존, 욕구, 가치관을 명확하게 인식하고 받아들이며, 이에 기반을 둔 선택을 하도록 도와준다(May, 1958; Yalom, 1980). 이때의 목표는 타인이 부과한 당위적 자기(ought self)가 아니라 삶의 조건을 명료하게 받아들이는 것과 실제 자기(actual self)에 대한 인식에 근거한 발전적인 확장이다. 인간중심치료와 E-H치료는 공허와 혼란에 빠진 내담자들에게 내적인 동기에 근거한 장기 목표를 설정하게 도와주어 내담자들이 자신의 고통에 대한 근원적인 해결책을 찾도록 도와줄 것이다.

4) 중독 주제에 대한 실존적 인간중심치료의 적용

E-H치료는 중독 주제에 대해서도 여느 주제들과 동일한 접근을 취한다. 내담자가 자신의 삶의 조건 혹은 한계, 실재를 회피하고, 제한한 결과 혹은 수단으로서 중독이 생겨난다고 본다. 상담자는 내담자와의 깊은 실재에서의 만남을 기반으로 내담자가 다시금 자기 삶의 주인이자 책임을 다하며, 주어진 삶에서 자신의 의미를 추구할 수 있는 창조적인 삶의 방식

을 구축하도록 촉진한다.

Schneider와 Krug(2010)는 E-H를 세 단계로 나누었다. 하지만 세 단계는 직선적이지 않으며, 순환하고 되풀이되는 과정이라고 했다. 각 단계에서 전형적으로 나타나는 것들, 치료의 차원에서 드러나는 이유와 과정에 대해서 설명하면 다음과 같다.

첫 단계에서는 불안이 주로 나타난다. 첫 단계에서 상담자는 내담자와 친밀한 관계를 형성하는 것이 주요 과제이다. 친밀한 관계를 통해 내담자는 안전감과 안정을 느끼게 되어, 그 바탕 위에서 자아와 세계에 대한 감각을 재구성할 수 있는 잠재력이 존재하게 된다. 이를 위해 상담자는 내담자에게 깊이 공감하며, 관계를 맺는 방식에 집중한다. 이 단계의 목표가 잘 달성되면, 내담자는 보다 안전함을 느끼게 되며, 치료 과정에 적극적으로 임하고, 자신의 행동과 삶의 양식에 대해 적절한 책임감을 느끼게 된다. 이는 '나는 내가 존재하는 방식을 어느 정도 선택할 수 있다.'라는 표현으로 요약된다.

두 번째 단계에서는 내담자의 자발적이고 자진하는 마음이 드러나게 되며, 첫 단계에서 형성된 삶의 방식과 자신의 행동에 대한 책임감을 실제 행동 변화로 전환하는 단계이다. 이를 위해 세상과 삶에 대해 내담자가 부여하는 의미를 탐색하고 발견하게 하는 과정이 필요하다. 발견된 의미는 변화의 방향성을 제공한다. 또한 이 단계에서는 내담자의 변화와 능력, 가능성을 가로막는 방해물을 탐색하고 이를 제거해야 한다. 이는 필연적으로 내담자에게 주어진 것에 대한 대결을 뜻하는데, 상담이 성공적으로 진행되고 있다면 내담자는 그러한 한계를 대면하고 의미와 목적을 찾으려는 갈망이 증가하게 된다. 실현된 행동 변화는 내담자의 팽창된 자아 경험으로 이어지고, 이는 세계와 삶에 대한 내담자의 인식 변화를 뜻한다.

세 번째 단계에서는 내담자의 창의성이 드러나게 된다. 내담자는 자신의 삶의 방식에 대한 다양한 가능성을 깨닫는 동시에 삶의 의미에 대한 경험이 깊어지게 된다. 이러한 상황에서 내담자는 주어진 한계를 포용하는 동시에 새로운 삶의 방식을 개척하기 위해 창의적인 관여를 하게 된다. 이 과정은 내담자의 잠재성을 드러내고 실현하는 것이기도 하다. 상담자는 내담자의 새로운 행동, 태도를 지지하고 양육해 나간다. 이를 통해 내담자는 보다 확장된 삶의 의미, 창의적인 삶의 양식, 자기 자신에 대한 감각, 사랑하고 일할 수 있는 능력을 보이게 된다.

4. 중독상담과 동기강화상담

1) 전체 개요

동기강화상담(Motivational Interviewing: MI)은 임상심리학자 Miller와 Rollnick에 의해 개발된 상담 방법이다. MI라는 말이 처음 언급된 것은 『Behavioural Psychotherapy』에 실린 알코올중독자 치료에 관한 연구(Miller, 1983: Wikipedia, 2017에서 재인용)에서였으며 나중에 Miller와 Rollnick의 공동연구가 이루어지면서 더 자세하고 정교한 임상 방법으로 발전되었다(Rollnick & Miller, 1995). 그 이후 200편 이상의 중독행동 치료연구를 포함한 1,200편 이상의 연구가 이루어지고 있다(Nieri, 2013). 연구 대상도 중독행동뿐만 아니라 건강의료 분야(O'Halloran et al., 2014; Rollnick, Miller, & Butler, 2007), 교정(correction) 분야, 청소년 혹은 노인의 행동 변화(Cummings, Cooper, & Cassie, 2009) 등 다양한 방면으로 범위가 확장되어 연구되고 있다. 많은 연구 결과가 가리키는 MI 효과는 언어와 관련이 있다고 말한다. 또한 상담자의 대화스타일과 유의미한 상관관계가 있고, 이 중에서 특히 상담자의 공감기술이 핵심적 역할을 한다(Nieri, 2013). 언어와의 관련성에서 변화대화와 유지대화 개념이, 대화스타일과의 관련에서는 공감 및 경청기술의 중요성이 강조된다. 이러한 연구 결과를 바탕으로 MI의 핵심 상담기술 및 과정에 대한 정교화가 이루어지고 있다.

MI는 내담자의 행동을 변화시키기 위해서 내담자 내면의 변화 동기의 촉진과 유발을 목표로 하는 목표지향적 상담이다. MI의 접근 방법은 내담자중심 접근 방식이며 변화에 대한 내담자의 양가감정을 탐색하고 해결하여 내담자가 행동 변화를 가져오도록 돕는다. 내담자중심 접근 방식은 비록 Rogers의 이론을 근간으로 사용하지만, 비지시적이라기보다 상담 대화 내용을 적극적으로 경청하면서 변화대화가 나타나면 이 변화대화에 초점을 맞추고 내담자를 변화 방향으로 안내하는 다소 적극적인 내담자중심 상담이라고 할 수 있다. 이때 상담자가 사용하는 상담대화 기술에 따라 MI 목표달성 여부에 많은 영향을 미친다. 특히 MI의 기술과 과정은 단독 혹은 다른 치료 접근에 통합되어 중독상담에 적용할 수 있다. 따라서 중독행동 치료를 하려면 MI에 대한 이론적 지식과 기술을 갖추는 것이 도움이 된다. 무엇보다 상담자가 갖추어야 할 핵심 기술은 공감능력과 경청기술이며 대화의 방향과 그 과정에 대해서도 충분히 숙지하여야 할 것이다. 대화 방향과 과정에 대한 이해를 위해서는 변화의 성질, 변화 동기, 변화단계에 대한 지식도 갖추어야 한다. MI에 대한 요점 설명(Sobell & Sobell, 2008)은 대체로 2002년에 Miller와 Rollnick이 출판한 『동기강화상담: 변화준비시키기(Motivational Interviewing: Preparing People for Change)』 제2판을 요약한 것이 많다. 그 이후 제3판이 출판되고(Miller & Rollnick, 2013) 이론의 정교화가 이루어졌으므로 여기서는 MI 핵심 개념과 기술 및 과정에 대해 『동기강화상담』 제2판과 제3판을 발췌, 요약하여 기술하고자 한다.

2) MI의 정의와 MI 정신

(1) 정의

동기강화상담은 "내담자의 양가감정을 탐색하고 해결함으로써 그 사람의 내면에 갖고 있는 변화 동기의 강화를 목적으로 하는 내담자중심적이면서도 내담자 지향적인 상담"으로 정의한다(Miller & Rollnick, 2006).

이는 첫째, 내담자의 양가감정을 해결해야 하고, 둘째, 내담자중심 상담기술을 사용하며, 셋째, 상담을 특정한 방향, 즉 변화대화가 나오는 방향으로 대화를 진행해 나가야 한다는 의미이다(Miller & Rollnick, 2006). 이때 대화는 관계 형성하기, 초점 맞추기, 유발하기, 계획하기의 네 단계를 거치면서 진행된다. 각 단계는 서로 분리되었다기보다 겹치기도 하고 이전의 단계로 후퇴하는 경우도 생기는데 이는 양가감정의 성질과 관련이 깊다.

(2) MI 정신

MI 정신은 동기강화상담에 기저하는 정신, 즉 동기강화상담을 하는 데 있어서 가져야 할 마음가짐과 태도이자 MI의 철학이라고 할 수 있다(Rollnick & Miller, 1995). 따라서 MI를 실시할 때 MI 정신을 명심하고 있지 않으면 내담자와의 대화가 자칫 함정에 빠질 가능성이 많아지고, 함정에 빠지면 MI 효과를 얻기 어려워진다. 이는 마치 무조건적 긍정적 관심, 정확한 공감적 이해, 진실성과 같은 상담자의 기본적 태도를 갖추지 않고는 내담자중심 접근의 상담이 이루어지기 어려운 것과 마찬가지이다.

- **협동정신**(partnership): 전문가들 사이에서 이루어지는 적극적인 협력으로, 내담자는 자기 자신에 대한 전문가로, 상담자는 정신건강 영역의 전문가로 내담자를 위해서 내담자와 함께 변화를 만들어 간다. 이를 위해 상담자는 내담자의 관점을 존중하고 열망을 관찰하며 상담자 자신의 열망을 내담자의 열망에 맞추어 조화시키는 노력을 한다. 내담자를 억지로 변화시키려고 하기보다 내담자가 스스로 변화를 선택하고 변화를 시작하도록 분위기를 조성하는 것이다.
- **수용**(acceptance): 수용은 Carl Rogers의 공감의 확장된 개념으로, 내담자의 행동을 모두 허용해야 한다는 의미가 아니며 다음 네 가지 의미가 담겨 있다.
  - 절대적 가치: 개인을 개별적이고 분리된 인간으로 보는 것이며 타인을 그 사람 자체로서 가치가 있다고 보는 것이다. 타인을 있는 그대로 존중하고 판단하지 않는다.
  - 정확한 공감: 내담자의 눈을 통해 세상을 바라보기 위해서 그의 내적 세계에 대해 적극적인 관심을 갖고 이해하려고 노력하는 것이다.
  - 자율성: 내담자의 자기결정 능력을 존중하고 선택에 대한 자유를 인정하는 것이다.
  - 인정: 내담자의 강점과 노력의 진가를 찾고 알아주는 것이다.
- **연민**(compassion): 『동기강화상담』 3판에서 추가된 내용으로, 타인의 복지를 위해서 적극적으로 노력하고 타인의 복지나 필요를 우선시한다는 것을 의미한다.
- **유발성**(evocation): MI는 강점 중심 접근을 전제에서 시작한다. 따라서 내담자는 이미 스스로 많은 것을 가지고 있기 때문에 전문가의 역할은 그것을 유발해 내는 것이다. 유발성은 내담자에게 이미 내재되어 있는 강점과 자원을 찾아서 강화해 주는 것을 말한다. 결핍 모델의 방식인 내담자의 부족한 점을 고치거나 채워 주는 것과 다르다.

3) 핵심 개념

MI는 변화에 대해 대화를 한다. 특히 중독행동 치료는 중독행동의 변화가 치료목표이다. 그러므로 먼저, 변화와 관련하여 변화의 성질과 양가감정, 변화동기, 변화의 성질과 변화단계, 변화단계와 MI, 변화대화와 유지대화, 불일치 개념, 공감반영 등 여러 가지 핵심 개념에 대해 살펴볼 필요가 있다.

(1) 변화의 성질과 양가감정

사람들은 변화를 원하기도 하고 동시에 변화에 저항하기도 한다. 흔히 우리는 양가감정(ambivalence)을 경험하거나 그로 인해 일어나는 갈등을 동기, 판단, 지식기반, 정신상태의 오류 때문에 일어난다고 생각한다. 그러나 양가감정은 인간 본성의 자연스런 양상일 뿐만 아니라 변화 과정에서 거치는 자연스러운 단계이다(DiClemente, 2003: Miller & Rollnick, 2006에서 재인용). 양가감정을 저울이나 시소의 비유를 들어 이해해 보자([그림 5-4] 참조). 갈등을 일으키는 양 측면 모두 이득이나 대가가 있기 때문에 갈등상황에 있는 사람은 한쪽을 택하고 싶어 하다가 곧 다른 쪽을 택하기도 하는 등 두 마음은 오락가락한다. 이런 상태가 양가감정 상태이다. 저울의 양쪽에는 두 종류의 무게추가 있다. 하나는 어떤 특정 행동을 하면 얻을 것이라 여겨지는 이점(pros)의 무게추이고, 다른 한쪽은 그 행동을 하면 감수하게 될 불편한 점이나 대가(cons)의 추이다. 양가감정에 빠져 있으면 문제가 계속되거나 커질 가능성이 많다. 이러한 이유 때문에 변화가 일어나기 위해서는 반드시 양가감정부터 해결되어야 한다는 것이다(Miller & Rollnick, 2006).

양가감정의 해결은 현상유지 추와 변화의 추 양측의 무게를 인지적으로 달아 보게 하고 변화로 얻어지는 이득의 무게가 더 무겁게 느껴지거나 현상유지를 계속했을 때 치르게 되는 대가의 무게가 더 무겁게 느껴지도록 하는 것이다. 그러한 과정에서 변화 동기가 유발된다.

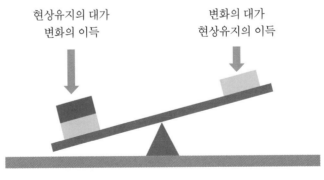

현상유지의 대가   변화의 대가
변화의 이득   현상유지의 이득

그림 5-4   결정저울: 대가와 이득의 무게

(2) 변화동기

변화동기에는 변화의지, 능력, 준비성의 요소가 있다. 다시 말하면, 변화를 해야 하는 중요성, 변할 수 있는 자신감, 변화를 우선순위로 두는 마음이다. 변화의지란 얼마나 변화를 열망하고 변화 의욕을 가지고 있으며 변화를 중요하게 여기고 있는가를 말한다. 변화의지는 내담자가 자신의 현재 생활과 내담자 자신의 가치관을 스스로 비교해서 인지적으로 부조화가 느껴질 때 발생할 수 있다. 현재 행동과 가치관 사이의 인지부조화를 경험하지 않고 나온 변화의지는 변화동기가 아니고 그냥 소망을 언급한 것이다. 현상유지와 변화된 상태 사이를 인지적 결정저울로 무게를 달아 보고 인지부조화를 경험하게 되면 내면에 불편한 마음이 발생한다. 이때 변화 쪽을 선택하여 인지부조화로 인한 불편한 느낌을 해결하고자 하면 변화의지로 연결되고 변화의지가 발생하면 변화할 방법을 찾기 시작한다. 이때 변화할 방법을 찾아 시도해 보면 변화할 수 있겠다는 자신감, 즉 자기효능감이 생기면서 변화동기는 강화된다. 그러나 변화할 방법을 찾지 못하는 경우에는 변화의지에 대한 생각을 바꾸어서 인지부조화로 인한 불편한 마음을 감소시키고자 할 수도 있다. 그러면 변화동기가 감소될 가능성이 높아진다. 한편, 변화를 얼마나 우선순위로 생각하느냐 하는 것도 중요한 요소이다. 변화의지가 높고 효능감이 높더라도 변화를 우선순위로 두지 않으면 변화를 실행할 확률이 높지 않을 것이다. 따라서 변화동기를 유발하고자 할 때는 이 세 요소를 전부 다룰 필요가 있다. 그렇지 않으면 다시 양가감정의 늪으로 빠질 가능성이 많기 때문이다.

(3) 변화의 성질과 변화단계

변화단계(stage of change)란 행동이 변화되는 여러 단계의 과정을 말한다. 즉, 전혀 변화를 고려하지 않는 전숙고 단계(precontemplation stage), 변화의 중요성과 필요성에 대하여 심각하게 고려해 보는 숙고 단계(contemplation stage), 변화를 계획하고 의지를 다지는 준비 단계(preparation stage), 초기 단계 과제를 성공적으로 완수하고 실제 변화를 행동으로 실천하는 실행 단계(action stage), 그리고 행동 변화를 영속적으로 지속시켜 가는 유지 단계(maintenance stage), 문제행동을 하던 변화 이전의 단계(준비, 실행, 유지)로 돌아가는 재발 단계(relapse stage)가 있다([그림 5-5] 참조). 이때 각 단계에서 다음 단계로 전진하게 만드는 것이 MI 기술과 과정이다.

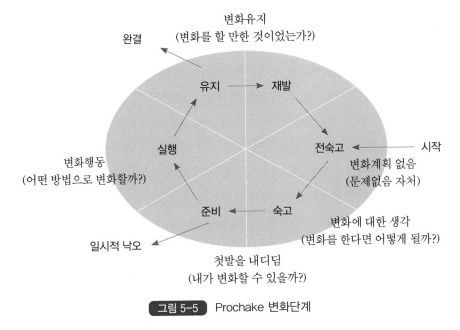

그림 5-5 Prochake 변화단계

(4) 변화단계와 MI

변화단계 관점에서는 MI를 두 단계 과정으로 나눌 수 있다. 단계 1은 변화동기의 구축을 목표로 하고 단계 2의 목표는 변화결심을 강화하고 그것을 달성하기 위한 계획을 세우도록 하는 것이다. 변화동기 구축을 목표로 하는 단계 1에서는 양가감정의 해결과 내담자가 변화하고자 하는 의지, 능력, 준비를 갖추도록 돕는다. 즉, 전숙고 단계에 있는 내담자를 숙고 단계를 거쳐서 준비 단계까지 오도록 돕는 것이다. 만약 이미 준비 단계에 있는(즉, 변화동기가 이미 구축되어 있는) 내담자라면 단계 2, 즉 실행 단계와 유지 단계에 필요한 과정과 기술이 적용되어야 도움이 될 것이다.

(5) 변화대화와 유지대화

변화대화는 MI 고유의 핵심 개념이다. 변화대화란 변화에 대한 욕망, 능력, 이유, 필요성 등 내담자가 변화에 대해 얘기를 하는 것을 말한다(Miller & Rollnick, 2006). 특히 '상담자가 아닌 내담자 쪽에서' 변화에 대한 주장을 많이 하도록 만들어야 하는 것이 가장 핵심적인 부분이다. 내담자가 변화대화를 많이 주장하도록 하는 이유는 자기충족적 예언과 불일치 개념이 바탕에 깔려 있다. 즉, 내담자 측에서 변화를 많이 주장하다 보면 일종의 자기충족적 예언이 되어 내담자가 자신의 말에 스스로 설득되어 정말로 자신이 변화를 하고 싶어 한다고 믿게 된다. 따라서 내담자가 막연한 생각에 머물기보다 언어로 표현하는 것이 변화 행동에 더 큰 영향력을 행사하게 된다.

한편, 대화 중에 변화보다 현재 상태를 유지하고 싶어 하는 내담자의 동기가 언어적 표현으로 나타나는데 이를 유지대화라고 칭한다. 유지대화가 있다고 해서 내담자가 변화를 원하지 않는 것은 아니다. 그 이유는 유지대화에는 변화하고 싶은 마음과 변화에 대한 두려움, 즉 양가감정의 측면이 있기 때문이다. MI 초기 개념에서는 이를 저항의 개념으로 간주하고 저항 다루기라는 기술을 중요하게 다루었다. 그러나 변화를 하고 싶지만 동시에 현재 상태를 유지하고자 하는 마음은 결국 양가감정을 의미하는 것이며 양가감정은 변화 과정에서 일어나는 지극히 정상적인 반응이므로 저항 개념보다 유지 방향의 대화, 즉 유지대화라고 할 수 있다. 변화에 대해 대화를 나누는 것이 MI이므로 변화나 현상유지에 대한 양가감정 모두에 대한 대화가 번갈아 가며 언급될 가능성이 높다. 그러므로 어느 방향의 대화가 나오더라도 중요한 것은 상담자가 어떻게 반응하느냐이다. 따라서 유지대화가 나오더라도 상담자는 이를 비판하지 말고 반영적으로 경청하면서 변화보다 현재 상태에 머무르고자 하는 이유를 탐색하면서 숨어 있는 변화대화를 이끌어 내는 것이 중요할 것이다.

(6) 불일치 개념

불일치 개념은 Festinger의 인지부조화 개념에서 도입된 것이지만 MI에서의 불일치란, 현재 일어나고 있는 상황과 일어났으면 하는 상황 간의 부조화를 말한다. 즉, 내담자로 하여금 자신의 현재 행동과 자신의 인생목표나 가치관 사이의 불일치를 깨닫도록 만드는 것을 말한다. 이렇게 스스로의 변화대화에 설득당하거나 불일치가 만들어지면 내담자의 내면에는 일치를 향하여 움직이고자 하는 마음, 즉 자신의 가치관에 부합되는 삶을 만들어 내고 싶어 하는 마음의 움직임이 일어난다.

(7) 공감반영

내담자가 변화대화를 많이 하도록 하기 위한 상담자 대화스타일은 내담자의 저항을 직면하기보다 공감반영을 많이 하는 것이다. 이는 내담자와의 치료관계 성립을 위해서이기도

하지만 변화의 성질이 지니고 있는 양가감정 때문이기도 하다. 변화와 저항은 동전의 양면 같아서 사람들은 어떤 변화를 하고 싶어 하기도 하지만 동시에 변화에 저항하고 싶어 한다. 그러므로 만약 내담자가 저항을 보이는 경우에 치료자가 공감보다 교정을 위한 직면을 하면 (즉, 치료자가 내담자의 변화를 설득하면), 내담자는 양가감정의 성질에 의해 신속하게 저항 쪽 의 입장을 옹호하며 변화대화가 아닌 현재 상황에 대한 방어의 표현인 유지대화를 할 가능 성이 많다. 이때 유지대화에 대해 공감반영보다 직면이나 교정반응을 하면 오히려 상담관계 에 불협화음이 발생할 가능성이 많다. MI 관련 많은 연구들이 가리키는 바대로 변화나 양가 감정 해결을 위해서는 상담자의 노련한 경청과 공감기술이 핵심이다. 다만, 내담자 중심 접 근에서 의미하는 공감기술 사용과는 달리 여기서의 공감기술 사용은 양가감정 성질에 바탕 을 둔 것으로 어느 정도의 의도적인 사용이라고 할 수 있다. 그 이유는 MI의 목표가 내담자 의 내면에 변화동기를 유발하는 것이기 때문이다. 내담자가 수용과 존중을 받는 느낌 속에 서 스스로 변화를 결심하고 실행하도록 만들 수 있어야 MI 정신이 온전히 실현되는 것이다.

4) MI 4단계 과정

MI 대화는 다음 네 과정이 대체로 순차적으로 이루어지지만 각 단계는 분리되어 있다기 보다 서로 중첩되는 경우가 많다. 예를 들어, 변화를 목표로 대화가 이루어지려면 무엇보다 먼저 내담자와의 관계가 형성되어 있지 않으면 안 된다. 관계 형성이 일단 잘 이루어지면 상 담의 초점목표를 정하는 초점 맞추기 단계로 넘어간다. 그렇지만 관계 형성을 하면서 동시 에 초점 맞추기가 이루어질 수도 있고 초점을 맞추는 동안 불협화음이 발생하여 관계 형성 하기 단계로 다시 되돌아갈 필요가 생길 수도 있다. 더구나 해결되었다고 생각했던 양가감 정이 되살아나면서 이전 단계로 되돌아가야 하거나 중첩되어 진행되는 경우도 종종 발생할 것이다.

(1) 관계 형성하기 단계

① 목표 과업
관계 형성하기(engaging) 단계의 목표 과업은 내담자와 협력적이고 신뢰하는 상담관계를 형성하는 것이다. 이는 MI 정신의 근간이기도 하지만 어떠한 심리치료 분야에서도 달성해야 할 과업이기도 하다. 특히 특정 스타일의 대화로 내담자의 변화동기를 유발하는 MI에서는 내담자와 협동적인 관계를 형성하지 못하면 변화 방향으로 대화를 이끌고 싶어도 내담자가 따라오지 않을 것이고 결국 MI 효과를 얻기가 어려울 것이다. 내담자와 상호 존중하고 신뢰하는 치료동맹관계를 형성하려면 내담자가 상담자로부터 존중과 이해를 받는다는 메시지가 언어적·비언어적으로 내담자에게 전달되어야 한다. 이때 사용하는 기법이 경청반영기술이다. 내담자가 보내는 언어적·비언어적 메시지에 귀를 기울이고 반영을 해 주면, 내담자는 상담자가 자신의 말을 이해하고 존중하며 관심을 가지고 있음을 언어적·비언어적으로 느끼게 된다. 따라서 이 단계의 과업을 완수하기 위해서는 관찰 및 경청기술이 노련해야 하고 또 적절하게 사용할 줄 알아야 한다. 그렇게 하지 않으면 자칫 여러 가지 함정에 빠질 위험이 있는데, 예를 들면 평가 함정, 전문가 함정, 조급하게 초점 맞추기 함정, 진단명 붙이기 함정, 비난하기 함정, 잡담 함정 등이 그것이다.

② 핵심 기술: OARS

- **경청하기:** 관계 형성하기 단계에서 사용하는 핵심 기술은 OARS이며 이 중 가장 중요하고 기본적인 기술은 경청하기이다. 경청은 그 자체로서도 대단히 유용한 기술이기도 하지만 좋은 의사소통의 토대이기도 하다. 좋은 경청은 내담자로 하여금 계속 말하고 싶게 만들고, 말하기 불편한 내용에 대해서도 함께 고민하고 탐색할 수 있도록 돕는다. 일반적으로 경청을 한다고 하면 상대방이 말을 할 때 단순히 침묵을 지키며 듣는 것을 말한다고 생각한다. 그러나 내담자와의 협력적인 동맹관계를 형성해야 하고 특정 방향으로 대화를 안내해야 하는 조력관계 장면에서의 상담자는 묵묵히 듣는 것에서 더 나아가 들은 것에 대한 반응을 언어적으로 해야 한다. 즉, 적극적으로 경청하고 반영을 한다. 좋은 경청에서 나온 반영적 반응은 상담대화가 내담자 중심으로 이루어지고 있음을 보여 준다. 만약 상담대화가 상담자의 자기중심적인 관점에서 이루어지면 Gordon은 이를 장애물이라고 하였고, 이 장애물은 MI 목표달성 방향으로 가는 대화의 흐름을 방해하고 동맹적인 상담관계 형성에도 도움이 되지 않는다. 비언어적 경청도 중요하다. 이는 일종의 관심 기울이기와 관찰하기이며 내담자에게 온전히 집중하는 것이다. 온전한 집중은 내담자와의 적절한 시선 접촉과 시선 유지를 통해 이루어지며 이때 내담

자와 떨어져 앉은 거리나 마주 보는 각도도 온전한 집중에 영향을 주는 요인이다. 비언어적 경청의 의미에는 비언어적 반영도 내포한다. 즉, 내담자가 하는 말을 경청하는 상담자는 언어적으로 반영도 하지만 동시에 얼굴표정에서도 내담자의 말을 집중하고 있고 이해하고 있음을 드러낸다는 의미이다. 이는 상담자가 내담자의 현상적 경험과 함께하고 내담자의 생각이나 감정을 내담자의 관점으로 이해할 때 가능하며 공감적 이해라고도 한다. 공감적 이해는 내담자와 함께하면서도 동시에 상담자로서의 침착함을 잃지 않는 것이기도 하다. 상담관계를 형성함에 있어서 집중하고 경청해야 하는 과업은 온전히 상담자 몫이다. 내담자는 상담자로부터의 어떤 도움을 기대하며 자신의 불편한 마음을 호소하는 데 주로 집중한다. 내담자는 자신이 호소하는 불편한 마음과 그로 인한 생각이나 감정들에 대해 차분하게 돌아볼 여유가 대체로 없으므로 상담자는 온전한 집중과 경청으로 내담자가 자신의 생각이나 감정을 돌아보게 하거나 혹은 문제해결이나 변화의 방향으로 갈 수 있도록 안내한다. 상담자의 집중과 경청으로 나오는 반영적 반응은 "당신이 방금하신 말은 이런 의미인 것 같습니다."와 같이 내담자의 말을 거울에 비춰 주는 것이다. 반영적 반응은 내담자의 말에 담긴 의미를 유추 해석하고 주로 진술문을 사용하여 표현하며 반영의 깊이, 길이, 방향도 적절하게 고려하여야 한다.

• **열린 질문하기**(Open Questions): '왜' '어떻게'라는 의문사가 포함된 질문으로, 상담자는 내담자를 이해하는 기회가 되고 내담자는 자기 자신을 탐색해 볼 기회를 얻는다. 관계 형성하기에서 열린 질문은 내담자와 협력적 관계를 강화하고 내담자가 가진 내적 참조 틀을 상담자가 이해할 수 있도록 돕는다. 방향성이 있는 MI에서는 열린 질문의 사용과 질문으로 나온 대답에 대한 반영을 적절하게 혼합해서 사용하는 것이 효과적이다. 한편, 닫힌 질문은 대체로 짧은 대답을 요구하거나 선택할 대답의 방향이 대체로 정해져 있는 한계성이 있지만 요약을 확인할 때는 도움이 되는 질문 방식이다.

• **인정하기**(Affriming): 내담자의 가치관이나 내면에 내재되어 있는 좋은 면들을 알아보고 이를 지지하고 격려하는 것이며 칭찬과는 다르다. 초점이 내담자에게 있어야 하며 내담자의 긍정적인 부분을 주목하고 진가를 발견하여 사실로 인정하는 것을 말한다. 예를 들면, 내담자의 의도나 행동과 같이 구체적인 것에 대한 언급일 수도 있고 내담자의 긍정적 성향이나 기술에 관한 언급일 수도 있다. 인정하기를 이용하는 목적은 내담자의 행동이나 상황을 긍정적인 방향으로 재구성하고자 하기 위함이다. 그래서 상담자는

내담자의 문제에 주목하기보다 내담자가 잘하는 것에 집중한다는 마음가짐으로 내담자를 대해야 한다. 한편, 인정하기에서는 문장을 서술할 때 주어를 '당신'으로 사용하는 것이 좋다. 이는 내담자의 긍정적인 측면을 상담자가 발견하고 언급하는 것이기 때문에 내담자에게 긍정적인 속성이 내재화될 수 있도록 하기 위함이다. 또한 강점을 발견하기 어려울 때에는 부정적으로만 보이는 것에도 긍정적인 면은 있기 마련이다. 상담자가 부정적인 면을 재구성하기에 따라 긍정적인 면을 발견하고 이를 진술함으로써 내담자의 동기를 강화할 수 있을 것이다.

- 반영하기(Reflecting): MI에서 가장 기초가 되는 기술로, 내담자가 한 말을 듣고 그 말 속에 담긴 의미를 해석하여, 드러나지 않은 말의 의도, 소망, 감정, 욕구 등을 전달하는 것이다. 상담자의 반영적 진술을 통해 내담자는 자신이 표현한 생각과 감정을 다른 말로 다시 듣고 고민할 수 있게 된다. 반영하기는 내담자의 말을 되풀이하는 단순반영과, 내담자의 말 이면의 의도나 감정 등을 추측하는 심층반영이 있다. 그리고 내담자가 저항적인 표현을 할 때 이것을 더욱 강조해서 스스로를 돌아보게 하는 확대반영, 반대로 내담자의 저항적인 표현에서 축소반영하여 부정적인 감정 표현을 낮추어 자기를 성찰하게 하는 축소반영, 내담자의 양가감정의 두 면을 모두 반영하는 양면반영이 있다.

- 요약하기(Summarizing): 기본적으로 반영하기와 같은 것으로 내담자가 했던 말 중에서 중요한 부분을 여러 개 함께 모아 반영하는 것이다. 무엇을 반영하고 무엇을 요약할 것인지는 상담자의 임상적 판단이 결정한다. 요약에는 세 종류의 기능이 있는데 수집, 연결, 전환이 그것이다. 수집요약은 수집한 정보를 서로 연결시켜 상기시키는 기능을 한다. 연결요약은 현재 내담자가 말한 내용과 이전의 대화에서 나누었던 내용을 연결시킨다. 전환요약은 과제를 마치거나 회기를 마무리할 때 대체로 사용하지만 중요한 것이 나오거나 새로운 주제로 넘어가려고 할 때 나오는 신호를 한데 모아 요약 반영할 때도 있다.

③ 가치관 및 목표 탐색

내담자의 내적 참조의 틀을 깊이 이해하려면 핵심 가치관이나 삶의 목표를 이해해야 한다. 내담자가 가치 있게 생각하는 것이 무엇인지를 이해하게 되면 내담자를 동기화시킬 수 있는 것이 무엇인지를 알게 된다. 그래서 MI에서는 내담자의 가치관 이해가 필수적이다. 가치관 탐색 과정에서 중요한 것은 수용과 존중이 함께 전달되어야 한다는 것이다. 이는 내담자의 가치관을 무조건 수용하고 그대로 따라야 한다는 의미가 아니고 내담자의 가치관을 판단하지 않고 존중한다는 의미이다.

가치관 탐색을 가장 쉽게 하는 방법은 질문을 하는 것이다. 다양한 방법으로 열린 질문을 하면 된다. 예를 들어, "자신의 삶에서 가장 중요하다고 여기는 것에 대해 말씀해 주시겠습니까?"와 같은 질문이다. 물론 이때 사용되는 질문의 단어들은 내담자의 인지 역량과 형식적 사고수준에 적합한 것이어야 한다. 질문에 대한 대답이 나오면 적절하고 깊이 있는 반영적 경청이 뒤따라야 하는 것은 당연하다. 이렇게 열린 질문과 반영의 과정을 거치며 내담자는 자신의 가치관을 더 깊이 있게 탐색하고 정교화하게 된다. 관계 형성하기 단계에서 탐색된 내담자의 가치관은 나중에 유발하기 단계에서 불일치감을 경험시키는 데 이용할 수 있다.

구조화된 접근으로도 가치관 탐색이 가능한데, Q분류기법이나 가치분류카드를 이용하는 것이다. 카드 분류로 바로 내담자의 가치관이 드러나는 것이 아니고 분류 이후의 대화에서 분류로 나온 가치가 내담자에게 어떤 의미인지를 파악하는 열린 질문과 반영적 경청을 통해야 진정한 내담자의 가치관을 이해하게 된다.

④ 요점
- 관계 형성하기 단계는 상호 신뢰하고 존중하는 관계수립 과정이다.
- 핵심 기술은 OARS이며 경청기술이 가장 중요하고 기본이다.
- 핵심 가치관의 탐색과 이해는 불일치감 만들기에 이용할 수 있다.
- 사람은 자신의 가치관과 일관된 삶을 살고자 하는 강한 욕구가 있다.

(2) 초점 맞추기 단계

① 목표 과업
MI가 가야 할 방향과 목표를 결정하는 단계가 초점 맞추기(focusing) 단계이다. 치료를 받으러 왔다고 하더라도 내담자가 생각하는 의제는 다양할 것이므로 대화의 방향과 목표를 잡는 것은 쉬운 일이 아니다. 초점 맞추기를 위해 이용할 자원은 세 가지이며 초점 맞추기 스타일도 세 종류가 있다.

- **초점 맞추기 자원:** 초점 맞추기를 할 때 이용할 수 있는 세 가지 자원은 내담자, 서비스 제공기관, 상담자이다. 방향을 잡는 데 공통적으로 가장 많이 이용하는 자원은 내담자이다. 내담자는 자신의 문제를 호소하며 도움을 요청할 것이고 요청하는 도움을 충분히 제공할 수 있을 정도로 상담자가 준비되어 있다면 목표나 방향에 대한 동의가 편안하게 이루어질 것이다. 한편, 서비스 제공기관이 제공하는 방향도 그것 자체로 중요한 초점이 된다. 왜냐하면 특정 프로그램을 제공하는 서비스 기관에 도움을 요청하는 내담자는 이미 이 기관에서 제공하는 서비스를 인지하고 있기 때문에 어떤 주제의 대화가 진행될 것인지를 궁금해하지 않을 것이다. 한편, 상담자에게서 초점이 나오는 경우는 내담자가 호소하는 문제보다 다른 문제해결이나 변화가 더 시급함을 상담자가 발견하였을 때이다. 이때 상담자는 내담자가 새로운 방향이나 목표를 기꺼이 받아들일 수 있도록 하는 적절한 방법을 탐색해야 한다. 이때 상담자는 내담자의 호소문제와 상담자가 제시하는 초점 사이의 관계를 내담자가 인식할 수 있도록 도울 필요가 있다.

- **초점 맞추기 스타일:** 내담자, 서비스 제공기관, 상담자로부터 나오는 의제를 가지고 초점이나 방향을 찾아 나가는 방법은 세 가지, 즉 지시하기, 안내하기, 따라가기이다. 지시하기는 서비스 제공자가 초점을 정한다. 즉, 제공자나 제공기관의 의제에 따라 정해지는 것이다. 이때 진행 방향을 내담자에게 제안하고 내담자의 반응을 점검할 수도 있다. 하나의 제안이 거부되면 다른 제안을 제시할 수도 있다. 지시하기 양식은 초점 구축에 적합할 때도 있지만 방향과 해결책에 대한 책임감을 상담자가 느낄 가능성이 많다. 이러한 지시하기 양식은 변화 증진을 위한 접근으로는 한계가 있다(Rollnick et al., 2008). 따라가기는 내담자가 우선순위로 선택한 것을 초점으로 대화가 진행되어 나가는 것이다. 이때 상담자는 변화 방향에 대한 구체적 제안을 당분간 하지 않고 내담자가 제기하는 문제에 대한 탐색을 주로 하는데, 비지시적이고 내담자중심적이므로 관계 형성에 도움이 되기도 한다. 안내하기는 지시하기와 따라가기의 중간 형식이며 서로 협력하여 방향을 찾아 나간다. 내담자가 제시하는 의제도 중요하며 상담자의 전문적 의견도 중요한 자원이다. MI는 지시하기와 따라가기의 중간에서 초점 맞추기를 시작할 수 있다. 그러나 상담자는 안내하기로 어느 쪽으로도 유연하게 이동할 수 있다.

② 세 가지 시나리오

- **초점이 분명할 때-세 가지 상황:** 제1상황은 내담자가 분명한 자신의 목표와 문제를 호소하는 경우이다. 상담자가 이 초점에 동의하면 내담자의 초점을 견고하게 하여 바로 유발하기 단계로 이동하거나 변화 준비가 되어 있는 경우에는 계획하기 단계로 갈 수 있다. 제2상황은 제공하는 서비스의 초점이 분명할 때이다. 특수한 목적의 서비스기관에 도움을 받으러 온 사람은 서비스제공자의 서비스 방향을 분명하게 알고 있으므로 내담자가 이 초점을 어느 정도 받아들이는지를 탐색하기 위해 유발하기를 바로 시도한다. 이때 마찰이 생기지 않으면 유발하기와 계획하기 단계로 들어가면 될 것이나 마찰이 생기면 더 이상 진행할 필요가 없다. 제3상황은 상담자가 상담과정을 통해서 변화 방향을 분명하게 찾았을 때이다. 그렇지만 이때 내담자가 상담자가 제안하는 방향에 동의하지 않을 수도 있다. 상담자가 생각하는 중요 초점이 내담자에게는 별로 중요하지 않거나 다른 주제를 다루고 싶어 할 수도 있다. 이때 상담자는 허락 구하기와 유발하기 기술을 사용하면 도움이 된다.

- **초점을 선택해야 할 때-의제도 작성하기:** 대화 속에 초점 가능성이 있는 주제들이 다양하게 나오지만 그 가능성이 활짝 열려 있지도 않고 하나의 초점이 분명하지 않은 경우가 있다. 선택해야 할 주제나 초점이 많으면 상담자와 내담자 모두 압도당해서 초점 맞추기를 조급하게 혹은 일방적으로 시도하거나 엉뚱한 방향으로 가는 등 함정에 빠질 위험이 있다. 이때 의제도 작성하기(Miller & Rollnick, 2010, p. 117), 구조화하기, 선택안 고려하기, 확대하기, 시각자료 활용하기를 이용하면 도움이 된다. 의제도 작성하기는 일종의 메타대화를 하는 것과 같다. 작성한 의제도를 잠깐 물러서서 보면서 앞으로 나아가야 할 길을 생각해 보게 되기 때문이다.

- **초점이 불투명할 때-방향 잡기:** 내담자가 특별하게 호소하는 고민이 없는 경우이다. 이는 마치 방향선택표시가 분명하지 않은 지도와 같아서 내담자의 호소가 초점이 없고 상당히 산만하고 혼란스럽다. 이때 상담자가 할 일은 이 혼란을 줄여 나가는 것이다. 대체로 일반적인 관점에서 구체적인 관점으로 이동하면서 방향을 잡아 나가야 한다. 그러면서 내담자가 호소하는 상황에 대한 그림을 그리고 퍼즐조각을 맞출 방법을 찾기 위한 사례개념화 작업도 필요하며 전문가의 전문성과 내담자의 자기이해가 진정 잘 혼합되어야 한다. 방향 잡기에서 상담자는 자신의 전문성을 많이 활용하는 좋은 안내자

가 되어 내담자를 안내하지만 책임을 전적으로 지기보다 내담자와 협력적인 관계를 통해 해결해 나가야 한다.

③ 정보교환하기

상담 초기에는 정보와 조언 제공이 많이 요청되는데 상담자에게서 나온 정보가 내담자의 변화에 도움을 줄 수 있는 정보를 전달해야 한다. 따라서 MI에서는 정보를 제공하는 것이 아니라 교환(exchange)하는 것으로, 적절한 정보교환 방법을 다루는 것이 중요하다. 정보를 교환할 때는 다음의 원칙을 따른다. 먼저, 내담자가 정보를 듣기 원하는지 먼저 허락을 구하고, 정보를 받아들일지 말지는 내담자가 결정하도록 한다. 또한 아무리 정확한 정보라도 동의하지 않을 자유를 인정하는 것과 상담자가 제공한 정보가 내담자에게 어떤 의미로, 느낌을 유발했는지 열린 질문을 통해 피드백을 구한다. 마지막으로, 정보는 단순하고 명료하게 전달한다. 정보제공기술은 내담자의 변화계획 세우기에도 연료가 될 수 있다. 쉽게 기억할

표 5-3 이끌어 내기-제공하기-이끌어 내기

	목표 과제	실제 적용
이끌어 내기	• 허락 구하기 • 정보욕구와 빈틈 명료화 하기	• ~에 대해서 이야기해도 될까요? 혹은 ~에 관해 알고 싶나요? • ~에 관해 무엇을 알고 있나요? • ~에 관해 무엇을 알고 싶나요? • 당신에게 도움이 되는 정보는 어떤 것이 있을까요?

제공하기	• 선순위화하기
	• 명료하게 제시하기
	• 이끌어 내기-제공하기-
	  이끌어 내기
	• 자율성 지지하기
	• 내담자의 반응 처방하지
	  말기
		• 내담자가 가장 알기를 원하고 필요로 하는 것은 무엇인가?
		• 전문용어 피하기: 일상의 언어 사용하기
		• 반영할 시간 제공하기
		• 동의하지 않거나 무시할 수 있는 자유 인정하기
		• 의미의 해석 없이 알고 있는 것을 그냥 내담자에게 보여
		  주기

이끌어 내기	• 내담자의 해석, 이해, 반 응에 대해 질문하기	• 열린 질문하기 • 내담자 반응 이후 반영하기 • 정보나 정보의 진행에 대한 반응을 할 시간적 여유 주기

수 있는 정보교환 방식은 EPE(Elicit-Provide-Elicit) 방식으로 이끌어 내기-제공하기-이끌어 내기이다. 일종의 두 개의 이로운 질문 사이에 제공할 정보 하나를 끼워 넣는 샌드위치 방식이며 직선적이라기보다 넉넉한 반영적 경청을 동반한 순환적 과정이라고 할 수 있다(〈표 5-3〉 참조).

- 이끌어 내기(Elicit): 정보를 제공하기 전에 먼저 이끌어 내기를 한다. 즉, 내담자의 허락을 구하거나 내담자가 이미 알고 있는 지식에 대해 탐색하기도 하며 상담자가 제공하는 정보에 대해 내담자가 관심을 가지도록 이끌어 내기를 하는데, 질문 형식으로 이루어진다.
- 제공하기(Provide): EPE 사이클의 두 번째 단계이다. 내담자의 허락을 받은 후 정보를 제공할 때에도 우선순위 정하기, 적당한 양의 정보를 명료하게 제시하기, 자율성 지지언어 사용하기 등의 안내지침을 참고하면 도움이 된다.
- 이끌어 내기(Elicit): 세 번째 단계의 이끌어 내기는 상담자가 제공한 정보를 내담자가 이해하는가, 해석을 어떻게 하는가, 반응은 어떤가를 탐색하기 위한 점검 차원의 질문이다. EPE를 연속적으로 할 때는 정보제공 후에 정기적 간격으로 이러한 점검을 할 필요가 있다.

④ 요점
- 초점 맞추기는 방향이나 목표를 설정해 나가는 과정이다.
- 초점의 자원은 내담자, 서비스 제공기관, 상담자로부터 나온다.
- 지시하기, 따라가기, 안내하기의 초점 맞추기 스타일이 있다.
- 초점이 분명 너무 많거나 불투명할 때 초점 맞추기 접근방식은 다를 수 있다.
- EPE 방식의 정보제공은 제공된 정보가 내담자의 변화에 도움이 되게 하기 위함이다.

(3) 유발하기 단계
내담자의 협력적인 상담관계가 지속되고 초점이 분명하게 구축되고 나면 변화동기를 유발하는 다음 단계로 이동한다.

① 목표 과업

유발하기(evoking) 단계의 목표는 내담자의 내면에 변화동기를 유발하는 것이다. 그렇게 하기 위해서는 양가감정을 해결하고 변화대화를 이끌어 내야 하며, 이끌어 낸 변화대화에 대해서는 탐색과 강화를 하고 유지대화가 나오면 적절한 반응으로 탐색의 초점이 되지 않도록 해야 한다. 따라서 변화대화와 유지대화가 무엇이며 변화대화는 어떻게 이끌어 내고 반응하며 유지대화에는 어떻게 반응을 해야 MI 과정에 도움이 될 것인가를 숙지해야 한다.

② 양가감정: 변화대화와 유지대화

- **양가감정**: 양가감정이 있으면 변화에 대해 찬성과 반대의 동기를 동시에 품고 있다는 뜻이며 이때 누군가가 변화에 찬성하는 말을 하면 그 말을 들은 사람은 양가감정 때문에 오히려 반대쪽 편을 드는 말을 할 것이다. 반대로, 변화를 반대하는 말을 하면 변화를 찬성하는 반응을 하게 되고 변화를 찬성하는 말이 곧 변화대화이다. 변화대화를 많이 하게 되면 자신이 한 말에 스스로 설득되어 변화동기가 유발된다는 것이 MI에서 말하는 변화기제이다. 따라서 상담자는 양가감정으로 혼란스러울 수 있음을 공감하고 변화과정에서 누구나 경험할 수 있는 정상적인 감정이라는 점을 타당화한다. 이어서 현상을 유지하고 싶은 이유를 물어보고, 그럼에도 불구하고 변화하고 싶은 이유를 탐색하여 변화대화를 이끌어 내도록 한다.

- **변화대화와 유지대화**: 변화대화에는 변화준비언어와 변화실행언어가 있다. 변화준비언어란 열망, 능력, 이유, 필요성에 관한 언어이다. 열망은 무엇을 원한다는 의미이다. 예를 들면, "체중을 줄이고 싶어요." "더 나은 일자리를 얻고 싶어요." 같은 것이다. 그러나 원한다고 변화가 이루어지지는 않는다. 달성능력을 스스로 지각해야 한다. 능력을 나타내는 변화준비언어는 "할 수 있다." "해낼 수 있어요."이다. 능력언어는 변화가 가능할 것 같을 때만 나타나는 신호이다. "손자를 돌보려면 내가 건강해야 해."와 같은 변화에 대한 구체적 이유도 동기유발에 도움이 되지만 능력과 열망이 들어 있지 않으면 약하다. 동기를 구성하는 네 번째 요인은 변화 중요성이나 응급상황을 절박한 언어로 말하는 변화 필요성인데 변화 이유와는 다르다. 예를 들어, "나는 ……할 필요가 있다." "나는 ……해야 한다."와 같은 것이다. 변화준비언어는 영어 두문자 DARN(Desire, Ability, Reason, Need)으로 표기되기도 한다.

변화실행언어에는 결심공약언어, 실행활성화언어, 실천하기언어가 있다. 결심공약언어는 행동이 일어날 것이라는 신호이며 그 형태는 다양하다. 가장 분명한 형태는 '~하겠다.'일 것이다. 즉, '약속한다' '맹세한다' '보장한다'의 의미가 들어 있다. 실행활성화언어는 행위를 할 방향으로 기울어지고 있다는 신호이다. "기꺼이 하겠습니다." "할 준비가 되었습니다."와 같은 것이다. "거의 다 왔음"을 실제로 말하지는 않지만 공약의 의미가 들어 있다. 가장 분명한 변화대화는 실천하기언어이다. 내담자가 이미 행동을 실행하고 있음을 가리킨다. "자조모임에 참석했어요." "취업이 될 만한 회사 세 곳에 전화를 해 보았습니다."와 같은 것이다. 변화실행언어는 두문자 CAT(Commitment, Activation, Taking steps)로 기억하면 좋다.

한편, 유지대화도 DARN과 CAT 범주에 들어갈 수 있다. 즉, "담배를 피우면 느낌이 너무 좋아요." 같은 열망언어나 "노력을 했지만 담배를 못 끊을 것 같아요."의 능력언어 혹은 "운동할 시간이 없습니다."라고 이유를 대거나 "담배를 피우지 않고는 하루를 견디지 못합니다."라고 말하는 필요성에 속하는 유지대화이다. 유지대화와 변화대화는 개념도 정반대이고 대화로 나오는 결과도 다르다. 유지대화가 우세하게 나오거나 변화대화와 유지대화가 섞여서 나오면 변화보다 현상유지를 할 가능성이 많다. 반면, 변화대화가 우세하게 많이 나오면 행동 변화를 예상할 수 있다.

③ 변화대화 불러내기

변화대화를 불러낼 가장 단순하고 직접적인 방법은 유발 질문을 하는 것이다. 특히 두문자 DARN와 CAT를 이용하여 질문을 만들면 좋다. 즉, '원한다' '좋겠다' '하고 싶다'와 같은 동사를 사용하여 변화열망을 불러내고, 할 수 있는 것에 대한 부드러운 질문으로 변화능력에 대한 대답을 불러낸다. 변화 이유나 필요성도 같은 방법으로 질문을 만들어서 하면 된다. 가끔 변화대화를 불러내려고 한 질문에 유지대화가 대답으로 나올 수 있으므로 질문을 하기 전에 나올 대답이 변화대화일까, 유지대화일까를 숙고해 보는 것이 좋다.

한편, 중요성 척도 사용하기(금주하는 것이 당신에게 얼마나 중요한가요? 0점은 전혀 중요하지 않고, 10점은 가장 중요함), 극단적 질문하기(장기적으로 음주 때문에 가장 걱정되는 건 무엇인가요?), 과거회상질문(아무 문제 없이 잘 지냈던 때를 기억하시나요? 그때와 비교해서 그동안 무엇이 달라졌나요?), 미래예상질문(만약 이 변화를 결정했다면 미래에는 무엇이 달라져 있기를 희망하나

요?), 목표와 가치관 탐색질문(내 삶에서 가장 중요한 것은 무엇인가요?)으로 변화대화를 불러
낼 수도 있다. 그러나 변화대화를 불러냈다고 해서 변화동기가 바로 유발되는 것이 아니
다. 변화동기의 유발은 불러낸 변화대화나 혹은 잘못된 질문으로 나온 유지대화에 대해 상
담자가 반응을 어떻게 하느냐와 관련이 깊다.

④ 변화대화와 유지대화에 대한 반응
- **변화대화에 대한 반응**: 변화대화나 유지대화에 대한 반응은 주로 핵심 기술인 OARS로
  한다. 변화대화가 나왔을 때는 OARS를 적절히 사용하여 반응을 하면 변화대화가 더 구
  체적으로 많이 나오게 만들 수 있다. 즉, 열린 질문으로 변화대화의 대답이 나오면 이
  변화대화를 반영하고 강점을 찾아 인정하기도 하며 변화와 관련된 핵심 내용을 적절하
  게 수집하고 연결해서 요약도 한다. 요약하기는 대화의 주제를 강화시키기도 하므로
  요약을 할 때 내용을 MI 주제인 변화 방향으로 요약할 필요가 있다.
- **유지대화에 대한 반응**: 유지대화에 대한 반응도 중요하다. 그 이유는 반응에 따라 상담관
  계에 불협화음이 생길 수 있기 때문이다. 무엇보다 유지대화를 불러내지 않도록 주의
  해야 하며, 만약 유지대화가 나오면 탐색하기보다 분해하는 것이 좋은데 이때 가장 일
  반적으로 사용하는 방법이 반영이며 단순반영, 복합반영, 확대반영이 있다. 반영 이외
  의 전략적인 반응으로는 자율성 강조하기, 관점 재구조화하기, 방향 틀어 동의하기, 한
  발 먼저 움직이기, 나란히 가기가 있다. 반영이나 전략적 반응으로 유지대화가 분해되
  면서 변화대화 방향으로 대화가 이동할 수도 있지만 효율적이지 못한 반응으로 내담자
  와의 관계에 불협화음이 생길 수도 있다. 불협화음이 발생하면 반영으로 완화할 수 있
  다. 왜냐하면 반영하기는 노련한 경청으로 나온 반응으로서 내담자와의 관계회복을 위
  해 사용할 수 있는 핵심적 도구이기 때문이다.

⑤ 불일치감 만들기
　사람은 자신의 가치관과 행동이 불일치한다고 인식하면 마음이 불편해진다. 그래서 자신
의 행동을 가치관에 맞추어 일치시키려고 하든지 가치관을 행동에 맞게 수정하여 불편한 마
음에서 벗어나고자 한다. 이때 자신의 행동을 가치관에 일치시키는 방향으로 변화하도록
선택하는 것이 MI 과정이다. 불일치감을 촉진하는 방법으로는 불일치감 불어넣기, 정보교

환하기, 피드백 제공하기, 주변 사람들의 걱정 탐색하기, 목표와 가치관 탐색하기가 있다. 그러나 인식되는 불일치감이 너무 크면 자신감이 저하되어 동기유발이 어려울 수 있으므로 불일치감은 변화가 촉진될 만큼 내담자 가치관의 범위 내에서 만들어져야 한다.

⑥ 요점
- 변화대화와 유지대화는 양가감정에서 나오며 변화대화가 많이 나오도록 하는 것이 MI 대화이다.
- 변화대화의 종류에는 변화준비언어(DARN)와 변화실행언어(CAT)가 있다.
- 변화대화가 나오면 OARS로 반응하여 변화대화를 강화해야 한다.
- 유지대화가 나오면 반영반응으로 상담관계에 불협화음이 발생하지 않도록 한다.
- 불일치감 크기는 변화가 촉진될 정도여야 하고 내담자의 가치관 범위에서 만들어져야 한다.

(4) 계획하기 단계

① 목표 과업
계획하기(planning) 단계의 목표는 변화할 준비가 된 내담자로 하여금 변화를 실천할 수 있도록 구체적인 목표를 세우고 이를 실천해 나가는 것을 돕는 것이다. 이 단계에서도 상담자가 내담자의 변화준비성 정도보다 앞서 나가거나 변화계획 세우기를 상담자가 먼저 주장하기보다 내담자로부터 변화계획을 이끌어 내는 것이 중요하다.

② 핵심 이슈
- 변화계획 세우기-세 가지 시나리오: 계획이 명확하거나 선택대안이 있는 경우와 계획을 처음부터 하나씩 세워 나가야 하는 경우에 따라 계획 세우기 시나리오는 달라진다. 첫 번째 시나리오는 계획이 명확한 경우에는 계획이 더 단단해지도록 하기 위해 먼저 계획에 대한 요약하기를 하여 상담자와 내담자가 계획에 대해 서로 이해하고 동의하는가를 확인한다. 이때 변화실행언어를 불러내는 것이 좋다. 예를 들어, 실행활성화언어, 이끌어 내기, 결심공약 요청하기, 정교화하기, 실행날짜 정하기, 준비하기 등이 이에 해

당한다. 간혹 변화에 예상되는 문제를 내담자가 언급할 경우, 내담자의 계획 중에 문제가 될 부분은 어떤 부분이 잘못될 가능성이 있는지 혹은 발생할 가능성이 있는 장애물이나 예상치 못한 문제는 무엇이 있는지를 질문하면 내담자는 변화실행언어로 이어질 수 있다. 두 번째 시나리오는 변화계획에 대안이 많아 선택을 해야 하는 경우에는 대안들 간의 우선순위를 정하여 선택하는 것이 좋다. 세 번째 시나리오는 명확한 계획이나 선택대안이 없는 경우 처음부터 차근차근 계획을 세워 나가야 하는데 당연히 내담자와 협력해야 한다. 먼저, 상담자와 내담자가 서로 같은 목적지에 도달했는지를 확인할 필요가 있다. 이때 도달한 목적지가 분명하지 않다면 초점 맞추기 단계와 유발하기 단계를 다시 점검할 필요가 있다. 그래서 목표가 분명해지면 이를 달성하기 위한 아이디어를 브레인스토밍으로 생각해 내어 목록을 작성한다. 목록이 작성되면 이들 간의 우선순위를 정하여 선택한다.

• **결심공약 강화와 변화 지지하기**: 변화계획을 세운 후 계획에 따라 실행이 이루어져야 온전한 것이 된다. 이를 위해서 상담자는 내담자가 변화계획에 동의하는지 또 계획한 대로 시도해 보고자 하는지를 점검할 필요가 있다. 이때 사용하는 것이 변화실행언어 형태의 질문이며 이 질문에 대한 대답에서 변화실행언어가 나오느냐를 탐색한다. 결심공약 강화란 변화실행언어의 대답, 예를 들어 "~를 실행할 겁니다."와 같은 대답이 나올 수 있도록 하는 것이다. 변화실행언어는 반드시 행위를 수반한 표현이어야 한다. 또한 실행의도를 유발하는 것도 좋다. 실행의도란 구체적 행동계획과 대화 중 어떤 행동을 실행하겠다는 의지의 표현이 담긴 진술을 말한다. 변화실행 활성화언어나 실행의도의 표현이 나오도록 불러내는 것이 결심공약 강화이다. 이때 요점 반복하기와 핵심 질문하기의 사용은 기본이다.

변화를 실행하는 단계로 넘어가면 상담자는 내담자의 변화를 계속 지지할 수도 있고 MI를 종결할 수도 있다. 내담자를 계속 지지하는 근거 중의 하나는 변화하는 과정이 대체로 선형적이지 않고 변화결심을 한 내담자에게는 이제 변화의 시작에 불과할 수 있기 때문이다. 더구나 변화는 단기간에도 일어날 수 있지만 대개 장기적이고 지속적인 집중과 노력을 필요로 한다. 그러는 동안에 변화가 중단되거나 퇴보할 위기적 상황을 겪을 수도 있다. MI의 네 단계 과정은 서로 중첩되기도 하고 선형적으로 진행되지 않는다. 변화가 중단되거나 퇴보할 위기가 닥쳤을 때 이전의 네 단계 과정으로 되돌아갈 수

도 있다. 이때 계획 세로 세우기, 상기시키기, 재초점 맞추기, 관계 재형성하기와 같은
기술을 사용할 수 있다. 한편, 변화실행 단계 이후에 MI를 중단 혹은 종결을 해도 된다.
변화실행을 하는 주체는 결국 내담자 자신이기 때문이기도 하지만 어떤 내담자는 변화
결심을 일단 하고 나면 더 이상의 도움 없이 실행하는 경우도 있기 때문이다.

③ 요점
• 변화계획 세우기는 세 가지 시나리오에 따라 달라진다.
• 변화계획을 세운 후에 변화실행언어나 실행의도를 불러내는 결심공약 강화가 필요하
  다.
• 변화실행 단계가 되면 변화의 성질과 내담자의 특성에 따라 변화를 계속 지지하거나
  MI를 중단 혹은 종결할 수도 있다.

5) MI와 기존 심리치료 이론과의 조합

MI는 CBT와 자주 결합되어 사용되어 왔다(Aviram & Alice Westra, 2011; Kertes, Westra,
Angus, & Marcus, 2011; Navidian, Hagshenas, Abedi, Baghban, & Fatehizadeh, 2011; Schaus, Sole,
McCoy, Mullett, & O'Brien, 2009; Westra, Arkowitz, Dozois, 2009). CBT의 대처기술치료나 문제
해결치료의 경우 행동 변화를 지향한다. 이때 내담자가 부정적 사건에 대한 결과를 더욱 악
화시키는 전략과 부정적인 사건에 대한 영향을 감소시키는 전략 중에 어떤 것을 선택하는지
를 확인하며 이를 변화시켜야 하므로 치료유지가 중요하며, 따라서 내담자의 치료유지 동기
는 중요한 요인이다(이하림, 2016). 이러한 측면에서 MI는 CBT에서 나타날 수 있는 저항을
다루는 데 효과적이다.

CBT를 단독으로 사용하는 것보다 MI와 함께 사용하는 것이 범불안장애 치료에 대한 저
항감을 줄이는 데 효과적으로 나타났고(Aviram & Alice Westra, 2011), 범불안장애 진단을 받
은 76명을 대상으로 한 실험에서도 CBT 집단보다 MI-CBT 치료를 받은 집단에서 불안이
더 감소하였으며, 과제 충실도도 높게 나타났다(Alice Westra, Arkowitz, & Dozois, 2009). 또한
이란의 강박장애 환자 40명을 대상으로 한 실험에서도 MI-CBT 집단은 통제집단에 비하여
강박증상의 유의미한 감소를 보였다. MI-CBT는 중독 영역에서도 그 효과성을 보이고 있

다. MI-CBT는 일반 CBT에 비하여 알코올중독 치료에 더욱 효과적으로 나타났고(Schaus, Sole, McCoy, Mullett, & O'Brien, 2009), 행동중독인 도박장애의 치료에서도 그 효과성을 입증하고 있다(Hodgins, Currie, & el-Guebaly, 2001).

뿐만 아니라, MI는 주요우울장애 환자들을 대상으로 개발된 IPT(Interpersonal Psychotherapy, 관계중심 심리치료)와도 결합되어 사용된다. IPT는 환자의 고통을 해소시키고 대인관계 기능을 발전시키기 위한 단기 애착이론 기반 정신치료로서 우울증 환자들(Elkin et al., 1989; Weissman, 1979), 우울한 청소년(Mufson & Fairbanks, 1996) 등에게 효과가 검증되었으며, 특히 중독자들을 대상으로도 효과가 검증되었다(Carroll, Rounsaville, & Gawin, 1991). MI와 IPT의 결합은 IPT-B(Brief Interpersonal Psychotherapy)에서 처음으로 나타났는데 이 기법에서는 치료 동기가 낮은 환자들의 참여도를 높이기 위하여 회기를 짧게 구성하고 개입 초기에 MI를 사용하였다(Swartz, Grote, & Graham, 2014). 최근에는 대학생 우울 감소와 대인관계능력 증진을 위한 MI-IPT 집단상담 프로그램이 개발되어 그 효과성을 입증하였다(조요한, 2018).

INTRODUCTION TO ADDICTION COUNSELING

제**6**장

다양한 치료전략

신성만 · 최승애 · 최정헌 · 이영순

이 장에서는 중독에 빠진 사람들에게 사용되는 다양한 치료전략들을 소개하고자 한다.

먼저, 물질중독에 사용되는 치료약물에 대하여 알아볼 것이다. 대표적인 중독 관련 치료약물로는 날트렉손, 아캄프로세이트, 디설피람, 부프로피온 등이 있다. 여러 물질중독에 사용되는 약물과 그 약물들에 대한 연구 결과 등을 알아볼 수 있다.

다음은 중독장애를 치료하는 다양한 치료양식으로 집단상담, 집단심리교육, 자조집단, 가족치료 등을 제시하였다. 각 치료양식에 따라 중독문제를 다루는 상담자에게 요구되는 전문적 지식과 상담기법들이 매우 폭넓다. 상담자가 다양한 치료양식의 특징과 장점을 이해하고, 적합한 치료 방식을 제공할 수 있는 준비가 되어 있을 때, 중독문제를 가진 내담자에게 최선의 치료서비스를 제공할 수 있을 것이다.

12단계 치료는 중독상담에서 동기강화상담(Motivational Interviewing: MI)과 인지행동치료(CBT)와 함께 가장 효과적인 치료전략으로 알려져 있다. 중독행동을 궁극적으로 치유하기 위해서는 비중독적 행동을 지속적으로 유지하고 습관화할 수 있는 12단계 전략이 크게 도움이 된다. 왜냐하면 12단계 과정을 잘 따라가다 보면 지속적인 연습을 바탕으로 자기초월의 경험을 할 수 있기 때문이다. 따라서 12단계의 배경이 되는 AA 치료공동체의 역사와 치료모델에 대해서 학습하고 치료적 원리와 단계별 치료전략에 대해서 살펴볼 것이다.

마지막으로, 중독의 재발방지와 예방과 관련하여 각 중독별 특징을 살펴보고 예방법을 살핌으로써 중독상담의 효과성이 유지 및 지속될 수 있는 방안에 대해 알아볼 것이다.

1. 약물치료

1) 알코올

미국식품의약국(FDA)은 알코올중독 치료를 위해 행동치료 및 사회치료와 함께 사용되는 네 가지 약제인 디설피람, 아캄프로세이트, 경구 날트렉손, 날트렉손을 공식적인 치료제로 지정했고 수많은 다른 약물들 또한 실험 중에 있다(Hanconck & McKim, 2017).

(1) 디설피람

디설피람(disulfiram)은 아세트알데하이드(acetaldehyde)를 분해하는 효소인 알데하이드 탈수소효소(aldehyde dehydrogenase)의 작용을 막는다. 이 효소가 부족한 상태로 알코올을 마시면 아세트알데하이드가 분해되지 못하여 체내에 남게 되고, 이는 상당한 고통을 불러일으킨다. 따라서 디설피람을 정기적으로 복용하면 술을 마실 때 고통이 뒤따르기 때문에 음주 횟수 감소에 도움을 줄 수 있다. 그런데 디설피람을 이용한 다양한 임상실험에서는 디설피람이 무계획적이거나 자발적인 음주를 방지하는 데 효과적이라는 사실이 드러났지만, 술을 마시고 싶은 환자는 단순히 디설피람을 복용하지 않기만 하면 술을 편히 마실 수 있었다. 실제로 환자들은 디설피람 복용에 대하여 비일관적인 태도를 보이는데 80% 정도의 환자들이 디설피람을 지시한 대로 복용하지 않는다는 연구 결과도 존재한다(Garbutt, 2009). 사실, 디설피람을 정기적으로 복용할 만큼 동기가 있는 사람들은 디설피람을 복용하지 않고서도 알코올을 스스로 절제할 힘이 있는 사람들일 것이다. 이런 환자들은 다른 치료법과 병행하여 주변인의 관리하에 복용하면 더욱 효과가 있는 것으로 나타났다. 이때 관리자는 관리법과 알코올중독 환자가 사용하는 회피 행동에 대한 교육을 받은 사람이어야 한다(Brewer, 1992). 심리사회적 치료에 관한 다른 연구에서도 디설피람 복용을 다른 사람이 관리할 때 치료 효과가 높아지는 것으로 나타났다. O'Farrell, Allen과 Litten(1995)은 부부를 대상으로 행동치료를 실시하면서 일부 부부들과는 디설피람을 제때 복용하는지 배우자가 관리하겠다는 약속을 맺고, 다른 일부와는 맺지 않았다. 그 결과, 치료만 하는 것에 비해서 배우자의 관리가 병행될 때 치료의 효과가 더 큰 것으로 나타났다(O'Farrell et al., 1995).

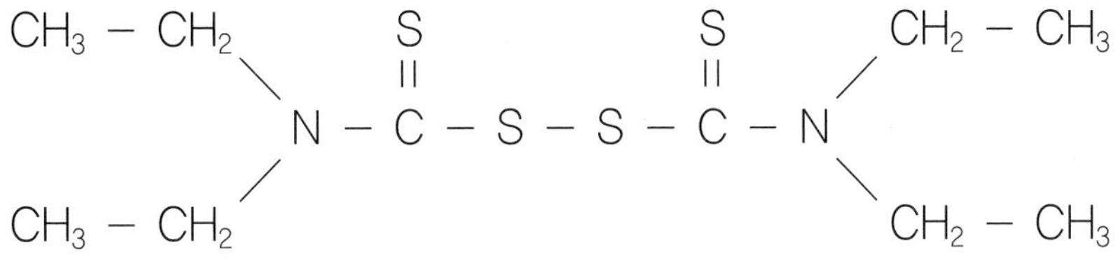

$$CH_3 - CH_2 \diagdown \quad \overset{\overset{S}{\|}}{\underset{}{}} \quad \overset{\overset{S}{\|}}{\underset{}{}} \quad \diagup CH_2 - CH_3$$
$$N - C - S - S - C - N$$
$$CH_3 - CH_2 \diagup \qquad\qquad\qquad \diagdown CH_2 - CH_3$$

그림 6-1 디설피람의 화학구조

디설피람은 250mg의 정제로 제공된다. 일반적인 경우 복용량은 부작용 및 환자 반응에 따라 125mg에서 500mg까지 다양하지만 1일 1회 250mg이 보통이다. 일부 연구자들은 보통 1일 복용량인 250mg에서 디설피람 알코올 반응이 나타나지 않을 수도 있기 때문에 더 많은 용량을 권장하기도 한다(Brewer, 1993). 그러나 250mg 이상의 용량으로 복용할 경우, 부작용이 증가할 위험이 있기 때문에 주의를 기울여야 한다. 또한 심각한 심혈관계 질환이나 정신증, 폐 질환, 당뇨병 등을 지니고 있는 경우에는 디설피람의 사용을 피하는 것이 좋다(Williams, 2005).

(2) 아캄프로세이트

아캄프로세이트(acamprosate)는 GABA 및 타우린과 유사한 화학구조를 가지는 화합물로서 알코올중독자의 금주 이후 단계에서 글루타메이트의 지나친 활성을 억제하는 데 효과적이다. 이 치료법의 주된 목적은 금단증상에서 오는 혐오감을 줄임으로써 다시 술을 마시려는 동기를 감소시키는 것이다. 유럽에서 주로 시행된 이중 맹검, 위약 대조 실험에서, 아캄프로세이트는 알코올중독 치료를 받은 환자의 금주상태를 효과적으로 유지할 수 있게 하였다(Swift, 2007). 또한 아캄프로세이트가 심리사회적 개입의 보조물로 사용될 때에는 환자의 음주상태를 금주 기간에 비례하여 호전시키는 것을 발견하였다. 이러한 효과는 유럽의 여러 임상실험을 통하여 검증되었으며 그 결과, 아캄프로세이트는 알코올중독 치료제로서 미국 FDA 승인을 받게 되었다(Paille et al., 1995; Pelc et al., 1997; Sass, Soyka, Mann, & Zieglgänsberger, 1996). 아캄프로세이트의 효과를 비교한 몇몇 메타분석 연구에서는 아캄프로세이트가 금주 성공률을 향상시키고 금주 후에 술을 마시는 데까지 걸리는 시간을 늘리는 데 효과가 있음이 드러났다(Bouza et al., 2004; Mann, Lehert, & Morgan, 2004).

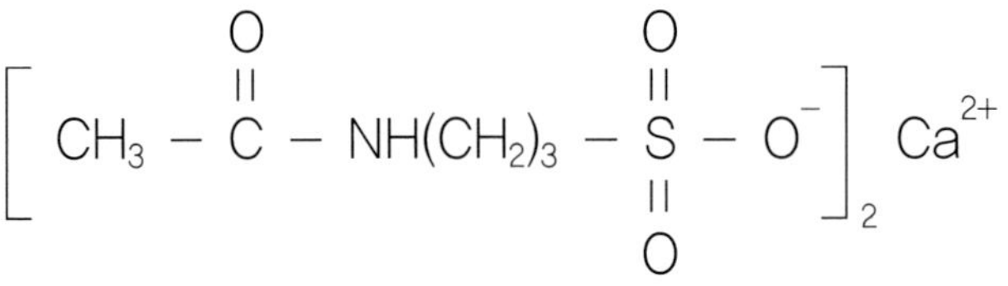

$$\left[CH_3 - \overset{\displaystyle O}{\overset{\|}{C}} - NH(CH_2)_3 - \overset{\displaystyle O}{\underset{\displaystyle O}{\overset{\|}{\underset{\|}{S}}}} - O^- \right]_2 Ca^{2+}$$

그림 6-2　아캄프로세이트의 화학구조

흥미롭게도, 아캄프로세이트의 효능은 유럽에서 시행된 실험에서만 강하게 나타났고, 미국에서 진행된 6개월간의 다중 연구(Mason, Goodman, Chabac, & Lehert, 2006)와 COMBINE 연구(Anton et al., 2006)에서는 유사한 효과를 찾지 못했다. 아캄프로세이트의 효과가 유럽과 미국 연구에서 다르게 나타나는 이유는 불분명하지만 이는 알코올중독의 심각성, 환자의 유형 분류체계, 사용되는 알코올중독 치료가 국가와 문화에 따라 다를 수 있음을 나타낸다.

(3) 날트렉손

날트렉손(naltrexone)은 오피오이드 수용체의 길항제로 엔도르핀과 아편제의 효과를 경감시킨다. 이 약물은 오피오이드의 활동을 차단하고 알코올 섭취 후 중독수준을 감소시키는 것으로 나타났고, 알코올중독자의 술에 대한 갈망을 줄이는 것으로 보고되었다(Monti et al., 1999). 경구 날트렉손의 경우, 과음을 반복할 가능성을 줄이는 데 효과적이고 금주 성공률을 높인다는 많은 연구 결과가 존재한다.

알코올중독에 대한 임상실험에서는 경구 날트렉손을 사회적인 지원과 함께 제공했을 때 효과가 있음을 보여 주었다. 알코올중독 환자 70명을 대상으로 12주간 진행된 무작위 통제 실험에서 알코올 해독(detox) 후 날트렉손으로 치료한 결과, 알코올 섭취량과 음주량이 크게 감소했고 다시 과음하는 횟수가 절반 정도 감소했다(Volpicelli, Alterman, Hayashida, & O'Brien, 1992). 또 다른 알코올중독 환자 97명을 대상으로 한 12주의 무작위 통제 실험에서, 날트렉손은 금주를 효과적으로 유지하게 하였고 술을 마시는 일수를 감소시켰으며, 과음하는 횟수를 감소시키고 알코올과 관련된 문제의 심각성을 감소시켰다(O'Malley et al., 1992). 이 두 가지 핵심적인 임상실험을 바탕으로 미국 FDA는 1994년, 날트렉손을 알코올중독 치료약물로 승인하였다.

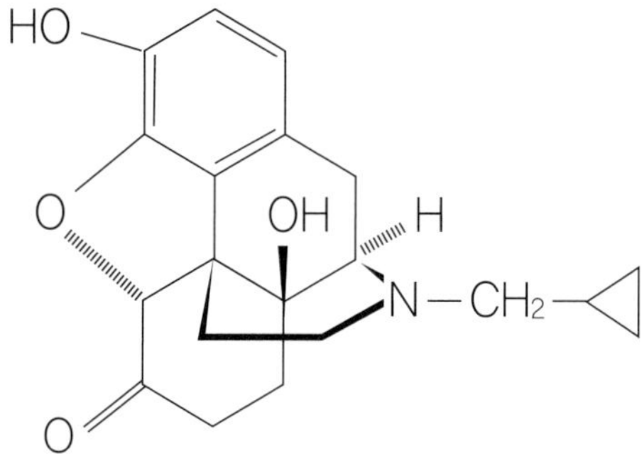

그림 6-3 날트렉손의 화학구조

경구 날트렉손을 사용한 후속 임상실험에서는 긍정적인 결과와 부정적인 결과가 모두 나타났지만 긍정적인 연구 결과가 더 많이 나타났다. 날트렉손 효과를 비교한 여러 메타분석 연구들에서는 날트렉손이 부작용은 있지만 과도한 음주를 줄이는 데 효과가 있다고 드러났다(Bouza et al., 2004; Srisurapanont & Jarusuraisin, 2005). 1,383명의 알코올중독 환자를 대상으로 한 미국의 COMBINE 연구에 의하면, 날트렉손은 위약과 비교했을 때 환자들이 다시 과음하는 횟수가 적었다(Anton et al., 2006).

환자의 특성 또한 날트렉손 치료 효과와 관련이 있는 것으로 나타난다. 그중 환자의 약물에 대한 순응도는 날트렉손의 효과에 매우 중요한 영향을 미친다. 세 가지 다른 임상실험에서, 날트렉손은 높은 약물 순응도를 보이는 환자에서만 금주에 긍정적인 영향을 미치는 것으로 나타났다(Chick et al., 2000; Monti et al., 2001; Volpicelli et al., 1997). 날트렉손에 대하여 긍정적인 반응을 보일 수 있는 다른 예측 요인들로는 높은 수준의 갈망, 알코올중독에 대한 긍정적인 가족력, 그리고 μ 오피오이드 수용체 유전자(Oslin et al., 2003)에서 특정 유전자 다형성(Asn40Asp)을 보유한 경우 등을 포함한다. 날트렉손은 간 질환이 있는 환자에게는 사용을 금한다(Williams, 2005).

(4) 기타 치료약물

뇌전증 치료제인 토피라메이트(topiramate)는 FDA의 승인을 받지 못했지만 알코올중독 치료제로 유망한 약물이다. 약물치료를 받고 있는 알코올중독 환자 150명을 대상으로 12주 동안 실시된 무작위 대조 실험에서 토피라메이트 치료는 위약에 비해 하루 음주량, 음주 일

수당 음주량, 음주 일수를 크게 줄였고, 술을 마시지 않고 지나간 일수를 크게 증가시켰다 (Johnson et al., 2003). 미국의 연속 다중 실험(Johnson et al., 2007)은 토피라메이트가 과음을 예방하는 것에 효과가 있음을 보여 주었다. 토피라메이트의 부작용인 혼란, 현기증, 피로, 운동실조 등을 줄이기 위하여 최대한 천천히 투여하는 방법이 사용되고 있다(Williams, 2005). 하지만 토피라메이트는 많은 신경학적 부작용을 일으키고 적절한 투여량이 아직 결정되지 않아 최적의 투여량을 결정하기 위해서는 후속 연구가 필요하다.

근육 경련 치료에 사용되는 GABA-B 수용체 작용제인 바클로펜(baclofen)은 사전 연구(Addolorato et al., 2002)와 이후의 대규모 임상실험(Addolorato et al., 2007)에서 효능을 보였다. 대규모 임상실험에서 바클로펜은 진행성 간경변증을 가진 알코올중독자 중 일부에서 그 효과와 안전성을 검증받았다. 또한 알코올중독이 조기 발병한 알코올중독 피험자에게는 온단세트론(ondansetron)이 효과가 있는 것으로 나타났다(Johnson et al., 2000).

알코올중독에서 도파민이 신경생리학적으로 중요한 역할을 하기 때문에, 알코올중독 보조 치료의 일환으로 도파민 약물치료에 대한 논의가 일어나고 있다. 정신과적 증상이 없는 알코올중독 환자를 대상으로 한 12주 임상실험에서 신경 이완제 올란자핀(olanzapine)은 위약과 비교해서 음주갈망과 알코올 섭취를 감소시켜 주는 것으로 나타났다(Hutchison et al., 2006). 또 다른 신경 이완제인 쿠에티아핀(quetiapine)은 과음을 하는 알코올중독자를 대상으로 한 12주 위약 대조 실험에서 음주량을 줄이는 데 효과가 있는 것으로 밝혀졌다(Kampman et al., 2007).

(5) 혼합 약물치료(combining pharmacotherapies)

약물을 병용하는 이론적 근거는 서로 다른 작용 메커니즘을 가진 약물이 부가적 또는 시너지 효과를 낼 가능성이 있다는 것이다. 가장 자주 쓰이는 조합은 날트렉손과 아캄프로세이트를 함께 사용하는 것이다. Kiefer 등(2003)은 독일에서 실시한 이중 맹검 연구에서 금주를 하고 있는 사람과 알코올중독 환자를 무작위로 추출하고 3개월 동안 추적 관찰하여 이 조합을 시험해 보았다. 모든 환자는 인지행동 집단치료를 받았고 무작위로 위약, 날트렉손, 아캄프로세이트, 날트렉손과 아캄프로세이트 조합을 처방받았다. 결과는 아캄프로세이트, 날트렉손 및 이들의 병용 모두가 재발을 지연시키는 데 있어서 위약보다 우수하다는 것을 보여 주었고, 약물 병용 치료가 날트렉손 단독 치료보다는 아니지만 아캄프로세이트

단독 치료보다는 효과적인 것으로 나타났다(Kiefer et al., 2003). 호주의 단일 센터 연구에서 Feeney 등(2006)은 날트렉손, 아캄프로세이트 또는 이 둘의 조합으로 알코올중독 환자를 치료하였고, 이들 모두는 인지행동치료를 병행하여 받았다. 이 집단 연구의 결과에 따르면, 날트렉손과 아캄프로세이트의 병용 치료는 치료 참여율과 치료 효과를 개선하는 것으로 나타났다.

(6) COMBINE 연구

COMBINE 연구에서는 날트렉손, 아캄프로세이트, 두 약물의 병용, 그리고 두 가지 심리사회적 치료법(의료 관리, 의료 관리와 전문 알코올중독 치료)의 조합을 평가하였다. 8개의 치료집단이 의료 관리를 받았는데, 이 환자들은 날트렉손, 아캄프로세이트, 날트렉손 및 아캄프로세이트, 또는 위약을 투여받았다. 또 이 환자의 절반은 동기강화상담, 인지행동치료 및 12단계 촉진 치료의 요소를 결합한 혼합행동개입(Combine Behavioral Intervention: CBI)인 전문 알코올중독 치료를 받았다. 마지막으로, 아홉 번째 집단은 의료 관리 혹은 약물치료 없이 CBI만을 받았다. 그 결과, 참여자들이 금주하는 기간은 25%에서 73%로 증가했다. 금주 일수의 비율을 크게 개선한 유일한 조합은 CBI를 하지 않은 날트렉손 치료였다. 의료 관리 차원에서 CBI는 과음을 줄이는 데 날트렉손만큼 효과적이었지만, CBI와 날트렉손을 병용하는 것은 추가적인 이점이 없는 것으로 나타났다(Anton et al., 2006). 아캄프로세이트는 단독으로 또는 날트렉손이나 CBI와 함께 병용했을 때에 이렇다 할 효과를 나타내지 않았다(Anton et al., 2006). 16주의 치료 기간 동안 개선을 보인 치료집단은 치료 1년 후에도 이전보다 개선된 모습을 보였다(Donovan et al., 2008). 비록 이러한 COMBINE 연구가 임상치료 장면을 대표하지 않는다는 비판을 받고 있지만, 날트렉손의 효과를 비롯하여, 약물치료와 행동치료 사이의 상호작용에 대한 근거를 더 견고히 다지는 데 공헌했다는 것에 의의가 있다. COMBINE 연구는 또한 μ 오피오이드 수용체 유전자 안의 특정 단일 염기 다형성의 수용체(Asn40Asp)가 날트렉손에 대해 양성적으로 반응할 가능성이 더 높다는 주장을 지지하는 결과를 나타내었다(Anton et al., 2008).

2) 니코틴

(1) 연기에 대한 강박

니코틴은 담배 식물(Nicotiana tabacum)의 잎에 있는 알칼로이드 물질이다. 미국 원주민은 수세기 동안 의식이나 의례에 이 식물을 사용해 왔으며, 약초로도 사용해 왔다. 유럽인의 발견 이래로 담배 사용은 전 세계적으로 확산되어 왔고, 오늘날 니코틴은 가장 널리 사용되는 향정신성약물이다.

담배 식물

담배로 인한 피해를 대표하는 인물로 정신분석의 창시자인 Sigmund Freud를 들 수 있다. Freud는 구강암에 걸리고 심장 통증에 시달렸음에도 불구하고 거의 매일 시가(하루 20개비 이상)를 피웠다. 그는 암과 관련한 33가지 수술을 받은 이후로 계속 수술로 인한 고통을 겪었지만 여전히 담배를 끊을 수 없었고, 결국 83세의 나이에 암으로 사망했다. 그는 45년 동안 담배를 끊어 보려 무던히 노력했지만, 1년 정도면 다시 담배에 손을 대게 되었다(Brecher, 1972).

이것은 Freud 혼자만의 문제가 아니다. 1994년 건강과 환경에 관한 하원 소위원회 회의의 '니코틴 함유 담배에 관한 성명서'에서 FDA의 David Kessler 위원은 다음과 같이 지적했다. 담배를 피우는 미국 성인의 2/3는 그들이 금연에 성공할 수 있다고 말하고 있다. 그리고 미국에서 매년 1,700만 명이 금연을 위해 노력하지만 1/10도 안 되는 사람만이 금연에 성공한다. 또한 성인 흡연자 4명 중 3명은 니코틴중독 증세가 있고, 10명 중 8명은 처음부터 담배를 피우지 않았어야 했다고 말한다.

Freud의 사례에서 알 수 있듯이, 흡연은 누군가에게 끊어 내기 어려운 습관일 수 있다. 하지만 그의 사례는 전형적인 것이 아니다. 아마도 그는 니코틴을 빠르게 대사시킬 수 있는 몸을 타고나서 니코틴 흡수가 빨랐거나 nAChR 소단위의 유전적 이상으로 니코틴에 의한 금단증상이 강화된 경우일 것이다. 많은 금연 치료법이 나타나기 전인 1980년대 후반에 실시된 영국의 대규모 설문 조사에 따르면, 금연은 그다지 어렵지 않은 것으로 나타났다. 금연에 성공한 사람들 중 53%는 금연이 '전혀 어렵지 않다'고 답했고 27%는 '상당히 어렵다'고 답했으며, 20%만이 '매우 어려웠다'고 답했다. 전체 흡연 인구 중 66~75%가 치료 없이도 흡연을 중단할 수 있다고 하였지만(Chapman & MacKenzie, 2010), 도움이 필요한 사람들의 경우에는 다양한 치료법을 통하여 효과적으로 금연할 수 있다. 가장 일반적이며 가장 효과적인 치료 방법 중 하나는 니코틴 대체 치료이다.

(2) 니코틴 대체 치료

니코틴 대체 치료(Nicotine Replacement Therapy: NRT)는 가장 일반적으로 사용되는 금연 전략으로서, 주요 목표는 금단증상을 감소시켜서 담배를 피우려는 충동에 저항할 수 있도록 돕는 것이다(Silagy, Lancaster, Stead, Mant, & Fowler, 2004). 니코틴 대체 치료는 더 위험한 니코틴 출처인 담배 연기 대신에 니코틴 패치, 껌, 비강 스프레이, 니코틴 캔디 또는 니코틴 흡입기와 같은 비교적 안전한 방법으로 니코틴 투여 방식을 대체하는 것이다. 이 치료는 흡입된 니코틴의 쾌감 효과를 무디게 한다. 대부분의 니코틴 대체 치료들은 흡수가 느려서 니코틴 혈중 농도를 비교적 낮게 유지시키지만, 비강 분무기와 흡입기는 다른 니코틴 대체 치료보다 니코틴이 신속하게 흡수되고 담배와 유사한 효과를 나타낸다.

모든 형태의 니코틴 대체 치료는 환자의 치료에 위약보다 더 효과적인 것으로 드러났다. 110건의 연구에 대한 메타분석에 따르면, 6개월간의 위약 투여를 통해 금연에 성공하는 비율은 약 10%이지만, 니코틴 대체 치료를 통해서 금연에 성공하는 비율은 17%에 이른다(Stead, Perera, Bullen, Mant, & Lancaster, 2008). 또 다른 메타분석에 따르면, 니코틴 껌과 패치가 가장 효과적이지 않은 반면, 흡입기, 니코틴 캔디, 비강 스프레이가 위약보다 금연 가능성이 두 배나 높은 것으로 나타났다. 패치와 같이 일정 속도를 전달하는 시스템과 비강 스프레이와 같은 갈망을 통제하는 데 사용되는 신속한 전달 시스템을 결합하면 금연 성공률이 높아진다는 연구 결과도 존재한다(McNeil, Piccenna, & Ioannides-Demos, 2010).

니코틴 대체제가 금연을 항상 성공하게 만들지는 못하지만 담배 피는 횟수를 줄이는 데는 성공적일 수 있다(Keenan, Henningfield, & Jarvik, 1995). 니코틴 대체 치료는 점차적으로 복용량을 줄이는 과정을 3개월에서 6개월 동안 계속해야 하고, 2008년 미국 임상진료지침에 따르면 12주 이하로 권고되고 있지만(Fiore, 2008), 실제로는 많은 사람들이 훨씬 더 오랜 기간 동안 치료제를 사용하곤 한다. 금연 기간 중에 있는 사람들은 재발 가능성이 있는 상황에서 니코틴 껌이나 패치를 사용하는 것이 필요하다고 생각하기 때문이다.

① 니코틴 껌

니코틴 껌(nicotine gum)은 금연을 목적으로 판매된 최초의 니코틴 대체 치료제로, 2mg 혹은 4mg 용량의 형태로 판매된다. 니코틴 껌은 이온 교환 수지에 결합된 니코틴을 함유하고 있다. 껌을 씹으면, 껌 안에 있던 니코틴이 입 안으로 천천히 방출되고, 볼 점막을 통해 흡수된다. 니코틴 껌은 행동치료와 함께, 정해진 일정에 맞춰서 사용할 때 효과적이다. 일반적인 치료 기간은 6~14주 정도이지만, 장기간 사용할수록 치료 효과가 더 좋아진다(Fiore, 2008).

니코틴 껌의 부작용으로는 딸꾹질, 속 쓰림, 복통 등이 있는데 이를 방지하기 위해서는 껌을 입 안에서 천천히 씹어야 한다. 니코틴 껌에 함유된 니코틴 중 50%만이 체내로 흡수되고, 껌을 씹기 시작한 지 30분이 지나면 니코틴의 농도가 최고치에 달하게 된다(Benowitz, 2010). 하루에 담배를 20개비보다 덜 피우는 사람에게는 니코틴 함유량 2mg이, 그것보다 많이 피우는 사람에게는 4mg이 주로 처방된다(Le Foll & George, 2007). 니코틴 껌은 턱 관절 질환이 있거나, 치아나 구강 문제가 있어 껌을 씹으면 안 되는 사람들에게는 처방해서는 안 된다.

② 니코틴 패치

니코틴 패치(경피성 니코틴)는 처방전 없이 살 수 있는 패치 형태의 금연 보조제로, 니코틴을 꾸준히 공급함으로써 환자가 니코틴 대체 치료를 계속 유지하게 만드는 데 유용하다. 보통 8주 정도의 치료가 적당하다고 알려져 있고(Fiore, 2008), 다른 형태의 니코틴 대체 치료에 비하여 상대적으로 남용의 위험성이 적다. 왜냐하면 치료가 끝나게 되더라도 금단증상이 나타나지 않거나 미약하게 나타나기 때문이다.

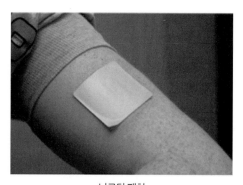

니코틴 패치

니코틴 패치는 아침에 붙이고 그날 저녁이나 다음날 아침에 떼면 된다. 10개비 이상 담배를 피우던 사람이면 가장 강한 강도의 패치를 붙여야 하고, 10개비 이하라면 약한 강도의 패치를 붙이면 된다(Benowitz, 2010). 니코틴 패치 역시 금단증상을 완화시키기 위하여 치료를 시작한 지 2~4주가 지나면 복용량을 감소시키는 것이 권장되지만, 이런 복용량의 감소가 니코틴 패치의 효과에 아무런 영향을 미치지 않는다는 메타분석 연구 결과도 존재한다(Fiore, 2008). 사실, 니코틴 패치 치료를 중단한 뒤에 임상적으로 의미 있는 수준의 금단증상이 다시 나타난다는 증거는 거의 없다. 이 치료법은 피부에 문제가 있어서 패치를 사용하는 것이 병을 악화시킬 수 있는 환자에게 사용해서는 안 된다. 또한 부착 부위 주변의 국부적인 염증과 가벼운 소화장애 등의 경미한 부작용이 있지만 다른 곳에 붙이거나 부착 시간을 줄이면 해결된다(McNeil et al., 2010).

(3) 부프로피온

부프로피온(bupropion)은 주로 노르에피네프린과 도파민의 재흡수 억제제로 작용하기 때문에 제3세대 항우울제로 간주된다. 부프로피온은 항우울제로 판매된 이후 금연에 도움이 될 수 있다는 사실이 드러났고, 추가적인 검사를 통해 금연 보조제로 판매되었다. 부프로피온은 니코틴성 아세틸콜린 수용체(nAChR)의 길항제로, 니코틴의 보상 효과와 니코틴 금단 증상의 혐오 효과를 감소시킬 수 있다(McNeil et al., 2010). 부프로피온은 일반적으로 금연을 시작하기 1~2주 전에 사용을 시작하며 하루에 300mg을 두 번 나눠서 복용하는 수준으로 복용량을 증가시킨다. 권장 치료 기간은 7~12주이지만, 금단증상을 예방하기 위해 치료 기간이 길어질 수 있다. 부프로피온은 니코틴 대체 치료와 같이 사용될 때 효과성이 증가한다(Paolini & De Biasi, 2011). 하지만 항우울제와 마찬가지로 많은 사람들은 부프로피온으로 인한 부작용을 호소하기도 하며, 그중 불면증이 가장 빈번히 보고된다(Chandler & Rennard, 2010; McNeil et al., 2010).

(4) 바레니클린

바레니클린(varenicline)은 2006년에 미국과 유럽 연합에서 금연을 위한 약물치료제로 승인받았다. 바레니클린은 제2차 세계대전 중 담배 대용품으로 사용되었던 모감주나무의 잎과 종자에서 발견되는 유기화합물인 시티신(cytisine)을 이용해 개발되었다. 바레니클린은 니코틴성 아세틸콜린 수용체의 부분 작용제다. 즉, 수용체를 부분적으로 자극하고 또한 수용체를 점유함으로써 니코틴과 같은 다른 작용제를 차단하여 효과를 발휘한다.

많은 항우울제와 같이 바레니클린도 세로토닌 재흡수 차단제인데, 니코틴 수용체에 부분적 작용제로 작용한다(King et al., 2012). 바레니클린 치료는 금연 7일 전에 시작해야 하고 복용량을 적어도 8일에 걸쳐서 하루 0.5mg에서 1.0mg으로 증가시켜 간다. 이 방법은 바레니클린의 주요 부작용인 메스꺼움을 줄이기 위해 고안되었다. 권장 치료 기간은 12주이며, 환자가 금연에 성공하면 재발을 예방하기 위해 추가로 12주 동안 지속한다.

　대부분의 시험 연구에서 바레니클린을 사용하는 사람들은 위약 대조군보다 약 2.3배 더 금연 가능성이 높다. 한 메타분석에 따르면, 바레니클린으로 치료한 환자는 부프로피온을 사용하는 환자보다 1년 안에 금연할 가능성이 1.5배 더 높았고 니코틴 대체 치료를 사용하는 환자보다는 1.3배 더 높았다(McNeil et al., 2010). 2006년에 이 약물이 FDA의 승인을 받은 이후로 바레니클린을 복용하는 사람들 중 일부에게서 공격적이고 불규칙한 행동과 자살 충동을 나타내는 부작용이 나타나기도 했다(Chandler & Rennard, 2010).

3) 아편제

　아편제(opiates) 약물은 뉴런 오피오이드 수용체에 결합한다. 오피오이드는 헤로인과 같은 불법약물에만 중독되는 게 아니라 약으로 처방되는 모르핀, 코데인, 옥시코돈과 같은 진통제를 통해서도 중독이 될 수 있다(Eagleman & Downar, 2016). 이 약물은 내인성 오피오이드 펩타이드 신경전달물질인 엔케팔린(enkephalin), 엔도르핀(endorphin) 그리고 다이놀핀(dynorphin)의 작용을 모방하여 행복감을 일으키고, 스트레스와 불안을 줄이며 무통각증을 발생시킨다. 아편제를 계속해서 사용하는 사람은 신경세포의 적응으로 인해 내성과 의존성이 생기게 된다. 이럴 경우, 아편제 사용을 중단하면 불안, 불쾌감, 메스꺼움/구토, 떨림, 땀, 복부 경련, 설사, 아편제에 대한 격렬한 갈망 등의 금단증상이 발생하게 된다. 아편제에는 양귀비(opium-poppy)에서 추출한 유기화합물인 모르핀(morphine)과 코데인(codeine), 그리고 합성약물인 헤로인(heroin)이 포함된다.

아편제 대체 치료(opiate substitution treatments)

　아편제 대체 치료의 개념은 오피오이드 중독성을 점차적으로 줄여 나가기 위해 아편 대체제를 환자에게 제공함으로써 금단증상을 방지하고, 불법 아편제의 효과를 감소시키는 것이다. 메타돈(methadone), 레보-알파-아세틸메사돌(Levo Alpha Acetylmethadol: LAAM), 부프레노르핀(buprenorphine)과 같은 세 가지 대체 약물이 FDA 승인을 받았다.

① 메타돈

메타돈(methadone)은 구강 내에서 활성화되고 작용 기간이 길며, 진정 작용 또는 황홀경을 최소한으로 일으키고 치료를 위한 적절 용량을 복용할 때 부작용이 거의 없는 합성 아편이다. 메타돈은 뉴욕의 22명의 환자를 대상으로 한 연구(Dole & Nyswander, 1965)에서 심리사회적 치료에 효과적인 약리학적 보조제로 처음 소개되었으며, 현재 전 세계적으로 사용되고 있다. 1960년대 후반부터 헤로인이나 다른 아편제에 의존하는 중독자의 치료에 메타돈이 효과적이라는 연구가 꾸준히 이루어져 왔다(O'Brien, 2005). 메타돈 치료를 위약 또는 비약리학 치료와 비교한 연구들에 대한 메타분석 결과, 메타돈 치료가 비약리학 치료보다 유의하게 헤로인 사용을 줄이고 프로그램 보존 기간을 늘린다는 것이 밝혀졌다(Mattick, Breen, Kimber, Davoli, & Breen, 2003). 또한 메타돈 치료가 아편 관련 사망률과 병적 상태를 감소시키고 HIV 전파를 줄이며, 범죄 활동을 감소시키고, 환자의 고용을 증진시키는 것으로 나타났다(Vocci, Acri, & Elkashef, 2005). 100개 이상의 대표적인 메타돈 치료 프로그램을 비교한 종단연구에서 가장 효과적으로 나타난 프로그램에서는 집중적인 심리사회 및 의료 서비스를 제공하였고 메타돈 투여에 있어 용량을 융통성 있게 조절하였으며, 하루 80mg을 초과하는 메타돈의 고용량 복용을 허용한 것으로 나타났다(D'aunno & Pollack, 2002).

메타돈 치료는 종합적인 심리치료 프로그램과 통합되어 있다. 오랜 기간 진행되는 프로그램에 참여하는 사람들이 치료 규칙을 잘 지킨다면, 만일의 사태에 대비한 계약서를 작성하고 일부 메타돈을 집으로 가져가 복용할 수 있다. 상담 회기는 중독치료에 대한 훈련이 되어 있고 이에 대한 자격이 있는 상담자와 함께 매주 진행된다. 의료 서비스, 고용 상담 및 기타 재활 서비스는 정기적으로 제공된다. 소변 독성 검사는 치료 순응도를 평가하기 위해 무작위로, 그리고 주기적으로 실시된다.

1993년에 FDA는 메타돈의 α-아세틸 유사체인 레보-알파-아세틸메사돌(LAAM)을 승인하였다. 그러나 이후 FDA는 시판 후 감시 과정에서 심장 부정맥의 출현으로 LAAM에 대한 경고를 내렸고, 오늘날 LAAM은 거의 사용되지 않는다(Vocci et al., 2005).

FDA는 2002년에 아편제 중독 치료를 위한 약물로 부프레노르핀 설하 정제와 부프레노르핀/날록손(naloxone)을 승인하였다(Vocci et al., 2005). 부프레노르핀은 의학적으로 진통제로 사용되는 부분적 μ-및 κ-작용제 아편이다. 중요한 것은 약물의 작용제 특성이 보다 낮은 투여량에서 우세하고, 길항제 특성이 보다 많은 투여량에서 우세하다는 점인데, 이러한 특성이 부프레노르핀을 오피오이드 중독에 대한 보조적 대체/유지 치료로서 사용되도록 만들었다. 164명의 아편제 사용자들을 대상으로 16주 동안 부프레노르핀 유지 관리와 메타돈 치료를 비교한 무작위 임상실험에서 불법약물 사용의 감소와 치료 유지율은 양쪽에서 유사하게 나타났다(Strain, Stitzer, Liebson & Bigelow, 1994). 또한 부프레노르핀에 대한 단계별 치료 접근법과 메타돈 치료를 비교한 6개월간의 연구에서도 동일한 치료 유지율을 나타냈다. 메타돈과 비교했을 때 부프레노르핀의 장점은 투여량을 늘리면 작용제 효과가 감소하기 때문에 약물 투여 중단 시에 금단증상이 적고 남용 가능성이 적다는 것이다.

구조화된 치료 프로그램 환경에서, 매일 부프레노르핀을 투약하는 것이 유지 관리 치료에 효과적인 것으로 나타났다. 구강을 통한 약물 투여가 효과적이지 않기 때문에 약물 투여량은 보통 설하 투여로 하루 4~16mg이 적당하다.

메타돈, LAAM, 부프레노르핀이 유지 관리에 효과가 있다는 것은 이미 여러 실험에서 증명된 결과임에도, 오피오이드 대체 치료는 여전히 논란 중에 있다. 실제로, 오피오이드 대체 치료는 가장 규제가 엄격한 치료법 중 하나이며, 미국 연방 규정에 나타난 엄격한 지침을 따른다.

② 날트렉손

오피오이드 중독 치료를 위한 또 다른 약리학적 보조 치료는 날트렉손을 이용한 길항제 치료이다. 날트렉손은 μ−, κ−, δ−오피오이드 수용체에서의 오피오이드 길항제이다. 경구 날트렉손 50mg을 1일 복용량에 맞춰 정기적으로 복용하면, 아편제의 행복감, 진통제 작용 및 진정 효과가 차단된다(Resnick, Schuyten−Resnick, & Washton, 1980). 단, 날트렉손을 처음으로 투여받는 환자는 아편제가 체내에 존재하지 않는 상태이어야 하고, 오피오이드 금단증상의 위험을 감수해야 한다. 날트렉손의 잠재적인 효과에도 불구하고 경구 날트렉손을 보조 치료로 사용한 연구에서는, 특히 사회적 지지를 받지 못하는 환경에 있거나 치료에 대한 동기가 낮은 개인에서 낮은 약물치료 순응도를 보이고, 약물치료를 도중에 그만두는 결과를 나타내는 것으로 나타났다(Capone et al., 1986). 날트렉손은 장애가 있는 전문가나 가석방자와 같이 동기가 강한 사람에게 가장 효과적이었다(Kosten & Kleber, 1984).

경구 날트렉손의 낮은 치료 순응도를 다루기 위해, 주사 가능한 여러 가지 형태의 날트렉손이 개발되었다. 체내에서 아편 물질을 제거하는 해독치료 과정에 있는 오피오이드 중독 환자에게 주 2회 상담과 날트렉손 서방정을 한 달에 1회 주사한 결과, 불법약물에 대한 의존성이 감소되었고 치료의 지속성이 향상되었다(Comer et al., 2006). 날트렉손 서방정의 하나인 비비트롤(vivitrol)은 알코올중독 치료제로 이미 시판되고 있지만, 아직 오피오이드 중독 치료제로서 FDA의 승인은 받지 못한 상황이다.

4) 마리화나

마리화나는 카나비스(cannabis)를 가공하여 만드는 마약의 일종으로 향정신성 활성 인자인 테트라하이드로칸나비놀(Tetrahydrocannabinol: THC)이 주요 성분이다. 미국 국립 알코올 남용 중독센터에 따르면, 미국 내 마리화나 사용 인구는 2001~2002년 성인인구의 4.1%에서 2012~2013년 성인인구의 9.5%로 두 배 이상 증가하는 추세를 보이고 있다(Hasin et al., 2015).

대마잎

마리화나는 미국에서 가장 많이 사용되는 불법약물이다. 마리화나를 처음 접하게 되는 나이는 보통 청소년기이며, 알코올이나 담배를 먼저 접하는 경우가 많다. 이에 따라, 일부 연구원들은 알코올이나 담배가 마리화나를 하게 되는 관문이 된다고 말하며 이는 다른 불법약물에까지 이르게 하는 수단이 될 것이라 이야기한다. 그러나 마리화나의 사용이 더 위험한 약물을 하게끔 촉진하는지는 실제로 증명하기 어렵다. 하지만 일반적으로 마리화나를 일상적으로 복용하는 사람들은 약물에 의존하게 될 가능성이 매우 높고, 금단증상을 겪을 확률이 높다. 금단증상으로는 과도한 짜증과 불안, 공격성, 우울한 기분 상태, 수면장애, 식욕저하, 마리화나를 향한 갈망 등이 있다.

마리화나 중독은 치료하기 쉽지 않은데, 대부분의 마리화나 중독자는 집중적 개입에도 불구하고 계속해서 약물을 사용하곤 하기 때문이다. 또한 심리치료(psychotherapy)는 긴 시간과 상당한 전문 임상 지식이 필요하여 많은 중독자에게 적용하기는 어려움이 따른다. 하지만 심리치료를 약물치료와 병행하여 사용하면 중독자의 약물에 대한 순응도를 강화시키고 내담자중심의 목표를 세우는 데 도움을 줄 수 있다. 물질중독 치료 장면에서 CBT(인지행동치료)나 MI(동기강화상담)와 같은 심리치료를 사용한 개입들도 약물치료와 병행했을 때 효과가 더 좋아진다.

현재는 마리화나 중독 치료와 관련하여 FDA의 승인을 받은 약물은 존재하지 않는다. 마리화나 중독이 코카인과 헤로인 중독보다 더 흔히 발견됨에도 불구하고 금단증상에 대한 정확한 진단 기준이 부족하기 때문에 아편제, 코카인, 알코올 등 다른 중독성 물질들에 대한 연구들에 비해서 마리화나 중독에 대한 실증적인 연구들은 아직 부족한 실정이다.

마리화나 관련 연구

동물을 대상으로 실행된 많은 연구들에서 마리화나의 금단증상을 평가하고(Tsou, Patrick, & Walker, 1995), 금단증상에 사용될 수 있는 작용제들을 찾아내려 노력해 왔지만 (Huang, Liu-Chen, & Kirby, 2010), 마리화나 금단증상 완화에 대한 임상연구는 제한적인 상황이다. 한 연구에서는 카나비노이드(cannabinoid) 길항제를 미리 투여한 동물에게서 리튬이 마리화나의 금단증상을 억제한다는 결과를 제시하였다. 하지만 이러한 중독에 대한 동물 연구에서 약리학적 작용제의 효과를 평가하는 것은 동물이 마리화나의 주성분인 THC를 자가투여하도록 훈련하기가 어렵다는 한계가 있다(Gardner et al., 2002). 하지만 어떤 연구자들은 성공적으로 동물을 길들여서 THC나 다른 카나비노이드를 자가투여하게끔 만들기도 했는데, 일례로 Martellotta, Cossu, Fattore, Gessa와 Fratta(1998)는 CB1길항제인 S141716을 사용하여 생쥐에게 합성 카나비노이드를 자가투여하도록 훈련시키기도 했다. 그렇지만 일반적으로 자가투여 연구는 인간에게서 효과성이 검증되어야 하기 때문에 마리화나 관련 인간 대상 연구가 더욱 필요한 실정이다.

5) 흥분제

흥분제는 중추신경계, 특히나 뇌의 기능을 항진시키는 의약품을 의미한다. 대표적인 흥분제에는 코카인, 암페타민, 카페인 등이 있는데 이제껏 흥분제의 금단증상을 완화시키기 위한 유지기 치료약으로 작용할 수 있는 약물을 찾기 위한 많은 시도들이 있었다. 이러한 약물은 금단증상을 차단하고, 흥분제에 대한 갈망을 줄이고, 정신 운동 자극제의 효과를 차단하는 효과를 가진다. 이상적으로 유지기 치료약은 중독성이 없어야 하지만 그러기 위해서는 구강으로 복용해야 하며 반감기가 긴 약물이어야 한다. 하지만 이상적인 유지기 치료약의 앞과 같은 속성은 혈중 농도를 일정하게 유지하고 신체의 요동을 제거하여 결국 중독을 유발할 수 있다. 이렇게 어려운 조건들 때문에 아직 코카인 중독이나 암페타민 중독에 대한 치료제로 공인받은 약물은 없지만, 여러 약물이 임상실험을 통하여 잠재적인 효과성을 검증받고 있다.

그중 작용제 치료는 아편중독과 니코틴중독에도 효과적으로 사용되곤 하는데, 이상적인 작용제 치료법이 되려면 치료약은 중독성 약물이 결합하는 수용체에만 작용해야 하고, 치료약이 대체하는 중독성 약물에 비해 남용의 위험이 적어야 한다. 아편중독 치료에는 느리게 효과가 나타나는 메타돈과 아편 수용체의 부분적 작용제인 부프레노르핀이 사용된다. 이와 유사하게, 니코틴 패치는 니코틴을 천천히 몸 안에 흡수시키기 때문에 니코틴중독에 대한 치료제로서 효과적으로 사용되고 있다. 하지만 코카인은 니코틴이나 아편제와는 다르게 뇌에 있는 여러 수용체에 작용하여 뇌에 다양한 영향을 미친다. 따라서 코카인중독에 대한 효과적인 작용제를 찾기란 쉬운 일이 아니며 지속해서 연구가 필요한 영역이다. 다음은 코카인과 암페타민 중독의 여러 치료 약물들에 대한 설명이다.

(1) 메틸페니데이트

ADHD 치료에 널리 사용되고 있는 메틸페니데이트(methylphenidate)는 암페타민 유사체로서 ADHD와 코카인중독 동반이환 환자들의 코카인 사용을 감소시키게 만드는 것으로 나타났다(Levin, Evans, Brooks, & Garawi, 2007). 메틸페니데이트는 코카인과 같이 세로토닌 전달체에 거의 영향을 주지 않는 도파민 전달체와 노르에피네프린 전달체의 차단제로 작용하지만 코카인과 암페타민보다 남용 가능성이 적다. 메틸페니데이트는 정맥 주사를 통해 암페타민을 과다 투여하는 환자의 암페타민 사용을 감소시키는 것으로 나타났다.

(2) 모다피닐

모다피닐(modafinil)은 도파민, 노르에피네프린, 글루타메이트 전달 및 히스타민 방출을 자극하는 복합적인 약리학적 작용을 가지는 약물로서, 인지 활성제, ADHD 치료제, 기면증 환자의 졸음 치료제로 사용된다. 이 약물은 남용 가능성이 적은 편이지만, 운동 능력 강화제로 간주되어 2004년에 세계반도핑기구(World Anti-Doping Agency)에서 금지된 각성제로 분류되었다. 모다피닐은 여러 임상실험에서 코카인 및 메스암페타민 중독 치료제로 평가되었다. 이 약물은 금단증상을 약화시키고, 갈망을 줄이며, 코카인으로부터 발생하는 쾌감을 줄인다는 측면에서 코카인 치료에 유력해 보이지만 아직 단정 짓기는 이르고(Dackis, Kampman, Lynch, Pettinati, & O'Brien, 2005), 메타암페타민 중독자에게서 나타난 치료 결과가 다양하기 때문에 결론을 내리기에는 근거가 부족한 상황이다(Karila et al., 2010).

(3) 부프로피온

부프로피온은 니코틴 아세틸콜린 수용체의 작용제로, 항우울제와 금연 보조제로 널리 사용되고 있다. 메스암페타민 사용자에 대한 임상실험에서 부프로피온이 갈망을 줄이는 것으로 나타났으나, 메스암페타민을 가끔 복용하는 사람들에게만 효과적이었고 과다 사용자에서는 그렇지 않았다(Karila et al., 2010).

(4) 경구 D-암페타민

몇몇 연구에서 암페타민(D-amphetamine)과 코카인 사용자를 위한 유지기 치료약으로서의 경구 암페타민의 효과를 시험하는 시도들이 있었다. 암페타민 남용에 대한 치료법으로 암페타민을 사용하는 것이 이상하게 보일 수 있지만, 요점은 암페타민의 주입 방식을 경구로 대체하는 데 있다. 경구는 보다 안전한 투여 경로이며, 행복감과 약물의 급속한 투여를 불러일으키는 혈중 농도의 갑작스런 변동에 별다른 영향을 주지 않는다.

(5) 날트렉손

날트렉손은 보상체계와 관련되어 있는 내인성 오피오이드 시스템에 대한 길항제이다. 동물을 대상으로 한 실험에서 날트렉손은 메스암페타민 자가투여 신호를 줄이고 암페타민 중독자의 갈망과 D-암페타민의 주관적 영향을 차단하는 것으로 나타났다. 이중 맹검, 위약 대조 시험에서 날트렉손은 중독된 외래 환자의 암페타민 사용을 감소시키는 데 효과적인 것으로 드러났다(Jayaram-Lindström, Hammarberg, Beck, & Franck, 2008).

6) 항불안제

항불안제는 불안 증세를 경감시키는 약물이며, 대표적으로 벤조디아제핀(benzodiazepine)

이 있다. 벤조디아제핀에 오랜 기간 동안 중독되었다가 벗어나고자 시도하는 사람들이 혼자서 그 과정을 헤쳐 나가는 것은 매우 어려운 일이다. 왜냐하면 치료 기간 중에 금단증상이 심할 수 있고 심각한 경련이 나타날 수 있기 때문이다. 재활은 문제에 대한 심각성을 제대로 인지하고 있는 의사의 도움을 받아 의료감독하에 수행되어야 하며, 치료는 대개 외래로 진행되지만, 경련, 정신병 증상 또는 약물을 너무 많이 복용한 경력이 있는 환자의 경우 입원이 필요할 수 있다(Higgitt, Lader, & Fonagy, 1985).

벤조디아제핀에 대한 치료법은 다른 진정제와 알코올을 해독하는 치료법과 비슷한 모습을 보이는데, 치료를 진행하는 가장 좋은 방법은 벤조디아제핀의 하루 복용량을 점차 감소시켜 나가는 것이다. 치료는 8~12주 이상 실시되어야 하며 6개월 이내에 완료되어야 한다(Lader, 2011). 이 치료는 상담, 집단치료 또는 인지행동치료와 함께 병행되었을 때 높은 효과를 보이는데, 이때 환자의 금단증상을 주의 깊게 관찰해야 한다. 또한 환자에게 예상되는 증상과 지속 기간을 정확하게 알려 주는 것이 중요하다. 때로는 자조집단과 가족 구성원의 사회적 지원을 구하는 것 또한 도움이 된다. 환자는 금단뿐만 아니라 벤조디아제핀을 처방해 치료하려 했던 증상의 재발에 대한 다양한 대응 전략을 배워야만 한다(Colvin, 1983). 또한 약물치료의 마지막 단계에서 환자는 가장 격렬한 금단증상과 불안과 공포감을 경험할 수 있음을 인지해야 한다(Lader, 2011; Smith & Wesson, 1985).

금단증상이 진정된 이후에 다양한 치료법을 시도해 볼 수 있지만 중요한 것은 환자에게 알맞은 치료전략을 구상하는 것이다. 이를 위한 치료법들에는 유사한 문제를 지닌 사람들과의 집단상담, 교육, 가족 참여, 알코올중독자와 유사한 12단계 익명의 집단치료법들이 선택권 안에 포함되어 있다.

7) 추천 도서

중독 분야의 약물치료에 대하여 더 깊은 공부를 하기 원하는 사람에게는 다음의 책들을 참고할 것을 추천한다.

Kranzler, H. R., Ciraulo, D. A., & Zindel, L. R. (Eds.). (2014). *Clinical manual of addiction psychopharmacology*. Washington, DC: American Psychiatric Pub.

Schatzberg, A. F., & DeBattista, C. (2015). *Manual of clinical psychopharmacology*. Washington, DC: American Psychiatric Pub.

Ingersoll, R. E., & Rak, C. F. (2015). *Psychoparmacology for mental health professionals: An integrative approach*. Boston, MA: Cengage Learning.

8) 약물치료 약제

다음은 약물치료 약제와 관련해서 FDA 승인 및 미승인 중심으로 정리한 표이다.

표 6-1 약물치료 약제 소개

물질	FDA 승인 약제	FDA 미승인 약제
알코올	아캄프로세이트(acamprosate) 날트렉손(naltrexone) 경구 날트렉손 날트렉손 서방정 디설피람(disulfiram)	토피라메이트(topiramate) 바클로펜(baclofen) 온단세트론(ondansetron) 올란자핀(olanzapine) 쿠에티아핀(quetiapine)
니코틴	니코틴 대체 치료 부프로피온(bupropion) 바레니클린(varenicline)	리모나반트(rimonabant)
헤로인/아편제	메타돈(methadone) 레보-알파-아세틸 메타돈(Levo-Alpha-Acetylmethadol: LAAM) 부프레노르핀(buprenorphine) 부프레노르핀 날트렉손 (buprenorphine naltrexone)	
코카인/흥분제		디설피람(disulfiram) 토피라메이트(topiramate) 모다피닐(modafinil) 바클로펜(baclofen) 비가바트린(vigabatrin) 티아가빈(tiagabine)

2. 집단상담/자조집단/가족상담

1) 집단상담

집단상담은 다양한 중독문제를 치료하는 데 공통적으로 사용되는 치료 양식이다. 집단 상담은 상담접근법 중의 하나로 개인상담을 대신하여 사용된다. 중독 분야에서 집단상담은 자조모임에서부터 심리교육이나 심리치료에까지 활용되면서 계속 발전해 오고 있다. 이는 집단상담이 가지는 인간관계 훈련의 장이라는 고유한 특징 때문이다.

집단상담은 각각의 집단원이 자신의 생각과 느낌을 다른 집단원들 앞에서 표현하는 것에 초점을 두며, 집단 내 상호작용 과정에서 자신의 문제에 대한 통찰을 얻고 행동 변화를 위한 준비를 하도록 하는 특징을 갖고 있다. 이런 점은 의사소통이 서툴고 건강한 인간관계를 유지하지 못하며 자신의 문제에 대한 조절력을 잃게 되는 중독문제의 특성을 가진 사람들을 돕는 데 유용하다. 중독문제를 치료하는 데 있어서 집단상담이 가지는 장점을 나열하면 다음과 같다.

- 집단상담은 한 명의 상담전문가가 다수의 내담자를 대상으로 동시에 지원을 제공할 수 있으므로 시간이나 비용 측면에서 효율적이다.
- 내담자의 문제가 내담자 자신에게만 있는 것이 아니라 다른 사람 역시 문제를 갖고 있다는 보편성을 내담자가 인식함으로써 소외감이 감소된다.
- 동일한 어려움을 가진 다른 사람들의 회복을 직접 목격할 수 있을 뿐 아니라, 그들이 어떻게 이겨 나가는지를 바라봄으로써 내담자들이 자신의 문제에 대해 새롭게 대처하는 방법을 배울 수 있다.
- 집단상담은 '저 사람이 할 수 있다면 나도 할 수 있어.' 하는 희망을 제공한다.
- 집단상담은 중독문제에서 회복을 경험해 보지 못한 내담자들에게 유용한 정보를 전수하고, 새로운 기술을 가르치며, 새로운 행동을 하도록 안내하는 장을 제공해 준다.
- 집단상담은 내담자가 의사소통능력을 함양하고 사회성, 친밀감을 향상시키는 기술을 개발할 기회를 제공한다.

- 집단상담은 집단원들의 가치와 능력에 대한 피드백을 제공하고, 필요에 따라 서로 돕고 지지하며, 때에 따라서는 다른 내담자에 맞설 수 있는 환경을 제공해 준다.
- 집단상담은 원가족 관계에 대한 숙고와 반영을 할 수 있는 경험을 제공한다.
- 집단상담은 집단원들이 어려워하거나 불안해하는 과제를 시연해 볼 수 있도록 격려 또는 지도하거나 강화할 수 있다.
- 집단상담은 집단원들이 중독행동이나 물질에 의존하는 대신, 삶에서의 스트레스에 대처하는 데 필요한 사회적 기술을 배우거나 재학습할 수 있는 기회를 제공한다.
- 집단상담은 회복에 꼭 필요한 지지적인 환경을 제공하는 동시에 건강한 대인관계를 구축할 수 있도록 일련의 규범을 가지고 있고, 종종 삶이 무너진 내담자의 삶에 구조와 규율을 제공해 준다.
- 집단상담은 각 집단원들이 허용적인 분위기에서 자신의 중독문제에 대하여 직면할 수 있도록 해 준다.
- 집단상담은 내담자의 회복을 돕는 지역사회의 자원과 장벽을 구체적으로 규명할 수 있도록 돕는다.
- 집단상담은 내담자 스스로 회복을 달성하기 위해 본인이 지니고 있는 회복 자원을 이해하고, 핵심적인 위험요인 및 보호요인을 개인적으로 평가할 수 있도록 지원한다.

그러나 집단상담이 모든 사람에게 적합한 것은 아니다. 집단상담의 환경은 개인상담의 환경과 동일하지 않다. 전체 집단의 욕구는 집단 내의 각 개인의 욕구와 균형을 이루어야 한다. 따라서 집단역동이나 인간관계에서 심각한 위험을 느끼는 중독장애를 가진 내담자는 집단상담을 힘겨워할 수도 있고, 또 어떤 문제는 집단 과정에서 다루는 것이 최선이 아닐 수도 있다.

(1) 집단 준비

① 집단상담자
중독 집단을 이끄는 집단상담자는 심리상담 전문가로서 정식 훈련을 받은 사람이거나 중독으로부터 회복되면서 많은 경험을 한 회복자일 수 있다. 집단상담자는 개인상담의 기술과 더불어 집단상담의 이론과 기법에 대한 훈련을 별도로 받은 사람이다. 집단상담자의 자격에 대해 보다 분명하게 알려면 한국집단상담학회의 집단상담자 훈련을 위한 전문가 기준을 참조해 보는 것이 도움이 될 것이다. 전문가 기준에서 주목해야 할 것은 집단상담자 자격을 갖추고자 하는 사람에게 집단참여 경험을 요구한다는 것이다. 집단참여 경험을 요구하는 이유는 집단에 직접 참여하여 이론을 실제에 적용하고 집단역동을 경험해 보아야 집단을 더 잘 이해할 수 있기 때문이다.

집단상담 기술은 개인상담의 기술로 충분한 것이 아니다. 집단상담에서는 바람직한 촉진 기술이 필요하다. 집단상담자는 집단의 역동이나 과정을 창출하고 집단원들을 감독하는 역할을 하는 것보다는 집단원들이 서로를 지원하도록 돕는 실천기술을 익혀야 한다. 집단상담자로부터 너무 많거나 너무 자주 주어지는 지지와 격려는 성장과 독립을 방해하는 인정─추구를 낳기 때문이다. 대표적인 집단상담 촉진기술의 몇 가지 예는 다음과 같다.

- 받은 질문을 집단에 다시 되돌리기(예, "그것은 참 흥미로운 질문이군요. 다른 분들은 그것에 대해 어떻게 생각하세요?")
- 집단원이 다른 집단원에게 직접 말하도록 요청하기(예, "당신이 느끼는 것을 철원 님에게 직접 말해 보세요.")
- 침묵을 항상 깨려고만 하지 않기
- 집단원으로 하여금 지금─여기의 과정에 대해 언급하도록 요청하기(예, "오늘 여기서 긴장감이 느껴집니다. 당신은 집단에서 무엇이 일어나고 있다고 생각합니까?")

한편, 이러한 기술들도 집단의 발달 단계 과정에 따라 달리 사용할 필요가 있다. 예를 들어, 집단상담자는 집단 초기 단계에서는 집단원들이 서로 지지하는 것의 모범이 되어 따뜻한 시선 접촉, 비언어적인 관심 기울이기, 경청 등을 주도하지만 집단 중간 단계에서는 집단원들이 언제라도 스스로 다른 집단원들을 지지하도록 강화하고 긍정적이 되도록 격려한다. 그리고 집단 후기 단계에서는 한 집단원에게 지나치게 지지를 보내지 않고 집단 스스로 그렇게 하도록 허용한다.

이 외에도 집단상담자는 집단의 역동을 잘 살피고 집단원이 집단에서 해로운 경험을 가지지 않도록, 그리고 집단의 기능과 안전에 위협이 있을 때마다 다시 안전해지도록 주의할 필요가 있다. 만일 어떤 집단원이 자신의 극심한 정서적 고통을 나누고자 한다면, 집단상담자는 공유하고자 하는 그 용기를 지지할 수 있어야 한다. 이는 정서적 해소나 카타르시스를 도울 수 있다. 동시에 집단상담자는 다른 사람의 고통스러운 경험을 듣는 누군가는 자신의 두려운 기억을 되살리면서 강렬한 정서를 유발할 수 있음을 인식하고 있어야 한다. 이러한 강력한 정서적 전염은 집단원들과 집단과정을 압도할 수 있기에, 집단상담자는 개인을 보호하기 위해서 감정적 토론에 참여하지 않을 수 있는 '개별구성원 권리보호', 즉 집단원 각자가 사적인 감정과 기분에 대한 권리가 있다는 것을 명확히 전달할 필요가 있다(ACCE, 2012).

또한 집단이 어떤 집단원에게 정보를 공개하도록 집단 압력을 가할 때, 집단상담자는 집단원들이 각자 편안함을 느끼는 수준에서 정보를 공개할 수 있음을 알릴 필요가 있다. 마찬가지로, 집단의 압력과 자신의 문제를 공유할지 여부를 결정함에 있어서 자신의 감정을 관리하는 책임이 집단원 각자에게 있음을 명확히 함으로써 경계를 보호한다. 집단상담자는 항상 집단의 작업이 계속될 수 있는 수준으로 정서를 조절하는 것에 유념해야 한다.

② 집단원

준비된 집단원들에게는 집단상담이 더욱 치료적이고 더 빠른 효과를 나타내며, 각자의 문제를 개선시키는 데 긍정적인 효과를 보인다. 이를 위해 집단 시작 이전에 집단상담자가 내담자를 만나는 사전 집단모임은 매우 유용하다. 집단작업을 위해 내담자를 준비시키는 것은 한 회기에 마칠 수도 있고 또는 여러 주에 걸쳐서 충분하게 진행할 수도 있으며, 방법도 여러 가지가 있다. 예를 들어, 집단에 대한 내담자의 적합성 여부를 집단 내 기능평가 및 변화 단계 평가를 통해 심사할 수 있으며, 집단에의 참여 의지와 참가 동기도 평가할 수 있다.

또한 사전 모임에서 집단상담자는 집단에 대한 정보를 제공하여 내담자가 선택할 수 있도록 해야 한다. 내담자가 경험했던 12단계 집단경험과 집단상담의 차이점, 집단상담의 장점과 한계, 집단이 내담자에게 특별히 도움이 되는 점, 집단의 구성 방식, 집단에서 다루는 문제들, 집단의 성격, 집단상담자의 학력과 자격, 집단원으로서 내담자가 해야 할 일, 집단상담 관계 종결에 대한 내담자의 권리, 집단상담 참석과 관련된 제반 문제들에 대한 정보를 제공하는 것은 윤리적으로도 중요하다. 특히 중독자 집단의 경우 내담자가 불법약물의 사용을 집단상담 과정 동안에 노출했을 때 일어날 잠재적이고 법적인 파급 효과에 대한 정보도 동의서 형식으로 전달해야 한다.

한편, 집단상담자는 집단상담에 대한 내담자의 기대를 확인하고 집단에 대한 오해를 정정하여 수용할 만한 긍정적인 기대수준을 갖게 하고, 집단참여에 대한 두려움을 언급하게 하여 그것을 재구성할 수 있게 돕는다. 예를 들면, 어떤 내담자는 자신이 다른 집단원들과 '다름'을 두려워할 수 있는데, 집단상담자는 다름에 대한 문제(예: 성정체성, 윤리관, 학벌, 지연 등)를 집단에서 독특한 배경을 가진 것에 대한 이점으로 강조함으로써 '문제'로 지각된 것을 '이점'으로 재구성할 수 있다. 그리고 무엇보다도 집단 내의 동의 사항, 예를 들어 출석 요건, 비밀보장의 수준, 신체적 접촉의 허용 여부, 물질사용 제한, 최소 참여 회기 요건, 시간 엄수 등 기본적 집단 규범을 내담자와 함께 정하여야 한다. 일반적으로 집단상담자는 동의서를 활용하여 내담자가 집단에 참여하기 전에 알아야 하는 것과 집단과정 동안의 내담자 권리와 책임을 교육하고 집단치료 방식이 내담자에게 적합한지 여부를 확인한다.

③ 집단에 내담자 배치 시 고려해야 할 점

내담자들을 적합한 집단에 배치하는 것은 집단치료에서 개인의 성공에 중요한 영향을 끼친다. 각 집단원의 집단 결과에 대한 평가는 치료에 있어서의 개별적인 요구에 따라 평가되어야 하기에, 집단상담자는 특정 집단에 내담자를 배치하기 전에 내담자의 성격 특성, 요구, 선호, 변화 단계, 회복 단계뿐만 아니라 집단 프로그램의 자원과 구성 가능한 집단의 성격 등을 고려해야 한다. 이때 유념해야 할 것은 다음과 같다. 우선, 집단치료에 참여하지 않기로 결정하거나 서비스를 위해 다른 프로그램에 의뢰해야 하는 내담자에 대해 비판하거나 벌칙이 가해져서는 안 된다. 개인의 필요에 맞추어진 효과적인 프로그램은 모든 내담자에게 집단에 참여할 것을 요구하지 않는다. 내담자 개인의 필요가 먼저 고려되어야 한다.

또한 어떤 내담자들은 모든 형태의 집단에 적절하지 않을 수 있음을 알아야 한다. 예를 들어, 극심한 우울 또는 사회불안장애 등의 공존 정신장애를 가진 내담자들은 집단 환경에서 잘 기능하기 어려울 수 있다. 그리고 공존 인격장애를 가진 내담자들에게는 부정적인 집단 경험을 갖거나 다른 집단원에게 부정적인 영향을 끼치는 것을 방지하기 위해서 매우 엄격하게 통제되는 집단을 제공할 필요가 있다. 특히 성적 학대와 같은 외상 경험을 가진 내담자들은 여성으로만 이루어진 집단, 남성으로만 이루어진 집단, 혹은 유사한 경험을 가진 사람들만으로 이루어진 집단과 같은 동질적인 집단을 필요로 할 수 있다. 그리고 생애 위기의 고통을 겪고 있는 내담자들은 집단에서 제공할 수 있는 것보다 더 집중적인 관심을 필요로 할 수 있기 때문이다.

④ 비밀유지

중독자 집단치료에서 우선적으로 다루어야 하는 문제는 비밀유지에 관한 것이다. 비밀유지 사항에 대한 정보를 집단상담자가 집단원들에게 설명하는 것은 매우 중요하다. 집단원이 비밀유지 동의서에 서명한 것만으로는 비밀유지를 절대적으로 보장할 수는 없다. 집단상담자는 비밀유지가 파기되는 위험을 최소화하기 위해서는 집단모임이 지속되는 동안에 정기적으로 이를 상기시키는 것이 필요하다. 또한 집단상담자는 집단을 신중하게 계획하고 집단의 기대와 한계점에 대해 구체적으로 제시함으로써 최고의 비밀유지 분위기를 만들어 가야 한다. 비밀유지에 대한 신뢰 분위기가 형성될 때, 집단은 생산적인 작업 단계로 들어갈 수 있다.

집단상담자는 비밀유지의 권리 및 중요성을 강조함과 동시에 비밀유지 예외 사항에 대해서도 반드시 설명하여야 한다. 윤리적으로 비밀유지 예외 상황은 일반적으로 '심각한 것으로 예상되는 위험으로부터 내담자나 제3자를 보호하기 위한 이유로, 혹은 법원이 비밀유지 내용을 밝히라는 요구가 있을 때'이다. 부가적으로 전염성이 높고 치사율이 높은 질병도 비밀유지 예외 사항이다. 집단상담자는 집단원들과 함께 비밀유지 파기와 관련된 상담자 윤리코드에 대해 반드시 논의하고, 윤리적이고 전문적인 사항들이 명확하게 전달될 수 있도록 비밀유지에 대한 동의서를 서면으로 작성하게 한다.

동의서 예

집단 작업을 위해서는 안전한 환경이 조성되어야 하며, 집단원들은 자신들과 집단상담자에게 기대되는 내용이 무엇인지 반드시 이해해야 합니다. 개인적 성장에 필요한 안전한 환경을 제공하는 가장 최선의 방법으로서, 여러분이 다음과 같은 내용을 이해하고 받아들일 수 있을 것으로 생각합니다.

1. 비밀엄수

집단 내에서의 이야기 내용을 공유하는 것은 불안감을 유발할 수 있으므로 집단에서 나누었던 모든 정보에 대해서는 비밀이 유지되어야 합니다. 이러한 요구는 집단 내의 어떤 구성원에게 이야기를 하였거나, 상대방의 이야기에 대한 반응으로 나누었던 어떤 정보도 집단 외부의 다른 사람들에게 누설되어서는 안 된다는 것을 의미합니다. 당신은 집단 경험에 대한 자신의 개인적 소감에 대해 집단 외부의 누군가와 이야기할 수 있을 것이고, 어느 측면에서는 그러한 발언이 장려되기도 합니다. 하지만 이러한 경우에라도 다른 사람들의 정보나 반응에 대해 언급해서는 안 됩니다.

단, 다음과 같은 조건인 경우에 한해서는 비밀로 지키지 않고 집단상담자는 정보를 경찰이나 다른 관련 기관에 보고하거나 공유해야 합니다.

1) 노인이나 아동의 학대가 의심되는 상황에 대해 상담자가 관련 기관에 보고하는 과정에서 법적 필요가 있을 때
2) 집단원 본인이나 다른 집단원에게 심각한 상해를 유발할 수 있는 위협이 있을 때
3) 법률 소송을 위한 재판 증거 확보를 요구받을 때
4) 사례발표 등 집단원의 전체 동의를 구한 후, 제3자에게 정보를 제공하기로 한 경우

2. 참석

결석 없이 꾸준히 참석하는 것이 어렵다는 것은 이해하지만 집단원들은 정해진 ○주간 의무적으로 참여해야 합니다. 또한 매주 같은 시간에 오시는 것에 동의해야 합니다. 만약 당신이 늦을 경우, 위급상황이나 질병으로 집단에 출석하지 못할 상황이라면, ○○○-○○○○로 전화하여 집단상담자에게 알려 주시기 바랍니다. 그리고 다음 집단 회기에 참여하지 못할 것을 미리 알고 있으시면, 당신의 부재 날짜를 집단원들에게 사전에 알려야 합니다.

집단에서 어떤 내용이 논의되든, 집단 활동은 언제나 정시에 끝날 것입니다. 그리고 돌아오는 다음 주 집단 시간에 그 토론을 이어 갈 수 있습니다.

어떤 집단원들은 집단에 끝까지 참여하고, 치료 성과를 알아보는 데 시간이 오래 걸리는 상황을 언짢아합니다. 만약 집단이 종결되기 전(0주 이전)에 이 활동을 그만두고자 한다면, 그리고 회기 중에 집단상담자나 다른 집단원들과 이미 이 문제를 함께 고민해 본 적이 있다면, 반드시 집단에서 작별인사를 해야 합니다. 지금은 상상하기 힘들겠지만, 집단원들은 서로에 대해 관심을 가지고 걱정하기 시작할 것이고, 당신이 아무 설명 없이 집단을 떠나면 문제가 해결되지 않은 것으로 여길 것입니다.

또한 모임을 갖기 전 음주나 약물 복용은 삼가시기 바랍니다.

(2) 집단 발달 단계

집단상담 과정에서 중요한 것은 집단이 발달 단계를 거쳐서 치료적 효과를 가진다는 것이다. 전형적인 집단 발달 단계들은 초기 단계, 중간 단계, 종결 단계이다.

① 집단 초기 단계: 집단의 시작을 준비하기

집단상담의 초기 단계는 집단 전체 기간에 따라 최소 10분 정도에 끝날 수도 있고, 여러 회기 동안 지속될 수도 있다. 초기 단계에서는 집단의 목적을 구체적으로 형성하고, 집단 규범 및 동의사항 결정으로 작업 조건들을 확립하며, 집단상담자 및 집단원들을 소개하고, 서로 간에 안전하고 응집력 있는 긍정적 분위기를 형성하면서 집단 작업이 시작된다. 이 단계에서는 주제를 둘러싼 오리엔테이션, 처음 집단에 참여하는 집단원의 불안감 다루기, 집단상담자의 역할 소개와 같은 발달과업을 이루어 간다. 집단의 형태가 비고정회원인 집단의 경우, 이 과정은 새로운 집단원이 집단에 합류할 때마다 일어날 것이다.

소개 시간에 집단상담자가 각 집단원과 친근한 미소와 짧은 환영으로 간단한 소통을 하는 것은 매우 중요하다. 이때 주의할 점은 중독 내담자들 중 많은 사람들이 물질사용장애를 가지고 있거나 정서적 혹은 신체적 학대 경험이 있다는 사실이다. 이러한 사람들에게는 단순한 관심을 나타내 보이는 것에도 불편한 감정을 야기할 수 있다. 따라서 집단상담자는 집단 내 관계가 치료 과정에서 지극히 중요한 요인이더라도 관계 형성을 서두르지 않고 개인의 정서적 안정을 우선적으로 고려해야 한다.

집단상담자는 집단이 안전하게 여겨지고 집단원들이 함께 성장하기 위해, 기본적 동의사항 외에 추가적으로 필요한 제안이나 의견이 있는지를 집단원들에게 확인하고 집단원 전원이 지켜 나갈 집단 규범을 함께 동의하여 결정한다. 솔직함, 자발성, 세심한 관여, 적절한 자기노출, 자신에 대한 통찰, 타인에 대한 무비판적 수용, 부적응적인 행동의 변화의지를 포함하는 기능적인 집단 규범을 형성하는 것은 매우 중요하다. 집단과정을 방해할 수 있는 규범들을 배제하고 집단과정을 촉진하는 기능적인 집단 규범을 형성해 나가는 것은 집단상담자에게 달려 있다. 집단상담자는 집단 내 사건에 대해 책임질 뿐 아니라 다른 집단원에게 기대되는 행동의 모델링이 된다. 집단상담자는 집단 규범에 위협이 되거나 집단 작업을 방해하는 집단원의 행동이나 집단 요인들에 즉각적이고 명료하게 반응해야 한다. 또한 집단 규범은 집단과정 중에 주기적으로 재확인되어야 한다.

집단의 시작 단계 동안, 집단원들 간에 그리고 집단원과 집단상담자 간에 형성되는 응집력 혹은 화합은 집단상담 치료 과정의 생산성에 영향을 미친다. 시작 단계에서 집단상담자는 대개 매우 협력적이고 적극적으로 활동하는데, 집단상담자는 심리교육 집단이라면 적합한 정보를 제공하거나, 심리치료 집단이라면 집단원들 간에 솔직한 상호작용을 할 수 있도록 격려함으로써 집단 작업을 촉진한다. 대부분 집단상담자들은 "당신은 효성 씨가 이야기 나눈 것에 대해서 반응하는 것처럼 보이네요. 집단에서 효성 씨가 이야기할 때, 당신에게 어떤 것이 경험되었는지 말해 줄 수 있나요?"라는 즉각적인 질문을 통해, 최대한 지금-여기에 초점을 맞춤으로써 집단 작업을 촉진한다.

② 집단 중간 단계: 생산적 변화를 향한 집단 작업

집단의 중간 단계는 집단발달 단계 중 가장 긴 단계로, 가장 활동적인 치료 작업이 일어나고 성장이 이루어진다. 중간 단계에서 집단상담자가 다루어야 하는 주요 발달과업은 내용과 과정의 균형, 저항을 주목하고 저항과 함께 구르기, 집단과 '현재 당면한' 과제에 집중하기, 건강한 상호작용 제시하기, 집단을 감독, 관리하기보다 촉진하기 등이다. 이 단계에서 집단상담자는 집단에서 분명하게 나타나는 정보와 감정들이 어떤 것인지에 대한 내용 측면과 집단원들의 상호작용이 어떻게 이루어지는지에 대한 과정 측면의 균형을 유지해야 한다. 치료는 내용과 과정이 모두 중요하다. 내용과 과정은 모두 집단원 사이를 연결하는 데 긍정적 영향을 끼치고, 이러한 상호 연결은 곧 치료 효과로 이어진다.

경험이 많지 않은 집단상담자들은 집단에서 오가는 이야기의 내용에 강력하게 집중하는 경향이 있지만, 집단상담자가 내용과 함께 더욱 주의를 기울여야 하는 것은 집단과정이다. 심리치료 집단인 과정 지향적 집단에서는 비언어적 단서들에 대해서 치료 작업의 일부분으로 적극적으로 검토할 필요가 있다. 뿐만 아니라 심리교육 집단인 내용 지향적인 집단에서도 방 안을 감도는 긴장감, 불안한 시선들과 같은 비언어적 단서들은 교육 내용을 전달하는 데 방해가 되는 측면 외에도, 집단의 역동이 나타나는 것이므로 무시해서는 안 된다.

집단은 집단원들 간의 서로 주고받는 피드백을 통해 자신의 문제를 통찰하고 행동 변화를 시도하는 인간관계 훈련의 장이므로, 집단상담자는 집단 내 상호 관계에 주의를 기울임으로써 집단원들의 성장을 도와줄 수 있다. 집단 작업 시, 집단상담자의 역할은 집단참여자들 간의 상호작용을 이끄는 것이므로, 집단원에게 단순하게 상호작용 과정에서 무슨 일이 있었는지 묻고 그것이 자신의 기분에 어떻게 영향을 끼쳤는지 탐색하는 것만으로도 충분한 경우가 많다.

집단상담자는 현재 당면한 과제에 초점을 맞추어 대처함으로써 집단원들이 집단에 집중하고 방향을 잃지 않도록 도울 수 있다. 예를 들어, 집단원들이 집단 바깥의 것들에 대해 이야기할 때, "그 상황에서 일어나고 있는 일이 이 집단에 있는 당신에게 어떤 느낌을 주는지 말해 볼까요?"라고 질문을 하거나, 집단원들이 평소보다 조용할 때, "이 방의 침묵이 당신에게 어떤 느낌을 주나요?"라고 질문을 함으로써 집단에 초점을 맞추도록 이끌 수 있다.

③ 집단 종결 단계: 마무리하기

집단의 종결 단계는 집단원들이 했던 치료 작업들에 대해 존중을 표현하고 그동안의 협력, 결속, 그리고 우정의 상실에 대해 슬퍼하고 미래를 긍정적으로 바라보도록 하는 기회로서 특히 중요하다. 집단이 전체로서 종결에 관한 합의에 도달했을 때 혹은 집단원이 집단을 떠날 때가 되었다고 결정했을 때 집단은 종결 작업을 한다. 종결 단계에서의 발달과업은 집단 경험의 마무리, 각 집단원에 대한 집단의 영향 검토, 종결로 인해 촉발된 감정 인식, 집단 경험과 각 집단원에 대한 피드백 교환, 미해결 과제 마무리, 집단에서 배운 것을 개인의 삶에서 실현하는 방법 모색 등이다.

종결 시점의 내담자는 집단에 자신이 가져온 과업을 완결한 사람, 진전 없이 한계에 도달한 사람, 또는 집단 내에서나 집단 밖의 생활에서 속상한 현실에 부딪혀 가능한 빨리 벗어나고자 도망치는 사람 등 세 가지 유형으로 나눌 수 있다. 내담자가 도망치는 사람이라면 집단상담자는 "만약 당신이 집단에 계속 남는다면 어떤 것을 할 수 있을 것으로 생각합니까?"와 같은 질문을 통해 도망치는 사람이 매우 피하고 싶었던 숨겨진 안건을 드러내도록 도울 수 있다. 주변에서 종결을 만류하는 시도를 하더라도, 중독장애를 가진 어떤 사람들은 다양한 이유로 불가피하고 급작스럽게 집단을 떠날 것이다. 집단상담자는 집단 전체에 이러한 갑작스러운 변화가 발생할 수 있다는 점에 대해 미리 주의를 주어야 하며, 집단원들이 이러한 변화에 대처할 수 있도록 도움을 줄 준비가 되어 있어야 한다.

어떤 집단 유형에서는 집단원들에게 고참 집단원이 떠날 경우 다른 사람이 그 역할을 대신할 것이라는 보장이 필요할 수 있다. 집단을 성공적으로 끝마치는 것은 중독문제를 가진 집단원들에게 매우 중요할 수 있다. 이는 상당히 오랜만에 혹은 최초로 성공한 것일 수도 있다. 그리고 집단참여를 종결하는 것은 내담자에게 종료가 또 다른 시작으로 이어지는 기회를 제공한다는 점을 이해하는 연습이 될 수 있다.

집단상담자는 집단으로부터 한 개인의 작별이든 또는 집단 전체가 집단 종료로 인한 작별이든 종결 작업에서 중요한 역할을 한다. 긍정적이고 축하받는 종결일지라도 떠남은 강력한 감정적 변화를 일으킬 수 있다. 따라서 진행 중인 집단에서 곧 떠날 사람은 약 4주 정도 전쯤에 사전 공지를 하여, 집단이 그 떠남을 수용하는 것과 관련된 감정을 다룰 수 있는 충분한 시간을 주어야 한다. 일반적으로 집단에서 함께한 시간이 오래된 집단원들일수록 종결에 더 많은 시간을 가져야 할 것이다. 어떤 집단원은 집단이나 집단상담자와의 이별을 주저한다. 주저하는 사람들 중에는 증상이 재발할 수도 있으므로 종료에 대한 두려움을 명확히 확인할 수 있도록 도와줄 필요가 있다. 또 어떤 집단원은 포기에 아주 예민하여 집단에서 자신이 그동안 이룬 성취를 부정할 수 있다. 이러한 사람에게는 일단 개선된 후에는 더 이상 상담자가 필요 없다는 점을 재확인할 수 있도록 도와준다.

(3) 집단 관리의 문제들

집단상담자는 집단 작업을 수행함에 있어서 전문적으로 관리해야 할 다양한 집단역동이 있다.

① 갈등 대처하기

집단 내에서의 갈등을 관리하는 것은 모든 집단상담자가 다뤄야 하는 주요 안건이다. 집단 내에서의 갈등은 일반적으로 정상적이며 건강한 것이고 피할 수 없는 것으로 갈등 해결을 통해 집단원들이 성장할 수 있는 기회이기도 하다. 집단상담자는 어떠한 갈등에 대해서도 감정의 수위를 관리할 수 있도록 집단원들의 언어적 및 비언어적 반응들을 아주 잘 알고 있을 필요가 있다. 집단 내에서의 갈등은 주로 다음과 같은 세 가지 범주로 나뉜다.

- 건강하지 않은 상호작용: 집단상담자는 집단에게 "잠깐만요. 지금 우리 집단에서 무슨 일이 벌어지는 것으로 보이나요?"와 같은 질문을 통해 집단원들 간의 상호작용에 주목하도록 요청함으로써 갈등 중인 집단원들 간의 상호작용을 직접적으로 다룰 수 있다. 집단상담자는 갈등의 내용보다 자신들의 느낌에 집중하도록 함으로써 갈등을 지나쳐 갈

수 있도록 도울 뿐 아니라 자신들의 갈등의 근본 원인을 깨달을 수 있도록 돕는다. 또한 집단원들 간의 언쟁이 발생한 경우에 집단상담자는 회기의 목표를 언급하며 집단원들의 주의 돌리기, 회기 시간의 제한에 대해 언급하기, 집단원들에게 그 이슈는 잠깐 보류해 두자고 요청하기, 언쟁에서 동의된 부분은 강조하고 동의되지 않은 부분은 최소화해서 요약하기와 같은 방법으로 중단시킬 수 있다.

- 은밀한 갈등: 은밀한 갈등은 기저에 숨어 있거나 갈등거리가 무엇인지 명료하게 드러나지 않은 것이다. 집단상담자는 은밀한 갈등을 알아차리고 공개함으로써 집단을 촉진시킬 수 있다. 즉, 집단원들은 집단 내에 갈등이 존재한다는 것 혹은 갈등에 주의를 기울일 필요가 있다는 것을 인식할 수 있는 것이 좀 더 편하게 느껴진다. 그러나 집단상담자가 이 갈등을 해결해야 할 책임은 없다. 일단 갈등이 인식되면, 그것에 대해 더 깊이 탐색할지 여부는 갈등이 집단에 미치는 기능과 집단 전체에 생산적일지를 고려하여 결정을 내린다. 실제로 갈등을 다루는 것은 집단 내에서 성장할 수 있는 매우 유용한 기회가 될 수 있다.

- 대체된 분노: 집단상담자는 집단의 희생양을 향한 갈등들 중에는 실제로는 집단원들이 집단상담자를 향해 느끼는 분노가 대체된 것일 수 있다는 것을 인식하고 있어야 한다. 집단상담자가 이런 상황이 의심된다면 "민수 님, 당신이 최근에 세환 님과 언짢게 지내 왔다는 것을 알았어요. 그리고 제가 당신의 직장 상사로부터 걸려 온 전화를 다룬 방식 때문에 몇 주 전부터 저에게도 약간 화가 나 있다는 것도 알아요. 민수 님이 느끼는 분노나 적개심 중에 어떤 것은 저와 관계가 있나요?"와 같은 직접적인 언급을 통해 그러할 수 있는 가능성을 집단에 공개한다.

② 하위 집단 관리

집단 안에 불가피하게 하위 집단이 형성되는 경우가 있다. 내담자들이 이전에 어떤 중독 치료를 함께 받았다든가 혹은 같은 곳에서 일하는 내담자들이 집단에 함께 참여하는 경우처럼 집단 참여 이전의 경험에 의해 자동으로 하위 집단이 만들어질 수 있다. 이런 점은 집단 상담자가 사전 모임 등을 통해 알고 있어야 할 것이다. 갈등의 경우처럼, 하위 집단이 부정적인 것만은 아니다. 집단상담자는 미약한 사회적 관계를 간신히 유지하고 있는 어떤 내담자를 집단적 관계 속으로 들어갈 수 있도록 돕기 위해 의도적으로 하위 집단을 조성할 수 있다. 예를 들어, "윤희 님, 이 사건과 관련된 당신의 경험을 좀 이야기해 주는 것이 희선 님을 도울 수 있을 거라고 생각이 됩니다." 혹은 "경수 님, 당신이 방금 말한 것에 관해 이 집단에서 또 누가 알고 있을 것이라 생각하나요?"라는 집단상담자의 연결은 집단원의 사회적 지지망을 강화해 줄 수 있다.

한편, 하위 집단이 집단에 부정적인 영향을 끼치는 경우라면 집단상담자는 다음과 같은 방식으로 관리해야 한다. "성규 님과 해수 님이 같이 뭔가 괜찮은 걸 하는 것 같던데, 누가 또 같이 하고 있지요?"와 같은 질문을 통하여, 은밀하게 이루어지고 있는 동맹을 공공연하게 만들 수 있다. 혹은 집단상담자가 하위 집단에게 "몇몇 분끼리만 이야기를 나누고 전체 집단에게는 이야기를 하지 않는 것이 집단에 도움이 되는 것은 무엇인지요?"와 같은 질문을 통해 하위 집단이 하고 있는 행동을 재구성할 수 있다. 또 어떤 경우에는 집단원들의 자리를 재배치하는 것만으로도 집단원 간의 바람직하지 않은 조합이나 동맹을 변화시키는 데 충분할 수 있다.

③ 집단 발달에 지장을 주는 집단원 행동에 대한 대처
집단의 성공적 발달에 지장을 주는 집단원 행동에 바람직하게 대처하고 집단의 흐름을 잘 관리하는 것은 집단상담자의 주요 과업이다. 집단상담자가 흔히 다루는 집단원의 문제 행동에는 다음과 같은 몇 가지 일반적인 유형이 있다.

• 말을 멈추지 않는 집단원: 어떤 집단원이 계속해서 이야기를 한다면 이는 초조한 상태이거나 아니면 그저 장황하게 이야기하는 것이다. 집단상담자는 "(그 사람이 숨을 쉬는 동안) 그것 참 흥미 있는 이야기군요. 다른 사람들은 어떻게 생각하는지 한번 들어 볼까요?"라고 한다거나, 그 사람에게 고맙다고 반응을 하고 적절한 주제를 다시 시작하거나, "다른 사람들도 이야기해 보도록 합시다."라고 제안하며 대처할 수 있다. 혹은 그 사람이 집단에서 기대하는 것에 대해 모르는 경우라면, 집단상담자는 "집단원들이 당신이 나누어 준 이야기로부터 무엇을 배우기를 바라시나요?"라고 질문하거나, 다른 집단원들에게 지금-여기의 집단 흐름에 대한 느낌을 질문할 수 있다. 한편, 집단상담자는 집단이 다른 문제를 다루는 것을 막기 위해 이런 수다를 용인하고 있는지 여부도 탐색할 필요가 있다.

- **남의 말을 방해하는 집단원**: 다른 사람이 이야기하는 도중에 끼어드는 행동은 집단 내의 대화 흐름에 지장을 주어 불만족스러운 결과를 초래한다. 집단상담자는 "금방 무슨 일이었지요?"라고 말하면서 집단 흐름을 이어 갈 수 있다. 한편, 집단상담자는 도중에 끼어든 사람에게 앞 사람의 이야기 후에 자신의 이야기를 할 수 있는 충분한 기회가 있음을 알려 주어야 하고, 이 약속을 반드시 지킬 필요가 있다.

- **회기에서 빠져나가는 집단원**: 회기에서 빠져나가는 집단원은 충동 때문에 그렇게 행동한다. 이런 충동은 집단의 다른 집단원들도 갖는 것이다. 집단에서는 이런 느낌들을 집단 내에서 함께 논의하고, 이런 감정이 일어날 때 이에 대해 어떻게 할 것인지를 결정하는 것이 도움이 된다. 집단상담자는 집단 내에서 무슨 일이 발생하든지 집단원들이 집단에서 그 문제들에 관해 이야기를 나누며 집단 밖으로 도망치려고 해서는 안 된다는 점을 강조한다. 만약 어떤 집단원이 이러한 요구를 맞추는 것이 힘들다면 집단 배치에 대해 재평가하는 것이 필요하다.

- **회기에 지각하거나 결석하는 집단원**: 집단상담자는 집단에 지각하는 집단원을 나쁜 행동을 하는 사람으로 판단하기에 앞서, 집단 동의나 집단 규범을 위반하는 행동이 가지는 메시지가 무엇인지를 탐색해 보는 것이 좀 더 생산적이다. 집단상담자는 그 집단원 혹은 다른 집단원들에게 "회기에 늦거나 회기를 결석하는 이유에 대해 아는 것이 있나요?"라고 질문할 수 있다.

- **침묵하는 집단원**: 침묵하는 집단원은 이야기를 하는 집단원과 마찬가지로 분명한 메시지를 전달하고 있다는 것을 알고 있어야 한다. 침묵의 메시지는 집단원 자신의 삶에서 혹은 다른 집단원들과 연결되는 부분에 있어서 그 집단원이 겪은 어려움에 대한 실마리를 제공해 주는 것이기도 하다. 한편으로 침묵은 표출되어야 하는 숨겨진 분노를 나타내 주는 것일 수도 있다. 만약 집단원이 계속하여 침묵한다면 집단 배치가 적절히 이루어졌는지를 다시 한번 고려해 볼 필요가 있다.

- **회기 내내 듣지 않는 집단원**: 집단이 진행되고 있을 때, 집단원의 몸은 그곳에 있어도 마음은 다른 곳에 있듯이 회기 내내 듣고 있지 않거나 집중하지 못할 때, 집단상담자는 집단에서 어떤 일이 일어나고 있는지 탐색해야 한다. 집단원 개인이 가지는 특정한 어려움으로 다룰 수도 있고, 집단이 그런 모습에 피드백을 주도록 개입할 수도 있다. 한편, 집단에서 다루어야 할 문제를 집단 전체가 회피하고 있는 것에 대한 메시지 전달인지

도 확인해 볼 수 있다.

- **다른 사람의 문제에만 참여하는 집단원**: 어떤 집단원은 자신이 집단에 가져온 문제를 이 야기하지 않으면서도 집단 내에서 다른 집단원들이 가져온 문제에 계속 관여를 함으로 써 집단 경험의 큰 도움을 받을 수 있다. 그러나 집단상담자는 "○○ 님이 이야기하는 동안 당신이 고개를 끄덕이는 걸 봤어요. 당신이 들려주고자 하는 건 무엇인가요?"라는 질문을 통해 그 집단원이 개인적인 어떤 것을 표현하도록 이끌어 줄 수 있다.

(4) 집단의 유형

① 심리치료 집단

중독문제에 개입할 때 집단 심리치료 방식이 1차적인 작업으로 선호된다. 중독으로 기능 이 심각하게 손상되어 있을 집단원들로 구성된 심리치료 집단에서는 현재 행동의 근원을 탐 색하고 통찰력을 향상시켜 집단원의 부적응적 행동 패턴을 적응적 행동 패턴으로 대체하고 자 한다. 중독 심리치료 집단상담자는 집단원의 중독문제에 집중하면서 공존 정신질환, 저 항, 집단과정을 파괴하는 행동 사이에서 균형을 잡을 수 있다. 심리치료 집단을 구성할 때, 중독 내담자 모두에게 적당한 것은 아님을 집단상담자가 알고 있어야 한다. 일반적으로 사 회적으로 불안하거나 매우 내향적인 내담자들은 집단을 잘 견디지 못하며, 집단 규칙을 어 기거나 충동조절을 못하는 내담자들은 심리치료 집단에 적합하지 않다. 또한 내담자를 집 단에 배치할 때에는 내담자가 지닌 개인적인 필요, 그리고 회복 전략을 반드시 고려하여야 한다. 집단 안에서의 해로움이나 외상으로부터 내담자를 보호하고, 집단원의 욕구나 목적 이 비슷한 사람들인가를 확인하기 위한 선별검사를 실시할 수 있다.

또한 경우에 따라서는 동일 집단에 함께 배정해서는 안 되는 내담자들도 존재하므로 주 의를 요한다. 예를 들어, 가정 폭력의 가해자들과 피해자들은 반드시 서로 다른 집단에 배정 하여야 한다. 또한 이웃, 친구, 친척, 배우자, 혹은 그에 상응하는 친분이 있는 사람은 동일 집단에 배정하여서는 안 된다(단, 가족 집단 단위로 구성하는 경우는 예외로 한다). 소규모 지역 혹은 외딴 지역의 경우, 앞의 원칙을 지켜 내담자를 배정하는 것이 불가능한 경우도 존재할 수 있다. 이러한 경우 철저한 준비와 협의로 기밀 유지에 만전을 기해야 한다.

집단상담자가 어려움을 겪는 경우는 비자발적 집단원에게 집단 심리치료를 제공하게 될 때이다. 법원명령 치료, 교정 집단, 입원환자 치료 프로그램 같은 비자발적 집단원으로 집단이 구성되는 경우, 상담 측면과 윤리 측면에서 특별한 문제에 직면하게 된다. 치료 효과가 훼손되는 것을 피하기 위해서는 비자발적 집단원이 집단에 관심을 가지고 협조하게 되도록 만들려는 노력을 해야 한다. 심리치료 집단에서 비자발적인 집단원은 집단에는 참가하지만 집단과정에는 진정으로 참여하지 않고, 적개심을 가지고 다른 사람들을 비난하기 때문에 그런 저항을 잘 다루어야 한다.

심리치료 집단은 매 회기 특별한 의제가 있는 것이 아니고 집단상담자가 집단원의 삶에서 필요한 특정 주제를 선별하고 집단원들은 그 주제에 부합한 자기 삶의 문제를 탐색하게 될 것이다. 주제는 집단의 목적을 반영하는 것이어야 한다. 중독문제로 고통받는 집단원들과의 작업에는 원가족 문제, 중독행동이나 물질사용 갈망 때문에 생기는 정서적 고통, 부정적 정서 혹은 수치심 문제를 주제로 선택할 수 있다. 또한 중독에서 회복되기 시작하는 집단원은 중독 친구나 대체기제를 잃은 상실감 혹은 이전의 생활방식을 잃은 상실감을 극복하고자 노력하고 있으므로 상실의 감정이 집단과정의 초점이 되는 경우도 있다. 중독이 지속되면서 대인관계 능력이 훼손되고 학교나 직장에서 문제를 경험하며 중독 대상에 대한 의존이 더 심해진 것이기 때문에 오래전부터 존재하던 이런 부적응의 원인을 탐색한다. 부적응 문제를 다룰 때 오래전 미해결된 과제나 무의식적 역동을 탐색하고 정화과정을 거치기도 한다. 그리고 무엇보다도 중독문제를 가진 집단원들이 다른 정신질환적 공존장애를 가진 경우, 집단원들은 중독 및 정신질환과 관련된 자신의 경험을 서로 나누는 기회를 갖는다.

심리치료 집단에서 집단상담자의 역할은 매우 중요하다. 심리치료 집단에서 집단상담자 중심 집단은 집단원들의 학습과 성장의 잠재성을 제한할 수 있다. 집단상담자 중심 집단에서는 일반적으로 집단상담자와 집단원 개개인 간의 일대일 상호작용이 연속될 가능성이 높은 반면, 집단원들의 경험적 변화를 지원하거나 참여자들 간의 진정성 있고 지지적인 상호관계를 구축하는 데 전체 집단의 역량을 사용할 가능성이 낮다. 따라서 심리치료 집단과 같은 과정 집단에서 바람직한 집단상담자의 역할은 집단을 지도하기보다 집단을 촉진하는 역할이다. 앞 장에서 서술한 집단 촉진기술을 활용하여 각 집단원이 집단상담자 및 다른 집단원들과 어떻게 상호작용하는지에 관한 집단역동에 주의를 기울이고 집단과정을 지지하고 촉진하는 것이 각 집단원의 내면 문제 통찰과 새로운 행동을 구축하는 것을 도와준다.

② 심리교육 집단

심리교육 집단은 집단원들에게 지원적인 환경을 제공하여 중독행동 또는 물질남용과 같은 주제에 대해 배울 수 있게 하고, 중독행동 또는 물질남용이 결과적으로 어떻게 사람들의 삶 속에서 그들의 가족, 직업 등의 여러 부분을 방해하는 행동을 야기하는지에 대해 교육한다. 집단원들의 교육과 자기이해 증진을 목적으로 하는 심리교육 집단은 심리치료 집단이나 다른 치료와 달리, 짜여 있는 커리큘럼과 일정을 따르는 형태로 잘 구조화된 접근이다. 심리교육 집단은 집단 회기가 시작되기 전에 주제가 이미 설정되어 있다. 과정 중심 집단이 아닌 내용 중심 집단이라고 할 수 있고, 집단의 목표달성과 진행방식에 대한 집단상담자의 책임이 크기에 집단상담자 중심 집단이라고 할 수 있다.

심리교육 집단은 특정 학습에 초점을 맞추어 집단특수적인 내용을 제공하며, 교훈적인 요소는 대개 여러 학습 스타일에 수용될 수 있도록 종종 비디오테이프, 소책자, 강의 등을 활용하여 보완한다. 그리고 역할극, 모의시험(simulation)을 교육에 적용하여 집단원들은 집단이 제공하는 자료와 집단 밖에서의 경험을 관련지어 토의한다. 때때로 숙련된 집단상담자는 집단 내에서 중요한 역할을 담당하고, 집단의 토론을 촉진한다. 그리고 집단에서 학습한 것을 집단원들이 집단 밖에서 구체적으로 시도해 볼 수 있도록 돕는 것이 집단의 목표라할 수도 있다.

심리교육 집단은 중독 예방을 위해서 유용하다. 예를 들어, 경찰관에 의해 학교 교실에서 진행되는 약물남용 저항교육(Drug Abuse Resistance Education: DARE)과 같은 프로그램은 아이들에게 술이나 약물의 해로움에 대한 교육을 하면서 동시에 자존감 향상을 도모하는 교육을 진행하여 물질남용에 대한 욕망을 근절시키고자 하는 중독 예방교육이다. 이러한 유형의 심리교육 집단은 학교, 종교기관, 직장 등 지역 내 공동체 내에서 시행될 수 있다(신성만 외, 2013).

심리교육 집단은 크게 두 종류로, 즉 기술-기반(skill-based) 심리교육 집단과 정보-기반(information-based) 심리교육 집단으로 구분할 수 있다.

기술-기반 심리교육 집단은 내담자가 안전하게 느껴지는 치료 현장에서 중독에서의 회복과 삶에 필요한 특정한 행동기술을 배우고 연습할 수 있는 기회를 제공한다. 기술-기반 집단은 내담자에게 정보를 제공하기보다 특정 회복 기술을 교육하는 데 집중하는 심리교육이다. 일반적으로 기술 훈련의 형태는 다음과 같은 것들이 있다. 주장훈련을 통해 요청이나 거절의 부드럽지만 단호한 태도를 표현하는 훈련을 하면서 주장적 행동이 공격적 행동이나 수동적 행동과의 차이점이 있음을 배우고 여러 다른 상황에서 주장하는 행동기술을 연습한다. 스트레스 관리 훈련을 통해 내담자는 자신에게 스트레스를 일으키는 상황을 확인하고 그러한 스트레스를 적절하게 대처하는 적극적 태도와 기술을 배운다. 문제해결 훈련을 통해 내담자는 다양한 문제 상황에서 문제해결 전략과 특정한 단계 적용 기술을 배운다. 또한 삶의 기술 훈련을 통해, 내담자에게 필요한 취업기술, 시간관리 기술, 합리적 사고 기술, 의사소통 기술, 금전관리 기술, 분노관리 기술 등을 학습하고 연습할 수 있다.

정보–기반 심리교육 집단은 내담자의 회복에 필요한 정보를 제공하여 중독에 대한 지식 향상에 집중한다. 이러한 집단에서 집단상담자는 전통적인 교사처럼 강의식 접근 방법을 사용하며, 집단원들에게 질문을 하는 방식으로 상호작용을 독려하기는 하지만 심리치료 집단은 물론 기술–기반 심리교육 집단보다도 훨씬 적은 상호작용이 이루어지고, 개인의 상황에 대한 접근은 거의 이루어지지 않는다. 집단상담자는 구체적이고 실제적인 정보 제공 그리고 최신의 정보와 지식을 유지하기 위한 노력이 요구된다.

심리교육 집단은 특별 관심 대상을 위한 심리교육 집단을 중독치료의 후반 단계에서 제공하는데, 이러한 집단들은 특정 집단원에게 특별히 의미가 있고 예민한 문제에 초점을 맞춘다. 특별 관심 집단의 예로서는 남성 또는 여성의 문제들, 성적 취향, HIV/에이즈 환자 집단, 범죄 경력자로서 지역사회로의 재진입을 준비하는 집단, 공존 정신적 또는 신체적 장애 집단, 성적 남용 집단 등이 있다.

가족 심리교육 집단은 정보–기반 심리교육의 일환으로 가족 구성원들에게 중독 이해, 중독이 개인과 가족에게 미치는 영향, 회복의 여러 단계, 그리고 재발의 원인과 양상 등에 대한 정확하고 자세한 정보를 제공한다. 또한 회복 중에 있는 중독문제를 가진 가족 구성원을 어떻게 지지할 수 있는지에 대하여 정보를 제공할 뿐 아니라, 가족들이 가지고 있는 일반적인 염려와 문제에 대해 상호 논의할 수 있는 지원적인 환경을 제공하는 데 초점을 맞춘다. 한편, 가족들이 이해한 중독과 회복에 대해 이야기할 수 있도록 기회를 주고, 오해가 있는 경우 수정해 준다. 무엇보다도 가족 구성원들로 하여금 중독문제가 있는 가족 구성원을 돕는 것처럼 가족들 역시 돌봄이 필요하고 스스로를 돌보도록 격려한다. 중독문제를 가진 가족 구성원으로 인한 가족들의 수치심과 죄책감의 감정을 표현하고 극복하도록 가족들의 존엄성을 인식시키고 스트레스를 다루는 새로운 방식을 학습하도록 한다.

　심리교육 집단의 질에 가장 중요한 영향을 끼치는 요소는 집단상담자의 자질이다. 집단상담자는 심리교육 서비스가 기관의 전반적인 치료적 접근에 적합하도록 교육을 구조화해야 할 뿐 아니라, 집단원들에게 양질의 교육서비스를 제공하고자 하는 동기와 흥미를 지니고 있어야 한다. 집단상담자가 여러 종류의 교육 및 훈련 집단을 진행한 경험이 많다면, 집단원 개인의 기술을 확장시키는 데 도움이 될 것이다. 또한 심리교육을 진행하기 전에 전문적 배경지식뿐만 아니라 중독 내담자와 그 가족들을 충분히 경험할 필요가 있다.

2) 자조집단

　중독자 치료 프로그램에서는 내담자들을 대상으로 자립 교육 혹은 상호 지원 교육 프로그램도 실시한다. 이러한 자조 프로그램은 전문인 상담의 대안, 혹은 발전된 형태이다. 자조집단에서는 집단의 활동을 집단원 스스로가 결정하고 관리한다. 집단원들은 공정하고 공평하게 서로를 대우하고 모두가 자신의 생각을 표현할 기회를 가진다. 자발적 모임인 자조집단은 정기적으로 일정 시간에 만나서 타인의 비난에 대한 두려움 없이 자신들이 가진 공통적인 문제, 경험, 정서를 서로 나눔으로써 정보를 공유하고 자신들의 문제에 대해 허심탄회하게 논의하고 자신들의 솔직한 감정을 표현하며 그에 대한 타인들의 피드백을 들을 수 있다. 자조집단은 집단원들 간의 교류를 통해, 서로 정서적 · 도구적 · 사회적 지지를 얻고 혼자가 아니라는 인식으로 고립감을 해소하고 문제의 보편성을 인식하며 통제감이 증진되는 변화가 이루어진다는 가정에 기초를 두고 있어, 최근에는 상호 자조집단이라고 부르기도 한다.

　중독행동에 있어서 상호 자조 프로그램의 집단원은 중독행동이나 중독물질로부터 자유로워질 수 있도록 서로 간의 힘을 북돋아 주고, 의지가 되어 주는 역할을 한다. 상호 자조 프로그램의 또 다른 특징은 바로 집단 모임이다. 집단 모임은 '개방형' 모임이 되어 일반 대중이 누구나 참여할 수 있는 것도 있고, '폐쇄형' 모임을 통해 특정 중독이 있는 사람들만 참여하도록 할 수도 있다. 모임의 진행은 소속원들이 서로 돌아가면서 맡는다. 집단 모임도 다음과 같이 여러 가지 종류로 다시 나눈다. 토의 모임은 리더가 하나의 주제와 약간의 주제 도입 발언을 한 후, 다른 소속원들이 이에 대한 의견을 공유하는 방식으로 이루어진다. 발제자 모임은 회복 과정에 있는 내담자가 자신의 경험담을 다른 소속원에게 공유하는 방식이다.

이러한 상호 자조 프로그램 중 가장 유명한 것이 바로 12단계 프로그램이다. 최초의 상호 자조집단은 익명의 알코올중독자 모임(Alcoholics Anonymous: AA)으로, 1930년대 중반 미국의 Bill Wilson 및 Bob Smith에 의해 알코올문제가 있는 사람들의 모임으로 시작되었다. 그리고 익명의 마약중독자 모임(Narcotics Anonymous: NA)이 1950년대에 개발되어 알코올이 아닌 약물의 사용 문제가 있는 사람들을 대상으로 사용되었다. 이 외에도 익명의 도박중독자 모임(Gamblers Anonymous: GA), 알코올중독자 성인자녀 모임(Adult Children of Alcoholics: ACOA), 알코올중독자 가족 모임(Al-Anon) 및 마약중독자 가족 모임(Nar-Anon)이 있다(신성만 외, 2010).

이러한 자조집단은 회복까지 12단계의 과정으로 이루어져 있는 것이 특색이다. 12단계 모형에서는 중독행동을 완전히 그만두는 것(예, 단주, 단약), 직장에서의 안정성, 안정적인 사회적 관계 유지, 건강한 신체와 정신, 영적인 힘 회복, 법률 준수 등을 목표로 추구한다. 12단계 모임은 특정 단계에 대한 토의가 이루어지는 방식이다. 모임의 종류에는 이렇게 주로 사용되는 방식 외에도 남성, 여성, 남녀 동성애자 및 기타 범주에 따라 특수하게 사용되는 것도 존재한다.

스폰서십은 12단계 회복 방식에 있어 중요한 비중을 차지한다. 스폰서는 12단계 프로그램의 소속원으로 이전에 프로그램을 성공적으로 마친 경험을 지닌 사람이다. 이들은 경험이 적은 회원과 개인적인 관계를 맺고 함께 작업한다. 스폰서는 일종의 멘토와 같은 역할을 하지만 12단계 프로그램에서는 스폰서십을 대등 관계로 본다. 이러한 프로그램들은 스폰서와 스폰을 받는 사람이 동일한 성별일 것을 강하게 권장한다.

과거 오랜 기간에 걸쳐 다양한 종류의 회복 프로그램이 AA 12단계 프로그램을 모태로 개발된 바 있다. 예를 들어, 익명의 대마초 모임(Marijuana Anonymous), 익명의 코카인 모임(Cocaine Anonymous), 그리고 익명의 담배 모임(Nicotine Anonymous) 등이 이러한 프로그램의 예이다. 12단계 집단 모임은 대부분의 국가에서 시행되고 있다. 그러나 일부 국가에서는 대도시 지역을 벗어나면 이러한 프로그램을 찾기가 쉽지 않다. 실제 모임에 참여하지 못하는 사람들을 위해서 온라인 모임을 제공하기도 한다. 물질사용장애 내담자의 가족 및 친구들을 대상으로 하는 12단계 프로그램 역시 존재하는데, 예를 들어 Al-Anon(성인 혹은 청소년 가족과 친구 대상), Alateen(고연령 아동 또는 저연령 가족과 친구 대상), Alatot(저연령 아동), Nar-Anon(모든 가족 대상)과 같은 프로그램들이 있다.

상호 자조 프로그램을 통해 다수가 그들의 중독행동을 지속하지 않는다는 사실에도 불구하고, 이 프로그램의 참여가 중독행동 감소의 주된 원인이라는 경험적 증거는 부족한 편이다. 일부 연구 결과에서는 12단계 프로그램이 회복에 효과가 있는 것으로 나타나고 있지만, 유의미한 효과는 없다고 보고하고 있는 연구도 일부 존재한다. 12단계 프로그램은 과학적인 연구가 매우 힘든데, 그 이유로 몇 가지가 있다. 먼저, 집단원이 익명이므로 참가 대상자를 자료화하는 것이 불가능하다는 점이다. 또한 연구 대상 참여 역시 자발적으로 이루어지므로 대조군의 설정이 거의 불가능하다는 점도 있다. 그 밖에 12단계 프로그램이 맞지 않는 내담자도 존재한다는 점인데, 일부 내담자는 이러한 프로그램이 지닌 종교적·정신적 측면을 싫어하는 경우도 있기 때문이다. 비록 AA 및 NA 관련 연구 결과에서는 무신론자의 경우도 프로그램을 생산적으로 활용할 수 있다고 보고되고 있으나, 집단 모임 시에는 기도문을 낭독하는 등 종교적인 색채가 가미된다. 집단 활동에 어려움을 겪는 내담자나, 다른 사람과 어울리기를 싫어하는 사람의 경우 집단 회복 프로그램을 효과적으로 사용할 수 없을 수도 있다.

그 외에 다년간에 걸쳐 다른 방식의 상호 자조 프로그램도 개발된 바가 있다. 이러한 대안적 프로그램 역시 AA와 NA 프로그램을 바탕으로 하고 있으나, 12단계 치료 접근법과는 다른 접근법을 사용하기도 한다. 절제를 위한 여성 모임(Women for Sobriety), 합리적 회복 모임(Rational Recovery), 자기관리와 회복 훈련 SMART(Self-Management and Recovery Training) 등이 있다. 그 외, 다른 종교 및 문화적 전통을 바탕으로 하고 있는 프로그램들도 존재한다. 지역 교회, 사원, 유대교 회당, 기타 종교 집단 차원에서 이러한 프로그램을 시행하고 있기 때문에, 집단원들을 더욱 넓은 지원체계로의 연계를 제공한다. 예를 들어, 회복 축하 모임(Celebrate Recovery), 이슬람 모임(Millati Islami), 원주민 모임(Native American Wellbriety Movement) 등이 있다. 이들을 좀 더 자세히 살펴보면 다음과 같다(ACCE, 2012).

절제를 위한 여성 모임은 합리적 정서행동치료(REBT)를 느슨하게 적용하는 기반을 두고, 공인 자격을 갖춘 진행자를 통해 모임을 실시하며, 회복 과정에서 여성들이 맞닥뜨리는 고유의 문제점들을 해결한다. 실제 프로그램에서는 웹 기반 모임 및 채팅도 지원한다.

합리적 회복 모임은 합리적 정서행동치료(REBT)에 바탕을 두고 있으나, 집단 모임은 갖지 않고 대신 단기 교육 지원을 통해, 집단원으로 하여금 비합리적인 신념을 버리도록 하고, AA에서 사용하는 전지 전능자에 대한 믿음 없이 중독으로부터 벗어날 수 있도록 하는 프로그램이다.

자기관리와 회복 훈련 SMART 프로그램은 RR(합리적 회복 모임)에서 파생된 프로그램으로 단기의 과학적인 합리적·정서적·행동치료에 기초하여, 중독행동 절제의 강화와 유지, 갈망 극복, 문제해결, 생활 균형과 같은 네 가지 측면을 다룬다. SMART 프로그램에서는 스폰서를 사용하지 않지만, 웹 기반 집단은 제공하고 있다.

회복 축하 모임은 기독교 기반 상호 자조집단의 하나로, 비교적 최근에 생겨난 프로그램이다. 프로그램 일부는 AA 및 NA 12단계에 바탕을 두고 있으며 알코올 및 약물중독을 활동의 대상으로 한다. 그 외에도 회복 축하 모임과 같이 종교적인 가르침과 12단계 접근법을 병행하는 프로그램들이 존재하지만 이들 프로그램은 집단원이 지닌 여러 가지 문제를 동시에 해결하기 위해 사용된다. 이들은 통상적으로 예배 활동을 포함하지만 집단원의 의사에 반하여 진행하지는 않는다. 스폰서의 역할은 신도들이 대신 수행하며, 목사, 신부 등은 물질사용장애 내담자의 회복을 돕는 역할을 한다. 미국의 경우, 회복 축하 모임은 대부분의 정신 및 마약 법정에서 상호 자조집단의 대안으로 인정받고 있다.

이슬람 모임은 전 세계적으로 활동하고 있는 프로그램으로 남녀 모두 참여가 가능하다. 집단원은 '평화의 길'을 통해 서로 한마음이 되는데, 프로그램은 코란의 종교적 원칙에 바탕을 두고 있다. 집단 활동 시에는 이슬람의 율법, 그리고 12단계 접근법에서 요구하는 치료기준이 반영되어 물질의 종류와 상관없이 회복을 도모하는 프로그램으로 구성되고 있다. 집단원은 서로의 경험과 강점, 그리고 회복에 대한 희망을 공유한다. 이러한 회복의 길을 이끄는 것은 알라의 가르침이라고 보며, 이를 통해 중독물질은 물론 부정적인 인간, 장소, 사물, 감정 등에 휘둘리지 않도록 돕는다.

원주민 모임은 White Bison Society에 의해 주창된 것이다. 이 기관은 미국 원주민 사회의 물질사용 문제에 대응하기 위해 다년간 노력해 온 기관이다. 이 프로그램은 각종 연구 조사결과, 기타의 회복 프로그램에서 미국 원주민들의 경우, 비원주민을 대상으로 하는 경우만큼의 성과를 거두지 못했다는 결과가 도출됨에 따라 창설되었다. 따라서 이 프로그램은 원주민 부족별 종교적 신앙 및 의식에 바탕을 두고 미 원주민 전통문화 내의 건전한 원칙, 법률, 그리고 전통문화의 가치를 포함하고 있다. 원주민 모임 모형은 다른 AA와 NA 형태의 집단에서도 사용되고 있고, 정신적·정서적·육체적·영적으로 균형 잡힌 사람이 되도록 모든 개개인들이 작업하여 금주하고, 건강한 공동체를 만들기 위한 공중보건 접근으로서 사용되어 오고 있다.

특정 인구 집단을 대상으로 물질사용으로 인해 수반되는 정신적 · 신체적 장애에 대처하기 위한 상호 자조집단은 다수가 존재한다. 그러나 이러한 프로그램 중 그 어느 것도 자체적으로 효과성을 검증하기 위한 연구를 진행하고 이를 문서화한 예는 없다. 물질사용장애 치료상담자는 시도 가능한 프로그램을 내담자에게 소개하고, 내담자들을 대상으로 서로 다른 프로그램들을 시도해 보도록 독려하며, 내담자가 유용한 프로그램을 선택할 수 있도록 지원하고, 가용한 상호 자조집단이 없는 경우 유용한 집단을 창조하는 옹호활동을 할 수 있도록 가급적 다양한 상호 자조 프로그램에 대한 정보를 입수하고 있어야 한다.

3) 가족상담

중독은 개인의 문제만이 아니라 가족의 문제가 될 수 있다고 일반적으로 알려져 있다. 가족 구성원 중 한 명이 중독문제를 가지게 되면, 중독자 본인뿐만 아니라 배우자나 자녀들을 비롯한 가족 전체가 심각한 영향을 받는다. 중독자 가족은 가족 구성원의 중독문제와 관련된 책임감이나 죄책감, 그리고 그로 인해 낮아진 자존감을 경험하기도 하고, 중독자 가족 구성원을 가정에 두고 있다는 수치심으로 인해 위축감을 갖기도 한다. 한편, 가족이 지닌 역기능적인 문제가 어떤 가족 구성원의 중독문제를 지속시키거나 변화를 방해하는 요인을 제공하여 중독문제를 치료하거나 회복시키는 과정에 부정적인 영향을 줄 수도 있다. 따라서 한 개인의 중독문제와 가족 간의 관계는 양방향적이며 상호 순환적인 양상을 지닌다고 할 수 있다.

중독자 가족은 중독문제를 가진 가족 구성원에게 그들이 할 수 있는 최선의 반응을 하지만, 결과적으로는 중독문제를 종료시키지 못하고 악화시키거나 유지하는 모습으로 끝나는 것이 일반적이다. 중독문제를 가진 사람이 속해 있는 가족체계는 대부분 건강하지 않은 상호작용을 하는 경향과 가족 구성원이 정서적 혹은 신체적으로 부정적 경험을 가지는 특징이 있다. 그러므로 중독문제 치료에서 효과적인 결과를 얻기 위해서는 가족 전체를 치료에 포함시킬 필요가 있다. 중독문제를 다루는 가족상담자는 중독문제를 지속시키는 가족역동에 초점을 맞추어 가족 구성원들 간의 관계 방식에서의 변화를 이루는 중재를 주로 시행한다.

가족의 간단한 참여 자체는 특정한 치료 모델이 아니다. 하지만 중독문제를 가진 사람을 치료하는 과정에 가족이 참여하면 치료 결과가 향상되는 긍정적인 결과를 이끄는 것으로 나타났다. 대부분의 치료 프로그램들은 가족 심리교육, 가족 지원 집단 그리고 가족상담을 치료적 접근의 일환으로 사용한다. 특히 청소년 물질사용장애에 초점을 맞춘 치료에서는 주로 가족체계 치료적 접근 방법을 활용하고자 한다.

가족의 참여는 다음과 같은 면에서 내담자의 회복 과정에 중요한 영향을 미친다. 가족 구성원들은 치료 전부터 내담자의 문제에 관여하여 왔고 치료가 끝난 후에도 내담자의 문제에 관여할 것이다. 가족에 대한 치료적 개입은 가족의 기능 변화를 통해 내담자의 회복에 긍정적인 영향을 미치도록 하고 내담자의 회복을 위한 가족의 지원을 증가시킬 수 있다. 또한 가족상담은 내담자의 회복에 대한 동기를 강화할 수 있다.

가족 참여의 중요한 목표는 중독문제에 대한 가족의 이해도를 높이는 것이다. 이러한 이해는 다음과 같은 면에서 가족들에게 도움을 준다. 중독문제가 어떻게 가족문제와 연관되는지 이해한다. 가족치료적 관점으로부터 중독문제의 원인과 결과를 이해한다. 가족 관계의 어떤 패턴이 회복을 지연시키는지를 이해하고 이 패턴을 변화시킨다.

가족 구성원은 또한 다음과 같은 두 가지 목표를 통해 도움을 받을 수 있다. 첫째, 가족 장점을 발견하고 구축한다. 둘째, 가족 스스로 장기간의 지지 역량을 갖춘다. 중독문제를 가지고 있는 내담자의 성공적인 회복에 가족이 중요한 역할을 할 수 있는 반면, 어떤 가족 구성원들은 내담자에게 도움이 되는 역할을 할 수 있기 위해서 먼저 치료를 받아야 하는 경우도 있다. 특히 혼란스러운 역기능 가정의 내담자는 다세대에 걸친 중독문제, 정신장애를 비롯한 기타 문제들을 안고 있는 경우가 많기 때문이다.

조기에 회복치료를 시도하며 회복치료 초기에 나타나는 현상에 대해서 가족 구성원을 준비시킨다. 가족 구성원들은 비현실적으로 문제가 조속히 혹은 완전히 해결될 것을 기대할 수 있는데 이는 구성원들을 낙심케 하고 내담자의 회복에 도움이 되는 지원 가능성을 감소시킬 수 있다. 가족 구성원들이 긴 기간 동안 지원을 할 수 있도록 독려하는 것은 매우 중요하다. 또한 재발의 신호에 대해서 교육할 수 있다. 재발의 신호에 대해서 이해하고 있는 가족 구성원은 내담자가 재발하지 않도록 도울 수 있다. 그 외에도 가족의 강점을 활용할 수 있으며 가족의 긍정적인 모습과 지원적인 행동을 통해 내담자의 회복을 독려할 수 있다.

모든 중독 가족상담이 동일한 진행 과정을 거치는 것은 아니지만, 중독자 가족을 상담하기 위해서는 먼저 가족 평가의 과정이 있어야 한다. 중독자 가족에 대한 평가는 다음과 같이 구분될 수 있다. 우선, 중독자 가족에 대한 전반적 평가가 이루어질 필요가 있다. 즉, 중독자 가족체계 내의 지위나 권력의 위치, 드러난 갈등이나 숨겨진 갈등, 의사소통 방식, 가족 신념체계, 비중독자 가족 구성원의 피해, 치료에 대한 기대, 가족의 경계, 사생활 존중의 정도 등을 사정한다. 다음으로, 중독문제를 가진 가족 구성원의 가족 내 역할을 평가할 필요가 있다. 즉, 희생자, 옹호자, 보호자, 구원자, 과장된 책임자, 중재자, 적대자, 비평가, 전문적 중재 방법을 찾는 자, 함께 중독행동에 합류한 자 등과 같은 역할을 확인하고, 그 역할에 관련된 가족력, 상황, 파생되는 문제점들을 논의한다.

중독자 가족에 대한 중재를 하기 위해서는 일반적으로 다음과 같은 목표를 설정한다.

첫째, 중독자 가족의 회복에 대한 동기를 증진한다. 가족들은 중독문제를 지닌 가족 구성원의 치료와 회복에 대해 회의적일 수 있기 때문에 가족들이 희망을 가지고 중독자를 돕게 한다. 또한 가족상담을 할 경우 중독자가 회복에 대한 동기를 가질 가능성도 커진다.

둘째, 중독문제에 대한 인식을 높인다. 중독자 가족들이 의외로 중독의 특성이나 중독문제가 가족에게 끼치는 영향을 올바로 알고 있지 않은 경우가 많기 때문에 가족 질병으로서의 중독에 관해 배우게 한다.

셋째, 중독자의 회복에 방해가 되는 가족문제를 변화시킨다. 중독자 가족들은 중독자에게만 문제가 있다고 생각하면서 가족 자체가 지니고 있는 문제는 부정하기 쉬우므로, 가족 구성원들이 가지고 있는 역기능적인 측면을 수정한다.

넷째, 회복 과정에서 가족이 현실적 기대를 형성하도록 한다. 중독자 가족들은 중독문제를 가진 가족 구성원이 단번에 회복하기를 기대하곤 한다. 이러한 기대는 중독자 본인과 가족들의 변화동기를 좌절시킬 수 있다. 가족들은 중독의 변화 단계를 배우고 회복 과정에서 예상되는 어려움과 도전들에 대해 가족 구성원들이 함께 검토해 본다.

마지막으로, 중독자 가족에 대한 장기적 지지체계를 마련한다. 중독으로부터의 회복은 장기적인 작업이기 때문에 가족 구성원들도 그 과정에 대해 준비할 필요가 있지만, 이러한 작업을 도와줄 수 있는 지지체계를 구축하는 것은 매우 중요하다. 예를 들어, 중독자 가족 자조모임이 도움이 될 수 있다.

중독자 가족상담을 진행할 때, 치료 단계에 따라 중재가 다르다. 치료 초기에는 중독에 대한 인식, 수용, 중독문제를 가진 가족 구성원으로 인한 가족 스트레스 관련 장애에 대한 이해를 촉진시킨다. 무엇보다도 중독자가 회복되었을 때의 이득을 살펴보고, 변화하고자 하는 중독자에 대한 정서적 지지 제공과 중독행동과 관련되는 요인들을 탐색하여 수정한다.

치료 중기는 중독자가 절제를 시작하고 상당 기간이 지난 후에는 치료 없이도 정상화된 경험을 하는 단계이다. 이 단계에서 중독자는 중독자 자조모임(예, AA), 중독자 가족은 가족 대상에 적합한 자조모임(예, Al-Anon, ACOA, Al-ateen)에 참여하게 한다. 이 시기에는 중독문제로 인해 손상된 가족기능의 회복에 초점을 맞추면서 중독자가 아닌 다른 가족 구성원들이 가지고 있는 문제에 대해 적극적으로 중재한다.

장기적 회복기는 오랫동안 중독행동을 하지 않고 절제를 유지하는 단계로 어느 정도 가족 스트레스나 중독문제로부터 벗어나 있는 시기이다. 이 시기에는 가족 구성원들의 숨겨진 갈등, 가족 구성원 간 의사소통 방식, 가족 신념체계, 가족의 경계 설정, 사생활 보장 문제 등 가족 구성원들의 안녕과 삶의 질을 개선하는 데 개입의 초점을 맞춘다.

이러한 치료 단계를 거쳐 회복을 이룬 가족은 건강한 가족체계를 재창조하고, 가족 구성원 각자 자신의 행위에 책임을 지며, 경계의 명료한 구축과 상호존중의 모습을 갖추고, 중독자나 타인을 돕기 전에 자기 자신을 진정으로 돌보는 것을 허용하게 된다. 중독 가족상담이 효과적이기 위해서는 다음과 같은 전략들을 사용할 수 있다(서경현 외, 2016).

- 중독자와 가족이 가족상담에서 안전감을 찾을 수 있다는 느낌을 주어야 한다.
- 중독자와 가족에게 비난받는다는 느낌을 주어서는 안 된다.
- 중독자와 가족에게 통제받는다는 느낌을 주어서는 안 된다.
- 중독자와 가족이 예상 가능한 방식으로 일관성 있게 중재한다.
- 중독자 가족들 각자가 경험한 외상을 서로 털어놓고 이야기할 수 있게 한다.
- 중독자와 가족이 사회생활에서의 변화를 분석하여 과도기를 견디어 가도록 돕는다.
- 중독자 가족들에게 중독에 대한 정보를 교육한다.
- 중독자 가족의 명시적 혹은 암묵적 규칙과 규칙 위반 시의 처벌 방식을 탐색하여 합리적으로 수정한다.
- 중독자 가족들의 부정정서나 가족 구성원 간의 거리감을 함께 탐색하고 그것이 중독에 대한 정상적 반응일지라도 교정할 수 있게 한다.
- 중독자와 중독에 의해 왜곡된 가족체계를 수정하는 것에 동기와 열정을 갖게 한다.
- 역설적 상담기법을 활용하여, 중독문제를 가진 가족 구성원에 대해 과장된 불신을 하

게 하는 '불신의 날'을 정하고, 그 외의 날에는 신뢰감을 표시하도록 하는 전략을 활용
할 수 있다.
- 가족들에게 중독자의 변화에 대한 '비평일지'를 매일 쓰게 하여 어떤 변화가 일어나는
지를 인식하게 하는 전략도 있다.
- 반대로 중독자 가족들 간에 '진심 편지'를 써서 서로 나누게 할 수 있다.
- 가족들이 의도하지 않거나 의식하지 않은 채 중독자의 중독행동을 유도했던 언행이나
행동을 탐색하여 교정한다.
- 중독자의 중독행동을 대체할 수 있는 대안행동을 가족과 함께 찾는다.
- 중독 회복자의 재발방지 전략을 가족들에게 교육하거나 함께 고안한다.

가족 구성원 중 한 명이 중독문제를 가질 때, 중독자 가족체계는 4단계에 거쳐 형성된다
(Washousky, Levy-Stern, & Muchowski, 1993).

- 첫 번째 단계는 부인 단계이다. 가족 서로 간에 혹은 다른 사람들에게 가족 구성원의 중
독행동을 숨기는 시기이다. 가족은 중독자의 행동에 대해 적당한 이유를 들어 설명하
려 하고 중독문제로 의심하는 사람들을 멀리한다.
- 두 번째 단계는 가족들이 중독자의 중독행동을 통제하고 방지하고자 시도하는 가내 치
료 단계이다. 이때 가족 역할에 큰 변화가 일어난다. 자녀가 부모를 보살피게 되고 가
족연합이 형성되기도 하며, 중독자에게만 가족이 집중하게 됨으로써 나머지 가족들의
어려움은 방치된다.
- 세 번째 단계는 혼돈 단계이다. 이제 중독이 통제불능 상태가 되어 더 이상 숨길 수 없
고, 중독문제로 인한 부정적인 결과가 발생하여 가족 갈등과 직면을 경험하며 혼란스
러워 한다. 이 단계의 배우자와 자녀들은 정서적으로 혹은 신체적으로 문제를 심각하
게 경험할 것이고 이혼이나 별거를 하겠다는 위협도 하지만 실행하지는 않는다.
- 마지막 단계는 통제 단계이다. 가족들은 중독이 큰 문제임을 인식하고 통제를 위한 시
도로 종종 감금, 이혼이나 별거 등으로 중독자를 물리적으로나 정서적으로 고립시키려
하기도 한다. 그러나 통제가 불가능한 것을 알게 되고 가족 구성원들이 무기력해진다.

치료의 성공은 가족이 어느 단계에 있느냐에 따라 영향을 받으므로, 중독 가족상담자는 가족이 현재 어떤 단계에 있는지를 평가한 후 상담을 시도해야 한다. 한 예로, Miller와 Tonigan(1996)이 만든 진단도구인 변화준비성과 치료열성척도 혹은 SOCRATES를 사용하여 가족의 변화동기 수준을 알 수 있다.

이 외에도 중독자 가족치료를 위해 상담자는 중독자 가족의 특징에 대해서 알고 있을 필요가 있다.

(1) 중독자 가족의 항상성

가족 구성원의 중독문제는 가족의 균형을 무너뜨린다. 일단 가족의 균형이 무너지면 항상성이 작용하여 나머지 가족이 균형을 잡기 위해 중독자의 중독행동에 적응하려 한다. 중독문제를 가진 가족 구성원이 중독자라는 사실을 부인하고 그 가족 구성원의 중독행동을 감싸 주기 위해 자신의 행동을 바꾼다. 중독문제를 가진 가족 구성원과 가족 전체를 보호하기 위해 다른 가족 구성원들은 종종 자신의 욕구를 희생시킨다. 가족의 균형을 위해 중독자 가족은 자신의 감정을 숨기거나 현실을 왜곡하기도 한다. 이러한 가족체계 안에서 중독자는 자신의 중독행동으로 인해 발생하는 문제에 분명한 책임을 지거나 대가를 치르지 않게 된다.

(2) 중독자의 가족체계

건강한 순기능 가족체계에는 일관성, 명확성, 합의적, 협상 가능, 규칙의 유연성, 성장 촉진, 자존심의 근원, 신뢰, 소중함, 투명함, 자율적, 상호존중, 견고하고 안전함과 같은 특징이 있다. 그러나 역기능적 가족체계에는 모순성, 불명확성, 임의성, 예측 불가능성, 역할의 경직성, 성장을 방해, 수치심의 근원, 예측하기 어려움, 불안과 염려, 역할 전도, 역할 혼란, 가족의 불균형과 같은 특징이 있다. 특히 가족이 역기능적 체계를 가지고 있을 때 가족 구성원 중에서 한 가지 또는 그 이상의 중독문제를 나타낼 수 있다.

(3) 중독자 가족의 규칙

모든 가족은 규칙을 가지고 있다. 가족 규칙은 가족생활을 조직하는 데 도움이 된다. 가족 규칙에는 '귀가시간 지키기'나 '식사자리에서 말하지 않기' 등과 같이 명시적으로 드러나는 규칙도 있지만, '제대로 하여야만 한다' '말대꾸를 하면 안 된다' 등과 같이 인간관계나 행동과 관련된 암묵적 규칙으로 드러나지 않는 규칙도 있다. 명시적이든 암묵적이든 건강한 가족의 규칙은 가족체계가 견딜 수 있는 행동 범위를 가지며 가족 모두의 욕구가 참작된다. 또한 현재 중심적이고 논리적이며 일관성이 있어 가족의 성장을 촉진한다. 반면에, 중독자 가족이 가지고 있는 규칙은 임의적이고 비논리적이며, 적용에 있어서도 일관적이지 않고 처벌에 초점이 맞추어져 있는 경우가 많다. 중독자 가족은 규칙을 강화할 목적으로 가족의 수치심을 이용하기도 하고, 어느 경우에는 규칙을 위반한 가족에게 책임을 묻지 않는다. 따라서 중독자 가족의 자녀는 자신이 무엇을 어떻게 해야 될지에 대해 혼란스러움과 불안을 느끼게 된다.

Wegscheider(1981)는 중독자 가족체계의 특징을 잘 보여 주는 세 가지 가족 규칙을 개괄하였다. 첫 번째이면서 가족들이 가장 중요하게 여기는 규칙은, 가족의 일상이 중독자의 중독행동을 중심으로 이루어져야 한다는 것이다. 일상적인 집안일, 가족놀이, 재정, 휴일 및 가족 상호작용과 같은 모든 가정생활이 중독자에 의해 좌우된 것이다. 중독자 가족의 두 번째 가족 규칙은 중독자가 자신의 중독행동에 대한 책임을 느끼지 않도록 해야 하고 중독자의 중독행동과 가족문제는 서로 관련이 없는 것으로 여겨야 한다는 것이다. 이 규칙을 보면, 중독자들이 자신의 중독행동에 대해 변명과 합리화가 많은 이유가 이해된다. 세 번째 규칙은 가족은 항상 현 상태가 유지되도록 노력해야 한다는 것이다. 중독자 가족은 일상적인 상황이 흐트러지지 않도록 하기 위해 매우 조심을 한다.

앞에서 말한 규칙에 부가하여 좀 더 최근에, Black(2010)은 중독자와 함께 살고 있는 가족에게는 다음과 같은 규칙이 있다고 주장하였다.

첫째, 말하지 않기, 즉 가족 구성원의 중독 사실을 인정하지 않고 중독의 결과에 관해 침묵한다. 이러한 가족 규칙을 갖는 중독자 가족은 가정 내에서 중독에 대해 말하는 것이 금지된다. 일반적으로 중독에 대해 언급을 하면 가족 내 정서적 친밀감이 증진되기보다 갈등이 일어나기 때문이다.

둘째, 믿지 않기, 즉 중독자의 자녀는 타인을 믿는다는 것이 얼마나 위험한지를 학습하여 자신만 믿는다. 중독자 가족체계에서는 함께 지내는 가족끼리 서로 지지하거나 격려하지도 않는다. 따라서 중독자 가족의 어린 자녀들이나 가족 구성원들은 자신의 내면 경험이나 타인에 대한 신뢰를 배우지 못하게 된다.

셋째, 느끼지 않기, 즉 어떤 감정이 느껴질 때 그 감정을 부인하고 마치 다른 사람의 일인 것처럼 생각한다. 중독자 가족은 중독자 외의 나머지 가족들의 느낌은 존중하지 않는다. 나머지 가족은 가족체계를 보존하기 위해서 현상유지를 위협하는 느낌을 저지하거나 무시해 버리기에 다른 가족들은 자신의 느낌을 숨기도록 조장된다.

가족상담학에서는 '사람이 잘못되었다고 말하기 전에 그 사람이 가지고 있는 규칙을 찾아서 변경시켜라.'라는 가르침이 있을 정도로, 가족 규칙이 개인의 삶과 행동에 미치는 영향은 매우 크다. 따라서 중독자 가족에게서 전형적으로 발견되는 암묵적 규칙을 잘 이해하는 것은 중독자 상담이나 중독자 가족상담에서 효과적인 최선의 방법을 찾는 데 도움이 된다.

(4) 중독자 가족의 역할

가족체계 내에서 어떻게 행동하고 반응해야 하는지에 대해 혼란스럽지 않기 위해, 각 개인은 진정한 자신으로 존재하기보다 자신이 해야 할 역할 행동 및 다른 가족 구성원의 역할에 자신이 어떻게 반응해야 할지에 대해 점차 인식하면서 특정 방식으로 행동하게 된다. 가족체계에서 가족 구성원이 맡는 역할 범주는 일반 범주('나는 막내')에서부터 특정 범주('나는 우리 가족의 재롱둥이')까지 다양할 수 있지만 궁극적으로는 성별, 문화, 각 가족에 따라 다를 것이다. 가족 구성원 중에 중독자가 발생하면 가족 구성원의 역할이 바뀌게 되는 경우가 많다. 물론 가족 구성원들의 역할이 문화마다 다를 수 있지만, 중독자 가족 구성원들의 역할은 같은 문화권에서도 정상적으로 받아들이기 힘든 경우가 종종 있다.

역할은 가족의 균형을 유지하고, 개인의 이미지를 보호하는 의미를 가지고 있으나, 때로는 방어적으로 사용될 수 있다. 중독자 가족의 구성원들이 중독문제를 가진 가족 구성원이 책임져야 할 문제나 결과 등을 대신하여 처리하는 역할을 맡게 되면 중독자가 자신의 문제를 깨닫는 것을 방해하거나 차단할 수 있다. 건강한 가족은 가족들의 역할이 유연하지만 중독자 가족은 역할이 경직되어 있고, 스트레스가 있을 때는 더욱 경직된다. 중독자 가정의 자녀나 다른 가족 구성원들이 심리적인 도움을 받지 않으면 평생 같은 역할에 얽매이게 될 수도 있다.

중독자 가족에서도 가족 역할은 다양하지만 Wegscheider(1981)는 중독자 가족 자녀의 특이한 역할 네 가지를 제시하고 있다(고병인, 2003).

첫째, 가족의 영웅 역할이다. 이 역할을 하는 자녀는 가족에게 가치감을 제공하는 착한 과잉 성취자로 독립적이며 책임감이 있고 지극히 성공적인 모습을 보여 준다. 이들은 가족의 고통에 책임감, 부적절감 및 분노를 느낀다. 이들은 종종 가족 전체를 돌보는 책임 있는 부모의 기능을 떠맡아야 하기에, 오래 지나면 부적응적인 모습이나 정신적으로 힘든 모습을 보인다.

둘째, 희생양 역할이다. 이 역할을 하는 자녀는 위축되고 파괴적이며 무책임한 방식으로 화, 외로움 및 거부당하고 있다는 느낌을 폭발시킨다. 이들은 문제행동을 표출하여 가족문제의 원인이 자신 때문인 것처럼 비난을 받으면서, 가족문제의 초점을 흐리게 한다.

셋째, 잊힌 아이 역할이나 없는 듯한 자식 역할이다. 이 역할을 하는 자녀는 가족의 지시사항을 잘 따르고 문제를 추가시키지 않음으로써, 관심이나 양육을 필요로 하지 않는 것처럼 냉담하고 독립적으로 보인다. 내면으로는 상처받고 외로움 및 부적절감을 갖는다.

넷째, 마스코트 역할이다. 이 역할을 하는 자녀는 고통에 찬 가족체계에 익살맞고 유머가 풍부한 모습을 보인다. 주위 사람을 즐겁게 만들어 중독의 문제로부터 주의를 분산시키려는 것이다. 내면으로는 미성숙하고 불안전함, 혼란 및 외로움을 경험한다.

(5) 중독자 가족의 경계선

경계는 가족체계에서 상위 체계와 하위 체계 간의 경계, 가족 구성원 간의 가상 울타리 또는 선으로 정의할 수 있다(Minuchin, 1974). 경계선은 개인을 타인과 신체적, 지적, 정서적 및 영적으로 구별하고, 다른 사람과 관계를 맺는 방식을 나타낸다. 일반적으로 가족 구성원 중 한 명이 중독문제를 가지게 되면, 중독자 가족의 경계선은 경직되고 유리되며 모호해진다. 즉, 가족 구성원 간의 응집력, 가족이나 타인과의 소통, 갈등에 대한 대처방식 등이 달라진다. 중독자 가족의 경계선 특징은 다음과 같다. 이들의 의사소통은 빈약하고 부정성과 갈등의 수준이 높으며 문제해결기술은 미숙하여 전체적으로 조직성과 일관성이 부족하다. 가족끼리도 서로 관계를 맺는 동안 불유쾌한 경험을 하면서 서로 서먹해지고 친밀감을 느끼기 어려워진다. 또한 중독자 가족은 중독과 관련된 비밀사항이 탄로 날까 봐 사회관계를 멀리한다. 결과적으로, 중독자 가족의 정서적 친밀감은 낮다. 가족 구성원들은 간혹 술을 같이 마시는 등의 중독행동을 함께 하면서, 인위적으로 가깝게 느끼거나 음주를 갈등 완화 수단으로 이용하기도 하는데, 이와 같은 대처는 중독문제를 더 지속시키는 작용을 하기도 한다.

(6) 공존의존

초기 AA(Alcoholic Anonymous; 익명의 알코올중독자 친목 모임)는 내담자가 알코올중독에서 벗어나고 몇 년 후에 가족들이 와해되는 현상을 발견하고, 알코올중독자가 알코올에 의존해 왔던 것과 마찬가지로 중독자 가족들은 중독자에게 매우 의존하고 있었음을 알았다. 공존의존(codependency)은 단지 알코올에만 제한되지 않고 다양한 물질중독과 행동중독에 두루 걸쳐 있는 현상이다. Melody Beattie는 "공존의존을 가진 사람은 다른 사람이 자신의 행동에 영향을 미치도록 내버려 두면서 남의 행동을 조절하려는 성향을 가진 사람"이라고 하였다. 공존의존적인 사람의 특징은 부적절한 정체감이나 정체감 상실, 자기 자신의 방치, 낮은 자존감을 예로 들 수 있다. 공존의존적인 사람은 자신의 욕구를 희생해서라도 다른 사람을 구제하고 자신의 욕구는 그 주의를 다른 데로 돌려 통제한다. 이들은 가족에게 집착하고 자신이나 배우자가 생존하려면 그 관계가 유지되어야 한다고 종종 믿는다. 공존의존자들의 여러 유형을 인식하는 것은 공존의존자들이 중독문제를 가진 배우자의 그늘에서 벗어나 주체적인 삶을 이루게 도울 수 있다(고병인, 2003).

첫째, 순교자 유형으로 이들은 배우자의 중독문제가 자신의 잘못 때문이라고 여기고 불편함, 실망, 자신의 아픔까지도 참으며 희생과 헌신을 통해 문제를 해결하려고 한다.

둘째, 박해자 유형으로 이들은 순교자 유형과 반대로 자신의 행동이 통제력을 잃고 있을 때도 자신의 불행을 직접 처리하기보다 외면화하고 극대화하면서 배우자의 행동을 비난한다.

셋째, 공모자 유형으로 이들은 중독문제를 끊은 상태를 유지하려는 노력을 방해한다. 가족 구조의 변화에 두려움을 느끼면서 중독의 협조자나 공모자가 된다.

넷째, 동반자 유형으로 이들은 알코올중독자의 술친구 역할을 하면서 중독문제를 가진 배우자와 좋은 관계를 유지하고자 같은 중독문제를 갖는 것을 선택한다.

다섯째, 냉담한 동반의존자 유형으로 배우자의 중독문제에 냉담하고 감정적인 무감각 상태가 되어 갈등을 유발하지는 않으나 인생에서 희망이나 의미를 부여하지 못하고 포기한 모습이다.

3. AA 치료공동체와 12단계 치료전략

1) AA 치료공동체

(1) AA의 역사

AA의 시작은 중독 분야의 고전이라 할 수 있는 『익명의 알코올중독자들(Alcoholics Anonymous)』(2002)에 나온다. 창시자인 Bill Wilson은 심각한 알코올 중독자였다. 그는 알코올로 인해 학위도 제대로 못 마치고 치료를 위해 병원에 입원까지 하는 등 수차례 치료를 시도했지만 거듭 실패하고야 말았다. 그러던 중에 당시 신앙운동인 '옥스퍼드 그룹 운동(Oxford Group Movement)'에 참여하면서 본격적인 치료적 경험을 하게 되었다. 이 그룹에 참여하던 멤버들은 정직, 순결, 이타심, 그리고 절대적 사랑이라는 네 가지 기본 지침을 따랐다. 즉, 함께 공유하기(sharing), 신에게 항복하기(surrendering), 이웃에게 배상하기, 그리고 거룩한 인도하심 따르기이다(Mercadante, 1996). Wilson은 옥스퍼드 신앙운동의 영향을 받아 자신의 삶이 변하기 시작했고 단주 행동에도 크게 도움이 되었다고 말한다. 이후 동료인 Bob Smith라는 의사를 만나게 되는데, 그도 역시 심각한 알코올 문제를 가지고 있던 중독자였다. 그는 의사였지만 알코올 문제로 인해 실직한 상태였다. 그때 Wilson과의 대화는 알코올중독자 Smith에게도 마음의 큰 변화를 일으키게 했다. 이 역사적인 만남으로 인해 AA 모임이 본격적으로 시작되었고 뉴욕과 아크론의 옥스퍼드 운동으로부터 배운 여섯 가지 원칙에 여섯 가지를 더하여 12단계 프로그램의 기틀을 마련하게 되었다. 12단계 치료는 과학적 근거를 추구하는 병원 장면에서 치료적 도구로 사용이 되고 있지만, 그 시작점에는 종교적 신앙운동이라는 역사적 배경이 있었다.

1935년에 옥스퍼드 그룹의 영향을 받아 시작된 AA는 초기에 여러 해 동안 신앙운동의 맥을 따르다가, 종교적 세속화의 사회적 분위기와 기독교적 색채가 너무 강하게 작용하는 것은 AA의 모임 취지와 잘 맞지 않다고 판단하여 1937년에 분리되어 나왔다. 이러한 과정에서 1938년에 AA의 원리들이 더욱 확립되었고 무신론자들과 불가지론자들의 저항이 생기지 않게 하려고 중독을 치료하는 '위대한 힘'에 대해 '하나님(God)'이라는 이름을 사용하는 것을 꺼렸다. 그렇게 AA는 격동의 시간을 거치면서 1939년 4월에 우여곡절 끝에 AA의 핵심 원리인 12단계를 담은 『빅북(The Big Book)』을 출판했다(Alcoholics Anonymous Word Service, 1984). 이후 12단계의 경험들이 축적되고 더 자세한 기술이 필요하여 1952년에 『12단계 12전통』이라는 책이 나와서 AA는 더욱 발전하게 되었다. 이러한 AA의 탄생배경에 대해 김한오(2005)는 "AA는 학자들의 이론에서 출발하여 개념화한 것이 아니라 중독자의 경험에서 출발하여 이론화하게 된 치료적 전략이다."라고 강조했다. 중독치료의 역사를 볼 때, 중독 개념은 의사, 심리치료사, 뇌과학자 등 전문가들의 노력으로 체계적으로 발전되기도 했지만, 실제 중독치료의 발달은 역설적으로 의사들에게 치료받지 못하고 스스로 치료와 회복을 경험하고 증명한 '익명의 중독자(AA)'들에 의해서 이루어졌다(조성남, 2011). 이는 주목할 만한 사실로 받아들여지고 있으며, 이전의 중독의 도덕 모델을 대체할 새로운 모델, '질병으로서의 중독'을 새로운 개념으로 받아들이게 하는 데 AA는 경험적 근거를 제시해 주었다.

(2) AA의 치료모델

AA는 앞에서 보았듯이 질병모델을 근간으로 하고 있으면서 의학적이고 종교적인 것에서 파생한 태도와 원칙이 결합되었다. 따라서 알코올에 대한 의존을 치료자에게 전이하거나 약물로서 음주 욕구를 경감시키려는 정신치료나 약물치료 접근에 비해 연속성이나 지속성이 보완된다(Brown, 1985).

AA의 목적은 중독자가 건강하게 살 수 있도록 돕는 것이다. 질병이론을 근간으로 하고 있기 때문에 절제하거나 폐해를 줄이는 것이 아니라 명확히 단주를 목표로 한다. 술에 무력함을 인정하고 고차원적인 삶의 경지에 도달함으로써 술을 완벽하게 끊는 것이다. 보다 행복하고 유익한 삶으로 인도하는 것에 큰 가치를 두고 맑은 정신을 추구하며 진정성을 가지고 도움이 필요한 사람에게 도움을 주고자 한다. 여기서 중요한 것은 스스로 돕고자 하는 자발성이다. 구성원들 간에 성장하는 모습을 서로 보여 줌으로써 모델링이 되어 주되, 절대 강요해서는 안 되며 스스로 선택해야 한다. 공동체는 중독자가 스스로 개척할 수 있도록 장을 마련해 주지만 결코 치료자가 될 수는 없다. 따라서 AA의 치료의 주체는 참여자 자신이어야 한다. 상담자와 내담자의 관계에서 내담자가 치료의 주체가 될 수 있도록 구조화해야 하듯이 AA에서 추구하는 치료적 관계는 더욱 강력한 자발성이 요구되는 작업이다. 임상적으로 효과성이 검증되고 있고 전 세계적으로 AA가 확산될 수 있었던 것이 바로 이러한 자발적 참여를 강조하기 때문이다. 공동체는 치료 참여자들이 단주(약) 및 중독 끊기를 지속적으로 하면서 실제의 삶에 적용할 수 있도록 서로 격려하고 지지하는 역할을 한다. 상담 개입 차원에서도 내담자의 변화에 대해 단순히 칭찬하는 것보다 격려하는 것이 더욱 효과적이다. 칭찬하는 것은 어떤 결과에 대해 평가하는 것이지만 격려는 내담자의 태도와 어떤 결과보다는 과정을 존중해 주는 의미가 있기 때문이다. 단주를 지속적으로 이어 가게 하는 것은 어떠한 지점에 머무는 게 아니라 계속적인 과정으로 나아가게 하는 것이기 때문에 지속적인 격려와 지지는 치료의 목표가 된다.

(3) AA의 효과성

1935년에 시작된 AA 모임은 4년 후, 100명의 구성원에 의해 경험을 바탕으로 책이 나오게 되었고 2002년에는 세계 158개국 약 250만 명으로 늘어나게 되었다(한국 A.A, GSO, 2002b). 주요 도서인 일명 'Big Book'이라고 불리는 『익명의 알코올 중독자들』은 첫 발행 이후 지금까지 3판에 걸쳐 영문판으로도 250만 부 이상 발행되었으며 그 밖에 스페인어, 프랑스어, 독일어, 일본어 등으로 발행되어 전 세계에서 이용되고 있다. 제1부는 회복의 프로그램이며, 제2부는 프로그램을 통해 회복된 개인의 경험담이 실려 있다. 2002년 7월 2판(보정판)이 새로 출판되었다(한국 A.A, GSO, 2002a). Brown(1985)은 AA의 효과성에 대해서 4단계, 즉 음주(drinking) 단계, 변화(transition) 단계, 초기 회복(early recovery) 단계, 지속적 회복(ongoing recovery) 단계로 설명하였다. 여기서 음주 단계는 문제행동을 일으키는 단계이므로 언급을 하지 않는다. 효과성을 이야기할 수 있는 단계는 다음과 같이 변화 단계 이후의 시기이다.

① 변화 단계

변화 단계는 음주에서 단주로 옮겨 가는 시기이다. 이 시기는 알코올중독자로서 음주조절력(control drinking) 상실에 대한 인식과 음주조절력 획득에 대한 인식이 공존하는 시기이며, 상당한 고립감과 불안정함을 느낀다. 의존 대상이 술에서 새로운 대상으로 옮겨지며, 마치 유아가 걸음마를 시작하는 단계에 비유될 수 있을 만큼 주위의 원조가 필요한 시기이다. 이 단계에서의 실패는 곧 재음주로의 회귀로 이어질 가능성이 높다. AA는 변화기에 있는 중독자에게 알코올을 대신할 수 있는 새로운 대상과 방법을 알려 준다. 또한 이 시기의 AA 활동은 알코올 중독자에게 고립감을 극복할 수 있는 소속감과 안정감을 제공해 준다.

② 초기 회복 단계

초기 회복 단계는 단주를 유지하는 초기 과정이다. 이 시기는 과거 중독자가 해 왔던 사고 행태나 행동체계의 변화가 구체적으로 이루어지고 있는 단계이다. 이 시기의 과업은 알코올이 배제된 방법으로 문제를 해결해 나가는 과정에서 오는 낯섦, 미숙함, 정서적 갈등을 극복해 나가는 것이다. 이 시기는 마치 어린아이가 새로운 세계로 여행을 떠나는 것에 비유될 수 있다. 중독자의 다수가 초기 회복기에서 재발한다는 점에서 이 시기는 매우 중요하게 인식되어야 한다. 초기 회복기에서 AA는 새로운 세계를 여행하는 알코올 중독자에게 알코올을 대신하는 새로운 의존 대상이 되며, 술이 없는 안전한 곳에서 만남의 기회와 갈 곳을 부여하고, 이로써 소속감과 단주에 대한 유익한 정보원으로서의 기능과 지속적으로 알코올에 초점을 유지하는 기능을 수행함으로써 단주를 행함에 따른 강력한 지지망이 된다.

③ 지속적 회복 단계

지속적 회복 단계는 단주 수행이 체계적으로 이루어지는 시기를 말한다. 중독상태에서 진정한 회복이 일어나기 위해서는 중독행동 끊기를 유지하는 행동을 지속적으로 이어 갈 수 있어야 한다. 유지하는 중에 실수나 재발을 할 수 있는 고위험 상황에 대비해야 한다. 그러므로 특정한 상황이나 취약한 문제를 예측하여 사전에 대비하도록 전략이 필요하다. 지속적인 단주 수행을 보다 효율적으로 행하기 위해서는 대인 간의 상호의존성, 강력한 지지망, 내적·외적 환경에 대한 통제력 등이 요구된다. AA 공동체는 이런 차원에서 효과적으로 제공할 수 있는 치료적 환경이 될 수 있다.

이렇게 치료적 수준의 단계적 효과성에 대해서 AA 단독적인 개입만으로도 효과가 날 수 있지만, 중독자의 임상적인 조건에 따라 다른 치료적 요인과 병행될 때 그 효과는 커질 수 있다고 보았다(Brown, 1985). 이와 관련하여 Emrick(1997)은 AA의 치료적 요인에 관하여 AA 후원자의 원조, 12단계의 실천, AA 집단의 진행, 참여에 대한 열정의 증가 등을 제시하였고 위기 시 AA의 구성원으로부터의 즉각적 원조와 12단계 중 특히 1, 2단계의 실천을 중요한 치료적 요인으로 보았다.

(4) AA 모델과 상담

중독치료를 위한 상담학에서 AA의 모델은 중독의 대중화 관점에서도 중요한 위치를 차지하고 있지만, 상담의 치료적 효과 및 실제에 있어서도 큰 연관성이 있다.

① 상담적 구조 제공

AA 모임은 중독문제를 가진 개인들에게 정서적 지지와 상담적 지원을 제공한다. 참가자들은 자신의 경험을 나누고, 서로의 문제를 경청하며, 정서적 지원을 바탕으로 치료적 경험을 한다. 이는 상담학에서 강조하는 공감적 이해와 반영적 경청을 기반으로 한 감정적 지지를 적극적으로 활용하는 것이다. 구조적인 차원에서는 AA의 12단계 프로그램은 체계적인 회복 과정을 제공하며, 이는 상담학에서의 구조적 상담 기법과 연결된다. 단계별 접근을 통해 중독문제를 해결하고 회복을 도모하는 구조적 기능이 있다.

② 자기인식 및 변화 촉진

AA 모임에서는 참가자들이 자신의 중독문제와 행동 패턴을 자각하고 탐구한다. 이는 상담학에서 자아 탐색과 자기 이해를 통해 개인의 문제를 인식하고 변화의 기회를 제공하는 것과 같다. 예를 들면, AA의 4단계에서는 자신의 문제를 깊이 탐색하기 위해 자기평가를 한다. 이때 중독자의 행동, 감정, 생각의 패턴을 분석하고 인식할 수 있다. 자신의 감정과 행동을 기록하며, 자신의 행동 패턴과 문제점을 발견하는 데 도움을 준다. 과거를 돌아보며 이를 해결하기 위한 계획을 세운다. 자신의 신념과 가치관이 자신의 중독행동에 어떻게 영향을 미쳤는지, 자기 이미지를 검토하고 긍정적인 정체성을 형성하려고 한다. 변화 촉진을 위하여 12단계 프로그램은 개인의 행동과 사고를 변화시키기 위한 구체적인 가이드를 제공한다. 이는 상담학에서의 변화 촉진 기법과 맞닿아 있다. 참가자들은 자신의 행동 패턴을 바꾸고, 새로운 삶의 방식을 채택해 나감으로써 변화를 촉진한다.

③ 상호작용과 안전망

AA 모임은 중독자들이 서로의 경험을 공유하며 상호작용하는 공간이다. 이러한 상호작용은 상담학에서의 집단상담과 유사하며, 집단 내 상호작용을 통해 개인의 문제를 다루고 회복을 지원한다. 집단치료의 핵심은 집단의 역동성을 활용한 집단 응집성을 발휘하는 것이다.

AA는 초기에 중독적 특성의 역동성을 드러내고 강한 집단의 응집성을 경험함으로써 중독회복의 효능감을 경험하게 된다. 또한 지지그룹을 통해 사회적 지지와 네트워크를 형성하며, 이는 상담학에서 강조하는 지지체계의 역할과 관련이 있다. 정기적인 모임 참여를 통해 지속적인 지지와 격려를 받을 수 있어서 유지 효과를 높일 수 있다. 또한 비판 없는 안전한 공간을 제공하여 참가자들이 자유롭게 자신의 문제를 이야기할 수 있도록 한다. 이는 상담학에서 안전한 상담 환경을 제공하는 원칙과 일치하며, 참여자들이 개방적이고 솔직한 대화를 촉진한다.

④ 영적 접근와 내면의 성장

Robert L. Twerski(2000)는 "중독적 사고는 비영적이고 비중독적 사고는 영적이다."라고 했다. 영성의 반대 극단에는 중독적 사고와 행동이 존재한다. 실제로 중독행동은 영적이지 않은 삶의 특성과 연결된다. AA는 이를 전제로 치료공동체를 활용하고 있다. AA 모임은 '종교적이지 않지만 영적인(Spiritual But Not Religious: SBNR)' 접근을 통해 회복을 추구한다. 이는 상담학에서의 영적 상담 또는 내면적 성장을 추구하는 궁극적 목표와 관련이 있다. 인본주의 심리학에서 Maslow와 Rogers가 강조하는 자기실현의 특성과 일치한다. 중독자는 개인의 종교와 무관한 영적 성장을 통해 회복과 자기 계발을 도모한다. 12단계 과정에서 개인은 내면적 성장을 경험하고, 자기 이해를 깊게 하며, 이는 상담학에서의 개인적 성장과 자기 계발의 목표와 같다고 할 수 있다.

이처럼 AA 모델과 상담학은 정서적 지원, 자기 발견, 변화 촉진, 상호작용, 영적 접근 등 여러 면에서 치료적 자원과 원칙을 공유할 뿐만 아니라 서로 보완적 기능이 있다. AA 모델은 상담학의 이론과 기법을 실제 회복 과정에 적용하는 중요한 모델로 기능한다고 볼 수 있다. 이러한 관계성을 보면, AA 모델의 12단계 치료가 중독치료 현장에서 활용도가 높고 효과성 또한 높다는 평가를 받는 이유를 탐색할 수 있다.

2) 12단계 치료의 원리

(1) 12단계의 특징

12단계는 AA와 같은 치료공동체와 유사 프로그램에서 주로 활용된다. 중독회복 경험을 기반으로 만들어진 Prochaska와 DiClements(2005)의 '변화단계모델(transtheoretical model of change)'처럼 경험모델에서 출발하여 이론화되었다. 어느 알코올중독자의 변화에서 시작된 이 접근법은 이제는 뇌과학 기반으로 하고 있는 의료적 환경에서도 활용되고 있다. 알코올중독자들은 12단계에서 추구하는 방법을 지속적으로 실천해 나가다 보면 강박적인 중독행동이 개선되고 궁극적인 삶의 변화가 일어난다는 것을 확신했다. 더 나아가 그들은 자신들뿐만 아니라 타인의 삶에도 영향을 끼칠 수 있음을 발견하게 되었다. 그래서 가톨릭 수녀 Mary E. Mortz(2012)는 "12단계는 사실상 영적인 여정이고 영적 여정의 원칙들이 그들의 삶의 모든 영역에서 속속들이 스며든다."고 했다.

12단계에서 진행되는 치료의 과정은 마치 영적인 여정과 비슷하다. 그래서 많은 영적 성장을 위한 프로그램에 접목되기도 한다. 하지만 비영적이고 비종교적인 사고를 하는 내담자에게는 이질적으로 보일 수 있다. 따라서 상담자는 이 점을 잘 고려해서 기술적으로 융합해 활용할 필요가 있다. 12단계 접근법을 일련의 여정으로 볼 때, 각 단계는 생활 전반에 거쳐서 반복적으로 적용된다. 그 과정에서 새로운 도전에 직면하게 되고 특정한 영역에서 강력한 통찰(insight)이 자발적으로 일어난다. 이러한 자발적 통찰은 삶의 의지나 동기를 강화해 치료적 효과를 가지고 온다. 따라서 중독치료를 위한 접근법 중에서 유일무이한 완벽한 치료법은 판명되지 않았지만, 현재 임상에서 가장 효과적인 모델로 인정받고 있는 것 중에 하나가 AA이며 이 그룹의 대표적 치료 접근이 12단계이다.

(2) 12단계의 개념

AA에서 추구하는 완전체는 총 12단계를 거친다. 왜 12단계인가 할 때, 12단계의 기원은 성서적 전통에 기인한다고 추측할 수 있지만 12는 숫자상 완전함의 전통에 따른다. 그래서 12단계와 12전통(한국 A.A. GSO, 2002a)에서는 "AA의 12단계들은 그 성격상 영적인 원칙의 집합체"로 부른다. 또한 "이것을 생활방식으로 적용한다면, 음주에 대한 강박관념을 없앨 수 있으며, 고통받고 있는 사람이 행복해지고 모든 면에서 쓸모 있는 사람으로 바뀔 수 있다."라고 한다. 그뿐만 아니라 중독자가 아니더라도 여러 사람이 12단계를 실천한 결과, 생활에서 겪는 다른 어려운 문제들도 해결해 나갈 수 있다고 말하고 있다. 즉, 12단계 접근은 알코올 문제가 있는 사람들이 단주하는 행동 이상의 의미가 있다는 것이다. 따라서 알코올중독자이든 혹은 그렇지 않든 간에 많은 사람에게 행복하고 유용한 생활을 할 수 있도록 해

준다(한국 A.A. GSO, 2002a).

다음은 12단계의 내용이다.

- 1단계: 우리는 알코올에 대하여 무력했으며 우리의 삶을 수습할 수 없게 되었다는 것을 시인했다. (We admitted we were powerless over alcohol-that our lives had become unmanageable.)

- 2단계: 우리 자신보다 더 큰 힘이 우리를 정신적인 건강으로 회복시킬 수 있음을 믿게 되었다. (Came to believe that a power greater than ourselves could restore us to sanity.)

- 3단계: 우리의 의지와 우리의 삶을 우리가 이해한 하나님(신)에게 맡기기로 결심했다. (Made a decision to turn our will and our lives over to the care of God as we understood Him.)

- 4단계: 두려움 없이 우리 자신에 대한 도덕적 검토를 했다. (Made a searching and fearless moral inventory of ourselves.)

- 5단계: 우리의 잘못에 대한 정확한 본질을 신과 자신에게, 그리고 다른 어떤 사람에게 시인했다. (Admitted to God, to ourselves, and to another human being the exact nature of our wrongs.)

- 6단계: 신께서 이러한 모든 성격상의 결점을 제거해 주시도록 완전히 준비했다. (Were entirely ready to have God remove all these defects of character.)

- 7단계: 겸손하게 신께서 우리의 단점을 없애 주시기를 간청했다. (Humbly asked Him to remove our shortcomings.)

- 8단계: 우리가 해를 끼친 모든 사람의 명단을 만들어서 그들 모두에게 기꺼이 보상할 용기를 갖게 되었다. (Made a list of all persons we had harmed, and became willing to make amends to them all.)

- 9단계: 어느 누구에게도 해가 되지 않는 한, 할 수 있는 데까지 어디서나 그들에게 직접 보상했다. (Made direct amends to such people wherever possible, except when to do so would injure them or others.)

- 10단계: 인격적인 검토를 계속하여 잘못이 있을 때마다 즉시 시인했다. (Continued to take personal inventory and when we were wrong promptly admitted it.)

- **11단계**: 기도와 명상을 통해서 우리가 이해하게 된 대로의 신과 의식적인 접촉을 증진하려고 노력했다. 그리고 우리를 위한 그의 뜻만 알도록 해 주시며, 그것을 이행할 수 있는 힘을 주시도록 간청했다. (Sought through prayer and meditation to improve our conscious contact with God as we understood Him, praying only for knowledge of His will for us and the power to carry that out.)

- **12단계**: 이런 단계들의 결과, 우리는 영적으로 각성되었고 알코올중독자들에게 이 메시지를 전하려고 노력했으며, 우리 일상의 모든 면에서도 이러한 원칙을 실천하려고 했다. (Having had a spiritual awakening as the result of these steps, we tried to carry this message to alcoholistics, and to practice these principles in all our affairs.)

(3) 12단계의 원리와 효과성

어떠한 치료 접근이든 실제로 효과성이 있느냐는 중요하다. 상담 및 심리치료에서 목표로 하는 것은 결국 증상의 개선이자 회복이다. 12단계 접근을 시도할 때, 차근차근 단계적으로 실행으로 옮겨서 12단계에 이르기까지 그대로만 된다면 어떠한 중독이든 치료가 될 수 있을 것이다. 오늘날 의료현장에서도 12단계 접근이 활용되고 있는 것을 보면, 그만큼 효과성을 인정받고 있다는 말이다. 12단계는 실현 가능한 차원에서도 중독치료가 불가능한 것만은 아니라는 것이다. 문제는 실행으로 옮기지 못해서이지 실제로 행동으로 옮기기만 하면 효과성을 검증할 수 있다. 중독자가 12단계를 생활의 일부로 실천한 경우, 음주에 대한 강박관념이 없어지고, 중독증과 그 결과를 보다 분명하게 인식하게 되며, 중독증에서 새롭게 생각하고, 느끼고, 행동하는 방법을 배워 고통받는 사람이 행복하고 모든 면에서 쓸모 있는 사람이 될 수 있다(NIAAA, 1999). 이러한 변화는 12단계 원리를 따라서 실천할 때 일어난다. 그 원리의 특성은 여러 가지로 설명될 수 있지만, 핵심적 특성을 네 가지로 정리하면 다음과 같다.

- **익명성**: AA에서는 부끄러움에 익숙하게 하고자 하는 목적으로 익명성을 강조한다. 또한 영적 기본의 출발이다. 12단계 참여는 궁극적으로 사심 없이 봉사하는 정신과 연결되어 있다. 익명성은 항상 영적인 원칙에 대한 행동과 심의를 기초로 하기 때문에 효과적이다.

- **자율성**: 모든 치료적 접근에서 참여자의 동기는 치료의 시작이고 치료적 관계를 형성하도록 돕는다. 12단계는 개인이 자신의 행동과 선택에 대해 책임을 지는 것을 강조한다. 자기 책임성을 통해 중독자는 자신의 회복 과정에서 능동적인 역할을 하게 되며, 변화를 이끌어 내는 힘을 스스로 갖게 된다.
- **지속성**: 12단계 치료전략은 매 순간 반복적이며 동시에 점진적으로 온전한 단계에 이르기까지 나아간다. 영성적 지향성을 가지고 성실하게 임하는 것이 중요하다. 회복 과정은 단기적인 것이 아니라 지속적인 과정이다. 치료 접근은 계속해서 점검하고 조정할 수 있는 유연성을 가지고 있어야 하며, 중독자의 변화하는 상황과 필요에 적응할 수 있어야 한다.
- **연대성**: 중독은 물질과 행동에 있어서 중독적 관계성이 시작된 것이다. 그러한 중독적 관계의 형성은 중독성 성격 형성으로 이어진다. 12단계는 나보다 '위대한 힘'과 새로운 관계를 형성하는 과정이다. 중독문제를 공유하는 사람들 간의 연대와 협력을 강조한다. 공동체의 힘을 통해 중독자는 혼자가 아니며, 서로의 경험과 지원을 통해 회복할 수 있다는 것을 깨닫게 된다.

특히 12단계의 치료적 원리의 핵심은 익명성에 있다. 여기서 익명성이 강조되는 이유는 다음과 같다. 첫째, 안전한 환경 제공이다. 익명성은 중독자가 자신의 문제를 공개적으로 이야기할 때 부끄러움이나 두려움을 줄이는 데 도움을 준다. 이로 인해 중독자는 더 개방적이고 솔직하게 자신의 경험을 나눌 수 있다. 익명성은 참가자들이 비판이나 판단 없이 자유롭게 자신의 문제를 표현할 수 있는 안전한 환경을 제공한다. 둘째, 자아 초월이다. 익명성은 중독자가 자신의 회복 과정에서 사심 없이 도움을 주고받는 것을 장려한다. 개인의 명성이나 개인적 이익보다 공동체의 이익과 영적 성장을 우선시하는 정신이다. 셋째, 회복 촉진이다. 중독문제를 가진 사람들이 익명성을 보장받는 상황에서 더 자유롭게 자신의 감정과 경험을 표현할 수 있으며, 이는 회복에 필요한 자기 이해와 자각을 촉진한다. 익명성은 중독자가 느끼는 고립감과 외로움을 줄이고, 서로의 공감과 지지를 통해 회복의 길을 모색하게 한다. 넷째, 신뢰 구축이다. 익명성은 모든 참가자가 동등한 입장에서 서로를 대하도록 하고, 위계적 차별 없이 서로를 지원할 수 있도록 한다. 이는 회복 공동체의 연대감을 강화한다. 모임 내에서 신뢰를 구축하고 유지하는 데 중요한 역할을 하며, 이는 지속적인 회복과 지원의 기반이 된다. 결국 치료적 원리로서 익명성은 상담의 관계에서 매우 중요하게 생각하는 라포(rapport) 형성 이슈와 관련되어 있다.

3) 12단계 접근의 치료전략

(1) 12단계 영역

상담에서 효과를 달성하기 위해서는 목표가 분명해야 한다. 대부분의 내담자들의 문제는 목표를 잘 모르는 데서 출발한다. 상담 현장에서도 상담자가 올바른 치료적 개입을 할 때 대부분 실패하는 이유는 목표설정이 잘못돼서이다. 12단계 접근에서도 명확한 목표가 있다. 그것은 '수용(acceptance)'과 '항복(surrender)'이라는 두 가지 목표이다(성상경, 2001). 이 목표는 중독자의 저항 또는 부정을 극복하는 과정이다. 이 목표를 이루는 내담자는 자신이 알코올중독이라는 만성적이고도 진행성인 질병에 걸려 있다는 점을 수용하게 되고, 음주를 조절할 수 없다는 사실을 수용하게 된다. 또한 음주조절능력이 상실되었다는 점과 술 앞에 패배자가 된 자신을 도울 위대한 힘에 대한 믿음을 통해서만 회복된다는 것을 인정하고 단주를 위한 최상의 선택은 AA의 길을 따르는 것임을 인정한다. 성상경(2001)은 이 두 가지 목표는 다섯 가지 영역의 목표로 구체화할 수 있다고 했다.

① 인지적 영역
- 자신의 사고방식이 알코올에 의하여 영향을 받았다는 사실을 이해하기
- 자신의 생각이 어떻게 음주문제 등에 대한 '부인(denial)'으로 나타나 음주를 지속적으로 하게 되고 수용에 저항을 보이게 되었는지를 이해하기
- 알코올남용과 이로 인한 신체적·사회적·법적·심리적·재정적·영적인 부정적 결과를 알아차리기

② 감정적 영역
- 감정에 대한 AA모임의 견해를 알아, 어떻게 분노나 외로움과 같은 감정상태가 음주로 이끌게 되는지를 이해하기
- 음주 위험성을 최소화할 수 있는 AA모임이 제시하는 실제적인 감정 조절법을 배우기

③ 행동적 영역

- 알코올중독이라는 실로 강력하고도 간교한 질병이 어떻게 자신의 인생 전체에 영향을 미쳤는지, 자신의 현재 또는 과거의 많은 습관들이 어떻게 지속적인 음주를 가능하게 했는지를 이해하기
- AA모임에 참여하여 음주행동을 변화시키기 위한 AA모임의 자원과 실제적인 지혜를 이용하기
- 단주를 유지하기 위한 수단으로서 AA모임에 열심히 참여하기

④ 사회적 영역

- 다양한 형태의 AA모임에 규칙적으로 참여하기
- AA모임 후원자와 관계를 맺고 발전시키기
- 음주 충동을 경험하거나 음주 충동이 재발할 때마다 AA모임에 접근하기
- 협심자 및 동료 중독자들과의 관계를 재평가하기

⑤ 영적 영역

- 알코올중독을 극복할 수 있다는 희망을 경험하기
- 자신의 의지보다 더 강력한 힘의 존재에 대한 믿음과 신뢰를 갖기
- 비도덕적이거나 비윤리적인 행동을 포함한 자신의 성격적 결함과 알코올중독으로 말미암아 타인에게 끼친 해를 인식하기

치료적 개입의 목적은 내담자의 변화이다. 긍정적 변화를 가지고 올 수 있도록 돕는 과정이 상담이다. 이때 긍정적 변화는 사고방식이 바뀌고 감정이 새로워지고 행동으로 옮기고 사회적인 기능을 하고 관계(영성)가 시스템적으로 회복이 되는 것이다. 앞에서 보듯이 12단계는 인간의 한 부분만 다루는 접근이 아니라 통합적이면서도 절충적인 치료전략이다.

(2) 단계별 전략과 상담목표

앞에서 언급한 것처럼, 12단계 프로그램은 익명성을 중심으로 자율성, 지속성, 그리고 연대성의 원리에 따라 치료와 회복이 이루어진다. 이러한 원리들은 일반적인 상담과 마찬가

지로, 내담자가 각 단계를 어떻게 질적으로 참여하는지, 과정에 얼마나 충실한지가 중요하다. 따라서 회복의 초기 단계에 있는 중독자의 회복을 돕기 위해서는 잘 구조화된 단계별 전략이 필요하다. 여기서는 단계별 전략을 간략히 정리하고, 각 단계에서의 상담목표를 소개한다.

① 1단계: 무력함과 처리할 수 없음

1단계는 중독문제를 일으키는 '그것'에 대해 자신이 더 이상 어쩔 수 없음을 인정하는 단계이다. 중독상담이 어려운 이유는 치료적 관계의 형성이 쉽지 않기 때문이다. 즉, 자신의 문제를 인정하지 않기 때문에 임상장면에 들어오기가 힘들다. 이는 자기인식(self-awareness)의 어려움이 있기도 하지만 신뢰의 경험을 가지지 못했기 때문이다. 자기 자신에게도 상담자에게도 신뢰적 관계가 형성되면 그때부터는 변화를 시도할 수 있게 된다. 일반적 상담 측면에서는 내담자가 자신의 문제를 바로 인정하고 들어가는 것이 쉽지는 않다. 따라서 숙고 단계를 거쳐서 완전한 실행 단계의 태도가 준비될 필요가 있다.

자신의 무력함을 시인하는 것은 쉽지 않은 일이다. 그래서 전문가들은 가장 혁신적인 단계(김한오, 2005)라고도 한다. 그러나 여기 1단계에서 진정한 목적은 중독자라는 꼬리표를 달고 비난하려는 것이 아니라 중독자가 새로운 방식으로 생각하고, 느끼고, 행동하는 법을 실천하도록 돕기 위한 것이다(Springborn, 1990). 무력함을 인정하는 것은 자유롭게 되기 위한 출발 통로라고 보는 것이다. 무력함은 자신을 힘들게 만들고 거짓된 자아를 만들게 한다. 따라서 중독자가 참되게 포기하는 것은 비참함과 고통이라는 것을 깨달을 필요가 있다. 하지만 중독물질과 행동에 관한 무력함과는 다름을 인식해야 한다. 우리의 몸은 중독 인자에 대해 신체적으로 무력해서 언제든지 중독될 수 있는 현상을 말하는 것이다.

12단계 접근은 질병모델을 기반으로 하고 있기 때문에 중독을 병으로 보자는 관점을 강조한다. 병을 치료하기 위해서는 병식(awareness of disease)이 있어야 한다. 신경증(psychosis)이 치료가 어려운 이유는 병식이 없기 때문이다. 중독 인자에 대한 무력함을 인정하는 것은 병식을 가지는 것, 다시 말해 현재 상황에 대한 인식이다. 상담에서 목표를 설정하고 그 목표를 이루기 위한 대안(option)을 찾아서 실행으로 옮기려면 현재 상황(reality)을 정확히 해야 한다. 아무것도 없는 무에서 새로운 창조를 만들어 내는 과정과도 같은 의미이다. 그래서 상담자는 내담자에게 스스로 물어본다. 무력함을 선언할 때, 진정으로 포기한 것이 무엇인가? 그것은 중독으로 인해 야기된 모든 고통과 불편함이다.

이 과정에서 살펴보아야 하는 것은 중독물질과 행동이 내담자에게 어떠한 영향을 주었는지 정직하게 있는 그대로 살펴보는 것이다. 이때 개인생활과 사회생활에서 자신의 힘으로 처리할 수 없었던 것들을 보게 한다. 중독행동을 중단하는 것을 통해서 삶이 어떻게 변하기를 원하는가를 확인한다.

- 새로운 자유와 행복을 알게 된다.
- 과거를 후회하고 숨기지 않아도 된다.
- 마음의 평온함과 평화를 깨닫게 된다.
- 자신의 경험이 어떻게 다른 사람에게 도움이 되는지 안다.
- 자신이 쓸모없는 사람이라는 느낌이나 자기연민이 사라진다.
- 이기적이고 자기중심적인 태도를 버리고 주위 사람에게 관심을 갖게 된다.
- 자신의 인생에 대한 태도나 가치관이 변하고 긍정적으로 생각한다.
- 대인관계상의 두려움이나 공포, 경제적인 어려움에 대한 불안이 사라진다.
- 위기 상황이나 스트레스가 심한 상황에 신속하고 적절하게 대처할 수 있다.
- 스스로를 위하여 자력으로 할 수 없는 일을 신이 도와준다는 것을 깨닫는다.

(http://www.aa.org 참조)

1단계 상담의 목표는 다음과 같다.

- 중독을 인정하고 무력함을 인정한다.
- 중독이 자신에게 미친 영향을 인식한다.
- 자신의 삶이 통제 불능하게 됨을 인식한다.
- 타인이나 외부의 도움을 받아들인다.

1단계의 핵심은 자신의 무력함을 인정하고 삶이 통제 불가능하게 되었음을 받아들이는 것이다. 이 단계는 회복 여정의 출발점으로, 중독자가 자신의 문제를 직시하고 변화의 필요성을 인식하게 한다. 주요 목표는 다음과 같다. 중독자가 자신의 중독문제를 명확히 인식하고 현재 상황이 자신의 통제 밖에 있음을 이해하도록 지원한다. 이 과정에서 중독자는 스스로 문제를 조절할 수 없다는 무력감을 받아들이게 된다. 또한 자신의 문제를 정직하게 인정하고 회복 프로그램의 필요성을 인식하도록 돕는다. 정서적 수용을 통해 자신의 감정과 상태를 솔직하게 마주하고, 도움 요청의 준비를 하도록 한다. 내적 갈등과 갈망을 인식하고 자기반성을 시작하며, 이를 통해 회복의 첫걸음을 실질적으로 내딛도록 지원한다.

② 2단계: 위대한 힘과 회복의 신뢰

2단계는 자신이 해결할 수 있는 능력 '그 이상'의 위대한 힘에 의해서 회복할 수 있다는 믿음을 가지는 단계이다. 중독의 문제를 가지고 있는 사람은 무언가에 집착했었고, 그로 인해서 삶은 수습이 안 되었다. 그러한 상태는 누구도 아닌 자신이 만들었음을 확인한다. 따라서 2단계에서는 '위대한 힘'의 존재에 대해서 인정하는 것이다. 이때의 위대한 힘의 핵심은 나보다 '더' 큰 그 무엇을 말한다. 12단계는 영성을 강조하는 것이므로 종교적인 의미와 결부시킬 수 있지만, 결코 특정한 종교의 영성을 의미하는 것은 아니다. 단지 나 아닌, 나보다 더 큰 존재(힘)가 있다는 것이다. 지금까지 중독으로 고통스럽게 살게 했던 삶을 정상적으로 되돌릴 수 있는 능력을 가진 '누군가'를 말한다. 따라서 특정한 영성이라기보다는 인간에게 보편적으로 기능하는 특성(traits)과 같은 것이다. 이것은 Franz Brentano(1838~1917)가 제시한 인간에게 무언가 지향하게 만드는 '지향성(intention)'과도 같은 것이다. 성격심리학의 아버지 Allport(1897~1967)도 역시 인간의 심성은 모든 태도를 발산하는 삶의 원천이라고 강조하면서 특질이라는 개념을 사용하고 있다.

2단계의 본질은 겸손한 태도를 스스로 가지는 것이다. 정신을 차리고 깨어 있게 하여 우리의 뇌가 중독행동을 중단하게 한다. 또한 그 경험을 먼저 하고 성공적으로 변화를 이끌어가고 있는 사람의 도움을 받는다. 이때 AA와 같은 치료공동체는 영적인 스승이 될 수 있고 회복의 경험에 관한 이야기책 『빅 북(Big Book)』과 같은 출판물(Loder, 2009)도 스승이 될 수 있다. 그래서 이 단계에서 내담자는 진정한 후원자를 만난다. 그 후원자는 치료공동체의 선배가 될 수도 있고 상담자가 될 수도 있다. 그 대상과 정확한 목표를 세운다. 일차적으로는 정신적인 각성을 하는 것이고 이차적으로는 뇌와 행동이 그 행동을 확실하게 중단하는 것이고 3차적으로는 정상적인 삶을 위한 본정신을 찾는 것이다. 이 과정에서 가장 중요한 것은 중독의 문제에서 진정으로 회복할 수 있다는 확신이다.

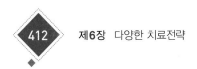

2단계 상담의 목표는 다음과 같다.

- 자신보다 더 큰 힘의 존재를 수용한다.
- 그 힘이 회복을 이끌 수 있다는 생각을 수용한다.
- 겸손하게 자신을 더 큰 힘에 맡긴다.
- 회복을 위해 지지그룹과 연결한다.

2단계의 핵심은 중독자가 자신을 넘어서는 힘이 존재하며, 그 힘이 자신의 회복을 도울수 있다는 믿음을 받아들이는 것이다. 이는 개인이 더 이상 고립되지 않고, 더 큰 힘에 의지하면서 회복의 과정을 시작할 수 있도록 하는 중요한 전환점이 된다. 상담목표는 중독자가 회복의 과정에서 신뢰할 수 있는 더 큰 힘의 존재를 인정하고 믿음을 구축하는 것이다. 주요 목표는 중독자가 이 신뢰할 수 있는 힘의 개념을 이해하고, 자신의 회복 과정에서 이 힘의 역할을 인식하도록 돕는다. 또한 신뢰할 수 있는 힘에 대한 신뢰를 구축하여 회복의 과정에서 지속적인 지원을 받는 느낌을 갖게 한다. 이를 통해 내적 동기를 증진시키고, 회복과정에서 자발적인 참여와 헌신을 유도한다. 중독자가 영적 개념이나 개인적인 신념체계를 탐색하고, 이를 회복에 통합하도록 지원한다. 신뢰할 수 있는 힘에 의지하여 정신적 안정성을 강화하고, 불안과 두려움을 줄인다. 신뢰의 강화와 기대의 전환을 통해 실질적인 회복목표를 설정하도록 돕는다. 이를 통해 회복의 방향성을 확립하고, 장기적인 회복 계획을 수립한다.

③ 3단계: 돌봄에 대한 의탁

3단계에서 목표는 자신의 삶을 '맡기는 것'이다. 그렇다면 누구에게 의탁하는 것인가? 여기서 '우리가 이해하게 된 대로'의 신(God)에게 자기 돌봄을 맡기는 것이다. 신은 하나의 표현으로 받아들인다. 신의 정의는 각 개인의 손에 달려 있지만, 적어도 그 신은 나를 죽음에서 건질 수 있는 힘이 있어야 하며, 그런 측면에서 보았을 때 아직 초월적인 '신'을 받아들일수 없는 사람에게는 AA가 당분간 신이 될 수도 있다(김한오, 2005). 자신의 위대한 힘이 우리의 의지와 생명을 통제하도록 함으로써 우리의 의지와 생명이 섭리에 맞게 나아가도록 하는 것이다. 그러면 갈등을 일으키지 않고 생활할 수 있으며 우리 자신과 타인에게 큰 해를 끼치지 않고 생활할 수 있다(이덕기, 송수진 역, 1999).

돌보는 것의 의미는 내담자에게 필요한 것이 무엇이며, 그릇된 행동을 할 때 잘못에 대해 직면하게 해 주고, 내담자가 가야 할 길을 모색하게 하는 것을 말한다. 이때 상담에서도 강조하는 구체적이면서 명료화하는 작업이 중요하다. 문제를 가지고 있는 내담자들은 대부분 자신의 문제에 대해서 피상적으로 보기 때문에 문제를 정확하게 모른다. 중독자들은 중독행동 자체는 필요 이상으로 구체적으로 보지만 이 이외의 삶과 전체에는 매우 취약할 정도로 구체적이지 못하다. 이때 돌봄의 제공자는 돌봄의 행위가 얼마나 구체적이고 명료한지를 파악할 수 있어야 한다.

이 단계에서 요구하는 것은 단순히 포기하고 백기를 들게 하는 수동적인 것이 아니라 역으로 행동하고 자신의 생명과 선택에 대해서 책임을 지는 것이다. '맡기기로 결정했다'에서, 결정이라는 단어는 사전에 '행동이나 태도를 분명하게 정함'이라고 기술되어 있다. 이렇듯 어떠한 내용을 확정하는 과정은 자신의 의지에 대한 대외적인 표명이다. 결정에는 나의 의지가 깊이 숨어 있다. 목숨을 걸고 이루어 내야 할 소중한 회복을 위해서 의지까지 신에게 맡기는데, 그 과정을 하는 사람은 바로 나 자신인 것이다(조근호, 2016).

3단계 상담의 목표는 다음과 같다.

- 자신의 삶을 나보다 더 위대한 힘에게 맡긴다.
- 더 큰 힘에게 맡길 때 내적인 저항을 극복한다.
- 자신을 맡기고 의지할 때 과도한 책임감과 죄책감을 완화한다.
- 결단을 통해서 실제적 행동을 실천한다.
- 생활양식을 바꾸고 새로운 습관을 형성한다.

이 단계는 중독자가 자신의 의지와 삶의 통제권을 더 큰 힘이나 신에게 맡기기로 결심하는 과정이다. 중독자가 이제는 모든 것을 혼자서 해결하려 하지 않고, 외부의 도움과 지침을 받아들이면서 변화와 성장을 이루는 것이 중요하다. 이 단계는 신뢰와 믿음을 형성하는 과정으로, 내담자는 자신의 의지로는 해결할 수 없는 문제들을 인정하고, 더 큰 힘에 의지하여 해결책을 찾고자 한다. 상담자는 내담자가 이러한 개념을 이해하고 받아들일 수 있도록 도와야 한다. 내담자는 자신의 한계를 인정하면서도, 더 큰 힘이 자신의 회복 여정에 긍정적인 영향을 미칠 수 있음을 깨닫게 된다. 이 과정에서 내담자는 자신의 회복을 위해 필요한 지원과 지혜를 외부에서 찾을 수 있게 된다. 상담자는 내담자가 스스로를 돌보는 방법을 배우고, 더 큰 힘에 대한 신뢰를 통해 불안과 두려움을 줄이는 데 도움을 준다. 이러한 목표는 내담자가 자신의 회복 과정에서 겸손함과 수용성을 기를 수 있게 한다. 이로써 새로운 시각으로 삶을 바라보고, 회복의 길을 지속적으로 걸어갈 수 있는 기반이 된다.

④ 4단계: 자기 자신에 대한 이해

4단계부터 7단계까지는 본격적인 변화를 위한 준비 단계이다. 4단계에서 중요한 것은 자기인식에 관한 것으로 변화의 출발은 자기에서부터이다. 자신에 대해서 표면적인 인격적 문제점에서부터 내면의 은밀하게 숨겨진 것까지 탐색해 보는 과정이다. 그렇다면 왜 이러한 검토가 필요한가? 중독행동을 중단했다 하더라도 단숨에 일그러졌던 생활이 순식간에 본래대로 되는 것이 아니다. 중독전문가들은 중독에 빠지는 시간만큼 회복의 시간은 더 걸린다고 본다. 오랜 행동이 고착이 되면 그것은 특질로 나타나고 인격으로 형성된다. 오랜 중독 생활이 인격으로 나타나기 때문에 인격적인 검토가 필요하다.

이 과정에서 내담자는 자신의 모든 강점과 약점을 평가해 본다. 과거에 자신은 어떠했고, 현재와 미래에 대해서도 철저하게 살펴보아야 한다. 그래서 William Springborn(1992)은 이 단계를 대청소를 하는 것과 같다고 했다. 그것은 철저하면서도 두려움이 없이 살펴보는 과정이다. 중독자의 삶에서 거짓말을 하는 자신의 모습, 자신의 성격 특성을 정직하게 살펴볼 용기가 필요하다. 그 과정에서 다음과 같은 기대를 할 수 있다.

- 정직함을 배움
- 우리가 지배했던 과거의 힘을 제거함
- 겸손을 배움
- 앞으로 남은 단계들을 해 나가기 위한 기초를 마련함

도덕적 검토의 네 가지 영역은 다음과 같다.

- 성적 욕망

- 물질적 안전 욕망
- 심리적 안전 욕망(인정받고 싶은 욕망)
- 사회적 욕망(지배하고 싶은 욕망)

앞의 영역은 마음의 영역, 몸의 영역, 물질의 영역, 그리고 관계의 영역을 각각 말해 준다. 이 과정에서 해결해야 할 점은 두려운 감정, 수치심, 또는 죄책감 등이다. 자신에게 어떤 결점이 있다는 것을 받아들이는 작업이 쉬운 것은 아니므로 용기가 필요하다. 이 과정에서 상담자는 내담자가 용기를 가질 수 있도록 신뢰를 바탕으로 격려할 수 있어야 한다.

4단계 상담의 목표는 다음과 같다.

- 반복되는 행동 패턴, 중독 문제행동을 인식한다.
- 도덕적 결함과 강점을 균형 있게 평가한다.
- 자신의 행동이 타인에게 미친 영향을 인식한다.
- 자신을 있는 그대로 수용하고 성찰하게 한다.

4단계는 '우리 자신에 대한 도덕적이고 철저한 검토를 두려움 없이 행했다.'라는 원칙에 기반하며, 자기 성찰과 도덕적 재검토를 통해 자신을 깊이 있게 탐구하는 과정이다. 따라서 여기서 상담의 주요 목표는 내담자가 자신의 중독 패턴을 인식하고, 반복되는 행동의 원인을 탐구하는 것이다. 이를 통해 도덕적 결함과 강점을 공정하게 평가하고, 자신의 행동에 대한 책임을 받아들이도록 돕는다. 내담자는 과거의 트라우마와 감정적 상처를 직시하며, 이를 수용하는 과정에서 치유의 첫걸음이 시작된다. 이때 지속적인 자기 성찰을 통해 자신의 행동과 생각을 개선하려는 노력이 필수적이다. 이러한 과정은 내담자가 변화의 필요성을 인식하고, 건강한 삶을 위한 기반을 마련하는 데 도움이 된다. 결과적으로, 4단계는 회복의 길로 나아가는 데 출발점이 되는 것이 자기 이해라는 점을 강조한다.

⑤ 5단계: 고백하기

이 단계에서 목표는 자신에 대한 검토를 구체적으로 하고 난 후, 실제로 어떤 대상에게 실제로 고백 또는 선언하는 것이다. 4단계에서 검토된 목록을 실제로 쓰게 하는 과정이었다면 여기서는 자신이 믿는 신에게 고백하고 용서를 구해서 개선하는 것이 포함된다. 여기서 중요한 것은 실제로 말로 고백하는 것이다. 교회나 절, 강가에 가서 남이 듣지 못하는 곳에서도 소리 내어 말한다. 그리고 자신에게 독백으로 말하고 자신에게 연습한 것을 바탕으로 후원자나 타인에게 자신의 인격적인 목록들을 고백한다. 자신의 결점이나 부족한 점을 타인에게 고백하는 것이 우스꽝스럽고 힘들게 보이지만 그럼에도 불구하고 있는 그대로 말해야 효과를 볼 수 있다. 자신의 문제를 검토하는 과정에서, 스스로 검토하는 것이 자신만 그 문제를 보는 것이라면, 그 누구와 그 문제를 함께 보는 것은 문제를 더 명료하게 보는 것이다. 자신의 결점이나 미숙한 점들은 마음과 행동의 응어리와 같은 것이다. 그 응어리는 용해되어야 새로운 삶과 행동의 순환을 기대할 수 있다. 고백함으로써 부정적인 삶을 배설하여 정화(catharsis)의 효과를 기대할 수 있다.

누구라도 자신 스스로 정직하다는 것은 고통이 수반된다. 그래서 12단계는 연습을 강조한다. 정직함을 연습하면 연습할수록 이러한 고통은 줄어든다. 다른 사람에게 신념과 신뢰를 가짐으로써 우리는 회복 과정에서 성장할 수 있다(이덕기, 송수진 역, 1999).

5단계 상담의 목표는 다음과 같다.

- 자기 잘못을 솔직하게 고백한다.
- 자신을 있는 그대로 받아들인다.
- 타인과 신뢰를 회복하고 건강한 관계를 형성한다.
- 자기 책임 바탕으로 행동을 개선한다.

5단계는 중독자가 자신의 잘못을 솔직하게 고백하고, 이를 통해 내적 치유와 관계 회복을 이루는 과정이다. 중독자가 자기감정을 정화하고, 책임감을 느끼고, 신뢰를 회복하는 것이 중요하다. 따라서 상담목표는 내담자가 자신의 행동과 결정에 대한 진실한 고백을 통해 회복의 과정이 현실로 이루어지도록 하는 것이다. 내담자는 자신의 중독과 관련된 경험을 솔직하게 털어놓으며, 이를 통해 감정적 부담을 덜어 낸다. 고백은 내담자가 자신을 이해하고, 자신의 감정과 행동을 연결 짓게 한다. 또한 내담자는 자신의 과거 행동이 다른 사람들에게 미친 영향을 인식하고, 이에 대한 책임을 받아들이게 된다. 이 과정은 내담자가 다른 사람들과의 관계를 회복하는 데 중요한 역할을 한다. 상담자는 내담자가 고백을 통해 자신을 치유

연습하기 예

자신이 다른 사람에게 5단계를 털어놓기를 주저했던 다섯 가지 이유를 적어 보세요.

_____

_____

_____

다른 사람에게 비밀을 털어놓았을 때 일어날 수 있는 최악의 상황은 무엇입니까?

_____

_____

_____

이러한 문제를 다른 사람이 자신에게 털어놓았다면 당신은 어떻게 반응했을 것 같습니까?

_____

_____

_____

하고, 새로운 시작을 할 수 있도록 격려하고 지지한다. 이 단계는 자기 수용과 회복을 위한 중요한 발판을 마련하는 것이 핵심이 된다.

⑥ 6단계: 성격 변화 준비하기

이 단계의 목표는 문제가 되었던 성격적인 면을 개선하고 새로운 가르침을 배우는 것이다. 중독행동은 삶의 가치관, 태도, 믿음, 구체적 행동들을 포함한다. 독특하게 작용하는 것도 있지만 일관성을 유지해서 하나의 패턴으로 형성된다. 따라서 진정으로 회복의 길을 가기 위해서는 중독과 관련된 내담자의 성격까지 바꿀 수 있어야 한다. 이때 철저하게 나 혼자

힘으로 되는 것이 아니다. 즉, 신이나 후원자의 도움을 따르면 된다. 여기서 모든 성격적 결함은 4단계에서 목록으로 만들고 5단계에서 고백한 것과 관련된 것이다. 일부가 아니라 모든 성격적 결함을 말하고 어떠한 성격적 결함도 개선이 가능하다고 보는 것이다. 12단계는 본질적으로 심리학과 같은 특정 학문 분야에 기여하거나 어떤 학설에 대해서 근거를 제공하기를 꺼리지만 중독자의 변화를 현상적으로 드러내는 한 심리학적 기대를 제공해 준다. 또한 심리학이 인간 삶에 기여하고 있는 기대를 실제적으로 보여 준다.

더 나아가서 부정적인 것을 없애는 것을 뛰어넘어 마음속에 긍정적인 것이 들어오게 해야 하는데, 그렇게 하려면 실제로 행동으로 옮겨야 한다. 김한오(2005)는 1단계에서 4단계까지 머리로 생각하는 단계라면 5단계부터는 행동하는 단계라고 했다. 어쩌면 12단계 중에서 가장 어려운 단계로 볼 수 있다. 이때 긍정적인 정신이 있을 때 실패를 줄일 수 있다. 즉, 절대자와 후원자의 정신으로 대상자를 책망하지 않는 태도가 필요하다. 위로하고 한없이 지지하고 격려하는 과정을 통해서 잘못된 성격이 제거되고 건강한 인격으로 형성되는 과정을 거치게 된다. 이렇게 함으로써 중독자의 병적인 성격 문제가 신에 의해 제거되고 가능한 모든 준비를 완벽하게 할 수 있다. 그 준비는 자신의 성격 인정과 개선을 원하는 것에서 시작된다. 중요한 것은 개선이 잘 안 된다고 포기하지 않도록 조급해하지 않고 희망을 가지게 하는 것이다. 이러한 단계는 AA 참석, 서적 읽기, 후원자 등 긍정적인 모든 자원을 활용하는 것이다.

6단계 상담의 목표는 다음과 같다.

- 내담자가 성격 결함을 인정한다.
- 내담자가 변화에 대한 진실된 의지를 가진다.
- 자신에 대한 변화 가능성에 대해서 적극적 태도를 가진다.
- 긍정적 행동 패턴을 수용할 준비를 한다.

6단계의 상담목표는 중독자가 자신의 성격 결함을 깊이 인식하고, 이러한 결함을 제거하려고 준비하는 것이다. 이 단계는 자신이 반복적으로 보여 온 부정적인 행동 패턴과 사고방식을 명확히 파악하는 데 중점을 둔다. 중독자는 자신의 성격 결함이 어떻게 자신의 삶과 관계에 영향을 미쳤는지 이해하고, 그것을 변화시키려는 결단을 내린다. 상담자는 중독자가 이러한 결함을 극복할 수 있도록 정서적 지원을 제공하며, 성격 결함의 제거를 통해 더 건강한 삶을 살아갈 가능성을 탐색하게 한다. 이 과정에서 중독자는 겸손과 개방성을 기르며, 변화와 회복을 위한 마음가짐을 확립하는 것이 중요하다. 궁극적으로, 6단계는 중독자가 더 나은 자신이 되기 위해 성실하게 노력할 준비를 마치고, 진정한 성장을 이루는 데 필요한 내적 변화를 받아들이도록 돕는 것이 목표이다.

⑦ 7단계: 단점 제거 의뢰하기

6단계가 성격의 변화를 준비하는 단계였다면, 7단계는 성격 변화에 대해서 더욱 적극적으로 의뢰하는 단계이다. 7단계는 우리가 신에게 우리의 의지와 생명을 맡기는 방식, 즉 겸손하게 하는 것이 핵심이다. 우리는 지금 신에게 기적과 같은 일, 즉 우리의 모든 결점을 제거하는 것을 이루게 해 달라고 요청한다. 이 요청은 최대한 겸손한 마음으로 한다. 『12단계와 12전통』에서는 겸손함이 "7단계가 철저하게 강조하는 사항"이라고 한다(이덕기, 송수진 역, 1999에서 재인용).

내담자는 겸손하게 자신의 고질적인 성격을 고칠 수 있다는 태도로 의뢰해야 한다. 가족, 후원자, AA 등은 모두가 '위대한 힘'의 대리자이며 이들의 도움으로 자신의 성격은 바뀔 수 있다고 보는 것이다. 여기서 단점은 4단계에서 작성하고, 5단계에서 고백하고, 6단계에서 준비한 성격상의 결점을 말한다. 이러한 자신의 단점을 완전히 제거하는 것이다. 심리적으로 쓸데없는 자존심을 버리고, 성적으로는 건전한 사람이 되고, 필요 이상의 돈은 욕심 내지 않고, 타인에 대해서는 비난보다는 이해하도록 하는 것이다. 겸손하게 간청하는 것은 주위 사람에게 개선을 위한 도움을 청하는 것이다. 내 성격상 문제가 무엇인지 구체적으로 확인해 주고, 단점을 제거해 달라고 신에게 기도하는 것이다. 이것이 적극적 간청이다.

7단계 상담의 목표는 다음과 같다.

- 자신의 성격 결함을 겸허히 수용한다.
- 결함을 극복하기 위해 더 큰 힘에 의지하는 법을 배운다.
- 과거의 잘못을 용서한다.
- 결함 극복과 더불어 새로운 삶의 동기를 부여한다.

7단계의 상담목표는 중독자가 자신의 성격 결함을 더 큰 힘에 의지하여 겸허히 제거하도록 요청하는 것이다. 이 단계에서는 중독자가 자신의 한계를 인정하고, 스스로의 힘만으로는 결함을 극복할 수 없다는 사실을 받아들이게 한다. 중독자는 겸손한 마음으로 변화의 필요성을 깊이 깨닫고, 자신의 결함을 제거하기 위해 영적 또는 내적 힘에 의지하는 법을 배운다. 상담자는 중독자가 이 과정을 통해 더 큰 힘과의 관계를 강화하며, 자신의 결함에 대한 수치심이나 죄책감이 아닌, 변화와 성장의 기회를 보도록 돕는다. 또한 이 단계는 중독자가 자신을 용서하고, 과거의 잘못을 뛰어넘어 새롭고 긍정적인 삶을 추구할 수 있는 동기를 부여하는 것을 목표로 한다. 이로써 7단계는 중독자가 자신의 성격 결함을 극복하고, 진정한 변화를 이루기 위한 내적 준비를 마치는 데 초점을 맞추고 있다. 따라서 이 단계에서 상담자의 역할은 내담자의 성격 결함을 극복할 수 있는 내적인 힘을 지원하고 변화에 대한 동기부여와 정서적 지지를 잘할 수 있어야 한다.

⑧ 8단계: 대인관계 변화준비

8단계부터 10단계까지는 구체적 노력이 강조되는 단계이다. 4단계에서 7단계는 자신의 변화를 추구하는 단계였다면, 8단계는 대인관계 개선의 단계이다. 중독행동은 개인의 고통뿐만 아니라 타인의 고통을 수반한다. 대인관계의 소통에 어려움을 주게 되어 단절하게 만드는 것이 중독이다. 은밀한 쾌감을 동반한 중독행동은 수치심과 죄책감의 원인이 되고 그것을 감추기 위해서 거짓말을 하게 되면서 타인에게 해를 끼치게 된다. 따라서 12단계에서 온전한 인간으로 건강한 삶을 살기 위해서는 자신의 결점으로 생긴 대인관계 문제를 낱낱이 파악해야 한다. 그래서 이 단계에서는 자신이 해를 끼친 사람의 명단을 작성하게 한다.

중독문제를 가진 사람들의 특성은 모든 문제의 원인을 남 탓으로 돌린다. 자신의 성격적인 변화와 더불어서 관계적인 차원의 변화를 일으키려면 남에게 탓으로 돌리는 일원화 패턴을 수정해야 한다. 즉, 나에게 해를 끼친 사람이 아닌 내가 해를 끼친 대상을 모두 탐색한다. 가족, 친척, 친구, 직장 동료뿐만 아니라 신 역시도 상처를 준 피해자이다. 더불어 자기 자신도 중독의 피해자이다. 자신에게 속아서 중독행동을 해 왔기 때문이다. 이때 중요한 것은 상대방의 잘못을 보면 안 된다는 것이다. 설령 있다 하더라도 덮어 두고 나 자신의 잘못만 생각해야 한다. 그렇지 않으면 상대에게 사과하고 보상할 마음과 용기가 생기지 않는다.

8단계 상담의 목표는 다음과 같다.

- 자신이 피해를 입힌 피해자의 명단을 명확하게 작성한다.
- 피해자들에게 진정으로 사과하고 보상할 의지를 가진다.
- 자기 책임을 완전히 받아들이고 피해를 주지 않겠다는 결심을 한다.

8단계의 상담목표는 중독자가 자신의 과거 행동으로 인해 피해를 당한 모든 사람들의 명단을 작성하고, 그들에게 직접 보상을 준비하는 것이다. 이 단계는 중독자가 자신의 과거 잘못을 구체적으로 인식하고, 피해자들에게 진정으로 사과하고 보상할 의지를 다지는 과정이다. 상담자는 중독자가 피해자들과의 관계를 회복하는 데 필요한 준비와 감정적 치유를 지원한다. 또한 중독자가 이 과정에서 느낄 수 있는 죄책감이나 두려움을 극복하고, 용기와 결단력을 가질 수 있도록 돕는다. 이 단계에서는 회복의 목적으로, 중독자가 더 피해를 주지 않겠다는 결심을 강화하며, 자신의 행동에 대한 책임을 완전히 받아들이도록 하는 것이 중요하다. 이 단계는 중독자가 과거의 잘못을 바로잡고, 타인과의 관계를 회복하기 위한 구체적인 준비를 마치는 최종 목표이다.

연습하기 예: 명단 만들기

지금 자신의 명단을 만들어 보세요. 다음의 빈칸에 처음 몇 사람의 이름을 기록하십시오. 원한다면 여러분이 원하는 다른 용지를 사용해도 됩니다.

_____

_____

_____

_____

12단계에서 의지의 회복에 대해서 다룬 단계가 세 차례 있다. 3단계에서 신에 대한 의지, 6단계에서 자신의 결점, 8단계에서 대인관계 차원의 우리의 의지 방향을 바꾸라고 요청받고 있다. 그리고 기꺼이 보상하고자 한다. 이것이 9단계를 위한 핵심적 준비이다. 이런 준비가 없으면 우리의 보상은 의미 없는 기계적 행위가 된다(Springborn, 1992).

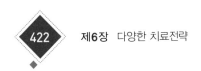

⑨ 9단계: 보상을 통한 과거 회복

9단계는 역시 행동으로 실천하는 단계이다. 즉, 8단계에서 목록을 만든 명단에 있는 사람에게 실제적으로 보상을 제공한다. 중독문제가 있던 사람이 다른 사람에게 상처를 주는 행동을 했으므로 스스로 노력해서 이러한 관계를 회복해야 한다는 의미이다.

보상을 실천하면 타인과 자신에게 흥미를 일으키고 안도감을 준다. 그러면서도 어떤 반응이 생길지 모르기 때문에 두려움과 불안을 느낀다. 여기서도 동기강화상담(MI)에서 주장하는 양가감정이 생긴다. 따라서 보상을 실천함으로써 얻게 되는 이득을 이해하는 과정을 통해서 실천할 동기를 높일 수 있다. 보상을 하게 되면 죄책감, 후회, 두려움, 수치심이 가벼워진다. 단주에 필요한 힘은 우리의 생활을 위대한 힘의 의지에 따라 행동하는 것에서 나오고, 보상을 실천함으로써 단주나 단약을 할 가능성이 높아진다(Alcoholics Anonymous World Services, 1984).

보상의 자세
- 어느 누구에게도 해가 되지 않게 보상한다.
- 할 수 있는 데까지 보상한다.
- 언제, 어디서나 보상한다.
- 직접 보상한다.

보상을 하면서 주의해야 할 점
- '미안하다'는 말을 너무 많이 하지 마라.
- 반드시 행동이 뒤따라야 한다.
- 상대가 보상행동을 칭찬할 때 우쭐해하지 마라.
- 보상에 대해 차가운 태도를 보여도 화내지 마라.
- 사소한 보상을 했다고 큰 것에 대한 보상을 합리화하지 마라.

이러한 자세와 주의점은 9단계에서의 진정한 목적이 일시적으로 관계를 개선하는 것이 아니라 진정한 관계의 회복에 있기 때문이다. 이러한 과정의 근거는 자신의 행동에 대해서 책임을 지는 것을 경험하게 하는 것이다. 타인과 신, 그리고 스스로에 대한 보상까지도 포함해서이다. 보상의 의미가 관계적인 것임을 고려할 때 진정한 관계는 나와 타인, 나와 신, 그리고 나와 나의 관계가 포함되어서 완전을 이룬다. 중독문제는 타인에게 위해를 가할 뿐만 아니라 나 자신에게도, 신에게도 상처를 주기 때문이다.

9단계 상담의 목표는 다음과 같다.

- 피해를 준 대상에게 진정한 사과를 한다.
- 직접적 보상과 도움을 실행한다.
- 피해자의 감정과 반응을 수용한다.
- 보상을 통한 회복의 진정성을 가진다.

이 단계에서 상담목표는 중독자가 이전에 피해를 입힌 사람들에게 직접 사과하고, 그들에게 보상을 하는 것이다. 이 단계의 목표는 다음과 같다. 첫째, 진정한 사과와 보상 실행이다. 중독자가 과거에 피해를 입힌 사람들에게 직접 사과하고, 가능한 경우 금전적 또는 심리적 보상을 통해 관계를 회복하려고 노력하는 것이다. 이 과정은 진심 어린 사과와 실질적인 보상 조치를 포함한다. 둘째, 피해자와의 관계 회복이다. 중독자가 사과와 보상을 통해 피해자와의 관계를 회복하고, 신뢰를 다시 구축하는 것이다. 이는 중독자의 책임을 인정하고 관계를 개선하려는 노력을 보여 주는 것이다. 셋째, 자신의 책임을 완전히 수용한다. 중독자가 자신의 행동에 대한 책임을 온전히 받아들이고, 그로 인해 발생한 피해에 대한 보상을 통해 책임을 실천하는 것이다. 이는 중독자가 과거의 잘못을 수용하고, 회복을 향한 진정한 변화를 이루는 과정이다. 자신의 행동 패턴을 인식하고, 앞으로 비슷한 잘못을 반복하지 않도록 하는 것이다. 이를 통해 중독자는 지속적인 변화와 성장을 도모하며, 회복 과정에서 긍정적인 변화를 이루어 나가는 것이다. 따라서 이 단계의 핵심은 중독자가 자신의 과거 잘못을 진심으로 수정하고, 피해자와의 신뢰를 회복함으로써 진정한 회복의 과정을 밟는 것이다.

⑩ 10단계: 지속적인 자기성찰

이 단계는 변화된 자신의 삶을 유지하기 위하여 인간적인 노력을 지속적으로 기울이는 데 목표가 있다. 중독행동은 오랜 시간 동안 부적응적인 방법으로 구성된 잘못된 학습이다.

따라서 절대적으로 일회성으로 바뀔 수 있는 학습행동이 아니다. 지속적인 연습과 노력이 있을 때 진정한 변화를 이룰 수 있다. 그 점에서 12단계는 '경험을 통한 지속적인 행동의 변화'를 추구하는 학습의 단계와 같다. 전문가들은 평생에 걸쳐 매일매일 검토와 시인하는 과정을 거쳐야 한다고 본다. 4, 5, 6, 7단계는 개인적인 문제, 8, 9단계는 대인관계 문제를 다루는 단초를 제공해 주었다. 문제는 이러한 단초들이 단번에 이루어진다면 12단계를 만들어낼 필요도 없고 매일 기적이 일어나기를 바랄 뿐이다. 그렇기 때문에 우리는 새로운 환경에 대비해서 습관적으로 대처해야 중독 재발을 피할 수 있다.

인격적인 검토 대상

• 인지왜곡이나 부정적인 사고는 없는가?

• 감정조절을 적절히 하는가?

• 부정적인 감정은 없는가?

• 의욕과 충동조절은 잘 되는가?

신체적 검토 대상

• 신체건강을 위해 식생활, 운동, 위생관리는 어떤가?

• 성생활은 건전한가?

물질적 검토 대상

• 수입과 지출을 적절하게 관리하는가?

• 주변의 환경 정리정돈은 잘하는가?

• 규칙적 생활, 시간관리는 잘하는가?

• 성실하게 일하는가?

관계적 검토 대상

• 원망과 보복

• 이해, 용서와 사랑

　이러한 검토의 주기에 대해서 Miller(1991)는 세 가지 검토를 제시하였다. 작은 오점의 검토, 매일의 검토, 철저한 검토이다. 작은 오점의 검토는 상황마다 매일 여러 번 일어날 수 있다. 매 순간 일어나는 질투, 시기, 자기연민 등 감정에 대한 것들이 검토된다. 매일의 검토는 하루에 한 번 하루의 생활을 재고하는 것이다. 하루 동안 일어난 일에서 균형에서 벗어난 실수, 자기억제, 결점에 대한 분석 등이다. 철저한 검토는 정기적으로 이루어진다. 이러한 습관이 자연적으로 이루어질 때까지 노력이 필요하다. 그래서 인격적인 문제가 발견되면(4단계), 타인 탓을 하지 말고 즉각 시인하고(5단계), 개선책을 배우고(6단계), 개선을 위한 도움을 의뢰하고(7단계), 그로 인해 타인에게 끼친 어떤 피해가 있다면 모두 보상을 한다(8~9단계).
　10단계 상담의 목표는 다음과 같다.

- 지속적으로 행동과 사고를 반성한다.
- 잘못이 발견된 즉시 수정한다.
- 자기 행동에 대해 지속적으로 책임을 진다.

　이 단계의 상담목표는 중독자가 지속적으로 자기성찰을 하고, 일상적으로 행동을 조정하여 회복을 유지하고 강화하는 것이다. 이 단계에서는 중독자가 자신의 행동과 사고를 일상적으로 평가하여 회복 과정에서 발생할 수 있는 문제나 결점을 조기에 인식하도록 돕는다. 발견된 문제나 잘못된 행동은 즉시 수정하고, 이를 해결하기 위한 계획을 세워야 한다. 중독자는 자신의 행동에 대해 지속적으로 책임을 지고, 변화와 회복의 과정을 강화하는 태도를 유지해야 한다. 일상적인 상황에서 회복의 원칙을 실천하고, 자신의 행동이 회복 목표와 일치하도록 지속적으로 조정하는 것이 중요하다. 이러한 과정은 중독자가 장기적으로 회복 상태를 유지하며 긍정적인 변화를 지속할 수 있도록 지원하는 데 중점을 둔다. 이 단계의 핵심은 자기인식을 유지하고, 잘못을 신속하게 수정함으로써 회복을 일관성 있게 지속하는 것이다.

⑪ 11단계: 소명을 위한 협력
　11단계의 목표는 중독의 문제를 가지고 있던 사람이 중대한 임무를 발견하고 그것에 매진하는 것이다. 4단계에서 10단계까지는 인간적인 실천과 노력이었다면, 여기서는 다시 '위대한 힘'과의 구체적 관계로 다시 들어간다. 3단계에서 내담자는 자기 뜻을 위대한 힘에게 맡겼다. 이 단계에서는 다시 자신을 향한 '위에서의' 뜻을 알게 해 달라고 간청한다. 새로운 생활은 중독의 처지에서 보면 정반대의 거룩한 삶이다. 명상과 기도의 행동은 거룩한 조우를 매개해 준다. 그것이 매개되기 위해서는 그동안의 마음의 때를 벗겨 내야 한다(4~10단계). 그렇게 해야 비로소 만남의 의식(ritual)이 가능해진다. 명상을 통하여 영혼을 맑게 하고 기도를 통해서 거룩한 삶의 원천과 대화를 나눈다.

이 단계 역시 짧은 시간에 효과를 기대할 수 있는 게 아니다. 2단계와 3단계를 매일 실천하는 과정이 11단계이다. 이 단계까지 왔다는 것은 대단한 일이 일어난 것이다. 여기서 뜻을 발견하는 것은 가르침이자 내담자를 향한 삶의 방향과 계획, 그리고 소명에 이르기까지 진정한 자기실현의 길로 가는 것이다. 12단계 전문가들은 이 단계에서 기적이 일어난다고 한다. "우리는 약물을 선택함으로써 찾으려고 했지만 결코 발견하지 못했던 질적인 성장과 함께, 계속 단주를 유지할 수 있다(이덕기, 송수진 역, 1999)."

위대한 힘과 협력을 위한 점검
- 나의 의지를 포기하고 있는가?
- 열린 마음을 가지도록 노력하는가?
- 신뢰와 끈기가 있는가?
- 자신만의 기도의 방법을 찾았는가?
- 위대한 가르침에 확신이 있는가?
- 회복을 원하는 또 다른 사람을 찾고 있는가?
- 사명을 실제로 행하기를 간절히 바라고 있는가?

11단계 상담의 목표는 다음과 같다.

- 영적 성장을 촉진한다.
- 내적인 평화와 안정감을 증진한다.
- 삶의 신성한 목적과 의미를 찾는다.

• 기도와 명상으로 영적 실천을 한다.

11단계의 상담목표는 내담자가 영적 원칙을 지속적으로 적용하고, 내적 평화와 영적 성장을 추구하는 데 중점을 둔다. 이 단계의 주요 목표는 다음과 같다. 중독자가 기도와 명상을 통해 영적 통찰을 얻고 이를 삶에 적용하도록 돕는다. 내적 평화를 유지하고 감정적 안정감을 찾도록 지원한다. 신성한 목적이나 의미를 발견하고 이를 통해 삶의 목표와 방향성을 재정립하게 한다. 기도, 명상 등의 영적 실천을 일상생활에 통합하고 지속적으로 실천하도록 한다. 영적 원칙을 일상적인 상황에서 적용하며 행동과 결정에 반영하도록 지원한다. 영적 성장을 지속적으로 추구하고 내면의 변화를 모니터링하도록 돕는다. 신성한 목적과 조화를 이루어 삶을 의미 있게 만드는 데 기여한다. 감정적 안정감과 회복의 지속성을 확보하고, 긍정적인 변화를 증진시키며 정신적 안정과 성장을 지원한다.

⑫ 12단계: 전달자로 살아가기

12단계의 최종 목표는 전달자로서 삶을 사는 것이다. 11단계까지 잘 실천하고, 그 결과 완전히 각성한 상태에서 살아가는 삶에 이르는 것이다. 즉, 12단계에 참여한 사람이 마음의 평안을 안정적으로 되찾고 12단계로 인한 변화된 삶을 다른 사람에게 전하고 일상에서 항상 실천하는 것이다. 여기서 '영적 각성'을 종교적으로 보기보다는 자신만의 가치관에 따른 '궁극적인 실재' 또는 '완전한 삶'과 관계성을 뜻하는 것으로 해석한다. Miller(1991)는 12단계 중에서 5개의 단계들은 본질적으로 영적이라 했다(2, 3, 5, 6, 11단계). 이러한 상태에 이르는 것은 Jung이 말한 자아(ego)가 자기(self)를 만나 진정한 자기통합을 한 상태와 Rogers가 말한 '충분히 기능하는 인간', 그럼으로써 자기실현의 길로 가는 단계에 이르는 것이다.

12단계는 집을 짓는 과정과 비유된다. 1단계는 현실을 파악하고, 2단계는 회복의 작업을 누구에게 맡길지 결정하고, 3단계는 기초적 영성을 회복하고, 4~9단계는 기둥을 세우고, 10단계는 천장으로 인격을 지속적으로 검토하고, 11단계는 지붕으로 사명을 발견하며 추진하고, 12단계는 하늘로서 회복의 원리를 다른 중독자에게 전하고, 항상 실천하는 것이다. 치유와 회복을 경험한 사람은 후원자로부터 도움을 받은 자이다. 그리고 중독행동과 완전히 이별하고 새로운 정체성을 가지게 된다. 이러한 체험을 한 사람은 다른 사람에게 말하고 싶은 욕구가 생긴다. 그러한 행동을 할 때 더 확신을 가지고 삶의 영위하게 된다. 중독자에서 회복자, 회복자에서 이제는 후원자가 되는 것이다. 후원자로서 삶을 실천함으로써 더욱 각성된 삶을 살게 된다.

12단계 상담의 목표는 다음과 같다.

- 자신의 회복 경험을 전파한다.
- 자발적으로 타인에게 도움을 준다.
- 12단계 원칙을 모든 일상에 적용한다.
- 새로운 삶의 방식과 원칙을 유지한다.

마지막 12단계의 상담목표는 중독자가 회복된 삶을 유지하며 얻은 교훈을 통해 다른 사람들을 돕는 것이다. 이 단계의 주요 목표는 중독자가 자신의 회복 경험을 다른 이들과 나누어, 그들의 회복을 지원하는 것이다. 또한 자발적으로 봉사하는 정신을 가지고 공동체나 회복 그룹에서 적극적으로 참여하며, 자신의 경험을 통해 긍정적인 영향을 미친다. 지속적으로 자기 계발을 추구하고, 12단계에서 배운 영적 원칙을 일상생활에 적용하는 것도 중요하다. 건강한 관계를 유지하고, 다른 이들과의 긍정적인 상호작용을 통해 회복을 강화하며, 다른 사람들에게 지원을 제공하는 것도 목표 중 하나이다. 중독자가 긍정적인 역할 모델이 되어 회복의 가능성을 보여 주고 격려하며, 지속적으로 반성하고 성장할 기회를 찾는 것이다. 이 모든 과정은 중독자가 자신의 회복을 확립하고, 새로운 삶의 방식과 영적 원칙을 유지하며 삶을 개선하는 데 기여한다.

(3) 12단계 지속을 위한 네 가지 방법

지금까지 소개한 12단계는 시작이 중요하지만, 지속해서 유지하는 것이 더 중요하다. 결과적으로, 유지를 잘 하는 것이 상담의 궁극적인 종결의 단계라 할 수 있다. 이는 중독에서 회복된 사람에게는 영원히 지속되어야 할 과제라 할 수 있다. 질병모델에서 "한번 중독은 영원한 중독이다."라고 보는 것과 같이 "한번 회복은 영원한 회복이 되어야" 한다. 지속적 실천이 중독을 바꾸고 삶 전체와 운명도 바꾸게 한다. 이를 위해 Mortz(1994)는 12단계 실천을 지속하기 위한 네 가지 방법을 제안했다.

표 6-2	12단계 실천 지속하기 네 가지 방법
• 새 안경 기법	
• 다른 사람들에게 메시지 전하기	
• 다른 사람들과 함께하기	
• 당신의 세계를 열기	

출처: Mortz(1994).

① 새 안경 기법(new glasses method)

이 기법은 중독자의 사고방식과 행동 패턴을 변화시키는 데 도움을 줄 수 있는 기법이다. 이 기법은 중독자가 자신의 문제를 새로운 관점에서 바라보고, 기존의 패턴을 벗어나도록 돕는다. 구체적 방법은 다음과 같다. 첫째, 새로운 시작 제시이다. 중독자는 종종 자기 문제를 제한된 시각에서만 보고 있다. 새 안경 기법을 통해 중독자는 자신의 행동이나 생각이 다른 사람에게 어떻게 영향을 미치는지, 그리고 다른 관점에서 문제를 어떻게 이해할 수 있는지를 배우게 된다. 둘째, 재구성 훈련이다. 중독자가 자신의 행동 패턴과 믿음을 재구성할 수 있도록 돕는 것이다. 예를 들어, 실패를 개인적 결함으로 간주하는 대신, 그 실패를 학습의 기회로 받아들이는 시각으로 바꿀 수 있다. 셋째, 상황 모의 연습(role play)이다. 중독자가 새로운 시각을 연습할 수 있도록 상황을 모의하고, 새로운 접근 방식을 실험해 보는 것이다. 이를 통해 중독자는 실제 상황에서 새로운 사고방식을 적용할 준비를 할 수 있다. 여기서 정기적으로 긍정적 자기반성을 강화하여 중독자가 새로 배운 시각을 지속적으로 유지하도록 돕는 것이 중요하다. 작은 성공을 축하하고 이를 지속적으로 활용하도록 격려가 필요하다.

② 다른 사람들에게 메시지 전하기(carry this message to others)

이 기법은 변화된 행동을 유지하고 새로운 삶의 목표를 이루어 가는 데 있어서 큰 원천이 된다. 첫째, 멘토링 및 지원이다. 회복 과정에서 얻은 경험과 교훈을 다른 중독자에게 전달하는 멘토 역할을 수행하는 것이다. 이를 통해 자신의 회복을 강화하고, 다른 이들에게 긍정적인 영향을 미칠 수 있다. 둘째, 그룹 세션에 참여하는 방법이다. 치료 그룹이나 모임에서 자신의 이야기를 공유하고, 다른 사람들의 이야기를 경청하는 훈련을 한다. 이런 상호작용을 통해 지지 네트워크를 강화하고, 회복의 동기를 유지할 수 있다. 셋째, 커뮤니티 활동이 있다. 지역사회에서 회복과 중독 예방을 위한 활동에 참여하여 메시지를 확산시키고, 자신의 회복 과정을 사회적으로 지지받는 환경에서 유지할 수 있다.

③ 다른 사람들과 함께하기(gather with others)

이 기법은 12단계가 추구하는 공동체 영성을 실현하면서 치유적 경험을 공고하게 하는 작업이라 할 수 있다. 첫째, 지지 그룹을 형성한다. 회복을 위한 지지 네트워크를 형성하거나 참여하여, 서로의 경험을 공유하고 정서적 지원을 받는 것이다. 그룹 활동을 통해 고립감을 줄이고, 지속적인 동기부여를 받을 수 있는 것이 큰 장점이다. 둘째, 정기적 모임에 참여한다. 정기적으로 치료 세션이나 회복 모임에 참석하여, 치료의 일관성을 유지하고 서로의 발전을 지켜보는 기회를 가진다. 이를 통해 구성원들이 스스로 반영을 할 수 있다. 셋째, 공동의 목표로 활동을 계획한다. 회복 과정에서 함께 할 수 있는 활동을 계획하고 참여하여, 서로의 목표를 지원하고, 긍정적인 사회적 상호작용을 유지한다. 이러한 타인과 함께 하기를 통해서 내담자는 정서적 지지와 고립감을 해소할 수 있다. 상호작용과 피드백을 통해서 자기반성의 기회를 가질 수 있고 공동의 목표를 설정하고 이를 함께 달성하기 위한 활동을 계획함으로써, 중독자는 자신의 회복 목표를 설정하고 이를 달성하기 위한 계획을 세울 수 있다. 서로의 성과를 격려하고 축하함으로써, 중독자는 자신의 회복에 대한 동기부여를 유지할 수 있다. 이로써 긍정적인 사회적 상호작용을 촉진하고, 회복의 동기는 더욱 강화된다.

④ 당신의 세계를 열기(open up to your world)

이 기법은 회복자가 자신의 내면 및 외부 세계에 대해 개방적이고 수용적인 태도를 가지는 과정을 말한다. 이를 실행하는 기법은 다음과 같다. 첫째, 자기표현의 장려이다. 자신의 감정, 생각, 경험을 솔직하게 표현하고 공유하는 것을 장려하는 것이다. 이를 통해 내면의 갈등과 스트레스를 해소하고, 자신을 이해하며, 회복의 과정을 강화할 수 있다. 둘째, 새로운 경험과 취미를 탐색한다. 새로운 취미나 활동에 참여하여 자신의 세계를 넓히고, 중독 외의 긍정적인 경험을 통해 회복의 의미를 찾는 것을 말한다. 이는 삶의 질을 향상시키고, 회복의 동기를 지속적으로 유지하는 데 도움을 준다. 셋째, 사회적 관계 확대이다. 다양한 사회적 활동에 참여하여 새로운 사람들과 교류하고, 다양한 시각과 경험을 접하는 것을 포함한다. 이를 통해 중독에서 벗어나 사회적으로 연결되고 긍정적인 상호작용을 유지할 수 있다. 더 나아가 개인의 영적·정서적 성장과 자기 계발을 추구하는 과정까지 나아간다. 이를 통해 자신과 깊은 관계를 형성하고, 회복을 위한 내적 동기와 긍정적인 변화를 지속해 나간다. '당신의 세계를 열기'는 자기표현을 통해 내면의 갈등을 해결하고, 새로운 경험을 통해 삶의 질을 향상시키며, 사회적 관계를 통해 긍정적인 상호작용을 유지하고, 영적 성장을 통해 자기 계발을 추구하는 과정을 포함한다.

12단계의 도전은 중독행동에만 국한되지 않고, 인간 삶의 전반에 걸쳐 실천과 변화를 요구한다. 11단계를 거쳐 12단계까지 중독에서 회복된 사람은 자신이 보다 광범위한 공동체의 일원이라는 것을 인식하게 된다. 이러한 인식은 12단계 치료가 초월적이면서 영적인 여정임을 의미한다. 12단계의 영성은 '부분적'일 수 없으며, 반드시 '전인적'이어야 한다. 이 실천은 우리의 모든 생활에 영향을 미쳐야 하며, 회복 과정에서의 영적 원리가 전반적인 삶의 방식에까지 미쳐야 한다는 것이다(김병오, 2009). 이 과정에서 사람들은 '종교적이지 않지만 영적인' 어떤 위대한 힘(High Power)을 추구하게 되며, 그들의 삶에서 영성의 개념은 이전에 알고 있었던 것보다 훨씬 더 깊고 넓은 새로운 의미로 다가오게 된다. 한 예로서, Albert J. LaChance(1991)는 생태학적 차원에서도 영성을 탐색하기 위해 12단계 프로그램을 제안했다. 그의 저서 『녹색영성(Green Spirit)』에서는 "우리 모두는 과소비에 중독되어 있어 우리 자신을 오염시키고 있으며 환경을 파괴하고 있다."고 언급했다. 『녹색영성』은 이러한 문제를 해결하기 위해 환경에 대한 깊은 이해와 책임을 강조하며, 생태학적 관점에서 영성을 찾고 실천하는 것을 목표로 한다. 녹생영성의 핵심 요소는 다음과 같다.

- **환경적 책임**: 인간이 자연과 환경에 미치는 영향을 인식하고, 지속 가능한 방식으로 삶을 영위하려는 태도이다. 환경 파괴를 줄이고, 자연과 조화를 이루는 삶을 지향한다.
- **생태적 상호 연결성**: 모든 생명체와 자연 요소가 서로 연결되어 있다는 이해를 바탕으로, 인간의 행동이 생태계 전체에 미치는 영향을 고려한다.
- **영적 깨달음**: 환경 보호와 지속 가능성의 중요성을 영적 성장과 연관 지어, 자연과의 깊은 연결을 통해 개인의 내면적 변화와 성장을 추구한다.
- **행동으로의 실천**: 환경을 보호하기 위해 구체적인 행동을 취하고, 생활 습관을 변화시키는 것이 중요하다. 재활용, 에너지 절약, 친환경 제품 사용 등 직접적이고 실천적인 행

동의 역량을 포함한다.

이는 '12단계와 12전통'에서 추구하는 영적 원리와 유사한 맥락을 가지고 있으며, 자신과 주변 환경에 대한 실천을 강조한다. 이로써 12단계는 개인의 지극히 작은 삶의 일부에서부터 공동체와 사회 모든 영역에 걸쳐 실천되어야 하며 상담학적으로 활용할 가치 있는 접근이다.

4. 중독의 재발방지와 예방

1) 중독 재발

(1) 중독의 재발 정의

중독상담에서는 '재발'을 어떻게 정의할 것인가? 재발은 재발 횟수, 재발 기간, 사용량, 재발 결과를 고려하여 정의할 수 있다. 일반적으로 재발은 질병에서 완전한 회복이나 부분적 회복 이후에 다시 질병상태로 되돌아오는 것을 말하며, 일상생활에서는 습관적 행동 양상을 다시 하기 시작했다는 말로 쓰인다. 중독에서 재발은 단기간이나 장기간 동안 분명히 중단되었던 중독행동 양상이 다시 이전 행동으로 되돌아온 상태를 말한다. 중독자들이 일정한 기간 동안 중독에서 벗어났다가 다시 중독행동을 시작하는 경우가 많은데, 약물중독자들의 90% 이상이 12개월 이내에 재발하며, 50~60%가 치료 후 3~4개월 이내에 재발하는 것으로 보고되고 있다. 이러한 재발을 정의할 때 다음과 같은 점들을 고려할 필요가 있다.

첫째, 재발은 자기 스스로가 중독행동을 중단하였다가 다시 시작하는 경우에는 사용하지 않고, 문제가 되는 행위를 제거하거나 조절할 목적으로 치료 혹은 중재 프로그램에 참여한 후에 발생한 것을 재발로 정의할 수 있다. 예를 들면, 스스로 술을 끊었다가 시작하는 경우에는 재발이라고 하지 않고, 단주모임에서 금주를 시행하는 중독자가 술을 한 잔 마셨더라도 재발로 봐야 한다.

둘째, 중독물질의 종류와 사용량도 치료 프로그램에 속해 있는 다양한 내담자에 따라 다른 의미를 가질 수 있기 때문에 이러한 점을 고려해야 한다. 예를 들면, 12단계 프로그램에서 모든 물질을 완전히 끊어 버리는 것을 목표로 하고 있는 경우 포도주를 한 잔 마시는 것은 재발로 여겨질 수 있다. 그러나 불법약물을 사용하지 않는 것을 목표로 하는 경우에 포도주를 한 잔 마시는 것은 재발로 여겨지지 않을 수 있다. 또한 알코올을 완전히 끊었으나 다른 안정제를 중독적으로 사용한다면 이는 재발로 볼 수 있다.

셋째, 실수와 재발을 구별해야 한다. 예를 들어, 금주를 목표로 하고 있는 모임에 참여하고 있는 사람이 술을 마시고, 이를 부정하거나 더 많은 술을 마신다면 재발로 보아야 한다. 그러나 치료 과정에서 이 문제를 검토하고, 이런 문제가 발생하지 않도록 노력한다면 이는 실수로 보아야 한다. 즉, 실수는 이루기로 한 치료목표에 대한 작은 위반행위로 실수를 통해 무언가를 배우고, 궁극적으로는 최종 목적과 치료목표를 이루어 내게 하는 것을 말하며, 재발은 치료목적에 대한 보다 심각한 위반행위나 실수에서와는 달리 이를 통해 별로 깨달은 바가 없는, 보다 경미한 위반행위이다.

치료 과정에서 중독행동을 다시 시작하거나 종종 멈추기도 한다. 중독자들이 이러한 과정을 인식하는 것은 재발을 성공적으로 조절할 수 있도록 돕는다. 흔히 사람들은 중독행동을 다시 시작했을 때 좌절을 하고, 자신을 실패자로 여기면서 중독에서 벗어나지 못하는 경우가 있다. 따라서 중독치료 과정에서 일어나는 재발을 실패나 통제부족으로 여기기보다는 정상적으로 일어날 수 있는 것으로 생각하며, 이런 재발 과정에서 중독에서 벗어날 수 있는 방법을 찾도록 도와주는 것이 필요하다.

(2) 중독의 재발 요인

재발에 영향을 미치는 요인은 인구사회학적 변인, 환경적 변인, 유전적 취약성 변인 그리고 심리적 변인이 있다. 먼저, 인구사회학적 측면에서 살펴보면 중독자들의 경제적 어려움과 같은 사회경제적 상태와 실직문제 등의 취업상태를 포함한 사회적 안정성 요인이 재발에 영향을 미친다. 환경적 측면에서도 중독을 유발하거나 중독 자극이 많은 환경에서는 재발할 가능성이 높다. 환경적 측면의 대표적인 것으로 가족관계나 가족체계의 특징을 고려해 볼 수 있다. 역기능적인 가족 환경에 속한 중독자들의 경우 치료가 되었더라도 가족 간의 갈등을 포함한 대인관계 문제가 재발에 중요한 변인이 된다.

재발에 영향을 미치는 심리적 변인으로는 충동성, 부정적 정서, 낮은 자존감과 자기효능감 그리고 행동통제능력의 부족, 대처기술 부족, 중독과 관련된 기대나 신념 등이 있다. 중독행동을 유발하는 심리적 요소로도 잘 알려진 변인들이지만 이러한 심리적 특성들은 중독 회복이나 재발에 부정적으로 영향을 미친다. 이러한 심리적 요소를 가진 사람들의 경우 치료가 되었더라도 재발하는 경우가 많다. 따라서 이러한 심리적으로 취약한 요인을 가진 사람들의 경우 치료 과정에서 충동성 조절, 자존감 향상, 행동통제능력 향상 등에 초점을 둔 개입이 있어야 한다.

특히 중독자들이 재발을 일으킬 가능성이 높은 고위험 상황들이 있으며 이 상황에 대한 대처전략이 준비될수록 재발방지가 이루어질 가능성이 높다. 이러한 고위험 상황으로는 중독자들이 좌절과 분노를 유발시키는 상황, 대인관계 문제 상황, 사회적 압력이 있는 상황 등을 들 수 있다. 이러한 상황에서 자기효능감 같은 심리적 특성들이 대처능력에 영향을 미친다. 중독자들이 각자에게 취약한 고위험 상황을 파악하고, 그에 맞는 대처전략을 준비하고, 연습해 보는 것이 좋다.

① 좌절과 분노 상황

보통 불안이나 우울, 분노, 외로움, 소외감, 고독감 등과 같은 정서적으로 고통스러운 상황을 견디는 것이 쉽지 않고, 이러한 감정을 해결하지 못하는 경우가 많다. 중독자들의 경우 이러한 감정을 회피하는 방법으로 중독행동을 하는 경우가 많다. 따라서 이러한 감정이 일어날 때 어떻게 중독행동에 관여하게 되는지를 자각하고, 대처방법을 훈련하는 것이 도움이 될 것이다.

② 대인관계에서의 갈등이나 고립과 같은 문제 상황

갈등을 야기시키는 대인관계 문제는 분노나 외로움 등과 같은 부정적인 감정을 유발한다. 이는 재발 발생 전에 재발을 예측할 수 있는 선행 요인으로 인식될 수 있다. 그러나 중독자는 다른 사람을 비난하는 방식으로 이 재발 예측요인을 쉽게 처리해 버린다. 이러한 대인관계 문제 상황에서 효과적으로 의사소통을 하고, 자신의 감정을 조절할 수 있는 방법이 요구된다. 또한 사회적 지지망을 형성하여 이들을 도와주는 것이 필요하다.

③ 사회적 압력 상황

술에 대한 광고를 접하거나 친한 친구나 가족이 술을 권할 때, 각종 사회적 모임에 있을 때와 같은 것들은 중독행동을 일으키도록 하는 사회적 압력으로 작용한다. 이러한 압력을 일단 인식하고, 대처전략을 준비할 수 있다면 재발방지에 도움이 된다.

(3) 재발방지 프로그램

재발 예방은 중독문제를 가진 내담들이 단주, 단약 혹은 단도박을 유지하거나 재발로부터 회복할 수 있도록 돕는 데 초점을 맞춘다. 재발 예방은 단주 혹은 단약을 유지하고 있지만 약물이 없는 상태를 유지하는 기술이 부족한 내담자들에게 적합하다.

재발방지에는 여러 가지 치료 방법이 활용된다. 재발방지 프로그램의 경우 중독문제뿐 아니라 다양한 습관행동을 고치고자 하는 프로그램이 통합되어 있다. 어떤 프로그램에서는 재발의 강도나 빈도를 감소시키기도 하고, 어떤 프로그램에서는 다수의 대상자에게 완전한 사용 중단이라는 도움을 주기도 하지만 감소에 전혀 도움을 받지 못하는 사람들이 있다. 또한 어떤 재발방지 프로그램에서는 재발을 예방하거나 재발가능성을 완전히 제거하기 위한 유용한 기술에 대해 훈련을 받는다. 어떤 면에서 재발방지란 '자조(self-help)' 또는 '자기조절(self-regulation)'을 의미하기도 한다. 이들은 중독문제에 있어서 전반적인 생활양식이 중요하다고 보기 때문에 재발방지에서는 중독행동 자체와 관련이 있는 구체적인 행동뿐 아니라 영성, 식생활, 운동, 여가생활 같은 것을 다룬다. 또한 재발방지를 위해 물질사용 욕구와 갈망을 감소시키는 약물을 사용하기도 한다. 그러나 실무에서는 중독행동 자체만으로 관찰 가능한 중독행동 자체의 변화를 평가한다. 즉, 재발방지는 중독행동을 일으키는 근본 원인을 제거하는 것이 중요하다고 본다. 그러나 치료에는 중독행동 자체의 변화뿐 아니라 다양한 요소들이 영향을 미친다. 따라서 재발방지를 재활 횟수(빈도)와 심각성(강도)을 감소시키는 목적과 함께 중독장애로부터 회복에 이르려는 접근법이라는 의미로 사용하고자 한다. 그러나 모든 중독자에게 100% 개선을 가져다주는 치료는 없다. 재발방지는 완전한 성공을 이루기가 어렵더라도 어느 정도 성공의 가능성을 제공한다.

재발방지 훈련에는 여러 가지 요소가 포함된다. 이러한 요소들은 중독자들이 변화에 대한 결심을 강화하기, 고위험 상황을 인식하기, 대처기술 및 기타 유용한 기술을 가르치기, 유혹에 대처하기 위한 유용한 정보 제공하기, 실수에 대비하기, 변화유지에 중요한 생활방식을 발견하기와 같은 것들이다. 재발방지 프로그램은 위기 상황에 있거나 다시 물질을 사용할 가능성이 있는 내담자들에게 도움이 되는 프로그램이다.

① 흡연 재발방지 프로그램

흡연 중단 프로그램에 참여한 사람의 경우 일정한 감소를 보이지만 금연 후 2년 이내에는 최고의 금연 프로그램조차도 금연 유지 비율이 50%가 채 넘지 않기 때문에 재발방지가 중요하다(Piasecki, 2006). 재발방지를 위해 동기강화 프로그램, 스트레스 관리 프로그램, 대인관계기술, 자아효능감 같은 프로그램이 사용되지만 90%에 육박할 만큼 다시 담배를 피우는 비율이 높다.

재발방지 기술은 사람들이 심혈관의 변화, 식욕의 증가, 흡연충동의 변화, 기침과 가래 분비의 증가, 신경질 증가처럼 금단증상을 준비하는 것에서부터 시작한다. 재발방지는 커피나 술을 마신다거나, 스트레스가 심한 대인관계를 다루는 상황과 같이 담배를 갈망하게 될 위험이 높은 상황을 관리하는 능력에 초점을 맞춘다. 한편, 일시적 재발은 흡연자의 자아효능감을 감소시키고, 부정적인 정서를 증가시키며, 금연에 성공할 것이라는 믿음을 감소시킨다. 스트레스를 유발하는 경과는 다른 종류보다 더 빠르게 재발을 야기할 수 있다. 따라서 흡연자는 그들 스스로가 일시적 재발은 큰 걱정거리가 아니며 많은 사람들이 금연하는 와중에도 종종 재발을 하다가 금연을 한다는 것을 상기할 필요가 있다. 흡연자들이 금연 전에 일정한 돈을 지불하고, 흡연을 절제하거나 금연한 조건에서만 공제를 받는 식의 계약서를 활용하거나 전화상담이나 동료와의 지지적 교류를 통해 일시적 재발이나 완전한 재발에 대한 유혹을 피하는 데 도움을 얻을 수 있다.

성인 흡연자들은 자가 모니터링을 통해, 흡연을 유발하고 유지하는 자극을 확인하고 통제할 수 있다. 또한 흡연을 강화할 수 있는 위험이 높은 상황에서 대안적인 대처기술을 연습함으로써 재발을 예방할 수 있다.

재발 비율로 볼 때 금연 효과가 낙관적으로 보이지는 않아도 치료 프로그램을 단독으로 시행할 때보다 프로그램을 조합해서 개입하는 것이 누적 효과가 있다. 한 가지 개입만으로는 20%밖에 성공률을 보이지 않지만 여러 치료를 조합해서 사용하는 것은 성공률이 높다.

스스로 금연을 한 사람들은 잘 교육받은 사람들이고, 자기통제기술과 자신의 금연능력에 대한 자신감이 높으며, 금연이 건강에 미치는 이득이 상당하다는 것을 알고 있는 사람들이다. 담배를 피우지 않는 사람들로 이루어진 지지적인 사회적 망을 형성하고, 전형적인 흡연자와 거리를 두면서 비흡연자와 어울리는 노력을 한다면 스스로 금연을 시도하는 것보다 쉬워질 것이다. 직장에서의 개입이 금연에 효과적이다. 또 니코틴 패치와 특정 금연교육을 제공하는 자조 프로그램이 스스로 금연할 수 있도록 돕는다.

② 도박문제 재발방지 프로그램

사람들은 자신의 삶의 모든 부분에 완벽하게 통제력을 발휘할 수 없으며, 도박에 다시 빠질 가능성은 누구에게나 존재한다. 재발로 인해 도박자는 가족이나 주변 사람에게 죄책감 혹은 수치심, 자신에 대한 분노 및 무기력, 조절 실패로 인한 두려움과 같은 다양한 감정을 야기할 수 있다. 도박자가 회복에 대한 열의를 포기하지 않고 변화된 행동을 정착시키기 전까지는 종종 여러 번의 위기가 있으며 그러한 위기에 대한 강건한 의지와 단도박을 하겠다는 강한 시도가 필요하다. 재발을 실패라 생각하지 않고, 하나의 실수로 여긴다면 재발에서 무엇인가를 배울 수 있고, 다시는 재발하지 않도록 예방조치를 취할 수 있다.

다른 형태의 중독과 마찬가지로, 재발은 실제적인 행위가 일어나기 훨씬 전부터 시작된다. 따라서 그 위험성을 나타내는 징후는 오래전부터 발견할 수 있다. 만약 치료를 받기 이전의 태도와 행동을 보인다면 재발은 실질적으로 시작되었다고 볼 수 있다. 스트레스를 받고 그것을 적절하게 관리하지 못하면 스트레스를 회피하기 위한 수단으로 도박에 다시 빠짐으로써 재발할 수 있다.

도박의 재발방지 전략은 기술 훈련, 인지적 재구성, 생활방식의 세 가지 범주로 나누어진다. 기술 훈련 전략은 고위험 상황에 대처하는 데 필요한 행동적·인지적 반응 모두를 포함한다.

재발을 막는 데 있어서 취해야 할 첫 단계는 재발을 촉진시킬 수 있는 고위험 상황을 구별하는 방법을 가르치는 것이다. 다시금 도박에 빠지게 하는 사건의 고리를 일찍 인식하면 할수록 위험을 알리는 징후를 더 빨리 식별하게 되며, 그러한 상황에 대처하는 적당한 기술을 이용하게 됨으로써 더 빨리 개입할 수 있다.

기술 훈련은 재발방지 프로그램의 초석이다. 이는 내담자 개인의 욕구에 근거하여 실행되어야 한다. 자신 및 대인관계에 효과적으로 대응하는 기술 모두는 재발 가능성을 줄이고 도박을 하지 않도록 하는 데 효과적이다. 기술 개발에는 스트레스 관리, 분노관리, 의사소통 기술과 일반적인 사회생활에 필요한 기술과 같은 영역이 포함된다.

구체적으로 재발을 방지하기 위한 인지행동치료를 살펴보면, 먼저 도박행동으로 이끄는 유발요인 또는 연결고리들을 발견해야 한다. 또한 주변 환경에서 도박을 촉발시키는 요인을 관리함으로써 충동을 억누르는 방법을 훈련시킨다. 마지막으로, 도박행동으로 이끄는 압박, 부정적 정서, 인지적 기대를 관리함으로써 충동을 통제하도록 한다.

재발방지를 위한 행동치료에서는 도박행동을 이끄는 사고, 감정, 행동에 대한 기능분석을 실시한다. 또한 도박자가 도박자금을 마련하거나 도박하는 것을 감추기 위한 방법을 평가하고 지지자의 도움을 받아 도박문제가 있는 내담자가 돈에 접근하는 것을 제한함으로써 충동적으로 도박하지 않는 방법을 모색하도록 한다. 마지막으로, 도박행동의 가능성을 증가시키는 물리적인 환경에 대처하는 전략을 개발하도록 한다.

재발방지 자기개발 프로그램의 마지막 부분은 전반적인 생활방식의 변화를 도모하기 위한 과정이다. 내담자에게 고위험 상황에 대처할 수 있는 기술만을 숙지하게 하는 것으로는 충분하지 못하다. 종합적인 자기관리 프로그램은 일상적으로 발생할 뿐 아니라 고위험 상황으로 이끄는 선행 요인이기도 한 스트레스에 대처하는 능력을 키우게 하여 내담자의 전반적인 생활을 향상시킨다. 또한 내담자의 욕구와 갈망을 조절하는 것도 중요하다. 욕구와 갈망이 중독물질이나 중독자극을 통해 일어나는 데 자극통제나 회피 전략을 활용함으로써 상당히 감소시킬 수 있다. 욕구와 갈망은 항상 의식할 수 있는 것이 아니며, 사람들로 하여금 적합한 결정을 하게 하는 경로를 통해 재발에 빠지게 하는 데 강력한 영향력을 발휘하기도 한다. 또한 여가, 운동, 휴식 등을 통하여 내담자로 하여금 총체적인 대처능력을 강화하게 하고, 불균형적인 생활방식의 부산물인 욕망의 빈도와 강렬함을 감소시키도록 한다.

③ 알코올중독 재발방지 프로그램

치료적 노력의 목적은 알코올중독자가 단주를 하거나 과음을 하지 않도록 하는 것이지만 장기적으로 금주를 유지하는 것도 매우 중요한 것이다. 치료를 받은 경우에도 알코올중독은 재발률이 높다. 많은 사람들이 수많은 치료를 받아 보고 수없이 치료를 하지만 여전히 통제 불능의 음주로 다시 재발한다.

알코올중독을 질환으로 여기는 사람에게는 재발이라는 것이 그 희생자가 통제하는 데 무기력하다는, 즉 실패라는 것을 의미한다. 인지적 입장에서는 재발을 실수나 오류로 본다. 인지적 접근에서 재발은 길가에 있는 분기점과 같다. 어떤 분기점은 남용행동으로 되돌아가게 하지만 어떤 것들은 긍정적인 변화를 유도한다.

알코올중독 재발방지 프로그램들은 개인의 음주 패턴을 변화시키도록 고안된 각종 치료 절차와 인지적 접근을 통합해서 사용한다. 이들 프로그램들은 그 목표가 단주든 통제된 음주이든 사용될 수 있다. 유일한 조건은 참가자가 자발적으로 변화하겠다는 결정을 하는 것이다. 재발방지 접근에서는 프로그램이 지속되는 한, 개인이 자신의 행동에 대한 통제감을 경험할 수 있다는 것을 가정하고 있다. 만약 개인이 고위험 상황에 부딪히게 되면 이 통제감이 위협을 받고 그러면 다시 재발 가능성이 높아진다. 고위험도 조건이란 좌절, 분노, 우울 등과 같은 부정적인 정서상태 또는 고용주나 가족과의 싸움 등과 같은 대인관계의 갈등, 기타 음주를 하게 하는 사회적 압력 등이다.

재발 과정에 대한 인지행동적 분석은 고위험 상황에 대한 노출에서 시작한다. 고위험 상황이란 스트레스, 부정적 정서, 강한 충동이나 유혹, 대인관계 갈등을 유발하는 상황이다. 대처반응을 갖는 것은 자기효능감(자신이 조절할 수 있다는 느낌)을 증가시키고 재발 확률을 감소시킨다. 대처반응을 갖지 못하는 것은 자기효능감을 감소시키고, 조절할 수 없다는 느낌을 고조시킨다. 이것은 알코올의 우호적인 효과에 대한 긍정적인 기대와 함께 재발 확률을 증가시킨다.

재발은 단주를 위반하였을 때 일어나는 경우가 많다. 재발이 일어나면 개인은 인지적 반응과 정서적 반응 등 두 가지 반응을 보인다. 하나는 갈등과 죄의식이고, 다른 하나는 영속적인 자신의 개인적인 약점이나 자기 유능감의 부족을 탓하기보다는 일시적인 상황 요인으로 귀인시킨다는 것이다. 처음으로 단주상태를 깬 알코올중독자는 재발 이후로 첫 번째 음주와 관련된 죄의식과 갈등을 경감시키기 위해서 음주를 계속할 수 있다. 예를 들면, '이것은 내가 알코올중독자라는 것을 증명하는 거야. 일단 내가 한번 시작한 이상 나는 통제할 수 없어.'라고 생각하면서 재발을 막으려는 목표와 음주행동 간의 갈등을 피하려고 할 것이다.

재발을 어떤 어려운 상황에 귀인하는 대신에 앞과 같은 인지를 사용하는 사람은 의지가 박약하다거나 유혹에 저항하는 능력이 없다는 이유로 자신을 비난하기가 쉽다. 이러한 생각은 단 한 번 음주하고 난 뒤 그것이 눈덩이처럼 커져서 매우 강한 강도의 음주를 하게 되고 결국에는 완전한 재발에 이르게 되는 식으로 발전할 가능성이 높아진다.

음주로 다시 한 발 미끄러지는 것을 반드시 영구적인 재발이나 개인적인 실패의 표시로 보지 않고 일시적인 재발로 보는 것 외에도 재발방지 프로그램의 한 가지 주요한 목표는 재발에 선행할 수 있는 경고신호를 인식하도록 훈련시키고, 너무 늦기 전에 일련의 치료나 대처전략을 계획하고 실행하도록 하는 것이다. 재발방지 프로그램 기법은 알코올남용에만 유망한 것이 아니라 약물사용, 흡연 등에도 유용하다. 고위험 상황을 확인해 내고 적절한 대처기술 및 행동기술을 학습하는 이 프로그램은 다른 상황에도 적용이 가능하다.

2) 중독 예방

중독장애와 정신건강을 대상으로 예방적 노력이 광범위하게 이루어지고 있지만 그 효과에 대해서는 제한된 자료만이 있다. 약물남용의 경우 개인 예방 프로그램의 효과성에 대한 구조화된 연구가 진행되고 있지만 약물과 같은 중독 예방적 노력은 많이 있으나 문제성 도박이나 병적 도박에 대한 예방적 노력은 미미히고, 다른 중독 분야에 비해 적절한 자료가 부족하다.

중독문제는 문제가 발생하기 전에 예방이 중요하며, 사전에 예방했을 때 비용절감 효과가 크다. 중독의 정도나 자기통제력 상실의 면에서 극단까지 진행되어 있는 때 개입하는 것보다 예방이 더 효과적이다.

(1) 중독 예방 대상

중독 예방은 다양한 차원에서 이루어진다. 공중보건학적 모델에 의하면, 중독 예방을 흔히 1차 예방, 2차 예방, 3차 예방으로 나눌 수 있다. 일반적으로 예방을 달성하기 위한 노력은 발생 비율이 높고, 효과적인 방법이 통하는 심각한 조건에 우선적으로 실시되는 것이 좋다.

1차 예방은 장애가 전체적으로 일어나지 않도록 하는 데 관심이 있고, 중독에 관여되지 않은 모든 일반인들을 대상으로 할 수 있다. 특히 아동, 청소년을 대상으로 학교 기반 1차적 예방 프로그램을 많이 실시하고 있다. 1차 예방에서는 주로 중독의 원인과 결과에 대한 다양한 과학적 정보를 제공한다. 또한 1차 예방은 장애와 관련된 고통, 비용 및 부담을 줄여 주기 때문에 비용 대비 효과성이 가장 높은 것으로 알려져 있다. 1차 예방 방법은 다양하며, 중독 관련 교육과 상담뿐만 아니라, TV광고, 광고판, 버스광고, 포스터, 엽서 등 대중의 인식을 높이기 위한 노력들이 많이 이용된다.

2차 예방은 1차 예방보다 대상이 선택적이며, 심리적·사회적·생물학적 위험요인을 가지고 있는 중독을 발달시킬 위험이 평균보다 높은 하위 집단에 초점을 둔다. 예를 들어, 중독문제에 노출될 가능성이 있는 취약 계층의 사람들이나 역기능적인 가족문제를 가진 사람들, 혹은 중독 관련 직무에 종사하는 사람들을 대상으로 예방 활동이 이루어질 수 있다.

3차 예방은 중독을 이미 가진 사람으로 진단된 사람들을 대상으로 중독으로 인한 부작용을 예방하거나 최소화하는 것에 더해서 장애를 지닌 개인들이 기능을 회복하는 것이다.

(2) 중독 예방의 목표

중독 예방에서는 흔히 중독에 대한 개인적 취약성을 감소시키고, 탄력성을 증진시키면서, 효능감과 자아존중감을 키우는 것을 목표로 하는 경우가 많다. 또한 중독 예방은 회복력을 증진시키는 노력을 하거나, 위험요인의 영향을 최소화하거나 예방하려는 노력들과 보호요인을 증대시키는 시도를 한다. 위험요인에 초점을 맞춘 예방 프로그램들은 알코올, 약물혹은 도박에 의한 부정적인 요인들을 최소화하거나 줄이고, 더 나아가 제거하는 데 초점을 두고 있다. 개인의 취약성이나 환경적 역경의 영향을 조절하거나 약화시키는 것으로 알려져 있는 보호요인이 활성화되면 아동의 적응 방식은 매우 바람직한 방향으로 진행된다.

개인적 수준에서 작용하는 위험요인과 보호요인에는 심리적 요인, 성격 변인, 가치나 태도, 생애 초기부터 지속된 문제행동, 그리고 물질사용이 포함된다. 이러한 위험 혹은 보호요인은 가족 간의 관계, 부모의 역할, 가족 구조, 가족 분위기와 같은 가족 차원에서도 작용한다. 또는 위험 혹은 보호요인은 또래관계나 약물사용에 대한 사회적 기대 그리고 학업 수행을 통해 작용하기 때문에 또래 영역 역시 청소년 위험행동의 예방에 중요하다. 학교 환경도 청소년의 태도와 행동에 영향을 미친다. 학업 성취도, 학교와의 유대감, 학교 정책은 약물사용의 위험요인이나 약물남용의 발달, 그리고 비효과적인 대처양식의 조짐을 완화하는 역할을 한다. 지역사회 차원의 위험요인과 보호요인은 약물에 대한 접근성을 통해 청소년의 위험행동에 영향을 미친다. 사회 환경이라는 가장 광범위한 영역에서는 대중매체를 통해 전달되는 내용을 포함한 법과 규범이 위험행동에 영향을 미친다. 따라서 예방이 성공적일 때 문제를 야기하는 위험요인이 감소되거나 제거된다.

중독 예방은 상황에 초점을 둔 예방과 능력에 초점을 둔 예방으로 나누어 볼 수 있다. 상황에 초점을 둔 예방은 중독의 환경적 원인을 감소시키거나 제거하는 데 목표를 두는 반면, 능력에 초점을 둔 예방은 중독을 유발하는 조건에 대처하는 능력을 증진시키는 데 목표를 둔다. 상황에 초점을 둔 예방은 환경을 변화시키는 것을 추구하는데, 중독을 야기시키는 환경이 스트레스가 덜 되게 한다. 또한 능력에 초점을 둔 접근 방법은 다양한 스트레스 유발

상황이 발생하더라도 좀 더 저항력을 갖도록 만들기 위해 사람의 대처능력을 강화하는 것이다. 예를 들어, 이혼은 스트레스 유발 상황이다. 이혼은 가족의 환경과 생활양식을 변화시키고, 중독을 초래할 가능성이 높다. 따라서 이들을 대상으로 심리적 지지, 그리고 고용과 육아와 같은 특별한 훈련을 제공한다. 능력에 초점을 둔 예방에서는 이혼 전에 대인관계기술, 특히 배우자와의 관계에서의 중요한 기술을 강화시킨다. 아동들을 대상으로 한 조기교육 프로그램은 아동들에게 문제와 느낌을 알아차리고, 대안적인 해결책을 생각해 보고, 자신의 행위를 평가해 보도록 하는 기술을 훈련시켜 중독문제를 예방하도록 한다.

(3) 중독 예방 프로그램

① 약물예방 교육 및 프로그램

약물남용 예방 프로그램들은 일반적으로 1차(primary), 2차(secondary), 3차(tertiary) 예방으로 구별할 수 있다.

1차 예방이란 약물문제가 발생하기 전, 약물사용을 방지하는 것을 의미하며, 약물남용 발생 감소와 새로운 약물남용자가 생기지 않도록 예방하는 접근으로 위험요인의 감소, 취약성 감소 및 보호요인을 증진시키는 것을 목표로 한다.

1차 예방 단계에서는 약물남용 문제 발생을 가능하게 할 수 있는 요소들을 사전에 규명하고, 약물사용을 피할 수 있도록 개인과 환경의 변화를 시도한다. 약물남용의 문제점을 이해하고, 약물사용 행위를 억제하고 거부할 수 있도록 도와주는 약물교육 프로그램, 남용되는 약물의 구입을 법적으로 억제할 수 있는 법적 제재 강화, 대중매체를 이용한 홍보, 그 밖의 약물남용 유발요인의 제거 등이 포함된다. 약물남용 방지를 위한 1차 예방은 어린 시절부터 평생 지속되어야 한다. 담배를 피우는 것이 해롭다는 것을 초등학생에게 교육하는 것이 1차 예방의 한 예이다.

2차 예방은 이미 문제행동을 보이는 사람들을 위해 고안된 것이다. 이런 프로그램의 목적은 문제행동들이 더 위험한 결과를 초래하는 심각한 문제로 확대되는 것을 막는 것이다. 폐해감소 모형은 2차 예방과 유사하다. 알코올문제를 보이는 사람들에게 완전히 술을 끊게 하는 것보다 절제된 음주, 즉 음주조절에 초점을 맞춘다. 2차 예방은 조기 개입이라고 하는데 문제를 조기에 규명하고, 해로운 영향을 감소시키며, 그 이상의 발전을 막을 수 있는 적절한 교정적 반응을 하는 것이다. 이미 약물을 사용하고 있으나 아직은 심각한 부정적 영향들이 나타나지 않고 있는 대상자들을 위한 조기 개입 활동이다. 약물남용의 원인 차단이 중요하며, 스트레스를 감소시키고, 대처능력과 생활을 조절할 수 있는 능력을 얻도록 도와야 한다.

3차 예방은 약물남용이나 강박적 사용의 문제 유형에 이미 연루되어 있는 대상자들의 문제 파급을 감소시켜 악화를 예방하고 재발을 예방하는 것이다. 3차 예방은 약물과 관련해 범죄를 저지른 사람을 대상으로 약물치료와 재활을 유도하는 프로그램을 진행함으로써 이루어진다. 이런 프로그램은 중독 사이클을 깨고 상습적인 범죄의 고리를 풀고, 한 번의 문제행동으로 인해 생긴 손해를 경감시키기 위해 사용된다. 3차 예방은 전형적으로 적극적인 의료적·심리사회적 치료를 포함한다. 입원치료 및 재활 프로그램을 포함하며 약물, 심리, 가족치료, 사회기술 훈련, 자조집단, 치료공동체 등의 개입이 이루어진다.

② 도박중독예방 교육 및 프로그램

최근 들어 합법적인 도박이 확산되고 있으며 이는 문제성 도박과 병적 도박을 증가시키는 것으로 보고되고 있다. 또한 문제성 도박이나 병적 도박의 수준이 높아짐에 따라 건강상태나 삶의 질이 저하된다는 결과와 덜 심각한 도박행동도 일반적으로 특정 분야에서 건강에 악영향을 미칠 수 있음이 밝혀지고 있다. 따라서 아동과 청소년들을 대상으로 한 1차 예방 프로그램은 성인 도박에도 영향을 미칠 수 있다. 그러나 정보만 전달하는 접근 방법은 행동 변화에 거의 효과가 없다.

2차 예방은 장애가 발병할 위험이 있는 개인이나 전 임상적 형태의 장애를 가지고 있는 개인을 찾아내는 것을 포함하는 예방적 노력을 뜻한다. 예를 들면, 문제성 도박행동을 간편하게 검사할 수 있는 도구를 이용하여 1차 의료기관, 정신건강센터, 중독치료기관, 교도소 등에 근무하는 특정한 집단들을 대상으로 교육할 수 있다. 도박장에 근무를 하는 사람들도 2차 예방 대상이다. 또한 도박은 남성에게 흔하지만, 여성의 경우 늦은 나이에 도박을 시작하고 기계도박을 즐기는 경향이 있다. 노인들의 경우도 도박 빈도는 낮지만 슬롯머신이나 경품 복권 같은 도박에 빠져들기 때문에 이들을 대상으로 2차 예방 노력이 필요하다. 3차 예방은 장애 관련 부작용을 줄이는 것과 관련된다. 3차 예방은 문제성 도박자들을 치료 장면으로 인도하고, 그들로 하여금 도박장의 자기출입금지와 같은 방법을 사용하도록 하는 비치료적 방법을 포함한다.

참고문헌

강동진(2004). 알코올 소비행태와 허리둘레의 관련성. 연세대학교 보건대학원 석사학위논문.

강선경, 윤현준(2003). 약물중독재활을 위한 프로그램이 마약관련 재소자들에게 미치는 영향에 대한 연구. 교정연구, 21(21), 85-115.

강성군(2010). 도박 행동과 문제의 성차: 내국인 카지노 출입자를 중심으로. 충남대학교 대학원 박사학위논문.

강성군, 김교헌, 권선중, 이민규(2011). 한국판 도박 갈망 척도(K-GUS)의 타당화 연구. 한국심리학회지: 건강, 16(1), 231-241.

강수돌(2007). 일중독 벗어나기. 메이데이.

강은영(2012). 알코올의존자의 분노조절향상을 위한 인지행동 프로그램의 효과성. 대구대학교 사회복지대학원 석사학위논문.

경찰청(2015). 2015 교통사고통계.

고병인(2003). 중독자 가정의 가족치료. 학지사.

고은영, 최윤영, 최민영, 박성화, 서영석(2014). 외로움, 대인 민감 및 페이스북 중도 간의 관계. 한국심리학회지: 상담 및 심리치료, 26(3), 713-736.

광주도박중독예방치유센터(2013). 광주지역 청소년 게임 도박문제 실태조사 보고서. 광주도박중독예방치유센터.

구교태(2005). 가상 커뮤니티 이용 욕구(needs)와 행위(behavior)에 관한 연구: 대학생들의 인터넷 카페 이용을 중심으로. 한국언론정보학보, 7-33.

국립정신건강센터(2002). 2021년 마약류 사용자 실태조사. 발간등록 번호 11-1352629-000085-01.

권석만(2014). 이상심리학의 기초. 학지사.

권선중(2011). 한국판 도박 증상 척도(KG-SAS)의 신뢰도와 타당도. 한국심리학회지: 상담 및 심리치료, 23(4), 885-900.

권선중(2014). 도박 관련 신념과 문제성 도박의 관계에 대한 재탐색: 잠재성장모형을 활용한 단기 종단 연구. 청소년학연구, 21(4), 359-376.

권선중(2016). 게임 중독 청소년의 하위 유형 연구. 한국심리학회지: 건강, 21(1), 273-286.

권선중(2017). DSM-IV와 DSM-5의 도박중독 진단준거 비교. 한국심리학회지: 중독, 2(1), 47-59.

권선중, 김에스더(2024). ICD-11 기반 청소년 도박문제 선별 척도 개발 및 타당화. 청소년학연구, 31(2), 351-370.

권선중, 김예나(2017). 실제 인터넷 도박행동을 예측하는 인지-정서 모형 개발. 한국심리학회지: 건강, 22(1), 457-470.

권선중, 조성겸(2010). 전화조사를 위한 단축형 한국판 문제 도박 지표의 개발. 조사연구, 11(3), 19-32.

권영란, 이정숙(2002). 해결중심 집단상담 프로그램이 알코올중독자의 삶의 의미와 금주자기효능감에 미치는 효과. 정신간호학회지, 11(3), 336-351.

권영실, 현명호(2014). 알코올 사용 장애자의 자살생각과 자아통제감, 무망감 및 가족지지의 관계. 한국심리학회지: 건강, 19(2), 585-601.

권준수 외(2015). DSM-5 정신질환의 진단 및 통계 편(제5판). 학지사.

권희경, 권정혜(2002). 인터넷 사용조절 프로그램의 개발 및 교화검증을 위한 연구. Korean Journal of Clinical Psychology, 21(3), 503-514.

김광기, 제갈정(2006). 청소년의 음주와 범죄 청소년 음주예방을 위한 3차 전문가 포럼. 국가청소년위원회.

김교헌(2003). 병적 도박 선별을 위한 K-NODS의 신뢰도와 타당도. 한국심리학회지: 건강, 8(3), 487-509.

김교헌(2006). 도박 행동의 자기조절모형: 상식모형의 확장. 한국심리학회지: 건강, 11(2), 243-274.

김교헌, 권선중(2003). 병적 도박자의 심리적 특성 및 예측요인. 한국심리학회지: 건강, 8(2), 261-277.

김교헌, 변서영, 임숙희(2016). 성인용 스마트폰 중독 척도의 개발. 사회과학연구, 27(1), 131-154.

김교헌, 성한기, 이민규(2004). 도박성 게임 이용자의 심리사회적 특성과 문제성 및 병적 도박의 예측요인. 한국심리학회지: 건강, 9(2), 285-320.

김기태, 안영실, 최송식, 이은희(2005). 알코올중독의 이해. 양서원.

김동인(2006). 알코올 중독자의 음주양태와 성격장애에 관한 연구: 입원한 알코올 중독자의 성격장애를 중심으로. 중앙대학교 대학원 석사학위논문.

김동일(2014). 디지털 미디어 중독 특성과 진단 구성: 차세대 스마트폰 중독 척도를 중심으로. 스마트 기기 과몰입 예방 심포지움. 한국과학기술원 인문사회과학융합대학.

김동일, 이윤희, 이주영, 김명찬, 금창민, 남지은, 강은비, 정여주(2012a). 미디어 이용 대체 · 보완과 중독: 청소년과 성인의 인터넷 및 스마트폰 사용 형태를 중심으로. 청소년상담연구, 20(1), 71-88.

김동일, 정여주(2005). 아동, 청소년 상담: 청소년 인터넷 중독 모형 분석. 상담학연구, 6(4), 1307-1319.

김동일, 정여주(2020 출판예정). 스마트폰 중독 상담. 학지사.

김동일, 정여주, 김병관, 전호정, 이윤희(2015). 유아동 스마트폰 중독 관찰자 척도 개발 및 타당화. 상담학연구,

16(6), 369-383.

김동일, 정여주, 이윤희(2013a). 스마트 미디어 중독 개념 및 특성 분석 델파이 연구. 아시아교육연구, 14(4), 49-71.

김동일, 정여주, 이윤희(2014). 청소년 스마트폰 건전 사용 척도 개발과 타당화. 청소년상담연구, 22(1), 393-421.

김동일, 정여주, 이윤희, 김병관, 전호정(2016). 청소년 스마트폰 중독 자가진단 척도 개발 및 타당화. 상담학연구, 17(3), 319-335.

김동일, 정여주, 이은아, 김동민, 조영미(2008). 간략형 청소년 인터넷중독 자가진단 척도 개발과 타당화. 상담학연구, 9(4), 1703-1722.

김동일, 정여주, 이주영, 김명찬, 이윤희, 강은비, 금창민, 남지은(2012b). 성인 간략형 스마트폰 중독 자가진단 척도 개발. 상담학연구, 13(2), 629-644.

김동일, 정여주, 이형초, 이윤희, 이슬기, 김나영, 오정수(2013b). 스마트폰 중독 청소년 상담 매뉴얼 개발 연구 결과 보고서. 여성가족부.

김병오(2009). 중독을 치유하는 영성. 대서.

김성이(2002). 약물중독총론. 양서원.

김성재(1996). 알코올리즘의 재발에 관한 이론적 모형 구축: 정신병원에 입원한 남성 알코올리즘 환자를 대상으로. 서울대학교 대학원 박사학위논문.

김영신(2001). 대학생 소비자의 화폐에 대한 태도에 따른 강박적 구매행동 소비문화연구. 한국소비문화학회지, 4(3), 41-66.

김영주, 이인혜(2010). 도박 중독 취약성과 억제 능력의 결함. 한국심리학회지: 건강, 15(4), 817-840.

김영화, 신성만, 이혜주(2012). 청소년 인터넷 도박행동의 실태 및 심리적 특성과의 관계. 한국심리학회지: 건강, 17(4), 927-941.

김영환, 김지혜, 오상우, 임영란, 홍상황(2001). PAI 표준화 연구: 신뢰도와 타당도. 한국심리학회지: 임상, 20(2), 311-329.

김영훈, 최삼욱, 신영철(2007). 병적 도박자의 스트레스, 대처방식 및 우울증에 관한 연구. 한국신경정신의학회지,

46(2), 171-178.

김예나, 권선중, 김원식(2016). 한국판 청소년 도박중독 진단 척도(K-DSM-IV-MR-J)의 타당화 연구. 한국심리학회지: 건강, 21(4), 751-772.

김용현, 신재헌, 김상운(2010). 도박문제에 대한 치료·감독기관 활동의 활성화에 관한 연구. 한국치안행정논집, 7(3), 111-134.

김용호, 서병배, 이정녀, 김영훈(1996). 알코올중독자의 백혈구탐식능, 림프구아형 및 중식능. 대한의생명과학회지, 2(2), 167-174.

김익태(2006). AA 12단계 프로그램이 재원알코올중독자의 스트레스인식과 대처방식에 미치는 효과성에 관한 연구. 서울시립대학교 사회복지대학원 석사학위논문.

김정열(2018). 메스암페타민 중독의 중독 기전과 치료. 생물치료정신의학, 24(4), 231-239.

김종재, 강순화(2012). 삶의 의미와 게임중독과의 관계: 자기효능감과 자기통제력의 매개효과. 청소년학연구, 19(12), 257-274.

김종호, 김재운, 정이든(2016). 운동중독의 양면성에 관한 고찰. 한국체육학회지, 55(4), 23-32.

김한오(2005). 12단계의 이해와 실제. 대구경북중독연구회.

김형근, 이정희, 박소연, 김장현(2019). 한국에서 문제가 되는 주요 약물의 중독 실태와 정책 방안. 한국중독범죄학회보, 9(3), 123-145.

김혜원, 이지연(2017). 청소년의 내현적 자기애, 공격성, 사회불안, 페이스북 중독의 구조적 관계 분석. 아시아교육연구, 18(2), 265-291.

대검찰청(2016). 2016 범죄분석. 대검찰청.

대검찰청(2021). 2021년 마약류 범죄 현황 보고서. 대검찰청.

대검찰청(2023). 2023 범죄분석. 대검찰청.

대한정신약물학회(2014). 임상신경정신약물학(2판). 시그마프레스.

류황건, 최이순, 장효강, 김정은(2012). 청소년 도박중독의 특성에 관한 연구. 보건의료산업학회지, 6(1), 153-161.

문기숙, 권선중(2017). 자기-조절 모형 기반 심리적 면역력 중진 프로그램 개발을 위한 예비연구. 한국상담학회 연차학술대회.

문봉규, 강향숙, 박상규(2023). 알코올 중독자의 회복과 성장. 학지사.

문화체육관광부(2017). 국민생활체육활동 참여 실태조사. 청와대.

미래창조과학부(2017). 2016년 인터넷이용실태조사 요약보고서. 과학기술정보통신부.

박경, 최순영(2009). 심리검사의 이론과 활용(2판). 학지사.

박병강(2000). 알코올리즘 선별검사 도구들의 진단 효율 비교. 충남대학교 대학원 석사학위논문.

박병선(2007). 알코올중독자의 삶의 질에 영향을 미치는 요인. 경북대학교 대학원 석사학위논문.

박상규(2002). 마약류 중독자를 위한 자기사랑하기 프로그램의 개발 및 효과. 한국 심리학회지: 임상, 21(4), 693-703.

박상규(2011). 약물중독치료 행복 48단계 프로그램. 국립법무병원.

박상규(2016a). 중독과 마음챙김. 학지사.

박상규(2016b). 중독자의 회복과정에서 한국적 수행법의 활용. 한국심리학회지: 중독, 1(1), 85-104.

박상규, 강성군, 김교헌, 서경현, 신성만, 이형초, 전영민(2009). 중독의 이해와 상담실제. 학지사.

박상규, 강성군, 김교헌, 서경현, 신성만, 이형초, 전영민(2017). 중독의 이해와 상담실제(2판). 학지사.

박선경, 송원영(2014). 남자 청소년용 사이버 음란물 중독 척도의 개발 및 타당화. 한국심리학회지: 임상, 33(2), 261-278.

박순주, 권민아, 백민주, 한나라(2014). 소셜네트워크서비스를 이용하는 대학생들의 스마트폰 중독과 대인관계 능력의 관계. 한국콘텐츠학회논문지, 14(5), 289-297.

박재옥, 이인혜(2006). 비임상 집단에서 충동성과 불안이 도박 행동에 미치는 효과: Corr의 결합하위체계 가설을 중심으로. 한국심리학회지: 건강, 11(4), 853-870.

박현림, 박현진, 장문선, 구본훈, 배대석(2014). 알코올 중독자의 정서인식력과 자기개념, 대인관계 문제 간의 관계. 한국심리학회지: 건강, 19(1), 219-234.

변상규(1998). 역기능 가정에서 성장한 성인아이의 정서 문제와 치유방안. 침례신학교 대학원 석사학위논문.

보건복지부(2016). 정신질환실태 역학조사.

보건복지부(2017). 중독관리통합지원센터 운영 및 현황, 2017년 2월 기준.

보건복지부(2022). 국민건강영양조사.

보건복지부 국립정신건강센터(2024). 2024년 중독주요지표 모음집.

사행산업통합감독위원회(2011a). 2010년 사행산업 관련 통계. 사행산업통합감독위원회.

사행산업통합감독위원회(2011b). 전국민 대상 도박문제 선별 척도 및 기준점수 타당화 연구. 사행산업통합감독위원회.

사행산업통합감독위원회(2016a). 2015년 사행산업 관련 통계. 사행산업통합감독위원회.

사행산업통합감독위원회(2016b). 사행산업 실태조사. 사행산업통합감독위원회.

사행산업통합감독위원회(2017). 2016년 사행산업 관련 통계. 사행산업통합감독위원회.

사행산업통합감독위원회(2021). 2020년 사행산업 이용실태 조사. 사행산업통합감독위원회.

사행산업통합감독위원회(2022). 제5차 불법도박 실태도사. 사행산업통합감독위원회.

사행산업통합감독위원회(2023). 2022 사행산업 관련 통계. 사행산업통합감독위원회.

서경현, 이경순(2003). 여대생의 음주와 데이트 폭력 가해 및 피해 경험에 대한 탐색. 여성건강, 4(2), 29-48.

서경현, 정구철, 정성진(2016). 중독상담전문가. 한생미디어.

서동수, 박두병, 이길홍(1998). 알코올 의존 환자에서의 혈청성호르몬, 성선자극호르몬, 코티졸 및 프로락틴. 신경정신의학, 37(3), 527-535.

서울중독심리연구소(2011). 성중독 회복을 향한 첫걸음. 서울중독심리연구소.

서한수(2007). 알코올중독자의 성격구조기능과 삶의 자세

와의 관계-교류분석이론을 중심으로-. 교류분석과 심리사회치료연구, 4(1), 93-115.

성상경(2001). 알코올 약물중독 치료의 실제. 하나의학사.

손병덕, 성문주, 백은령, 이은미, 최인화(2014). 인간행동과 사회환경. 학지사.

송병준(2002). 알코올과 대사. 알코올백과, 한국음주문화연구센터.

송원영, 박선경, 신나라(2016). 온라인용 성중독 검사의 개발과 타당화. 한국심리학회지: 건강, 21(1), 225-242.

송인숙(1993). 소비자의 구매중독성향 및 영향요인. 서울대학교 대학원 박사학위논문.

송태민, 진달래, 오영인(2014). 인터넷 및 도박 중독 현황과 대응방안. 한국보건사회연구원.

송혜진(2011). 스마트폰 이용을 통한 SNS 중독에 관한 연구. 한국중독범죄학회보, 1(2), 31-49.

식품의약품안전처(2019). 2018년 불법 마약류 단속 실적 [보도자료]. https://www.mfds.go.kr/brd/m_99/view.do?seq=41934https://www.mfds.go.kr/brd/m_99/view.do?seq=41934

신규리(2000). 여가스포츠 참가자의 운동중독 척도개발. 이화여자대학교 대학원 미간행 석사학위논문.

신성만(2017). 중독행동의 이해를 위한 동기균형이론. 한국심리학회지: 중독, 2(1), 1-12.

신성만, 권정옥(2008). 알코올 중독자를 위한 동기강화 상담. 한국알코올과학회지, 9(1), 69-94.

신성만, 김재영, 라영안(2016). 한국판 대학생용 Bergen 페이스북 중독 척도 타당화 연구. 한국심리학회지 건강, 21(4), 773-790.

신성만, 류수정, 김병진, 이도형, 정여주(2015). 인터넷 중독 청소년을 위한 동기강화상담 집단프로그램 개발 및 효과. 상담학연구, 16(4), 89-109.

신성만, 송용수, 오준성, 신정미(2018). 대학생의 스트레스, 자기 통제력 및 페이스북 중독 간의 관계. 재활심리연구, 25(2), 371-388.

신성만, 윤지혜, 조요한, 고은정, 박명준(2018). 예일음식

중독척도 2.0 국내 타당화 연구. 한국심리학회지: 여성, 23(1), 25-49.

신성만, 정여주, 류수정, 박준영, 이하림, 최수은, 김민지 (2015). 인터넷 · 스마트폰 중독 청소년 집단상담 프로그램 개발 연구. 여성가족부.

신영주, 김유숙(2009). 여성 알코올 의존자의 중독 과정: 근거이론 접근방법으로. 한국심리학회지: 여성, 14(4), 683-710.

심지은, 윤호균(2008). 상담자 교육에서의 마음챙김의 적용. 한국심리학회지: 건강, 13(2), 307-328.

아산뉴스(2017.03.15.). 아산시보건소, 알코올중독 자조모임 지원.

연미영(2006). 청소년의 충동성, 가족도박수준 및 거주지역이 청소년의 도박행동, 도박신념 및 미래의 도박동기에 미치는 영향. 한국심리학회지: 문화 및 사회문제, 12(1), 1-14.

오근희, 김경렬(2010). 수영 스포츠 참여자의 운동중독과 심리적 웰빙의 관계 연구. 한국체육학회지, 49(6), 235-244.

오재환(2002). 한국인의 여가와 음주문화. 사회연구, 4, 68-94.

오정연(2004). 알코올중독의 가족력유무에 따른 재발요인과 재발간의 관계. 가톨릭대학교 대학원 석사학위논문.

윤명숙(2006). 알코올중독 가족력을 가진 대학생 자녀의 ACOA성향과 문제음주에 관한 연구, 한국알코올과학회지, 7(2), 29-44.

윤명숙(2011). 알코올중독자의 자살생각에 미치는 음주의 조절효과. 정신보건과 사회사업, 39, 113-140.

이경희(2010). 기질, 도박관련 경험 및 비합리적 인지가 문제도박에 미치는 영향. 서울대학교 대학원 박사학위논문.

이경희, 안경란(2015). 한국어판 음식중독 평가 도구(Yale Food Addiction Scale)의 타당도와 신뢰도. 예술인문사회 융합 멀티미디어 논문지, 5(5), 223-233.

이민규, 김교헌, 권선중(2007). 인터넷 도박 게임 이용자의 심리사회적 특징. 한국심리학회지: 건강. 12(1), 21-40.

이민규, 김교헌, 성한기, 권선중(2009). 도박성 스포츠 게임이 지역민의 삶의 질에 미치는 영향: 경남, 대구, 대전 지역을 중심으로. 한국심리학회지: 건강, 14(4), 911-927.

이상규(2010a). 알코올 중독을 왜 가족병이라고 부르나?. 대한보건협회, 〈건강생활〉, 2010(67), 27-28.

이상규(2010b). 알코올 중독자의 가족에게 희망을. 대한보건협회, 〈건강생활〉 2010(69), 30-31.

이승욱, 신지영, 김현숙(2016). 마음의 증상을 말하다. 예담.

이승희, 박지은(2007). 보문: 패션상품 쇼핑중독에 대한 영향요인: 일반 쇼핑과 인터넷 쇼핑의 비교. 한국의류학회지, 31(2), 269-279.

이승희, 신초영(2004). 패션제품 강박구매행동에 영향을 미치는 심리적 변인 연구. 한국의류학회지, 28(5), 658-667.

이영미(2016). 대학생의 SNS 중독경향성 관현 영향요인. 한국산학기술학회논문지, 17(12), 561-568.

이영순, 천성문, 김정희(2001). 약물남용 비행청소년을 위한 생활기술 훈련 프로그램의 효과. 한국심리학회지: 상담 및 심리치료, 13(2), 161-185.

이우경(2016). DSM-5에 의한 최신 이상심리학. 학지사.

이윤구, 윤용진, 문창호(2015). 레크리에이션 전문화와 주관적 행복의 관계: 운동중독의 조절효과. 한국체육학회지, 54(5), 631-640.

이은주(2011). 컴퓨터 매개 커뮤니케이션으로서의 트위터-향후 연구의 방향과 과제. Journal of Communication Research, 48(1), 29-58.

이인혜(2004). 카지노게임 선호유형, 성별, 도박심각성과 심리적 특성 간의 관계 : 비합리적 도박신념과 충동성을 중심으로. 한국심리학회지: 건강, 9(2), 351-378.

이정학, 이경훈(2006). 운동중독에 관한 체육학적 담론. 한국체육학회지, 45(1), 103-112.

이종환, 임종민, 손한백, 곽호완, 장문선(2016). 행동중독 준거기반 스마트폰 중독 척도의 개발 및 타당화 연구. 한국심리학회지: 상담 및 심리치료, 28(2), 425-443.

이지숙(1990). 알코올중독자와 그 자녀의 성격유사도 및 자녀의 스트레스 정도. 이화여자대학교 대학원 석사학위논문.

이하림(2016). 대학생 학사경고자를 위한 동기강화 인지행동 집단상담 프로그램의 개발 및 효과성 검증. 한동대학교 대학원 석사학위논문.

이해국(2010). 내가 원해서 마신다? 아니, 뇌가 원해서 마신다!. 대한보건협회, 〈건강생활〉, 2010(69), 6-8.

이혁, 이제홍(2007). 생활체육 참여자의 운동중독 정도와 삶의 질과의 관계. 한국사회체육학회지, 31, 691-702.

이형초(2001). 인터넷게임 중독의 진단척도 개발과 인지행동치료 효과. 고려대학교 대학원 박사학위논문.

이홍표(2003). 비합리적 도박신념, 도박동기 및 위험감수성향과 병적 도박의 관계. 고려대학교 대학원 박사학위논문.

이희복, 김대환, 최지윤, 신명희(2014). 청소년의 SNS 이용특성과 SNS 중독경향성 연구. GRI 연구논총. 16(1), 365-391.

임선영, 조현섭, 이영호(2005). 여성 알코올중독자의 중독과정에 대한 사례연구. 한국심리학회지: 임상, 24(2), 869-886.

임숙빈, 김선아, 김성재, 이숙, 현명선(2017). 정신간호총론. 수문사.

임영란(2000). 알코올 의존 환자를 위한 인지행동치료의 효과검증 및 심리적 위험 인자에 대한 구조 모형 분석. 고려대학교 대학원 박사학위논문.

장미경, 이은경, 장재홍, 이자영, 김은영, 이문희(2004). 게임장르에 따른 게임중독, 청소년 인터넷사용욕구검사 및 심리사회 변인간의 관계. 한국심리학회지: 상담 및 심리치료, 16(4), 705-722.

장정연(1998). 청소년 약물남용과 가족변인과의 관계 연구. 가톨릭대학교 대학원 석사학위논문.

장정연(2011). 청소년 사행성 게임행동에 관한 연구: 선별도구(SOGS-RA) 평가와 영향요인. 가톨릭대학교 대학원 박사학위논문.

장정임, 김성봉(2014). 제주지역 청소년의 도박행동 특성 및 도박중독 수준에 관한 조사연구. 청소년학연구, 21(3), 113-139.

전영민(2009). 중독의 이해와 상담실제. 학지사.

전윤창, 김병준, 김윤희(2017). 운동중독자의 운동박탈이 감정과 기분상태에 미치는 영향. 한국체육학회지, 56(3), 115-127.

전종설, 김세완, 정익중, 조상미, 김선민(2011). 도박중독의 사회·경제적 비용추계. 한국지역사회복지학, 39, 129-154.

전진아(2015). 도박중독실태와 예방·치유 정책 현황 및 과제. 보건복지포럼, 25-33.

전혜연, 현명호, 전영민(2011). 인터넷 중독 성향자의 전두엽 실행기능의 특징. 한국심리학회지: 건강, 16(1), 215-229.

정선영(2005). 알코올 중독자 가족의 스트레스, 사회적 지지, 공동의존 및 건강상태. 정신간호학회지, 14(4), 400-416.

정여주(2005). 청소년 인터넷 중독 모형 분석. 서울대학교 대학원 석사학위논문.

정여주, 이아라, 고영삼, 김한별, 전아영(2017). 청소년 인터넷 사용 욕구 검사 개발. 학습자중심교과교육연구, 17(21), 531-562.

정우진, 이선비, 한광협(2006) 주종별 알코올의 사회경제적 비용 추계: 술 주종과 사회경제적 비용의 연관성 연구. 대한보건연구, 32(1), 1-8.

조근호(2016). 중독으로부터 회복을 위한 12단계. 소울메이트.

조근호, 권도훈, 김대진, 김선민, 김한오, 노성원, 박애란, 서정석, 신성만, 신재정, 유채영, 윤명숙, 이계성, 이해국, 전영민, 전용준, 차진경, 채숙희, 최삼욱, 한우상(2011). 중독재활총론. 학지사.

조성남(2011). 도박중독전문가교육: 중독의 특성. 사행산업통합감독위원회.

조성남 외(2024). 초보상담자를 위한 청소년 마약류 중독의 이해와 상담. 학지사.

조요한(2018). 대학생의 우울감소와 대인관계능력 향상을 위한 동기강화 관계중심 심리치료(MI-IPT) 집단상담 프로그램 개발 및 효과성 검증. 한동대학교 대학원 석사학위논문.

조정애(2008). 청소년들의 음주통제의 기능으로써 주류 판매업 면허허가제도의 고찰. 한국알코올과학회지, 9(1), 49-68.

조중현, 손정락(2013). 마음챙김 기반 인지치료(MBCT) 프로그램이 마약류 중독자의 우울, 충동성 및 단약 자기효능감에 미치는 효과. Korean Journal of Clinical Psychology, 32(1), 13-31.

조현섭(2002). 알코올중독의 인지, 정서, 행동과 대인관계. 알코올백과. 한국음주문화연구센터.

조현섭(2004). 문제음주 선별검사 개발. 이화여자대학교 대학원 박사학위논문.

주일경(2011). 약물재활복지학개론. 홍영사.

주정(2009). 한국의 음주실태와 알코올 관련정책 방향. 복지행정논총, 19(1), 73-115.

주정(2010). 청소년 알코올정책 및 음주폐해 예방활동을 위한 대안. 복지행정논총, 20(2), 85-117.

질병관리본부(2019). 2018 마약류 중독 현황[자료집]. http://www.kdca.go.kr/board.es?mid=a20501020000&bid=0019&act=view&list_no=365321

질병관리본부 국가건강정보포털(2016). 알코올중독.

질병관리청 국가건강정보포털(2020). 알코올중독.

최삼욱(2013). 행위중독: 인간의 행동이 중독의 대상이 되다. NUN.

최선남, 전종국, 박혜숙(2005). 체험중심 집단미술치료가 알코올 중독자의 삶의 의미와 금주자기효능감에 미치는 효과. 미술치료연구, 12(4), 931-949.

최영희, 김인, 이병윤(1989). 한국형 알코올리즘 선별검사를 위한 예비검사(I). 신경정신의학, 28, 588-603

최은영, 양종국, 김영근, 이윤희, 김현민(2014). 청소년 비행 및 약물중독 상담(2판). 학지사.

하현주(2016). 알코올 장애: 잊고 싶은 현실, 잃어버린 자아. 학지사.

한경희, 김중술, 임지영, 이정흠, 민병배, 문경주(2011). MMPI-2 다면적 인성검사 II 매뉴얼 개정판. 마음사랑.

한광수, 이정국, 김경빈(1990). 한국형 알코올리즘 선별검사를 위한 예비검사(II). 신경정신의학, 29, 168-177.

한국 A.A. GSO(2002a). 12단계와 12전통.

한국 A.A. GSO(2002b). 익명의 알코올중독자들.

한국도박문제관리센터(2015). 2015 청소년 도박문제 실태조사 연구보고서. 한국도박문제관리센터.

한국정보문화진흥원(2002). 인터넷 중독 예방 상담 및 예방 프로그램 개발 연구.

한국정보화진흥원(2009). 인터넷중독 진단척도 2단계 고도화 연구 보고서.

한국정보화진흥원(2011). 인터넷중독 진단척도 고도화(3차) 연구.

한국정보화진흥원(2016). 2015년 인터넷 과의존 실태조사. 한국정보화진흥원.

한국정보화진흥원(2017a). 2016년 인터넷 과의존 실태조사. 한국정보화진흥원.

한국정보화진흥원(2017b). 청소년 ICT 진로흥미검사 및 역량강화 프로그램 개발.

한국청소년학회(1996). 청소년 약물남용실태와 예방대책 연구. 문화체육관광부.

한귀원, 김명정, 김성곤, 변원탄(1996). 알콜의존 환자에서 음주욕구를 유발하는 조건화자극에 대한 연구. 신경정신의학, 35(4), 809-819.

Aboujaoude, E. (2014). Compulsive buying disorder: A review and update. *Current pharmaceutical design*, 20(25), 4021-4025.

ACCE (2012). *The Colombo Plan Asian Center for Certification and Education of Addiction Professionals Training Series*, Vol 4.

Addolorato, G., Caputo, F., Capristo, E., Domenicali, M., Bernardi, M., Janiri, L., Agabil, R., Colombo, G., Gessa, G. L., & Gasbarrini, G. (2002). Baclofen efficacy in reducing alcohol craving and intake: a preliminary double-blind randomized controlled study. *Alcohol and Alcoholism, 37*(5), 504-508.

Addolorato, G., Leggio, L., Ferrulli, A., Cardone, S., Vonghia, L., Mirijello, A., Abenavoli, L., D'Angelo, C., Caputo, F., Zambon, A., & Haber, P. S. (2007). Effectiveness and safety of baclofen for maintenance of alcohol abstinence in alcohol-dependent patients with liver cirrhosis: Randomised, double-blind controlled study. *The Lancet, 370*(9603), 1915-1922.

Alcoholics Anonymous Word Services(AAWS) (1984). *The Big Book.* Author.

Alcoholics Anonymous World Services(AAWS) (2014). 12단계 12전통 [*Twelve steps and twelve traditions*]. (A.A. 한국연합단체 역). 한국 A.A. GSO(원저는 1989년에 출간).

Allen, C. A. (1962). *A textbook of psychosexual disorders.* London: Oxford University Press.

American Medical Association (1968). *Manual on Alcoholism.* AMA.

American Psychiatric Association(APA). (1980). *Diagnostic and statistical manual of mental disorders* (3rd ed.). Author.

American Psychiatric Association(APA). (1987). *Diagnostic and statistical manual of mental disorders* (3rd ed., revised). Author.

American Psychiatric Association(APA). (1994). *Diagnostic and statistical manual of mental disorders* (4th ed.). Author.

American Psychiatric Association(APA). (2013). *Diagnostic and statistical manual of mental disorders* (5th ed.). Author.

American Psychiatric Association(APA). (2015). 정신질환의 진단 및 통계편람(제5판) [*Diagnostic and statistical manual of mental disorders*, 5th ed.]. (권준수, 김재진, 남궁기, 박원명, 신민섭, 유범희, 윤진상, 이상익, 이승환, 이영식, 이헌정, 임효덕, 강도형, 최수희 역). 학지사 (원저는 2013년에 출간).

Amrhein, P. C. (2004). How does motivational interviewing work? What client talk reveals. *Journal of Cognitive Psychotherapy, 18*(4), 323-336.

Andreassen, C. S. (2014). Shopping addiction: an overview. *Journal of Norwegian Psychological Association, 51,* 194-209.

Andreassen, C. S. (2015). Online social network site addiction: A comprehensive review. *Current Addiction Reports, 2*(2), 175-184.

Andreassen, C. S., Griffiths, M. D., Gjertsen, S. R., Krossbakken, E., Kvam, S., & Pallesen, S. (2013). The relationships between behavioral addictions and the five-factor model of personality. *Journal of Behavioral Addictions, 2*(2), 90-99.

Andreassen, C. S., Griffiths, M. D., Hetland, J., & Pallesen, S. (2012). Development of a work addiction scale. *Scandinavian Journal of Psychology, 53*(3), 265-272.

Andreassen, C. S., Griffiths, M. D., Hetland, J., Kravina, L., Jensen, F., & Pallesen, S. (2014). The prevalence of workaholism: A survey study in a nationally representative sample of Norwegian employees. *PLoS One, 9*(8), e102446.

Andreassen, C. S., Griffiths, M. D., Pallesen, S., Bilder, R. M., Torsheim, T., & Aboujaoude, E. (2015). The Bergen Shopping Addiction Scale: Reliability and validity of a brief screening test. *Frontiers in Psychology, 6,* 1374.

Andreassen, C. S., Hetland, J., & Pallesen, S. (2010). The relationship between 'workaholism', basic needs satisfaction at work and personality. *European Journal of Personality, 24*(1), 3-17.

Andreassen, C. S., & Pallesen, S. (2013). Facebook addiction: A reply to Griffiths (2012). *Psychological Reports, 113*(3), 899–902.

Andreassen, C. S., Torsheim, T., Brunborg, G. S., & Pallesen, S. (2012). Development of a Facebook addiction scale. *Psychological Reports, 110*(2), 501–517.

Andreassen, C. S., Ursin, H., Eriksen, H. R., & Pallesen, S. (2012). The relationship of narcissism with workaholism, work engagement, and professional position. *Social Behavior and Personality: An International Journal, 40*(6), 881–890.

Anthony, W. A. (1993). Recovery from mental illness: The guiding vision of the mental health service system in the 1990s. *Psychosocial Rehabilitation Journal, 16*(4), 11–23.

Anton, R. F., O'Malley, S. S., Ciraulo, D. A., Cisler, R. A., Couper, D., Donovan, D. M. et al. (2006). Combined pharmacotherapies and behavioral interventions for alcohol dependence: The COMBINE study: A randomized controlled trial. *Jama, 295*(17), 2003–2017.

Anton, R. F., Oroszi, G., O'Malley, S., Couper, D., Swift, R., Pettinati, H., & Goldman, D. (2008). An evaluation of μ-opioid receptor (OPRM1) as a predictor of naltrexone response in the treatment of alcohol dependence: Results from the Combined Pharmacotherapies and Behavioral Interventions for Alcohol Dependence (COMBINE) study. *Archives of General Psychiatry, 65*(2), 135–144.

Atroszko, P. A., Andreassen, C. S., Griffiths, M. D., & Pallesen, S. (2015). Study addiction-A new area of psychological study: Conceptualization, assessment, and preliminary empirical findings. *Journal of Behavioral Addictions, 4*(2), 75–84.

Austin, J. T., & Vancouver, J. B. (1996). Goal constructs in psychology: Structure, process, and content. *Psychological Bulletin, 120*(3), 338–375.

Avena, N. M., Murray, S., & Gold, M. S. (2013). The next generation of obesity treatments: Beyond suppressing appetite. *Frontiers in Psychology, 4*, 721.

Aviram, A., & Alice Westra, H. (2011). The impact of motivational interviewing on resistance in cognitive behavioural therapy for generalized anxiety disorder. *Psychotherapy Research, 21*(6), 698–708.

Baekeland, F. (1970). Exercise deprivation: Sleep and psychological reactions. *Archives of General Psychiatry, 22*(4), 365–369.

Baldini, A., Von Korff, M., & Lin, E. H. (2012). A review of potential adverse effects of long-term opioid therapy: A practitioner's guide. *The Primary Care Companion for CNS Disorders, 14*(3), Article PCC.11m01326. https://doi.org/10.4088/PCC.11m01326

Ballon, J. S., & Feifel, D. (2006). A systematic review of modafinil: Potential clinical uses and mechanisms of action. *Journal of Clinical Psychiatry, 67*(4), 554–566. https://doi.org/10.4088/jcp.v67n0406

Bales, R. F. (1946). Cultural differences in rates of alcoholism. *Quarterly Journal of Studies on Alcohol, 6*, 480–499.

Bamber, D. J., Cockerill, I. M., Rodgers, S., & Carroll, D. (2003). Diagnostic criteria for exercise dependence in women. *British Journal of Sports Medicine, 37*(5), 393–400.

Bandura, A. (1977). Self-efficacy: Toward a unifying theory of behavior change. *Psychological Review, 84*(2), 191–215.

Barker, V. (2009). Older adolescents' motivations for social network site use: The influence of gender, group identity, and collective self-esteem. *CyberPsychology & Behavior, 12*(2), 209–213.

Baskerville, N., B., Azagba, S., Norman, C., McKeown, K., & Brown, K. S. (2015). Effect of a Digital Social Media Campaign on Young Adult Smoking Cessation. *Nicotine & Tobacco Research, 18*(3), 351-360.

Beck, A. T., & Wright, F. D. (2003). 약물중독의 인지행동치료*(Cognitive therapy of substance abuse)*. (이영식, 이재우, 서정석, 남범우 역). 하나의학사(원저는 1993년에 출간).

Bégin, C., St-Louis, M. E., Turmel, S., Tousignant, B., Marion, L. P., Ferland, F., Blanchette-Martin, N., & Gagnon-Girouard, M. P. (2012). Does food addiction distinguish a specific subgroup of overweight/obese overeating women. *Health, 4*(12A), 1492-9.

Benowitz, N. L. (2010). Nicotine addiction. *New England Journal of Medicene, 362*(24), 2295-2303.

Benson, A. L., & Gengler, M. (2004). *Treating compulsive buying: Addictive disorders: A practical handbook.* Wiley.

Berger, B. A., & Villaume, W. A. (2017). 건강관리전문가를 위한 동기강화상담*(Motivational Interviewing for Health Care Professionals)*. (신성만, 이상훈, 박상규, 김성재, 배다현 역). 박학사(원저는 2013년에 출간).

Berner, L. A., Bocarsly, M. E., Hoebel, B. G., & Avena, N. M. (2009). Baclofen suppresses binge eating of pure fat but not a sugar-rich or sweet-fat diet. *Behavioural Pharmacology, 20*(7), 631-634.

Beutel, M. E., Brähler, E., Gläsmer, H., Kuss, D. J., Wölfling, K., & Müller, K. W. (2011). Regular and problematic leisure-time Internet use in the community: Results from a German population-based survey. *Cyberpsychology, Behavior, and Social Networking, 14*(5), 291-296.

Bey, T., & Patel, A. (2007). Phencyclidine intoxication and adverse effects: A clinical and pharmacological review of an illicit drug. *The California Journal of Emergency Medicine, 8*(1), 9-14.

Billieux, J., Rochat, L., Rebetez, M. M. L., & Van der Linden, M. (2008). Are all facets of impulsivity related to self-reported compulsive buying behavior?. *Personality and Individual Differences, 44*(6), 1432-1442.

Bissell, L., & Royce, J. E. (2010). 중독전문가의 윤리*(Ethics for addiction professionals)*. (신성만, 유채영, 이미형, 조성희 역). 학지사(원저는 1994년에 출간).

Błachnio, A., Przepiorka, A., Senol-Durak, E., Durak, M., & Sherstyuk, L. (2017). The role of personality traits in Facebook and Internet addictions: A study on Polish, Turkish, and Ukrainian samples. *Computers in Human Behavior, 68*, 269-275.

Black, C. (2003). 상속을 거부하는 아이들. *(It will never happen to me)* (김정우 역). 한국음주문화연구센터 (원저는 1982년에 출간).

Black, C. (2010). *The Addictive Family.* NASW-WV Chapter.

Black, D. W. (2007). A review of compulsive buying disorder. *World Psychiatry, 6*(1), 14-18.

Black, D. W. (2011). *Epidemiology and phenomenology of compulsive buying disorder.* Oxford Handbook of Impulse Control Disorders.

Blasio, A., Steardo, L., Sabino, V., & Cottone, P. (2014). Opioid system in the medial prefrontal cortex mediates binge-like eating. *Addiction Biology, 19*(4), 652-662.

Blumenthal, J. A., O'toole, L. C., & Chang, J. L. (1984). Is running an analogue of anorexia nervosa?: An empirical study of obligatory running and anorexia nervosa. *JAMA, 252*(4), 520-523.

Bouza, C., Angeles, M., Magro, A., Munoz, A., & Amate, J. M. (2004). Efficacy and safety of naltrexone and acamprosate in the treatment of alcohol dependence:

a systematic review. *Addiction, 99*, 811-828.

Boyd, D. (2012). Participating in the always-on lifestyle. In Mandiberg, M. (Ed.), *The Social Media Reader.* New York University Press.

Brannon, L., Feist, J., & Updegraff, A. (2015). *Health Psychology: An Introduction to Behavior and Health.* Wordsworth.

Brecher, E. M. (1972). The editors of Consumer Reports. *Licit and illicit drugs.* Consumers Union.

Brewer, C. (1992). Controlled trials of antabuse in alcoholism: The importance of supervision and adequate dosage. *Acta Psychiatrica Scandinavica, 86*(Suppl369), 51-58.

Brewer, C. (1993). Recent developments in disulfiram treatment. *Alcohol and Alcoholism, 28*(4), 383-395.

Brewer, N. T., Chapman, G. B., Gibbons, F. X., Gerrard, M., McCaul, K. D., & Weinstein, N. D. (2007). Meta-analysis of the Relationship Between Risk Perception and Health Behavior: The Example of Vaccination. *Health Psychology, 26*(2), 136-145.

Bromberg, P. M. (2001). Out of body, out of mind, out of danger: Some reflections on shame, dissociation, and eating disorders. In Petrucelli, J., & Stuart, C. (Eds.), *Hungers and compulsions: The psychodynamic treatment of eating disorders and addictions* (pp. 67-78). Jason Aronson.

Brown, S. (1985). *Treating the Alcohol: A Development Model of Recovery.* John Wiley & Sons, Inc.

Brown, R. I. F. (1993). Some contributions of the study of gambling to the study of other addictions. *Gambling Behavior and Problem Gambling*, 241-272.

Brown, S. A. (1985). Expectancies versus background in the prediction of college drinking patterns. *Journal of Consulting And Clinical Psychology, 53*(1), 123-130.

Brownell, K. D., & Gold, M. S. (Eds.). (2012). *Food and addiction: A comprehensive handbook.* Oxford University Press.

Brunton, L. L., Parker, K. L., Blumenthal, D. K., & Buxton, I. L. O. (2008). *Goodman & Gilman's manual of pharmacology and therapeutics.* McGraw Hill Medical.

Buber, M. (1958). *I and Thou (2nd ed.).* (Trans. R. G. Smith.) T. & T. Clark. (Original work published 1923)

Buelens, M., & Poelmans, S. A. (2004). Enriching the Spence and Robbins' typology of workaholism: Demographic, motivational and organizational correlates. *Journal of Organizational Change Management, 17*(5), 440-458.

Bugental, J. F. T. (1964). The third force in psychology. *Journal of Humanistic Psychology, 4*(1), 19-26.

Bugental, J. F. T. (1981). *The Search for Authenticity: An Existential-Analytic Approach to Psychotherapy.* (Exp. Edn) Irvington.

Bugental, J. F. T. (1987). *The art of the psychotherapist.* W. W. Norton.

Bugental, J. F. T. (1992). *The art of the psychotherapist.* W. W. Norton & Company.

Burke, R. J. (2000). Workaholism in organizations: The role of personal beliefs and fears. *Anxiety, Stress and Coping, 13*(1), 53-64.

Burmeister, J. M., Hinman, N., Koball, A., Hoffmann, D. A., & Carels, R. A. (2013). Food addiction in adults seeking weight loss treatment. Implications for psychosocial health and weight loss. *Appetite, 60*, 103-110.

Butcher, J. N. (2001). *The Minnesota Report: Revised Personnel System.* Pearson Assessments.

Cain, M. A., Bornick, P., & Whiteman, V. (2013). The maternal, fetal, and neonatal effects of cocaine exposure in pregnancy. *Clinical Obstetrics and*

Gynecology, 56(1), 124-132. https://doi.org/10.1097/GRF.0b013e31827ae167

Campbell, C. (2000). Shopaholics, spendaholics, and the question of gender. In Benson A. L. (Eds.), *I shop, therefore I am: Compulsive buying and the search for self* (pp. 57-75). Jason Aronson.

Cantarow, E. (1979). Women workaholics. *Mother Jones, 6*(50). 56-58.

Capone, T., Brahen, L., Condren, R., Kordal, N., Melchionda, R., & Peterson, M. (1986). Retention and outcome in a narcotic antagonist treatment program. *Journal of Clinical Psychology, 42*(5), 825-833.

Capuzzi, D., & Stauffer, M. (2013). 중독상담[*Foundation of Addiction Counseling*]. (신성만, 김성재, 김선민, 서경현, 전영민, 권정옥, 이은경, 박상규, 김원호, 박지훈, 손슬기 역). 박학사(원저는 2007년에 출간).

Carey, K. B., & Correia, C. J. (1997). Drinking motives predict alcohol-related problems in college students. *Journal of Studies on Alcohol, 58*(1), 100-105.

Carmen, B., Angeles, M., Ana, M., & María, A. J. (2004). Efficacy and safety of naltrexone and acamprosate in the treatment of alcohol dependence: A systematic review. *Addiction, 99*(7), 811-828.

Carnes, P. (1991). *Don't call it love: Recovery from sexual compulsion.* Bantam Books.

Carnes, P. (2005). *Sexual Addiction: Chapter 18.4. Comprehensive textbook of psychiatry. vol.1. Sadock & Sadock.* Lippincott, Williams & Wlkins.

Carnes, P. (2011). 그림자 밖으로(제3판)[*Out of the shadows: Understanding sexual addiction*]. (신장근 역). 시그마프레스(원저는 2001년에 출간).

Carnes, P., Green, B. A., Merlo, L. J., Polles, A., Carnes, S., & Gold, M. S. (2012). PATHOS: A brief screening application for assessing sexual addiction. *Journal of Addiction Medicine, 6*(1), 29-34.

Carnes, P., & Wilson, M. (2002). The sexual addiction assessment process. In P. J. Carnes & K. M. Adams (Eds.), *Clinical management of sex addiction* (pp. 3-20). Brunner-Routledge.

Carroll, K. M., Rounsaville, B. J., & Gawin, F. H. (1991). A comparative trial of psychotherapies for ambulatory cocaine abusers: Relapse prevention and interpersonal psychotherapy. *The American Journal of Drug and Alcohol Abuse, 17*(3), 229-247.

Carver, C. S., Lawrence, J. W., & Scheier, M. F. (1996). A control-process perspective on the origins of affect. In L.L. Martin & A. Tesser (Eds.), *Striving and feeling: Interactions among goals, affect, and self-regulation,* (pp. 11-52). Erlbaum.

Cassin, S. E., & von Ranson, K. M. (2007). Is binge eating experienced as an addiction?. *Appetite, 49*(3), 687-690.

Castaneto, M. S., Gorelick, D. A., Desrosiers, N. A., Hartman, R. L., Pirard, S., & Huestis, M. A. (2014). Synthetic cannabinoids: Epidemiology, pharmacodynamics, and clinical implications. *Drug and Alcohol Dependence, 144,* 12-41.

Center for evidence-based practices: Motivational interviewing(2017. 2. 20). http://www.centerforebp.case.edu/practices/mi에서 검색

Chaki, S. (2017). Beyond ketamine: New approaches to the development of safer antidepressants. *Current Neuropharmacology, 15*(7), 963-976.

Chandler, M. A., & Rennard, S. I. (2010). Smoking cessation. *CHEST Journal, 137*(2), 428-435.

Chapman, S., & MacKenzie, R. (2010). The global research neglect of unassisted smoking cessation: causes and consequences. *PLoS Medicine, 7*(2), e1000216.

Chen, C. P. (2006). 14. Improving work-life balance:

REBT for workaholic treatment. Research companion to working time and work addiction, 310.

Chick, J., Anton, R., Checinski, K., Croop, R., Drummond, D. C., Farmer, R., Labriola, D., Marshall, J., Moncrieff, J., Morgan, M. Y., & Peters, T. (2000). A multicentre, randomized, double-blind, placebo-controlled trial of naltrexone in the treatment of alcohol dependence or abuse. *Alcohol and Alcoholism, 35*(6), 587-593.

Chiolero, A., Faeh, D., Paccaud, F., & Cornuz, J. (2008). Consequences of smoking for body weight, body fat distribution, and insulin resistance. *The American Journal of Clinical Nutrition, 87*(4), 801-809.

Chodorkoff, B. (1964). Alcoholism and ego function. *Quarterly Journal of Studies on Alcohol, 25*(2), 292-299.

Christenson, G. A., Faber, R. J., & Mitchell, J. E. (1994). *"Compulsive buying: Descriptive characteristics and psychiatric comorbidity": Dr. Christenson and colleagues reply.*

Ciarrocchi, J. W. (2002). 도박중독 심리치료-개인 및 가족 치료를 위한 자기조절 매뉴얼*(A Self-Regulation Manual Individual and Family Therapy)*. (김경훈, 김태우, 김하우, 안상일, 이영찬, 최성일 역). 시그마프레스(원저는 2008년에 출간).

Ciccarone, D. (2017). Fentanyl in the US heroin supply: A rapidly changing risk environment. *International Journal of Drug Policy, 46*, 107-111. https://doi.org/10.1016/j.drugpo.2017.06.010

Ciccarone, D. (2019). The triple wave epidemic: Supply and demand drivers of the U.S. opioid overdose crisis. *International Journal of Drug Policy, 71*, 183-188. https://doi.org/10.1016/j.drugpo.2019.01.010

Clements, R., & Heintz, J. M. (2002). Diagnostic accuracy and factor structure of the AAS and APS scales of the MMPI-2. *Journal of Personality Assessment, 79*(3), 564-582.

Cloninger, C. (1987). Neurogenetic adaptive mechanisms. *Science, 236*(4800), 410-416.

Clouston, T. S. (1890). *Diseased cravings and paralysed control: Dipsomania, morphinomania, chloralism, cocainism.*

Cockerill, I. M., & Riddington, M. E. (1996). Exercise dependence and associated disorders: A review. *Counselling Psychology Quarterly, 9*(2), 119-129.

Coen, S. P., & Ogles, B. M. (1993). Psychological characteristics of the obligatory runner: A critical examination of the anorexia analogue hypothesis. *Journal of Sport and Exercise Psychology, 15*(3), 338-354.

Colombo, P. (2017). *Universal Treatment Curriculum*, Course 1. 3rd ed.

Colvin, M. (1983). A counseling approach to outpatient benzodiazepine detoxification. *Journal of Psychoactive Drugs, 15*, 105-108.

Comer, S. D., Sullivan, M. A., Yu, E., Rothenberg, J. L., Kleber, H. D., Kampman, K., Dackis, C., & O'Brien, C. P. (2006). Injectable, sustained-release naltrexone for the treatment of opioid dependence: A randomized, placebo-controlled trial. *Archives of General Psychiatry, 63*(2), 210-218.

Cook, D. R. (1987). Self-identified addictions and emotional disturbances in a sample of college students. *Psychology of Addictive Behaviors, 1*(1), 55-61.

Cooney, G., Dwan, K., & Mead, G. (2014). Exercise for depression. *Jama, 311*(23), 2432-2433.

Cooper, M. (2003). *Existential therapies.* London: Sage.

Cooper, M. L., Russell, M., Skinner, J. B., Frone, M. R., & Mudar, P. (1992). Stress and alcohol use: moderating effects of gender, coping, and alcohol expectancies. *Journal of Abnormal Psychology, 101*(1), 139-152.

Corey, G. (2017). *Theory and practice of counseling and psychotherapy.* Cengage.

Corwin, R. L., Boan, J., Peters, K. F., & Ulbrecht, J. S. (2012). Baclofen reduces binge eating in a double-blind, placebo-controlled, crossover study. *Behavioural pharmacology, 23*(5 and 6), 616-625.

Cousineau, D., Ferguson, R. J., De Champlain, J., Gauthier, P., Cote, P., & Bourassa, M. (1977). Catecholamines in coronary sinus during exercise in man before and after training. *Journal of Applied Physiology, 43*(5), 801-806.

Cox, W. M., & Klinger, E. (2002). Motivational structure: Relationships with substance use and processes of change. *Addictive Behaviors, 27*(6), 925-940.

Craig, R. J. (1995). The role of personality in understanding substance abuse. *Alcoholism Treatment Quarterly, 13*(1), 17-27.

Crider, R. (1986). Phencyclidine: Changing abuse patterns. *National Institute on Drug Abuse Research Monograph Series, 64*, 163-173.

Crumbaugh, J. C., & Maholick, L. T. (1964). An experimental study in existentialism: The psychometric approach to Frankl's concept of noogenic neurosis. *Journal of Clinical Psychology, 20*(2), 200-207.

Csikszentmihalyi, M. (1990). *The psychology of optimal experience.* Cambridge University Press.

Cummings, S. M., Cooper, R. L., & Cassie, K. M. (2009). Motivational interviewing to affect behavioral change in older adults. *Research on Social Work Practice, 19*(2), 195-204.

Curtis, C., & Davis, C. (2014). A qualitative study of binge eating and obesity from an addiction perspective. *Eating Disorders, 22*(1), 19-32.

Da Silva, M. A., Singh-Manoux, A., Brunner, E. J., Kaffashian, S., Shipley, M. J., Kivimäki, M., & Nabi, H. (2012). Bidirectional association between physical activity and symptoms of anxiety and depression: the Whitehall II study. *European Journal of Epidemiology, 27*(7), 537-546.

Dackis, C. A., Kampman, K. M., Lynch, K. G., Pettinati, H. M., & O'Brien, C. P. (2005). A double-blind, placebo-controlled trial of modafinil for cocaine dependence. *Neuropsychopharmacology, 30*(1), 205-211.

d'Astous, A. (1990). An inquiry into the compulsive side of "normal" consumers. *Journal of Consumer Policy, 13*(1), 15-31.

Darcq, E., & Kieffer, B. L. (2018). Opioid receptors: Drivers to addiction? *Nature Reviews Neuroscience 19*(8), 499-514. doi:10.1038/s41583-018-0028-x

D'aunno, T., & Pollack, H. A. (2002). Changes in methadone treatment practices: results from a national panel study, 1988-2000. *Jama, 288*(7), 850-856.

David, S. N. (2012). MMPI-2 평가의 핵심(제2판)*(Essentials of MMPI-2 assessment*, 2nd ed.*).* (홍창희, 주영희, 민은정, 최성진, 김귀애, 이영미 역). 박학사(원저는 2011년에 출간).

Davis, C., Curtis, C., Levitan, R. D., Carter, J. C., Kaplan, A. S., & Kennedy, J. L. (2011). Evidence that 'food addiction'is a valid phenotype of obesity. *Appetite, 57*(3), 711-717.

Deci, E. L., & Ryan, R. M. (2008). Self- determination theory: A macrotheory of human motivation, development, and health. *Canadian psychology/ Psychologie Canadienne, 49*(3), 182-185.

Deegan, P. E. (1988). Recovery: The lived experience of rehabilitation. *Psychosocial Rehabilitation Journal, 11*(4), 11-19.

Del Líbano, M., Llorens, S., Salanova, M., & Schaufeli, W. (2010). Validity of a brief workaholism scale. Psicothema, 22(1), 143-150.

Denizet-Lewis, B. (2009). America anonymous: Eight addicts in search of a life. Simon and Schuster.

Diener, E., Suh, E. M., Lucas, R. E., & Smith, H. L. (1999). Subjective well-being: Three decades of progress. Psychological Bulletin, 125(2), 276-302.

Dittmar, H. (2001). Impulse buying in ordinary and "compulsive" consumers. In Weber, E. U., Baron, J., & Loomes, G. (Eds.), Conflict and tradeoffs in decision making (pp. 110-135). Cambridge University Press.

Dittmar, H. (2005a). A new look at "compulsive buying": Self-discrepancies and materialistic values as predictors of compulsive buying tendency. Journal of Social and Clinical Psychology, 24(6), 832-859.

Dittmar, H. (2005b). Compulsive buying-a growing concern? An examination of gender, age, and endorsement of materialistic values as predictors. British Journal of Psychology, 96(4), 467-491.

Dittmar, H., Long, K., & Meek, R. (2004). Buying on the Internet: Gender differences in on-line and conventional buying motivations. Sex Roles, 50(5-6), 423-444.

Doan, A. P. (2012). Hooked on Games: The Lures and Cost of Video Game and Internet Addiction. Brooke Strickland.

Dodes, L. M. (2002). The heart of addiction. Harper Collins Publishers.

Dole, V. P., & Nyswander, M. (1965). A medical treatment for diacetylmorphine (heroin) addiction: A clinical trial with methadone hydrochloride. Jama, 193(8), 646-650.

Donnelly, E., & Kuss, D. J. (2016). Depression among users of social networking sites (SNSs): The role of SNS addiction and increased usage. Journal of Addiction and Preventive Medicine, 1(2), 107.

D'Onofrio, G., O'Connor, P. G., Pantalon, M. V., Chawarski, M. C., Busch, S. H., Owens, P. H., Bernstein, S., & Fiellin, D. A. (2015). Emergency department-initiated buprenorphine/naloxone treatment for opioid dependence: A randomized clinical trial. JAMA, 313(16), 1636-1644.

D'Onofrio, G., Pantalon, M. V., Degutis, L. C., Larkin, G. L., O'Connor, P. G., & Fiellin, D. A. (2009). BNI training manual for opioid dependent patients in the ED. Retrieved from http://medicine.yale.edu/sbirt/Opioid%20BNI%20Manual%209_251788_1095_5.pdf

Donovan, D. M., Anton, R. F., Miller, W. R., Longabaugh, R., Hosking, J. D., Youngblood, M., & COMBINE Study Research Group. (2008). Combined pharmacotherapies and behavioral interventions for alcohol dependence (The COMBINE Study): examination of posttreatment drinking outcomes. Journal of Studies on Alcohol and Drugs, 69(1), 5-13.

Doweiko, H. E. (n.d.)(2019). Concepts of chemical dependency (10th ed.).

Dowling, N. A., Merkouris, S. S., Greenwood, C. J., Oldenhof, E., Toumbourou, J. W., & Youssef, G. J. (2017). Early risk and protective factors for problem gambling: A systematic review and meta-analysis of longitudinal studies. Clinical Psychology Review, 51, 109-124.

Dunlop, B. W., & Newman, L. M. (2016). ADHD and psychostimulants-overdiagnosis and overprescription. Current Psychiatry Reports, 18(8), 1-9. https://doi.org/10.1007/s11920-016-0714-1

Dunthler, K. W. (2006). The politeness of requests made via email and voicemail: Support for the hyperpersonal model. *Journal of Computer-Mediated Communication, 11*(2), 500-521.

Eagleman, D., & Downar, J. (2016). *Brain and Behavior: A Cognitive Neuroscience Perspective*. Oxford University Press.

Elkin, I. et al. (1989). Treatment of depression collaborative research program. *Archives of General Psychiatry, 46*, 971-982.

Elkin, I., Shea, M. T., Watkins, J. T., Imber, S. D., Sotsky, S. M., Collins, J. F., Glass, D. R., Pilkonis, P. A., Leber, W. R., Docherty, J. P., Fiester, S. J., & Parloff, M. B. (1989). National Institute of Mental Health treatment of depression collaborative research program: General effectiveness of treatments. *Archives of General Psychiatry, 46*(11), 971-982.

Elliot, A. J., & Fryer, J. W. (2008). The goal construct in psychology. *Handbook of motivation science, 18*, 235-250.

Ellis, A., & Sagarin, E. (1964). *Nymphomania: A study of the oversexed woman*. Gilbert.

Ellison, N. B. (2007). Social network sites: Definition, history, and scholarship. *Journal of Computer-Mediated Communication, 13*(1), 210-230.

Emmons, R. A. (1986). Personal strivings: An approach to personality and subjective well-being. *Journal of Personality and Social Psychology, 51*(5), 1058-1068.

Emrick, C. D. (1997). Alcoholics Anonymous and Other 12-step Group. In Galanter, M., & Leber, H. D. (Ed), *Textbook of Substance Abuse Treatment*. Amarican Psychiatric Press, Inc.

Essig, T. (2012). The addiction concept and technology: Diagnosis, metaphor, or something else? A psychodynamic point of view. *Journal of Clinical Psychology, 68*(11), 1175-1184.

Faber, R. J., & O'guinn, T. C. (1992). A clinical screener for compulsive buying. *Journal of consumer Research, 19*(3), 459-469.

Faber, R. J., Christenson, G. A., De Zwaan, M., & Mitchell, J. (1995). Two forms of compulsive consumption: Comorbidity of compulsive buying and binge eating. *Journal of Consumer Research, 22*(3), 296-304.

Fagerstrom, K. O. (1991), Towards better diagnoses and more individual treatment of tobacco dependence. *British Journal of Medicine, 12*(2), 159-182.

Fals-Stewart, W. (1996). Detecting alcoholism: The CAGE questionnaire. *Journal of the American Medical Association, 252*, 1905-1907.

Fanning, O., & O'Neill, J. T. (2000). 술과 약물을 끊기 위한 단계적 지침서[*The Addiction Workbook: A Step-by-step Guide to Quitting Alcohol & Drugs*]. (서현주, 최석민, 김희성 역). 하나의학사(원저는 1996년에 출간).

Farrell, P. A., Gates, W. K., Maksud, M. G., & Morgan, W. P. (1982). Increases in plasma beta-endorphin/beta-lipotropin immunoreactivity after treadmill running in humans. *Journal of Applied Physiology, 52*(5), 1245-1249.

Feeney, G. F., Connor, J. P., Young, R. M., Tucker, J., & Mcpherson, A. (2006). Combined acamprosate and naltrexone, with cognitive behavioural therapy is superior to either medication alone for alcohol abstinence: A single centres' experience with pharmacotherapy. *Alcohol and Alcoholism, 41*(3), 321-327.

Ferentzy, P., Skinner, W., & Antze, P. (2010). The serenity prayer: Secularism and spirituality in Gamblers Anonymous. *Journal of Groups in Addictions & Recovery, 5*(2), 124-144.

Ferris, J., & Wynne, H. (2001). *The Canadian problem gambling index: Final report*. Canadian Centre on

Substance Abuse.

Fiore, M. (2008). *Treating tobacco use and dependence: 2008 update: Clinical practice guideline.* Diane Publishing.

Fishbach, A., & Dhar, R. (2005). Goals as excuses or guides: The liberating effect of perceived goal progress on choice. *Journal of Consumer Research, 32*(3), 370-377.

Fishbach, A., Friedman, R. S., & Kruglanski, A. W. (2003). Leading us not into temptation: Momentary allurements elicit overriding goal activation. *Journal of Personality and Social Psychology, 84*(2), 296-309.

Fisher, G. L., & Harrison, T. C. (2010). 물질남용의 예방과 치료*(Substance abuse: information for school counselors, social workers, therapists, and counselors)*. (장승옥, 최현숙, 김용석 역). 한국음주문화연구센터(원저는 2013년에 출간).

Fisher, H. (2004). *Why we love: The nature and chemistry of romantic love.* Owl Books.

Fisher, H., Aron, A., & Brown, L. L. (2005). Romantic love: An fMRI study of a neural mechanism for mate choice. *Journal of Comparative Neurology, 493*(1), 58-62.

Fisher, H., Aron, A., Mashek, D., Strong, G., Li, H., & Brown, L. L. (2003). *Early stage intense romantic love activates cortical-basal-ganglia reward/motivation, emotion, and attention systems: An fMRI study of a dynamic network that varies with relationship length, passion intensity and gender.* In Soc Neurosci Abstr (Vol. 725, p. 27).

Fisher, H. E., Brown, L. L., Aron, A., Strong, G., & Mashek, D. (2010). Reward, addiction, and emotion regulation systems associated with rejection in love. *Journal of Neurophysiology, 104*(1), 51-60.

Fisher, S. (1992). Measuring pathological gambling in children: The case of fruit machines in the UK. *Journal of Gambling Studies, 8*(3), 263-285.

Fisher, S. (2000). Developing the DSM-IV-DSM-IV criteria to identify adolescent problem gambling in non-clinical populations. *Journal of Gambling Studies, 16*(2-3), 253-273.

Fitzgerald, K. T., & Bronstein, A. C. (2013). Adderall® (amphetamine-dextroamphetamine) toxicity. *Topics in Companion Animal Medicine, 28*(1), 2-7. https://doi.org/10.1053/j.tcam.2013.03.002

Fleming, J. C. (2013). 중독예방과 상담*(Preventing Addiction)*. (이숙자, 홍창희, 정정화, 임성욱 역). 학지사(원저는 2006년에 출간).

Flint, A. J., Gearhardt, A. N., Corbin, W. R., Brownell, K. D., Field, A. E., & Rimm, E. B. (2014). Food-addiction scale measurement in 2 cohorts of middle-aged and older women. *The American Journal of Clinical Nutrition, 99*(3), 578-586.

Flowers, C. P., & Robinson, B. (2002). A structural and discriminant analysis of the Work Addiction Risk Test. *Educational and Psychological Measurement, 62*(3), 517-526.

Frances, A. (2014). *Saving normal: An insider's revolt against out of control psychiatric diagnosis, DSM-5, Big Pharma, and the medicalization of ordinary life.* William Morrow.

Frances, R. J., Miller, S. I., & Mack, A. H. (Eds.). (2005). *Clinical textbook of addictive disorders* (3rd ed., pp. 259-289). Guilford Press.

Frankl, V. E. (1963). *Man's search for meaning.* Pocket Book.

Freimuth, M., Moniz, S., & Kim, S. R. (2011). Clarifying exercise addiction: differential diagnosis, co-occurring disorders, and phases of addiction. *International Journal of Environmental Research and Public Health,*

8(10), 4069-4081.

Freimuth, M., Waddell, M., Stannard, J., Kelley, S., Kipper, A., Richardson, A., & Szuromi, I. (2008). Expanding the scope of dual diagnosis and co-addictions: Behavioral addictions. *Journal of Groups in Addiction & Recovery, 3*(3-4), 137-160.

Fry, L. W., Matherly, L. L., & Vitucci, S. (2006). Spiritual leadership theory as a source for future theory, research, and recovery from workaholism. In R. J. Burke (Ed.), *Research companion to working time and work addiction* (pp. 330-352). Edward Elgar.

Fryer, J. W., & Elliot, A. J. (2008). Self-regulation of achievement goal pursuit. In D. H. Schunk & B. J. Zimmerman (Eds.), *Motivation and self-regulated learning: Theory, Research, and Applications* (pp. 53-75). Lawrence Erlbaum Associates.

Gahlinger, P. M. (2004). Club drugs: MDMA, gamma-hydroxybutyrate(GHB), rohypnol, and ketamine. *American Family Physician, 69*(11), 2619-2626.

Garbutt, J. C. (2009). The state of pharmacotherapy for the treatment of alcohol dependence. *Journal of Substance Abuse Treatment, 36*(1), S15-S23.

Garcia-Romeu, A., Kersgaard, B., & Addy, P. H. (2016). Clinical applications of hallucinogens: A review. *Experimental and Clinical Psychopharmacology, 24*(4), 229-268.

Gardner, B., Zu, L. X., Sharma, S., Liu, Q., Makriyannis, A., Tashkin, D. P., & Dubinett, S. M. (2002). Autocrine and paracrine regulation of lymphocyte CB2 receptor expression by TGF-β. *Biochemical and Biophysical Research Communications, 290*(1), 91-96.

Gasser, P., Kirchner, K., & Passie, T. (2015). LSD-assisted psychotherapy for anxiety associated with a life-threatening disease: A qualitative study of acute and sustained subjective effects. *Journal of Psychopharmacology, 29*(1), 57-68.

Gearhardt, A. N., Boswell, R. G., & White, M. A. (2014). The association of "food addiction" with disordered eating and body mass index. *Eating Behaviors, 15*(3), 427-433.

Gearhardt, A. N., Corbin, W. R., & Brownell, K. D. (2009). Preliminary validation of the Yale food addiction scale. *Appetite, 52*(2), 430-436.

Gearhardt, A. N., Roberto, C. A., Seamans, M. J., Corbin, W. R., & Brownell, K. D. (2013). Preliminary validation of the Yale Food Addiction Scale for children. *Eating Behaviors, 14*(4), 508-512.

Gearhardt, A. N., White, M. A., Masheb, R. M., Morgan, P. T., Crosby, R. D., & Grilo, C. M. (2012). An examination of the food addiction construct in obese patients with binge eating disorder. *International Journal of Eating Disorders, 45*(5), 657-663.

Gedge, E., & Querney, D. (2014). The Silent Dimension: Speaking of spirituality in addictions treatment. *Journal of Social Work Values and Ethics, 11*(2), 41-51.

Geppert, C., Bogenschutz, M. P., & Miller, W. (2007). Development of a bibliography on religion, spirituality and addictions. *Drug and Alcohol Review, 26*(4), 389-395.

Giuliano, C., Robbins, T. W., Nathan, P. J., Bullmore, E. T., & Everitt, B. J. (2012). Inhibition of opioid transmission at the μ-opioid receptor prevents both food seeking and binge-like eating. *Neuropsychopharmacology, 37*(12), 2643-2652.

Gladden, R. M., O'Donnell, J., Mattson, C. L., & Seth, P. (2019). Changes in opioid-involved overdose deaths by opioid type and presence of naloxone, 2012-2018. *Morbidity and Mortality Weekly Report, 68*(34), 737-744. https://doi.org/10.15585/mmwr.mm6834a2

Glasser, W. (1976). *Positive addiction*. Harper & Row.

Godley, M. D., Godley, S. H., Dennis, M. L., Funk, R. L., Passeti, L. L., & Petry, N. M. (2014). A randomized trial of assertive continuing care and contingency management for adolescents with substance use disorders. *Journal of Consulting and Clinical Psychology, 82*(1), 40-51.

Godley, M. D., Godley, S. H., Dennis, M. L., Funk, R. R., & Passetti, L. L. (2007). The effect of assertive continuing care on continuing care linkage, adherence and abstinence following residential treatment for adolescents with substance use disorders. *Addiction, 102*(1), 81-93.

Godley, S. H., Meyers, R. J., Smith, J. E., Godley, M. D., Titus, J. C., Karvinen, T., & Kelberg, P. (2001). *The adolescent community reinforcement approach for adolescent cannabis users*, Cannabis Youth Treatment Series, Volumne 4 (DHHS Publication No. 01-3489). Retreived from http://ebtx.chestnut.org/Portals/0/Documents/ACRA_CYT_v4.pdf

Goldberg, A. (1988). *The sports mind: A workbook of mental skills for athletes*. Northampton.

Goldberg, I. (1996). *Internet addiction disorder*. Retrieved from http://www.rider.edu/~suler/psycyber/supportgp.html.

Goldstein, R. Z., & Volkow, N. D. (2011). Dysfunction of the prefrontal cortex in addiction: Neuroimaging findings and clinical implications. *Nature Reviews Neuroscience, 12*(11), 652-669. https://doi.org/10.1038/nrn3119

Gooding, P., & Tarrier, N. (2009). A systematic review and meta-analysis of cognitive-behavioural interventions to reduce problem gambling: Hedging our bets?. *Behaviour Research and Therapy, 47*(7), 592-607.

Goodman, A. (1990). Addiction: definition and implications. *Addiction, 85*(11), 1403-1408.

Goodman, A. (1998). *Sexual Addiction: An integrated approach*. International Universities Press.

Goodwin, D. W., Schulsinger, F., Knop, J., Mednick, S., & Guze, S. B. (1977). Psychopathology in adopted and nonadopted daughters of alcoholics. *Archives of General Psychiatry, 34*(9), 1005-1009.

Gootenberg, P. (2008). *Andean cocaine: The making of a global drug*. University of North Carolina Press.

Gossop, M. (2000). *Living with Drugs* (5th ed.). Ashgate.

Graham, J. R. (2000). *MMPI-2: Assessing personality and psychopathology* (3rd ed.). Oxford University Press.

Graham, J. R. (2007). MMPI-2 성격 및 정신병리 평가. (이훈진, 문혜신, 박현진, 유성진, 김지영 역). 시그마프레스(원저는 1999년에 출간).

Grant, J. E. (2009). 충동조절장애(*Impulse control disorders: A clinician's guide to understanding behavioral addiction*). (김교헌, 이경희, 이형초, 권선중 역). 학지사(원저는 2008년에 출간).

Grant, J. E., & Kim, S. W. (2001). Demographic and clinical features of 131 adult pathological gamblers. *Journal of Clinical Psychiatry, 62*(12), 957-962.

Grant, J. E., & Potenza, M. N. (2014). 병적도박의 치료와 임상지침(*Pathological Gambling: A Clinical Guide to Treatment*). (이재갑, 이경희, 김종남, 박상규, 김교헌 역). 학지사(원저는 2014년에 출간).

Grant, K. M., LeVan, T. D., Wells, S. M., Li, M., Stoltenberg, S. F., Gendelman, H. E., … Bevins, R. A. (2011). Methamphetamine-Associated Psychosis. *Journal of Neuroimmune Pharmacology, 7*(1), 113-139. doi:10.1007/s11481-011-9288-1

Green, A. R., King, M. V., Shortall, S. E., & Fone, K. C. (2012). The preclinical pharmacology of MDMA

(3,4-methylenedioxymethamphetamine) and its therapeutic potential for the treatment of PTSD. *Behavioural Pharmacology, 23*(4), 1-24.

Greenfield, S. (2017). How Facebook Addiction Is Damaging Your Child's Brain: A Leading Neuroscientist's Chilling Warning. Available online: http://www.dailymail.co.uk/femail/article-1172690/How-Facebook-addictiondamaging-childs-brain-A-leading-neuroscientists-chilling-warning.html (accessed on 14 March 2017).

Greening, T. (1992). Existential challenges and responses. *The Humanistic Psychologist, 20*(1), 111-115.

Griffin-Shelley, E. (1997). *Sex and love: Addiction, treatment, and recovery.* Greenwood Publishing Group.

Griffiths, M. D. (1996a). Behavioural addiction: An issue for everybody?. *Employee Counselling Today, 8*(3), 19-25.

Griffiths, M. D. (1996b). *Psychology of computer use: Some comments on 'addicted use of Internet' by Young.* Psychological Reports.

Griffiths, M. D. (1999). Internet Addiction: Fact or fiction. *Psychologist, 12*(5), 246-250.

Griffiths, M. D. (2002). Occupational health issues concerning Internet use in the workplace. *Work & Stress, 16*(4), 283-286.

Griffiths, M. D. (2005a). A 'components' model of addiction within a biopsychosocial framework. *Journal of Substance Use, 10*(4), 191-197.

Griffiths, M. D. (2005b). The biopsychosocial approach to addiction. *Psyke & Logos , 26*(1), 18.

Griffiths, M. D. (2010). Gaming in social networking sites: A growing concern? *World Online Gambling Law Report, 9*(5), 12-13.

Griffiths, M. D. (2011). Workaholism: A 21st century addiction. *The Psychologist: Bulletin of the British Psychological Society, 24*, 740-744.

Griffiths, M. D. (2012). Facebook addiction: Concerns, criticisms and recommendations. *Psychological Reports, 110*(2), 518-520.

Griffiths, M. D., & Karanika-Murray, M. (2012). Contextualising over-engagement in work: Towards a more global understanding of workaholism as an addiction. *Journal of Behavioral Addictions, 1*(3), 87-95.

Griffiths, M. D., Urbán, R., Demetrovics, Z., Lichtenstein, M. B., de la Vega, R., Kun, B., Ruiz-Barquín, R., Youngman, J., & Szabo, A. (2015). A cross-cultural re-evaluation of the Exercise Addiction Inventory (EAI) in five countries. *Sports Medicine-Open, 1*(1), 5-7.

Griffiths, M. D., Kuss, D. J., & Demetrovics, Z. (2014). Social networking addiction: An overview of preliminary findings. In K. P. Rosenberg & L. Feder (Eds), *Behavioral Addictions: Criteria, Evidence and Treatment*, (pp. 119-141). Elsevier Academic Press.

Grüßer-Sinopoli, S. M., & Thalemann, C. N. (2006). *Verhaltenssucht: Diagnostik, Therapie, Forschung.* Hans Huber.

Gunn, J. K. L., Rosales, C. B., Center, K. E., Nuñez, A., Gibson, S. J., Christ, C., & Ehiri, J. E. (2016). Prenatal exposure to cannabis and maternal and child health outcomes: A systematic review and meta-analysis. *BMJ Open, 6*(4), e009986. https://doi.org/10.1136/bmjopen-2015-009986

Haas, R. C. (1990). *Workaholism: A conceptual view and development of a measurement instrument.* Unpublished Dissertation, United States International University.

Hailey, B. J., & Bailey, L. A. (1982). Negative addiction in runners: A quantitative approach. *Journal of Sport Behavior, 5*(3), 150-154.

Hall, S. M. (1994). Women and drugs. In V. J. Adesso, D. M. Reddy, R. & Fleming (Eds.), *Psychological perspectives on women's health* (pp. 101-126). Taylor & Francis.

Halpern, H. M. (1982). *How to break your addiction to a person.* McGraw-Hill.

Hancock, S., & McKim, W. (2012). *Drugs and Behavior: An Introduction to Behavioral Pharmacology.* Prentice Hall.

Hancock, S., & McKim, W. (2017). *Drugs and behavior: An introduction to behavioral pharmacology.* Pearson.

Hansen, W. B., Johnson, C. A., Flay, B. R., Graham, J. W., & Sobel, J. (1988). Affective and social influence approach to the prevention of multiple substance abuse. *Preventive Medicine, 17*(2), 135-154.

Hasin, D. S., Saha, T. D., Kerridge, B. T., Goldstein, R. B., Chou, S. P., Zhang, H., Jung, J., Pickering, R. P., Ruan, W. J., Smith, S. M., Huang, B., & Grant, B. F. (2015). Prevalence of marijuana use disorders in the United States between 2001-2002 and 2012-2013. *JAMA Psychiatry, 72*(12), 1235-1242.

Hasin, D. S., Sarvet, A. L., Cerdá, M., Keyes, K. M., Stohl, M., Galea, S., & Wall, M. M. (2017). US adult illicit cannabis use, cannabis use disorder, and medical marijuana laws: 1991-1992 to 2012-2013. *JAMA Psychiatry, 74*(6), 579-588. https://doi.org/10.1001/jamapsychiatry.2017.0724

Hausenblas, H. A., & Downs, D. S. (2002). How much is too much? The development and validation of the exercise dependence scale. *Psychology and Health, 17*(4), 387-404.

Heal, D. J., Smith, S. L., Gosden, J., & Nutt, D. J. (2013). Amphetamine, past and present-a pharmacological and clinical perspective. *Journal of Psychopharmacology, 27*(6), 479-496. https://doi.org/10.1177/0269881113482532

Heidegger, M. (1962). *Being and Time.* (Trans. John Macquarrie and Edward Robinson.) Blackwell. (Original work published 1926).

Hettema, J. E., & Hendricks, P. S. (2010). Motivational interviewing for smoking cessation: A meta-analytic review. *Journal of Consultant and Clinical Psychology, 78*(6), 868-884.

Heyman, G. M. (2009). *Addiction: A disorder of choice.* Harvard University Press.

Higgins, E. T. (1987). Self-discrepancy: A theory relating self and affect. *Psychological Review, 94*(3), 319-340.

Higgins, E. T. (1989). Self-discrepancy theory: What patterns of self-beliefs cause people to suffer?. *Advances in Experimental Social Psychology, 22*, 93-136.

Higgins, E. T., Bond, R. N., Klein, R., & Strauman, T. (1986). Self-discrepancies and emotional vulnerability: How magnitude, accessibility, and type of discrepancy influence affect. *Journal of Personality and Social Psychology, 51*(1), 5-15.

Higgitt, A. C., Lader, M. H., & Fonagy, P. (1985). Clinical management of benzodiazepine dependence. *British Medical Journal (Clinical research ed.), 291*(6497), 688-690.

Hodgins, D. C., Currie, S. R., & el-Guebaly, N. (2001). Motivational enhancement and self-help treatments for problem gambling. *Journal of Consulting and Clinical Psychology, 69*(1), 50-057.

Holland, D. W. (2008). Work addiction: Costs and solutions for individuals, relationships and organizations. *Journal of Workplace Behavioral*

Health, 22(4), 1-15.

Hopper, A. B., Vilke, G. M., Castillo, E. M., Campillo, A., Davie, T., & Wilson, M. P. (2015). Ketamine use for acute agitation in the emergency department. *Journal of Emergency Medicine, 48*(6), 712-719.

Huang, P., Liu-Chen, L. Y., & Kirby, L. G. (2010). Anxiety-like effects of SR141716-precipitated delta9-tetrahydrocannabinol withdrawal in mice in the elevated plus-maze. *Neuroscience Letters, 475*(3), 165-168.

Hull, C. L. (1932). The goal-gradient hypothesis and maze learning. *Psychological Review, 39*(1), 25-43.

Hutchison, K. E., Ray, L., Sandman, E., Rutter, M. C., Peters, A., Davidson, D., & Swift, R. (2006). The effect of olanzapine on craving and alcohol consumption. *Neuropsychopharmacology, 31*(6), 1310-1317.

Jarvis, T. J., Tebbutt, J., Mattick, R. P., & Shand, F. (2010). 중독상담과 재활(2판){*Treatment Approaches for Alcohol and Drug Dependence: An Introduction Guide, 2nd ed.*}. (신성만, 전영민, 권정옥, 이은경, 조현섭 역). 학지사(원저는 2005년에 출간).

Jaspers, K. (1986). *Karl Jaspers: Basic Philosophical Writings.* (Trans. E. Ehrlich, L. H. Ehrlich and G. B. Pepper.) Humanities Press.

Javitt, D. C., & Zukin, S. R. (2005). Phencyclidine(PCP). In J. H. Lowinson, P. Ruiz, R. B. Millman, & J. G. Langrod (Eds.), *Substance abuse: A comprehensive textbook* (4th ed., pp. 488-502). Lippincott Williams & Wilkins.

Jayaram-Lindström, N., Hammarberg, A., Beck, O., & Franck, J. (2008). Naltrexone for the treatment of amphetamine dependence: A randomized, placebo-controlled trial. *American Journal of Psychiatry, 165*(11), 1442-1448.

Jellinek, E. K. (1952). Phases of alcohol addiction. *Quarterly Journal of Studies on Alcohol, 13*(4), 673-684.

Jenkins, A. J. (2007). Pharmacokinetics: Drug absorption, distribution, and elimination. In S. B. Karch (Ed.), *Drug abuse handbook* (2nd ed., pp. 147-205). CRC Press.

Johanson, C. E., & Fischman, M. W. (1989). The pharmacology of cocaine related to its abuse. *Pharmacological Reviews, 41*(1), 3-52. https://doi.org/10.1038/sj.npp.1301564

Johns, A. (2001). Psychiatric effects of cannabis. *British Journal of Psychiatry, 178*(2), 116-122. https://doi.org/10.1192/bjp.178.2.116

Johnson, B. A., Ait-Daoud, N., Bowden, C. L., DiClemente, C. C., Roache, J. D., Lawson, K., Javors, M. A., & Ma, J. Z. (2003). Oral topiramate for treatment of alcohol dependence: A randomised controlled trial. *The Lancet, 361*(9370), 1677-1685.

Johnson, B. A., Roache, J. D., Javors, M. A., DiClemente, C. C., Cloninger, C. R., Prihoda, T. J., Bordnick, P. S., Ait-Daoud, N., & Hensler, J. (2000). Ondansetron for reduction of drinking among biologically predisposed alcoholic patients: A randomized controlled trial. *Jama, 284*(8), 963-971.

Johnson, B. A., Rosenthal, N., Capece, J. A., Wiegand, F., Mao, L., Beyers, K. et al. (2007). Topiramate for treating alcohol dependence: a randomized controlled trial. *Jama, 298*(14), 1641-1651.

Jones, C. (2005). Phencyclidine. In R. J. Frances, S. I. Miller, & A. H. Mack (Eds.), *Clinical textbook of addictive disorders* (pp. 243-254). Guilford Press.

Jones, C. M., Paulozzi, L. J., & Mack, K. A. (2013). Alcohol involvement in opioid pain reliever and benzodiazepine drug abuse-related emergency department visits and drug-related deaths – United

States, 2010. *Morbidity and Mortality Weekly Report, 63*(40), 881-885. https://www.cdc.gov/mmwr/preview/mmwrhtml/mm6340a1.htm

Kafka, M. P. (2010). Hypersexual disorder: A proposed diagnosis for DSM-V. *Archives of Sexual Behavior, 39*(2), 377-400.

Kalichman, S. C., & Rompa, D. (2001). The Sexual Compulsivity Scale: Further Development and Use with HIV Positive Persons. *Journal of Personality Assessment, 76*(3), 379-395.

Kampman, K. M., Pettinati, H. M., Lynch, K. G., Whittingham, T., Macfadden, W., Dackis, C., Tirado, C., Oslin, D. W., Sparkman, T., & O'Brien, C. P. (2007). A double-blind, placebo-controlled pilot trial of quetiapine for the treatment of Type A and Type B alcoholism. *Journal of Clinical Psychopharmacology, 27*(4), 344-351.

Kanai, A., Wakabayashi, M., & Fling, S. (1996). Workaholism among employees in Japanese corporations: An examination based on the Japanese version of the Workaholism Scales. *Japanese Psychological Research, 38*(4), 192-203.

Kaplan, A. M., & Haenlein, M. (2010). Users of the world, unite! The challenges and opportunities of Social Media. *Business Horizons, 53*(1), 59-68.

Karch, S. B. (2009). *Karch's pathology of drug abuse* (4th ed.). CRC Press.

Karila, L., Weinstein, A., Aubin, H. J., Benyamina, A., Reynaud, M., & Batki, S. L. (2010). Pharmacological approaches to methamphetamine dependence: A focused review. *British Journal of Clinical Pharmacology, 69*(6), 578-592.

Karim, R., & Chaudhri, P. (2012). Behavioral addictions: An overview. *Journal of Psychoactive Drugs, 44*(1), 5-17.

Keenan, R. M., Henningfield, J. E., & Jarvik, M. E. (1995). Pharmacological therapies: Nicotine addiction. *Pharmacological Therapies for Alcohol and Drug Addiction.* Marcel-Dekker, 239-264.

Kelly, P., & Levin, F. R. (2015). Cannabis. In M. Galanter, H. D. Kleber, & K. T. Brady (Eds.), *The American Psychiatric Publishing textbook of substance abuse treatment* (5th ed., pp. 161-174). American Psychiatric Publishing.

Kertes, A., Westra, H. A., Angus, L., & Marcus, M. (2011). The impact of motivational interviewing on client experiences of cognitive behavioral therapy for generalized anxiety disorder. *Cognitive and Behavioral Practice, 18*(1), 55-69.

Ketcham, K., Asbury, W. F., Schulstad, M., & Ciaramicoli, A. P (2009). *Beyond the influence: Understanding and Defeating Alcoholism.* Bantam.

Kiefer, F., Jahn, H., Tarnaske, T., Helwig, H., Briken, P., Holzbach, R., Kampf, P., Stracke, R., Baehr, M., Naber, Dieter., & Wiedemann, K. (2003). Comparing and combining naltrexone and acamprosate in relapse prevention of alcoholism: A double-blind, placebo-controlled study. *Archives of General Psychiatry, 60*(1), 92-99.

Killinger, B. (1997). *Workaholics: The respectable addicts.* Firefly Books.

Kim, D., Lee, Y., Lee, J., Nam, J. K., & Chung, Y. (2014). Development of Korean Smartphone Addiction Proneness Scale for Youth. *PLOS one, 9*(5), e97920.

Kim, S. W., Grant, J. E., Adson, D. E., & Shin, Y. C. (2001). Doubleblind naltrexone and placebo comparison study in the treatment of Pathological gambling. *Biological Psychiatry, 49*(11), 914-921.

King, D., Delfabbro, P., & Griffiths, M. (2010). The convergence of gambling and digital media:

Implications for gambling in young people. *Journal of Gambling Studies, 26*(2), 175-187.

King, D. P., Paciga, S., Pickering, E., Benowitz, N. L., Bierut, L. J., Conti, D. V., Kaprio, J., Lerman, C., & Park, P. W. (2012). Smoking cessation pharmacogenetics: analysis of varenicline and bupropion in placebo-controlled clinical trials. *Neuropsychopharmacology, 37*(3), 641-650.

Kleber, H. D., & Kosten, T. R. (1984). Naltrexone induction: Psychologic and pharmacologic strategies. *The Journal of Clinical Psychiatry, 45*, 29-38.

Klein, H. J., Wesson, M. J., Hollenbeck, J. R., & Alge, B. J. (1999). Goal Commitment and the Goal-Setting Process: Conceptual Clarification and Empirical Synthesis. *Journal of Applied Psychology, 84*(6), 885-896.

Klinger, E. (1975). Consequences of commitment to and disengagement from incentives. *Psychological Review, 82*(1), 1-25

Knight, R. P. (1937). The psychodynamics of chronic alcoholism. *The Journal of Nervous and Mental Disease, 86*(5), 538-548.

Korn, E. R., Pratt, G. J., & Lambrou, P. T. (1987). *Hyper-performance: The AIM strategy for releasing your business potential.* John Wiley & Sons.

Kosten, T. R., & Kleber, H. D. (1984). Strategies to improve compliance with narcotic antagonists. *The American Journal of Drug and Alcohol Abuse, 10*(2), 249-266.

Kravina, L., Falco, A., De Carlo, N. A., Andreassen, C. S., & Pallesen, S. (2014). Workaholism and work engagement in the family: The relationship between parents and children as a risk factor. *European Journal of Work and Organizational Psychology, 23*(6), 875-883.

Krebs, T. S., & Johansen, P. Ø. (2012). Lysergic acid diethylamide (LSD) for alcoholism: Meta-analysis of randomized controlled trials. *Journal of Psychopharmacology, 26*(7), 994-1002.

Krueger, D. W. (1988). On compulsive shopping and spending: A psychodynamic inquiry. *American Journal of Psychotherapy, 42*(4), 574-584.

Krug, O. T. (2009). James Bugental and Irvin Yalom: Two masters of existential therapy cultivate presence in the therapeutic encounter. *Journal of Humanistic Psychology, 49*(3), 329-354.

Kruglanski, A. W., & Köpetz, C. (2009). The role of goal systems in self-regulation. In E. Morsella, J. A. Bargh, & P. M. Gollwitzer (Eds.), *Oxford handbook of human action* (pp. 350-367). Oxford University Press.

Kukar-Kinney, M., Ridgway, N. M., & Monroe, K. B. (2009). The relationship between consumers' tendencies to buy compulsively and their motivations to shop and buy on the Internet. *Journal of Retailing, 85*(3), 298-307.

Kuss, D. J. (2013). *For the Horde!: How Playing World of Warcraft Reflects Our Participation in Popular Media Culture.* LAP LAMBERT Academic Publishing.

Kuss, D. J., & Griffiths, M. D. (2011a). Addiction to social networks on the internet: A literature review of empirical research. *International Journal of Environment and Public Health, 8*(9), 3528-3552.

Kuss, D. J., & Griffiths, M. D. (2011b). Online social networking and addiction—A review of the psychological literature. *International Journal of Envirionmental Research and Public Health, 8*(9), 3528-3552.

Kuss, D. J., & Griffiths, M. D. (2012). Internet gaming addiction: A systematic review of empirical research. *International Journal of Mental Health and Addiction,*

10(2), 278-296.

Kuss, D. J., & Griffiths, M. D. (2015). *Internet Addiction in Psychotherapy*. Palgrave.

Kuss, D. J., & Griffiths, M.D. (2017). Social Networking Sites and Addiction: Ten Lessons Learned. *International Journal of Environmental Research and Public Health, 14*(3), 1-17.

LaChance, A. J. (1991). *Greenspirit: Twelve Steps in Ecological Spirituality: An Individual, Cultural, and Planetary Therapy*. Element.

Lader, M. (2011). Benzodiazepines revisited—Will we ever learn?. *Addiction, 106*(12), 2086-2109.

Ladouceur, R., Sylvain, S., Boutin, C., Lachance, S., Doucet, C., Leblond, J., & Jacques, C. (2001). Cognitive treatment of pathological gambling. *Journal of Nervous and Mental Disease, 189*(11), 774-780.

Lakhan, S. E., & Kirchgessner, A. (2012). Prescription stimulants in individuals with and without attention deficit hyperactivity disorder: Misuse, cognitive impact, and adverse effects. *Brain and Behavior, 2*(5), 661-677. https://doi.org/10.1002/brb3.78

LaRose, R., Kim, J. H., & Peng, W. (2010). Social networking: Addictive, compulsive, problematic, or just another media habit? In Z. Pappacharissi (Ed.), *A Networked Self: Identity, Community, and Culture on Social Network Sites*. Routledge.

Larson, M. D., Sessler, D. I., & Washington University School of Medicine. (2000). Propofol: Its effects on the quality of recovery and postoperative pain. *Ambulatory Anesthesia, 70*(1), 108-110.

Latham, G. P., & Saari, L. M. (1982). The importance of union acceptance for productivity improvement through goal setting. *Personnel Psychology, 35*(4), 781-787.

Latif, H., Uckun, C. G., Gökkaya, Ö., & Demir, B. (2016). Perspectives of generation 2000 and their parents one-communication addiction in Turkey. *International Journal of Humanities and Social Science Invention, 5*(11), 51-61.

Le Foll, B., & George, T. P. (2007). Treatment of tobacco dependence: Integrating recent progress into practice. *Canadian Medical Association Journal, 177*(11), 1373-1380.

Lee, S. H., Lennon, S. J., & Rudd, N. A. (2000). Compulsive consumption tendencies among television shoppers. *Family and Consumer Sciences Research Journal, 28*(4), 463-488.

Lejoyeux, M., Avril, M., Richoux, C., Embouazza, H., & Nivoli, F. (2008). Prevalence of exercise dependence and other behavioral addictions among clients of a Parisian fitness room. *Comprehensive Psychiatry, 49*(4), 353-358.

Lemmens, J. S., Valkenburg, P. M., & Peter, J. (2009). Development and validation of a game addiction scale for adolescents. *Media Psychology, 12*(1), 77-95.

Leshner, A. I. (1997). Addiction is a brain disease, and it matters. *Science, 278*(5335), 45-47.

Lesieur, H. R. & Blume, S.B. (1987). The South Oaks Gambling Screen (SOGS): A new instrument for the identification of pathological gamblers. *American Journal of Psychiatry, 144*(9), 1184-1188.

Levin, F. R., Evans, S. M., Brooks, D. J., & Garawi, F. (2007). Treatment of cocaine dependent treatment seekers with adult ADHD: Double-blind comparison of methylphenidate and placebo. *Drug and Alcohol Dependence, 87*(1), 20-29.

Levin, J. D. (1989). *Alcoholism: A bio-social approach*. Hemisphere.

Lewis, R. J. (2011). *Hawley's condensed chemical dictionary* (15th ed.). Wiley.

Li, Y. Q., Xue, Y. X., He, Y. Y., Li, F. Q., Xue, L. F., Xu, C. M., Sacktor, T. C., Shaham, Y., & Lu, L. (2011). Inhibition of PKMζ in nucleus accumbens core abolishes long-term drug reward memory. *Journal of Neuroscience, 31*(14), 5436-5446.

Liese, B. S., & Beck, A. T. (2022). *Cognitive behavioral therapy for addictive disorders*. Guilford Press.

Lingiardi, V., & McWilliams, N. (2017). *The Psychodynamic diagnostic manual – 2nd edition (PDM-2)*. The Guilford Press.

Little, B. R. (1989). Personal projects analysis: Trivial pursuits, magnificent obsessions, and the search for coherence. In D. M. Buss & N. Cantor (Eds.), *Personality psychology: Recent trends and emerging directions* (pp. 15-31). Springer.

Locke, E. A., & Latham, G. P. (1990). Work motivation and satisfaction: Light at the end of the tunnel. *Psychological Science, 1*(4), 240-246.

Loder, E. (2019). Alcoholics anonymous: "The Big Book". *British Medical Journal, 339.*

Lovinger, D. M. (2008). Presynaptic modulation by endocannabinoids. *Handbook of Experimental Pharmacology*, (184), 435-477. https://doi.org/10.1007/978-3-540-74805-2_14

Lubman, D. I., Yücel, M., & Pantelis, C. (2004). Addiction, a condition of compulsive behaviour? Neuroimaging and neuropsychological evidence of inhibitory dysregulation. *Addiction, 99*(12), 1491-1502.

Lyons, H. A., & Cromey, R. (1989). Compulsive jogging: exercise dependence and associated disorder of eating. *The Ulster Medical Journal, 58*(1), 100-102.

Machlowitz, M. (1980). *Workaholics, living with them, working with them*. Addison Wesley Publishing Company.

MacKillop, J., Amlung, M. T., Few, L. R., Ray, L. A., Sweet, L. H., & Munafò, M. R. (2011). Delayed reward discounting and addictive behavior: A meta-analysis. *Psychopharmacology, 216*(3), 305-321.

MacLaren, V. V., & Best, L. A. (2010). Multiple addictive behaviors in young adults: Student norms for the Shorter PROMIS Questionnaire. *Addictive Behaviors, 35*(3), 252-255.

MacLean, K. A., Johnson, M. W., & Griffiths, R. R. (2015). Hallucinogens and club drugs. In M. Galanter, H. D. Kleber, & K. T. Brady (Eds.), *The American Psychiatric Publishing textbook of substance abuse treatment* (5th ed., pp. 209-222). American Psychiatric Publishing.

MacLean, R. R., Armstrong, J. L., & Sofuoglu, M. (2019). Stress and opioid use disorder: A systematic review. *Addictive Behaviors, 98*, 106010-106010. doi:10.1016/j.addbeh.2019.05.034

Malik, A., Dhir, A., & Nieminen, M. (2016). Uses and gratifications of digital photo sharing on Facebook. *Telematatics and Information, 33*(1), 129-138.

Mann, K., Lehert, P., & Morgan, M. Y. (2004). The efficacy of acamprosate in the maintenance of abstinence in alcohol-dependent individuals: Results of a meta-analysis. *Alcoholism: Clinical and Experimental Research, 28*(1), 51-63.

Maraz, A., Griffiths, M. D., & Demetrovics, Z. (2016). The prevalence of compulsive buying: A meta-analysis. *Addiction, 111*(3), 408-419.

Marlatt, G. A. (1996). Harm reduction: Come as you are. *Addictive Behaviors, 21*(6), 779-788.

Martellotta, M. C., Cossu, G., Fattore, L., Gessa, G. L., & Fratta, W. (1998). Self-administration of the cannabinoid receptor agonist WIN 55, 212-2 in drug-naive mice. *Neuroscience, 85*(2), 327-330.

Martin, G. (1990). *When good things addictions.* Victor Books.

Martin, R. A., MacKinnon, S., Johnson, J., & Rohsenow, D. J. (2011). Purpose in life predicts treatment outcome among adult cocaine abusers in treatment. *Journal of Substance Abuse Treatment, 40*(2), 183-188.

Mason, B. J., Goodman, A. M., Chabac, S., & Lehert, P. (2006). Effect of oral acamprosate on abstinence in patients with alcohol dependence in a double-blind, placebo-controlled trial: The role of patient motivation. *Journal of Psychiatric Research, 40*(5), 383-393.

Mason, S. M., Flint, A. J., Field, A. E., Austin, S. B., & Rich-Edwards, J. W. (2013). Abuse victimization in childhood or adolescence and risk of food addiction in adult women. *Obesity, 21*(12), 775-781.

Mattick, R. P., Breen, C., Kimber, J., Davoli, M., & Breen, R. (2009). Methadone maintenance therapy versus no opioid replacement therapy for opioid dependence. *Cochrane Database Syst Rev, 3*(3), 1-17.

Matuska, K. M. (2010). Workaholism, life balance, and well-being: A comparative analysis. *Journal of Occupational Science, 17*(2), 104-111.

Maultsby, M. C. (1975). *Help yourself to happiness through rational self-counseling.* Herman.

May, R. (1958). Contributions of Existential Psychotherapy. In R. May, E. Angel, & H. F. Ellenberger (Eds.), *Existence: A new dimension in psychiatry and psychology* (pp. 37-91). Basic Books.

May, R. (1999). *Freedom and destiny.* W. W. Norton & Company.

May, R., Angel, E., & Ellenberger, H. (1958). *Existence: A New Dimension in Psychiatry and Psychology.* Basic Books.

McCaul, K. D., Hinsz, V. B., & McCaul, H. S. (1987). The effects of commitment to performance goals on effort. *Journal of Applied Social Psychology, 17*(5), 437-452.

McDowell, D. M. (2005). *Nonalcohol sedatives and hypnotics.* In R. Frances, S.

McElroy, S. L., Keck, P. E., & Phillips, K. A. (1995). Kleptomania, compulsive buying, and binge-eating disorder. *The Journal of Clinical Psychiatry, 56*(Suppl 4), 14-26.

McElroy, S. L., Phillips, K. A., & Keck Jr., P. E. (1994). Obsessive compulsive spectrum disorder. *The Journal of Clinical Psychiatry, 55*, 33-51.

McMillan, L. H., Brady, E. C., O'Driscoll, M. P., & Marsh, N. V. (2002). A multifaceted validation study of Spence and Robbins'(1992) Workaholism Battery. *Journal of Occupational and Organizational Psychology, 75*(3), 357-368.

McNeece, C. A., & DiNitto, D. M. (2005). The etiology of addiction. *Chemical Dependency: A Systems Approach*, 25-41.

McNeil, J. J., Piccenna, L., & Ioannides-Demos, L. L. (2010). Smoking cessation-recent advances. *Cardiovascular Drugs and Therapy, 24*(4), 359-367.

McWilliams, N., & Lingiardi, V. (2015). Reply to a commentary on "The Psychodynamic Diagnostic Manual Version 2 (PDM-2): Assessing patients for improved clinical practice and research".

Mercadante, L. A. (1996). *Victims and sinners: Spiritual roots of addiction and recovery.* Westminster John Knox Press.

Merlo, L. J., Klingman, C., Malasanos, T. H., & Silverstein, J. H. (2009). Exploration of food addiction in pediatric patients: A preliminary investigation. *Journal of Addiction Medicine, 3*(1), 26-32.

Meule, A. (2011). How prevalent is "food addiction"?. *Frontiers in psychiatry, 2*(61). 1-4.

Meule, A. (2015). Focus: addiction: Back by popular demand: A narrative review on the history of food addiction research. *The Yale Journal of Biology and Medicine, 88*(3), 295-302.

Meule, A., Heckel, D., Jurowich, C. F., Vögele, C., & Kübler, A. (2014). Correlates of food addiction in obese individuals seeking bariatric surgery. *Clinical Obesity, 4*(4), 228-236.

Meule, A., Lutz, A., Vögele, C., & Kübler, A. (2012). Women with elevated food addiction symptoms show accelerated reactions, but no impaired inhibitory control, in response to pictures of high-calorie food-cues. *Eating Behaviors, 13*(4), 423-428.

Meule, A., Rezori, V., & Blechert, J. (2014). Food addiction and bulimia nervosa. *European Eating Disorders Review, 22*(5), 331-337.

Michael, K. (2014). 중독에 빠진 뇌*(The Addicted Brain: Why We Abuse Drugs, Alcohol, and Nicotine).* (김정훈 역). 해나무(원저는 2011년에 출간).

Mihic, S. J., Harris, R. A., & University of Colorado School of Medicine. (1994). Anesthetic potencies of propofol analogs at gamma-aminobutyric acid type A receptors expressed in Xenopus oocytes. *Anesthesia & Analgesia, 80*(3), 1082-1086.

Milgram, S. (1967). The small world problem. *Psychology Today, 2*, 61-67.

Miller, K. (1991). *A hunger for healing: The twelve steps as a classic model for Christian spiritual growth.* HarperCollins.

Miller, W., & Rollnick, S. (2002). *Motivational interviewing: Preparing people for change, 2nd Edition.* Guilford.

Miller, W. R., & Rollnick, S. (2006). 동기강화상담: 변화준비시키기*(Motivational Interviewing: Preparing People for Change).* (신성만,권정옥, 손명자 역). 시그마프레스(원저는 2002년에 출간).

Miller, W. R., & Rollnick, S. (2010). What's new since MI-2. In Second International Conference on Motivational Interviewing, Stockholm, Sweden.

Miller, W. R., & Rollnick, S. (2015). 동기강화상담 제3판: 변화 함께하기*(Motivational Interviewing: Helping People Change).* (신성만, 권정옥, 이상훈 역). 시그마프레스(원저는 2012년에 출간).

Miller, W. R., & Tonigan, J. S. (1996). Assessing drinkers' motivation for change: The Stages of Change Readiness and Treatment Eagerness Scale (SOCRATES). *Psychology of Addictive Behaviors, 10*(2), 81-89.

Miltenberger, R. G., Redlin, J., Crosby, R., Stickney, M., Mitchell, J., Wonderlich, S., Faber, R., & Smyth, J. (2003). Direct and retrospective assessment of factors contributing to compulsive buying. *Journal of Behavior Therapy and Experimental Psychiatry, 34*(1), 1-9.

Minuchin, S. (1974). *Families and family therapy.* Harvard University Press.

Mitchell, J. E., Redlin, J., Wonderlich, S., Crosby, R., Faber, R., Miltenberger, R., Smyth, J., Stickney, M., Gosnell, B., Burgard, M., & Lancaster, K. (2002). The relationship between compulsive buying and eating disorders. *International Journal of Eating Disorders, 32*(1), 107-111.

Mónok, K., Berczik, K., Urbán, R., Szabo, A., Griffiths, M. D., Farkas, J., Magi, A., Eisinger, A., Kurimay, T., Kokonyei, G., Kun, B., Paksi, B., & Demetrovics, Z. (2012). Psychometric properties and concurrent validity of two exercise addiction measures: A population wide study. *Psychology of Sport and*

Exercise, 13(6), 739-746.

Monti, P. M., Rohsenow, D. J., Hutchison, K. E., Swift, R. M., Mueller, T. I., Colby, S. M., Brown, R. A., Gulliver, S. B., Gordon, A., & Abrams, D. B. (1999). Naltrexone's Effect on Cue-Elicited Craving Among Alcoholics in Treatment. *Alcoholism: Clinical and Experimental Research, 23*(8), 1386-1394.

Monti, P. M., Rohsenow, D. J., Swift, R. M., Gulliver, S. B., Colby, S. M., Mueller, T. I., Brown, R. A., Gordon, A., Abrams, D. B., Niaura, R. S., & Asher, M. K. (2001). Naltrexone and cue exposure with coping and communication skills training for alcoholics: treatment process and 1-year outcomes. *Alcoholism: Clinical and Experimental Research, 25*(11), 1634-1647.

Morey, L. C. (1991). *Personality Assessment Inventory-Professional Manual*. Psychological Assessment Resources, Inc.

Morgan, C. J., Muetzelfeldt, L., & Curran, H. V. (2009). Ketamine use, cognition and psychological wellbeing: A comparison of frequent, infrequent and ex-users with polydrug and non-using controls. *Addiction, 104*(1), 77-87.

Morgan, W. P. (1979). Negative addiction in runners. *Physician and Sports Medicine, 7*(2), 57-70.

Morris, H., Wallach, J., & Brandt, S. D. (2016). From PCP to MXE: A comprehensive review of the non-medical use of dissociative drugs. *Drug Testing and Analysis, 8*(7-8), 685-700.

Morrison, J. (2015). 한결 쉬워진 정신 장애진단*(Diagnosis Made Easier)*. (신민섭, 오서진, 최정인 역). 시그마프레스(원저는 2006년에 출간).

Morton, W. A. (1999). Cocaine and psychiatric symptoms. *Primary Care Companion to the Journal of Clinical Psychiatry, 1*(4), 109-113. https://doi.org/10.4088/pcc.v01n0403

Mortz, M. E. (1994). *Overcoming our compulsions: Using the twelve steps and the enneagram as spiritual tools for life*. Triumph Books.

Mortz, M. E. (2012). 에니어그램과 12단계, 강박의 극복: 삶을 위한 영적도구*(Overcoming Our Compulsions: Using the twelve steps and the Enneagram as spiritual tools for life)*. (윤운성, 김은아 역). 한국에니어그램교육연구소(원저는 1994년에 출간).

Mudrack, P. E. (2004). Job involvement, obsessive-compulsive personality traits, and workaholic behavioral tendencies. *Journal of Organizational Change Management, 17*(5), 490-508.

Mueller, A., Mitchell, J. E., Black, D. W., Crosby, R. D., Berg, K., & de Zwaan, M. (2010). Latent profile analysis and comorbidity in a sample of individuals with compulsive buying disorder. *Psychiatry Research, 178*(2), 348-353.

Mufson, L., & Fairbanks, J. (1996). Interpersonal psychotherapy for depressed adolescents: A one-year naturalistic follow-up study. *Journal of the American Academy of Child & Adolescent Psychiatry, 35*(9), 1145-1155.

Mukamal, K. J., Maclure, M., Muller, J. E., & Mittleman, M. A. (2008). An exploratory prospective study of marijuana use and mortality following acute myocardial infarction. *American Heart Journal, 155*(3), 465-470. https://doi.org/10.1016/j.ahj.2007.10.049

Murphy, C. M., Stojek, M. K., & MacKillop, J. (2014). Interrelationships among impulsive personality traits, food addiction, and body mass index. *Appetite, 73*, 45-50.

Nakken, C. (2008). 중독의 심리학*(The Addictive Personality: Understanding the Addictive Process and Compulsive Behavior)*. (오혜경 역). 웅진지식하우스(원저는 1988년에 출간).

Nakken, J. (1999). 12단계 교본{Twelve steps workbook}. (이덕기, 송수진 역). 하나의학사(원저는 1988년에 출간).

National Institute on Drug Abuse (2019). Methamphetamine Research Report. National Institutes of Health, U.S. Department of Health and Human Services. https://www.drugabuse.gov/publications/research-reports/methamphetamine/overview

National Research Council. (1999). Pathological gambling: A critical review. National Academy Press.

Navidian, A., Haghshenas, L., Abedi, M. R., Baghban, I., & Fatehizadeh, M. (2011). Comparing the effectiveness of group cognitive behavior therapy and its integration with motivational interviewing on symptoms of patients with obsessive-compulsive disorder. Journal of Research in Behavioural Sciences, 9(1), 13-23.

Nestler, E. J. (2005). The neurobiology of cocaine addiction. Science & Practice Perspectives, 3(1), 4-10. https://doi.org/10.1151/spp05314

Newcombe, R., O'Hare, P. A., Matthews, A., & Buning, E. C. (1992). The reduction of drug related harm: A conceptual framework for theory. London: Routledge.

Ng, T. W., Sorensen, K. L., & Feldman, D. C. (2007). Dimensions, antecedents, and consequences of workaholism: A conceptual integration and extension. Journal of Organizational Behavior, 28(1), 111-136.

NIAAA (1999). Principles of Drug Addiction Treatment: A Research-Based Guide. Bethesda, MD: National Institutes of Health.

NIDA (2010). Marijuana abuse. https://https://learnaboutsam.org/wp-content/uploads/2013/02/NIDA-2010-Cannabis-Abuse.pdf

Nichols, D. E. (2016). Psychedelics. Pharmacological Reviews, 68(2), 264-355.

Nicholson, T., Higgins, W., Turner, P., James, S., Stickle, F., & Pruitt, T. (1994). The relation between meaning in life and the occurrence of drug abuse: A retrospective study. Psychology of Addictive Behaviors, 8(1), 24-28.

Nichter, M., Nichter, N., Vuckovic, N., Tesler, L., Adrian, S., & Ritenbaugh, C. (2004). Smoking as a Weight-Control Strategy among Adolescent Girls and Young Women: A Reconsideration. Medical Anthropology Quarterly, 18(3), 305-324.

Nieri, D. (2013). Motivational interviewing. what it is and why you should be using it. Center for Health Services and Policy Research. University of South Carolina. http://www.google.com/search motivational interviewing ppt에서 검색

Nut, D., King, L. A., Saulsbury, W., & Blakemore, C. (2007). Development of a rational scale to assess the harm of drugs of potential misuse. The Lancet, 369(9566), 1047-1053.

Oates, W. E. (1971). Confessions of a workaholic: The facts about work addiction. World Publishing Company.

O'Brien, C. P. (2005). Anticraving medications for relapse prevention: A possible new class of psychoactive medications. American Journal of Psychiatry, 162(8), 1423-1431.

O'Brien, C. P., Volkow, N., & Li, T. K. (2006). What's in a word? Addiction versus dependence in DSM-V. The American Journal of Psychiatry, 163, 764-765.

O'Donnell, J. K. (2017). Trends in deaths involving heroin and synthetic opioids excluding methadone, and law enforcement drug product reports, by census region-United States, 2006-2015. Morbidity and Mortality Weekly Report.

OECD (2016). Average annual hours actually worked

per worker. https://stats.oecd.org/Index.aspx?
DataSetCode=ANHRS

O'Farrell, T. J., Allen, J. P., & Litten, R. Z. (1995).
Disulfiram (antabuse) contracts in treatment of
alcoholism. *NIDA Research Monograph, 150*, 65-91.

Ogden, J., Veale, D., & Summers, Z. (1997). The
development and validation of the Exercise
Dependence Questionnaire. *Addiction Research, 5*(4),
343-355.

O'Guinn, T. C., & Faber, R. J. (1989). Compulsive
buying: A phenomenological exploration. *Journal of
Consumer Research, 16*(2), 147-157.

O'Halloran, P. D., Blacksock, F., Shields, N., Holland,
A., lles, R., Kingsley, M., Bernhardt, J., Lannin, N.,
Morris, M. E., & Taylor, N. F. (2014). Motivational
interviewing to increase physical activity in people
with chronic health conditions: A systematic review
and meta-analysis. *Clinical Rehabilitation, 28*(2),
1159-1171.

Olive, K. W. (1990). Meaning in drug treatment.
International Forum for Logotherapy, 13(2), 131-132.

O'Malley, S. S., Jaffe, A. J., Chang, G., Schottenfeld, R.
S., Meyer, R. E., & Rounsaville, B. (1992). Naltrexone
and coping skills therapy for alcohol dependence:
a controlled study. *Archives of General Psychiatry,
49*(11), 881-887.

Omodei, M. M., & Wearing, A. J. (1990). Need
satisfaction and involvement in personal projects:
Toward an integrative model of subjective well-being.
Journal of Personality and social Psychology, 59(4),
762-769.

Orford, J., Sproston, K., Erens, B., White, C., & Mitchell,
L. (2003). *Gambling and problem gambling in Britain.*
Brunner-Routledge.

Oslin, D. W., Berrettini, W., Kranzler, H. R., Pettinati, H.,
Gelernter, J., Volpicelli, J. R., & O'Brien, C. P. (2003).
A functional polymorphism of the [mu]-opioid receptor
gene is associated with naltrexone response in alcohol-
dependent patients. *Neuropsychopharmacology,
28*(8), 1546-1552.

Paille, F. M., Guelfi, J. D., Perkins, A. C., Royer,
R. J., Steru, L., & Parot, P. (1995). Double-blind
randomized multicentre trial of acamprosate in
maintaining abstinence from alcohol. *Alcohol and
Alcoholism, 30*(2), 239-247.

Panenka, W. J., Procyshyn, R. M., Lecomte, T., MacEwan,
G. W., Flynn, S. W., Honer, W. G., & Barr, A. M.
(2013). Methamphetamine use: A comprehensive
review of molecular, preclinical and clinical findings.
Drug and Alcohol Dependence, 129(3), 167-179.
doi:10.1016/j.drugalcdep.2012.11.016

Paolini, M., & De Biasi, M. (2011). Mechanistic insights
into nicotine withdrawal. *Biochemical Pharmacology,
82*(8), 996-1007.

Parrott, A. C. (2013). MDMA (3,4-Methylenedioxymet
hamphetamine): A psychoactive drug with complex
pharmacological effects. *Behavioural Pharmacology,
24*(5-6), 458-472.

Pasman, L., & Thompson, J. K. (1988). Body image and
eating disturbance in obligatory runners, obligatory
weightlifters, and sedentary individuals. *International
Journal of Eating Disorders, 7*(6), 759-769.

Paul, R., & Elder, L. (2006). *The Art of Socratic
Questioning.* Foundation for Critical Thinking.

Pedram, P., Wadden, D., Amini, P., Gulliver, W., Randell,
E., Cahill, F., Vasde, S., Goodridge, A., Carter, J. C.,
Zhai, G., Ji, Y., & Sun, G. (2013). Food addiction: Its
prevalence and significant association with obesity in
the general population. *PloS one, 8*(9), e74832.

Peele, S., & Brodsky, A. (1975). *Love and addiction.*

Taplinger.

Pelc, I., Verbanck, P., Le Bon, O., Gavrilovic, M., Lion, K., & Lehert, P. (1997). Efficacy and safety of acamprosate in the treatment of detoxified alcohol-dependent patients. A 90-day placebo-controlled dose-finding study. *The British Journal of Psychiatry, 171*(1), 73-77.

Pelchat, M. L. (2009). Food addiction in humans. *The Journal of Nutrition, 139*(3), 620-622.

Peng, P. W., & Sandler, A. N. (1999). A review of the use of fentanyl analgesia in the management of acute pain in adults. *Anesthesiology, 90*(2), 576-599. https://doi.org/10.1097/00000542-199902000-00034

Petry, N. M. (2003). Patterns and correlates of Gamblers Anonymous attendance in pathological gamblers seeking professional treatment. *Addictive Behavior, 28*(6), 1049-1062.

Petry, N. M. (2005). *Pathological gambling: Etiology, comorbidity and treatments.* American Psychological Association.

Petry, N. M., Ammerman, Y., Bohl, J., Doersch, A., Gay, H., Kadden, R., Molina, C., & Steinberg, K. (2006). Cognitive-Behavioral Therapy for Pathological Gamblers. *Journal of Consulting and Clinical Psychology, 74*(3), 555-567.

Piasecki, T. M. (2006). Relapse to smoking. *Clinical Psychology Review, 26*(2), 196-215.

Piotrowski, C., & Vodanovich, S. J. (2006). The interface between workaholism and work-family conflict: A review and conceptual framework. *Organization Development Journal, 24*(4), 84-92.

Pokorny, A. D., Miller, B. A., & Kaplan, H. B. (1972). The Brief MAST: A shortened version of the Michigan Alcoholism Screening Test. *American Journal of Psychiatry, 129*(3), 342-345.

Porges, S. W. (2011). The Norton series on interpersonal neurobiology. *The polyvagal theory: Neurophysiological foundations of emotions, attachment, communication, and self-regulation.* W. W. Norton & Company.

Porter, G. (2001). Workaholic tendencies and the high potential for stress among co-workers. *International Journal of Stress Management, 8*(2), 147-164.

Porter, G., & Kakabadse, N. K. (2006). HRM perspectives on addiction to technology and work. *Journal of Management Development, 25*(6), 535-560.

Porter, M. E. (1996). What is strategy. *Harvard Business Review, 74*(6), 61-78.

Potenza, M. N. (2006). Should addictive disorders include non-substance-related conditions?. *Addiction, 101*(Suppl1), 142-151.

Potenza, M. N., Koran, L. M., & Pallanti, S. (2009). The relationship between impulse-control disorders and obsessive-compulsive disorder: A current understanding and future research directions. *Psychiatry Research, 170*(1), 22-31.

Prochaska, J. O., & DiClemente, C. C. (1984). *The transtheoretical approach: Crossing the traditional boundaries of therapy.* Krieger Publishing Company/ Dow Jones-Irwin.

Prochaska, J. O., DiClemente, C. C., & Norcross, J. C. (1992). In search of how people change: Applications to addictive behavior. *American Psychologist, 47*(9), 1102-1114.

Prochaska, J. O., & DiClemente, C. C. (2005). The transtheoretical approach. *Handbook of Psychotherapy Integration, 2*, 147-171.

Prochaska, J. O., DiClemente, C. C., Velicer, W. F., & Rossi, J. S. (1993). Standardized, individualized, interactive, and personalized self-help programs for smoking cessation. *Health Psychology, 12*(5), 399–405.

Quinones, C., Griffiths, M. D., & Kakabadse, N. K. (2016). Compulsive Internet use and workaholism: An exploratory two-wave longitudinal study. *Computers in Human Behavior, 60,* 492–499.

Raab, G., Elger, C. E., Neuner, M., & Weber, B. (2011). A neurological study of compulsive buying behaviour. *Journal of Consumer Policy, 34*(4), 401–413.

Randolph, T. G. (1956). The descriptive features of food addiction; addictive eating and drinking. *Quarterly Journal of Studies on Alcohol, 17,* 198–224.

Rasmussen, N. (2008). America's first amphetamine epidemic 1929–1971: A quantitative and qualitative retrospective with implications for the present. *American Journal of Public Health, 98*(6), 974–985. https://doi.org/10.2105/AJPH.2007.110593

Rasmussen, N. (2011). Medical science and the military: The Allies' use of amphetamine during World War II. *Journal of Interdisciplinary History, 42*(2), 205–233. https://doi.org/10.1162/JINH_a_00203

Ray, O. (2003). 약물과 사회 그리고 인간행동*(Drugs, society, and human behavior)*. (주왕기 역). 라이프 사이언스(원저는 1978년에 출간).

Raylu, N., & Oei, T. P., (2004). The gambling urge scale: Development, confirmatory factor validation, and psychometric properties. *Psychology of Addictive Behaviors, 18*(2), 100–105.

Rech, M. A., Donahey, E., Cappiello Dziedzic, J. M., Oh, L., & Greenhalgh, E. (2015). New drugs of abuse. *Pharmacotherapy, 35*(2), 189–197.

Redish, A. D., Jensen, S., & Johnson, A. (2008). A unified framework for addiction: Vulnerabilities in the decision process. *Behavioral and Brian Sciences, 31,* 415–487

Resnick, R. B., Schuyten-Resnick, E., & Washton, A. M. (1980). Assessment of Narcotic Antagonists in the Treatment of Opioid Dependence. *Annual Review of Pharmacology and Toxicology, 20*(1), 463–474.

Reynaud, M., Karila, L., Blecha, L., & Benyamina, A. (2010). Is love passion an addictive disorder?. *The American Journal of Drug and Alcohol Abuse, 36*(5), 261–267.

Richard, D. (2011). 약물 중독*(Les drogues)*. (윤예니 역). NUN(원저는 2005년에 출간).

Richards, H. J. (1999). The Heuristic System: Precision and creativity in addiction treatment. *Journal of Substance Abuse Treatment, 17*(4), 269–291.

Rigotti, N. A. (2012). Strategies to help a smoker who is struggling to quit. *JAMA, 308*(15), 1573–1580.

Riezzo, I., Fiore, C., De Carlo, D., Pascale, N., Neri, M., Turillazzi, E., & Fineschi, V. (2012). Side effects of cocaine abuse: Multiorgan toxicity and pathological consequences. *Current Medicinal Chemistry, 19*(33), 5624–5646. https://doi.org/10.2174/09298671280 3988893

Riva, G., Wiederhold, B. K., & Cipresso, P. (2016). Psychology of social media: From technology to *identity*. In The Psychology of Social Networking: Personal Experience in Online Communities: Riva, G., Wiederhold, B. K., Cipresso, P., (Eds.). De Gruyter Open, 1–11.

Robinson, B. E. (1989). *Workaholism: Hidden legacies of adult children*. Health Communications.

Robinson, B. E. (2000a). A typology of workaholics with implications for counselors. *Journal of Addictions & Offender Counseling, 21*(1), 34–48.

Robinson, B. E. (2000b). Workaholism: Bridging the gap between workplace, sociocultural, and family research. *Journal of Employment Counseling, 37*(1),

31-47.

Robinson, B. E. (2007). *Chained to the desk: A guide for workaholics, their partners and children, and the clinicians who treat them.* New York University Press.

Rogers, C. R. (1942). *Counseling and Psychotherapy.* Houghton Mifflin.

Rogers, C. R. (1951). *Client-centered Therapy: Its Current Practice, Implications, and Theory.* Houghton Mifflin.

Rogers, C. R. (1957). The Necessary and Sufficient Conditions of Therapeutic Personality Change. *Journal of Consulting Psychology, 21*(2), 95-103.

Rogers, C. R. (1961). *On becoming a person: A Therapist's View of Psychotherapy.* Constable.

Rogers, C. R. (1962). Toward Becoming a Fully Functioning Person. In: Combs, A. W. (Ed), *Perceiving, Behaving, and Becoming: A New Focus for Education.* Association for Supervision and Curriculum Development.

Rogers, C. R. (Ed.). (1967). *The Therapeutic Relationship and Its Impact: A Study of Psychotherapy with Schizophrenics.* University of Wisconsin Press.

Rohsenow, D. J., Niaura, R. S., Childress, A. R., Abrams, D. B., & Monti, P. M. (1990). Cue reactivity in addictive behaviors: Theoretical and treatment implications. *International Journal of the Addictions, 25*(Suppl 7), 957-993.

Rollnick, S., & Miller, W. R. (1995). What is motivational interviewing? *Behavioral and Cognitive Psychotherapy, 23*(4), 325-334.

Rollnick, S., Miller, W. R., & Butler, C. C. (2007). *Motivational Interviewing in Health care: Helping Patients Change Behavior.* Guilford Press.

Roos, C. R., Kirouac, M., Pearson, M. R., Fink, B. C., & Witkiewitz, K. (2015). Examining temptation to drink from an existential perspective: Associations among temptation, purpose in life, and drinking outcomes. *Psychology of Addictive Behaviors, 29*(3), 716-724.

Rosenberg, K. P., Carnes, P., & O'Connor, S. (2014). Evaluation and treatment of sex addiction. *Journal of Sex & Marital Therapy, 40*(2), 77-91.

Rosenberg, K. P., & Feder, L. C. (Eds.) (2014). *Behavioral addictions: Criteria, evidence, and treatment.* Academic Press.

Rosenberg, K. P., & Feder, L. C. (2015). 행동중독 (*Behavioral addictions: Criteria, evidence, and treatment*). (신성만 역). 박학사(원저는 2014년에 출간).

Rothkopf, E. Z., & Billington, M. J. (1979). Goal-guided learning from text: Inferring a descriptive processing model from inspection times and eye movements. *Journal of Educational Psychology, 71*(3), 310-327.

Ryan, R. M., & Deci, E. L. (2000). Intrinsic and extrinsic motivations: Classic definitions and new directions. *Contemporary Educational Psychology, 25*(1), 54-67.

Ryan, R. M., & Deci, E. L. (2008). A self-determination theory approach to psychotherapy: The motivational basis for effective change. *Canadian Psychology/Psychologie Canadienne, 49*(3), 186-193.

Ryan, R. M., Patrick, H., Deci, E. L., & Williams, G. C. (2008). Facilitating health behaviour change and its maintenance: Interventions based on self-determination theory. *The European Health Psychologist, 10*(1), 2-5.

Ryff, C. D., & Singer, B. (1998). The contours of positive human health. *Psychological Inquiry, 9*(1), 1-28.

Sachs, M. L. (1982). Exercise and running: Effects on anxiety, depression, and psychology. *The Journal of Humanistic Counseling, 21*(2), 51-57.

Sachs, M. L., & Buffone, G. W. (Eds.). (1984). *Running as therapy: An integrated approach.* University of

Nebraska Press.

Sadock, B. J., Sadock, V. A., & Ruiz, P. (2015). *Kaplan & Sadock's synopsis of psychiatry: Behavioral sciences/ clinical psychiatry* (11th ed.). Wolters Kluwer.

Sarason, I. G., & Sarason, B. R. (2001). 이상심리학 *{Abnormal Psychology}*. (김은정, 김향구, 황순택 역). 학지사(원저는 1996년에 출간).

Sartre, J. P. (1958). *Being and Nothingness: A Phenomenological Essay on Ontology*. (Trans. Hazel E. Barnes.) Routledge. (Original work published in 1943)

Sass, H., Soyka, M., Mann, K., & Zieglgänsberger, W. (1996). Relapse prevention by acamprosate: Results from a placebo-controlled study on alcohol dependence. *Archives of General Psychiatry, 53*(8), 673-680.

Sbraga, T., & O'Donohue, W. (2003). *The Sex Addiction Workbook*. New Harbinger Publication.

Schaef, A. W. (1989). *Escape from intimacy: The pseudo-relationship addictions: Untangling the "love" addictions, sex, romance, relationships*. HarperCollins.

Schaufeli, W. B., Shimazu, A., & Taris, T. W. (2009). Being driven to work excessively hard: The evaluation of a two-factor measure of workaholism in the Netherlands and Japan. *Cross-Cultural Research, 43*(4), 320-348.

Schaus, J. F., Sole, M. L., McCoy, T. P., Mullett, N., & O'Brien, M. C. (2009). Alcohol screening and brief intervention in a college student health center: A randomized controlled trial. *Journal of Studies on Alcohol and Drugs, Supplement*(Suppl 16), 131-142.

Scherhorn, G. (1990). The addictive trait in buying behaviour. *Journal of Consumer policy, 13*(1), 33-51.

Schienle, A., Schäfer, A., Hermann, A., & Vaitl, D. (2009). Binge-eating disorder: Reward sensitivity and brain activation to images of food. *Biological psychiatry, 65*(8), 654-661.

Schlosser, S., Black, D. W., Repertinger, S., & Freet, D. (1994). Compulsive buying: Demography, phenomenology, and comorbidity in 46 subjects. *General Hospital Psychiatry, 16*(3), 205-212.

Schneider, K. J. (2004). *Rediscovery of awe: Splendor, mystery, and the fluid center of life*. Paragon House Publishers.

Schneider, K. J., & Krug, O. T. (2010). *Existential- humanistic therapy*. American Psychological Association.

Schneider, K. J., & May, R. (1995). *The psychology of existence: An integrative, clinical perspective*. McGraw-Hill.

Schuckit, M. A. (2006). *Drug and alcohol abuse: A clinical guide to diagnosis and treatment* (6th ed.). Springer.

Schultz, W., Apicella, P., & Ljungberg, T. (1993). Responses of monkey dopamine neurons to reward and conditioned stimuli during successive steps of learning a delayed response task. *Journal of Neuroscience, 13*(3), 900-913.

Schuman-Olivier, Z., Hooten, W. M., Greenlee, J., Birdseye, L., Etropolski, M., Smith, V., & Shi, J. (2013). Potential "prescription" opioid qualities of fentanyl: Relationship to abuse and dependence. *Journal of Opioid Management, 9*(4), 243-251. https://doi.org/10.5055/jom.2013.0170

Schwartz, B. (2004). *The paradox of choice*. Harper Collins.

Scott, K. S., Moore, K. S., & Miceli, M. P. (1997). An exploration of the meaning and consequences of workaholism. *Human Relations, 50*(3), 287-314.

Selzer, M. L. (1971). The Michigan Alcoholism Screening

Test: The quest for a new diagnostic instrument. *American Journal of Psychiatry, 127*(12), 1653-1658.

Selzer, M. L., Vinokur, A., & van Rooijen, L. (1975). A self-administered short Michigan alcoholism screening test (SMAST). *Journal of Studies on Alcohol, 36*(1), 117-126.

Shaffer, H. J., LaPlante, D. A., LaBrie, R. A., Kidman, R. C., Donato, A. N., & Stanton, M. V. (2004). Toward a syndrome model of addiction: Multiple expressions, common etiology. *Harvard Review of Psychiatry, 12*(6), 367-374.

Shallice, T. (1988). Information-processing models of consciousness: Possibilities and problems. In A. J. Marcel & E. Bisiach (Eds.), *Consciousness in contemporary science* (pp. 305-333). Oxford University Press.

Sharf, R., Lee, D. Y., & Ranaldi, R. (2005). Microinjections of SCH 23390 in the ventral tegmental area reduce operant responding under a progressive ratio schedule of food reinforcement in rats. *Brain Research, 1033*(2), 179-185.

Sheldon, K. M., & Niemiec, C. P. (2006). It's not just the amount that counts: Balanced need satisfaction also affects well-being. *Journal of Personality and Social Psychology, 91*(2), 331-341.

Shelley, E. T. (2016). 건강심리학*(Health Psychology*, 9th ed.*).* (서수연, 박준호, 심은정, 조성근, 한경훈 역). 시그마프레스(원저는 2014년에 출간).

Short, F., & Thomas, P. (2014). *Core Approaches in Counseling and Psychotherapy*. Routledge.

Shriner, R., & Gold, M. (2013). Is your patient addicted to food. *Obes. Consult, 1*, 8-10.

Silagy, C., Lancaster, T., Stead, L., Mant, D., & Fowler, G. (2004). Nicotine replacement therapy for smoking cessation. *The Cochrane Database of Systematic Reviews, 3*, CD000146.

Silvia, P. J., & Duval, T. S. (2001). Objective self-awareness theory: Recent progress and enduring problems. *Personality and Social Psychology Review, 5*(3), 230-241.

Simons, D. J., & Chabris, C. F. (1999). Gorillas in our midst: Sustained inattentional blindness for dynamic events. *Perception, 28*(9), 1059-1074.

Smith, D. E., & Wesson, D. R. (1985). Benzodiazepine Dependency Syndromes. In: Smith, D. E., Wesson, D. R. (eds), *The Benzodiazepines: Current Standards for Medical Practice.* Springer, Dordrecht, 235-248. (출처: https://link.springer.com/chapter/10.1007/978-94-009-4886-0_18#citeas)

Sobell, L. C. & Sobell, M. B. (2008). *Motivational interviewing strategies & techniques: Rationales and examples.* http://www.google.com/search motivational interviewing ppt

Spence, J. T., & Robbins, A. S. (1992). Workaholism: Definition, measurement, and preliminary results. *Journal of Personality Assessment, 58*(1), 160-178.

Spillane, J. F. (2000). *Cocaine: From medical marvel to modern menace in the United States, 1884-1920.* Johns Hopkins University Press.

Springborn, W. (1990). 12단계 해설서*(Twelve steps pamphlets).* (이덕기, 송수진, 김길중 역). 하나의학사(원전은 1983년에 출간).

Springborn, W. (1992). *12 Steps Pamphlet Collection.* Hazelden.

Srisurapanont, M., & Jarusuraisin, N. (2005). Naltrexone for the treatment of alcoholism: A meta-analysis of randomized controlled trials. *The International Journal of Neuropsychopharmacology, 8*(2), 267-280.

Stanley, T. H. (2014). The fentanyl story. *The Journal of Pain, 15*(12), 1215-1226. https://doi.org/10.1016/

j.jpain.2014.08.010

Stead, L. F., & Lancaster, T. (2012). Combined pharmacotherapy and behavioural interventions for smoking cessation. *The Cochrane Database of Systematic Reviews, 10*, CD008286.

Stead, L. F., Perera, R., Bullen, C., Mant, D., & Lancaster, T. (2008). Nicotine replacement therapy for smoking cessation. *The Cochrane Database of Systematic Reviews, 1*, CD000416.

Stein, D. J., Chamberlain, S. R., & Fineberg, N. (2006). An ABC model of habit disorders: Hair-pulling, skin-picking, and other stereotypic conditions. *CNS spectrums, 11*(11), 824-827.

Stein, L. A. R., Graham, J. R., Ben-Porath, Y. S., & McNulty, J. L. (1990). Using the MMPI-2 to detect substance abuse in an outpatient mental health setting. *Psychological Assessment, 11*(1), 94-100.

Steinberg, K. L., Roffman, R. A., Carrol, K. M., McRee, B., Babor, T. F., Miller, M., & Stepehns, R. (2005). *Brief counseling for marijuana dependence: A manual for treating adults.* (DHHS Publication No. SMA 05-4022). Retrieved from https://www.integration.samhsa.gov/clinical-practice/sbirt/brief_couns eling_for_marijuana_dependence.pdf

Stewart, R. M., & Brown, R. I. F. (1988). An outcome study of Gamblers Anonymous. *British Journal of Psychiatry, 152*(2), 284-288.

Stolberg, V. B. (2011). The use of coca: Prehistory, history, and ethnography. *Journal of Ethnicity in Substance Abuse, 10*(2), 126-146. https://doi.org/10.1080/15332640.2011.573310

Stoller, R. J. (1975). *Perversion.* Pantheon.

Strain, E. C., Stitzer, M. L., Liebson, I. A., & Bigelow, G. E. (1994). Comparison of buprenorphine and methadone in the treatment of opioid dependence. *American Journal of Psychiatry, 151*(7), 1025-1030.

Strasser, F. & Strasser, A. (1997). *Existential Time-Limited Therapy: The wheel of Existence.* Wiley.

Sussman, S. (2012). Workaholism: A review. *Journal of Addiction Research & Therapy, Suppl6*(1), 4120.

Sussman, S., Leventhal, A., Bluthenthal, R. N., Freimuth, M., Forster, M., & Ames, S. L. (2011). A framework for the specificity of addictions. *International Journal of Environmental Research and Public Health, 8*(8), 3399-3415.

Sussman, S., Lisha, N., & Griffiths, M. (2011). Prevalence of the addictions: A problem of the majority or the minority?. *Evaluation & the Health Professions, 34*(1), 3-56.

Sussman, S., Pokhrel, P., Sun, P., Rohrbach, L. A., & Spruijt-Metz, D. (2015). Prevalence and co-occurrence of addictive behaviors among former alternative high school youth: A longitudinal follow-up study. *Journal of Behavioral Addictions, 4*(3), 189-194.

Swartz, H. A., Grote, N. K., & Graham, P. (2014). Brief interpersonal psychotherapy (IPT-B): Overview and review of evidence. *American Journal of Psychotherapy, 68*(4), 443-462.

Swift, R. (2007). Emerging approaches to managing alcohol dependence. *American Journal of Health-System Pharmacy, 64*(Suppl3), 12-22

Szabo, A. (1995). The impact of exercise deprivation on well-being of habitual exercisers. *Australian Journal of Science and Medicine in Sport, 27*(3), 68-77.

Szabo, A. (2010). *Addiction to exercise: A symptom or a disorder?.* Nova Science.

Szabo, A., & Griffiths, M. D. (2007). Exercise addiction in British sport science students. *International Journal of Mental Health and Addiction, 5*(1), 25-28.

Tacke, U., & Ebert, M. H. (2005). Hallucinogens. In R. J. Frances, S. I. Miller, & A. H. Mack (Eds.), *Clinical textbook of addictive disorders* (pp. 213-242). Guilford Press.

Talty, S. (2003). *The secret history of mind control*. Thomas Dunne Books/St. Martin's Press.

Tao, R., Huang, X., Wang, J., Zhang, H., Zhang, Y., & Li, M. (2010). Proposed diagnostic criteria for internet addiction. *Addiction, 105*(3), 556-564.

Taris, T. W., Geurts, S. A., Schaufeli, W. B., Blonk, R. W., & Lagerveld, S. E. (2008). All day and all of the night: The relative contribution of two dimensions of workaholism to well-being in self-employed workers. *Work & Stress, 22*(2), 153-165.

Temcheff, C. E., Derevensky, J. L., & Paskus, T. S. (2011). Pathological and disordered gambling: A comparison of DSM-IV and DSM-V criteria. *International Gambling Studies, 11*(2), 213-220.

Tetrault, J. M., Crothers, K., Moore, B. A., Mehra, R., Concato, J., & Fiellin, D. A. (2007). Effects of marijuana smoking on pulmonary function and respiratory complications: A systematic review. *Archives of Internal Medicine, 167*(3), 221-228. https://doi.org/10.1001/archinte.167.3.221

The Marijuana Treatment Project Research Group (2004). Brief treatments for cannabis dependence: Findings from a randomized multisite trial. *Journal of Consulting and Clinical Psychology, 72*(3), 455-466.

Tober, C. (2002). Evidence based practice- still a bridge too far for addiction counsellors? *Drug: Education, Prevention and Policy, 9*(1). 41-51.

Traub, S. J. (2009). LSD and hallucinogens. In L. S. Nelson, N. A. Lewin, M. A. Howland, R. S. Hoffman, L. R. Goldfrank, & N. E. Flomenbaum (Eds.), *Goldfrank's toxicologic emergencies* (9th ed., pp. 1093-1109). McGraw-Hill Medical.

Trecki, J., Gerona, R. R., & Schwartz, M. D. (2015). Synthetic cannabinoid-related illnesses and deaths. *New England Journal of Medicine, 373*(2), 103-107.

Tremblay, J., Stinchfield, R., Wiebe, J., & Wynne, H. (2010). Canadian Adolescent Gambling Inventory (CAGI) Phase III Final Report. Alberta Gaming Research Institute.

Trope, Y., & Liberman, N. (2003). Temporal construal. *Psychological Review, 110*(3), 403-421.

Tsitsika, A. K., Tzavela, E. C., Janikian, M., Ólafsson, K., Iordache, A., Schoenmakers, T. M., Tzavara, C., & Richardson, C. (2014). Online social networking in adolescence: Patterns of use in six E European countries and links with psychosocial functioning. *Journal of Adolescent Health, 55*(1), 141-147.

Tsou, K., Patrick, S. L., & Walker, J. M. (1995). Physical withdrawal in rats tolerant to delta 9-tetrahydrocannabinol precipitated by a cannabinoid receptor antagonist. *European Journal of Pharmacology, 280*(3), R13-R15.

Turel, O., & Serenko, A. (2012). The benefits and dangers of enjoyment with social networking websites. *European Journal of Information Systems, 21*(5), 512-528.

Turkle, S. (1995). *Life on the Screen*. Simon & Schuster.

Twerski, J. A. (2009). 중독적 사고(*Addictive thinking: Understanding self-deception*). (이호영, 이종섭, 김석산 역). 하나의학사(원저는 1990년에 출간).

U.S. Department of Health and Human Services. (2004). *A Report of the Surgeon General. The Health Consequences of Smoking: What It Means to You*. USDHHS.

U.S. Department of Health and Human Services (2014). *The Health Consequences of Smoking-50 Years of*

Progress: A Report of the Surgeon General. USDHHS.

Urschel III, H.C. (2012). 중독된 뇌 살릴 수 있다(*Healing the addicted brain*). (조성희 역). 학지사(원저는 2009년에 출간).

Valence, G., d'Astous, A., & Fortier, L. (1988). Compulsive buying: Concept and measurement. *Journal of Consumer Policy, 11*(4), 419-433.

Villella, C., Martinotti, G., Di Nicola, M., Cassano, M., La Torre, G., Gliubizzi, M. D., Messeri, I., Petruccelli, F., Bria, Pietro., Janiri, L., & Conte, G. (2011). Behavioural addictions in adolescents and young adults: Results from a prevalence study. *Journal of Gambling Studies, 27*(2), 203-214.

Vocci, F. J., Acri, J., & Elkashef, A. (2005). Medication development for addictive disorders: The state of the science. *American Journal of Psychiatry, 162*(8), 1432-1440.

Volkow, N. D., Baler, R. D., Compton, W. M., & Weiss, S. R. B. (2014). Adverse health effects of marijuana use. *New England Journal of Medicine, 370*(23), 2219-2227. https://doi.org/10.1056/nejmra1402309

Volkow, N. D., Fowler, J. S., & Wang, G. J. (2001). Therapeutic doses of oral methylphenidate significantly increase extracellular dopamine in the human brain. *Journal of Neuroscience, 21*(2), 1-5. https://doi.org/10.1523/JNEUROSCI.21-02-j0001.2001

Volkow, N. D., & McLellan, A. T. (2016). Opioid abuse in chronic pain-Misconceptions and mitigation strategies. *The New England Journal of Medicine, 374*(13), 1253-1263. https://doi.org/10.1056/NEJMra1507771

Volkow, N. D., Wang, G. J., Fischman, M. W., Foltin, R., Fowler, J. S., Franceschi, D., Franceschi, M., Logan, J., Gatley, S. J., Wong, C., Ding, Y. S., Hitzemann, R., & Pappas, N. (2000). Effects of route of administration on cocaine induced dopamine transporter blockade in the human brain. *Life Sciences, 67*(12), 1507-1515. https://doi.org/10.1016/s0024-3205(00)00731-1

Volkow, N. D., Wang, G. J., Fowler, J. S., Tomasi, D., & Baler, R. (2011). Food and drug reward: Overlapping circuits in human obesity and addiction. In *Brain imaging in behavioral neuroscience* (pp. 1-24). Springer Berlin Heidelberg.

Vollenweider, F. X., & Kometer, M. (2010). The neurobiology of psychedelic drugs: Implications for the treatment of mood disorders. *Nature Reviews Neuroscience, 11*(9), 642-651.

Volpicelli, J. R., Alterman, A. I., Hayashida, M., & O'Brien, C. P. (1992). Naltrexone in the treatment of alcohol dependence. *Archives of General Psychiatry, 49*(11), 876-880.

Volpicelli, J. R., Rhines, K. C., Rhines, J. S., Volpicelli, L. A., Alterman, A. I., & O'brien, C. P. (1997). Naltrexone and alcohol dependence: Role of subject compliance. *Archives of General Psychiatry, 54*(8), 737-742.

Vowles, K. E., McEntee, M. L., Julnes, P. S., Frohe, T., Ney, J. P., & van der Goes, D. N. (2015). Rates of opioid misuse, abuse, and addiction in chronic pain: A systematic review and data synthesis. *Pain, 156*(4), 569-576. doi:10.1097/01.j.pain.0000460357.01998.f1

Waddington, I. (2000). *Sport, health and drugs: A critical sociological perspective.* Taylor & Francis.

Walther, J. B. (1996). Computer-mediated communication: Impersonal, interpersonal, and hyperpersonal interaction. *Communication Research, 23*(1), 3-43.

Walton, S. (2002). *Out of it: A cultural history of intoxication.* Harmony Books.

Wang, C. W., Ho, R. T. H., Chan, C. L. W., & Tse, S. (2015). Exploring personality characteristics of Chinese adolescents with internet-related addictive behaviors: Trait differences for gaming addiction and social networking addiction. *Addictive Behaviors, 42*, 32-35.

Wang, G. J., Volkow, N. D., Logan, J., Pappas, N. R., Wong, C. T., Zhu, W., Netusll, N., & Fowler, J. S. (2001). Brain dopamine and obesity. *The Lancet, 357*(9253), 354-357.

Wang, Y., & Fesenmaier, D. R. (2004). Modeling Participation in an online travel community. *Journal of Travel Research, 42*, 261-270.

Warburton, D. E., Nicol, C. W., & Bredin, S. S. (2006). Health benefits of physical activity: The evidence. *Canadian Medical Association Journal, 174*(6), 801-809.

Ward, H. (2012). *Oxford Handbook of Epidemiology for Clinicians* (pp. 289-290). Oxford University Press.

Washousky, R., Levy-Stern, D., & Muchowsky, P. (1993). The Stages of family alcoholism. *EAP Digest, 13*(2), 38-42.

Weaver, M. F., & Schnoll, S. H. (2008). Hallucinogens and club drugs. In J. H. Lowinson & P. Ruiz (Eds.), *Substance abuse: A comprehensive textbook* (5th ed., pp. 330-354). Lippincott Williams & Wilkins.

Webley, K. (2017). It's Time to Confront Your Facebook Addiction. Available online: http://newsfeed.time.com/2010/07/08/its-time-to-confront-your-facebook-addiction/ (accessed on 14 March 2017).

Weed, N. C., Butcher, J. N., & Ben-Porah, Y. S. (1995). MMPI-2 measures of substance abuse. In J. N. Butcher & C. D. Spielberger (Eds.), *Advances in personality assessment* (Vol. 10, pp. 121-145). Lawrence Erlbaum.

Weed, N. C., Butcher, J. N., McKenna, T., & Ben-Porah, Y. S. (1992). New measures for assessing alcohol and drug abuse with MMPI-2: The APS and AAS. *Journal of Personality Assessment, 58*(2), 389-404.

Wegscheider, S. (1981). *Another Chance: Hope and Health for the Alcoholic Family.* Science and Behavior Books.

Weinberg, T. S. (2012). The sociology of addiction. *The Encyclopedia of Social Sciences and Humanities.*

Weissman, M. M. (1979). The efficacy of drugs and psychotherapy in the treatment of acute depressive episodes. *The American Journal of Psychiatry, 136*(4), 555-558.

Weissman, M. M., Prusoff, B. A., DiMascio, A., Neu, C., Goklaney, M., & Klerman, G. L. (1979). The efficacy of drugs and psychotherapy in the treatment of acute depressive episodes. *The American Journal of Psychiatry, 136*, 555-558.

Westra, H. A., Arkowitz, H., & Dozois, D. J. (2009). Adding a motivational interviewing pretreatment to cognitive behavioral therapy for generalized anxiety disorder: A preliminary randomized controlled trial. *Journal of Anxiety Disorders, 23*(8), 1106-1117.

Whelton, P. K., Appel, L., Charleston, J., Dalcin, A. T., Ewart, C., Fried, L. et al. (1992). The effects of nonpharmacologic interventions on blood pressure of persons with high normal levels: Results of the Trials of Hypertension Prevention, phase I. *Jama, 267*(9), 1213-1220.

White, P. F., & Trevor, A. J. (1982). Pharmacology of intravenous anesthetic agents. *Journal of Clinical Anesthesia, 4*(1), 19-28.

White, W. L. (1998). *Slaying the dragon: The history of addiction treatment and recovery in America* (p. xvi). Bloomington, IL: Chestnut Health Systems/Lighthouse

Institute.

Whiting, P. F., Wolff, R. F., Deshpande, S., Di Nisio, M., Duffy, S., Hernandez, A. V., Keurentjes, J. C., Lang, S., Misso, K., Ryder, S., Schmidlkofer, S., Westwood, M., & Kleijnen, J. (2015). Cannabinoids for medical use: A systematic review and meta-analysis. *JAMA, 313(24)*, 2456-2473. https://doi.org/10.1001/jama.2015.6358

Wikipedia (2017. 2. 20). Motivational interviewing-wikipedia. http://www.google.com/search motivational interviewing ppt

Williams, R. J., Volberg, R. A. & Stevens, R. M. G. (2012). *The Population Prevalence of Problem Gambling: Methodological Influences, Standardized Rates, Jurisdictional Differences, and Worldwide Trends.* Report prepared for the Ontario Problem Gambling Research Centre and the Ontario Ministry of Health and Long Term Care.

Williams, S. H. (2005). Medications for treating alcohol dependence. *Am Fam Physician, 72*(9), 1775-1780.

Wilson, R. S., Shannon, M. T., & Shields, K. M. (2011). *Nurses drug guide 2011.* Prentice Hall.

Winters, K. C., Stinchfield, R. D., & Fulkerson, J. (1993). Toward the development of an adolescent gambling problem severity scale. *Journal of Gambling Studies, 9*, 63-84.

Wofford, J. C., Goodwin, V. L., & Premack, S. (1992). Meta-analysis of the antecedents of personal goal level and of the antecedents and consequences of goal commitment. *Journal of Management, 18*(3), 595-615.

World Health Organization(WHO) (1992). *The ICD-10 Classification of Mental and Behavioral Disorders, Clinical Descriptions and Diagnostic Guidelines.* World Health Organization.

World Health Organization(WHO) (2012). *Frequently asked questions about second hand smoke.* World Health Organization.

World Health Organization(WHO) (2014a). *Global status report on noncommunicable diseases 2014.* World Health Organization.

World Health Organization(WHO) (2014b). *World Cancer Report 2014* (pp. Chapter 5.1.). World Health Organization.

Xu, H., & Tan, B. C. Y. (2012). *Why do I keep checking Facebook: Effects of message characteristics on the formation of social network services addiction.* In Proceedings of the Thirty Third International Conference on Information Systems. Orlando, FL, USA, 16-19.

Xue, Y. X., Luo, Y. X., Wu, P., Shi, H. S., Xue, L. F., Chen, C., Zhu, W. L., Ding, Z. B., Bao, Y. P., Shi, J., Epstein, D. H., Shaham, Y., & Lu, L. (2012). A memory retrieval-extinction procedure to prevent drug craving and relapse. *Science, 336*(6078), 241-245.

Yalisove, D. (1997). *Essential Papers on Addiction.* NYU Press.

Yalom, I. D. (1980). *Existential psychotherapy.* Basic Books.

Young, K. S. (1996). Internet addiction: The emergence of a new clinical disorder. *CyberPsychology and Behavior, 1*(3), 237-244.

Young, K. S. (1998). *Caught in the net: How to recognize internet addiction and a winning strategy for recovery.* John Wiley & Sons, Inc.

Young, K. S. (2002). *Getting web sober: Help for cybersex addicts and their loved ones.* https://secure4.mysecureorder.net/netaddiction/ebooklets/getting_web_sober-sales.html

Young, K. S. (2017). *Facebook Addiction Disorder?*. Available online: http://www.netaddiction.com/index.php?option=com_blog&view=comments&pid=5&Itemid=0 (accessed on 14 March 2017).

Young, K. S., & de Abreu, C. N. (2013). 인터넷 중독: 평가와 치료를 위한 지침서*(Internet Addiction: A Handbook And Guide To Evaluation And Treatmen)*. (신성만, 고윤순, 송원영, 이수진, 이형초, 전영민, 정여주 역). 시그마프레스(원저는 2010년에 출간).

Zaacks, S. M., Klein, L., Tan, C. D., & Rodrigue, J. R. (2000). Illicit use of propofol. *The Journal of the American Society of Anesthesiologists, 92*(1), 153-154.

Zeigarnik, B. (1938). On finished and unfinished tasks. *A sourcebook of Gestalt Psychology, 1*, 300-314.

Zhang, Y., Mei, S., Li, L., Chai, J., Li, J., & Du, H. (2015). The relationship between impulsivity and internet addiction in Chinese college students: A moderated mediation analysis of meaning in life and self-esteem. *PloS one, 10*(7), e0131597.

Zhao, S., Grasmuck, S., & Martin, J. (2008). Identity construction on Facebook: Digital empowerment in anchored relationships. *Computers in Human Behavior, 24*, 1816-1836.

Zhao, S., Ting, J. T., Atallah, H. E., Qiu, L., Tan, J., Gloss, B., ... & Feng, G. (2011). Cell type-specific channelrhodopsin-2 transgenic mice for optogenetic dissection of neural circuitry function. *Nature Methods, 8*(9), 745-752.

Zhu, S. H., Anderson, C. M., Johnson, C. E., Tedeschi, G., & Roeseler, A. (2000). A centralized telephone service for tobacco cessation: The California experience. *Tobacco Control, 9*(2), 48-55.

Zimmerman, J. L. (2012). Cocaine intoxication. *Critical Care Clinics, 28*(4), 517-526. https://doi.org/10.1016/j.ccc.2012.07.003

Zimmerman, M., Chelminski, I., & Young, D. (2006). A psychometric evaluation of the DSM-IV pathological gambling diagnostic criteria. *Journal of Gambling Studies, 22*(3), 329-337.

Zukin, S. R., Sloboda, Z., & Javitt, D. C. (2005). Phencyclidine (PCP). In Z. Sloboda (Ed.), *Epidemiology of drug abuse* (pp. 127-143). Springer.

Center for evidence-based practices: Motivational interviewing(2017. 02. 20).http://www.centerforebp.case.edu/practices/mi에서 검색

KBS(2016. 11. 30). 도 넘은 '청소년 도박'··· 폭력? 사채놀이까지. (http://news.kbs.co.kr/news/view.do?ncd=3386056&ref=A)

KBS(2023. 03. 02.). 청소년 온라인 도박 확산...사채 손댔다 목숨까지. https://news.kbs.co.kr/news/pc/view/view.do?ncd=7617130&ref=A

KBS(2024. 04. 18.). 10대 도박 중독 '심각'...다른 범죄로 이어져. https://news.kbs.co.kr/news/pc/view/view.do?ncd=7943294&ref=A

구글 위키백과(2017). https://ko.wikipedia.org/wiki/%EC%9D%B8%EC%8A%A4%ED%83 %80%EA%B7%B%EB%9E%A8

네이버 건강백과, 대한신경정신의학회. "알코올의 대사, 혈중농도와 정서 및 행동과의 관계". https://terms.naver.com/entry.nhn?docId=2109935&cid=51011&categoryId=51011

네이버 지식백과(2017). http://terms.naver.com/entry.nhn?docId=1348348&cid=40942& categoryId =32854

뉴시스(2017. 02. 15). 일본에 서버 두고 5억대 도박사이트 운영···10대도 가담. (http://www.newsis.com/view/?id=NISX20170215_0014706105&cID=10202&pID=10200).

디스패치(2017. 06. 02). 스포츠토토가 뭐길래... 청소

년이 1억 5천만원 도박빚. (http://www.dispatch.co.kr/764856).

약학정보원(2023). 약물백과, 필로폰 http://www.health.kr/Menu.PharmReview/View.asp?PharmReview_IDX=8535

연합뉴스(2016. 09. 08). '만화같은 일 현실로'… 도박에 빠져 3억 날린 10대의 눈물(종합). http://www.yonhapnews.co.kr/bulletin/2016/09/08/0200000000AKR20160908080251055.HTML?input=1179m.

조선일보(1999. 11. 25). [성인 6.6%] '쇼핑중독증' Alcoholics Anonymous. http://www.aa.org.

한겨레(2020. 05. 15.). [단독] 텔레그램 n번방 뒤에 '불법 도박방' 있었다. https://www.hani.co.kr/arti/society/society_general/945033.html

📖 찾아보기

인명

저자 소개

신성만(Shin Sungman)
Boston University 상담학 박사
한동대학교 상담심리학과 교수

이자명(Yi Jamyoung)
서울대학교 교육학과 박사
한국방송통신대학교 교육학과 교수

권선중(Kwon Sun Jung)
충남대학교 심리학 박사
침례신학대학교 상담심리학과 부교수

권정옥(Kwon Jungok)
Saint Louis University 상담과 가족치료학 박사
세인트 심리상담연구소 소장

금창민(Keum Changmin)
서울대학교 교육상담 박사
한국기술교육대학교 고용서비스정책학과 교수

김선민(Kim Sun Min)
이화여자대학교 사회복지학과 박사
원광디지털대학교 사회복지학과 교수

김윤희(Kim Yunhee)
경북대학교 교육심리 및 상담심리학 박사
한동대학교 상담대학원 초빙교수

김재환(Kim Jaehwan)

한동대학교 상담심리 및 임상심리학 박사

백석대학교 기독교학부 상담학과 교수

김주은(Kim Jueun)

Syracuse University 임상심리학 박사

충남대학교 심리학과 교수

라영안(Ra Young An)

Pennsylvania State University 상담자교육 박사

명지대학교 심리치료학과 조교수

박상규(Park Sanggyu)

계명대학교 임상 및 상담심리 전공 박사

박상규심리상담연구소 소장

가톨릭꽃동네대학교 명예교수

서경현(Suh Kyung Hyun)

University of Santo Tomas 심리학 박사

삼육대학교 상담심리학과 교수

송원영(Song Wonyoung)

연세대학교 심리학 박사

건양대학교 심리상담치료학과 교수

이영순(Lee Youngsoon)

전북대학교 심리학과 상담심리학전공 박사

전북대학교 심리학과 교수

이은경(Lee Eunkyeong)
서울여자대학교 일반대학원 교육심리학과 박사과정 수료
다움 심리상담센터 소장

장문선(Chang Mun Seon)
경북대학교 임상심리학 박사
경북대학교 심리학과 교수

정여주(Chung Yeoju)
서울대학교 교육학과 상담전공 박사
한국교원대학교 교육학과 교수

조현섭(Cho Hyun Seob)
이화여자대학교 심리학과 박사
총신대학교 중독상담학과 교수

최승애(Choi Seungae)
계명대학교 교육학과 대학원 상담심리 박사
최승애 심리상담센터 센터장

최정헌(Choi Jung Hun)
연세대학교 상담학 박사
KC대학교 상담심리학과 교수

한국상담학회 상담학 총서 14

중독상담학 개론(2판)
Introduction to Addiction Counseling (2nd ed.)

2018년 9월 20일 1판 1쇄 발행
2024년 8월 20일 1판 9쇄 발행
2025년 2월 20일 2판 1쇄 발행

지은이 • 신성만 · 이자명 · 권선중 · 권정옥 · 금창민 · 김선민 · 김윤희
　　　　김재환 · 김주은 · 라영안 · 박상규 · 서경현 · 송원영 · 이영순
　　　　이은경 · 장문선 · 정여주 · 조현섭 · 최승애 · 최정헌

펴낸이 • 김진환

펴낸곳 • ㈜ 학지사

　　　　04031 서울특별시 마포구 양화로 15길 20 마인드월드빌딩

대표전화 • 02-330-5114　　팩스 • 02-324-2345

등록번호 • 제313-2006-000265호

홈페이지 • http://www.hakjisa.co.kr

인스타그램 • https://www.instagram.com/hakjisabook

ISBN 978-89-997-3328-4　93180

정가 27,000원

출판미디어기업 학지사

간호보건의학출판 **학지사메디컬** www.hakjisamd.co.kr
심리검사연구소 **인싸이트** www.inpsyt.co.kr
학술논문서비스 **뉴논문** www.newnonmun.com
교육연수원 **카운피아** www.counpia.com
대학교재전자책플랫폼 **캠퍼스북** www.campusbook.co.kr